剑桥经济史系列

Stanley L. Engerman
Robert E. Gallman

The Cambridge
Economic History of the United States (Volume III)

剑桥美国经济史（第三卷）

下册

III

20世纪

The Twentieth Century

主　编　斯坦利·L.恩格尔曼　罗伯特·E.高尔曼
总译校　高德步　王　珏
本卷主译　蔡　挺　张　林　李雅菁

中国人民大学出版社
·北京·

第9章

20世纪美国的人口增长*

理查德·A. 伊斯特林（Richard A. Easterlin）

20世纪美国的人口增长在许多方面都已引人注目。死亡率降到了以前从未有过的水平。从出生上看有一个巨大的生育高峰和生育低谷。随着目前生育率处于低位和预期寿命处于高位，人口老龄化已经成为一个新问题。人口空间分布的趋势已经与19世纪有了很大不同，比如出现了美国国内迁移的新方向，国际迁移的起源从欧洲转变为拉丁美洲和亚洲。这些变化部分是由于经济条件，但是公共政策和其他因素也起了作用。本章将依次论述生育率、死亡率、美国国内人口迁移、国际人口迁移，最后分析人口老龄化对于未来经济增长的影响。

生育率

第二次世界大战以前，人们自信地设想美国人口增长正在慢慢停下来。该设想

* 作者感谢Donna Hokoda Ebata和Christine M. Schaeffer的出色帮助以及南加州大学的经济资助。

随后就被第二次世界大战后人口增长的巨大高潮所推翻，战后一位学者将其描述为
505 “可能是那个时代最出乎意料和最引人注目的特点”[1]（见图 9–1）。这个人口高峰

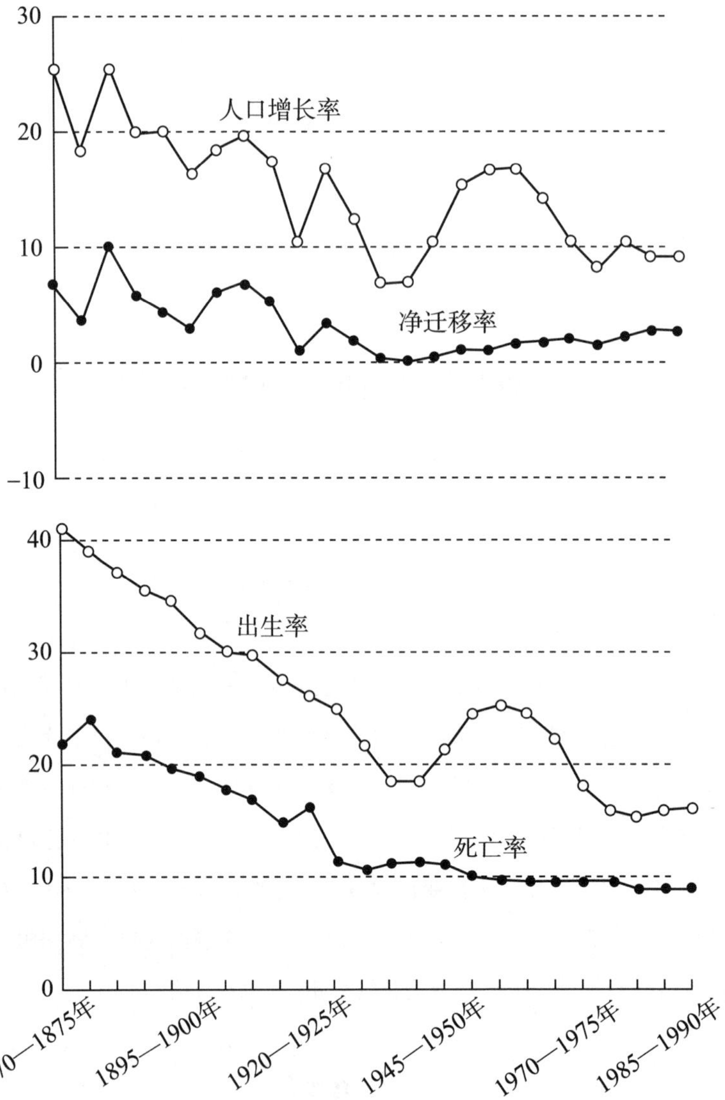

图 9–1　从变化的构成看人口增长，从 1870—1875 年到 1985—1990 年

资料来源：Richard A. Easterlin, *Population, Labor Force, and Long Swings in Economic Growth* (New
506 York, 1968)，24，根据美国人口普查局的 *Statistical Abstract* 更新。变化率是根据每年人口构成的变化除以年中人口数而得到，年均增长率是由从 0 和 5 开始的 5 年期计算出来的。

到 20 世纪 50 年代后期达到顶峰，随后出现了一个同样令人惊讶的人口“低谷”。虽然在 20 世纪 50 年代后期很少有学者认为那时的人口高增长率会长期持续下去，但是没有一个人预见到随后人口减少的速度和深度。这次人口增长的高峰和低谷模式，是第二次世界大战后最具戏剧性和无法预料的发展模式之一。

事实

人口增长率的波动在美国历史上并不鲜见。因为追溯到有可靠记录的时期——甚至更早——就已经有了人口增长率的大起大落。1940 年以前这些波动（通常被命名为库兹涅茨周期，以纪念诺贝尔经济学奖获得者西蒙·库兹涅茨在这方面所做的开创性研究）持续 15～25 年，主要是由移民波动造成的（见图 9–1）。对于 1940 年以后而言，不同的是这些波动持续的时间，大约是 40 年而不是 20 年，以及这些波动是源于生育率的波动——婴儿出生高峰和低谷——而不是源于移民（见图 9–1）。美国生育率的这样一个大幅度波动是史无前例的。许多西欧国家第二次世界大战后出现的生育率波动情况与美国有些相似，但它们达到高峰的时间要晚一些，大概在 20 世纪 60 年代，并且规模要小一些。

生育率在 1976 年达到其在第二次世界大战后的最低点之后，基本保持了 10 年不变（见图 9–2）。自 1987 年起它又开始有所上升，这个变化再次使许多预测者大惑不解。

在 20 世纪初，黑人的生育率大大高于白人的生育率（见图 9–2）。虽然这些差别一直存在，但是在今天这一差别已经比一个世纪前大大缩小，最引人注目的大概是两个种族在同一时期波动的惊人相似性——从 20 世纪 30 年代的低谷，经过随后的生育高峰和生育低谷，到 20 世纪 80 年代后期的突然跃升。显然两个种族的这些波动一定有共同的原因。

原因

20 世纪美国生育率最显著的方面，也是最让人费解的方面，就是生育高峰和生
育低谷。本章对此的解释建立在所谓的“相对收入”理论基础上。[2] 507

在该理论中，典型的年轻夫妇组成家庭的决策严重依赖他们所追求的生活方式
的前景的预期。这种估计越乐观，他们越乐于结婚和建立家庭，年轻女性在组建家 508

庭后在生育和抚养孩子的过程中从事家庭外工作就越不会感到压力。

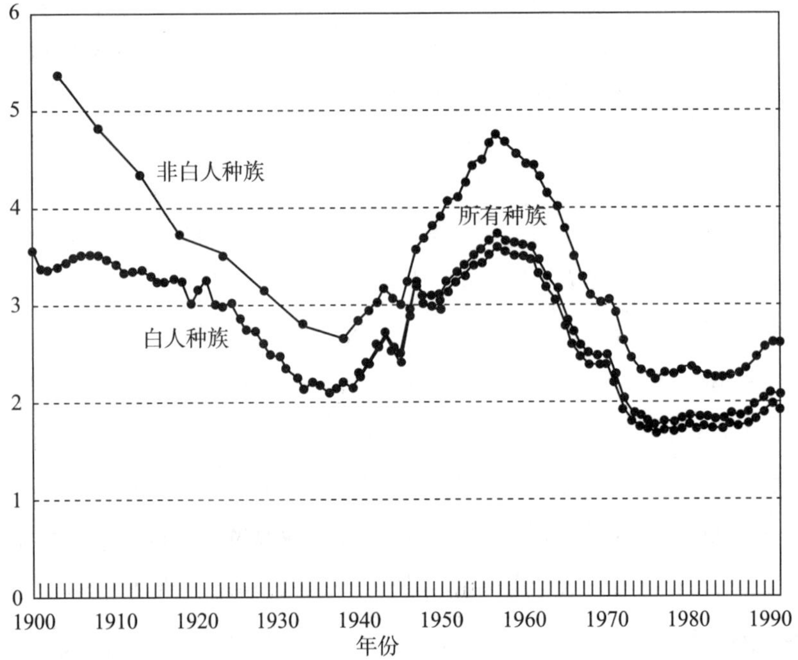

图 9–2　各种族的总生育率，1900—1991 年

说明：总生育率是指，如果一个妇女在她的整个生育期内，按照当年流行的预期生育率进行生育，能够生育的平均婴儿个数。

资料来源：1900—1939, Michael Haines, "The Population of the United States, 1790—1920", in Stanley L. Engerman and Robert E. Gallman, eds. *The Cambridge Economic History of the United States, Vol. Ⅱ, The Long Nineteenth Century* (2000); U. S. Bureau of the Census, *Historical Statistics of the United States, Colonial Times to 1970* (Washington, D. C., 1975); 1960-present, U. S. Center for Health Statistics, *Vital Statistics of the United States*, Various dates.

有两个因素影响夫妇想实现的渴望的生活方式的前景。一个是夫妇俩赚钱的能力，另一个是他们对物质的追求。二者的关系决定做出组成家庭的决策的难易程度——所以用相对收入表示这个理论。预期收入相对物质追求的比例高（更高的相对收入），鼓励组建家庭；若该比例低，则不鼓励组建家庭。

一对年轻夫妇怎样判断收入前景呢？显然要考虑许多因素，包括精力、雄心、教育、“关系网”等。但是看来人们“所劳与所得”的实际经历最终将决定收入预期。

如果容易找到工作，收入丰厚，并且晋升很快，那么前景是美好的；如果时运不济，那么前景堪忧。

劳动市场的景气程度影响收入预期，而家庭的经济背景根基是影响物质追求的最主要的因素。年轻人对于应该如何生活的观点，在很大程度上是他们成长过程中所处物质环境的副产品。所以，经济追求是无意习得，或是一个人在父母的家庭中形成的美德内化而成。这种环境在很大程度上是由所出身家庭的收入状况造成的。

当然，还有其他因素影响着物质追求，包括宗教、正规教育、邻里环境、同辈人或亲戚的影响——许多环境因素进入了社会学中所谓的个体“社会化经历”，也就是经过若干年的转变，从一个在家庭庇护下的少年，变成一个具有独立行事能力的社会成员。但这些因素中的许多部分——居住在哪，在哪个学校接受教育，同伴是什么样的人——也是由父母的收入决定的。

如果用来解释生育高峰和生育低谷，该理论的基本观点是，在 20 世纪 40 年代和 50 年代，处于组建家庭年龄的同批人，因为曾出现的生育高峰，所以他们都是在大萧条和二战后的节俭环境下被抚养长大的。因此，他们对物质追求的期望是很低的。然而，他们在劳动市场上的经历则出奇地好，因为第二次世界大战以后经济长期扩张以及年轻劳动力相对稀缺，而后者是 20 世纪 20 年代和 30 年代史无前例的低生育率的后遗症。所以这批人享有较高的相对收入，也就是说，相对于他们的物质追求而言，他们的收入很高。这就鼓励了早婚和早育，以及更大的家庭规模，从而导致了持续至 20 世纪 50 年代后期的生育高峰。 509

随后出生的一代人的环境则趋于逆转——相对收入下降，结婚和生育年龄推迟，家庭规模缩小，最后出现了一个生育低谷。与他们的父辈相比，这批人养成了比较高的物质追求预期，因为他们是在第二次世界大战后经济长期繁荣的背景下成长起来的。然而，他们所处的劳动市场远比他们父辈的时候糟糕，部分由于总需求增长的萎缩，部分由于年轻劳动力相对供给的急剧增长，它本身就是生育高峰的直接后果。

生育高峰和生育低谷的另一个解释集中于妇女的时间价值。[3] 丈夫收入的提高被认为对生育率有正效应，妻子工资率的提高则被认为由于时间价值的影响而具有负效应。这个负效应被归因于这样一个事实，即工资率的增加意味着提高了妇女脱离劳动市场的成本。她在劳动市场上获得的工资的增加意味着拥有孩子的成本增加并且导致推迟生育。

人们认为，在生育高峰时期，相对于男性，女性劳动市场是比较小的；所以，女性劳动市场随着男性劳动市场的扩张而做较小的扩张。这样，在生育高峰期，男性劳动力工资上升而女性劳动力工资基本不变，从而对生育率的影响是一个正效应，这反映了男性工资率与女性工资率相比在变动中占主导地位的影响。如果女性生育率的弹性远高于男性，即使女性工资率随着男性工资率小幅上涨，负效应也将占主导地位。1960 年前后女性工资率和男性工资率的不同变化，导致生育率先上升而后下降。年轻女性劳动力参与率随着生育率在两个时期做反向运动，这反映了女性工资率不同的作用力方向。

510 这种观点已经受到了广泛的批评，最主要是因为它对于女性劳动市场趋势的错误理解。[4] 实际上，女性劳动市场在二战后的生育高峰过程中一直运行良好，该理论的倡导者误用了一个不完善的工资序列。他们也误判了女性劳动市场的力量，仅仅看到年轻女性劳动参与率的提高，而不是所有女性。当他们既看到年轻女性又看到年长女性的情况时，就会发现第二次世界大战后对女性劳动力的需求一直在稳定增长。然而，在满足这种需求时，年轻女性和年长女性扮演的角色是不同的。在生育高峰期，当年轻女性选择生育时，年长女性满足了增加的劳动力需求；在生育低谷期，年轻女性推迟生育，她们满足了这种需求。最近，由于生育率有所提高，年轻女性和年长女性的相对地位又开始逆转（见图 9–3）。

另一种生育低谷理论强调生育控制技术越来越容易获得，而且这种技术在不断进步。1960 年 6 月，人们盼望已久的控制生育的口服药片被批准使用，从那以后使用口服避孕药的人数迅速增加。20 世纪 60 年代开始引入宫内节育器（IUD）。这个时期法律也广泛放宽了对堕胎的限制，堕胎更加容易。一些学者认为人们越来越容易获得控制生育的新工具，这是导致生育低谷的关键。[5]

人们有许多理由质疑该理论。调查证据显示，远在口服避孕药被引入之前，大部分年轻的美国家庭就在进行避孕，因而口服避孕药在很大程度上是用一种新方法代替了旧方法。对于许多家庭——特别是通常使用安全期避孕法的天主教家庭——口服避孕药是一种更有效的避孕手段。然而经验显示，如果限制生育的动机强烈，
511 所谓低效的方法也能被有效使用。20 世纪 30 年代的夫妇使用的原始避孕方法，使那

个时期实现了低生育率。

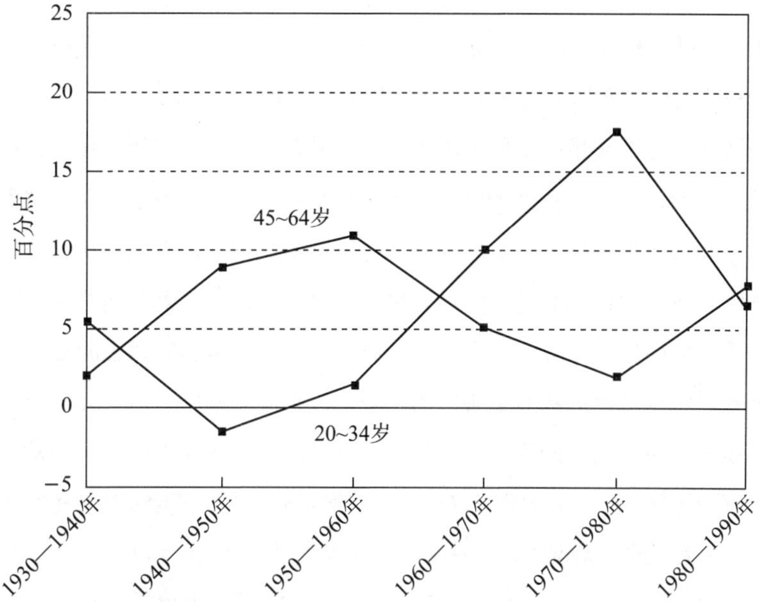

图 9–3　从 1930—1940 年到 1980—1990 年，年轻女性和年长女性的劳动参与率每 10 年的变化

资料来源：U. S. Bureau of the Census, *Statistical Abstract of the United States* (Washington, D. C., various dates).

更重要的是这个避孕用具可获得性理论仍然无法解释生育高峰。生育高峰期并不是美国人控制生育的能力下降的时期，这不同于人们为了解释生育高峰而不得不宣称的情况。恰恰相反，作为部队服役教育的一部分，第二次世界大战期间更多的年轻美国男性系统地学会了生育控制技术（主要是避孕套），尽管人们毫无疑问普遍增加了避孕的知识，但是战后生育率暴涨。

20 世纪 60 年代以来，口服避孕药和避孕药具可获得性的其他变化可能对于降低生育率有一些附加的影响。但由于刚刚提到的那些原因，看起来似乎是，这些新技术得以快速传播，本身就是由于年轻人相对收入水平恶化而限制生育的结果，而不是生育率下降的主要原因。

另一个流行的解释——也是对于生育低谷，而不是对于生育高峰——是基于对女性角色态度和地位的变化。这种观点断言，年轻女性关于她们在生活中的适当角 512

色的观点，在人口控制和推动劳动市场的方向上发生了剧烈的变化。正在涌现的现代女性受过良好教育、以职业为导向并且经济上独立，即从结婚和生育的束缚下解放了出来。这是显然的，也就是说，自 1960 年以来年轻女性，特别是妻子，走出家庭参加工作的人数在增加，与之相对应，生育率也发生了剧变。

毫无疑问，近年来存在一种对传统观点从未有过的质疑，并且观念存在变化的真实迹象。当然，学校正在更加尽力平等对待每一个学生，而没有性别歧视；并且企业、大学和其他机构也正在努力为女性提供更多机会。也有调查显示，越来越多的男性和女性赞同女性在劳动市场拥有平等的权利，以及夫妻共同对家庭的重要事情做出决策。然而现有的关于丈夫和妻子应该在家庭中担当的角色的观点是否有了根本性变化，证据显示的答案是否定的。今天，当他们成年之后，大部分男性和女性认同传统的安排，家里的男人是终生在外全职工作，而女人则退出劳动市场，待在家里生育和抚养小孩，至少要等小孩达到上学年龄。人们期望女性在生育小孩之前在外工作，并且在多数情况下，小孩达到上学年龄以后就重新到外面工作。但女性想找的工作通常是传统的“女性工作”，正如男性想找的工作是传统的“男性工作”一样。对于女性来说，既有一份全职工作又要抚养学龄前儿童，并不是一种良好的处境。[6]

人类从 20 世纪 80 年代后期到 20 世纪末的经验，在一定程度上将验证这些理论。这三个理论——女性时间价值理论、避孕药具的获得和技术观点、“新女性”观点——基本上预见了生育率的趋势；实际上，一个支持时间价值观点的学者甚至认为，总生育率会达到 1.5% 的新低。[7] 相反，“相对收入”观点认为，生育率会保持稳定，并且可能上升。生育率上升被看作是年轻劳动力越来越稀缺的结果（生育低谷的反弹），如果加上强劲的总需求增长，将会改善年轻工人的相对收入。
513 正如所看到的，实际上 1987 年以来生育率已经上升了，虽然 1989 年以后的经济减速缓和了这种上升。[8]

预期寿命和健康

自 19 世纪下半叶以来，美国人的预期寿命已经有了前所未有的提高。一个 1860 年出生的婴儿，平均预期寿命大约为 41 岁。在 1992 年这个相应数值大约为 76 岁

[见表 9–1 第（1）项]。到 20 世纪 60 年代，死亡率的极大降低在很大程度上可以归因于一些传染病几乎被根除，例如肺结核、霍乱、白喉、天花、猩红热。因为这些疾病不仅置人死地，而且严重损害健康，可以合理地推测这个时期伴随着预期寿命的提高，健康也得到了实质性的改善。到 20 世纪 60 年代末，一种新的死亡率改进模式开始了，如一些退化疾病，特别是心脏病，开始减少，但无法确定健康的改善是否伴随着后一阶段的死亡率下降。下面，先描述死亡率变化的事实，然后说明原因。

表 9–1　　分性别、种族的特定年份的出生预期寿命，1860—1992 年

年份	（1）综合	（2）男性	（3）女性	（4）白人	（5）黑人和其他	（6）黑人
1860	40.9	n.a.	n.a.	n.a.	n.a.	n.a.
1900[a]	47.3	46.3	48.3	47.6	33.0	n.a.
1968	70.2	66.6	74.1	71.1	64.1	n.a.
1982	74.5	70.8	78.1	75.1	70.9	69.4
1992	75.7	72.3	79.0	76.5	71.8	69.8

a. 只对有死亡登记的州进行估计。

说明：出生预期寿命是指，如果一批婴儿按照出生年份的年龄别死亡率度过一生，这批婴儿期望能生存的平均年数。

资料来源：1860, Michael Haines, "The Population of the United States, 1790–1920", in Stanley L. Engerman and Robert E. Gallman, eds. *The Cambridge Economic History of the United States, Vol. II*, *The Long Nineteenth Century*（2000）；all other dates，National Center for Health Statistics, *Vital Statistics of the United States, 1988: Volume II—Mortality, Part A* (Hyattsville, MD, 1991), National Center for Health Statistics, *Monthly Vital Statistics Report:Annual Summary of Births, Marriages, Divorces, and Deaths, U. S. 1992*, 41(1993).

事实

虽然死亡率在 20 世纪已经急剧下降，但仍有一些快速或减速下降的时期。1900—1954 年，下降的幅度是很大的，1936—1954 年下降的幅度最大（见表 9–2）。随后经历了直到 1968 年这样一个实质上的停滞时期，这个现象如此突出，以致国家健康统计中心（National Center for Health Statistics）1964 年警告："美国的死亡率已经达到一个低点，无法预见像过去经历的那样有进一步下降。"[9] 这种说明在当时看起来合理，但是后来被事实推翻了。1968—1982 年，又出现了死亡率下降，下降的 514

幅度并不比 1936—1954 年小很多。1982 年以来死亡率继续下降，但是变化的幅度只有 1968—1982 年的一半。

表 9–2　　1900—1993 年分时期经过年龄结构调整的总死亡率的变化率

时期	变化率（% / 年）
1900—1936	–0.87
1936—1954	–2.09
1954—1968	–0.19
1968—1982	–1.74
1982—1993	–0.81

说明：本表中经过年龄结构调整的死亡率，是基于人口年龄分布不变，只有年龄别死亡率变化。概约死亡率是指每年死亡人口总数除以年中总人口的比率，这不是一个很好的度量死亡率改善的指标，因为它受到人口年龄结构的影响。

资料来源：1900—1969, U. S. Bureau of the Census, *Historical Statistics of the United States*, *Colonial Times to 1970* (Washington, D. C., 1975); 1970—1988, National Center for Health Statistics, *Vital Statistics of the United States* (*1988*); 1989—1992: National Center for Health Statistics (1933); 1993, National Center for Health Statistics (1994).

死亡率下降对于男性和女性，黑人和白人，都是很平常的。到 1992 年，出生预期寿命大约为 70 岁，或者有些人群更高一些 [表 9–1，第（2）~（6）项]。然而改善的程度有差异，黑人 1900 年的预期寿命比白人大约少 15 年，到 1982 年这个差距缩小为 6 年以下，从那以后这个差距又扩大了近 1 年。不同性别的预期寿命有差异，在 1900 年女性比男性约长寿 2 年，到 1968 年扩大到 7.5 年，从那以后差距又略有缩小。

在死亡率下降的早期，直到 1954 年，各年龄组都在下降，特别是年轻年龄组下降得更快（见图 9–4）。实际上，甚至在死亡率基本保持不变的 1954—1968 年期间，15 岁以下的年龄组的死亡率仍在下降，而且在 1968 年以后也是如此。然而其他年龄
515 组从 1968 年以后存在一个突出的历史发展模式的中断，45 岁及以上年龄的人口在 1968 年以后的死亡率的下降率甚至超过了 1954 年以前。15 ~ 44 岁年龄组的人口死亡率显然下降得更少。年龄模式的转变部分反映了艾滋病在 25 ~ 45 岁年龄组中对死亡率下降的影响。老年组有更高的下降率主要是由于对心脏病的预防和治疗技术的

进步。65 岁以上年龄组的死亡率下降速度前所未有。这个进展使预测者提高了他们对未来老年人口规模的预计，加上目前的低生育率，人们担心快速的人口老龄化会对经济长期增长产生负面影响。这些问题将在本章的结论部分讨论。

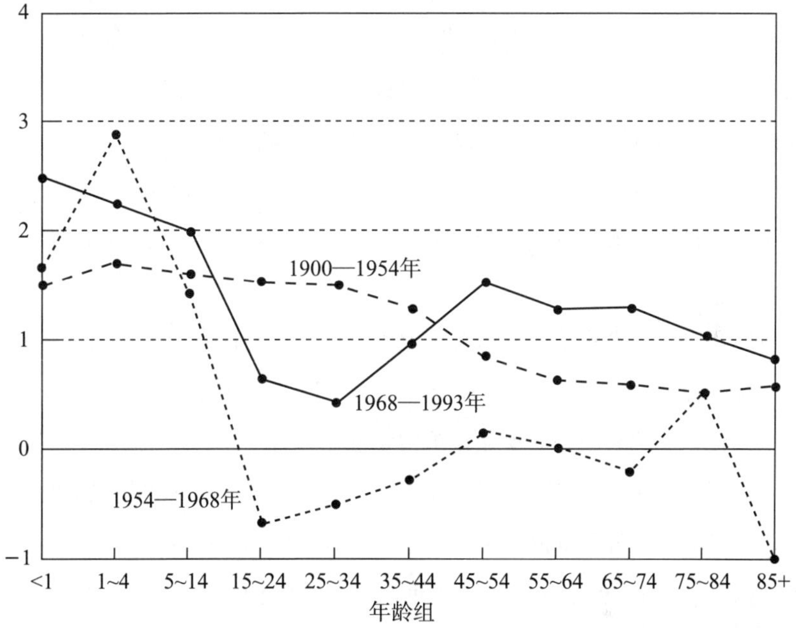

图 9–4　1900—1993 年分年龄和时期的年龄别死亡率下降率（% / 年）

资料来源：National Center for Health Statistics, *Vital Statistics of the United States 1982, Vol. Ⅱ, Mortality, Part A* (Hyattsville, MD, 1986). National Center for Health Statistics, *Vital Statistics of the United States, 1988: Volume Ⅱ, Mortality, Part A* (Hyattsville, MD, 1991). National Center for Health Statistics, *Monthly Vital Statistics Report: Annual Summary of Births, Marriages, Divorces and Deaths, U. S. 1992*, 41 (1993). National Center for Health Statistics, *Monthly Vital Statistics Report: Births, Marriages, Divorces, and Deaths for 1993*, 42 (1994).

前面已经指出，1954 年以前，死亡率下降以及传染病的发病率降低，促进人口健康的改善。然而目前还不清楚老年人口死亡率下降是否与健康水平的提高有关。例如，还无法确定是心脏病的发病率降低了还是发病年龄推迟了，而发展则意味着健康的改善。如果新的技术手段仅仅减慢了心脏病的进程，或者导致死亡发生在病 516
情更严重的阶段，那么老年人口的健康将恶化。目前对老年人口健康趋势的研究还没有定论，但积极影响和消极影响似乎是相互抵消的，并且老年人口中的死亡率下

517 降伴随着健康的较小变化。[10]

原因

19 世纪美国人口死亡率的急剧下降，可被认为是席卷全世界的预期寿命的革命性变化的组成部分。[11] 在 19 世纪下半叶，世界各主要地区的出生预期寿命在 20 岁出头到 45 岁的范围内，而美国是在这个范围的上半部分。到 1990 年，这个范围扩展为从接近 60 岁到接近 80 岁，但撒哈拉以南非洲地区除外。即使在那里，预期寿命也突破了底线，到 1990 年已经接近 50 岁。在除了撒哈拉以南地区以外的非洲地区，许多第三世界国家的预期寿命目前已经接近 70 岁，与发达地区平均 74 岁的预期寿命相差不大。[12]

许多经济史学家设想是经济增长导致了预期寿命的提高，但是既没有事实也没有理论支持这种假设。欧洲西北部在 19 世纪中期的死亡率基本上没什么变化或者至少改善很缓慢，而那时当地的现代经济增长已经进行了半个世纪以上。该地区直到 1870 年左右才开始死亡率革命，几乎是现代经济增长发生一个世纪以后的事。特别是，死亡率革命向世界扩展的速度大大快于现代经济增长的速度。结果，世界各地预期寿命的差异在 19 世纪的最后 25 年迅速缩小，并不同于人均收入的情况。同时，在第一次世界大战与第二次世界大战之间的经济停滞时期，预期寿命在发达国家有实质性的提高，甚至在一些第三世界国家也有所改善。

理论上，我们有充分的理由质疑现代经济增长本身提高了预期寿命。这种观点仅仅建立在现代经济增长的一个特点上，即实际人均收入的增长。通过改善营养、衣着、住房，实际人均收入的增长将提高人类对疾病的抵抗力。但经济增长的另一个系统性特点是城市化。在每一个经历过现代经济增长的国家里，农村人口占绝大
518 多数转变为城市人口占绝大多数，工厂生产取代家庭和作坊的手工业。[13] 在致病环境广泛存在的现代经济增长起步的时期，城市化实际上对预期寿命有极大的负面影响，它使人口处于致病环境中。在工业革命之前以及 19 世纪的大部分时间，城市的死亡率大大高于农村。从流行病学的角度看，在 19 世纪，人口向城市地区的重新分布造成的影响，以及手工生产向工厂的集中，显然增加了人口接触到传染性疾病的可能性。斯科菲尔德（Schofield）和里赫（Reher）曾这样描述：

19 世纪欧洲社会的工业化和城市化的快速推进，为改善健康制造了新的障碍。城市总是以高死亡率著称，原因主要是更高的人口密度为传染病和肮脏的环境大开方便之门；并且 19 世纪更多的人口生活在这些城市的中心。那时恶劣的生活条件大概是 19 世纪中期几十年死亡率停止下降的主要原因之一。[14]

一个更加全面的对死亡率革命之前的现代经济增长与预期寿命之间联系的评估，可以描述如下：

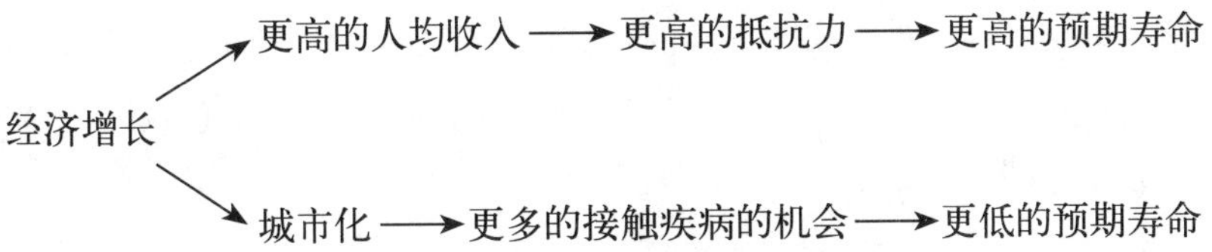

总之，虽然现代经济增长可能提高了对疾病的抵抗力，但是也增加了暴露于致病环境的可能性。这两个影响的最终结果是含混不清的。按照实际历史经验，结果似乎是寿命增长停滞，或者至多是预期寿命轻微提高。在 19 世纪的前 3/4 的时间里，在正经历现代经济增长的地区，这是很明显的。

那么如何来解释死亡率革命呢？答案是死亡率革命像现代经济增长一样，根源于技术突破。在经济史中，工业革命一般被视为由三种主要技术进步——蒸汽动力、
锻钢和纺织机——造成，并且随后的经济增长被看成是发明和创新不断持续及扩散 519
的历史。[15]

就像一种时尚，死亡率革命是以许多主要技术进步为标榜的，比如说，控制传染病的技术。[16] 自 19 世纪 50 年代以来，卫生运动获得了越来越多的激励，使许多城市地区逐步建立污水处理设施、供应洁净水、铺砌街道以及供应更安全的食物。正如历史学家威廉 · H. 麦克尼尔（William H. McNeill）所指出的，下水道并不新。[17] 卫生运动的别具一格的创新是建设陶瓷管道，污水通过它被水冲到远处。这样反过来又需要充足的水供应。

在经济史中发现技术进步的例子并不太难，这些技术进步先于理解潜在的科学机制。在人口史中，卫生运动提供了一个相似的例子。它的最近的例子是，埃德

温·查德威克（Edwin Chadwick）建议清洁城市，这是基于疾病的“瘴气说”提出的。在19世纪下半叶，巴斯德、科克（Koch）以及其他人逐步确立了疾病的细菌理论的有效性，并且认识到了携带者在传播疾病中的作用。[18] 这些工作加强和扩展了处于萌芽状态的公共健康运动。它加强了卫生运动和检查以及隔离患者的努力。它确立了洁净水和更安全食品供应的重要性以及对病虫害防治的需要，例如，通过沼泽排水和鼠害控制。它导致个人卫生以及照顾和喂养婴儿的公共教育的增长。在药物方面，它推动了利斯特（Lister）和其他人的工作，导致无菌外科手术的产生，并且使医院更加干净。它也导致了一项新的医疗研究战略的产生——识别传染者和携
520 带者，并且在此基础上发展出新的预防或治疗方法。这项工作的首要收获之一是，自19世纪80年代以后，免疫开始成为治疗越来越多的疾病（白喉、伤寒症、霍乱、猩红热等）的实用方法。

18世纪发生工业革命后，接着是在19世纪和20世纪在生产、分配、运输领域的连续的发明，导致了空前的经济生产力增长。死亡率革命及其对预期寿命的影响也是如此。与19世纪后期第二次工业革命相似，人口学家发现了20世纪中期的第二次死亡率革命。约翰·D.杜兰德（John D. Durand）说：“疾病控制技术上的第二次革命大约开始于1935年，并且在20世纪40年代和50年代进步飞快，技术进步发生的主要领域是免疫、化学疗法、疾病媒介物的化学控制。”[19] 一般认为第一次工业革命在很大程度上是由于经验主义的进步，而第二次工业革命更多的是由于基础科学的进步。同样，第二次死亡率革命的科学基础看来比第一次要强。

最近高龄组的死亡率的下降，明显与心脏病的发病率的下降有关，这可能是第三次死亡率革命的先兆。当传染性疾病得到控制时，生物医学研究已经转向老年疾病，并产生对这些疾病的新的理解。虽然心脏病导致死亡率下降的确切原因还不清楚，但有两类影响因素受到重视——生活方式和医疗因素。这两类因素反映了新知识和研究的影响。生活方式变化包括减少吸烟、改善膳食以及增加锻炼。新医疗方法的进展包括分辨高风险案例以及治疗心血管疾病的技术进步，特别是更多地使用药物治疗高血压。公共医疗和医疗补助制度的扩展也可能有利于穷人享受这种技术
521 进步。这些最新的进展标志着治疗退化性疾病的更广阔的发展前景。

人口的国内迁移和空间分布

事实

20 世纪美国人口空间分布的发展是建立在之前的基础上的。从历史上看，人口地理分布的第一次大变动是农业定居。这个阶段可以追溯到殖民时期，尽管延伸到了 20 世纪初，但是在 1860 年就大致完成了。它包括大规模的向西部的人口重新分布，从东海岸到中部地区，最后到遥远的西部。

第二次向城市集中的运动在时间上与这个阶段重叠。在 19 世纪初，20 个美国人中有 19 个人依靠农业或者居住在农村。从那以后就开始了一轮城市化运动，一直持续到现在。到第一次世界大战结束时，人口几乎在农村和城市平均分布，到今天 4 个美国人中就有 3 个生活在城市地区（见表 9–3）。向城市迁移的变动如此巨大，以至到 20 世纪中期全美国的农村地区都在经历总人口的绝对下降。在 19 世纪和 20 世纪，西欧也经历了向城市集中和农村人口减少，不过在那里城市化与农业定居在时间上并不重叠，而是紧接在农业定居之后。

表 9–3　　1790—1990 年人口的城乡分布（%）

年份	总计	农村	城市
1790	100	95	5
1860	100	80	20
1920	100	49	51
1960	100	30	70
1990	100	25	75

资料来源：Donald E. Starsinic, "Urban and Rural Populations" , in U. S. Bureau of the Census，*Current Population Reports,* Series P–23, No.185(May 1993), 8.

地理上的人口集中趋势缓和的迹象第一次出现在 20 世纪上半叶，包括两次比较温和的在城市地区结构上的分散化发展——郊区化和多中心城市。与美国一样，欧洲大约在同期也出现了这些进展。

然而在这之前，人们的居住地与工作地点非常接近，郊区化使农村地区的居民靠近中心城市。到 20 世纪中期，郊区运动很强烈，一些中心城市的人口开始绝对下降，到 20 世纪 70 年代，尽管城市人口在总人口中的份额继续上升，但人口下降的中心城市的比例已经接近一半（见表 9–3 和表 9–4）。受到最严重冲击的是东北部的
522 历史较悠久的中心城市，超过 2/3 的城市在 1984—1988 年间经历了人口下降。[20] 但是即使在西部，也有 1/6 的中心城市在 20 世纪 80 年代后期经历了人口下降。

表 9–4　　1940—1988 年中心城市人口增减的数量和百分比

时期	中心城市总数（个）	人口增长的城市比率（%）	人口减少的城市比率（%）
1940—1950	522	95	5
1950—1960	522	82	18
1960—1970	522	69	31
1970—1980	522	58	42
1980—1984	522	62	38
1984—1988	522	57	43

资料来源：Richard L. Forstall and Donald E. Starsinic, "Metropolitan and County Population Trends in the 1980s", in U. S. Bureau of the Census, *Current Population Reports*, Series P–23, No.175(May 1992), 57.

多中心城市的出现也是 20 世纪的现象。19 世纪的城市，例如位于东北部和中西部地区的那些城市，在某个中心点有非常高的人口集中度，而周围人口密度比较
523 低——单一中心结构。大城市的增长主要发生在 20 世纪，并且大部分都位于西南部和西部地区，呈多中心结构。这些城市有一个发散的高密度中心联合体（虽然最高的密度还不如 19 世纪的城市密度），每个中心有一个较低密度的外围居住区。基于这些发散的结构，20 世纪的城市比 19 世纪的城市更倾向于扩散到正式的农村地区。但是即使历史较悠久的城市也在 20 世纪向多中心结构演变。

背离人口聚集趋势的更大发展的迹象——通常是农村人口减少的逆转——20 世纪 70 年代在美国和西欧开始显现，但存在一定的问题。如上面提到过的，美国在 20 世纪中期城市化达到高点，当时许多农村地区正在经历人口下降。这样，在美国 3 100 多个县中，只有一半在 20 世纪 40 年代至 60 年代经历了人口增长，几乎所有那些人口下降的地区都是农村。然后，在 20 世纪 60 年代有迹象显示农村人口不再减少，人口增长的县的占比略微增长到了 56%。在 20 世纪 70 年代，该比例上升到了 82%，人口分布看来确实转向了（见表 9–5）。这好像特别真实，因为在 20 世纪 70 年代，伴随着多中心的城市中心和城郊地区的不断扩大，不与大城市邻近的农村

地区的人口显著增长成为一个新特征。[21]

农村人口增长重新焕发活力是对人口聚集趋势的明显缓解，甚至超过了郊区化和多中心城市增长的作用。而后面两个发展仅导致一次适度的人口向毗邻城市的农村地区扩散，农村人口在 20 世纪 70 年代的转向包括许多与中心城市无关的农村地区的人口增长。这被许多分析家认为是人口向城市聚集的长期趋势的一个主要中断。

表 9–5　　增减人口的县的比例

时期	县数（个）	人口增长的比率（%）	人口减少的比率（%）
1960—1970	3139	56	44
1970—1980	3139	82	18
1980—1988	3139	61	39

资料来源：Richard L. Forstall and Donald E. Starsinic, "Metropolitan and County Population Trends in the 1980s", in U. S. Bureau of the Census, *Current Population Reports*, Series P–23, No.175(May 1992), 61.

然而，当农村地区刚开始普遍复兴时，它的人口又迅速减少了。在 20 世纪 524
80 年代，人口增长的县的占比又从 20 世纪 70 年代的最高值 82% 下降到了 61%（见表 9–5）。这样，20 世纪 70 年代的转变就令人迷惑了——仅仅是一种异常还是一种新的长期趋势的标志？[22] 这里的答案建立在随后的原因分析基础上，那就是农村的复兴实际上代表了一种新趋势，20 世纪 80 年代对这个趋势的打断将不会持续太久。

20 世纪美国人口分布的最后一个特点，是朝着"阳光地带"的运动。1990 年有 60% 以上的人口居住在东北部和中西部地区。最为引人注目的是，第二次世界大战以后，开始了主要向南部和西部的迁移运动，今天这些"阳光地带"的人口比重已经占到 60%。这个运动缓解了 19 世纪人口向东北部和中西部城市集中的趋势，虽然大多数人口在新兴城镇和邻近农村的地区居住，但还是促使人口向全国范围扩散。如我们将会看到的，"阳光地带"增长的原因与 20 世纪 70 年代农村地区复兴的原因类似。

人口在地域上的重新分布，既可以说是自然增长的结果——出生超过死亡，又可以说是人口迁移的结果。实际上，人口迁移，包括国内迁移和国际迁移，是这里描述的人口变动的主要原因。这样，在 19 世纪，人们从东部迁到西部，从农村迁到 525

城市。类似地，在 20 世纪，人们从城市迁到郊区，从北部迁到南部，并且在一定程度上，迁到了外围的农村地区。

原因

在整个人类历史中，人口的住处在很大程度上是由人们能否在那里谋生决定的，也就是由经济机会决定。相应地，人口居住地的变动主要是由于居住地经济机会的变动。在美国，私人企业家——商人和农场主——主要决定到哪里落户以获得新的经济机会。这样，理解美国人口分布的空间变动的理论关键就在于理解私人企业家落户决策的变动。因为利润是企业家的动力，这意味着要理解供给和需求条件变动如何改变不同地理位置经济行为的获利可能性。基本的供给和需求因素在地域上具有不同的长期影响，这些因素在供给方看来，就是技术变化，在需求方看来，就是人均收入增长，后者因不同产品的需求收入弹性而具有不同影响。

虽然历史上对美国人定居起主导作用的因素是私人企业的决策，但最近政府和家庭也逐渐扮演了更加独立的角色——政府通过公共政策决策，家庭通过实际收入，以及放松过去作为牢固联系居住地选择与工作地选择纽带的技术进步。以下主要关注的是影响企业和家庭居住地选择的发展状况，因为这些主要反映了现代经济长期增长的过程，过程本身主导了美国和其他发达国家的人口分布。[23]

正如所看到的，美国人口分布格局的形成开始于农业定居的扩展。在这个阶段，农场主和农场工人根据可耕地的分布而逐渐聚集到一起，也就是根据农业生产利润的经济机会来分布。关键的因素是经济机会，这可以由巴西和澳大利亚的经验证明，它们真正在内陆定居的人口很少，但都拥有广阔而充满经济机会的内陆边缘地区。

城市化的主要推动力是技术进步和更高的收入，它们是伴随着 19 世纪的现代经济增长而出现的。在 18 世纪美国的制造业技术还只是处于前工业化时期。工匠在作坊或者家庭中使用手工工具为当地有限的市场工作，所以生产活动广泛分布于城镇和乡村。除了商业，已有的少量城市没有什么特别的让人因经济活动而在该城市居住的优势。所以美国人口总体上几乎都居住在农场和乡村。

伴随着现代经济增长，新的生产技术极大地改变了经济机会的地区分布，其产生的巨大的成本和收益差异，有利于那些交通运输方便的城镇的发展。潜在的市场动力反映了供给和需求条件的变化（见表 9–6）。[24]

表 9–6　　企业：第一次工业革命之前和之后，选址的主要决定因素和结果

决定因素	之前	之后	
		19 世纪	20 世纪
A. 企业			
能源投入	人力、畜力、风力、水力	蒸汽动力	内燃机、电力
原料	木材	煤、铁、钢	石油、天然气、有色金属、塑料
交通和通信	水运、四轮马车、公路	铁路、电报	机动车、电话、计算机、无线电
B. 需求	低收入导致高比例的食物消费	收入提高使需求转向工业品	收入提高使需求转向服务
选址结果	村庄、农场	城市增长、单中心城市、农村人口减少	城市中心更加分散、城市多中心

在供给方面，关键的因素是广泛实行机械化生产的长期可能性，这是由第一次工业革命的新发明所带来的，特别是动力（蒸汽机）和工业原料（熟铁和钢）方面。新的工业技术急剧改变了平衡，有利于在城市定居，这部分是因为规模经济导致许多产业成长，工厂替代作坊、机械化替代手工生产。因为工厂需要以很大的规模生产，不像作坊，它需要利用大规模的人口以便交易它们的产品。人们为了生产而到城市定居也是有利的，因为新技术需要自然资源投入，特别是煤炭和铁矿，它们都远不是随处可见的，这不像前工业时代生产所赖以为基础的农业和森林资源。这样选址最好是在或者接近新工业投入的原产地，或者在原料运输便宜并且易于通往高人口 527
密度市场的地点。

结果在拥有优良运输设施的老城市中心创造了新的企业和工作机会，并且兴起了许多新的城市中心，它们不仅交通便利，而且容易获得新技术所需的原材料。当企业家对这些机会做出反应的时候，相应发生了对劳动力需求的地域分布的转变，以及由此带来的人口居住地点的转变。随之人口向城市地区的移动被几个因素所强化。第一，把新的蒸汽和炼铁技术应用于国内交通，导致了铁路的发明。最后形成的铁路网极大地强化了城市在网络关键交汇点的成本优势。第二，所谓的“集聚” 528

经济增加了城市的机会。服务消费者的工业，被集中的工人和消费者吸引到城市，而工人和消费者则由于新技术的引导而到那里定居。

新技术也通过消费者的需求对定居起作用，因为它产生了史无前例的生产力以及实际人均收入的增长。随着收入的增长，消费者对于收入弹性高的工业产品的需求迅速增长，远远超过对收入弹性低的产品的需求。因为工业产品更大程度地集中在城市地区，结果进一步扩大了城市地区的工作机会，从而提高了这些地区对寻找工作的人的吸引力。

经过相当长的时期，这些供给和需求力量的结果是刺激了生产上的地域集中。在整个 19 世纪，并且直到 20 世纪，美国人口越来越集中于城市地区，集中程度非常之高以致在 20 世纪中期，许多曾经在 19 世纪经历了定居和人口增长的农村地区正在经历人口下降。

然而在 20 世纪，正在进行的现代经济增长过程，通过对技术和人均收入持续施加影响，并且通过对闲暇时间的更为显著的影响，逐渐开始放松了对地域集中的压力。特别是随着第二次工业技术革命的出现，由不同位置所造成的成本和市场优势的差别不那么大了，当然它们并没有消失。另外，收入的增长，闲暇的增多，以及家庭中技术的变化，开始放松那种把消费者居住地决策与工作地紧密相连的纽带。于是，消费者偏好和家庭决策开始独立且更加明显地改变着人口居住地。

先考虑企业的选址决策，20 世纪的技术进步使工业原料极大地多样化了，因为非铁金属和塑料补充了铁金属，能源投入从煤扩展到了石油、天然气、水电能源（见表 9–6 的最后一列）。这样，那些原先由原材料需求决定选址的行业，就有了更大的选择范围。另外，电力网络的发展促使动力成本的地域分布更加均匀。运输成本的地域差别也不大了，原因是 19 世纪僵化的铁路运输被公路运输和广布的公路网所补
529 充甚至部分被取代，这反映了内燃机发明的影响。信息传输和处理通过电话及计算机创造了新的可能性。总体上，这些进展通过缩小环境区位的成本差异，极大地增加了在选址决策上自由自在的企业的数量，与那些只有有限资源投入渠道的企业形成对照。另外，在那些较大的老城市，聚集经济开始由于污染、拥挤、犯罪增长等问题而变得不经济。

受收入增长的影响，消费者需求的趋势，随着服务支出的重要性的提高，也减

小了工业向大城市中心集中所带来的压力，这是因为许多服务在小城市能够与在大城市一样被便宜地提供，比如健康、教育和个人服务。在 19 世纪，企业选址受技术和消费者约束，只能局限在少数几个大城市，特别要选在铁路和水运便利的地方，而在 20 世纪，企业选址就容易得多了。

前面已经提到，家庭的定居决策也开始对人口分布施加独立的影响。最能够影响家庭选择定居点的家庭问题是小孩抚育、获得宜人的环境、休闲机会以及安全（特别是防止犯罪）。现代经济增长提高了收入并且增加了闲暇，因此提高了选择宜人、具有休闲乐趣以及安全的地点的重要性（见表 9–7）。这些兴趣本身倾向于比企业选址更能促使人口分布在农村。许多美国人更喜欢风景优美、空气新鲜、不那么拥挤并且更安全的城郊乡村。另外，户外娱乐也是美国人闲暇活动的一大特点。[25] 露营、郊游以及水上活动实际上需要农村背景。甚至离家很近的闲暇活动，比如垒球、足球、网球、高尔夫球，也适合在农村进行。此外，在城里曾经具有优势的消遣活动，例如观看职业棒球赛和足球赛，已经由于电视机和录像机的出现使得人们在远离它 530
们的发生地点观看它们成为可能。因而 20 世纪的技术进步减少了在城市定居的优势，这不仅反映在对企业选址的影响上，也反映在对家庭闲暇活动的影响上。

表 9–7　家庭：20 世纪弱化居住地与工作地之间联系的主要决定因素及选址结果

决定因素	
家庭技术	汽车、电力、计算机、无线电（电视、录像机、传真等）
需求	退休人口的相对增长，更高的收入和更多闲暇导致对空间、安全、舒适、消遣机会需求的增加
选址结果	郊区化、中心城市人口减少、农村复兴

20 世纪 70 年代和 80 年代对家庭居住地偏好的调查清楚表明，许多美国人住在大城市但是并不想住在那里，农村的生活对他们有着极强的吸引力。[26] 这意味着由企业应对经济机会的选址决策所造成的人口分布，与由消费者的居住偏好决定的人口分布有很大的差别。

这种差别的其他证明是，不受工作地点问题影响的成年人口、退休人口，他们的净迁移模式，与更年轻的工作年龄人口形成鲜明的对比。这些年轻人对哪里有新工作最敏感。例如在 20 世纪 80 年代后期，向南部和西部的迁移，老年组比年轻组更为突出（见图 9–5）。唯一重要的例外是加利福尼亚，在那里由于高生活成本以及洛杉矶和旧金山的高犯罪率，导致人口迁出超过了从该州许多农村地区的人口迁入。此外，20 世纪 80 年代农村复兴的中断没有发生在农村的“退休”县，那些县的人口增长率依然高于全国水平。[27] 虽然分散在大部分州，但这些县都集中在佛罗里达州、
531 五大湖上游地区、西南部和西部地区。可以肯定的是，老年人的居住偏好与年轻人并不一致，甚至不受工作地点的影响。老年人也不受小孩抚育问题的影响（虽然他们喜欢跟他们已成年的小孩生活在一起），健康、获得良好的医疗照顾在他们的决策中起主要作用。但是他们迁移模式的独特性反映了消费者居住偏好的本质，工作机会不再影响居住地选择。

目前我们只强调了现代经济增长的重要性，它通过更高的收入、每周更短的工作时间、更长的假期以及家庭技术，使家庭的居住偏好独立地表现出来。然而弱化消费者居住地与工作地之间联系的关键突破是交通技术——汽车的发明。汽车是郊区化普遍发展的关键，因为它与公共交通服务，比如马车和电车相比，大大扩展了潜在的交通区域。这样，在第二次主要的发明的帮助下（该发明也影响了 20 世纪）美国建立了广泛的电动运输网络。这就为居住在分散社区的许多家庭提供了关键的动力。消费者更高的收入、每周更短的工作时间，当然对使用这些新技术很重要。更高的收入是因为人们可以承担购买和使用汽车以及电气设备的成本，而每周更短的工作时间则意味着有更多的时间往来于住处与工作地点。

汽车运输的发展对于使城市中心结构从单一中心变为多中心非常关键，因为卡车和分布广泛的公路网意味着企业选址在铁路终点站附近不再具有特别的优势。工作的中心地点越来越分散，汽车强化了多中心结构，促使居住更加分散，不再分布在单一中心的城市区域。

如前所述，更近期的导致更广泛的区域人口分布的发展，是人口转向阳光地带，
533 以及与城市联系不太紧密的农村地区的复兴。这些也反映了企业选址更加自由的性质，以及消费者居住偏好对决策有了更大的影响。消费者居住决策可能部分通过自由企业在选址决策中的资方偏好表现出来。因此，企业有多种选址选择时，资方可能选择在生活上有更大吸引力的地方，例如气候更温暖、更不拥挤的南部和西部地区。无疑也有其他特殊因素在起作用，如之所以企业偏爱到南部选址，是因为那里

有比较低的工资或者特殊的资源禀赋，如石化产品，政府决策考虑到了选址的军事和空间活动方面。但是与现代经济增长相关的长期因素也起了作用。

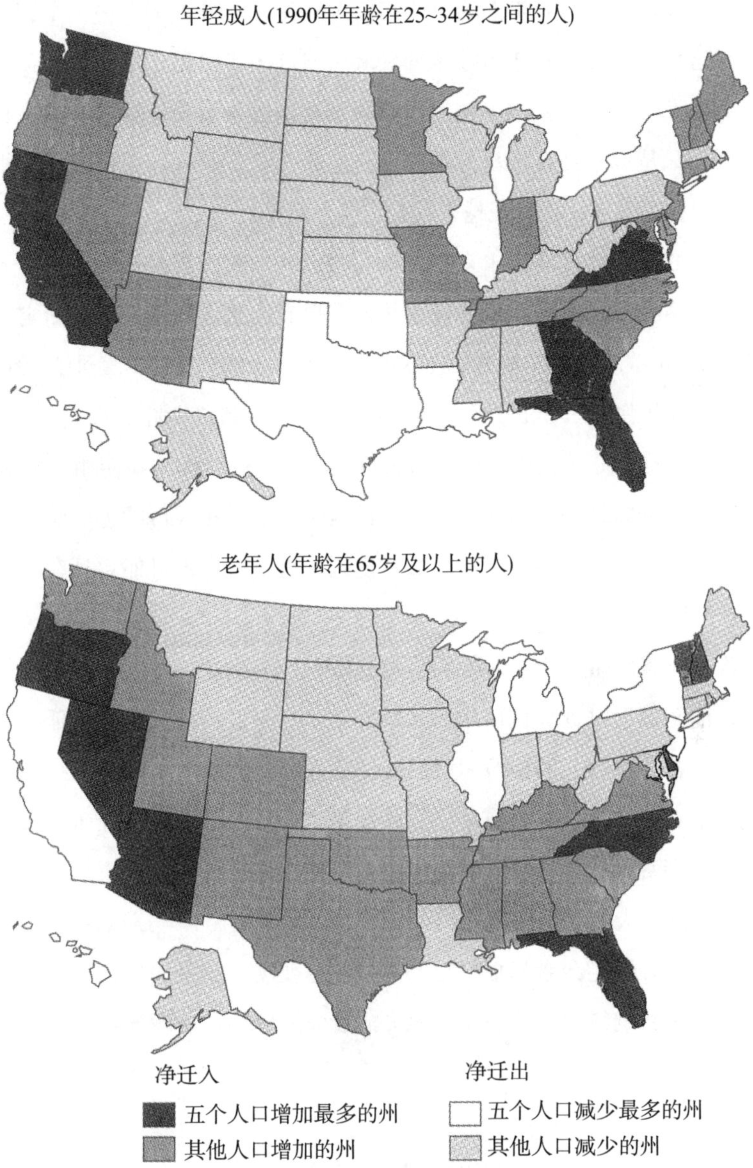

图 9–5　1985—1990 年年轻成人和老年人的净迁移

资料来源：William H. Frey, “The New Geography of U. S. Population Shifts”, in Reynolds Farley, ed., *Social and Economic Trends in the 1980s* (New York, 1995).

在向阳光地带的迁移中，城市中心更高的分散程度，本身对农村复兴的帮助有限。但是两种其他的影响也很重要。一个因素是高收入退休人口的增长，他们的独特定居偏好上面已经提到，与老年人的净迁移模式有关（见图 9–5）。另一个因素是技术的进步——这里指计算机和通信技术的发展——进一步弱化了居住地与工作地之间的联系。这个发展使大企业的一些雇员，特别是销售人员和计算机专业人员，可以在家里办公，只是偶尔到城市里的总部办公室去一下。同样，像依靠计算机工作的专业作家和工业艺术家，也发现越来越有可能在家里工作。

这两方面的进展都可能对未来产生很大的影响。前面已经提到，退休人口在总人口中的比例将提高。此外，退休者的收入在提高，这提高了能够重新定居的退休者的比例。[28] 同样，计算机和通信技术的发展对定居的影响也只是刚开始让人感觉到。估计未来在居住地工作的劳动力到 2000 年会上升到白领阶层的 1/3。[29] 虽然这
534 两种影响在 20 世纪 80 年代由于经济增长放缓以及工业结构调整而相互抵消[30]，但它们的影响在长期将越来越显著。所以农村地区的复兴和人口的进一步分散可能会恢复，尽管这种复兴不会包括所有的农村地区。这个过程也可能包括在以前的农村地区兴起新的城市中心。

第一次工业革命在区位上的要求是城市集中。20 世纪的第二次工业革命缓和了这种趋势，而到最近以计算机技术为基础的第三次工业革命，进一步延缓了向城市集中的趋势。在经济增长的新技术时代，伴随着消费者收入和闲暇的持续增长，历史上建立的消费者居住地与工作地之间的经济联系被打破。人口分布引人注目地第一次由独立的消费者偏好来决定，而不是几乎完全由企业的选址决策决定。未来消费者的作用可能更大。一个研究人口分布的杰出学者指出："长期来看，当经济条件允许的时候，偏好可能会激起更广泛的人口分布变动。如果发生这种情况，几乎半数人口的偏好是将继续定居在一些小地方或者农村地区，从而导致人们的居住系统更加分散。"[31]

新的新兴人口迁移

在大部分时间里美国都以自己是世界的"熔炉"而自豪，这不是没有原因的——

从 1840 年到第一次世界大战迁入人口净值是 2 400 万，这个数字是世界历史上其他时期无法相比的。到 1920 年，19 世纪移民和他们的后代已经使美国人口与 1790 年的殖民地人口相比规模翻了一番。[32] 然而从世界角度看，能把美国定义为熔炉的因素，其范围是相当狭窄的。在美国刚独立的时候，美国人口主要是白人，几乎全部来自西欧和北欧（英国人占多数），直到美国内战时还是如此。随着 19 世纪慢慢过 535
去，移民中包括了越来越多的中欧、南欧和东欧人口，并且在 20 世纪的头 10 年，来自这些地区的移民占流动人口的 3/4。这个欧洲移民血统的变化，被现代人称为新移民，成为日益引起关注的问题，最终在 20 世纪 20 年代成为焦点，政府出台了根据国家来源实行移民配额的限制性立法。更早些时候，来自亚洲的流向太平洋海岸的移民实际上遭到了立法和条约的禁止，目的是阻止所谓的“黄祸”。从 20 世纪 20 年代到 50 年代，美国人口结构在种族混合以及国家来源方面基本上是固定的。20 世纪 20 年代的限制实际上也减少了人口的迁入（见图 9–1）。

事实

最后几十年的移民情况发生了戏剧性的变化——大概可以说新兴移民已经形成。在 20 世纪 60 年代拉美裔和亚裔移民占据半数以上的合法移民，而到了 20 世纪 80 年代，占到了 5/6。在 1990 年，移民来源最多的前 7 个国家依次是墨西哥、菲律宾、越南、多米尼加共和国、韩国、中国和印度。

这种变化在很大程度上是 1965 年的几个移民法案的结果。1965 年的法案改变了美国移民政策的基础，从以国家来源为基础的配额管理转向考虑劳动技能、家庭团聚和人道主义，如提供政治避难。[有些变化已经在 1952 年的《麦卡伦 – 沃尔特法》(McCarran-Walter Act）中有所预示。] 新政策不仅显著改变了移民的国家来源，而且改变了许多其他特点。与第一次世界大战前的自由移民相比，女性和已婚移民的比例大大增加，这反映了优先支持家庭团聚及难民和准难民的移民，而且移民的职业构成也快速向高技能方向变动。例如，在 20 世纪 60 年代专业性合法移民的比例上升到接近 25%，这些移民原来在本国从事专业性的职业，而在 1901—1910 年这个比 536
例只有 1%；普通劳动力的比例仅在 20%左右，与之相比，1901—1910 年间这个比例超过 70%。

越来越多的新闻关注的是非法移民。当然这不是个新现象——所谓“湿背人”在 20 世纪 50 年代曾经是一个突出问题。非法移民像合法移民一样呈现增加的态势。他们的主要国家来源构成也基本上与合法移民相同，如来自墨西哥的非法移民，估计占非法移民总数的 30%。与合法移民相比，非法移民大部分没有什么技能。就墨西哥人来说，大部分在美国和墨西哥边界两边来往，尽管是净流入美国，但很多移民是暂时的。

20 世纪 80 年代合法移民的总量平均每年约 70 万，是 20 世纪 50 年代的两倍。在 20 世纪 80 年代早期非法移民的总量最好的估计是每年大约 20 万。但绝对数量不能说明全部问题，既定数量的移民人数显然有很不相同的意义；这取决于他们是加入 200 万人口中还是加入 2 亿人口中。移民率，即净移民与已经在该国居住的总人口之比，今天已经大大低于历史上的最高值。后退到 19 世纪 80 年代，净移民率上升到每 1 000 人中有 10 人；目前该比例大约只有最高值的 1/3（见图 9–1）。第一次世界大战以来的与以前相比更低的移民率，同国外出生的人口在总人口中占更低的比重形成对照。目前，在国外出生的人所占比重为 8.5%，而 1920 年达到 13%。

虽然与总人口相比数量很小，但移民对人口增长做出了巨大贡献。1980—1990 年间，全国总人口约增加 2 000 万，净合法移民能够占到其中的 1/3。[33] 相比之下，
537 20 世纪 50 年代的合法移民占据了 1/10 以上的人口增长。移民作为人口增长的源泉越来越重要，部分原因是移民的增加，但主要是由于美国国内常住人口生育率下降。这些原因导致在国外出生的人口在总人口中所占的比例上升。

原因和后果

今天非法移民和大部分合法移民，都是受到了美国提供的相对有吸引力的工资的激励，在第一次世界大战以前的移民也是这样。然而，迁出国的条件对决定移民的流动规模也很重要。第一次世界大战以前的新移民运动，部分是由于随着死亡率革命扩张到欧洲中部、南部和东部，这些地方的人口数量上升。当前“新的”新移民运动是历史过程的延续，因为死亡率革命和与之相关的人口增长扩张到了拉丁美洲和亚洲。[34] 这种类型的推动因素很重要，可以从第二次世界大战以前墨西哥低水平的移民看出来，当时美国对墨西哥移民没有法律限制。那时墨西哥的人口

增长远远低于第二次世界大战以后的人口增长。拉丁美洲和亚洲大部分地区的生育率正在趋于下降，因此它们向美国的移民可能逐渐减少。

移民对当前经济的影响是大量研究的主题，迈克尔·菲克斯（Michael Fix）和杰弗里·S. 帕西尔（Jeffrey S. Passel）对此做了总结。[35] 虽然这些研究的结果非常一致，但是它们与媒体流行的一般观点相反。尽管相反，证据却显示，移民对本地劳动力的就业只有极小的影响，略微降低了低劳动素质工人的就业。这里有几个原因。一个原因是，移民创造了新的就业机会。这是因为移民鼓励那些试图迁到国外的企业留下来，提高对商品的总需求，给经济增加新的创业动力。此外，新移民仅与本地工人形成很微弱的竞争，因为他们在语言教育和工作经验方面不足。证据也显示，538
移民实际上对一般工资水平没有多少影响。当然，如果本地经济很弱小，并且已经容纳了很多移民，那么非熟练工人的工资可能会降低。最后，包括非法移民在内的移民，非但对美国纳税人不是一个负担，反而是一项净收益——以政府收益的形式，他们交的税更多，而得到的更少。

人口趋势和长期经济增长

人口预测者几乎达成了共识，那就是出生率将会保持在很低的水平或者下降，人口总量最终将稳定甚至下降，老年人口的比例将显著上升。这些趋势在西欧也和美国一样突出，并且经常被认为严重拖了经济的后腿。以下第一部分评价生育率预测，提出质疑它们的原因。第二部分和随后的部分抛开对这些预测的质疑并提出问题：如果人口预测是正确的，其对经济增长前景究竟意味着什么？我们在指出不同的理论观点——正反两方面的争论——之后，转向历史经验的分析，以评估前景的严峻性。[36]

生育率预测

对生育率持续较低、生育率下降以及与之相关的人口老龄化的预测，引起了公众和政策制定者如此大的关注，以至他们把它们当成了现实。结果很多人三四十年来一直宣称，随着老年人口比例的上升，社会保障系统将崩溃。所以有必要问一问预测者做出该预测时有多少信心。

根据过去的预测记录，答案是不大令人信服的。记录从20世纪40年代开始，
539 当时官方的人口预测刚刚开始，这表明官方的生育率预测不能为未来提供指南；这些数据只反映了过去，而且是最近的过去。当二战后在20世纪40年代后期出现婴儿潮的时候，人口预测者还在预言30年代的低生育率将继续。最后，当20世纪50年代婴儿出生以最高速度增长时，预测者抛弃了他们的低生育率预测，采取了高生育率预测，只是60年代生育率的下降让他们大跌眼镜。在过去的20年间，当生育率下降到新低点时，预测者又转向低生育率假设。然后是1987年后生育率的回升，一系列新的预测也迅速发布，以反映这种增长。所以，与其说是预测未来，不如说生育率预测忠实地反映了过去。这些预测不是建立在任何生育率变动的理论基础上；相反，它们只是简单地假定最近发生的事情还会继续发生。

令人迷惑不解的是这些生育率预测的不对称性，即要预测的时期与作为预测依据的时期不对称。预测往往延伸到未来60年以上的时期，而预测所依据的经验则只是过去一二十年的。预测未来60～80年的生育率前景时，如依据过去60～80年的经验而不是过去20年的经验，则结论会大不相同。证据压倒性地显示出相当大的生育率方差。我们已经看到，19世纪有一个长期的生育率波动。虽然历史数据没有证明生育率会像过去一样增长，但也难以解释为什么预测者在他们过去的预测反复失败后，不考虑这种可能性，至少包括这类预测。因为预测在许多政策讨论中是非常重要的，所以这至少可以提醒使用者存在预测错误的可能性。它也会强调当前人口老龄化的预测也是一种猜测。

人口对经济的影响：理论上的争论

我们假定那些达成共识的预测是正确的。生育率下降、较低的或者负的人口增长以及人口老龄化将如何影响经济？认为存在负面影响的理论观点一般有两类——
540 较老的观点可以追溯到20世纪30年代，但最近又兴起了，认为人口变动会对总人口的商品需求造成影响；较新的一个观点，与供给或者说经济的生产能力相关。

需求的观点主要关注人口增长率下降的影响。这种观点认为，人口增长率决定市场增长率，从而决定消费者的商品需求和资本品需求，例如住房、工厂和机器设备。

人口增长放慢会造成商业萎缩，因为市场扩张会放慢或者停止。

作为回应，有人已经指出市场大小依赖的是总支出而不是支出者的数量。即使支出者的数量不变，随着人均收入的增长，每个人的支出从而总支出仍会继续增加。随着二战后系统性的货币政策和财政政策的实施，通过这种方式弥补因人口因素导致的总需求不足是可能的。

最新的供给方面的论点主要集中讨论了对要素供给和要素生产率的影响。持此观点者宣称，较低的或者负的人口增长和人口老龄化将降低劳动力的质量，降低资本积累率，降低技术变动率。

这些观点背后的基本思想表述如下。人口被看作由三部分——年轻人、中年人和老年人——组成，老年人部分相对于其他两个部分在增加。现在假定任何给定的属性都影响生产能力，如体力，老龄组人口的体力是相对缺乏的。在其他因素假定不变的情况下，如果老年人在总人口中所占的份额增加，那么人口的平均生产能力总体上将下降；在当前的例子中，是体力的降低。人口老龄化将会通过降低人口的平均能力来减小生产潜力。

这种观点不被采用的原因有很多。老年人被认为受教育水平较低，从而熟练程度较低。假定老年人更不喜欢储蓄，从而降低资本积累。据说老年人更倾向于按照固定方式行事，因而更缺乏创新性和创造性，从而成为技术进步的障碍。老年人被认为在地域上和职业上更缺乏流动性，因而更不能利用对经济进步至关重要的新机会。老年人需要更高的人均公共支出。结果是税收负担提高，原因是日益提高的老 541
年供养比将减少工作年龄人口的工作和储蓄。综合起来，这些观点断定，一般来说，人口老龄化会阻碍生产能力的增长，主要通过降低劳动力供给质量、降低资本积累率、降低技术进步率来实现。

虽然这是一套强有力的观点，但并不是没有受到质疑。有人认为，基于体力考虑的“驼峰形”年龄—生产力曲线，与当今美国由白领和服务业工人主导的劳动市场存在不确定的相关性。“替代效应”理论认为，劳动力的平均受教育程度受到老龄化的负面影响，取决于教育进步的经验性质。是否年长的人口接受较差的教育，取决于历史上学校教育的发展趋势，而这种趋势远不是线性的。如果后来时期教育发展缓慢，那么年长的人受到的教育与年轻人一样。此外，年龄与经验相关，更年长的劳动力是更熟练的劳动力。年长工人的工作绩效要好于年轻人。驼峰形储蓄曲线也被认为缺乏实证经验支持。有人争辩说，退休人员更不敢放弃积累，特别是因为遗产动机和健康成本、死亡时间的不确定性。同样，对认为上述原因对重新分配储蓄的养老计划具有负面影响的观点的经验支持也是有争议的。此外，储蓄的实证研究也显示，人口学决定因素被其他影响所淹没。可以合理地指出，通过量化研究发达国家长期经济增长的源泉，可以发现人口增长所起的作用是很小的。

这种“一方面”“另一方面”式的争论，让人无所适从。所以需要历史事实，下面转向这种讨论。

人口对经济的影响：历史经验

以下归纳是基于美国和10个西欧国家的经验，它们走在引人注目的人口变动的
542 前列。[37] 每个国家使用的人口预测和那些潜在的预言经济长期停滞的人口预测是一样的。分析利用了一个世纪以上的情况；如已经提到过的，如果一个人要预测未来五六十年的情况，这样一个长期观察视角是必要的。

人口增长和经济增长的历史关系

如果人口增长是经济增长的主要影响因素，那么一个人可能希望发现高人口增长与高经济增长相匹配。事实真是这样吗？答案因波动与趋势而不同。

比较人口平均增长率与实际人均收入，从1870年以来经过的四个长时期——发展“阶段”是由安格斯·麦迪逊（Angus Maddison）提出来的——揭示出在大多数国家两个系列波动通常是相匹配的。[38] 可以想象，一个人可能抓住这一点，辩解说人口增长率的下降会导致人均收入增长率的下降。但这个辩论是“尾巴摇动狗”（过分夸大了人口增长率的作用）——在所有国家，人口增长率的波动与人均收入波动比起来是很小的。

此外，二者数量上的长期趋势比较显示，人口增长在世界上的大多数国家倾向于下降，但是人均收入增长倾向于上升。典型的是1950年以后人均GNP的增长率，即使是包括近期1973年以来经济相对低迷时期，也高于早期的增长率。比较而言，1950年以后的人口增长率与1950年以前的人口增长率几乎相同甚至更低。这个经济增长率和人口增长率之间的反向关系，正与某些人预计的相反，他们预计人口增长

下降会严重地拖经济的后腿。

预测的人口增长的下降量

对这些典型国家在下个世纪的人口增长率的预测，并不是与现在的人口增长率差别很大。它们在 1973—1990 年间的年均增长率只有 0.3%；预计的增长率， 543
2030—2050 年间的最低值，平均为 -0.3%。[39] 因此，预期的人口增长率下降在 60 年的期间平均只有 0.6 个百分点，或每 10 年 0.1 个百分点。正如我们所看到的，过去在这些国家人均收入倾向于上升而人口增长率倾向于下降。很难相信如此温和的人口增长率下降会导致完全相反的偏离人均收入长期增长的历史模式。

供养负担的预期增加量

供养负担有时候讨论起来好像只包括对老年人的赡养，但是显然工作年龄人口的供养负担包括了对婴儿、小孩的抚育和老年人的赡养。这样，为了从适当的角度表述供养负担，就需要首先研究整个需要供养的人口规模，年轻的和年老的，相对于工作年龄人口的比例。也就是说，两个受供养的年龄组，年龄在 15 岁以下和 64 岁以上的人，与工作年龄人口（年龄为 15～64 岁）的比例。

使用这种测度方法，在所有研究的 11 个国家中，在 2040 年将出现供养比最高峰，即半个世纪后出现。将这个顶点与 19 世纪达到的最高水平相比，可以发现这些发达国家总的供养比例与历史上的最高峰差不多。该预测水平比目前要高，这种对比造成当前人们的忧虑。但是这种对比如果延伸到过去整整一个世纪，只有三个国家的供养比例比以前高。此外，这一预测值绝不超出这些国家总体上在过去一个世纪经历的情况。

因而，总供养负担的前景与过去一个世纪的经验相比，并不是史无前例的。这个结论在许多敏感性检验下成立——因供养概念的不同、预测所用资料的不同而不同，以及允许移民大范围的变动。在当前的预测中，只有一种情况下的总供养比上 544
升到过去一个世纪前所未有的水平，即在最高年龄组中假设了死亡率革命。虽然不能从总体上排除这个可能性，但是这个预测并没有成为当前对于人口老龄化对经济影响的悲观解释的潜在基础。

供养负担与经济增长率之间的历史关系

总供养比的增加与经济增长率的下降已经联系在一起了吗？再次以安格斯·麦迪逊的四个发展阶段为基础，答案是否定的。虽然人均总产出（GNP）的增长明显在每一个经济增长时期都发生变化，但供养比例则没有那样变动。在大多数国家，平均供养比例在1870—1913年间最高，而后基本保持稳定。在二战后的时期对比更加明显。基本上所有国家在1950—1973年间的实际人均收入的增长率都几乎是1973—1990年间的两倍，但是供养比例在这两个时期几乎相同。很难认为供养比例与1973年以后的经济增长率急剧下降有很大关系，因此毫不奇怪，学者们试图解释这种下降时从来不提这个因素。[40]

老年人口的供养对工作年龄人口的税收负担的影响

虽然总供养比不会差别很大，但是供养人口的年龄结构会发生较大的变化。年轻人的供养比将下降，而老年人口的供养比将上升。与总供养趋势联系起来看，这个变化对预期工作年龄人口的老年人口负担给出了一种很不相同的新看法。显然对年轻人供养负担的下降部分补偿了对老年人供养负担的加重部分。政府的分析家花
545 了一些时间才认识到这一点，注意到退休和健康支出的增加正好与教育支出的下降相抵消。但是有关的比较必须超越这一点，要考虑每个被供养者的总经济成本。也就是说，要把供养婴儿和儿童的私人和公共成本与老年人比较。如果工作年龄人口需要从收入中拿出更少的钱支持儿童，那么就有更多的潜在资金用来支持老年受供养者。

很少有人对两个年龄组的完全相关成本做实际的考证工作。但是现有的研究工作使人产生这样一种印象，即当单独考虑公共支出时，年轻人和老年人的相关供养成本很不相同。这些研究提出每个供养者的总经济成本，实际上年轻人和老年人的供养成本没有很大的差别。如果这种情况属实，那么工作年龄人口的经济供养负担，在21世纪前50年就不会比过去的一个世纪大很多，因为供养更大比例的老年人口的成本增加，将会被更小比例的年轻人口的供养成本下降所抵消。

但对于工作年龄人口所承受的税收负担是一种什么意义呢？显然如果公共支出在长期中相对GNP增长，那么税收也会增长。然而据经济合作与发展组织的

预测，这里讨论的大部分国家到 2040 年都将出现很平缓的实际收入年均增长率 (0.3% ~ 0.8%)，从而足够使工作年龄人口的人均税收负担在 2040 年保持在与 1980 年同样的水平。[41] 该收入增长率大大低于过去长期的经验。因此，看来不会因为税收负担与人口老龄化之间不适当的关系而产生反向的激励效应。

劳动力供给的预期老龄化及其对教育的影响

劳动力供给的预期老龄化对于人口预测意味着什么？会像有些人所说的，高比例的年长工人将造成随后的创新力、流动性和生产率增长的下降吗？答案是预计 21 546
世纪前 1/4 个时期年轻工人比较稀缺（或者是年长工人供给过剩），但也不是与 30 年前所经历的稀缺程度相差很大，并且这种情况在 2025—2050 年间会有所缓和。1880—2025 年，20～34 岁年龄组与 35～64 岁年龄组之间比例的趋势是，年轻的工作年龄人口相对于年长者是下降的；换句话说，将会有比较少的年轻工人和更多的年长工人。然而在大多数国家，预计 2025 年左右的水平不会比 1960 年左右的水平低很多，其后随着低出生率的同批人替代高出生率的、年龄在 35～64 岁的年长者，这个比例将一直上升到 2050 年。

劳动力供给的老龄化对于劳动力获得教育有什么影响呢？考虑这个问题的时候，应该注意到在许多国家，年长工作年龄人口的受教育水平实际上在未来 30 年还会提高，因为那些受益于 20 世纪 70 年代以前的学校教育的年轻人将成年。这个年长人口在受教育程度上的提高趋势，将抵消整体劳动力平均受教育程度受预计的老龄化的负面影响。

人们自然会想到在过去年长人口受教育水平普遍偏低。现在应该认识到在很多国家年长工人将比过去受到更好的教育，并且与年轻工人的受教育程度差别不大。未来普遍具有较高受教育水平的年长工人应该成为一股重要力量，加上他们有更多的经验，因此即使老龄化对创新和流动性有负面影响，也可抵消这种负面影响。

总　结

20 世纪美国人口增长的记录对未来有什么启示呢？考虑到死亡率下降和预期寿

命提高，答案是为预防和治疗退化性疾病的知识的进一步积累开辟了美好的前景。在这方面的第一个主要的突破性影响，是 20 世纪 60 年代后期开始的预防和治疗心
547 脏病及心脏病发作的技术研究，现在依然可以感觉到这种技术对提高老年人的预期寿命的作用。考虑到生物医药知识领域的扩展，特别是有关癌症治疗的知识，这种寿命延长的趋势可能还会继续。

公共政策也将扮演重要角色。考虑到移民，公共政策的重要性是明显的。如我们所看到的，20 世纪 60 年代开始的立法极大地改变了移民来源的地理分布。但考虑到生育率时其前景也是如此。在形成预期经济增长率的过程中，生育率可能看起来独立于国内和国际经济政策。如果经济政策严格回归到充分就业目标，那么未来 10 ～ 20 年就可能重现二战后的情况，当时迅猛的经济增长与年轻劳动力短缺相联系。年轻人比较富裕，因而有可能产生大幅的生育率上升。但如果担心通货膨胀导致利用公共政策对经济进行紧急刹车，那么明显的生育率上升前景是不明朗的。

20 世纪与过去最大的不同之处大概在于人口的地理分布方面。如前所述，生产技术的演进，加上更高的家庭收入、更多的闲暇以及家庭内的技术进步，打破了居住地与工作地紧密接近的历史性联系。所以，曾经在过去的两个世纪中主导人口分
548 布的城市集中趋势可能正在面临一个长期的逆转过程。

注 释

[1] Bert G. Hickman, *Growth and Stability in the Postwar Economy* (Washington, D. C., 1960), 161–162.

[2] Richard A. Easterlin, *Birth and Fortune*, 2nd ed. (Chicago, 1987); Diane J. Macunovich, “A Review of Recent Developments in the Economics of Fertility”, in *Household and Family Economics*, Paul Menchik, ed. (Boston, 1996); Fred C. Pampel, “The Easterlin Effect in Comparative Perspective”, *American Sociological Review* 58(1993), 496–514.

[3] William P. Butz and Michael P. Ward, “The Emergence of Countercyclical U. S. Fertility”, *American Economic Review* 69(1979), 318–328.

[4] Diane J. Macunovich, "The Butz-Ward Model in the Light of More Recent Data", *Journal of Human Resources* 30（1995），229–255.

[5] Charles F. Westoff and Norman B. Ryder, "*The Contraceptive Revolution*"（Princeton, 1977）.

[6] Valerie K. Oppenheimer，"Women's Rising Employment and the Future of the Family in Industrial Societies"，*Population and Development Review* 20（1994），293–342.

[7] Randall J. Olsen, "Fertility and the Size of the U. S. Labor Force"，*Journal of Economic Literature* 32（1994），60–100.

[8] Sanders Korenman and Barbara S. Okun, "Recent Changes in Fertility Rates in the United States: The End of the 'Birth Dearth'?"（Minneapolis, Univ. of Minnesota，1994）.

[9] U. S. Department of Health, Education, and Welfare, National Center for Health Statistics, *The Change in Mortality Trend in the United States* 3 (Washington, D. C., 1964), 42.

[10] Eileen M. Crimmins, Mark D. Haywards and Yasuhiko Saito, "Changing Mortality and Morbidity Rates and the Health Status and Life Expectancy of the Older Population", *Demography* 31（1994），159–175.

[11] Richard A. Easterlin, "Industrial Revolution and Mortality Revolution: Two of a Kind?"*Journal of Evolutionary Economics* 5 (1995), 393–408.

[12] United Nations, *World Population Prospects*: *The 1992 Revision* (New York, 1993).

[13] Paul Bairoch, *Cities and Economic Development* (Chicago, 1988); Hollis Chenery and Moises Syrquin, *Patterns of Development, 1950—1970* (London, 1975); United Nations, *Patterns of Urban and Rural Population Growth* (New York, 1980); United Nations, *Aging and Urbanization* (New York, 1991).

[14] R. Schofield and D. Reher, "The Decline of Mortality in Europe", in R. Schofield, D. Reher, and A. Bideau, eds. *The Decline of Mortality in Europe* (Oxford, 1991), 14; see also 170, 179.

[15] H. J. Habakkuk and M. Postan, eds., *The Cambridge Economic History of*

Europe: Volume VI, The Industrial Revolutions and After: Incomes, Population, and Technological Change (Cambridge, 1965); David S. Landes, *The Unbound Prometheus* (Cambridge, 1969); for a good chronology of major economic inventions, see William Woodruff, *Impact of Western Man* (New York, 1967), 200–263.

[16] C. E. A. Winslow, "Control of Communicable Diseases", in *Encyclopedia of the Social Sciences IV*, Edwin R. A. Seligman, ed. (New York, 1931); Schofield, Reher, and Bideau, eds., *The Decline of Mortality in Europe*; for a valuable study of American experience, see Samuel H. Preston and Michael R. Haines, *Fatal Years: Child Mortality in Late Nineteenth-Century America* (Princeton, 1991).

[17] William H. McNeill, *Plagues and Peoples* (New York, 1976).

[18] Jean Noel Biraben, "Pasteur, Pasteurization, and Medicine", in Schofield, Reher, and Bideau, eds. *The Decline of Mortality in Europe.*

[19] John D. Durand, "Comment", in Richard A. Easterlin, ed. *Population and Economic Change in Developing Countries* (Chicago, 1960), 345.

[20] Richard L. Forstall and Donald E. Starsinic, "Metropolitan and County Population Trends in the 1980s", in U. S. Bureau of the Census, *Current Population Reports*, P–23, No.175 (May, 1992).

[21] Glen V. Fuguitt and Paul R. Voss, *Growth and Change in Rural America* (Washington, D. C., 1979); Glen V. Fuguitt, "Internal Migration and Population Redistribution: Issue Brief ", in Linda L. Swanson and David L. Brown, eds., *Population Change and the Future of Rural America: A Conference Proceedings* (Washington, D. C., 1993).

[22] A good panel discussion by Steven G. Cochrane, Daniel R. Vining Jr., Brian J. L. Berry, Anthony G. Champion, William H. Frey, and Keichi Mera appears in the *International Regional Science Review*, "Symposium on Population Migration", 11(1988), 215–278. See also Swanson and Brown, eds., *Population Change and the Future of Rural America.*

[23] See also the chapter on American population in Lance E. Davis et al., *American Economic Growth: An Economist's History of the United States* (New York, 1972);

International Regional Science Review, "Symposium on Population Migration"(1988); Arthur C. Nelson and Kenneth J. Dueker, "The Exurbanization of America and Its Planning Policy Implications", *Journal of Planning Education and Research* 9(1990), 91–100; Swanson and Brown, eds., *Population Change and the Future of Rural America.*

[24] See also William N. Parker, *Europe, America, and the Wider World: Essays on the Economic History of Western Capitalism* (I) (Cambridge, 1984), chap.8.

[25] George Katona, *The Mass Consumption Society* (New York, 1964).

[26] Glen V. Fuguitt and J. J. Zuiches, "Residential Preferences and Population Distrbution", *Demography* 12 (1975), 491–504; Glen V. Fuguitt and David L. Brown, "Residential Preferences and Population Redistribution 1972—1988", *Demography* 27 (1990), 589–600.

[27] William H. Frey, "Perspectives on Recent Demographic Change in Metropolitan and Nonmetropolitan America", in Swanson and Brown, eds., *Population Change and the Future of Rural America.*

[28] Congressional Budget Office, *Baby Boomers in Retirement: An Early Perspective* (Washington, D. C., 1993); Richard A. Easterlin, Christine M. Schaeffer, and Diane J. Macunovich, "Will the Baby Boomers Be Less Well Off than Their Parents? Income, Wealth, and Family Circumstances over the Life Cycle in the United States", *Population and Development Review* 19 (1993), 497–522.

[29] L. Howland, "Communications Technology: Shifting the Work Place", *Urban Land* 41 (1982), 22–23.

[30] Frey, "Perspectives on Recent Demographic Change in Metropolitan and Nonmetropolitan America".

[31] Frey, "Perspectives on Recent Demographic Change in Metropolitan and Nonmetropolitan America", 53–54.

[32] Richard A. Easterlin, "Immigration: Economic and Social Characteristics", in Stephan Thernstrom and Oscar Handlin, eds., *The Harvard Encyclopedia of American Ethnic Groups* (Cambridge, 1980).

[33] U. S. Bureau of the Census, *Statistical Abstract of the United States 1993* (Washington, D. C., 1993).

[34] Timothy J. Hatton and Jeffrey G. Williamson, "What Drove the Mass Migrations from Europe in the Late Nineteenth Century?" *Population and Development Review* 20(1994), 533–559.

[35] Michael Fix and Jeffrey S. Passel, *Immigration and Immigrants: Setting the Record Straight* (Washington, D. C., 1994).

[36] For detailed references, see Richard A. Easterlin, "Economic and Social Implications of Demographic Patterns", in Robert H. Binstock, Linda K. George, and James H. Schulz, eds. *Handbook of Aging and the Social Sciences*, fourth ed. (San Diego, 1996).

[37] Richard A. Easterlin, "The Economic Impact of Prospective Population Changes in Advanced Industrial Countries: A Historical Perspective", *Journal of Gerontology: Social Sciences*, 46(1991), S299–S309.

[38] Augus Maddison, *Phases of Capitalist Development* (New York, 1982); Angus Maddison, *Dynamic Forces in Capitalist Development: A Long-Run Comparative View* (Oxford, 1991).

[39] United Nations, *World Population Prospects; The 1992 Revision* (New York, 1993).

[40] John W. Kendrick, *International Comparisons of Productivity and Causes of the Slowdown* (Cambridge, 1984); Maddison, *Phases of Capitalist Development*; Maddison, *Dynamic Forces in Capitalist Development.*

[41] Organization for Economic Cooperation and Development, *Aging Populations: The Social Policy Implications* (Paris, 1988).

第 10 章

20 世纪的劳动市场*

克劳迪亚·戈尔丁（Claudia Goldin）

引　言

自 20 世纪 70 年代中期以来，美国的劳动生产率和实际工资停滞不前，不平等程度提高，许多人质疑到底怎么回事。紧接着第二次世界大战后蓬勃的美国经济开始显得步履蹒跚。尽管持续时间没有当前的经济减速那么长，但劳动生产率同样在其他时期停滞不前。最近的不平等程度上升已经使国民工资结构回到 1940 年左右的状况，而不是使不平等程度以史无前例的比例上升。

* 本章写于 1993—1994 年度，出版于 1994 年 6 月，当时我正在布鲁金斯研究所做访问学者。仅仅在数据的小错误和更新一些出版物方面做了微小的改动。增加了一些新的引文。感谢 Gerald Friedman、Lawrence Katz、Robert Margo 和 Robert Whaples 对早期框架的有益评论和建议。Linda Tuch 提供了专业的研究协助。我还要感谢布鲁金斯研究所的资助。当我在拉塞尔·塞奇基金会（Russell Sage Foundation）进行访问时，Kerry Woodward 帮助我对最后文稿进行了润色，感谢她和基金会的支持。

从长期看，与当前的劳动市场关系最密切的是过去一百年劳动取得了巨大的收获。一些收获来自小时实际工资的提高加上雇主增加的支付，另一些来自每周工作时数的下降以及终生工作年数的下降，还有其他一些来自工人在面临失业、年老、疾病和工伤等情形时可以得到更好的社会保障。这种收获是在工会势弱的时候获得的。当然这并不是说过去一百年有组织的劳动没有给劳工增加什么经济福利。在
549 大多数时期，工会组织内的劳工比非工会组织的劳工在同等劳动技能水平下要多挣5%～20%，而美国的非工会劳工可能已经从工会劳工的“声音”中获益。但是没有确切的证据表明美国的劳动市场像欧洲的劳动市场一样已被工会根本改变。欧洲劳动市场，由于制度性的工资确定、就业保障立法、委托劳动委员会（Mandated Works Council）以及集中的集体谈判，已经从根本上被扭曲了。

纵观过去的一百年，美国劳动力的面貌已经发生巨大变化。童工完全消失，老年人的劳动参与率大大下降，妇女的劳动参与率提高。尽管在1900年妇女在劳动力中所占的比重只有18%，并且不是年龄小的就是年龄大的，但现在妇女在劳动力中几乎占了一半，并且她们的年龄分布与男性劳动力的年龄分布相似。妇女就业上升，就其数量影响和社会影响而言，可以被直接看作这里所考虑的三种主要人口转变中最显著的特征。三种变化基本上都是产生于劳动力供给的长期变化，而不是产生于劳动力供给的立法限制。人们经常强化立法，例如义务教育、童工法、机会平等和平权行动、社会保障法，但是长期力量在立法以前已经起作用，并且对于总体变化起更大的作用。

最后，劳动市场本身也已经在过去的一个世纪中发生了变化。在1910年，制造业的男性工人中有27%认为他们是“体力劳动者”，而在运输部门该比例是30%（美国商务部，1914，53页）。而在这两个部门中其他部分是非熟练工人，尽管他们名义上不是所谓的“体力劳动者”。他们中的许多人最初是短工。实际的季节性就业、周期性衰退和通常的企业破产导致了解雇和失业。现在的工人没有工作安全的保障，但是他们确实比一个世纪以前的工人获得了更多的持续性的就业保护。虽然今天的年轻工人经常选择离开他们的工作岗位去寻找更好的工作机会，但他们年龄更大的时候也能比一个世纪前的工人任职更长的时间。

像理论上认为的那样，把过去的劳动市场叫作“现货”市场是不正确的，因为

工资不会即时调整，市场不会连续出清。但是过去这样的劳动市场与现在的劳动市场相比，具有更多“现货”市场的特点。工作中越来越多的技能方面的内容已经使 550
劳动市场制度发生了转变。今天的工人比过去的工人受过更多的教育，并且教育与工作培训正相关。据说今天的工人比一个世纪以前的工人积累了更多的特定企业的专业技能。由于有了更多的专业技能和更高的技能水平，所以工人和企业都对维持长期关系有更大的兴趣。

20 世纪后期的劳动市场与一个世纪前的劳动市场相比还有其他几个不同之处。更集中的雇佣和解雇权力意味着给予主管和领班更少的自主权和更多的规则。与一个世纪前相比，今天的经理更少使用“大棒”，例如解雇工人、降低工资，而是更多地使用“胡萝卜”，例如晋升和奖金。虽然雇佣、提升、解雇经过长期演变已经合理化了，但更多的监管和诉讼环境强化了这些变化。

现代劳动市场制度的演化既影响了个人福利，也影响了宏观经济。工人有更多的工作保障、有更强的能力来进行固定的面向特定行业的职业培训投资。这样现代劳动市场制度就形成了，因为工人被鼓励获得更多的技能。但许多人质疑现代市场制度是否使市场更缺乏灵活性，使工资更具有刚性，并使失业增加而不是减少。1860—1983 年间行业工资的波动表明，工资在二战以后变得更具有刚性了(Allen，1987)。但是其他证据显示，19 世纪 90 年代的制造业部门的工资具有刚性(Sundstrom，1990)。

失业水平和失业的不稳定性没有随时间快速提高，但是失业分布变得更加偏斜。[1] 与过去相比，在现今失业者中有更大比例的工人面临长期失业。现在与过去相比，有些差别是由于过去的劳动需求具有更强的季节性，于是短期的间歇性失业者占有更大的比例，有些可能是由于失业保险的发明导致工人用更长的时间来寻找 551
工作。长期失业的增加依然是令人困惑和烦恼的。

20 世纪劳动力生活水平和福利水平的提高，并不总是被不同技能、地区、种族、性别的人所分享。尽管还没有确定性证据，但工资结构大概直到 20 世纪的第二个 10 年还在扩展。很明显，工资结构在 20 世纪 40 年代迅速变得集中，然后从 1950 年到 20 世纪 70 年代中期保持相对稳定。从那以后工资结构又显著分散，使 20 世纪末变得与 1939 年一样不平等。我们还远不清楚工资结构从 19 世纪末起到 20 世纪 20

年代的分散趋势。1900—1914 年间大量非熟练工人移民涌入，这种情况可能降低了非熟练工人的工资，也可能降低了那个时代采用装配线机械的行业熟练工人的工资。也有证据表明移民给手艺工人施加了降低工资的压力，例如建筑工匠。大企业的增加，导致对办公室人员和白领工人的需求增加，也会像在 20 世纪 20 年代高中入学率剧增之前的 20 世纪早期一样，扩大工资的技能差别。

工资的地区差别和城乡差别则随时间慢慢缩小。当工资结构在 20 世纪 40 年代普遍变得集中、在 60 年代中期至 70 年代再次趋于集中时，工资的种族差别缩小了。20 世纪的几个时期中，男性与女性的全职工作人数的比例下降了。但是这几个时期不同于种族的和一般工资结构普遍变得集中的情况，因为妇女的劳动力参与以一种复杂的方式影响了工资的性别差异。总之，过去一个世纪，工资的地区、性别、种族差别缩小了，但全体美国人的工资结构很可能先是分散，然后在 20 世纪 40 年代大幅趋于集中，而且大概在 1920 年也趋于集中了，直到 1975 年以后再分散。教育的回报一般遵循与整个工资结构相似的路径。最近的迹象表明，一般白领工人的工资奖金在 20 世纪 20 年代早期与受过高中和大学教育的人一样（Goldin and Katz, 1995，1999）。

工资的行业差别——就是行业间的工资差别——已经存在了至少 50 年，也可能有 100 年。特定行业根据工人的特点对高技能的工人支付较高的工资。这样的差别
552 显然否定了劳动市场出清的观点，因为雇主对于雇用具有可观察到的相同特点的工人，主观上不存在差别。有的工资水平高于市场出清水平，这就支持了这样的观点，即工资除了出清市场外还有其他目的，市场并不是铁板一块而是由许多不同的个体组成。“好”工作岗位，据称提供了市场出清以上的工资水平，作为工人的激励以减少辞职、偷懒、渎职行为，提高积极性。因为具有集中程度更高的产品市场的行业都是那些有着与生产力水平不同比例的高工资的行业，行业间的工资差别也反映了一些行业劳动力成本的提高。

政府从联邦层次和州层次采取了许多手段对劳动市场进行干预，这一作用在过去的 100 年中显得越来越重要和显著。立法确立了社会保险（如失业保险、《社会保障法》和工人在州层次的补偿），保护了工人（职业安全与健康署、童工法），授权和界定了工会行为（如《瓦格纳法》），限定了工人的工资和工时契约（如在《公平

劳动标准法》中的最低工资和加班工资规定)，限制了来自国外的竞争（如1924年和1929年限制移民的《国家来源法》)。除了一些特例，这一章的很大部分要继续讨论，过去一个世纪的劳动收益和劳动市场变化，基本上是在一个没有限制的、自由放任的市场中演变出来的。

然而政策干预远没有到头。那么谁又能够说劳动收益和劳动市场演化是在没有立法的情况下进行的呢？政府干预通常强化了已有的趋势，因为童工在减少、工资差别在缩小、工时在减少。立法通常能够强化市场竞争，这在今天比过去更加可行，例如有关保险和养老金的法律。在几个案例中，立法可能导致没有预料到的后果，比如随着许多州实行了工人补偿法，在一些特定行业中的工业事故增加了。

需要强调的是，虽然大部分劳动收益和劳动参与率的变化，可能在没有立法的情况下发生，但是在有立法的情况下确实能够且已经导致了不同。比如，白人和黑 553
人的工资差别缩小了，原因在于1964年《民权法》(Civil Right Act）的有效执行以及遵从联邦契约的行动。20世纪头20年的最高工资立法只影响了妇女，降低了工时(Goldin, 1988)。

非常奇怪的是，如果说许多给人深刻印象的立法影响了劳动，而两个不大明显的立法可能对劳动总收益产生了最大的影响。一个是公共提供的教育，特别是中学教育，另一个是移民限制。公立学校由于规模经济降低了教育成本，它通过税收重新分配了收入，它还通过免费规定鼓励贫穷家庭的孩子上学接受教育。[2] 欧洲的移民限制立法首先是在1917年以文化测试的形式出现，后来在1921年、1924年和1929年以配额形式出现。海洋运输和铁路运输费用的下降，使国际劳动力流动以比20世纪初的移民最高峰时更大的规模进行，这样配额的方法陷入了困境。那个时期由低工资国家生产的商品对于美国生产的商品没有什么替代性，这与当今的环境很不相同。

过去一个世纪的历史看起来像是多种方式的完全循环。私人部门的联合水平已经回到《瓦格纳法》之前的水平。净移入人口占净人口增长的比例已经达到了历史性的高度并且超过了19世纪末20世纪初的水平。工资结构显著趋于分散，可能已经堪比20世纪20年代和30年代的历史最高点。应该注意到，在许多OECD国家，不平等程度也扩大了，但是美国扩大得比其他国家更厉害。目前美国的企业声称美国中学培育出来的工人没有足够的基本技能以满足高技术工作的需要。它们的观点重复了 20 世纪初期的观点，在这之后美国扩大中等教育以及使用教育分流机制，但
554 不是一个工业培训多层系统（譬如德国）。最后在过去 15 年中劳动生产率的进步和工人最低工资的增长，看起来更像 1900—1920 年期间而不像第二次世界大战后的 30 年。

许多人认为美国经济在 20 世纪 90 年代的弊病，是美国第一次上升为工业霸主时期的“遗产”。美国在 1910 年取得并且保持了领导地位，部分是通过大规模生产和装配线生产的先进技术。通过复杂的劳动分工，低技能的工人代替了高技能的工人。[3] 然而，一些人断言，这些通常还在美国实行的方法在 20 世纪 90 年代与技术无关。他们还断言，小规模的灵活生产，工人管理团队，在今天的工作场所有利于成功（Marshall and Tucker, 1992）。

总之，在过去的 100 年中，工资收入已经有了巨大增加，而劳动力构成也发生了显著变化。尽管私人部门的联合水平提高了（随后下降了），同时政府活动和政府干预增加了，但是绝大多数工人收入的增加和劳动力构成的变化，可以归因于发生了根本性的技术进步。技术变化增加了工作场所的技能成分，降低了对童工的相对需求，提高了女性相对于男性的工资，还降低了家庭产品的价格，技术仅仅通过一些方式就改变了工作场所和家庭。政府和工会在过去一个世纪塑造了劳动力的特性，但是它们在其他 OECD 国家没有那么重要。[4]

验证这些特色要从对劳动力的描述开始——它的构成、部门分布、以工资和工时的形式表现的劳动所得、不同年龄和性别的劳动参与率。与欧洲相比，工会化的趋势讨论包括为什么美国从来没有社会民主党，也就是为什么“美国例外”。本章将
555 讨论劳动市场的组织以及从“现货市场”向契约劳动市场转变的可能性，以及过去一个世纪的失业。工资结构的长期趋势和普遍不平等也是一个主题。最后，本章还将评价政府干预的作用。

劳动力构成和部门分布

今天的“劳动力”被定义为为获取收入而工作的所有个体（在一定年龄以

上），以及如果失业，在“当前人口普查”的普查周正在寻找工作（与自我雇佣相关的定义）的人。[5] 劳动力的现代定义来自 1940 年的联邦人口普查。1940 年的人口普查会询问个人通常的职业，不管他在某一特定时期是否就业。所以 1940 年之前的劳动力被定义为在联邦人口普查中报告了职业的所有个人。这些个人被认为是“有收入的就业者”，这样在 1940 年以前的劳动力构成在学术上被叫作收益型就业。

1940 年以前的劳动力定义并不明确。一年中只工作了几周的人可能报告一种职业，一个退休了很长时间的人也可能这样。一个在家里做缝纫活赚钱的已婚妇女可能没有报告职业，而一个在工厂里每年工作 20 周的未婚妇女则可能报告职业。1940 年以前列举成人男性劳动力可能没什么严重问题，但是对于妇女和青少年可能有很大问题，特别是在一些有家庭工作和大量寄宿处的城市，以及在一些植棉农场、牛奶场和果树栽培农场中。[6]

在表 10–1 中，几个重要的趋势很明显，它概括了过去 100 年劳动力人口年龄结构的变化。首先，妇女在劳动力中所占的比例从 17%上升到 45%。这个比例的上升很大部分都是由于女性劳动力的增加。由于较高年龄段男性的劳动参与率下降，所 556
以妇女的劳动参与率相对增加了，最近受到男性年龄分布中其他年龄段部分比例下降的影响，妇女明显相对增加。其次，年长的和年轻的劳动力比例都降低，而退休劳动力和受过中等、高等教育劳动力的比例上升。最后，随着第一次世界大战以后开放式移民的终止，在国外出生的劳动力比例下降了。1890 年有 26%的非农业男性劳动力是国外出生的。到 1940 年这个数字下降到了 11%，而到 1980 年，即使把非法移民包括在内，也只有 7%（不在表 10–1 中）。

成熟经济的总体轮廓——农业的相对下降和第三产业（服务业）的上升——在表 10–2、表 10–3 和表 10–4 中很明显，表中给出了行业和职业分布。表 10–2 给出了非农业部门工资册中雇员的部门变化。制造业就业人员（包括生产部门工人和非生产部门工人），作为非农业雇员的一部分，在过去的 100 年下降了约 50%，今天只占到劳动力的约 17%。1900—1990 年，政府的雇员从 7.2%上升到 16.7%。所有的服务业增加了 1 倍多，而商品生产部门下降了 1 倍多。

表 10–1　　1890—1990 年分年龄和性别的劳动力参与率，妇女和外国出生者在劳动力中所占的比例（%）

年份	男性					女性					所有年龄的女性[b]	所有年龄的外国出生者[c]
	16～19 岁[a]	20～24 岁	25～44 岁	45～64 岁	≥ 65 岁	16～19 岁[a]	20～24 岁	25～44 岁	44～64 岁	≥ 65 岁		
当前人口调查（年度平均）												
1990	55.7	84.3	94.3	80.4	16.4	51.8	71.6	74.9	59.2	8.7	0.45	
1980	62.0	87.0	95.5	82.2	19.1	53.3	69.2	65.5	50.9	8.1	0.42	
1970	58.4	86.6	96.8	89.3	26.8	44.0	57.8	47.9	49.3	9.7	0.37	
1960	59.4	90.2	97.7	92.0	33.1	39.4	46.2	39.9	44.3	10.8	0.33	
十年一次的人口普查												
1970	47.2	80.9	94.3	87.2	24.8	34.9	56.1	47.5	47.8	10.0	0.37	
1960	50.0	86.2	95.3	89.0	30.5	32.6	44.8	39.1	41.6	10.3	0.32	
1950	51.7	81.9	93.3	88.2	41.4	31.1	42.9	33.3	28.8	7.8	0.28	
1940	34.7	88.1	94.9	88.7	41.8	24.8	45.6	30.5	20.2	6.1	0.25	0.11
1930	40.1	88.8	95.8	91.0	54.0	22.8	41.8	24.6	18.0	7.3	0.22	
1920	51.5	89.9	95.6	90.7	55.6	28.4	37.5	21.7	16.5	7.3	0.20	
1910[d]	n.a.	n.a.	n.a.	n.a.	n.a.	n.a.	n.a.	n.a.	n.a.	n.a.	n.a.	
1900	62.0	90.6	94.7	90.3	63.1	26.8	31.7	17.5	13.6	8.3	0.18	0.26
1890	50.0	90.9	96.0	92.0	68.3	24.5	30.2	15.1	12.1	7.6	0.17	

说明：a.16～19 岁的劳动力参与率在当前人口普查中与十年一次的人口普查相比存在重复计算，特别是在 1940 年以前。许多年轻人既在就业，又在读书。参见正文。

b. 所有年龄的女性是包括所有年龄的妇女的整个劳动力部分。

c. 所有年龄的外国出生者是包括外国出生的白人在内的非农业劳动力部分。

d.1910 年的数据与其他的人口普查相比，重复计算了某些未接受报酬的企业和家庭内的劳动力。

资料来源：1890—1970：U. S. Bureau of the Census, *Historical Statistics of the United States, Colonial Times to 1970* (Washington, D. C., 1975), series D
557 29–41; 1980: *Employment and Earnings*, vol.28, no.1, table 4; 1990: *Employment and Earnings*, vol.38, no.1, table 3 for 1990. FB/All 1990; U. S. Department of Commerce and Labor, Bureau of the Census (1904), table 2; 1940: U. S. Department of Commerce, Bureau of the Census (1943）.

表 10–2　　　　1900—1990 年非农业部门工资册中雇员的行业分布（%）

	商品生产部门			服务业部门					
年份	采矿与建筑业	制造业	总计	交通运输与公共事业	贸易	FIRE	服务业	政府	总计
1990	5.3	17.4	22.7	5.3	23.5	6.1	25.7	16.7	77.3
1980	6.0	22.4	28.4	5.7	22.5	5.7	19.8	17.9	71.6
1970	5.6	27.4	33.0	6.4	21.1	5.2	16.5	17.8	67.0
1960	6.6	31.0	37.6	7.4	21.0	4.9	13.7	15.4	62.4
1950	7.2	33.7	40.9	8.9	20.8	4.2	11.9	13.3	59.1
1940	6.9	33.9	40.8	9.4	20.8	4.6	11.4	13.0	59.2
1930	8.1	32.5	40.6	12.5	19.7	5.0	11.5	10.7	59.4
1920	7.4	39.0	46.4	15.7	14.6	3.3	11.3	8.6	53.5
1910	11.1	36.1	47.2	15.5	16.5	2.2	11.1	7.5	52.8
1900	11.8	36.0	47.8	15.0	16.5	2.0	11.5	7.2	52.2

说明：① FIRE= 金融、保险和房地产。

②由于上述数据取自工资册信息，因此将自我雇佣者排除在外，并且有可能重复计算了那些雇用了多人的行业部门。

资料来源：1900—1970 *Historical Statistics* (1975), series D 127–141; 1980—1990 *Employment and Earnings*, 558
vol.39, no.1, table 65 for 1990, vol.29, no.1 table 1, for 1980.

表 10–3 和表 10–4 给出了整个劳动力的职业分布和分性别的非农业劳动力的职业分布。白领就业人数从 1900 年到 1990 年增加了 3 倍，而国家整体就业人数增加了 4 倍。白领工人在 1900 年的劳动参与率是 17.6%，而到 1990 年变为 57.1%（见表 10–3）。因为手工及服务业的劳动参与率在 1900—1980 年间是以全国平均水平上升，所以农业部门的劳动参与率在那个时期的下降刚好被白领工人的上升所抵消。手工及服务部门内部也发生了重要变动。私人家庭劳动者与总体相比比重相对下降了，有时甚至绝对下降。但是服务业工人，不包括那些私人家庭劳动者，从 1900 年到 1970 年增加了 8 倍以上，导致它们的份额从 3.6%上升到了 11.2%。[7] 在手工业
工人中，体力劳动者从 12.5%下降到大约 4%，反映了资本对体力劳动的替代，甚至 558
在体力工作中也有了更多的技能成分。

表 10–3　　1900—1990 年劳动力的职业分布（%）[a]

年份	1990[b]	1980	1970[c]	1960[d]	1950[d]	1940	1930	1920	1910	1900
白领工人	57.1	53.9	47.9	42.3	36.7	31.1	29.4	24.9	21.4	17.6
专业人员、技术人员	16.7	16.5	14.7	11.4	8.6	7.5	6.8	5.4	4.7	4.3
经理、官员、业主	12.6	12.0	8.2	8.5	8.8	7.3	7.4	6.6	6.6	5.8
文员	15.8	18.6	17.9	14.9	12.3	9.6	8.9	8.0	5.3	3.0
销售人员	12.0	6.8	7.2	7.5	7.0	6.7	6.3	4.9	4.7	4.5
手工及服务业工人	40.0	43.2	49.0	51.4	51.4	51.5	49.4	48.1	47.7	44.9
手工业工人	26.6	31.1	36.3	39.7	41.0	39.8	39.6	40.2	38.2	35.8
行会成员、监督人员	11.6	13.3	13.8	14.3	14.2	12.0	12.8	13.0	11.6	10.5
技术工人	10.9	13.5	17.8	19.9	20.3	18.4	15.8	15.6	14.6	12.8
体力劳动者（农业、采矿业除外）	4.1	4.3	4.7	5.5	6.6	9.4	11.0	11.6	12.0	12.5
服务业工人	13.4	12.1	12.7	11.8	10.4	11.7	9.8	7.8	9.6	9.0
私人家庭劳动者	0.7	0.8	1.5	2.8	2.6	4.7	4.1	3.3	5.0	5.4
其他服务业工人	12.7	11.3	11.2	9.0	7.8	7.1	5.7	4.5	4.6	3.6
农业工人	2.9	2.9	3.1	6.3	11.9	17.4	21.2	27.0	30.9	37.5
农民、农场管理者	n.a.	1.7	1.8	3.9	7.5	10.4	12.4	15.3	16.5	19.9
农业体力劳动者、监督人员	n.a.	1.2	1.3	2.4	4.4	7.0	8.8	11.7	14.4	17.7

说明：a.1970 年、1960 年及 1950 年的数据资料中包括“当前失业者”这一特殊部类。1970 年的当前失业者占劳动力的 6.5%，1960 年为 5.1%，1950 年为 2.3%。此表中所给这些年份的数据代替了当前受雇用劳动力的统计数据。由于四舍五入，数据总计有可能并不十分准确。

b. 职业分类在 1980—1990 年间有所变化。文员组中的一些职业被划分到销售组中，此外，专业人员及管理人员组被再次划分。1990 年的体力劳动组包括搬运工、器械清洁工、帮工及体力劳动者。技术工人指的是机器操作工人、装配线工人及检查员。行会成员及监督人员包括精密产品生产工人、工匠及维修工人。文员指的是政府行政支持的工人，包括办事员。

c. 大于或等于 14 岁，以与以前的年份保持一致；与大于或等于 16 岁不同的只是少数。

d. 使用的是 1960 年的职业分类。

n. a. = 无统计数据。

资料来源：1900—1970 *Historical Statistics* (1975), series D 182–232; 1980—1990 *Employment and Earnings*, vol.38, no.1, table 21 for 1990, vol, 28, no.1, table 22 for 1980.

表 10–4　　1900—1990 年分性别的非农业劳动力的职业分布（%）[a]

年份	1990[b]	1980	1970[c]	1960[d]	1950[d]	1940	1930	1920	1910	1900	
					男性非农业劳动力参与者						
白领工人	48.1	44.2	41.7	38.7	36.0	34.0	33.5	30.7	30.9	30.1	
专业人员、技术人员	15.7	16.2	14.8	11.4	8.5	7.4	6.4	5.5	5.3	5.8	
经理、官员、业主	14.5	15.0	11.6	11.8	12.4	10.9	11.6	11.2	11.6	11.7	
文员	6.2	6.7	7.9	7.8	7.7	7.4	7.3	7.6	6.7	4.8	
销售人员	11.7	6.3	7.4	7.7	7.4	8.2	8.1	6.5	7.1	7.8	
手工及服务业工人	51.9	55.9	58.3	61.3	64.0	66.0	66.5	69.3	69.1	69.9	
手工业工人	41.8	46.7	49.8	54.3	56.7	58.3	60.1	63.9	63.2	64.5	
行会成员、监督人员	20.3	21.9	22.1	22.5	22.4	19.8	21.5	23.0	21.6	21.6	
技术工人	15.0	17.5	20.5	23.2	24.1	23.0	20.4	20.7	19.2	17.8	
体力劳动者（农业、采矿业除外）	6.5	7.3	7.2	8.5	10.2	15.5	18.2	20.2	22.4	25.2	
服务业工人	10.2	9.2	8.6	7.1	7.3	7.7	6.4	5.4	5.9	5.4	
私人家庭劳动者	0	0.1	0.1	0.2	0.2	0.4	0.3	0.2	0.3	0.4	
其他服务业工人	10.2	9.1	8.5	6.9	7.1	7.3	6.1	5.1	5.6	5.0	561
					女性非农业劳动力参与者						
白领工人	71.4	66.4	61.8	57.4	54.7	46.8	48.3	44.9	31.0	22.0	
专业人员、技术人员	18.8	17.0	15.6	13.5	12.8	13.3	15.1	13.5	11.6	10.1	
经理、官员、业主	11.2	7.0	3.7	3.9	4.5	3.4	3.0	2.6	2.4	1.7	
文员	28.1	35.5	35.1	31.5	28.5	22.4	22.8	21.6	11.0	4.9	
销售人员	13.2	6.9	7.4	8.5	8.9	7.7	7.5	7.2	6.0	5.3	
手工及服务业工人	28.6	33.6	38.2	42.6	45.3	53.2	51.7	55.1	69.0	78.0	
手工业工人	10.7	13.9	17.9	19.4	23.1	22.5	21.7	27.5	30.5	34.3	

续前表

年份	1990[b]	1980	1970[c]	1960[d]	1950[d]	1940	1930	1920	1910	1900
行会成员、监督人员	2.2	1.8	1.9	1.3	1.6	1.1	1.1	1.4	1.7	1.8
技术工人	6.9	10.8	15.0	17.5	20.6	20.3	19.0	23.4	27.1	29.3
体力劳动者（农业、采矿业除外）	1.6	1.2	1.0	0.6	0.9	1.1	1.6	2.7	1.7	3.2
服务业工人	17.9	19.7	20.4	23.2	22.2	30.7	30.0	27.6	38.5	43.7
私人家庭劳动者	1.4	2.5	3.9	8.5	9.1	18.9	19.4	18.2	28.5	35.4
其他服务业工人	16.5	17.2	16.5	14.6	13.0	11.8	10.6	9.4	10.0	8.3

说明：a. 由于四舍五入，各列中数据总计可能并不恰好等于 100%。

b. 职业分布在 1990 年有所变化。文员组中的一些职业被划分到销售组中，此外，专业人员及管理人员组被再次划分。1990 年的体力劳动组包括搬运工、器械清洁工、帮工及体力劳动者。技术工人指的是机器操作工人、装配线工人及检查员。行会成员及监督人员包括精密产品生产工人、工匠及维修工人。文员指的是政府行政支持的工人，包括办事员。

c. 大于或等于 14 岁，以与以前的年份保持一致；与大于或等于 16 岁不同的只是少数。

d. 使用的是 1960 年的职业分类。

资料来源：1900—1970 *Historical Statistics* (1975), series D 182–232；1980—1990 *Employment and Earnings*,
562 vol.38, no.1, table 21 for 1990, vol.38，no.1，table 22 for 1980.

在非农业部门中，白领职位相对于蓝领职位增加，所以到 1990 年半数以上的美国人都找到了白领工作，男性有约 48%是白领工人，女性有约 71%是白领工人（见表 10–4），增加最多的是文员部门，是女性而不是男性获得最多的办公室工作。1900 年在全体女性雇员中只有约 10%在办公室工作（文员和销售人员的总和），而 1990 年上升到约 40%。过去 20 年的数据显示，管理人员人数相对增长，而在之前 70 年中基本上没有增长。

563 甚至在非农业劳动力部门中自我雇佣人数在整个 20 世纪都在下降（见表 10–5）。因为自我雇佣与年龄正相关，并且因为人口的年龄分布一直在变化，表 10–5 是按年龄编排的自我雇佣人数比例表格。在 1910 年，所有非农业男性劳动力中有 21.5% 的人是自我雇佣者。这一数字到 1940 年下降为 14.9%，到 1990 年只有 12.5%。从 1910 年到 1990 年，每个年龄组中的自我雇佣人数也下降了。

表 10–5　　1910 年、1940 年及 1990 年分年龄的非农业（白人）男性中自我雇佣者所占的百分比（%）

年龄	1910	1940	1990
25～34 岁	13.9	9.6	8.7
35～44 岁	22.5	15.6	12.7
45～54 岁	27.3	18.3	14.4
55～64 岁	30.6	20.3	19.2
25～64 岁	21.5	14.9	12.5

说明：1910 年人口普查询问个人是雇工、雇主，还是个体劳动者。1910 年，自我雇佣者在此处被定义为雇主或个体劳动者。一些自认为是个体劳动者的人也许并非自我雇佣者，而是被排除在劳动力之外的人。不能确定在所给的年龄组中是否只有少数人是被排除在劳动力之外的。作者本人排除了所有从事与农业有关的职业的男性。1940 年人口普查询问工人的阶层意识，在这之中雇主或个体劳动者也许是可能得到的答案。1940 年将自己列为个体劳动者的自我雇佣者的人数远远低于 1910 年。本表列出的百分比并不包括那些被排除在劳动力之外的人。由于 1910 年某些人并没有被算入劳动力，因此这两个年份自我雇佣水平的差别小于实际数。1940 年的百分比不包括农业人口。1990 年当前人口普查将自我雇佣定义为“自己为自己工作，而不是组成公司”。只有当前受雇用的白人男性才被包括在所有普查之中。

资料来源：1910 年来自公共应用微观数据样本，1940 年来自公共应用微观数据样本，1990 年来自当前人口普查。

不仅美国人越来越多地为他人工作，他们也受雇于 20 世纪 60 年代晚期以来更大的雇佣集团。处于美国雇佣集团中间位置的工人在 1899 年受雇于某个制造业企业，该企业同时雇用 22 个其他生产部门工人（见表 10–6）。到 1967 年，这个数字几乎翻了一番多。对于所有包括生产部门工人和非生产部门工人在内的工人人数，尽管近期开始下降，但同期从 23.7 增加到 60.5。制造业工人占所有工人的比重一直在下降，从 1899 年的约 93%下降到 1982 年的 70%左右。

表 10–6　　1899—1982 年各个制造业工厂的平均工人数及生产部门工人的百分比

年份	生产部门工人 / 工厂	全部工人 / 工厂	生产部门工人 / 全部工人
1982	35.6	51.1	0.696
1977	39.0	52.8	0.739
1972	43.3	57.7	0.750

续前表

年份	生产部门工人 / 工厂	全部工人 / 工厂	生产部门工人 / 全部工人
1967	45.7	60.5	0.755
1954	43.1	55.2	0.791
1931	35.9	n. a.	n. a.
1921	33.7	40.2	0.838
1909	23.6	27.5	0.859
1899	22.0	23.7	0.928

说明：企业即工厂，不包括手工作坊，如炼铁房。《历史统计资料》（*Historical Statistics*）与后来重叠年份的资料十分一致。

n. a. = 无统计数据。

资料来源：1899—1967 *Historical Statistics* (1975), series P 1, 4, 5.1972—1982 U. S. Department of Commerce, Bureau of the Census (1988), table 1a.

564 所以过去一个世纪的男性和女性工人的职业分布变动，反映了农业从业人数下降和白领工人人数增加，也反映了手工业内部就业者从体力劳动中脱离出来，服务业部门从私人家庭就业中脱离出来。在女性工人中有两个最重要的变化，那就是文员工作者的就业人数增加和私人家庭劳动者的人数下降。因为文员 1900 年从占非农业部门女性工人的 4.9%上升到 1970 年的 35.1%，而女性家庭劳动者从 35.4%下降为 3.9%，这两者的变化几乎相互抵消。[8]

劳动报酬

收入和生产率

对于大多数美国工人而言，实际年工资在过去一个世纪的大部分时期增加了。制造业工人的收入序列见图 10–1。[9] 从 1900 年到 1929 年平均每年增长 1.43%，而从 1948 年到 1973 年平均每年增长 2.35%。大约 1973 年以后这个比率就下降到年均 0.46%。大萧条和第二次世界大战打断了这个序列，谁也无法预料工资增长率什么时候会再次上升。制造业工资增长的黄金时代是第二次世界大战后从 1948 年到 1973

年这段时间。

大多数关注当前经济困难的讨论都包含着实际非农业劳动生产率下降。劳动生产率在这里定义为总产量除以所有非农劳动工时数，这个变量的自然对数可以表示为图 10–2。该图显示了图 10–1（制造业的实际年均收入）暗含的一些特点——第二次世界大战后劳动生产率加速增长的步伐以及 1970 年左右的减慢增长。但是每小时的劳动生产率没有像年均收入中所显示的那样大幅下降。它也没有显示第二次世界大战后的大幅增加。原因主要可以从就业者的工作时数在 20 世纪 30 年代急剧下降中找到。此外，那些在 20 世纪 30 年代遭到解雇的工人受教育程度更低，同时也可能比那些 565
保留下来的工人更缺乏技能。这样，尽管制造业工人的实际人均收入在 30 年代并没有增长，但生产率在 30 年代的增长率大于 20 年代的增长率。[10]

图 10–1　1900—1991 年制造业工人的实际年均收入（1987 年美元价格）

说明：价格平减指数值调整为 1987 年美元价格。制造业部门包括生产部门工人及非生产部门工人。

资料来源：1900—1970 年收入：*Historical Statistics* (1975), series D 740; 1959—1991 年收入：*National Income and Product Accounts*, table 6.6B–6.6C；1900—1960 年价格平减指数：*Historical Statistics* (1975), series E 135, 消费者价格指数 (BLS); 1961—1988 年：*Economic Report of the President*, 对于所有消费的隐含的 GNP 平减指数。

非农业劳动生产率从1890年到20世纪30年代大约年均增长2%，提高到1945—1973年间的2.34%，从1973年以后又直线下降为不到1%。在这些大的框架下有一些主要的上升与下降情况。非农业劳动生产率在1907—1916年间以及20世
566 纪20年代中期到30年代初期之间增长几乎停滞，就像20世纪70年代以后的情况一样（注意这个时期的劳动生产率指数的斜率与那几个时期相似）。有趣的是，至少有两个时期低工资工人的相对收入下降。

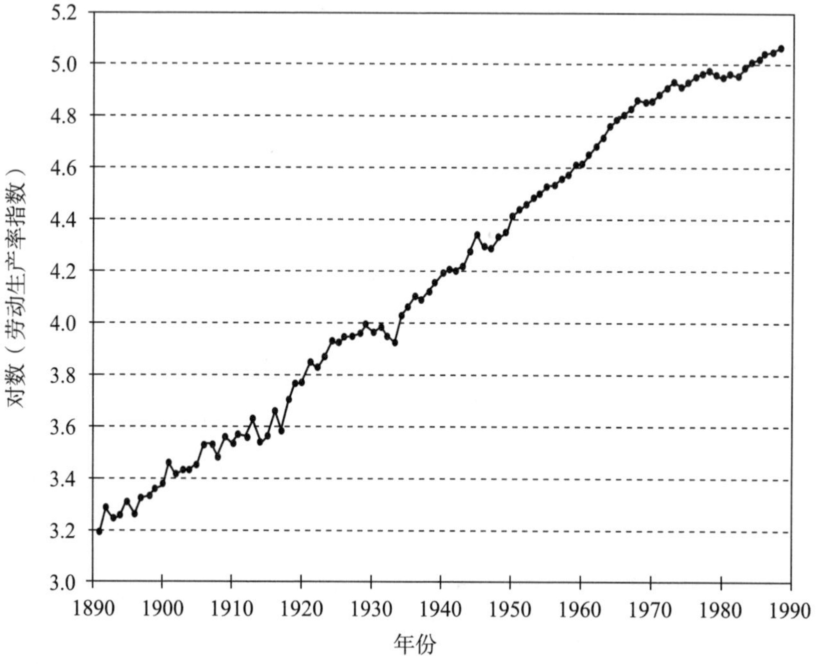

图10–2　1891—1988年非农业小时劳动生产率指数（1958年=100）的自然对数

说明：通过使用一个五年平均数作为结合点，这些系列在1947年得以连续。

资料来源：1900—1947：*Historical Statistics* (1975), series D 684；1947—1988；U. S. Department of Labor, Bureau of Labor Statistics (1989).

低熟练程度群体占20世纪早期劳动力群体中的大部分。在男性工人中，25.2%的非农业工人在1900年是体力劳动者（见表10–4），大约另有10%同样为非熟练工人但被归入其他工作类别。[11] 所以有指导意义的是，要与所有的制造业工人每周工资率变动相比，来观察这个工人群体的每周工资率是如何变化的。图10–3显

示出这两条线从 1900 年到 1907 年 /1908 年处于上升趋势，当全美国经济普遍衰退时，低技能工人的收入在那时有向下的趋势，远离继续上升的制造业工人收入曲线。 567
随着第一次世界大战的进行，低技能工人的收入迅速上升（但是注意图 10–3 中两条线的比较）。

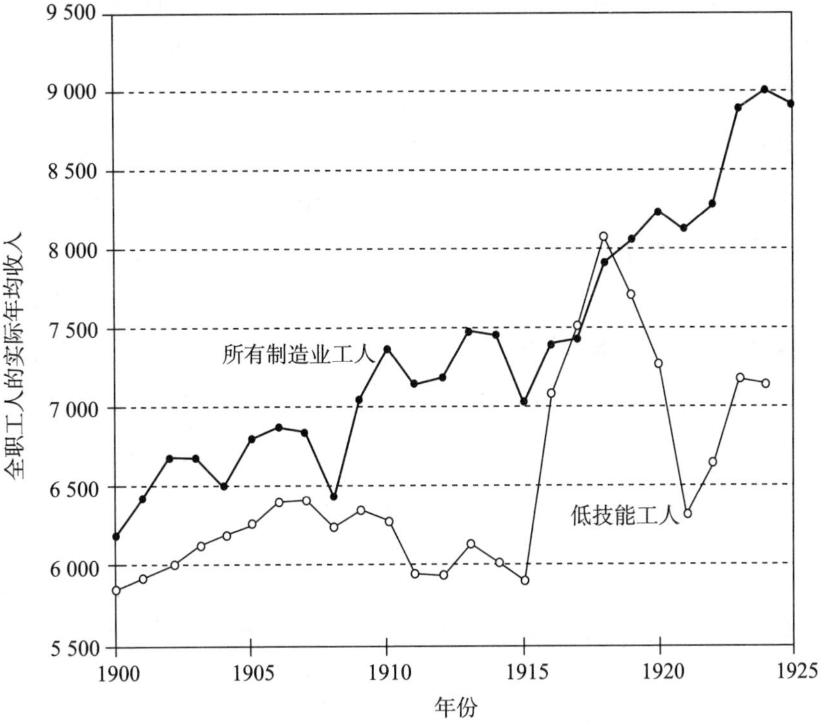

图 10–3　1900—1924 年制造业工人及低技能工人的实际年均收入（1987 年美元价格）

说明：Coombs 的数据统计的是全职工人的每周收入。全职工人的年均收入是每周收入乘以 52。因为低技能工人的收入数据被定义为每周及年均“全职”工作收入，因此它们高于两年中所有制造业工人的收入。关于价格平减指数值，参见图 10–1 中的资料来源。

资料来源：制造业工人收入：*Historical Statistics* (1975), series D 740；低技能工人收入：*Historical Statistics* (1975), series D 778 和 Coombs（1926）。

现代评论家把 1909 年以后低技能工人收入的下降，归罪于不断增加的移民劳动力供给。最近的经济计量研究表明，有些职业的工资随着移民的增加而下降，这部分支持了这种观点，而且许多高技能的建筑行业也受到了移民的负面影响（Goldin,

568 1994）。移民对本地工人工资的影响在这之前还没被透彻理解。第一次世界大战中，对非熟练工人的需求增加，低技能工人工资的相对弹性缩小了工资的技能差别。第一次世界大战期间对移民的控制和 1921 年以配额制取代开放性移民，也大大缩小了这种技能差别。

其他职业群体的长期序列，特别是白领工人，也已经被整合起来，时间跨越将近一个世纪。有些职业（如教师、工程师、副教授）的工资序列与工人总体相比，趋势是含糊的。最近普通白领工人（如速记员、簿记员、打字员）的工资序列给出了一个清晰的结果。那个序列与制造业的生产部门工人相比，在第一次世界大战以后直线下跌（Goldin and Katz, 1995, 1999）。这一差距在男性和女性中都在显著缩小，在特殊职业中也在缩小。甚至这一序列把经理也包括进来，但仍然下降得很快。这个可能是由于在 20 世纪头 10 年中等教育扩展之前，普通白领工人都是“非竞争性群体”并且获得了大量溢价（Douglas, 1930）。中等教育的扩展，加上私人商业学校的增加，极大地增加了普通白领工人的潜在供给，所以他们的相对工资下降了。在讨论不平等性时，有人提出了普通白领工人工资序列，时间从 20 世纪 20 年代早期到 20 世纪 50 年代。

收益

劳动力所得的工资或薪水只是劳动力工作补偿的一部分。收益是另一部分的补偿。雇主对政府社会保险计划做出了贡献，例如社会保障和失业保险，私人养老金、健康保险和人寿保险，以及其他项目。这些对工资和薪水的补充部分可以解释总的雇员补偿，并且一直增长。早在 1929 年，国民收入和产品就包括这些信息，到 20 世纪 80 年代初，这部分仅从 0.01 增长到 0.17。也就是说，在 1980 年，17%的总补偿（包括直接支付和雇主捐助）是由雇主贡献的。最快的增长时期发生在 20 世纪 70
569 年代（见图 10–4）。虽然 1950 年以前上升了一点，但是就像通常所宣称的，并没有偏离第二次世界大战期间的趋势。

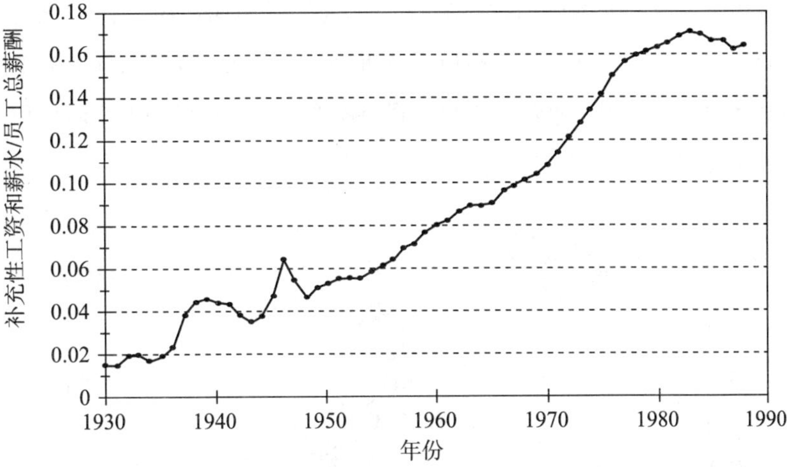

图 10–4　1929—1988 年附加福利占全部薪酬的比例

说明：附加福利被定义为相对于工资与薪水的补充性福利，包括雇主的社会保险计划及私人项目的捐赠。

资料来源：1929—1958：U. S. Department of Commerce, Bureau of Economic Analysis（1993），table 1.14；1959—1988：U. S. Department of Commerce, Bureau of Economic Analysis（1992），table 1.14.

工时

上面对劳动报酬的讨论涉及收入和福利形式的补偿。但是每周的工作时间实际上在 20 世纪头几十年下降了。此外，带薪假期和病假也出现了，从而减少了每年既定劳动补偿的工作周数。劳动者的收益于是就以更多实际收入、提高的福利和更多闲暇的形式增加了。图 10–5 列示了工作时数的几个时间序列。这些序列追溯到了 19 世纪早期，具有连续性，并且强调了 1900—1933 年期间工时的显著下降。

制造业的工时在 1830 年的时候大约是每周 70 小时，到 1860 年时下降到每 570
周 60 小时，然后直到 19 世纪 90 年代中期一直保持在这个水平。1900 年以后的下降简直可以说是壮观的。1900—1920 年间的平均周工作中剔除了 10 个小时或者说是一整天的工作。部分下降是由于每天工作时间的减少，但很大部分是由于工作周从 6 天减少为 5 天半甚至 5 天。第二次世界大战后的 40 小时工作周在大萧条时期就实行过。可能要是没有 20 世纪 30 年代的工时下降，后来的工时就会减少得慢一些。因为 1940 年以后的欧文（Owen）序列 (如图 10–5 所示) 不包

571 括男性学生，所以妇女的劳动参与率和大学入学人数的增加对工时变化的趋势没有直接影响。虽然欧文序列在二战以后变得平稳了，但劳动参与率依然下降，并且休假和病假也增加了。每周工作时数保持不变，但是每年的工作周数和一生的工作年数继续下降。

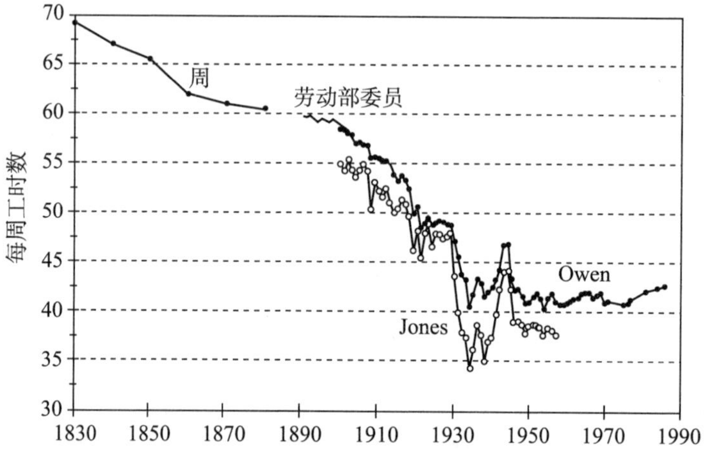

图 10–5　1830—1986 年每周的工作时间

说明：《每周报告》序列来自美国内政部人口普查办公室（1883），计算的是制造业工人已列入计划的工作小时数。参见 Whaples 有关数据上可能出现的一些偏斜。劳动部委员序列由美国劳动部委员会（1906）的 Leo Wolman 估算，它包括城市制造业及建筑业工人。Jones 序列由 Jones（1963）计算得出，它统计的对象是制造业工人。Jones 针对带薪假期、休假和病假而有所修正。Owen 系列由 Owen（1976，1988）计算得出，它统计的是男性非学生工人。后 Owen 数据统计的是全部（私人、非农业）工人，而不仅仅是制造业工人。

资料来源：Whaples（1990）的全部四个序列：《每周报告》（Weeks Report）（1830—1880），劳动部委员（1890—1903），Jones（1900—1975），以及 Owen（1900—1986）。

劳动参与率：劳动力的面貌

在 1900 年，劳动力比将近一个世纪以后的 1990 年更年轻，然而却比 1990 年包含了更大一部分年长的美国人，而且比 1990 年包括了更大比例的外国出生的人和更多的男性劳动力。这些特点的变化在一定程度上反映了人口结构的变化，即人口更年轻并且包括更多外国出生的人口；在一定程度上则揭示了更贫困人口的劳动力供给决策，因为存在更少的老年人社会保障、更少的学校教育以及比今天更高的出生率。

14 岁以上人口的年龄中位数在 1900 年是 30，到 1990 年变为 40。但是即使年龄结构一直保持不变，男性和女性人口的分年龄段的劳动参与率也会使 1900 年的劳动力比 1990 年的劳动力更年轻，尽管 1900 年的年长美国人的劳动参与率高于后来的劳动参与率。十几岁的青少年和年轻的成年人在 1900 年比 1990 年有更高的劳动参与率，童工就更普遍了。[12]

童工

童工——这里定义为年龄小于 16 岁的受雇用的青少年——在 1900 年的特定行业中很普遍，如纺织业和农业。[13] 虽然随着 1890 年以后来自南欧、中欧、东欧的移 572
民浪潮使童工增加了，但是到 1880 年童工数量已经显著下降。在 1880 年和 1900 年，大约有 25%的男性 10～15 岁童工在人口普查中显示从事某一职业（见表 10–7）。该百分比在这两个日期之间略有增加。但是从事农业的童工比例在下降，并且童工在农业地区比在非农业地区更广泛。所以童工在 1880—1900 年间在某些行业中肯定增加了，大概是当时的新移民得到雇用的缘故。由于存在这样的童工，所以有些进步改革家呼吁进行童工立法。

表 10–7　1880 年、1900 年及 1930 年：10～15 岁童工的劳动参与率及占农业工人的百分比（%）

	1880	1900	1930
青少年劳动参与率：10～15 岁			
男性	24.4	26.1	6.4
女性	9.0	6.4	2.9
10～15 岁农业雇工中青少年劳动者的比例			
男性	70.9	67.6	74.5
女性	46.4	74.5	61.3

说明：农业雇工中青少年劳动者的比例指的是在全部童工中所占的百分比，是根据所给的性别及年龄组，在农业部门中的童工所占的比例。

资料来源：1880, 1900, U. S. Department of Commerce and Labor, Bureau of the Census (1904, cxlviii, cxlix); 1930, U. S. Department of Commerce, Bureau of the Census (1933), tables 1, 3.

1900 年高中才在全国普遍出现，如果没有高中，很多青少年就会出去赚钱，或者从事家务劳动抑或在家赋闲。有报告称，年轻的女性在 1900 年也像她们的母亲一样，即使在大城市也是待在家里。她们并不是有闲阶级的成员，而是未来家务劳动的学徒。然而年轻的男性通常在15岁就开始工作。因为大部分已婚女性在1900年都不出去工作赚钱，所以大多数工作女性都是年轻的成人。1900年女性在劳动力中的比重是18%（见表10–1），并且是那时劳动力年轻化的附加因素。

随着高中教育的普及，人们工作时的年龄开始上升。到20世纪30年代中期，在南方以外的地区，高中毕业成为18岁美国人的标准。到20世纪初，基本上每个州都有了义务教育法，并且这些法律在20世纪早期最低年龄提高的时候越来越有强制力，法定的入学时间延长了，执行力也加强了。我们还没有弄清楚义务教育法是
573 否被用来促使美国年轻人获得更多的教育以及降低劳动参与率，但很多证据显示并不是这样的。许多州是在入学率大大提高之后才通过法律的，好像是落后而不是领先于高中教育运动。此外，直到20世纪20年代，有的州才立法规定那些处于高中教育年龄的人必须入学。包括男性和女性在内的大学入学率的提高，特别是在二战以后，进一步提高了工作的起始年龄。

年长的美国人

尽管学者对于20世纪30年代以前的趋势有争议，但年长美国人的劳动参与率也经历了显著的变化。有些研究者（Costa, 1993, 1998; Margo, 1993a; Moen, 1987a, 1987b; Ransom and Sutch, 1986）已经利用联邦人口普查数据证明，从1880年到现在，退休者在持续增加（见图10–6）。虽然随着1935年《社会保障法》的通过而使年长美国人的劳动参与率发展趋势有了中断，但1935年之前的下降是很明显的。在1900年65%的64岁以上男性报告有职业，但是到1980年这个比例已经不到25%，如果使用人口普查的定义则大约只有20%。[14]

574 更重要的是，在1900年年长美国男性在农村的劳动参与率比在城市高10个百分点，所以在农村中农民和其他人的退休比例好像显得更低（Long, 1958），但认为农村地区男性的退休率更低可能是一种误导。许多退休者离开了农村和农场，使留下来的人有比平均水平更高的劳动参与率（Costa, 1993, 1998）。

对于非农业人口而言，与现在相比，在过去退休是逐步进行的。并不是所有的年长者都会继续在他们中年获得的岗位上工作。特别是当工作需要充足的体力时，

他们更会先通过转向强度不那么高的职业再从工作岗位上逐步退出（Ransom and Sutch, 1986）。

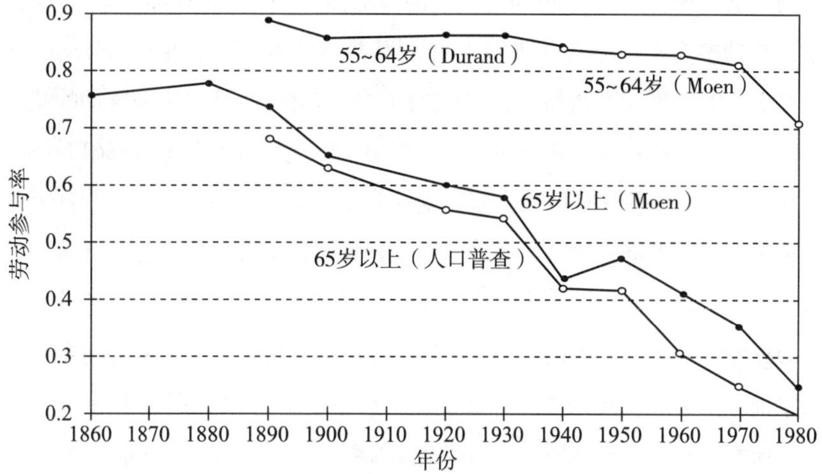

图 10–6　1860—1980 年年长者的劳动参与率

资料来源：65 岁以上（Moen）与 55～64 岁（Moen）：Moen（1987a）；65 岁以上，*Historical Statistics* (1975), series D 34; 55～64 岁（Durand）：Durand (1948)。另外参见 Costa (1993, 1998) 对这些及其他一些序列的讨论。

在《社会保障法》通过之前，男性退休率就提高了，这意味着有其他长期因素主导了年长男性劳动参与率的下降。因为退休率提高既存在于城市人口中，也存在于农村人口中，所以这种提高不能仅归因于农业雇工的减少。事实上，在 1910 年农 575
民退休率等于非农业人口的退休率（Costa, 1993）。退休率提高的最可能的原因是老年人真实收入和储蓄的增加（Costa, 1993, 1998）。

男性从早期到中年阶段，例如从 25 岁到 55 岁，劳动参与率非常高，大概在人类历史大部分时期的健康人口中达到了最高峰。然而在最近 20 年，男性在早期年龄的就业率下降了。虽然这种下降在非白人人口中更严重，但是对于白人这一变化也很明显。从 1970 年到 1990 年，45～64 岁的男性劳动参与率从 89.3% 下降到了 80.4%（见表 10–1），而 55～64 岁的男性从 83% 下降到了 68%。

女性劳动力

上面列举的劳动参与率的所有变动，都倾向于降低总体劳动参与率。教育年限延长导致年轻人更晚参加有酬劳动；退休率提高意味着年长男性的有酬劳动减少；最近低龄老人的劳动参与率也有所下降。女性劳动参与率的提高抵消了 20 世纪劳动市场的以上变动。她们在 20 世纪更高的劳动参与率，大大提高了 25～44 岁年龄组的总体劳动参与率，提高了 50%左右。[15] 并不是所有的女性有酬劳动的增加都可以直接变成国民收入的增加。有些女性的有酬劳动时间是以家务劳动的减少为代价的，比如做饭和洗衣服，这些服务后来都由市场提供（Goldin, 1986）。但是即使女性工人的增加没有使国民收入增加，女性劳动力的演化还是有巨大的社会和政治
576 意义。成年女性在家庭外的有酬劳动给她们带来了特殊地位，并且最终带来了真正的平等。

1900 年只有少于 5%的已婚白人女性外出工作。男性和女性的劳动参与率存在巨大的差别。但是每经过 10 年这个差距就会缩小。图 10–7 是所有 25～44 岁男性和女性的劳动参与率。25～44 岁女性的劳动参与率从 1940 年到 1990 年，每 10 年就大约提高 10 个百分点，缩小了与男性在 20 世纪初就存在的巨大鸿沟。同时已婚女性的劳动参与率也提高了，她们提高的幅度甚至更大。

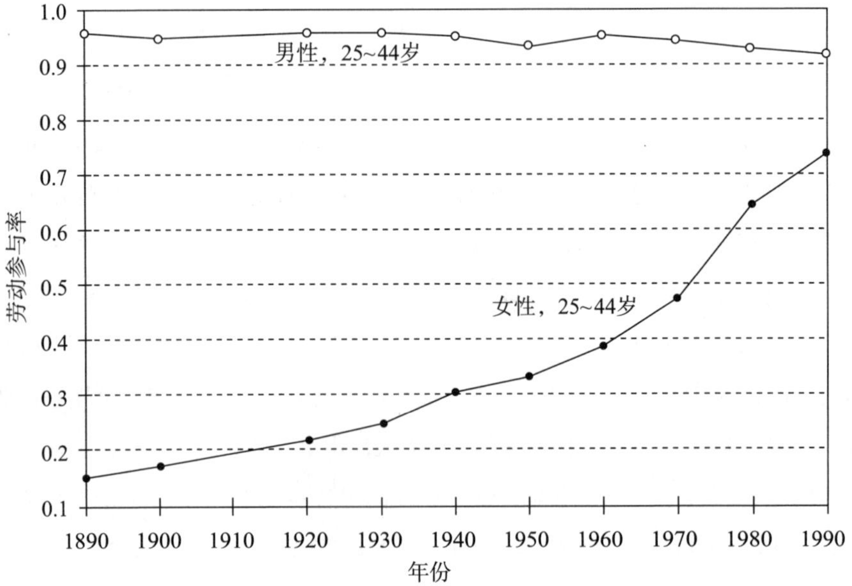

图 10–7　1890—1990 年 25～44 岁年龄组中男性及女性的劳动参与率

资料来源：表 10–1。

正如从图 10–8 中可以看到的，在 1920—1940 年间年轻的已婚女性的劳动参与率提高得最多。但是 1940—1960 年间 45～54 岁已婚女性的劳动参与率急剧上升，从 10%上升到约 40%。其他年龄组的已婚女性在过去的 20 年也经历了劳动参与率的提高，但提高的幅度较小。例如，较年轻的 25～34 岁年龄组的上升是 45～54 岁年龄组的 1/3。许多年轻女性在 1940—1960 年期间只是暂时待在家里制造“生育高峰”。她们这个年龄组的劳动参与率增长幅度最大时是在 20 世纪 60 年代到 70 年代。577
到 1980 年几乎每个年龄组的女性都积极投入劳动市场中去。抚育婴儿的妇女是个例外，但是在 20 世纪 80 年代那些有小孩的妇女也迅速加入劳动力队伍中。到 1990 年一半以上的带小孩的女性在生育后一年之内就回到劳动市场。

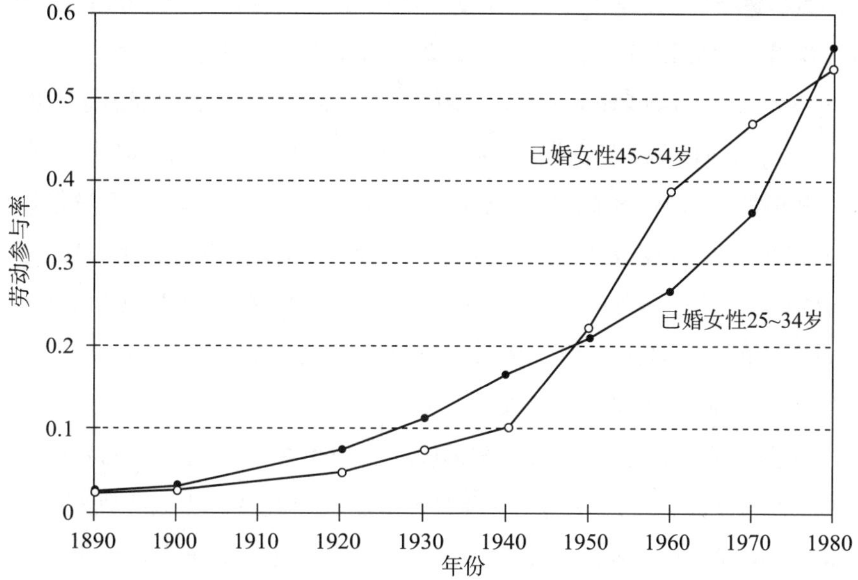

图 10–8　1890—1980 年两个不同年龄组已婚（白人）女性的劳动参与率

资料来源：Goldin (1990), table 2.2. 578

表 10–1 和图 10–7、图 10–8 利用了美国联邦人口职业普查的官方统计数据。前面已经提到，1940 年以前的劳动力是指“有收入的就业者”。在 1900 年只有 3%的白人已婚妇女声称有一种职业。档案研究显示更大比例的妇女进行有酬劳动或者在自己家里、家族企业里、自己的公司里为市场部门进行生产。还有其他妇女部分地

为市场部门工作，但工作性质是间歇性的或者每周仅工作几个小时，并且没有向人口普查调查员报告她们的职业。如果社会对白人已婚妇女进行有酬工作有不好的评价，那么当她们在为国内服务业和制造业工作时，她们报告的劳动参与率特别低就毫不奇怪了。

美国妇女工作的历史纪录已经非常完整，完全可以建立一种劳动参与率以把所有从事有酬劳动和生产的活动都包括进来。不同于已婚白人妇女的劳动参与率只有 3%，大约在 1895 年调整后的白人妇女就业率为 15%。这种调整增加了部分寄宿处的拥有者、没有收入的家庭企业工人、没有包括进来的制造业中的女性工人（Goldin, 1986）。

到 1940 年，人口普查的程序中已经建立了现代劳动力统计结构，所有已婚白人妇女的劳动参与率只有 12.5%。因此，美国已婚妇女的劳动参与率可能在经济发展过程中呈现出 U 形变化轨迹，这一点与在发展中国家的情况类似（Goldin, 1995）。

因为女性进行有酬工作是一种巨大变化，所以推动这种变化的因素还需要进一步讨论。高中教育的普及，特别是越来越多的年轻女性接受高中教育，20 世纪 20 年代的文员和销售工作岗位增加，这些是吸引大量成年已婚白人妇女加入有酬劳动力队伍的主要变化。妇女受教育程度的提高和对女性白领工人越来越多的需求，促进了二战后劳动参与率的提高。“Rosie the Riveter”战后回到家里，但是她的伙伴依然在劳动力队伍中从事办公室工作、教书、做医护人员或者从事其他白领工作（Goldin, 1991）。所以实际工资的增加诱使女性工人离家工作。生育率下降（20 世纪 50 年代和 60 年代是年长的同批人而不是年轻的同批人，60 年代以后是年轻的同批人）以及家庭产品可以越来越多地从市场获得替代品强化了诱使妇女加入劳动力队伍的各个因素。并不是任何时候都是同样的因素在起作用。在 1940 年以前女性劳动力供给的变化构成劳动参与率提高的大部分原因。但是 1940—1960 年期间对于女性劳动力需求的变化几乎可以解释所有的变化。最近供给变化的重要性相对提高，现在在解释女性劳动参与率的持续提高方面和需求的变化方面同样重要。[16] 每个时期都有
579 女性劳动力相对于男性劳动力工资的变化，将在论述不平等性的部分进行讨论。

大规模劳动力的上升和下降：私人和公共部门的工会化

一直到 1933 年通过《国家工业复兴法》（NIRA）和后来 1935 年通过《瓦格纳法》，

即《国家劳动关系法》之前，美国劳动力组织工会还不完全是合法的。NIRA是一种权宜之计，使雇员有权组织工会与企业进行集体讨价还价，最后写下他们自己的公平竞争协议。虽然NIRA增加了工会活动，但并不是所有的行业和企业都与该立法原则一致。真正的变化出现在1935年《瓦格纳法》通过之后。《瓦格纳法》使工会有权组织起来，设立一套工人成立工会的程序，确立工人与管理者讨价还价的规则。《瓦格纳法》用“劳动权利法案”替代“丛林法则”，后来有些部分被1947年通过的《塔夫脱－哈特利法》（Taft-Hartley Act）所改变。难怪图10–9中的时间序列所显示的工会成员占所有非农业雇工的比例在1936年有一次中断，当时该比例翻了一番。[17]然而真正的工会运动繁荣时期是发生在二战结束的时候。随后的10年，全美国范围的工会化达到了非农业就业人数的30%～35%。然而私人部门的工会化最早在1960年就开始下降，从那以后几乎每年不断下降。20世纪90年代的水平，如图10–9所示，几乎与《瓦格纳法》通过前夕相同。然而近期的下降与前一个世纪即19世纪的演化有本质的联系。

19世纪的工会主要是同业组织，大部分成员组织在它们的城市和城镇有独立的身份。随着劳动力流动性的增强以及19世纪全国商品和服务市场的诞生，地方工会注定失败了。[18]例如斯克内克塔迪的非工会劳动力生产的产品，可以近似替代布法罗的工会劳动力生产的产品。此外，辛辛那提的工会机械师可能决定迁移到巴尔的摩。 580
19世纪成立了全国商会以解决这些问题，全国商会到1886年成立美国劳工联合会（AFL）时达到顶峰。[19]产业工会包括由工作地点而不是由贸易关系统一起来的工人，发展得比较缓慢。美国第一个产业工会是煤矿工人协会（United Mine Workers），1890年成立。1935年成立的产业组织大会（Congress of Industrial Organizations）使该运动达到高潮，组织大会后来于1955年与AFL合并。

到《瓦格纳法》通过以前，美国工会一直被两个外部力量——法律和民间武装组织——所阻碍。1890年通过的《谢尔曼反托拉斯法》，表面上是减少产品市场上的垄断势力，却曾经被用来反对工会，最著名的反对工会联合抵制的最高法院判决，名为丹伯里制帽商（Danbury Harters）案例（1908）。制帽商联合会在1902年筹备了一次联合抵制活动，反对一家生产帽子的企业雇用非工会劳动力。对于最高法院而言，这样的联合抵制限制了各州之间的商业活动，因而最高法院认为制帽商自己有责任，从而罚了该生产商一大笔钱。[20] 还有其他的用来抵制工会的方式。许多州的企业要求工人在被雇用之前签署一个承诺不加入工会的协议。有几个州认定这样所谓的“黄狗”协议是违法的，但这样的法律又被认为是违宪的，而且在 1932 年通过《诺里斯－拉瓜迪亚法》（Norris-La Guardia Act）之前情况一直是这样。

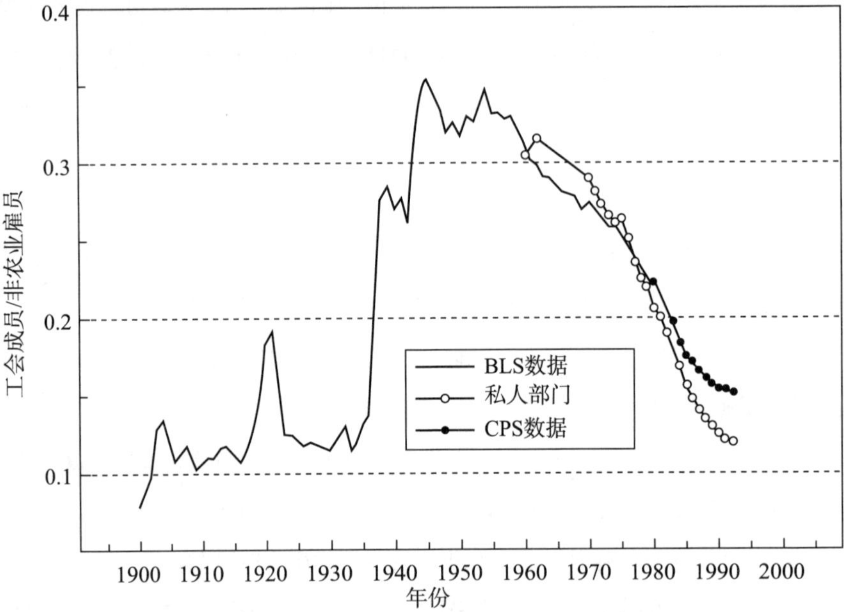

图 10–9　1890—1992 年工会成员在非农业雇员中所占的比例

说明：工会成员：1900—1914 年：Friedman（1999）；1915—1929 年：*Historical Statistics* (1975), series D 940；1930—1970 年：*Historical Statistics* (1975), series D 948；1971—1980 年：Bureau of Labour Statistics，未公布的资料；1980—1992 年：*Employment and Earnings* (January)。私人部门工会成员：1960—1982 年：Troy 和 Sheflin（1985），表 3.62；1983—1991 年：*Employment and Earnings* (January)。1971—1980 年间 BLS 数据是序列 D948 的直接延续，并且不包括公共及专业雇员联盟中的成员。来自 *Employment and Earnings* 中的数据与序列 D940 不同，因为它们是来自劳动组织成员中家务劳动者的 CPS 数据，这与来自劳动组织中的数据正好相反。另外，它们也包括劳动组织中的所有成员。Troy 和 Sheflin（1985）的总体工会数据与上述资料来源中的数据稍有差别。

非农业雇员：1900—1970 年：*Historical Statistics* (1975), series D 127；1971—1992 年：*Employment and Earnings* (January)。私人部门非农业雇员不包括那些受雇于联邦、州和当地政府的劳动者。

Friedman（1999）的工会成员数据不包括美国工会的加拿大成员，1915—1929 年的数据（序列 D940）包括加拿大成员；而 1930—1999 年的数据则把他们排除在外。1915—1929 年序列的偏斜可能很细微，在 6% 左右，1930 年加拿大成员在总体中所占的比例也是很小的。

民间武装组织在反对工会与商会中的作用可以追溯到 19 世纪后期的几次罢工和事件（Dulles and Dubofsky, 1993）。其一是发生在芝加哥的干草市场骚乱，它最初是反对麦考密克收割机公司（McCormick Harvester）、争取八小时工作日的罢工。那次罢工在 1886 年 5 月 1 日和平地开始，但是在警察到现场协助破坏罢工并且引爆一枚炸弹之后以流血事件结束。历史上更重要的一次劳工组织罢工是 1892 年发生在宾夕法尼亚州的针对卡内基钢铁公司的罢工，罢工就发生在公司在霍姆斯特德 (Homestead) 的工厂。这次罢工是全国最强大的工会之一和最大的企业之一之间的一次直接对抗。最后这次罢工以宾夕法尼亚州的州长命令民间武装组织把霍姆斯特德置于军事法律的控制之下告终。

普尔曼汽车公司（Pullman Palace Car Company）的工人 1894 年开始罢工，并且迅速传遍全国，主要通过间接抵制使用普尔曼车厢的铁路。铁路部门的工人通过支 582
持普尔曼工人显示了他们的团结，而工会在这次短期的运动中显示出了力量和领导能力。克利夫兰总统利用联邦军队镇压了罢工，解除了武装，最后通过禁令平息了罢工。

美国政府对劳工组织和劳工骚乱的反应与法国形成鲜明对照。这样的研究突出了美国法律和民间武装组织如何镇压工会运动，而法国军队却鼓励和推动工人组织工会及罢工。“美国人例外主义”意味着美国缺乏劳工或社会民主党，可以归咎于这些因素（Friedman，1988），但是它的根基应该从更基本、更根本的美国特点中去寻找。便宜和可利用的土地有利于减少社会动乱并且缓解工业和城市地区工资下降的压力。19 世纪 90 年代以后充足的移民提供了前所未有的便宜的非熟练劳工。这两个因素在美国历史上从不同的角度减少了对全国劳工党的需求并且有利于劳动分工。

在工会的旗帜下既有公共部门工会，也有私人部门工会。公共部门工会兴起于 20 世纪 60 年代以后，但是 80 年代以后开始稳定下来。私人部门工会成员从 20 世纪 70 年代开始急剧下降。因为公共部门工会成员在 20 世纪 60 年代以后实际上仅稍有增加或者保持不变，所以私人部门工会的成员比图 10–9 中总的工会成员下降得更多。从长期意义上来说，如图 10–9 所示，《瓦格纳法》以后加入工会的潮流是一种异常现象，而私人部门工会近期的下降则是正常的。

最近一个可以解释私人部门工会解体的因素扩大了争议（该争议是关于全国工

会在 19 世纪兴起的原因。随着产品市场越来越国际化，美国不得不参与国际竞争，正如美国企业在 19 世纪要在国内竞争一样。为了生存，19 世纪的地方工会就联合成全国工会。可能因为没有国际工会，美国和其他工业化国家如英国的工会运动变弱了。

20 世纪工会的基本目标是让劳工获得更多的收益：提高单位时间的工资，扩
583 展雇主提供的福利，改善工作条件，并且经常减少工作时间。大多数对于工会影响的评估都要估计工会成员获得的工资。这样的估计范围很广，但一般的结论是，在工会成员最多的时候，大多数国家的工会能够使工会工人的工资比非工会工人提高 5%。[21] 然而在有些部门，例如采矿和建筑业，工会可使工资效应达到 20%。总体工资效应在 20 世纪 20 年代的时候更大，当时工会成员在非农产业的总就业中所占的比例更小，但是到 30 年代早期就上升了（Lewis, 1963, 1986）。

虽然工会运动在有些国家是使劳动力在 20 世纪获得大部分劳动收益的一个关键因素，但这主要是源于市场的力量而不是因为劳工组织的力量。我并不是说工会在美国劳动市场上没有起作用，或者说它们在许多欧洲国家的经济中没有起到关键作用。美国经济史学家的问题是，若一个私有部门工会成员占 10%～15%，或者接近 20 世纪初和今天的水平，而不是像它曾经达到的最高点 35%，会不会改变工人在 20 世纪达到的劳动报酬水平？逻辑上可能违背事实，但我怀疑它可能是差异的主要原因。我在这部分对劳动报酬的分布做了修正。美国很宽的工资结构使它在工业化国家中变得很独特。那些国家有很强的全国工会，有更密集的工资结构和更为广泛的社会保险。

劳工组织既没有使每小时的劳动生产率提高，也没有使之降低。劳动生产率和实际工资在二战后的上升速度确实比大萧条之前更快（见图 10–1 和图 10–2），但没有迹象显示不断上升的工会化程度是一个原因。此外，劳动生产率在 1960 年以后继续提高，当时的工会化程度正在下降。此外，尽管缩短工时是劳工组织在 19 世纪一贯的要求，但工时的下降基本上发生在大劳工组织出现之前。

声称劳工组织没有在我们的劳工历史上成为有效的力量，并不等于说它不可能
584 这样。要寻找证据，我们只要看看许多欧洲国家以及澳大利亚、新西兰和以色列，这些国家的劳工运动是非常强有力的。欧洲有 9 个国家 1991 年的工会成员比例超过

美国历史上最高年份的水平；也有几个国家的工会成员比例很低，但是它们的工会协议覆盖了很大部分的非工会劳工（例如法国）。所有这些国家都有养老金、医疗、失业福利，虽然只提到“福利国家”的这三个方面，但这些国家已经远远超过了美国（Freeman and Rogers, 1992）。这些国家的工资结构也显然比美国更加紧密。所以正确的反驳应该是：如果工会是一股强大的政治力量，并且代表一半以上的就业者，那么工会能做什么；而不是工会组织在美国从它的低谷到高峰得到了什么。

现代劳动市场的演化

现货和契约劳动市场

人们通常认为工业化国家和发达国家的劳动市场是从现货市场演化而来，最后发展成为一个具有外在或内在长期约定性质的契约市场。现代长期契约市场，一般认为是在美国兴起于 20 世纪 40 年代和 50 年代，并且替代了原先相当混乱的市场，工人在原先的市场中通常在不同季节和经济周期从一个工作转换到另一个工作。与之相比，现代劳动市场却被在工作上拥有产权的工人所占据。[22]

坦白地说，19 世纪的劳动市场是一个现货市场，工人的工作很不稳定，也只进行了很少的人力资本投资，在他们的一生中只有微不足道的工资增长，年龄大了就被抛弃，受到工头和监工的相当多的监视，并且受到了“大棒”的约束，比如遭解雇和被罚款。相比之下，第二次世界大战后的劳动市场更有特色，有较高的工作稳 585
定性，有人力资本投资，有内部劳动市场，工资在生命周期中不断增长（但可能不是劳动生产率增长），获得与企业相关的收益，保护年长的工人，有严格的人事规则，并且受到“胡萝卜”和其他激励措施的约束。[23]

我说的现货市场是指劳动力工资接近边际产品的市场，针对特定企业的人力资本，即使存在也是很少的，并且雇佣成本也是不合理的。如果从每天都是一个拍卖市场的意义上说，即像农业中的计日工劳动市场那种方式，实际上没有一个劳动市场是“现货的”。即使是农业中的计日工在 19 世纪也通常具有长期安排的特点。虽然很难说明现货市场的含义，但很容易说明什么不是现货市场。支付收益和养老金、在职期间即使边际产品没有增加也有向上涨的工资结构、存在内部劳动市场，只要存在上述特点的市场都不是现货劳动市场。相反，它们是一种使企业和工人之间存在长期约定的制度。

经济史学家、劳动经济学家和劳动史学家收集了大量的关于现货劳动市场向现代劳动市场转变的证据，但我们对于刚才提到的特点的认识还不全面。看来很清楚的是在过去的 100 年中，劳动市场在许多方面发生了很大的变化。例如，现在雇主支付的收益构成了工人整个收入的大部分——根据图 10–4 是 17%，但在 1930 年以前是几乎没有的。现在大多数企业的人事决策是以规则而不是以监工的判断力为依据的，而在 1910 年以前几乎没人知道人事部门。我们刚才说明了，尽管自 20 世纪 50 年代后期以来私人部门工会已经减少，但工会在 20 世纪 30 年代中期以后已成为一股强大的力量。但是看来其他相关指标并不像刚才对于现代劳动市场演化的简单
586 描述所预计的那样朝着某个方向运动。[24]

导致现代劳动市场制度演化的因素

为了弄清楚劳动市场演化的过程，思考一下变化发生的原因是有意义的。对这个问题有几种观点。第一种观点认为技术变化使企业专用的人力资本的报酬增加，并且使经理更加希望挽留经过专门培训的工人。与之相关的一种观点认为，企业规模扩大（见表 10–6）和更臃肿的官僚机构导致所有者想方设法减少工头和监工的机会主义行为（Edwards，1979）。创立规则而不只是依靠判断力，建立人事办公室而不是分部门来执行公司决策。这种类型的制度巧妙地解决了内生于前一体制中的委托代理问题。

现代劳动市场演化的另一个论题，是工人在某种程度上获得巨大的力量和形成或者威胁形成工会的能力（Jacoby, 1984, 1985）。企业采用防范策略考虑给予工人一定收益。在这个过程中，工人获得了原先由资本家保留的租金的一部分。所以，根据这种推理，亨利 · 福特以每天 5 美元的形式给他的工人高于市场的工资水平以杜绝工会势力。[25]

今天和过去的所有行业都支付给工人高于市场水平的工资。一种解释是“行业间工资差距论”，它是指在一部分工人身上寻租。另外，或者与这个论题相联系的是

工会或组织工会的威胁有利于产生现代劳动市场制度。在工人为什么最后获得权力的争论中，一个需要考虑的因素是第一次世界大战期间或之后的移民浪潮结束造成了劳动市场的紧张。

关于行业间工资差距的证据是有一定价值的，但对过去没有确定性结论。我们可以收集到最近一个时期的更强有力的证据。考虑许多个体特点后，某些行业给一 587
定的技能水平的工人支付高工资。此外，那些支付高工资的行业倾向于几十年保持不变（Krueger and Summers, 1987）。证据显示租金由工人和资本分享，并且这些租金是持续的。但是长期数据没有这么明显。

有人发现各行业非熟练男性工人的工资稳定性，从20世纪20年代到40年代这段时间一直存在（Slichter, 1987），也有人发现是从20世纪20年代到80年代都存在（Krueger and Summers, 1987）。还有人发现从1899年到1950年间，制造业工人的年收入也具有稳定性（Cullen，1956）。因为即使非熟练工人也因生产率不同而具有异质性，所以这些支持行业间工资差距和存在效率工资的证据是让人质疑的。[26]

厄普顿·辛克莱（Upton Sinclair）的新闻小说《屠场》（*The Jungle*, 1906）揭露了20世纪早期非熟练工人工作条件的不安全和雇佣关系的不稳定。例如，肉类加工业的新雇佣者，都是从工厂大门外排好的男人队列中挑选出来的。但是在外面有一大群人的情况下，为什么挑选这个工人而不挑选那个工人，为什么工厂开出的工资高于市场出清的工资，决定因素是什么？可以将这种情况理解为一种自律机制，而工资可以被称为“效率工资”。工人知道他们一旦被开除，就只能找到更低收入的岗位或者失业，所以他们工作更加努力而且更不偷懒。但是辛克莱告诉我们，选出的工人不同于待在外面的工人。比起那些在肉类加工厂工作的工人和那些被解雇了、停职了或者生病了的工人，他们刚加入市场，有更好的体力（和脑力）条件。非熟练工人的身体条件各不相同，并且有不同的动机，所以支付的工资并没有反映一种“效率工资”水平的劳动。

如果行业间工资差距是行业租金的函数，那么行业的竞争性应该与工资有很大关系。更重要的是历史研究显示，工资差距应该出现于1900年左右，在这期间出现了大企业和大规模的兼并运动。对这个问题目前还没有可资利用的证据。 588

停工期：失业、临时解雇、疾病和季节性

长期失业趋势

自 1940 年以来每年的失业统计数据都作为“当前人口普查”的一部分，早期就存在这种失业估计，自 1890 年以来使用 10 年一次的人口普查数据作为基准。1890—1899 年的原始序列来自斯坦利·勒伯格特（Stanley Lebergott）；1900—1930 年也来自勒伯格特，却是建立在不同的数据基础上。劳动统计局 (BLS) 的失业数据一般用于 20 世纪 30 年代。现在对于 1940 年以前的大部分时间存在几个竞争的时间序列。

1930 年以前的勒伯格特序列与 1940 年以后的当前人口普查数据比较，揭示出第二次世界大战以后的非农业部门失业率低于大萧条以前的失业率。比较结果也显示失业率的波动随时间的推移下降了。美国劳动力基本上都由这两种数据来解释。但是克里斯蒂娜·罗默（Christina Romer）做了一个修正序列，改变了对于波动性和水平的看法。图 10–10 给出了所有美国劳动力的勒伯格特和罗默序列。这两个序列的差异至今还没有完全解决。[27]

罗默的修正被用来纠正原始勒伯格特数据所可能导致的过度波动。如果罗默的修正是正确的，那么二战以后的失业率波动性与大萧条之前的水平相比只是下降了一点点。在原始勒伯格特序列中，波动性在整个 20 世纪下降很大。注意在图 10–10 中，罗默序列从 1890 年到 1929 年间，总是比勒伯格特序列有更低的高峰和更高的低谷。

两个序列的差异，主要来自年度数据如何从 1930 年以前的基准失业数据估计中产生出来。罗默的方法是，增加的波动性通过某些途径进入大萧条之前的勒伯格特
589 数据。[28] 两个序列的失业率是作为劳动力和就业之间的差异而产生的，每年的劳动力和就业估计是在其他变量的基础上外推得出的。勒伯格特估计值中的劳动力是在人口基础上的外推。但是在周期性高涨时期劳动市场扩张，而在周期性低迷时期劳动市场收缩。就业是在产出基础上的外推，但是就业在低迷时期比产出收缩得更少一些，而在高涨时期则比产出扩张得更少一些。也就是说，劳动力隐藏在周期中，并且比产出波动小。这些效应中的每一个都会增加失业估计序列的波动性。

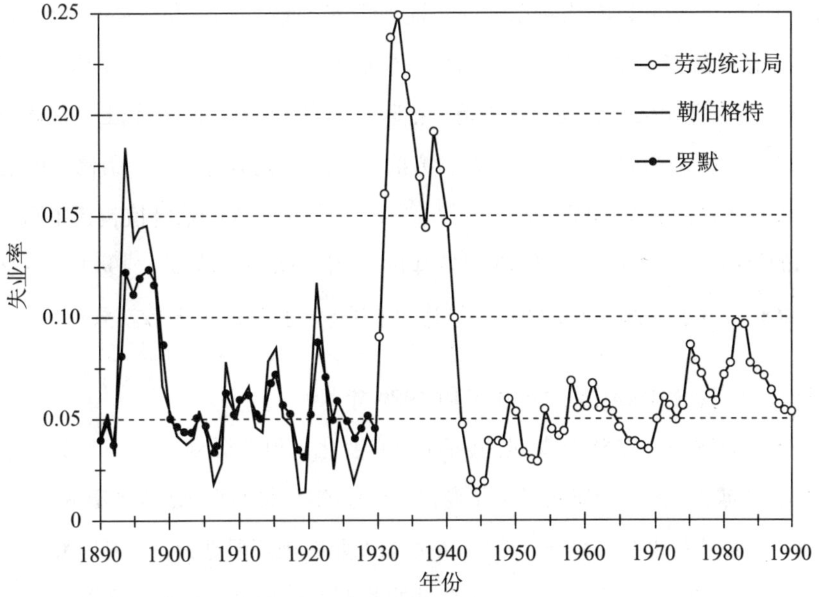

图 10–10　1890—1990 年的合计失业率

资料来源：劳动统计局：1930—1970 年：*Historical Statistics* (1975)，序列 D 85–86；1970—1990 年：*Employment and Earnings*。勒伯格特：1890—1929 年：Lebergott（1946），表 A–3 及 A–15，或 *Historical Statistics*，序列 D85–86。1930—1939 年数据也可见 Lebergott (1964)。罗默：Romer（1986b）。

因为罗默序列比勒伯格特序列的波动性更小，所以它也有更低的最高值。对 19 世纪 90 年代失业数据的修正是真实的。与 1894 年上升到 18.4%的最高值相比，修订数据最高值达到了 12.3%。同样，如果使用修正数据，第一次世界大战后的衰退 590 期间的失业率也更低。与全国范围内达到 11.7%相比，修正数据只达到 8.7%。

勒伯格特和罗默序列都是指劳动力整体。但农民的失业率（虽然不是在农业体力劳动者中）是除了农民以外的经济中的失业水平的一部分，而在 1900 年农民只占整个劳动力的 20%。1894 年调整后的非农业部门失业估计，如果使用勒伯格特数据大约是 23%，或者说与大萧条时期的最高值差不多；如果使用罗默数据，19 世纪 90 年代在非农业部门的数值是 15%，依然是一个很高的数值。[29]

罗默和勒伯格特的估计值之间的差异只包括 20 世纪 30 年代以前的估计。这个争论还没有牵涉大萧条期间的失业问题。个别争议集中于 20 世纪 30 年代的失业率水平，争议的焦点是联邦救济计划对个人的救济方式。

20 世纪的失业问题与大萧条是同义词。[30] 劳动统计局 – 勒伯格特的数据显示，1933 年，也就是在大萧条最严重的时候，失业人口占整个劳动力的 25%。但 20 世纪 30 年代的失业率估计，关键在于是否把联邦工作救济计划支持的工人群体包括在失业人口之中，因为它们通常包含在官方的劳动统计数据之中。一组修正的估计值给出了大萧条期间完全不同的描述。[31] 排除了受救济工人的估计值包括了两个失业高峰期的值——1932 年的 23%和 1933 年的 21%（Darby, 1976）。1940 年失业率下降到 14.6%，这是根据官方的统计，但是如果排除受救济的工人后就只有 9.5%。

失业持续时间和影响范围：1900 年和 1980 年

591 虽然失业波动性在整个 20 世纪可能没有变化，但从微观上看而不是从宏观上看，失业的诸多其他方面确实发生了变化。失业的持续时间和影响范围从 19 世纪后期到现在已经显著改变。尽管 1900 年左右的失业影响范围更大，但那时登记的失业时间比 20 世纪 70 年代末要短。影响范围的差别主要是由于职业分布的变化。现在与 1900 年相比在劳动力中有相对较多的白领，他们的失业影响范围小。随着时间的推移，失业的影响范围不断缩小，这与证据所显示的一致，即 1900 年左右除了其他行业以外，在制造业、建筑业和运输部门季节性所导致的失业显著（Engerman and Goldin, 1993）。但是失业持续时间的差异不太容易由构成因素来解释。今天更长的失业持续时间可能是由于现在的企业有更大的能力去关注每个在失业期间就业前景更加暗淡的个人。另外，或者与之相关，失业保险条款可能鼓励企业有选择性地解雇工人，并且在他们的收益耗完之前把他们找回来。[32]

在 20 世纪初，不同州的调查数据和美国联邦人口普查在 1910 年的数据，允许我们对失业持续时间和影响范围做详细的考察，这样的失业能够与最近的数据做比较。表 10–8 给出了小于 65 岁、不是自我雇佣、在制造业部门工作的男性工人中因“无业”而每年损失的天数（有些例子包括运输业和建筑业中的工人）。这里用了四个州的劳动统计局的数据——加利福尼亚州（1892）、堪萨斯州（1884—1887）、缅因州（1890）和密歇根州（1889）。在给定隐含的工作天数加上由于各种原因导致的失业天数的前提下，表 10–8 也估计了经历失业的天数和整个工作年度的天数。

制造业工人在一年中经历的失业比例在三个州中都极高。在堪萨斯州和密歇根州，有 60%以上的制造业工人在一年中的某些时候报告失业。虽然加利福尼亚州只 592 有约 32%的人报告失业，约等于 1910 年联邦人口普查对于同类工人的比例，但缅因州有大约 50%的人报告失业。在一年中经历一定失业的条件下，最常见的工作时间是 2~3 个月，那时一个月的工作时间规定为 26 天。

虽然堪萨斯州、缅因州和密歇根州的数据之间是可比的，但是它们远远高于加利福尼亚州的数据和 1910 年美国制造业部门的数据。这些差别看来不是由于各州数据对于行业和职业覆盖面不同的影响，也不是受调查的特定日期的影响。看来它们更可能说明不同时间和地区失业率高度可变，或者反映了某些州的调查与联邦人口普查相比对失业率的估计更准确的事实。目前我们不知道为什么这些样本会出现这些差别。[33]

表 10–8　19 世纪 80 年代至 90 年代各州的制造业工人的失业分布以及 1910 年美国制造业工人的失业分布[a]

	加利福尼亚州，1892	堪萨斯州，1884 / 1987	缅因州，1890	密歇根州，1889	美国，1910：制造业工人	美国，1910：受雇用的制造业工人[b]	美国，1910：制造业，运输业，采矿业
无失业	67.9	37.2	48.4	38.9	68.1	74.1	68.4
1 天至 1 周	2.5	2.1	0.1	1.8			
1 周至 2 周	2.8	2.2	1.1	0.5	0.5	0.5	0.4
2 周至 1 个月	4.2	5.0	5.4	16.8	2.3	2.3	2.1
1 个月至 2 个月	6.8	13.1	11.4	21.6	4.6	4.6	4.3
2 个月至 3 个月	5.6	11.6	12.9	11.2	5.1	5.0	4.9
3 个月至 4 个月	3.3	10.9	13.8	4.5	3.9	3.8	3.6
4 个月至 5 个月	2.2	5.4	3.9	2.1	1.6	1.4	1.7
5 个月至 6 个月	3.2	5.6	2.6	0.6	1.4	1.2	1.4
6 个月及以上	1.8	7.0	0.5	2.0	12.7	7.2	13.2
失业天（周）数[c]	62.3	80.8	69.9	40.3	(12.5)	(12.4)	(13.2)

续前表

	加利福尼亚州，1892	堪萨斯州，1884 / 1987	缅因州，1890	密歇根州，1889	美国，1910		
					制造业工人	受雇用的制造业工人[b]	制造业，运输业，采矿业
失业比例[d]	32.2%	62.8%	51.6%	62.2%	31.9%	25.9%	31.7%
一工作年的工作天数[e]	306.5	306.3	302.6	303.6	n.a.	n.a.	n.a.
失业率[f]	6.5	16.6	11.9	8.2	7.7	6.2	8.0
被观察者人数	2 398	1 057	746	4 412	14 389	12 834	21 054

说明：a. 在所有情况下，调查样本由 65 岁以下、职业及行业表明他们是受雇于公司（企业）的男性组成（也就是说，他们不是自我雇佣者）。加利福尼亚州、堪萨斯州、缅因州统计中使用的变量指的是由于劳动者“无业”而损失的时间天数，这与由于生病或其他原因导致的失业天数形成对比。在密歇根州，损失的工作天数没有被任何原因打断，失业分布仅在处于某些非自愿停工时间的情况下才统计得出。在有两种或更多原因的情况下，则指出不同因素导致的不同停工时间，时间被分配给自愿因素（如生病、假期）。因此，无失业工作时间的比例比真实值要低。密歇根州的数据针对的是公司（企业）中从事家具制造的工人。

593 b. 仅包括在 1910 年 4 月 15 日被雇用的制造业工人。

c. 失业天（周）数指的是任何原因导致的失业天（周）数。各个州按天数计算，美国按周计算。

d. 一年中经历过任何失业的百分比。

e. 一工作年的工作天数的计算方法是（平均年收入 / 日工资）+ 由于没有工作、生病及其他原因而损失的天数。全部天数超过 365 天的个人没包括在调查样本中。

f. 失业率即平均失业天数（或周数）/ 一工作年中的全部天数。1910 年每年工作周数为 52 周。每周工作天数并不影响失业率的估算。

资料来源：1910 年：公共应用微观数据样本；Carter 等（1990）的州劳动统计局数据。由于重复计

594 算的原因，失业分布的统计结果总和可能并不恰好等于 100%。

一前一后的数据确实意味着过去的工人比现在的工人可能面临更高的失业，但是前者能够很快重新就业。例如，堪萨斯州的体力劳动者在任何给定的月份失业可能性都是 6.5%。以年来计算，进入失业行列的可能性略微大于 50%。一个堪萨斯州的体力劳动者在两次失业周期之间的等待时间是 15.4 个月。在 3.7 年内，全部堪萨斯州的体力劳动者中有 95%要经历一次失业。几乎每个人都会短期失业或者四年时间内注定要在某一时间失业。相比之下，现在一个在职工人面对 1977/1979 年那样的就业风险要平均等待约 9 年，要 26 年才能使 95%的工人至少经历一次失业（Golding and Margo, 1991）。

虽然过去的失业可能性比现在高，但是过去的重新就业率也更高。例如在缅因州的调查中，一个失业者一个月内有 34.4%的重新就业概率。所以平均失业持续时间估计值很短——只有 2.8 个月或者 70 天，比 1977/1979 年的平均半年左右的失业 595
周期要短。

失业的相互关系在过去一个世纪里也发生了变化。虽然某些可观察到的个人特性在 19 世纪后期与失业周期有关，但是行业和职业决定了一年中失业的影响范围以及失业的持续时间。个人特性与地理稳定性相关。例如，已婚男性与其他人相比遭遇失业的可能性更小，并且大家庭与较低的失业概率相联系。这些发现提高了工头在人事部门建立之前行使权力决定解雇谁并且设定公平规则主导这些决定的可能性。另外，已婚男性与大家庭的人更愿意在做艰苦工作时直接或间接贿赂监工。

临时解雇、召回和工业衰退

显然，大多数被调查州的绝大部分制造业工人会由于被临时解雇或者永久解雇而损失时间。大多数调查中的临时解雇率显著高于近期的数据，人们可能想知道许多被解雇的工人是否被雇主重新召回。我们知道现在的大多数解雇情况，由于工人接受了失业保险，所以都以召回告终。[34]

利用州劳动统计局的数据评估召回的唯一方法，是观察工人在同一个企业的一年或一年以上的任期内的失业经历，并与类似的工人在他们的当前企业任职小于一年的情况做比较。工人被同一企业雇用至少一年，却声称自己在过去的一年里经历了失业，这样的人肯定是曾经被临时解雇随后又被召回。但是在有一年以上工作经验的人群中，那些当年遭受了失业却没有为所属企业工作一年的人，一定没有被召回。

对于经历了某种失业的群体，召回率处于 71% ~ 91%的范围内，平均约 80%的水平。所以 80%的被解雇雇员最终被召回和重新雇用。这些数字与失业保险所覆 596
盖的工人中得出的数字没有很大差别。[35] 假定其他因素不变，19 世纪后期被召回的工人经历的失业时间比没被召回的工人少 14 天。因为被讨论的群体一年中平均失业时间是 56 天，所以被召回的工人由于“失业”而损失的时间比没被召回的工人少 25%。

19 世纪后期广泛存在工人被召回的情况，这一发现是令人惊奇的。许多经济史学家对人口中特定的群体在19世纪后期的特殊时期经历的高失业率进行过评论，例如19世纪90年代的经济衰退时期。由于季节性而导致的失业被看作是成本高昂的，不仅包括影响消费的平滑性，更包括迫使劳动力过度流动造成的浪费。正是这种过度流动使许多人把第二次世界大战之前的劳动市场看成是混乱不堪的，而为第二次世界大战后的劳动市场制度大声叫好。如果对州劳动统计局的数据所隐含的召回人数做进一步的详细审查，它们有一个完全不同的含义。大多数工人在大部分时间，内含于季节性临时解雇的规律性可能使劳动力四处流动，当企业好转或者需要投入时，遭到临时解雇的工人会被差不多同类的企业所雇用。因而失业保险在把足够的劳动力置于工厂的大门口从而保证一支稳定的劳动服务队伍中的作用，比我们认为的要小。

疾病和休假时间

19世纪和20世纪之交的调查数据显示了在出现由企业向工人提供覆盖疾病和休假时间的福利制度之前，如何处理这两个问题。有些地方一年中有20%～33%的工
597 人由于生病而离开，由于生病离开所损失的时间为22～28天。所以，尽管损失的时间可以包括进一个或者多个失业周期中，但任何地方由于当年个人生病离开所损失的时间都有4～5周。目前没有可比的估计，因为许多工人都可以获得病假。然而有其他的信息可供比较。

20世纪70年代大约有3.5%的工人没有报告每天工作，带薪休假除外。白领工人平均为2.8%，蓝领工人平均为6.3%。19世纪后期的蓝领工人，加利福尼亚州为3.6%，堪萨斯州为5.5%，缅因州为5.9%。根据需要，这些数据包括由于（未支付报酬的）休假而损失的时间（尽管这部分很小）。因此19世纪后期时间损失占整个工作年度的比重比现在的时间损失还小，这里的时间损失包括工人一年中间歇性地替代停工，以及工人因疾病休假。[36] 应该强调的是，这些发现并不意味着1900年的工人更健康。他们的生产率由于在不健康的状况下工作而大大降低。

经济史学家长期以来感到很诧异：19世纪的制造业工人如何能一周工作6天，每天工作11或12小时？制造业中失业的极大的影响范围产生间歇性替代的问题。在大多数例子中，其他原因导致的时间损失（例如除了疾病以外）对“无业”导致

的时间损失的弹性很大。加利福尼亚州经历了“无业”时间损失的制造业工人，弹性是 –0.5。也就是说，在前一年经历过失业的工人中，由“无业”导致的时间损失增加 10%，由于除疾病以外的自愿因素导致的时间损失就下降 5%。[37] 所以，一般而言，工人使他们在一年中的停工时间变得平滑，这点毫不令人奇怪，工人间歇性地用自愿停工期替代了失业时间。

过去和现在的季节性

与最近的数据相比较，1900 年的失业影响范围大但是持续时间比较短，这就强化了一个观念，即季节性在过去比现在有更强的就业效应。按行业分类的制造业工 598
人在 1900 年每月高峰相对于低谷的就业比例是高的。此外，现在各行业的低谷月份的变动比过去更大。1900 年被临时解雇的大多数工人一定在 7 月至 8 月间和 12 月至 1 月间经历过失业，然而在今天就远没有那么同步了。但是应该注意到，在以农业为基础的行业（如烟草）中，季节性依然很强，并且在夏季收割之前的月份，就业低谷还很明显。季节性正在由越来越多的市场力量造成，例如全球增长区域更高的分散化程度，更低的交通运输成本，可以降低贮藏成本的技术进步。情况也可能是，过去的企业不怎么关注遭临时解雇的工人，但是现在的企业发现这样代价很高，还有部分原因在于失业保险的经历定率因素。[38]

不平等

工资结构

过去 15 ~ 20 年间工资结构的分散化引起了人们的高度关注。它开始于 20 世纪 70 年代后期，增长于 1982—1990 年的经济高涨期，并且在随后的经济衰退中继续趋于分散。部分劳动力被市场遗忘，他们相对经济地位的丧失也提出了这样的问题，如高中教育的质量、美国企业吸收非熟练劳动力的能力、国际贸易和移民政策的作用。经济学家解释工资结构的分散，主要是根据技术变化、国际比较优势的转变、工人受教育质量的变化、私人部门工会的减少。更重要的是，大多数文献认为工资结构的分散对于美国来说是反常的东西，并且把它与大部分其他国家进行比较。[39]

然而在大约 50 年前的 20 世纪 40 年代，工资结构经历了一次更快速的方向相反
599 的变化。我把这个时期叫作“大挤压”时期，因为在 10 年内工资结构从高度不平等变成前所未有的平等。此外，收入不平等受到了更大的影响，因为 1939 年的失业率还很高，并且远远高于 1949 年的失业率（1940 年和 1950 年的联邦人口普查收入数据参考这些年份的数据）。

一个便利的、可以频繁使用的工资结构统计数据——第九十个百分点的周工资与第十个百分点的周工资之间的比率——在图 10–11 中刻画出了 1940—1985 年的情况。该图清楚显示，工资结构的分散化从 1970 年开始回复——至少按照所使用的测量方法是如此，回复到了 1940 年的水平。根据图 10–11 的统计概括，1940 年的工资结构与 1985 年一样不平等，第九十个百分点与第十个百分点之比都是 4.3。但是在
600 1950 年这个统计登记值只有 2.9。工资结构在 20 世纪 50 年代期间分散了一点，但即使到了 20 世纪 60 年代后期也只比 40 年代工资的集中度低了 21%，60 年代根本没什么变化。[40] 工资结构的其他测量依赖不处于极端位置的部分的分布（工资的第七十个百分点与第二十五个百分点之间的比例），揭示了过去 50 年的类似趋势。

20 世纪 40 年代的工资结构集中化是普遍而广泛的。对于白人男性，通过教育、潜在劳动市场经历、职业和区域这样的因素，工资结构集中化是明显的。比如，大学毕业高于高中毕业的报酬，这部分下降了约 35 个百分点，在 1940 年对于 45 岁以下年龄的男性这一比例曾经达到约 70%。另外，工资结构的集中化也可以从不同教育、经历、职业、区域等组中识别出来。集中化不仅发生在不同组之间，而且发生在组内。对收入函数的估计也发现了同样的情况。1940—1950 年间不仅技能的“价格”在下降，残差的分布也大大集中化。很显然，20 世纪 40 年代是工资结构变动特别大的 10 年。此外，工资结构在 40 年代处于适当位置，并且实际上在 50 年代和 60 年代保持不变，一点也不像第一次世界大战后所经历的情况。[41]

但 20 世纪 40 年代工资结构异常地集中化，可能是工资结构在 1939 年的反常性所致。因为低技能和低教育程度的工人不成比例地承受了 20 世纪 30 年代的失业灾难，1939 年的工资结构与大萧条之前比较是完全分散了。此外，20 世纪 40 年代工资结构的集中化，可能是 1940 年之前很早就开始的收入更加平等化的长期趋势的一部分。[42]

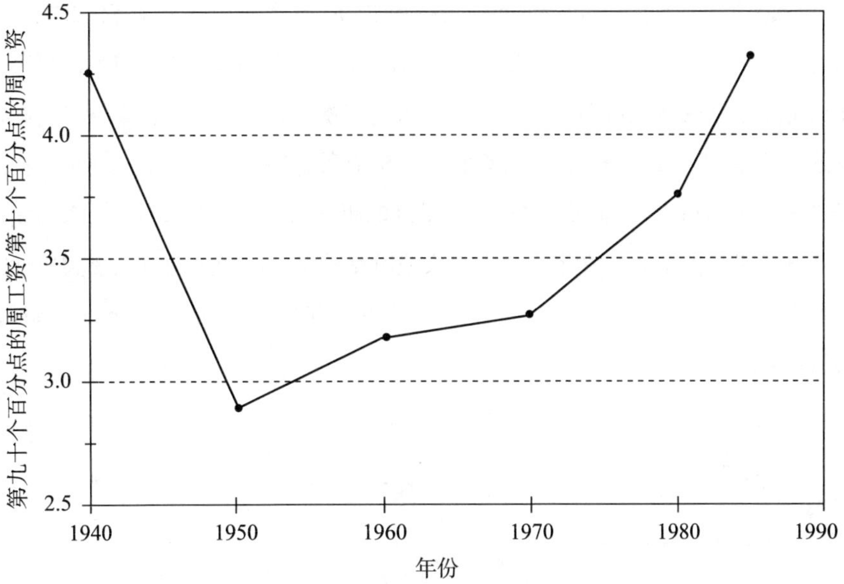

图 10–11　1940—1985 年，过去半个世纪的工资分布：第九十个百分点的周工资与第十个百分点的周工资之间的比率

说明：调查样本包括一个调查周内工作时间超过 34 小时、一年中工作时间超过 39 周的男性（大于 21 岁），他们是工资或薪金收入者，并且在全职工作的基础上其收入超过流行的最低工资的 1.5 倍。

资料来源：Goldin and Margo（1992），table Ⅰ.

通过利用两个新的数据集，这两种可能性都被研究过，从而产生了 20 世纪 20 年代到 50 年代中期的白领工人的工资信息。来自两个数据集的结果不断强化。1930 年以后白领的每小时收入中的奖金增加了（奖金远大于每周收入），1933/1934 年左 601 右达到了最高点（见图 10–12）。[43] 随后出现了实质性的和快速的狭窄化（大概是《国家工业关系法》或者经济复苏的影响），1939 年的技能差别与 20 世纪 20 年代晚期的技能差别相似。从这些关于技能差别的新数据序列可以得出一个清楚的结论：1939 年并不是异常的（至少受到较多教育的工人与受到较少教育的工人之间的每小时工资比例并不异常）。

1940 年之前几乎所有的关于工资结构的证据，都是依靠制造业或者建筑业中的熟练操作工以及非熟练工人（如体力劳动者、看门人）得出的。大量的研究已经发现：1900—1960 年间以这种方式测量的技能差别在缩小，但是大部分缩小发生在 20 世 602

纪 40 年代。那些文献存在的一个问题是被测量的技能差别与教育没有什么关系，因为熟练工人都是手工艺人，而不是白领雇员。20 世纪后期关于工资结构的研究工作大多数都集中于受到良好教育的美国人的供给的增加。然而，以前文献中所阐述的工资的技能差别，可能与理解移民变化的影响有关，特别是 20 世纪 20 年代初的移民限制措施的影响。[44] 前面已经提到，最近的研究结论是，普通白领工人与制造业中生产部门工人的工资率在第一次世界大战时期的某个时候，有过一次实质性的接近，并且 1915—1940 年在高中和大学的受教育年数也下降了（Goldin and Katz, 1995, 1999）。

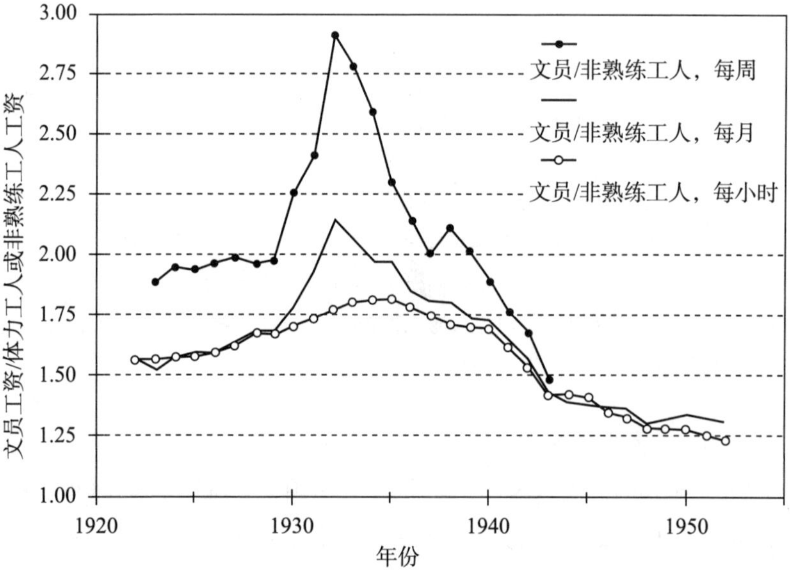

图 10–12　1922—1952 年白领工人与蓝领工人之间的工资差别

说明：文员每周序列针对的是纽约工厂男性办公室人员，与之对应的序列则指 25 个行业中的非熟练生产部门工人（Beney, 1936）。小时序列及月序列是指在一级蒸汽火车铁路上工作的工人。

资料来源：Goldin and Margo（1992），table Ⅶ.

因为 1939 年的工资数据没显示异常，所以要解释 20 世纪 40 年代工资结构的迅速而极端的集中化，就必须求助于第二次世界大战期间经济中的特别变化。战争期间日益增长的对低技能劳动力的需求使工资结构集中化了，伴随着指令性经济需求的变化也肯定强化了这种状况。1942 年的《稳定法》之后，工资由国家战争劳工部

(NWLB）决定，并且在其短暂的寿命中，NWLB 处理了将近 50 万份增加工资的申请。它的极小的工作组经常依靠“拇指规则”，自动批准低工资职位的申请，使特定职业的工人工资提高到与同样职业工人相同的收入水平，等等。所有这些规则都会降低不同职业之间和同一职业内部的收入不平等。

大量来自劳工部研究的工业数据显示，战争期间工资结构压缩的程度确实很大，并且明显地影响了处于 50～10 十分位点的比率，战后也有明显的压缩，并且 90～50 十分位点的比率也受到了影响。[45] 所以，不能把工资不平等性下降的原因完全归结 603
于战争本身和 NWLB 的行动，必定有其他因素在起作用。

其他因素包括对低技能劳动力需求的增长。如果说 20 世纪 80 年代创造了“铁锈地带”，那么 40 年代和 50 年代一定建立了（或者至少强化了）“钢铁地带”。二战之前和之后的受教育工人的供给增加，我们将在下面关于教育一节详细论述，这对于回校接受教育人数的下降是一个支持因素。20 世纪 40 年代以后工会力量的增大显然是一个受到忽视的因素，并且如果欧洲国家的经验具有任何指导意义，那么工会在工资结构中的作用可能就十分重要。也有最低工资的作用，最先在 1938 年伴随《公平劳动标准法》而实施。比如，最低工资从 1938 年到 1950 年在南方的许多行业中绑定了大部分工人。[46]

黑人和白人的收入差距

20 世纪 40 年代这 10 年也是缩小黑人和白人收入差距的时期，这可以从表 10–9 中看出。黑人和白人收入的比值在 1939 年是 0.434，但在 1949 年变成了 0.552。缩小的差距部分是由于黑人从低工资的南方迁移到了高工资的北方。但另一原因是工资分配结构的普遍压缩，提高了处于工资分布底端的大部分工人的工资（Margo, 1995)。20 世纪 40 年代以后的黑人和白人的收入不断趋同，这种趋势只是在近期才被打断（O’Neill, 1990)。

导致黑人和白人收入趋同的主要长期因素，是黑人受教育年限的增加以及相对质量的提高（Card and Krueger, 1992)。在 19 世纪末 20 世纪初，大多数黑人生活在南方，他们的受教育年限与学生的人均支出都非常低。无论废奴运动以后教育怎么进步，1890 年以后对黑人公民权的实际剥夺都妨碍了教育进步（Margo, 1990b)。

1940 年 26～35 岁之间的黑人男性所受的教育年限只有同龄白人的 60%。1950 年达
604 到 71%，1980 年上升到 90%（Smith and Welch, 1989, 表 9）。

表 10–9　劳动市场同批人中黑人男性工资与白人男性工资的比值（%）

	普查年份				
初始劳动市场工作的中间年份	1940	1950	1960	1970	1980
1978					84.2
1973					76.6
1968				75.1	73.5
1963				70.1	71.2
1958			60.2	66.2	67.8
1853			59.1	62.8	66.9
1948		61.8	59.4	62.7	66.5
1943		60.0	58.4	60.6	68.5
1938	46.7	58.3	57.6	60.0	
1933	47.5	56.6	56.2	60.3	
1928	44.4	54.1	53.8		
1923	44.4	53.2	55.9		
1918	42.3	50.3			
1913	41.7	46.9			
1908	40.2				
1903	39.8				
总计	43.4	55.2	57.5	64.4	72.6

说明：“初始劳动市场工作的中间年份”由有关教育及年龄的信息推演而来且为近似值。“总计”的意思是包括所有其他劳动市场的同批人员。

资料来源：Smith and Welch（1989），table 8.

1940 年以来黑人获得的经济收入相对于白人有两个时期是最大的。一个时期是 20 世纪 40 年代这 10 年，第二个时期是从 1965 年到 1975 年间。表 10–9 中所有同批人都在 40 年代经历了一次黑人与白人收入比值的增长，然而 1950—1960 年间却没什么变化。因为表 10–9 是按照普查年份排列的，1965—1975 年的变化很难被观察到。但 1960—1980 年间的某一时期增加是很明显的。非洲裔美国人经济进

步的中断说明阶段性因素对于缩小黑人和白人收入差距有重要作用（Donohue and Heckman, 1991）。

20 世纪 40 年代普遍的工资压缩和黑人向北方的大量迁移已经被认为是可能影响那个 10 年的因素。南方和北方内部都在 1965 年后立即发生黑人和白人的收入差距 605 急剧缩小的现象，这种缩小不是移民在起作用。几个审慎的研究显示 1964 年的《民权法》强制或者使企业能够雇用南方的黑人工人，特别是在纺织业中（Heckman and Paynor, 1991）。

虽然美国黑人挣的钱依然比白人少很多，但是 1940 年之后的几十年他们之间的收入差距大大缩小了。到 20 世纪 70 年代中期，一个受过大学教育的黑人能够获得与大学毕业的白人同样多的收入。然而从那以后，一些以前的成果被中止了，许多被逆转了。例如在受过大学教育的男性工人中，黑人与白人的收入比值从 1973 年到 1989 年下降了 13%。同样的损失在全美国范围内没有受过大学教育的人身上都发生过。但是中西部地区没有受过大学教育的人感受到了更大的下降。从 1973 年到 1989 年该比例下降了 22%（Bound and Freeman, 1992）。我们离目前这个时期太近了，所以还无法理解为什么非洲裔美国人过去取得的成果又失去了。

工资的性别差距

工资差距在几个方面——熟练工人与非熟练工人之间，受过较多教育的工人与受过较少教育的工人之间，黑人与白人之间——在 20 世纪 80 年代都扩大了。但是男性和女性之间的工资差距经过 1955—1980 年的相对不变之后已经缩小了。另一次男性和女性收入差距缩小发生在 20 世纪的头几十年，这可以从图 10–13 中看出来。1900 年全职工作的女性工人与全职工作的男性工人之间的收入比值是 0.463，但是到 1930 年这个比值上升到 0.556。这个比值增加主要是由于女性从低收入的职业中脱离出来，进入了办公室和零售公司的白领工人行列。女性相对于男性的工资收入在 20 世纪初期的增加可以与前一个世纪相匹敌，当时女性首次进入刚刚诞生的制造业部门。1820—1850 年间制造业中的女性与男性工资比值从 0.35 上升到 0.50。技术变迁降低了工业活动的成本，这是女性相对于男性工资增加以及女性就业增加的一个关键性因素。20 世纪前期女性加入了正在兴起的文员部门（见表 10–4），并且那时大 606

量增加的中学教育使她们能够承担这类工作。

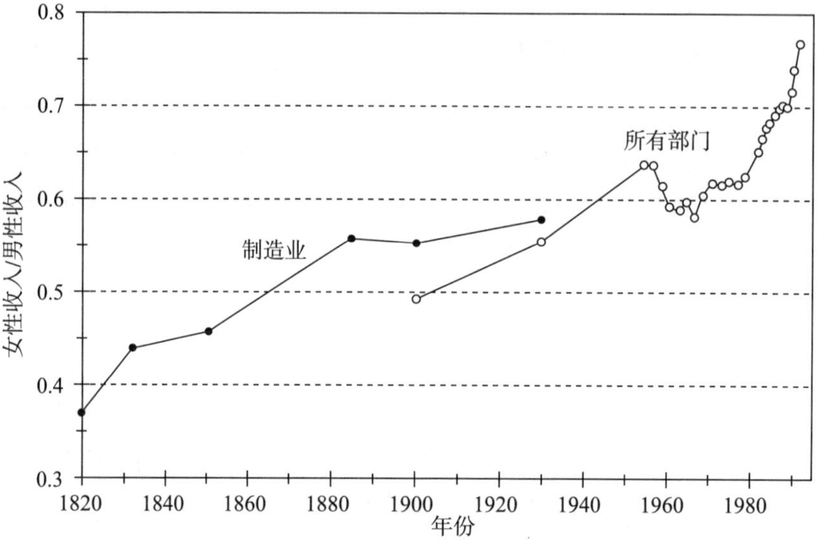

图 10–13　1820—1992 年收入的性别差距

资料来源：制造业：1820—1930 年：Goldin（1990），表 3.1。1820—1850 年使用的是新英格兰数据，1930 年使用的是每周全职工作数据。所有部门：1900 年及 1930 年：Goldin（1990），表 3.2；1955—1969 年：Goldin（1990），表 3.1，年度收入中数；1971—1987 年：Goldin（1990），表 3.1，每周工资及薪金收入中数；1988—1992 年：*Employment and Earnings*。

但是女性在全职工作中相对于男性收入的进步到第二次世界大战后就中止了。奇怪的是，这个时期是工资普遍增长以及工资平等性提高最快的时期。回顾一下，这个时期已婚和年长女性的劳动参与率获得巨大增长。女性的工资与她们提高的劳动参与率之间存在联系，这使得许多研究者大惑不解，他们认为女性劳动参与率提高而相对收入变化停滞是矛盾的。

607　工资和劳动参与率之间的关系来自所有职业女性积累的工作经验与女性劳动参与率变化之间的关系。尽管已婚女性在 1950 年平均只花她们一生的一部分时间参与劳动，但那些在某一时刻进入劳动力队伍的人实际上在劳动力队伍中能待很长一段时间。也就是说，已婚妇女的劳动参与率很低，但在劳动力队伍中的那部分人是相对持续就业的工人。

劳动参与率的变化与工资之间的关系用例子来解释比较容易理解。假如 1950 年

100 个已婚妇女中有 20 个加入劳动力队伍，1970 年 100 个中有 40 个加入劳动力队伍（与实际数字相差不大）。在工作连续性的假设下，1950 年加入劳动力队伍的那 20 个人到 1970 年将积累 20 年的工作经验。但是在 1950—1970 年期间加入劳动力队伍的 20 个人积累的工作经验就要少一些。如果女性逐年加入劳动力队伍，那么某个女性到 1970 年有一年的工作经验，另一个有两年的工作经验，一直到我们找到 1951 年加入劳动力队伍的那个女性，她有 19 年的工作经验。这样 1970 年的一个代表性女性的工作经验要多于劳动力队伍中所有女性。如果劳动参与率一点也没提高，那么 1970 年参加工作的女性的工作经验将有 20 年——或者再多 5 年。所以，劳动参与率的巨大提高增加了工作女性的工作经验。

这个例子明确显示了在 1950—1980 年期间职业女性积累的经验发生了什么变化。因为新参加工作者没有什么工作经验，她们压低了所有工作女性的经验积累。因为工资是所有工作个体的平均水平，并且工作经验是收入的一个重要决定因素，而女性劳动参与率的提高使所有女性的工资受到了下降的压力，所以这个时期女性和男性工资收入比例的稳定性部分是由于女性工人的平均工作经验的稳定。

但是每过一年女性的参与率都在攀升，新工人的消极影响也减小了。到 20 世纪 80 年代职业女性的平均工作经验开始增加。此外，女性在加入劳动力队伍之前对工作技能做了更多的投资，对她们的工作有更现实的预期。因为这些以及其他的原因，女性与男性的收入比值开始爬升，并且自 1981 年以来上升了约 10 个百分点。在 608
1981 年，女性每小时平均收入与男性的比值是 0.637，但到 1991 年就变成了 0.736。这个比例对于年轻及受教育的女性与同类男性甚至更高。例如，未婚、非西班牙裔的 25～34 岁并且接受过 4 年以上的大学教育的白人女性与男性的工资收入几乎相等，而那些只拥有学士学位的女性的性别收入比在 1991 年是 0.9。[47]

教育与人力资本

整个 20 世纪劳动的进步与教育的进步紧密相连。童工事实上的消除，女性劳动力在比例上的增加，女性收入相比男性收入的提高，黑人与白人收入差距的缩小，工资构成的普遍压缩，各种现代劳动市场制度的演化，所有这些都与教育进步有关。

整个 20 世纪男性和女性同批出生的人的平均受教育年限相当连续地增加。稍微更好一些的观察教育进步的视角来自考察高中毕业的比例和大学入学或毕业的比例。考察这些指标的时候，学校教育的进步显得不那么连续并且只发生在特殊的时期。

高中毕业的比例从 1915 年到 1940 年从占年轻人中的 13% 增加到几乎 50%（见图 10–14）。在南方以外的地区，毕业率从一个更高的基础上增长，并且到 1950 年超过了 50%（Goldin, 1998）。从 1900—1920 年出生的同批人开始，全国的年轻人——特别是女孩——的高中入学率迅速提高。大学教育的进步开始于第二次世界大战后，部分是由于《退伍军人权利法》（GI Bill）提供的大量权益的推动。大学毕业（指 4
609 年或 4 年以上的大学）的年轻男性的比例从 1920 年占不到同批出生人的 15%，增加到 1950 年占同批出生人的 30%以上。同样的同批出生人之间，女性的比例从 7%上升到略低于 30%。[48]

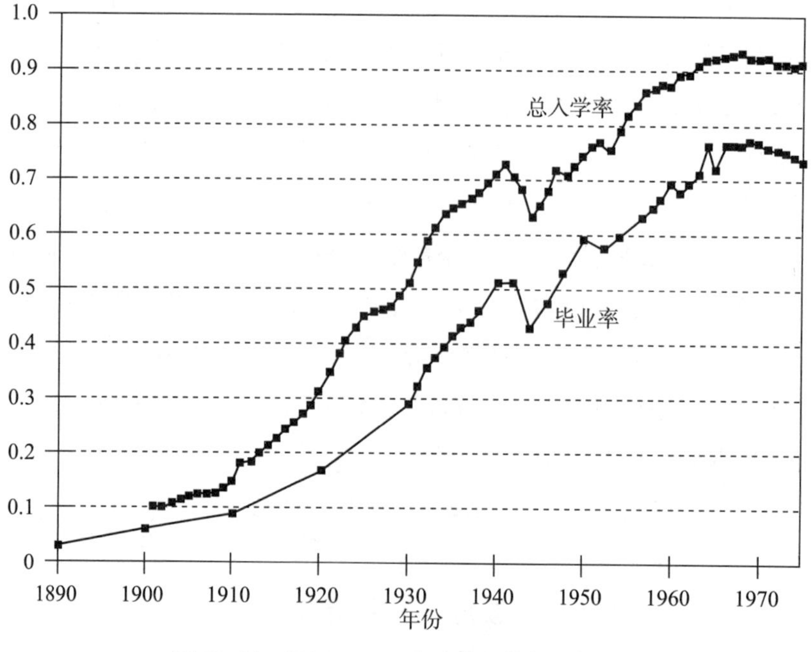

图 10–14　1890—1975 年中学入学率及毕业率

说明：入学数据统计以 14～17 岁为分界线；毕业数据以 17 岁为分界线。入学及毕业数据包括公立和私立学校的男性及女性。

资料来源：美国教育部（1993）。

一个经常被引用的统计数据表明人力资本对于美国经济增长的重要性，这些数据来自对增长残值的分解。从1929年到1982年每个工人的国民收入平均每年以1.48%的速度增长。传统的要素（劳动时间和资本）只能解释这个增长的5%，还有 610
残值的95%。根据爱德华·丹尼森（Edward Denison）的分析，这些残值的28%能够用正规教育的增加来解释（Denison, 1985, 113）。

人力资本积累和技术变迁对于20世纪就像物质资本积累对于19世纪一样——它们都是增长的发动机。1929—1982年的人力资本形成能够解释所有资本形成的60%。人力资本存量的增加比其他任何单一的可测量要素都有力地加快了20世纪人均收入的增长。因为残值的很大部分是由于知识的进步，所以人力资本形成在20世纪经济增长中的作用一定极大。根据标准的估计，男性劳动力的平均受教育年限从1920年的7.72年增加到1970年的10.86年或者说增加了41%，当然这种估计可能低估了教育增长。[49]

中学教育的进步不为人知，但能够解释40～44岁的男性在1930—1970年间总的教育进步的70%。[50] 既不是大学入学率也不是基础教育的增加，而是高中入学率的增加，有助于解释20世纪的大部分时间内人力资本存量的巨大增长。

1940年的联邦人口普查第一次收集了最高学历和收入的信息，这些信息成为对教育回报进行大量数量研究的最早的资料基础。但美国的教育革命在1940年以前只是处于起步阶段，其间伴随着从1915年到1935年高中入学率和毕业率的提升。现在还不清楚收入和收入分配如何受整个美国教育增长的影响。在女性劳动力队伍的演化过程中学校教育的作用已经记录下来了，女性劳动力在20世纪初迅速地从家务和手工业工作转向办公室和销售工作。男性劳动力则没有这些变化。到1939年，大学毕业的回报要比高中毕业的回报高得多，而高中毕业的回报也比小学教育的回报实际上高很多（Goldin and Margo, 1992）。上面讨论过的新的白领工资序列，意味着 611
中学教育的回报在1920年左右的差距缩小了。尽管受过中学教育的劳动力的相对供给有很大的增加，但是因为回报一直到40年代依然保持高位，所以对受过教育的工人的相对需求在20世纪20年代和30年代必定曾经迅速增加（Goldin and Katz, 1995）。

政府与劳动市场

在 20 世纪，政府通过规制和立法对劳动市场的干预大大增加了。因为这个主题很大并且涉及其他章节，我只详细说明与劳动市场有很大关系的立法，例如工人的补偿、最高工时立法、移民管制法、社会保险法、失业保险法、立法对工会行为的影响以及反歧视立法。

工人的补偿（WC）立法是美国通过的第一部社会保险法。这些法律主要由州通过并且现在依然存在于州一级的水平，它们确立了一套更加正式的法律程序，使工人在受工伤时可以向雇主索赔。工人补偿法很快得以通过：1911 年 9 个州通过了补偿法，到 1913 年又有 13 个州也接受了补偿法。44 个州（包括阿拉斯加和夏威夷）到 1920 年通过了补偿立法。由于以前的制度是倾向于雇主的，通过高成本，比如支付律师费，人们认为工人补偿制度“促进效率”，并且使工人的状况决定性地改善了。最近的两个其他效应被挖掘出来。一个是如果工人以前接受过对于更危险工作的差额补偿，以及如果工人的补偿制度根据工人的要求对企业征税，那么工人的工资在补偿立法通过之后会减少。如果私人保险市场没有为工人提供真实公平的保险，那么工人仍将从补偿立法的通过中获益。另一个效应是如果工人在受伤的情况下面临更高的得到赔偿金的可能性，那么他们在工作中可能冒更大的风险。对劳动市场的管制并不总是能够实现预定的目标，即使这样也不能使工作场所变得更安全。[51]

612 在这个进步时代另一个值得关注的问题是工时问题，以及女性和儿童的就业问题。有关最高工时的法律在州一级获得通过始于 19 世纪中期，但是还没有法律限制男性的最高工时。在现在著名的案例马勒诉俄勒冈州案（Muller vs. Oregon, 1908）中，俄勒冈州通过的一项法律，限定女性的工时为每天 10 小时，最高法院支持该法律，原因是女性由于生育小孩需要保护。最高法院认为，未来的权利超越了个人契约自由的权利，或者用经济学家的话说是存在外部性。几乎每个州都通过了限制女性或者有时是儿童的工作时间的立法。在 1910—1920 年间普遍的工时下降与立法之间，有学者发现存在一种关系，尽管准确的因果关系还不清楚（Goldin, 1988）。可能立法的通过是一种手段，即聚集工人对减少工时的普遍支持。童工法也在州的层次上获得通过，义务教育法也紧随其后。联邦层次的童工法《欧文 – 基廷法》（Owen-Keatings

Act）在 1916 年获得通过，但它的制裁方法（对雇用 14 岁以下童工的企业产品征税）两年后被发现违宪。

首次在 1897 年由议会通过以读写测试的形式限制欧洲移民的立法，但是克利夫兰总统否决了它。塞缪尔·冈珀斯（Samuel Gompers）领导下的美国劳工联合会在 1897 年通过罢工强烈支持那个读写测试。有组织的劳工及其他团体相信，移民特别是从欧洲大部分萧条地区来的移民，会严重降低美国工人群体的生活水平。这个测试在 1913 年被再次通过，但是被塔夫脱总统否决，1915 年又获得通过但被威尔逊总统否决。在第一次世界大战中期，仇外情绪高涨，议会最后推翻了威尔逊总统的否决，普遍的移民限制从此开始。从读写测试到配额制只有一小步，配额制在 1921 年获得通过，并在 1924 年和 1929 年修订。[52] 最后的配额法案，就是 1929 年的《国家来源法》。该法案通过把美国人口的历史构成作为配额基础，对来自欧洲新输出地区（南欧、中欧和东欧）的移民进行了严格的限制。尽管从西半球来的移民还没有 613
受到限制，但从亚洲来的移民实质上被禁止了。可以说，通过限制低技能移民劳工的流入，配额制是 20 世纪唯一最重要的劳工立法。

1965 年《移民法》获得通过之前，移民限制实质上都没变动，该法案保留了以前立法中的一些总量控制，解除了对国别来源的限制，但是把西半球国家放在总量基数中。它也给予美国公民的亲近家庭成员以优先机会，并且允许政治避难。这些变化都增加了从中美洲和亚洲来的移民，也增加了全球范围的移民。前面已经提到，移民包括合法移民和非法移民，移民增长得如此之快，以至每年总人口的净增加中，净移民所占的比例达到了前所未有的高度（大约 38%）。由于担心许多行业的工资和职位被这些从亚洲和墨西哥来的新移民压低及减少，美国历史上的歧视新移民的长期传统提出了限制移民的新的需求。

20 世纪 30 年代通过了最重要的劳工立法。由于不大可能按照它们的重要性程度对这些里程碑式的法案进行排名，所以我只是按照年份的顺序把它们罗列出来。1935 年通过了《社会保障法》，这是影响劳工的主要立法的标志性年份。图 10–6 中的数据指出了社会保障立法的通过降低了年长男性的退休比例，这也显示出该立法通过之前几十年年长男性的劳动参与率一直在下降的事实。《社会保障法》也确立了失业保险，并在州的层次上对其进行管理。我们已经在工会部分讨论过的《瓦格纳法》，也是在同一年通过的。《公平劳动标准法》在1938年通过，其中包括了最低工资条款和超时支付。在短期内劳工获得了社会保险——在这之前社会保险已经成为大多数欧洲经济的一部分、组织工会和自由地与管理者讨价还价的合法权利以及使雇员获得公平工资的保证。

美国的失业保险制度在许多重要的方面不同于欧洲国家，这些差别与上面讨论的失业的历史材料有关。在1935年通过《社会保障法》之前的辩论和讨论中，最普遍关注的是如何减少失业。季节性被看作一个严重的无法回避的问题，人们希望
614 通过对那些临时解雇工人和让工人免职的企业征税，为失业保险融资，从而减缓劳工的艰难处境。美国的失业保险制度是唯一的一个建立在企业以前的解雇基础上的制度。[53]

最近具有实质内容的劳工立法主要涉及雇佣、晋升、解雇少数族裔群体、妇女、怀孕妇女、年长工人以及那些因要照顾生病的亲人而请假的人。1964年的《民权法》覆盖了少数民族和妇女，尽管设立了平等就业机会委员会，但最初更多地关注少数族裔。有充分的证据表明，黑人从《民权法》以及美国总统关于遵从联邦契约的行政命令中获得了实质的好处，但是有关妇女的法案的确立要困难一些（Leonard, 1986, 1989, 1990）。1967年通过了《年龄歧视和就业法》(Age Discrimination and Employment Act)，该法案于1978年进行了修正，禁止在雇佣、解雇、工作条件和补偿方面歧视40～60岁（联邦部门没有上限）的人。最近这类立法是1994年通过的《家庭与医疗休假法》(Family and Medical Leave Act)，该法案保证，大多数雇员有权在离职去照顾新生儿、儿童和其他生病亲人的时候获得有限的不带薪待遇。

总 结

对过去100年劳动市场的研究能揭示出其巨大的进步。进步是以劳工报酬的方式体现的——工资、福利、工作中的短休息时间、休假时间、病假以及提前退休。劳工在工作岗位上的安全性更高，以及当处于失业、疾病、年老时有了更安全的保护网。大多数这些变化都发生在劳动市场上，如已经揭示出的更低的流动性、更高的养老金以及更宽松的离职政策。有些已经成为政府社会保险政策的一部分。劳动

市场的进步与社会变化相互作用，有时候此为因，有时候此为果。女性参与有酬劳动的比例的增加是最明显的。另一个明显的现象是实际上消除了童工和全职的少年 615
劳工。妇女担当更重要的经济角色与少年劳工的减少，是许多技术变化和教育进步促成的。

但是研究也揭示出劳动市场有些部分还没有改善，有些在刚过去的一个世纪中转了一圈又回到原地。从 20 世纪 70 年代开始劳动生产率停滞不前。虽与美国历史上其他连接点上的停滞相同，但是目前的停滞还有它的独特性。美国的衰退时间更长并且大多数工业化国家都经历了这种衰退。美国最近的衰退还伴随着工资构成的拓展。虽然没有确凿的证据表明衰退与工资不平等上升之间有因果关系，但它们的相互影响是很明显的。不平等上升由于与衰退同时存在而显得更为严重。工资构成的拓展在衰退时期与在繁荣时期处理起来的难度是不一样的。不平等在过去上升了，并且上升到了一定程度，但历史纪录是不完整的。1940 年的工资结构与今天一样，但是到现在还没有迹象表明它什么时候开始上升。所以工资结构经历了一个完整的周期又回到了一个多世纪以前的情况。工会力量也经历了一个完整的周期，私人工会部门现在与颁布《瓦格纳法》之前和世纪之交时所处的状况一样，其占总的工会力量的比例与非农业劳动力占工人总数的比例差不多。

劳动市场看来比一个世纪以前有更大差别的地方是，工人更加熟练，白领更加重要，制造业和农业部门大大减少。人们相信，现在劳工具备了更正式的学校教育技能，用同样多的工作时间为企业培育了更多的人力资本和创造了更多的价值。但是关于 20 世纪的雇员工作任期的问题尚存在争议，现在越来越意识到白领工人的流动性增加了。最后一个问题是这里还没有提到过的问题，那就是整个历史上工人与他们的工作之间的关系如何变化。在某种程度上，工业革命创造了一个疏离的工人群体，他们的技能随着劳动分工和机械化生产而衰减。具备了更新的技术的团队中的熟练工人，他们是否被赋予管理的权限，并且在工作中具有自我认同感？ 616

注　释

[1] 在过去的 100 年中，失业水平并未呈现出显著的趋势，但战后这段时期自

然失业率有所上升（见图 10–10）。

[2] 即使是中等收入家庭的孩子，如果不能对父母做出令人信服的保证，即能够偿还受教育的直接成本，那么他们的父母也有可能拒绝将他们送入学校接受教育。这是因为先前的收入，而非直接成本，才是总体教育成本的更重要的组成部分，提供的公共教育并不能保证孩子被送入学校，即使这类教育的回报率很高。

[3] 那些与原料相结合的低技能工人代替高技能工人是美国经济史中一个存在已久的事实，对这一现象的研究始见于 Habakkuk（1962），而后 James 和 Skinner（1985）做出了经验上的证实。另外 Wright（1990）也曾强调指出美国上升为世界工业霸主主要依靠在原材料方面的相对优势。在此，作者本人强调的是产成品与中间产品（例如，农具、钢铁、汽车、皮革、肉类、面粉）以及次原料（小麦、烟草、棉花）的生产。

[4] Freeman（1980）提供了一份关于 1948—1980 年间美国劳动市场变化的完善的总结。

[5] 当前人口普查在 1994 年有所变动，以反映妇女经济作用的变化（例如，调查问卷在性别上更加中性化；更加详细地询问那些未受雇用者寻找工作的情况）。尽管调查的变动对失业率及劳动力参与率造成了影响，但是它对前者的冲击比对后者要大得多。

[6] 参见 Goldin（1990），他大约于 1895 年修订过妇女劳动力的有关问题。劳动力概念及其演变参见 Durand（1948）与 Long（1958），以及其他人的一些相关论述。

[7] 由于职业定义的变化，我偶尔会将 1900 年的情况与 1970 年或 1980 年相比较，而不是将其与 1990 年相比较。

[8] 在这一比较中使用的是 1970 年的数据，因为 20 世纪 80 年代人口普查中的职业定义发生了变化，并且文员、销售人员、专业人员及管理人员之间的比较结果也因此不同了。例如，注意 1980—1990 年间女性销售人员劳动力的显著增加及女性文员劳动力的下降。

[9] 制造业中生产部门工人的序列并没有很大不同之处。

[10] 本章中实际非农业小时劳动生产率与实际工资序列的另一个区别在于平减

指数。实际小时生产率序列使用的是 GNP 平减指数，而实际工资序列在大多数时期则使用消费者价格指数。

[11] 1900 年有 3 482 000 个非农业、非矿业（男性）劳动力（*Historical Statistics*, 1975, series D 182–232）。1900 年人口普查列出 48 544 名男性看门人与教堂司事，276 958 名男性服务员与侍者，73 734 名男性小商贩，53 625 名男性杂务工与帮工，以及 538 029 名男性板车车夫、出租汽车司机与卡车驾驶员。没有将矿业体力劳动者单独列出（U. S. Department of Commerce and Labor, Bureau of the Census，1904）。尽管将全部板车车夫、出租汽车司机与卡车驾驶员都计算在体力劳动者之内会引起某些争论，却存在许多不需要技能、不能被计算在内的制造业雇佣职位，特别是那些从事采矿业的工人。

[12] 青少年的劳动参与率下降在表 10–1 中并没有得以完全表现，因为一些年轻劳动力中的年轻人同时也在上学。例如，1990 年 16～19 岁的所有男性的劳动参与率是 55.7%。然而如果将那些在上学和兼职者排除在外，这一比例则仅为 32.2%。对既在上学又在工作的年轻人做重复计算，因此这一数据在当前人口普查中高于 1940 年之前的普查数据。事实上，更有可能的是，1940 年之前的普查数据低估了参加工作的年轻人的数量，而不是过高的统计。

[13] 需要注意的是，正在上学的年轻人也可能被列入劳动力并且这种做法在劳动力概念下比在有收入的就业概念下更普遍。因此 16～19 岁的男性在劳动力中所占的比例自 1940 年以来总体上有所提高(见表 10–1),尽管接受学校教育的比例更高了。参见 Goldin 和 Parsons（1989）关于 1890—1910 年间童工劳动力及其为何下降的讨论。

[14] Moen（1987a, 1987b）为了与之前的统计保持一致，对 1940 年后的有收入的就业概念做了估算。这两种概念的主要区别——有收入的就业及劳动力——将会使劳动力中较早的一些数据向上偏斜。一些退休者仍有可能声称有职业，尽管普查调查员做记录时会将那些退休者算为没有职业。Moen 65 岁以上序列在某种程度上高于普查 65 岁以上序列（见图 10–6），因为 Moen 试图通过使用每周雇佣率的信息来完全复制有收入的就业的概念。

[15] 1900 年 25～44 岁年龄组男性的劳动参与率为 94.7%，这一比例在 1990 年

为 94.3%。但是 1900 年同一年龄组女性的劳动参与率仅为 17.5%，1990 年为 74.9%（见表 10–1）。如果在同一年龄组中男性与女性的人数相等，那么 1990 年合计的劳动参与率为 0.846，1900 年则为 0.561。唯一的变化在于女性劳动参与率的增长，这使得总体大约为原来的 1.5 倍，又或增长了 50%。

[16] 对于需求与供给变化在女性劳动参与率提高中的作用的更完整讨论见 Goldin（1990），第 5 章。

[17] 要了解另一种最新的解释，参见 Freeman（1998），其解释对法律重要性的关注远小于上述观点。

[18] 这是 Ulman（1966）的观点。

[19] 美国劳工联合会声称自身成立于 1881 年，是伴随着贸易与劳工联合组织的建立而成立的。大多数历史学者使用 1886 年作为其创建日期。

[20] 1881 年通过的《克莱顿反托拉斯法》宣称国会并未打算将反托拉斯法用于限制工会的活动，然而后来的阐述揭示这一法案没有将工会排除在反托拉斯法之外，也没有像国会先前所表示的那样将工会从强制令中解放出来。

[21] 对工会工资奖金的这一简单估算遇到了阻碍，即工会成员通常比非工会成员具有更多技能。

[22] 参见 Kerr（1954）：20 世纪 50 年代；Nelson（1975）：20 世纪初；Edwards（1979）：历史演变；以及 Doeringer 和 Piore（1971）：20 世纪。

[23] 关于较早时期的情况，参见 Goldin 和 Margo（1991），Cartert 和 Sutch（1991），Sundstrom（1990）。

[24] Carter（1988）以及 Carter 和 Savoca（1990）指出现代工作时间并不比过去长。但是 Jacoby 和 Sharma（1992）对这一看法提出了质疑，他们坚持一贯的观点，即认为工作在职期在过去的 20 世纪呈上升趋势。

[25] 参见 Raff（1988）关于这一观点的论述及关于“每天 5 美元”的另一种解释。

[26] Allen（1995）没有发现可表明在过去一个较长时期内非生产部门工人的行业间工资存在差别的证据。

[27] 勒伯格特序列可参见 Lebergott（1964），部分见 *Historical Statistics*（1975），序列 D85–86。罗默序列参见 Romer（1986a，1986b），也可参见 Weir（1992）对此做

出的批评性论述。同时参见 Lebergott（1992）对罗默序列的评论。

[28] 参见 Weir（1992）对罗默观点的批评，后者声称 Lebergott（1964）数据对于 1900—1929 年这段时期来说具有极大波动性。而 Weir 认为 1890—1899 年间的数据具有极大波动性。

[29] 在这里假设 1894 年农民失业率与非萧条年份相同。1900 年为非萧条年份，失业率为 1.4%（Engerman and Goldin，1993）。1900 年农民占全部劳动力的 20%。

[30] 参见 Margo（1993b）关于文献资料的平衡、完善的调查。

[31] 参见 Darby（1976）关于被排除在 WPA 之外的工人的保护情况，在官方劳动统计局 – 勒伯格特失业序列中他们被列入失业者。另外请参见 Kesselman 和 Savin（1978）对 Darby 的评论。Margo（1988）针对这两种极端情况提出了一种较理性化的观点。

[32] 参见 Juhn、Murphy 和 Topel (1991) 最近的估算，以及 Margo (1990a) 关于 20 世纪 70 年代与 1910 年的比较数据。Keyssar (1986) 包含有美国失业概念演变的一个完善的论述。

[33] 需要指出的是，各州的劳动统计局数据，尽管作为过去失业分布情况及劳工阶层的量化窗口具有很多优点，但它们是一些奇怪、令人困惑的文件。没有关于那些工人、家庭及公司的调查样本如何获得的确切记录。它们似乎是以一种随意的方式收集起来的，通常由一些邮件问卷中相对较少数量的个人资料编撰、汇集而来。这些问卷一般非随机地分发给工会组织或劳工阶层聚集区。极有可能许多失业者，如短暂居住者及流浪者并未填写问卷，虽然一份问卷设计得非常精细，但那些流浪者很难看到它。参见 Keyssar（1986）关于流浪者及失业者的论述。

[34] 关于召回处于失业保险范围之外，参见 Katz (1986)、Katz 和 Meyer（1990）。

[35] 然而存在一种潜在的偏斜，即在州的劳动统计局数据中可能失业工人未被包括在调查样本范围之内，或其他失业工人并未代替他们。但是，即使偏斜确实存在，它也不太可能引起结果的明显改变。

[36] 参见 Goldin 和 Margo（1991）的历史统计数据，以及 Allen（1981）的更近的一些数据。

[37] 在堪萨斯州弹性是 –0.7，但是在缅因州弹性很小，且标准误很大。

[38] 关于“季节性”参见 Engerman 和 Goldin（1993）以及 Kuznets（1933）。

[39] 关于“最近工资结构的分散化”参见 Katz 和 Murphy (1992)。

[40] 如果将白人考虑在内则为 39%（参见 Goldin 和 Margo，1992，表 1）。

[41] 参见 Goldin 和 Margo（1992）关于“大萧条”的讨论。Miller（1955，1958，1966）描绘了 1940—1960 年间的工资结构及收入分布。关于 20 世纪 20 年代至 40 年代的收入分布的 IRS 数据，参见 Kuznets (1953) 和 Goldsmith (1967)。

[42] 这是 Kuznets 观点的一部分；同时参见 Williamson 和 Lindert（1980）。

[43] 推测认为奖金与教育密切相关，因为这里统计的是白领工人与蓝领工人（体力劳动者及非熟练制造业工人）之间的工资比率。

[44] 例如，关于 20 世纪 40 年代早期文献中的技能差别，可参见 Keat (1960), Ober (1948) 以及 Williamson 和 Lindert（1980），也可参见 Goldin 和 Katz（1999）关于此问题的引申与修正。

[45] 按照 50～10（及 90～50）十分位点的方法指的是第五十（九十）百分点的工资与第十（五十）百分点的工资之间的比率。

[46] 参见 Ehrenberg 和 Smith（1991），表 3–3 关于最低工资的名义价值以及本章之前及随后提及的最低工资与制造业平均工资的比率的讨论。

[47] 作者对以上数值的计算来自 3 月的当前人口普查数据。参见 Goldin（1990）有关收入的性别差距及有关市场经验的变化预期的作用。O'Neill 和 Polachek (1993) 包含有 20 世纪 80 年代女性与男性收入比例增加的最近的数据及分析。Blau 和 Kahn（1994）讨论了工资结构的作用。自 70 年代以来不断上升的不平等性说明女性正顺流而上。如果工资结构没有分散，相对于男性来说她们的收入会多 1/3。

[48] 大学毕业人数取自《当前人口报告》，使用的是年纪较长的同批人完成学业的统计数据。如果采用 1940 年及 1950 年对 30 年代早期毕业的高中毕业生的数据，则那些 60 年代早期毕业的人的比例将会有所上升。参见 Goldin（1997），大学毕业比例；Goldin（1990），女性一般教育比例；Smith 和 Welch（1989），黑人与白人受教育的差异。Goldin（1998）通过使用教育委员会及其他资料来源的同时期数据估算出了 1910—1960 年间公共教育及私人教育的毕业率和中等学校入学率。这一数据比从 1940 年及后来普查或《当前人口报告》中获得的数据更少受到“缓进”的冲击。

[49] 平均受教育年限的统计数据来自 Smith 和 Ward（1984）。

[50] 如果将所有保证学生升入中年级的初年级教育增长都包括在内，那么这一统计数据为 85%。如果减去 0.46 年，即一般来说可保证 5 年级学生升入 7 至 8 年级的年限数，统计结果则降至 58%（参见 Goldin，1998，表 1）。

[51] 参见 Fishback 和 Kantor（1995）关于工人补偿一节中对工资效应的分析。

[52] 参见 Goldin（1994）关于通过移民限制方案的原因的分析。

[53] Nelson（1969）对这一问题做了标准的优秀的历史性研究。由于种种原因，经验评估制度并不完整，许多达到最高税额的部门和公司（例如汽车业和建筑业）几乎不具备减少失业的激励性因素。

第 11 章

劳工法

克里斯托弗·L. 汤姆林斯 (Christopher L. Tomlins)

引言：劳工法的定义及历史

劳工史学家始终关注雇主与雇员之间的关系。他们习惯地将这些关系看作像资方与劳方这样两个不可回避的、集体社会的现象。由此，很自然地，当要写劳工法历史的时候，这部法律史在很大程度上应该是大大影响有组织利益方——资方和劳方——关系的法律史，是集体谈判及其前身的法律史。25 年前，当耶鲁法学院院长哈里·威灵顿（Harry Wellington）选择了 19 世纪初作为他的研究著作《劳工和司法进程》(*Labor and the Legal Process*) 最合适的起点时，他说他想在"美国劳工法的开端之时开始"他的研究，他认为当雇工联盟作为共同法律同谋在美国法庭上开始被起诉之时，就是美国历史的开端时刻。

正如我们所见的，从年代顺序来看，从威灵顿开始的观点事实上得到了许多人的认同。另外，理解集体组织和谈判法的历史对于理解法律与劳工的历史关系非常

重要。但这段历史不是全貌。尤其将集体行动法与个人雇佣关系法的历史割裂开来 625
是一个错误。在这里，我们将集体谈判的历史放在个人劳工法的历史框架之中，即“雇主与雇员的法律”。[1]

在概念上，对于“什么是劳工法”有诸多不同观点，一种观点主要关注其概念的基础以及广泛的社会影响，而较少关注其构成要素是否恰当。考察劳工法历史需要最终揭示社会秩序的模式是进步的还是僵化的，在涉及行为人或者其行为的范围上体现出其是仁慈的还是严酷的。答案显然是不明确的。例如，我们可以很简单地将美国劳工法历史的基本框架视为一系列保护私人自由的法律的扩展。殖民时期逐利商人对“自由”劳工侵害的逐渐消失；早期共和时期“非自由”劳工法令——契约奴役制和学徒制——的衰落；联邦诉亨特案（Commonwealth v. Hunt）（马萨诸塞州，1842）判例对习惯法关于约束协会自由性条款的胜利；美国国内战争推动了奴隶解放的高潮以及第十三和第十四修正案关于享有广泛自由劳工思想的胜利；美国内战后工人的工资和工时以及最终的赔偿受到州层次上短暂法律保护的缓慢进步；劳工争取可以自由地组织并进行集体谈判的立法支持的奋斗，在20世纪30年代以最终建立联邦政府支持的“谈判权”达到顶点；当代关于防止雇佣歧视、错误解雇以及在工会官僚势力中受到抑制倾向等的争论：上述这些应该并且已经成为美国劳工法历史的焦点。总体上，美国历史上存在着大量的与这些主题相关的著名事件。

但另一种对立的观点认为劳工法的历史就是限制自由的过程，这一观点逐渐流行起来并且具有一定的说服力。19世纪上半叶，越来越多（不是减少）的法官和相
关的理论家运用等级假定，一个已经包含在习惯法中雇主与雇员的原则之中的假定， 626
来分析雇佣关系的各个方面；坚持习惯法关于保持雇主在工厂的权威的契约原则，关于限制和管辖由工人联合的集体组织的合谋原则，关于保护雇主在产业意外事故中免除责任的习惯法的民事侵权行为原则；第十三和第十四修正案实质性的缩减；19世纪后半期拥有独特的（修正案增强的）宪法作用的法官们为阻止改革者而对习惯法中的雇佣契约颁布修正案；在确立合法集体行动的性质与约束过程中，司法权威性的不断体现，首先通过了对共谋犯罪的重新认定，之后又通过了劳工禁令等政策手段。甚至在1935年《国家劳动关系法》（NLRA，也被称为《瓦格纳法》）中规定了集体谈判必须以劳工法的美国标准为基础后，集体行动范围的司法管辖几乎可以

被视为决定工会第三方组织在多大程度上确实地履行新合同的依据，以协调雇员个人和雇主之间权力的不平衡。

上述状况似乎告诉我们第二种发展轨迹比第一种说法更为接近实际。殖民时期，和英国相比，美国在雇佣劳动的法律管制方面相对自由，在整个 19 世纪，这段历史强调了美国法律在协调和包容工人与雇主关系的方方面面如何逐渐地形成了自己的独特性，而英国主要采用了雇主与雇员的法令。它包括了 19 世纪后期法院如何保护这种关系免于劳工的干预以及立法修正；法院的习惯法最终如何被《瓦格纳法》挑战成功；行政、立法以及司法行为如何共同重构了《瓦格纳法》，使得集体谈判的合谋行为不影响雇佣关系的权威性进行的合理配置。重构的 NLRA 经过不断消化，成为劳工法实践的共同基础并一直保持到 20 世纪 70 年代，并且其中的某些内容——尽管现在看来相当空洞——一直伴随着我们。

627 劳工法在很大程度上显示了功能性的重要作用。本章将这段历史（1930—1980）划分为三个阶段。在离我们最近的时期中，情况尤其突出。在这段时期中，不断加强对工会—雇主关系的行政管制的范围，二者之间的关系与我们熟知的情况无异。集体谈判政策的新条款以及南北战争后的相关法令都对雇主、雇员以及工会如何定义和追求自身利益产生了清晰而直接的影响。但这段历史也是意识形态的一部分，它显示了自 19 世纪早期以来，价值观与假设基础形成的独特协调结构如何影响了法律条令对美国工厂的规定，体现了这些价值观和假设基础如何对以工作生活为代表的、各种可能的社会关系产生作用。我们可以看出，这两种方法体现出 20 世纪后期雇佣的社会关系的权力不对称性特征，如同美国的法律课程一样，反映了各集团物质资源的不对等。

起始：1600—1860 年

在美国独立战争 40 年后，19 世纪早期的绝大多数评论员在美国的新社会规范问题上，都非常确定主人和仆人关系在美国不会存在，甚至其关系名称本身不允许存在。强调不是“奴仆”，而是“帮手”，对美国人比较合适的定义是“屈尊提供服务获得报酬的人”。[2] 这不是片面的观察：到美国的欧洲访问者都意外地感到，普通人对传统的有酬工作关系以及传统的词语的反感态度。

19 世纪的法律词汇描绘了一幅不同的社会画卷。19 世纪上半叶，一些正在进行工业化的州——马萨诸塞州、宾夕法尼亚州和纽约州——的法院就已经不断引用习惯法中“雇主与雇员”条款来分析雇佣关系。这一倾向在法律专业的知识分子的著作中很容易找到。“雇主与雇员的法律关系一定存在，”蒂莫西·沃克（Timothy Walker）在他的《美国法律导论》（*Introduction to American Law*，1837）中指出：“在任何文明社会提供现成的工作的地方。”

在沃克的论述中，条件的差异是决定雇主与雇员相互关系的关键性因素。雇佣 628
关系的“雇主与雇员”条款的引用实际上仅仅是在被称为“工作”的人类行为范畴中，作为一种技术上的冲突而存在，而这种工作所涉及的社会安排和关系需要司法规范及法律观念进行适当描述。因此法律用语不会简单将其归结为社会关系，而是需要通过司法实践，进一步明确它们存在的条件和独特性质。在这个正在工业化的社会的社会关系的关键即雇佣中，美国人关于雇主与雇员的用法事实上促使了这样一种一般性的不对称关系的出现，这种关系使得各个集团在不平等的合法结构和合法保护下共存。

19 世纪早期法律中存在的不对称性作为美国劳工法中习惯法的“背景噪音”，一直被保留下来。然而，它们也是历史的必然发展。例如在美国条款中，雇佣的习惯法形成于 19 世纪，在 20 世纪许多条款得到了修正和重新解释，只有很少一部分保留了过去殖民时期的痕迹。

英国法

18 世纪前，即使在英国，雇主与雇员的法律也很少作为雇佣中的单个属类或者法律关系来描述。取而代之的是在涉及劳工管制方面，大量的英国早期现代法律表明的是根据不同自由程度存在不同的劳工法律。“仆人”、“劳工”、“学徒”和“技工”等都是对不同工作人群的区分，每一种工作人群都有不同的司法程序以反映出年龄、身体状况、技能和工艺熟练程度的差异。其中一个主要方面是所有的工作人群在工作任务尚未完成之前，对劳动的放弃都会被法律视为一种犯罪而受到法律制裁。事实上直到 18 世纪下半叶，当“雇主与雇员”法律条款建立了一般性的刑事处罚以管

629 制英国雇佣关系时，这一做法才逐渐成为统一的约束。

殖民时期的美国法律

美国的雇佣法律出现于殖民时期，这一点与近代英国有很大的不同。其原因在于殖民法基本上没有受到英国的劳工法律的影响，在管制雇佣劳动方面，英国法的各种法律强制并不在大陆殖民地实行。尽管殖民地在刚刚建立时，对当地雇佣劳动的刑事惩罚就已经被采用，但它们在18世纪末并不常常出现。对于大多数殖民地区，使用严酷的刑事惩罚以保护雇主的各种利益的做法虽然一直延续于整个殖民时期，却仅仅局限于一些采用契约奴役制和奴隶制的地区，越来越多的其他殖民地区则没有采用这一方式。

在一些地区，很少有证据表明，殖民之后不受约束的雇佣劳动无论是惯例还是法律规定都与这种刑事约束的条件有关。例如，在马萨诸塞，奴役最初是在进入殖民地的人签订了多年定期服务契约的特定条件下出现的。早期管制“契约奴”的法令被认为仅仅是这样一个特定的——和临时的——法令；法院程序也传递了同样的信息。这些事实都强烈地表明了17世纪在雇佣劳动与定期服务契约服务（或者以其他约定的形式）之间在法律上存在着明确的差异。受雇，包括手艺人为特定任务签订契约，都不会由于工作没有完成负有刑事责任：在最初的以特定工作的完成作为裁决标准之后，习惯法通常采用赔付损失代替工作完成的方式。管制“奴役”的立法在马萨诸塞整个殖民时期的每一阶段均顺利地审查通过，但也有一些例外，包括一些专门针对未成年的青少年的政策，它们不具有适用于成年劳工的一般性特征。换句话说，法律是用来对特定劳工人群进行制度化控制的——如对家庭劳工体系至关重要的少年劳工，但不是针对每一个劳工。在新英格兰殖民地中，只有罗得岛采用了英国法律将成人劳工雇佣纳入刑事约束之中。

630 切萨皮克地区比新英格兰地区的司法权解释提供了更多的引人注目的事实，即17世纪许多地区很少将雇佣工作问题归类为一般性刑事案件。在马萨诸塞，弗吉尼亚在违反雇佣关系时受到约束的人群，不仅仅包括契约式学徒，而且适用于非学徒和其他受雇的自由人。1632年，弗吉尼亚几乎完全采用了《英国工匠法》对手艺人与劳工者离职时的一些禁止性条款。[3]

但是到了 17 世纪中叶，这一观点逐渐以某些方式减弱，在切萨皮克地区，有迹象表明社会性的定期服务契约和雇佣劳工在法律上都形成了更明确的条件。在新英格兰，法律管制逐渐集中在一些特定的劳工类型（输入型的定期服务契约）中，而不是对每一个都如此。[4] 弗吉尼亚人理查德·斯塔克（Richard Starke）在他的《一个治安官的职责和权力》（*Office and Authority of a Justice of Peace*, 1774）一书中，对地方法律进行了总结，他认为"学徒和奴隶是不同的，他们也和雇佣人员存在差异，这些人自身受雇于某一种服务，不受交通或契约的约束"。[5]

到 18 世纪后期，美国的非奴隶劳工逐渐被分为本地出生的有偿劳工的自由人群（合法约束除外）与具有学徒关系和移民的定期奴役契约的非自由人群两大类。除了奴隶制度以外，我们认为在整个殖民时期，美国的工作至少有两种基本关系——家长和依赖者（包括仆人、有报酬的服务人员和学徒）以及委托人与独立签约人，或者消费者和供应商之间的关系；只有前者必须服从雇主与雇员的概念；更为重要的是，在 18 世纪出现的雇佣劳工，或者以前出现的类似的事件，都已经被视为具有社会性和合法性的雇佣关系形式，更加独立，而不是依赖。正如泽弗奈亚·斯威夫特（Zephaniah Swift）在《康涅狄格州的法律体系》（*System of the Laws of the State* 631
of Connecticut, 1795）一书中指出的，雇佣劳动者"已经不是在法律上或习惯上被我们称为仆人的人"。[6]

共和时期早期的法律与劳工

在 19 世纪上半叶，农场内外的美国工人中外出就业的人数迅速增加。到 19 世纪中叶，在美国工作已不仅仅意味着赚取工资，成年雇佣劳工人口的增加促进了区域转型。

雇佣劳动的迅速增加在美国法律上主要体现为两种方式：一种是特定的、地方法规对迅速增加的劳工进行的限制。对人的财产权利的合法保护被视为新生的共和国的一个特例。除在总体上保持以契约为媒介的劳工自由交换规则之外，仍然明确规定了允许以种族为基础的奴隶制度存在。

但自由劳工并不意味着是法律上的自由劳工。尽管美国的雇佣关系重新被认为是以有偿劳工为基础的主要社会关系，且随着从保护伞下的决定性雇佣劳动，逐渐进入非谈判性质的等级制和与私人服务相关的权威条件下的各种雇佣关系，雇主与雇员的司法适用范围在逐渐扩大。由于公众非常不愿意接受主人和仆人的概念与雇佣关系相联系的观点，到 19 世纪中叶，美国法院和法律专家在雇佣关系的概念上，经常采用官方法律用语，主要是将 19 世纪雇主作为对雇员的一种普遍存在的权威控制，并且
632 这种权威是建立在前工业化的雇主对其家政仆人的私人服务的索取权基础上的。

文献中的雇主与雇员

这些新的发展可以追溯到新世纪的发端。随着地方成文法由于定期契约减少，陷入了在管制劳工范围方面对该概念的误用，美国法律文献开始考虑引入新的“雇主与雇员”的一般性法律来容纳所有雇佣人群。例如在弗吉尼亚，威廉·沃勒·海宁（William Waller Hening）的《新弗吉尼亚司法》（*New Virginia Justice*）的后续版本，对早期斯塔克治安条例手册进行了修改和更新，体现了这种转变的轨迹。在海宁著作的第 1 版（1795）中，如同斯塔克手册一样，学徒和仆人被纳入地方司法实践中并成为地方成文法基础。海宁认为在地方法中“仆人”和“雇佣”是相当不同的法律概念，前者仅仅是指有契约关系的外国移民式的仆人。15 年后，在他的著作的第 2 版中，海宁继续将这一部分纳入地方法律关于仆人的部分中，但指出过渡时期地方法律的许多方面都表现出僵化。同时，海宁指出“雇主与雇员”关系已经成为“一般性关系”的一种形式，并且根据布莱克斯通[①]（Blackstone）的解释和其他英格兰法律材料，应该对“雇主与雇员”增加新内容，以反映其在概念范围上对所有雇佣关系的包容。

其他地区也出现了对其概念相同的修改和扩展过程。在康涅狄格，泽弗奈亚·斯威夫特认为雇佣劳工不论在用语上还是法律上都不同于仆人，在这一看法出现 20 年之后，塔平·里夫（Tapping Reeve）在《男爵和妻子的法律》（*Law of Baron and Femme*，1816）中采用了布莱克斯通的解释，并没有分门别类地提到地方法律表述上的差异。事实上，里夫在他的序言中完整地论述了雇主与雇员的一般性主张。他认为在“一些合同”中，按照法律拥有对另一个人行使权威权利的人称为“主人”，而被行使权

① 布莱克斯通·威廉，1723—1780 年，英国法官和教育家，著有《英国法律评论》（1765—1769），该书是对英国总体法律最为全面的独家论述。——译者注

威权利的人称为“仆人”。当斯威夫特以新的书名《康涅狄格州法律摘要》（*Digest of the Laws of the State of Connecticut*，1822）出版了其 1795 年著作的修订版本时，他修正了他的观点。无论处于正面的地方法律是什么，任何进入雇佣关系的劳工，都要遵循“雇主与雇员的相应的责任和义务”。相同的说法来自纽约州政府的詹姆斯·肯特（James Kent）大臣的《美国法律注解》（*Commentaries on American Law*）第 2 版。他将“雇工”和仆人以及家政一起纳入“雇主与雇员”的概念，并且认为这些不同的雇佣关系之间“没有法律上的差异”。

在这些认识的基础上 19 世纪中期逐渐形成了雇佣契约，这是一个单部示范性的 633
法律样式。其在内容上表达了对劳动买卖关系的司法承诺，即劳工有出售自己劳动的自由，购买者拥有配置劳动资源的权利，并且对已购买的服务——劳工力量——声明权利和权威。一般而言，第二种观点并没有正式提出，即权威还是可以谈判的。正如西奥菲勒斯·帕森斯（Theophilus Parsons）在他的《契约法》（*Law of Contracts*，1853）中认为的，在英格兰，“雇主与雇员的关系在许多方面受到法律规定的管制，实质上其中一些方面受到了现有等级差异的影响，还受到各种规则限制，这些规则比现有规则更加具有可操作性”。在美国“我们没有这样的观念。对于我们，劳务契约仅仅是以契约法的一般原则为基础来解释和管制的”。但是当这种雇佣关系表现为契约机制时，进入本身在法律上就明确规定了每一个交易方不同的责任和预期。正如俄亥俄州最高法院的威廉·加尔德韦尔（William Caldwell）法官在小迈阿密铁路公司诉约翰·史蒂文斯案（Little Miami Railroad Company v. John Stevens，1851）中所指出的：“当一个人雇用了另一个人为他工作时就产生了法律义务。被雇用者的义务是根据协定完成任务，雇主的义务在于支付；除此之外，任何一方没有其他的权利。雇主只是在劳务过程中可以控制被其雇用的劳工，除此之外，他没有超越于其他人的权利。”这里的前提是有偿工作契约也传递了雇员的赞同，即只要雇佣关系存在，雇主就应该控制和配置劳动资源。这一前提实际上是雇佣法律不对称的集中体现。

法院中的雇主与雇员

如果看得更远一些，应该进一步强调法院的作用。法院至少部分地表明它们用简明的用语归纳主人 / 仆人范式，以描述雇佣劳动者及其责任。劳工，据说在斯塔克诉帕克案（Stark v. Parker）（马萨诸塞州，1824）中，只有在完全和忠实地完成契约要求时，才配得上对其的雇用。那么，工资不再简单地被视为对工作的一种支付，
634 它们是对“忠实的奖励”。同样的情形也表现在其他地区。“忠实服务”，按照宾夕法尼亚州最高法院在利巴特诉伍德案（Libhart v. Wood，1841）中的论述，是获得工资权利的先决条件；其行为同主人与仆人的关系没有关联。一年之后，在辛格诉麦考密克案（Singer v. McCormick）中，进一步增加了由于他们的过错将会受到惩罚的条件。在纽约州，如果雇员拒绝执行雇主的命令或执行不力，雇主可以不支付工资及其他补助就立即解雇雇员。[7]

法院也以更可行的方式表明了该条例的概念。将有偿工作纳入习惯法判例之中，而这些判例已经被运用于保护雇主对其雇员服务的管辖权威性中。在伍德沃德诉沃什伯恩案（1846）中，纽约州最高法院允许雇主在店员离去后获得补偿，其裁决是建立在以下逻辑上，即有“足够的事实表明雇主与雇员的关系存在于原告和已经签订工作契约但没有完成工作任务的被告之间”。原告不需要表明“服务有过失的人是学徒还是孩童”，因为“任何人都有权利获得其所雇用的人的服务，通过雇佣契约，以报酬作为交易代价”。[8] 在东部工业化地区的法院也表明了这一观点，对于雇佣劳工，雇主有管辖雇员可能通过怂恿和隐匿等行为来诱使外来者干预雇主与雇员关系的权利及权威。

法院与劳工共谋

法院的怂恿原则不仅适用于对有前景的雇主的干预，也适用于来自其他雇员的
635 干预威胁。事实上，在后一情况下，对其他人服务的产权索取权是受到刑事起诉保护的。19 世纪上半叶，在著名的“劳工共谋”案例中，这就是中心主题之一。[9] 确切地说，它不是唯一的，甚至最初开始并不是最突出的。总体上说，最早的合谋案件更主要地是来自“自发”的工匠联合体（artisan combination）对共和国和社会福利的威胁。这个问题最初开始于费城的联邦诉普利斯案（Commonwealth v. Pullis，1806），一个对皮匠熟练工人的起诉案件，公诉人认为工会组织在遵从集体行动上，不能体现出任何公正的目的，它们是超越公共利益的，代表了某一方的利益，是非法的。甚至当它们体现出更多的分散的目标时，法院引用以英格兰为中心的习惯法

在规范工人行为方面的条文，将合谋起诉作为上述所描述的一般倾向保留下来。合谋的非法性表明相关的行为不仅被现有的成文条款排除在外，而且以前殖民时期各个阶段的诉讼也被排除在外，早期的共和国工匠联合体被美国法院依英国习惯法的先例宣布为不合法组织。

到了 19 世纪 30 年代，关于联合体损害“总福利”的观点开始消失。法院不再像以前那样仅仅因合谋改变劳工价格这个唯一的事实而将联合体视为非法，它们开始更多地关注工会成员追求他们自身利益的行动方式，特别是是否对其他人进行了歧视和压迫。但歧视和压迫的概念是相当有弹性的，法院公开采用这种用语，继续谴责联合体仍然是一种合谋组织，因为联合体的行为在这段时间内与雇主的商业行为以及获得雇员服务的权利产生了严重的冲突。到 19 世纪 40 年代早期，这种潜在的趋势日益明显。“任何用来扰乱和干扰公众的情绪……通过威胁和敌视性的语言强迫雇主……或者通过威胁和暴力迫使工人离开工作……像这样的方式在法律上 636
都将被视为非法或刑事犯罪。”宾夕法尼亚州地方法院在 1843 年的联邦诉麦康奈尔案（Commonwealth v. McConnell）中指出，任何采用这种方式的协定，“尽管可能存在其他无害的目的，但它会使当事人成为协定的合谋人，并且应当受到惩罚”。虽然大法官肖（Shaw）在美国内战前最著名的案子联邦诉亨特案（马萨诸塞州，1842）——该案例起因于契约履行产生的冲突——中认为以下条件是合法的，即人们可以为实现“得到承认的权利与其他人签订集体协定”，但集体放弃劳工合同或者一些雇员怂恿另一些雇员放弃工作的做法仍然是一种犯罪行为。

法院与“管理”

在解释商业雇主与其雇员的契约关系过程中，由于采用了习惯法的规则和程序——这些习惯法规定雇主有要求雇员劳动的权利，法院逐渐地将雇佣关系中主要的等级特征加进工业化出现的早期社会之中。在 1830 年和 1840 年随着制造和运输企业规模的扩大，雇主与雇员的概念被重新表述，将雇主专横的权威扩展到无实质内容的监督的“管理”形式中。很明显，拥有私人权威的雇主已经得到了法律极大的承认，法院只是作为最终的司法解释以及雇佣关系的裁判员。正如在学徒案例中，管理的新意识形态使人们看到法院让步于权威，这使得雇主在工作关系中拥有可以自己进行具体管制的权利。

法院证明了运用契约自由性原则的正确性。自由人拥有劳动的自我资本，进入雇佣关系的雇员以一定条件和条款与雇主签订工作合同，而条件和条款是可以谈判的。

这个问题在19世纪30年代和40年代马萨诸塞州的一系列案件中继续获得了关注。法院开始仔细考虑这样的问题，即在雇员进入雇佣契约的过程中，制造业公司的规则制定行为在多大程度上可以在司法程序启动之前具有决定作用。让我们回顾
637 赖斯诉德怀特制造公司案（Rice v. The Dwight Manufacturing Company，1848）。工厂技工玛丽·赖斯（Mary Rice），寻求要回起诉工厂期间三个星期的劳工工资。公司认为工资之所以被扣除是由于赖斯离开了工作，违反了所有雇员必须服务一年的规则，如果公司要求员工辞职，会在4个星期前公示。当这个问题进入司法程序时，需要由陪审团决定对被告的管制是否缺乏应有的沟通，或者这样的规则是否在任何条件下都可以决定原告的契约。陪审团主张支持原告。但是在上诉中，马萨诸塞州最高法院坚持认为在这种条件下，留给陪审团的只有一个适当的问题，就是雇员是否有机会熟悉公司的规章。如果答案是"是"，原告就应该受到所有规章的约束。

赖斯案代表了雇佣条例的发展，一旦自愿地进入雇佣关系中，雇员就必须服从雇主采用大量私人和难以计量的方式实施的控制。"在公司雇佣关系中的各种人群就要体现出，这是他们自愿的服务协定……这种协定要求他们遵守规章制度。"19世纪30年代早期，马萨诸塞州洛厄尔地区的劳伦斯制造公司在规章总则中强调指出："这些目标是能够达到的，通过集体的努力以及全体个人的劳动，一些人处于指挥地位，许多人则处于被指挥的地位。"一些想降低这种作为介入者的公共权威的控制力的技工发现，他们又回到了雇主的问题上。"劳工都是聪明的，他们能够自己进行谈判，为自己寻求最大的利益。"

法院与雇主的责任

更深入的证据在同一时代的一系列案件中广泛存在，最有影响的案件是法韦尔诉波士顿和伍斯特铁路公司案（Farwell v. Boston and Worcester Railroad）（马萨诸塞州，1842），它检验了雇主在雇佣关系中对雇员意外事件补偿的责任问题。这一案件使法院相当直接地面临这样的矛盾选择：一方面，代表雇员的要求，即特殊的意外

事故在雇佣关系生效后就进入合同的内容之中，雇员服从雇主的权威控制，雇主就 638
有责任对雇员的福利负责；另一方面，双方对事件的结果具有对等的责任关系。法院几乎都采用了后者的态度，引用风险假定的契约理论以及来自雇员自我管理的一般社会收益理论。两种理论都将雇员视为自由行动者。这两种理论不仅没有认识到雇主与雇员的雇佣关系之中具体权利的不对等性，而且没有认识到企业利用规章建立起来的权威，是要求雇员作为雇佣的一项条件加以服从的。

当雇员受到伤害是处于管理位置的"同类雇员"的疏忽大意的直接结果时，这个矛盾日益激化，以致不能够容忍。在俄亥俄州，最终结果是支持雇员由于执行监督人命令而导致伤害时应得到补偿。按照俄亥俄州最高法院（克利夫兰、哥伦布和辛辛那提铁路公司诉基尔里案，1854）的表述，普通雇主对执行命令者需负的责任对等于雇员的服从。

俄亥俄州的"雇主责任原则"遭到了其他州政府一致的反对，但在随后几年内这一态度改变了。这一变化促使法院继续维护雇员作为独立当事人的形象。例如，宾夕法尼亚州最高法院在瑞安诉坎伯兰山谷铁路公司案（Ryan v. Cumberland Valley Railroad，1854）中坚持认为，雇主对于雇员受到伤害的责任是雇主的安全保护的义务，这种保护的义务"仅仅在与雇员的依赖或服从的相互关系"中才存在。法院申明，这样的条件不会存在于美国法律，雇主与雇员"在法律面前是平等的"。 639

自由劳工

在对各种禁止条款的引用中，宾夕法尼亚州最高法院在涉及雇佣关系和各方平等性方面，强烈地表达了劳工自由的核心含义——契约自由性。但是法院表明契约自由性的平等保护不能够使人信服，在如下条件下，正如我们所看到的，雇佣关系在其他法律关系中更确切地表现为不平等和服从的一种方式，要求雇员忠诚、服从和奉献。[10]

但自由劳工有多种含义。对于内战前的劳工运动，自由劳工意味着通过具有生产力的财产所有权关系体现的经济独立。至少它意味着雇佣劳动者更为丰富的自由概念，而不仅仅是通过正式契约来体现的抽象自由。我们发现更丰富的概念出现在奥姆斯特德诉比尔案（Olmstead v. Beale）（马萨诸塞州，1837）中，原告（农场工人）的辩护律师认为法院在引用私人劳工契约时，应该更多地关注各方之间的相互权利关系。如果忽略了这一点，也就否认了弱势一方要求美国法院维护“自由和独立”的共和国精神的权利，并且会诱导劳工成为“奴隶制度的一种形式”，导致了最终的“冲突和争论”。[11]

随着自由劳工条款日益成为美国内战前法院的主导呼声，奥姆斯特德的辩护自然不能取得成功。法院采用了更为正式的契约自由性的语言，这在以后成为宾夕法尼亚州法庭判决的范本。劳工的生存条件可能让人同情，但是他们生活在政府的平等法律环境下。所有生活在这个环境下的人们“都必须遵守相同的规则和法律”，享受相同的机会，承担同样的责任和义务。任何取悦“某些人和某个集团利益”的行为都是不被允许的。

美国内战前法院一方面通过完全引用雇主与雇员条款，帮助确立了权威性雇主在工作生活中的中心和主要地位，但另一方面，战前法院在针对自由劳工和自由契约的问题上，又没有对它们所创造的不对称雇佣关系进行调和。这个结果强加给处于权威地位的雇主行使其合法权威的责任。事实上，这不是一个规则，宾夕法尼亚
640 州最高法院在赖安案件中承认，“它将给所有商业行为带来麻烦”。

矛盾：1860—1930年

美国法院劳工法的习惯法模式在战前时期并非没有争论。例如在习惯法的共谋条款对劳工联合体的适用性的争论中，首先出现了法院引用习惯法的合法性的争论。在公民诉梅尔文案（People v. Melvin）（纽约州，1809）中，辩方律师坚持认为共谋的习惯法不能适用于美国，这是由于独立革命“已经改变了整个政府模式，从体现习惯法精神的君主制转变为相当不同的共和制”。法院应该将工人联合体是否合法的决定权留给立法机构。在整个19世纪30年代期间，从早期对共谋起诉采取不定期的抗议到逐渐改为有组织的政治行为，工会为保护工人自治提出了合法方案。在19世纪40年代，这些方案首先试图使工作时间立法影响雇佣契约的法律约束。最后，在整个美国内战和重建时期，形成了对习惯法的、反传统的、完整清晰的批判性意识形态框架。

再论自由劳工

这种反传统性反映在美国宪法第十三和第十四修正案对自由劳工含义的采用和适用性的争论上。这场争论主要包括了三种观点，实际上这些观点的概要和深化早在战前就已经显现出来。

支持修正案的观点认为自由奴隶自我所有权的狭义和简明的定义，就是相当于自愿地出售他们的劳动（他们的所有权）的自由人的权利，而不是在强迫和没有补偿的条件下出售。这种简明的定义主要来自古典自由的政治经济学，特别是受到了英裔美国人中的废奴主义者的影响。它将自我所有权作为人类自由的必要和充分条件——自由，按照废奴主义者的说法，已经受到北方白人劳工的欢迎。 641

就其本身来说，我们已经发现，这种观点表明了对现有的雇佣关系的习惯法形式或多或少的批判，而这种雇佣关系已经成为北方白人劳工赖以生存的条件。其原因在于这种形式从整体上并非强调了雇佣关系建立所需要的条款和条件，而是强调了进入这种关系的自愿程度。因此，废奴主义者的“契约的自由性”在很大程度上可以与雇佣关系多方面的约束联系在一起。事实上，废奴主义者认为这是他们的巨大优势所在。他们抨击南方劳工法规第十三修正案的缺陷，在于新的被雇用的自由人是要受雇主控制和服从雇主的意愿的。但废奴主义者的主要目的不在于表明劳工是被如此限制和约束的，而是强调南方法律条文仅仅针对黑奴歧视。由此在规定劳工服务未到期就离开时，没收工资所得，以及建立没有补偿的解雇等不正当行为的基础上，南方法规就很难回应北方习惯法关于禁止诱导条款的合理部分。废奴主义者并不否认“对契约严格忠诚”的重要性是“自由形式”的核心条件。奴隶解放局的领导人奥利弗·奥蒂斯·霍华德（Oliver Otis Howard）提出“少量的健康约束”以促进契约绩效是有利于“独立性”的。[12]

正如我们所见，战前北方劳工在生产能力的所有权、对职业的追求、“收入”的获得等方面得到保障。它已经基本包括了作为独立、自主的自由劳工的粗略含义。这些期望也不一定是不切实际的。尽管有偿工作广泛存在了，但由于手工业经济体系的实质仍然是为劳工提供真正（尽管逐渐消失）的所有权，像独立性这样的定义在战前年代中就有了实际的社会反响。

相对于废奴主义者枯燥的自我所有的自由主义理念，共和党人的观点更引人瞩目，北方劳工条款的内涵可以追溯到杰斐逊派关于经济自我依赖的政治民主思想。但是在美国内战之后的环境条件下，它本身在宪法修正含义的解释中出现了分歧。
642 一方面，强调保护机会自由的所有权，正如斯蒂芬·J. 菲尔德（Stephen J. Field）在斯劳特诉豪斯案（Slaughter v. House Cases）（美国，1837）中提出的所有人为“生活的合法追求”所共同享有的“平等权利”；另一方面，是更为激进的自由主义解释，利·范德维尔德（Lea VanderVelde）称之为“劳工自治的乐观形式”，或者通过民主合法的干预，实现雇主与雇员之间的社会和经济关系的充分平等。这两种观点的差异在战前就已经引人注意，战后则表现得更为明显。结果是自由劳工条款在工资体系中呈现出分裂的明显倾向。这个问题演变为在什么程度上会对该体系造成破坏：是在短期内，工人通过他们参与公开竞争的“自然”过程来获得独立性；还是在长期内，通过八小时工作日的法律规定减少政府行为。

自由劳工条款的命运

更为激进的观点认为内战修正案可能为雇佣关系实际的新定义提供了宪法基础，但这种可能性是不会出现的。第十三修正案的法律体系一直保留（仍然保留）了大部分。20 世纪早期许多反对南方用劳役偿债的修正案［例如贝利诉亚拉巴马州案（美国，
643 1911）和美国诉雷诺兹案（美国，1914）］的决定，无论它实施的可能性还是它对实际实施过程的严格约束，都仅仅是象征性的。[13] 至于第十四修正案，正如我们所看到的，它继续沿着反方向发展，在自由的衡量中获得了机会而不是条件。

两者对雇佣关系的法律的实际影响的缺乏，在战后法律文献关于习惯法体制长期的形式化过程中逐渐得到体现。例如，北方法院没有采纳放松体制的学术观点，而倾向于更深入地引入雇员团体。学者们也继续对自由劳工传统在重构时期的选择问题进行进一步研究。詹姆斯·斯库勒（James Schouler）在他的《国内关系法论文集》（*Treatise on the Law of Domestic Relations*，1870）中认为雇主与雇员的习惯法是雇佣法的基础，事先就假定各集团“在谈判过程中处于不平等地位”，这似乎与“真正的自由体制是敌对的”。但他强调的不是与传统习惯法论述的彻底分离，其后的修正版本则强调了雇佣关系的宽度。霍勒斯·G. 伍德（Horace G. Wood），这位美国第一位全职从事雇佣法事业的学者，在他很有影响的论著《雇主与雇员的法律》（*Law of Master and Servant*，1877）中认为，尽管事前假定了雇佣关系是建立在“自愿”（at will）基础上的，但任何一方都不能不负任何责任地解除契约关系。

这不是说美国法律并没有从重构时期的自由劳工条款中获得收益。伍德认为，他的“自愿”的观点在一些学者看来是无中生有，但它能够明确地表达出协调雇主
与雇员的法律和自由劳工条款之间的扭曲关系。[14] 法院也像伍德一样做出了类似 644
的反应，确认自由劳工在经济独立性的个人前景和寻找个人机会的乐趣之间的紧张关系。

我们并不认为这种紧张关系具备的优势特别令人奇怪。自由劳工的所有权最终很好地促进了 19 世纪后期工业化经济社会的成熟，尽管实践中自由选择职业的含义在很大程度上演变为出卖劳工能力的叫价——事实上，废奴主义者已经将这种简明的自由所有权视为所有人自由的必要和充分条件。对早期内战后劳工运动的影响足以使工人开始转向工作的条件和条款设定的合法性，但他们并不坚持这些条款和条件是必需的。例如在 1867 年，纽约劳工领导人埃兹拉·海伍德（Ezra Haywood）认为，八小时法律的意义并不在于建立了一个必要的标准，而是“为维护劳工利益提供了公平的法律保护”。[15] 立法被认为是一种不履行责任的安排。个人在其他条款中仍然可以自由签订契约。

但随着美国工业化经济的成熟，自由劳工条款逐渐在法院的传统观点和更加激进的观点中两极分化：契约的自由性，即它不检验实际的雇佣关系，而是强调带给双方契约的自由，包括机会和（通过自愿雇佣的）流动性；实际的自由，即逐渐从由所有权构成的安全阀机制的存在性和相关性，转而寻求各方之间实际存在的不对称的权利。

这两种具有代表性的争论从 19 世纪末一直延续到 20 世纪，它们推动法院反对 645
日益出现的国际劳工运动。争论不可避免地集中在雇佣关系上，核心在于促使法院维护习惯法的雇佣关系，防止第三方为寻求变革而进行各种非法干预。这种干预包括直接的和间接的两种方式。间接方式，是确立雇佣的关键条款和条件的法律标准；直接方式，则是强调联合组织以及伴随的各种强制性战术实施——如罢工、示威和抵制。

劳工立法

立法干预主要集中于这样的问题：消除苦力数量、短期支付和实物工资体制；建立矿工工资体制作为矿工支付的基础，特别是工时管制。所有的方式都会对劳工契约的内容产生影响。它们的支持者总体上获得了立法上的成功，但在法院复审前实施立法行为时，遭遇了大量的司法阻力。

从 19 世纪 70 年代起，法院对立法管辖的一般性方法主要来自对第十四修正案的非常狭隘的教条式解释。它为授权的习惯法权利提供宪法保护，以此防止政府干预。因此，按照实体程序条令，托马斯·库利（Thomas Cooley）阐明，“按照‘法律设定的平衡法原则’以及个人权利保护的保障”，立法机关不允许对超越已经获得授权的既定权利进行干预。该原则的实施对为管制目的出现的政治权力的司法诉讼提出了新约束——这种约束由习惯法平衡原则设定，即行使自己的权利而不损害其他人（sic utere tuo, ut alienum non laedas）和人们的福利是最高律则（salus populi suprema lex est）。这种方式在整个 19 世纪后期和 20 世纪早期由法院始终如一地贯彻执行。[16]

646 受到一般性原则的指导，对立派反对劳工立法的理由主要集中于在雇佣关系各方之间该立法对授权和“契约的自由性”的侵害。在没有规定将契约转包出去的条款下，立法限制各方一致同意的条款侵害他们的财产权利，即雇主可以按照其意愿管理他们的商业的权利，以及雇员处置其劳动的权利。宾夕法尼亚州最高法院在戈德查尔斯有限公司诉威格曼案（Godcharles & Co. v. Wigeman, 1886）中提出该问题时，认为它通过“阻止拥有自我所有权的人行使自己的契约”，侵害了他们缔结契约的自由性。在那些由立法可以清晰和不受干扰地表明的公共利益领域，例如涉及为提高公共安全，对铁路工人最大工作小时数的法令设定，法院也可能允许例外存在——尽管这里的标准不可能是一致的。但几乎可以肯定的是，法院认为在涉及雇佣关系不平等的矫正中，不存在公共利益的司法辩护。

到世纪之交时，最终结果是州法院和联邦法院已经宣布了大约 60 个管制法规无效。例如在纽约，反苦力立法在 1884 年通过时就已经受到了广泛欢迎，1885 年在因瑞·雅各布斯案（In re Jacobs）中则被推翻。1886 年在宾夕法尼亚、1889 年在西弗吉尼亚、1892 年在伊利诺伊和田纳西、1893 年在密苏里、1896 年在俄亥俄以及

1899 年在堪萨斯和马里兰等州的案件中，都可以根据反临时票据和反实物工资法提出赔偿。矿工工资法分别被伊利诺伊州于 1886 年、1892 年和 1896 年，宾夕法尼亚州于 1898 年，俄亥俄州于 1900 年宣布为无效。在 1893 年伊利诺伊最高法院也推翻了周支付工资的法案。其他州在定期支付工资法中也遇到同样的状况，如 1892 年的得克萨斯州、1894 年的阿肯色州、1895 年的宾夕法尼亚州、1896 年的俄亥俄州以及 1899 年的加利福尼亚州。

工时法被加利福尼亚州在 1890 年、内布拉斯加州和俄亥俄州在 1894 年、伊利诺伊州在 1895 年、科罗拉多州在 1899 年、纽约州（各种实践目的）在 1893 年和 1894 年、密苏里州在 1910 年、路易斯安那州在 1913 年、马萨诸塞州在 1915 年以及美国最高法院在 1905 年的洛克纳诉纽约案中宣布为无效。这里区分不同类型的工时法是重要的和有建设性的。约束女工工时的法律一般将受到详尽的司法审查。唯一的例外是伊利诺伊州于 1893 年对妇女在工厂八小时工作日的规定宣布无效。妇女的工时法是可接受的，主要是建立在同样的基础上——保护各方的契约自由性，防止不正当干扰——让男人冒风险。尽管契约自由性是一般性的规则，例外只有在其中一方不能签约，或者为保护其他人的权利需要进行管制的领域中存在。建立在一 647
般工时法和妇女工时法基础上的判例法承认法院已经将妇女作为一个独特的阶层来看待。考虑到由于妇女不能合法地完全行使自有权，妇女也需要一定的保护；因为妇女具有独特的生育作用，要防止其在苦力劳动过程中受到伤害。相反，对于男人，由于具有完全自有权，对于工作小时的约束没有什么正当的理由。只有当工作本身的性质具有不同寻常的危害性时，法院才许可这种例外。[17]

工人的补偿

法院在法令改革的主要方面——工人补偿——首先确定司法定义，以阻止对雇佣关系进行合法干预的对抗。事实上，法律的接受也仅仅是该主题的一种形式。正如我们所见的，19 世纪的习惯法关于雇主对雇员的责任是作为自由契约当事人来理解的，它假设风险已经附加于雇佣之中，包括雇员受到伤害的风险。到 19 世纪下半叶，东部法院针对雇员完全负担的规则，开始一点一点地放松法规，允许存在例外，并且最终扩大了被伤害雇员通过立法获得补偿的机会。[18] 此外，中西部——堪萨斯、威斯康星和密苏里——的立法机构根据雇主习惯法关于雇主责任的辩护理由，倾向于加强有限公司的责任，尤其是铁路公司。威斯康星的法案在1880年遭到废除，但其他州的法案一直维持到1888年。

对雇主责任扩展的立法行为，远远超过了法院承诺的有限伤害责任，也逐渐成为19世纪80年代和90年代进入工业化的各州的劳工运动的重要要求，但很少有
648 结果。例如马萨诸塞州政府1887年的雇主责任法很少将州政府法院已经允许的例外进行条文化。1902年，纽约成为仅有的第二个进入工业化时代的颁布了责任法条例的州，并且条例仍然完整地保留了雇主习惯法中的关键要素。之后，宾夕法尼亚和加利福尼亚采用了这种包容性的法案。其他地方通过的法令并没有反映法院的最新进展。

劳工组织无疑是责任法的支持者，并且到了1908年，将近20个州都颁布了法案，对习惯法中的雇主免责条款进行了修改。这次修改引起了商界的高度关注，它尽管有利于解除最终免责权，但也导致了立法和处理成本的增加。这一结果有利于解释雇主在选择各种司法劳工补偿中，采用固定支出方式，以替代原告在习惯法中的行为权利。劳工认为这种在陪审团裁决之前的合法替代方式，可以部分地被视为剥夺工人获得法院承诺的更大补偿的一种体制，因此他们一直追求责任法改革以进一步削弱雇主的优势。但补偿真正赢得改革主义者支持主要是由于其对确定的赔偿的承诺和实际效率。在1910年之后的几年中，各个州都倾向于采用补偿方法。劳工希望采用英格兰的司法补偿协定，它强调了受到伤害的工人在习惯法中的权利，但这种法令仅仅在亚利桑那州被采用，而且是暂时的，由此雇员仍然没有合意的选择。法院逐渐倾向于在雇主自愿参与的情况下将习惯法原则运用于补偿原则。雇主，而不是雇员，总是保留退出权。伴随着雇员缺乏选择以及州立法机构不愿让本地企业处于不利地位（通过开放条款），雇主保留放弃权利的影响使得补偿的收益受到了严格限制。

那些干预雇佣关系的州政府的行为是受到法律保护的，不管是超越规则的干预，是在立法边缘上的来回摇摆，还是用其他方式保护雇主行为的合理自由，这些行为
649 都必须经过严格的司法检验。由此，法院肯定不会倾向于雇佣关系中的对不对称契约自由性的辩护。在霍尔登诉哈迪案（Holden v. Hardy，1898）中，法院支持犹他州

关于限制矿工和冶炼工劳动时间的司法管制，美国最高法院认为所有者及其执行者并不依赖司法管制确立的平等这个事实。这种不平等体现为“所有者配置权利和规则，要求劳动者在实践中必须服从”。尽管存在这样的条款，但不能认为犹他州的矿工和冶炼工的工作环境与其他产业以及其他州相比具有不同之处。因此这样的不平等是雇佣关系的特点；劳动的购买者有权设定一些条件，以决定被出售的劳动是否可接受。其他条件也逐渐被人们认可——例如，立法机构有权设定一些条件和措施来保障及提高矿工工作的安全性——在服从的实际约束符合与之对等的立法限制之前。法院在 25 年后的阿德金斯诉儿童医院案（Adkins v. Children’s Hospital，1923）中认为契约的自由性是一般性原则。“剥夺它的司法权威只有在例外环境存在的条件下才是正当的。”

由此可以推断，契约的自由性必须有利于增强雇主在商业活动中的权威性，保留雇主在雇佣关系中采取适当方式的特权，从而免除——在明确和狭窄定义的环境之外——司法干预。“获得、拥有和保护财产的权利包括有权签订合理的契约，这些契约应当是受到法律保护的。”马萨诸塞州最高司法审判院在联邦诉佩里案（Commonwealth v. Perry，1891）中撤销了州政府关于禁止纺织业主在雇员生产出次品时罚款的规定。招聘、制定规则和解约的社会过程都包括在雇主的特权之中。“雇用纺织工和签订适当的契约的权利，都会受到保护。”

法院和劳工组织的习惯法

随着法院逐步修订保护性法律，保护雇主行动自由的推动力经常不仅仅停留在表面。当劳工组织直接干预雇佣关系的各种战术（罢工、示威和抗议要求合法地位）时，法院表现得相当草率，缺乏慎重考虑。工会对雇主施加的通过“一定手段达到 650
一定目的”的压力在法院看来是可以理解的，但这并不说明单独的雇员是相当无助的。为“合法的经济生存”而建立的联合体，合法性应该没有问题。[19] 但这样做并不仅仅是重新强调已经在 19 世纪 30 年代承认的概念。由此，对于法院来说，比较安全的定义主要涉及两个层面：经济矛盾的许可领域以及实施的工具。随着 19 世纪末和 20 世纪初劳工组织的成员和影响力在一些经济部门逐渐增加，法院基本上准备进一步对受到很大限制的区域和以地方行政长官的传统习惯法价值观为基础的工具进行司法解释。

以早期马萨诸塞州的沃克诉克罗宁案（Walker v. Cronin，1871）为例。这里的克罗宁是个工会组织者，他被认为在原告未能和工会达成协议时，诱导工会成员放弃与原告的雇佣关系。法院在裁决时认为工会对沃克和他的雇员的契约关系进行了干预——诱导工人放弃雇佣关系，工会的说服侵犯了雇主在服务中的权利。法院采用了盛行的雇佣关系的习惯法条例，认为“一个家喻户晓的、得到认可的雇主与雇员法律条令表明，诱导放弃服务，或者诱导他人离开其雇主的人，都有可能承担相应的补偿责任”。

像这样的习惯法对雇主财产权的保护，作为与雇员契约关系的结果——不仅是实际关系，而且是预期关系——逐渐形成了习惯法对于罢工和示威的固有规制。在威格拉恩诉甘特案（Vegelahn v. Guntner）（马萨诸塞州，1896）中，工会为提高工资鼓动罢工、鼓励雇员放弃合约、阻止破坏罢工者代替罢工工人工作的行为实际上侵犯了雇主的权利。这类行为包括违反已经存在的契约关系的合谋行为以及分裂雇主和已经与其形成雇佣关系的工人之间关系的行为，构成了对原告商业行为的干预。在普兰特诉伍兹案（Plant v. Woods）（马萨诸塞州，1900）中，工会期望工厂只雇用工会成员的行为，被视为对雇主可以不受限制地接近未来工人的权利的一种非
651 法干预。这些条令随后被美国最高法院在美国钢铁铸造公司诉三市贸易中心协会案（American Steel Foundries v. Tri-City Central Trades Council）和特鲁瓦克斯诉科里根案（Truax v. Corrigan）（两个案例都发生于1921年）中效仿。两个案件均认为第三方的示威是一种对雇主可以不受限制地接近雇员和将要成为雇员的人的权利的非法干预。希契曼煤焦炭公司诉米切尔案（Hitchman Coal and Coke Co. v. Mitchell）（美国，1917）提供了相同主题的早期版本。在这里，工会欲将那些已经签订不参加工会的“黄狗”条款的矿工组织起来的企图，被认为是对雇主与雇员契约关系进行干预的禁止性行为。为保证非工会成员的服务，雇主有足够的权利在之后的服务中，阻止外部组织对其进行干预。

除了因这些干预契约关系的各种行为被追究责任之外，工会也由于胁迫雇主和非工会雇员而遭到谴责。在南北战争后，胁迫行为主要指雇员对雇主和其他人的罢工和示威，并且这些行为将由州法院提起诉讼。由此更为弹性的胁迫概念流行起来，

它足以使司法对更广泛的行为边界进行约束。但是在 19 世纪 90 年代，胁迫逐渐被视为一种任何集体战略内在的东西，不管采用的方式多么和平，它包括限制贸易以及对非工会成员具有负面诱导作用从而导致其不情愿地卷入罢工和示威。建立在习惯法关于贸易条款约束基础上的联邦反托拉斯法律，例如著名的《谢尔曼法》，为胁迫理论应用于劳工组织提供了更一般性的工具。

开创司法免责的企图

面对 19 世纪司法反对的强大压力，劳工组织寻求通过撤销或修改所涉及条款的立法活动或者企图使工会组织免于干预的反托拉斯法来化解这种影响。事实上，这已经成为内战之后劳工运动策略的主要特点。正如在镀金时代（Gilded Age）立法逐渐成为通过管制工具认识真实的劳动自由性和雇佣契约的社会化要素，立法机构也成为撤销对工会行为的司法禁止的工具。例如在纽约，四项约束习惯法关于共谋的 652
条例在劳动争端中对集体行动的适用性的法令在 19 世纪 70 年代和 80 年代已经获得通过。同样的法令也在新泽西州于 1883 年和在宾夕法尼亚州于 1869 年、1872 年、1876 年和 1891 年获得通过。在 19 世纪 80 年代和 90 年代，随着运用劳工禁令作为反工会的优先工具以限制对雇主财产权的干预逐渐替代共谋起诉，州劳工联盟——也获得一定的成功——寻求用一些反禁止工具来补充反共谋条令。立法机构也寻求支持和平示威与说服的权利基础，防止雇主将非工会（不参加工会）身份作为雇佣条件强加给雇员。最后，劳工组织寻求例外以免于习惯法对贸易条令的约束以及联邦反托拉斯法对雇主的强制。

司法对这些立法的反应几乎一致采取了否定态度。州反共谋法免除工会由于和平集体行动的刑事诉讼，它被定义为“强制、威胁和胁迫”的例外，而强制、威胁和胁迫的概念被司法视为仅仅包含“威胁”态度的强制和胁迫的方式。[20] 反禁止方式作为对法院保护财产权的宪法责任的侵犯，也被视为无效。“黄狗”法（不参加工会法）（yellow dog law）也遭遇了同样的命运，它被视为“阶级立法”和对契约自由性的侵犯。例如在阿代尔诉美国案（Adair v. United States，1908）中，美国最高法院裁定，《厄尔德曼法》（Erdman Act）中包括的反不参加工会法的条款，即关于禁止铁路公司将雇员不参加工会的要求作为雇佣的条件等的条款，是对雇主和雇员人身自由和财产权的干预，是违反宪法的。“这是被告要求哪一种服务（从雇员之中）可以被接受的权利”，这也是雇员接受还是拒绝这些条款的权利。雇主在没有合法责任条件下保留其雇员的私人服务的权利，比雇员选择更长时间服务的自愿契约更多。在科皮奇诉堪萨斯案（Coppage v. Kansas，1915）中，最高法院认为州关于保护雇员免
653 于承受这样的要求的法令同样是违反宪法的。因雇主以雇员必须签订不能成为任何劳动组织成员的协定为建立雇佣关系的条件而惩罚雇主的做法也是与第十四修正案相抵触的。在州诉克鲁兹博格案（State v. Kreutzberg，1903）中，威斯康星州最高法院废除了州政府反不参加工会法令，“这个法律在极端的程度上侵害了雇主的自由性”。每天早晨，雇员可以自由决定是否工作，雇主也可以自由决定是否雇用他。这样的“自由意愿”是“雇主与雇员关系”的唯一合适的基础。

工会与反托拉斯

为避免由于限制贸易的“胁迫”行为被起诉，工会试图利用联邦反托拉斯效应的免责条款，这种企图没有获得很大成功。由于《谢尔曼法》没有对这种行为进行明确定义，工会很快发现自己已经失去了合法保护。事实上，在该反托拉斯法案实施的第一个七年中，次级法院判决的 13 个违反反托拉斯法的案件中有 12 个是涉及工会的。早期的许多判例大多数来自一个主要的全国事件——州贸易委员会对 1894 年美国铁路工会罢工的干预。但劳工组织对反托拉斯的脆弱性仍然是一个持续的问题。由于许多近代司法观点将工会视为除了利用共谋的固定价格行为破坏公共福利外无事可做的组织，人们认为“工会是一个具有很大经济能力的组织，但它必须置于托拉斯法控制之下”。所有指导集体行动的形式，即使是简单的非暴力性罢工，也容易被反托拉斯法视为非法。“共谋本身成为法律的目标。”[21]

特别地，劳工组织在遭遇到反托拉斯问题时，有两个事件最具影响力。第一个是非主要集体行动的合法性，即联合抵制。第二个是工会—雇主贸易协定的地位。

联合抵制最初在 19 世纪 80 年代出现，成为地方（城市范围）的主要问题。雇主认为由于拒绝雇用工会成员或遵守工会行为规则而遭联合抵制对于他们来说是不“公平”的。联合抵制有组织地对雇主及继续与雇主开展商业活动的委托人施加压力。
654 但是，联合抵制经常伴随着具体的策略，例如纠察和示威，这些策略被用来干扰接

近商业目标地区的人。这些示威的参与者容易做出不端的犯罪行为——无序的行动、阻塞等，因此也会集体地遭到共谋和保护雇主财产权的禁令起诉。在州诉斯图尔特案（State v. Stewart）（佛蒙特州，1887）中，石匠工会由于企图迫使瑞盖特花岗岩工厂（Ryegate Granite Works）遵守工会规则以及强迫瑞盖特采石场解雇非工会成员，被认为是一种“破坏劳动价值和价格的自由竞争”的共谋行为而遭到起诉；另一起共谋判例是州诉格利登案（State v. Glidden）（康涅狄格州，1887），印刷工会寻求驱逐非工会成员，鼓励联合抵制雇主，其行为被认为是对雇主企业的控制权的侵犯。

到 19 世纪 90 年代，最终，地方市场的联合抵制基本上成为过去。但全国工会继续在全国范围内实施有组织的消费联合抵制，作为对抗“不公平”雇主压力的工具，它们经常在工会期刊上公布雇主不公平的事件并且鼓励零售商不要购买其产品。在 1902 年，北美制帽商联合会开展联合抵制康涅狄格州的丹伯里洛伊帽业工厂产品的运动。这场运动最终促成了《谢尔曼法》的干预，在洛伊诉劳勒案（Loewe v. Lawlor）（美国，1908）中，法院认为工会的联合抵制行为是一种对贸易限制的共谋行为。这个案例得到了最高法院的支持，认为劳工组织也要遵守联邦反托拉斯法。第二个联合抵制案例是在三年后的冈珀斯诉贝克斯炉具系列公司案（Gompers v. Bucks Stove and Range Co.）（美国，1911），法院采用了下属法院的判决，禁止 AFL 企图公布“不公平”雇主名单的联合抵制行为，认为这样的行为构成了对贸易的非法约束。

AFL 针对洛伊和贝克斯判决采取了两种对策。第一，他们是工会能力的主要鼓吹者，认为工会的能力在于通过集体行动对雇主产生有效的压力。对于他们的弱点，AFL 的领导者认为几乎所有有效的工会策略——罢工、纠察或者联合抵制——都必须服从习惯法或者联邦反托拉斯法律。

第二点，也是更重要的，AFL 认为对洛伊案的判决是对工会地位的一种威胁，它影响了工会—雇主之间的贸易协定。从 19 世纪 90 年代开始，工会就将它们的组织倾向从地方产品市场转向了区域甚至全国市场，减少对地方竞争的策略依赖以及 655
通过对产品市场非干预的谈判等方式来赢得雇主的实质性让步。为替代目前主要的非正式与本地化的安排，它们通过建立以市场为基础的统一工资和条件，试图创造出一种能够反映产业中雇主多样化的永久惯例化的容纳机制。如果工会将这些方式纳入反托拉斯法框架之中，可以想象，这些集体谈判行为就有可能被视为对竞争干预的非法行为。

这两个方面的结果导致了对美国联邦反托拉斯法关于劳工部分的重新修正的运动。它最终以 1914 年《克莱顿法》的实施达到顶点。著名的劳工《自由大宪章》（Magna Carta）由 AFL 主席萨缪尔·冈珀斯提出，该法案以某种预示性的方式，认为“劳动者不是一种商品”，同时认为劳工组织自身不能被反托拉斯法以限制贸易为由，视为联合体和共谋组织。但工会行为不能够免除反托拉斯的责任，除非法院已经承认它们是“合法的”；如果这样的行为被裁定为是阻止对财产，或者对团体在采取这些行为中的财产权利造成不可挽回的损失——这些损失在司法上还没有充分的解释——的必要行为，法院也就不会采用一些禁令以限制这些行为。尽管内容还存在一定的模糊性，但法院已经可以毫无障碍地采纳现存的反托拉斯观点，或者根据习惯法关于罢工、纠察、联合抵制在前半个世纪的发展和定义来做出判断。要求只雇用工会成员的罢工、对非工会原料的联合抵制、和平的纠察——任何会导致“在州际贸易之间的供给减少”的行为倾向——都仍然会被起诉。[22]

《克莱顿法》中没有任何条款是可以超越单个企业贸易协定的司法例外的——冈珀斯原则主要针对洛伊案件的缺失。该法案仅仅承认工会现有的权利，正如美国各级法院继续奉行的方式，很少提及在遵守反托拉斯政策过程中，有组织行为和集体
656 谈判的范围及界线。事实上，像法院这样的暗示引起了另外一个问题，即把集体行动的形式仅仅假定为中间组织与雇佣关系中的司法行动。为此在美国钢铁制造厂案件（美国，1921）中（在内战至新政期间美国劳工法发展过程中最有争议的司法事件），首席法官威廉·霍华德·塔夫脱（William Howard Taft）承认劳工组织的必要性在于“相互帮助和合法地实现合法的目标”，但必须直接将其描述为建立在高度约束条款下相互关系和合法性的适当范围。单个雇员在与雇主签订合同时，由于遭到仲裁和不平等条款经常感到无助。“工会在为劳工提供机会以平等地与雇主签订合同方面起到了核心作用”，并且罢工被认为是促使合同达成的合法手段。但是有效的工会意味着对于所有成员在面对相同交易中采取同样的方式：“由于雇主之间的竞争，他们会受到邻居交易的工资标准影响。”大规模的有组织行为，在这些约束下采取和平方式，是不违反法律的。一旦集体行动超越边界，法院就会裁定它们是非法的。也就是说，

如果集体行动超越了地方劳动市场，构成了对现有雇佣关系的非法干预，从而使雇主的财产权遭受损害，那么工会的行为就“怀有恶意地诱导”了工人。塔夫脱指出这些约束不适用于美国钢铁制造厂案件引起的市场骚动，它与国家工会的其他两个案件也有所不同，即希契曼诉米切尔案（美国，1917）和杜普克斯诉迪林案（Duplex v. Deering）（美国，1921）。前一个企图组织所有的西弗吉尼亚矿工，以寻求对州际贸易的控制，具有“可怕的全国范围的危险特征”；后一个则组织机械工人国际协会全体成员，联合抵制和其成员无关的单个企业。相反，在美国钢铁制造厂案件中，辩护人的利益在于寻求在本地许可范围内的工资支付，因此只要它是合法的、和平的，它就受到法律的保护和许可。

法律和集体行动

塔夫脱认为单个企业或本地产品市场中的企业集团中的雇主和雇员可以面对面 657
地进行集体谈判。这是新政前的劳工法的一个关键要素。其他问题我们也已经遇到：雇主对已经得到的或将要取得的服务的财产权利，不能受到第三方干预；不可避免地，甚至很自然地，在谈判者的实际环境中存在不平等性；雇佣关系的自愿特征；对全国工会可能存在共谋和胁迫的猜疑。在涉及条款和条件——工资、工时等方面——的争论中，法院认为，为保证契约的自由性，一方设定条款，另一方可以同意或者放弃。在那些涉及与集体雇员而不是个人的谈判，以减轻雇员与雇主之间的不平等的争论之中，在权利的行使过程中，雇主有权决定是否接受雇员。如果这样做了，它也就承认它所承受的压力程度将受到严格限制；特别地，雇员将不允许侵害雇主继续从事商业的权利和能力，不管是通过地方工会还是通过全国工会施加的非本地压力。如果事实不是这样，雇主可以自由地在不需要追索权的条件下解雇雇员。最高法院在科皮奇一案中指出，雇主可以“有权就那些雇员（工会成员）是否在雇佣岗位上做出了令人满意的绩效做出判断”。

集体行动的范围，及其侵害习惯法雇佣关系的能力，都受到了法院的严格约束。在劳工组织法框架中就假定了那些可以合法地行使雇佣关系控制权的雇主，有权对其管理，有不被干预者介入所干扰的权威。如果不严格限制，联邦巡回法院在科达伦联合矿业公司诉沃德纳矿工工会案（Coeur D’Alene Consolidated & Mining

Company v. Miners' Union of Wardner，1892）中说，工人联合体对雇主和“劳工及工资的选择”的干预行为，实际上剥夺了雇主的“控制与管理权”，“它将哪类劳工，在何种工时情况下，拿怎样的工资，并且应受到怎样的管制约束等这些工作，都交给了劳工，因为他们可以自行决定和指导”。当“忠诚”和“勤勉”的特质成为对每一个雇员的期望时，这种权威的呼声的前提仅仅适合于雇主及其代理人。正如美国
658 最高法院在阿代尔案件中所宣称的，这是雇佣法律中的重要关联性，是自然法则的关键要素，也是工作生活的事实。

法律和集体谈判

集体谈判还是不可避免地出现了；集体协议通过谈判解决。根据它们的性质，它们不可避免地影响了个人雇佣契约。美国法律在什么条件下可以采用集体谈判？在什么程度上集体协定可以干预个人雇佣关系中隐含的司法特权？

许多美国法院对于集体协定是否有能力修改个人雇佣契约不感兴趣。这部分是由于对集体行动合法模式的可获性的限制。工会很难与公司达成一致。它们由于担心公司法可能会成为对它们进行干预的工具，因而不情愿进行合作。

同时，法律观点不关心工会的说法。工会认为自己的联合性质是独一无二的，需要发展合法的自愿集体行动的新模式。在很大程度上，从主人 / 仆人视角看待劳工集体行动的法律观点将不可避免地导致这样一系列结果，即将它视为对个人雇佣关系隐私权的非法“外部人”侵犯。但是法院关于集体行动的观点也受到了经济理论的影响，并通过阿瑟·埃迪（Arthur Eddy）和弗雷德里克·库克（Frederick Cooke）等人的著作逐渐进入司法领域。这些学院派认为尽管可能存在不同的原因，但它们不再是调和关系。他们认为工会行动并没有提高公共利益，因为在个人劳动生产率和价格方面，工会成为内在的约束条件。并且它并没有提供相对应的规模效率，以减缓资本集中的趋势。至于劳工，配置效率和福利最大化只有通过不受约束的市场运行才可能实现。

针对各种观点，法院既没有寻求工会的非法性，也没有将工会—雇主的协定视为对交易约束的共谋形式，这正是塞缪尔·冈珀斯所担心的政府对《谢尔曼法》的无根据的采用，至少在极端条件下是如此。但由于法院没有感受到需要发展一种特殊

的理论以协调集体谈判或者给予工会合法的身份的压力，它们确信基于主人与仆人 659
关系的个人习惯法雇佣契约仍然是雇佣关系的法律定义的基石。但是与之不同的历史经济学派，企图将焦点重新集中在集体行动对于工人福利的利益效应中。在建立在个人主义假定基础上的近代经济理论和政治理论的许多方面，历史学派将现代经济行为视为核心意义上的集体行动，它适应社会机制的发展，可以协调集体利益的矛盾。集体谈判给资本和劳动这两个截然不同的社会团体提供了程序，它能够解释和协调工作规则与习惯不同的概念，使之适用于“同一领域”——企业和产业。集体谈判并不隐含着共谋，而是协议的制定过程；不是外部人的干预，而是“宪政政府”在产业中的建立，它通过在一个决策制定的多维结构中不同利益的代表方式形成。

最重要的一点，由宪政政府构成的集体规则和习惯能够清楚地包容个人契约。产业多元论的领导人约翰 · R. 康芒斯（John R. Commons）在关注个人契约自由的劳动的描述形式与正式的雇主控制权法律描述之间存在的矛盾时，认为在当代经济日益增长的产业集中化条件下，任何寻求使雇佣进入如同一个真实的契约交易的做法都是徒劳的。雇佣仅仅包括雇员以现行价格出售的服从雇主未来没有指定的各种命令的无尽的承诺。只有通过共同建立正式的“法律条文”——这些条文覆盖“工资、工时和安全性方面，规定劳动者可以没有经济责任，但有权获得尊重”，个体雇员固有的无助问题才可能得到解决。[23]

康芒斯的集体谈判理论提出了新多元化的自由劳动观点，是复兴公民关系的真
正共和思想，它削弱了内战后随着公司联合形成的物质不平等和权力不对等。这一 660
理论，在所有核心方面，都成为劳工运动的主流思想。尽管它与个人契约自由的教条存在重要区别，但宪政政府体现了集体产业关系的功能主义观点，而这一点是可以用雇主与雇员法律关于个人雇佣关系中的不对称进行解释的。例如，共同决定不会扩展到生产方面——资本投资决定、劳动力配置和生产方法，这些都是由所有者单独决定的。同样也不会扩展到许多人事方面——雇佣、培训、调任、升职和处罚。集体谈判所涉及的领域主要包括工资、工时和工作规则。另外，凯瑟琳 · 斯通（Katherine Stone）认为还“应该包括管理层制定整体政策，监工指导劳工，劳工执行指令性工作”，集体谈判允许“雇员采用不干扰管理层或监督者的方式获得保护和投入品”。[24] 尽管体现为效率而不是财产权和地位，但层级制仍然是雇佣关系的

核心。

集体协定

尽管多元主义者的集体谈判理论在某些程度上与以前的规则有一定相似之处，但集体的个人雇佣关系的内容在运行过程中显然与法院承袭认定的契约规则相反。因此，当涉及对集体协定法律效应的裁决问题时，法院倾向于走入另一个极端。由于非公司的自愿组织缺乏合法身份，工会断言它们在谈判的协定中没有可以识别的利益，因此也就不存在契约效应。法院承认这种交易协定作为建立在个人契约基础上的备忘录形式是允许的——这一认识接近康芒斯的观点。但是，大多数人认为集体协定仅能对真正的签约双方——个体雇员和雇主——产生效应，集体协定可以融
661 入契约从而形成条款。没有采用“法律的惯例规则”这样的依据，换句话说，个人契约也可以适用。[25] 在总结哈得孙诉辛辛那提案（Hudson v. Cincinnati）（肯塔基州，1913）中，交易协定的条款可以被视为个人雇佣契约，仅仅在以下条件下适用，即在协定期限内，考虑中的雇员已进入服务阶段，他已经知道并且同意协定，并且不再签订任何个人协定或者不再从事任何不符合协定内容的行为。[26]

法院关于个人契约的交易协定的有效约束是与它们保护正式契约的自由性和工人与雇主的“私人”权利的一般性倾向分不开的，也是与法律理论家认为集体协定有可能导致经济低效率和交易限制以及公共利益损失的怀疑态度联系在一起的。但至少在纽约州和马萨诸塞州，法院表现出了相反的倾向性，即允许在一定条件下，地方市场的集体协定可以作为强制性契约来解释。这种观点首先隐含在20世纪最初的20年的几个决定之中，它承认工会—雇主在本地区建立只雇用工会成员的工厂的强制性协定。例如在雅各布斯诉科恩案（Jacobs v. Cohen，1905）中，纽约诉讼法院的主流意见认为这样的协定是合法的，认为“这样的约束本质并不苛刻，其目的是
662 在社区内阻止这样的工匠获得雇佣和维持生计”。伊利诺伊州最高法院也在肯普诉第241分公司案（Kemp v. Division No.241，1912）中得出了类似结论。由于法院准备遵从雅各布斯案，问题就演变为协定是否过度地限制了一个特定团体在进入整个产业中的条件，或者更一般地，是否过度地限制了第三方或者公众普遍的权利。

审理雅各布斯案的法院在肯定协定的强制执行力时，并不直接指出工会签约的

权威性问题。主流的观点是将“工会”“雇员”“企业雇员的工会”作为同一总体内可以相互交换的概念。这一观点的重点在于强调契约是企业与在工会中的所有雇员之间签订的。它仅仅在提及契约“三方”（包括企业、雇员和工会）时存在不同。但在格拉诉巴顿案（Gulla v. Barton）（纽约州，1914）中，雇员起诉雇主是由于没有给他相同的雇主与工会达成的交易协定中的利益，同样法院认为交易协定具有合法性，由于原告“与上述利益相关，并且是通过协定获得利益的单独一方”，而且由于协定是“由代表其利益的代表人签订的契约”。这一观点将工会视为不同的独立体，但仍然模糊地将工会作为雇员的代理人（他的代表）和第三方利益的委托人，它是由自己的成员——雇员——的利益的独立行为所引出的。在斯莱辛格诉昆托案（Schlesinger v. Quinto）（纽约州，1922）中，法院列举了工会作为成员的代表的问题，因为它似乎能够说明工会在谈判行为中具有权威地位。但是其他地方存在不同的做法，俄亥俄州和马萨诸塞州更多地认为工会在其自身行为中具有委托人的地位。[27]

随着法院认识到集体协定可能会导致强制性实施，在涉及工会违反雇主禁令信条的雇主权利上，它们在裁决过程中表现出了开明的态度。在几次象征性的背离发 663
生后，法院也开始赋予工会在雇主违反工会利益时同样的权利。斯莱辛格诉昆托案就是先例。罗伯特 · F. 瓦格纳（Robert F. Wagner）是纽约最高法院的法官，他继而成为在新政劳动法改革中参议院的关键人物。他颁布了一个禁止令，制止纽约服装制造商保护联合会鼓励其成员解除与国际妇女服装工人协会之间的协定。由于工会已经作为其成员的代理人与联合会进行了谈判和签订了协定，瓦格纳强调，它们就能够寻求保护其实施的平等权利。其他案例也遵从了这一原则，并在瑞纳诉拉斯科案（Ribner v. Rasco）中达到了顶峰，在该案例中法律和法院都认为“工会有权代表其成员签订契约”，以提升其成员的福利。如果工会和雇主在对方违反协定时都同样受到保护，则这也是符合一个良好政府的利益的。

自愿主义

从权威性来说，斯莱辛格案是风向标，也是一个重要的事件。随着改革时代法院关注的其他标志性事件的出现，在只雇用工会成员的工厂和集体行动案件中，集体行动被认为是可以容忍的，它表明多元主义对劳动法个体主义的侵犯已现端倪。

但大多数法院在20世纪20年代的行为表明，它们在认识到集体行动的利益也能够在正式契约中得到保护方面缺乏自愿性。在70年中，法院的主流观点以夸耀契约的自由性为目的，取消几乎所有劳工组织最重要的进入权，不管它们是否试图对雇佣条款和条件进行合法性修正或是企图消除约束经济行为的法律障碍。以契约自由性为主旨的法院已经迫切需要对地方市场的集体行动进行管辖和控制；与此同时联邦法院又祭起了反托拉斯法，作为对全国工会有效运行能力的主要约束。在矿业联合工会诉科罗纳多煤业公司案(United Mine Workers v. Coronado Coal Company, 1922)中，最高法院认识到工会具有公司性质，完全可以在联邦反托拉斯法框架下对它进行起
664 诉，但在科罗纳多煤业公司诉矿业联合工会案（1925）中，法院又发现工会的联合尚未达到其成员可以分担有限责任的程度。在贝德福德石材切割公司诉石材切割工人联合会案（Bedford Cut Stone v. Journeymen Stone Cutters Assn.）（纽约州，1927）中达到了顶峰，最高法院采用了《谢尔曼法》禁止令来限制交易条款，认为在拒绝为属于反工会雇主联合会的工厂采石的问题上，工会及成员应具有同等的责任。

美国劳工在法律上的经验对于它的领导者的自觉意识以及随之采用的策略具有累积性效应。例如，这种效应就体现在劳工组织的自愿主义哲学或者自我满足和自立上。到了20世纪初，自愿主义与威廉·福巴思（William Forbath）倡导的州中立的“最低纲领主义政治”一起，迅速代替了南北战争后劳工运动中寻求利用州的权力达到真实自由劳动的转型的主流观点。与以前激怒各州的做法不同，工会开始采取迂回战术。事实上，集体谈判受到关注的主要原因在于它存在于法律和州的对立面：它的承诺在于超越对产业协调限制的可能性，企图通过创造出对立双方共同的协定的双边机制作为“产业的最高法律”来影响个人的行为边界。

但是从另一方面看，要避开州的干扰说来容易做起来难。劳工寻求避免的合法环境的各种缺陷导致把自愿主义作为行动策略将极易受到攻击。准确来说是因为集体劳工行动服从这样的有效法律约束，自愿主义的要素几乎完全依赖大多数雇主对接受集体谈判优于“混乱的利益争斗”的非强迫的自愿性。但除了特定产业和特定区域之外，美国雇主很少倾向于放弃自由行动的所有权思想，转而接纳工会的共同决定的要求。作为动员策略的一部分，集体组织和谈判在一战期间受到了联邦一定程度的保护，但随后由于战前时期几乎所有工会成员在此推动下迅速增长而逐渐停

滞。然而联邦战争劳动政策的主要核心完全不是产业民主化：它是对产业人力资源在最小干扰下进行的快速配置。它考虑到工会具有一定的力量，但并没有采取重大的政策措施来促进工会的扩张。它当然也就没有加深对工会的认识。战后，由于战 665 争产业非动员令以及雇主的强烈反对，工会的成员人数急转直下。随着政府从国家紧急状态中逐渐摆脱出来，工会领导人发现他们很难再回到以前的环境中，即雇主对"（工会）功能性的作用表示适当的尊重"的情形。雇主很少有这样做的倾向。[28]

在这种环境下，随着战后全体成员迅速增长的倾向让位于 20 世纪 20 年代时期重建的停滞，自愿主义在这种挑战下出现了新的策略，它更新了法律和州政府权力的概念，即不是将其作为产业自我决定优势策略的阻碍，而是作为可以应用的主要来源。在劳工运动中，这种新方法根植于各个产业工会中，例如衣帽工人联合会、国际妇女服装工人协会和矿业工人协会（UMW）。和那些作为 AFL 主要成员的、具有职业化倾向的各种工艺协会不同，这些组织没有从受限制的地方技术垄断的选择性创造中退却，对于这一退却法院似乎准备承认和容忍。在 20 世纪 20 年代时期艰苦的奋斗之中，它们的存在更准确地说是依赖产业范围内的产品市场的组织，这些市场已经远远超越了规则范围。因此，它们的领导人重新强调全面改变它们依赖的法律环境的必要性。不管是因为意识形态，还是 UMW 情况下的战术，产业工会的领导人在把州政府作为力量来源来提高最终目标实现的可能性上，都比 AFL 的领导人更为开放。

除了有组织的劳工运动之外，许多变化也出现在隐含了互补性的实用主义的公共政策新方法之中。从哲学上来说，对各种契约自由性逻辑的狭隘形式主义的攻击已开始降低契约自由的程度。从政治和政府方面来说，改革逐渐体现为更多地使用政府行政能力来搜集和整理经济混乱的信号。在非组织工人，尤其是妇女的倡导下，雇佣关系的州一级政策，尤其是劳动标准法，也已经被视为一种比"工艺贵族 666 化"自愿主义更具有可能性的策略。这样的"新思想"的演化，无论是在有组织的劳工运动中，还是在关于有组织的和没有组织的劳工的公共政策中，都成为 20 世纪 30 年代历史发展的关键要素。以工会为例，正如我们所看到的，结果是为满足其预期宏观经济利益，工会成为保证集体谈判应当实际受到立法保护的公共目标的实现手段。但在使各种公共政策生效时，新的问题出现了：公共政策是否应当只是将联邦法令的适用范围扩展到包括集体组织和新的无组织部门的结构及实践，还是它意味着为新结构和实践创造新的立法？宏观经济目标是否考虑了重新分配或者稳定性？最后，集体谈判在什么程度上侵害了个人雇佣关系？无论如何，集体谈判的辩护历史被视为产业民主化。如果有任何方法，这为新时期工会增长的公共政策提供了什么方法？

同化：1930—1980 年

非自愿主义方法对法律和州政府力量的影响已经在后来反对禁止令的有组织劳工的劳动争端中有所体现。自 20 世纪初以来，AFL 已与禁止令进行了艰苦的斗争。它选择并在随后 30 年中一直追随的策略攻击了法院在产业争端中采用的禁止令的各种概念基础。产业争端主要出现在雇员服务过程中雇主与雇员法律对雇主权利的维护，攻击方式主要是通过呼吁立法将雇佣关系排除在合法保护权益目录之外。例如《皮埃尔法》（Pearre Bill）在 1907 年被国会引入联邦行为规则中，国会认为“这部法律的目的是阐明，没有人有权利延期雇主或雇员关系或者与任何特定个人或人群假定或创造这种关系……它应该被解释、持有或者视为财产，或者作为法律意义上的产权”。

667 尽管没有成功，但 AFL 仍然在 20 世纪 20 年代末谴责“将法院从产业争端中大规模驱逐”的自愿主义的解决方式。然而自由合法观点认为，劳工权利的仪式性祈祷和司法干预的谴责使得 AFL 很难有机会获得对不满的补偿。首先，无形产权的发展与劳工争端没有关系，并且它已经形成了比较齐全的条款，AFL 企图通过对产权的重新定义来实现目标不可能被司法评审通过。其次，企图修正实体法和程序，以重新解释“在允许存在经济争端的领域”也很难有机会获得成功，除非公众对工会的态度彻底改变。为获得成功，费利克斯·弗兰克福特（Felix Frankfurter）认为，立法只能是由“高技术法律顾问”仔细斟酌出的产品，而不是一群自学的业余者的闲言碎语；并且有组织的劳工必须建立在社会功能的实用基础上，而不是建立在抽象的索取权上。[29]

铁路劳工

在一定程度上，有关劳工关系的联邦政策对这些问题的影响在铁路业上得到了显现。在 20 世纪 20 年代，铁路劳工政策结合了劳工组织功能性作用的自愿主义和公众认可的观点。与其他产业情况不同，铁路劳工组织运行的标准为国会提供了“事实基础”。作为结果，铁路劳工很长时间成为国会关注的目标。国会从《厄尔德曼法》（1898）开始，谨慎地寻求与自愿私人集体谈判的方法，直到一战之后更多地引入州际干预主义方法：首先是联邦直接控制阶段，即政府协调的 1920 年《运输法》出现。放弃干预和向谈判政策的转变来自 1926 年的《铁路劳工法》。但这种放弃的重要事件是最高法院首先在得克萨斯和新奥尔良 R. R. 公司诉铁路和轮船职员协会案（Texas and New Orleans R. R. Co. v. Brotherhood of Railway and Steamship Clerks，1930）中对 668
此的承认，认为国会应当赋予劳工组织以及由此形成的一定力量以合法地位，它是对社会有用的——实现产业和平的手段。正如 1908 年决定废除《厄尔德曼法》关于歧视配置和黑名单等 10 项禁止令所体现的，这一观点说明法院早期对国会此类政策的敌视态度现在已经有了重要的转变。

《诺里斯－拉瓜迪亚法》

但是劳工组织的新方法出现于 1932 年的《诺里斯－拉瓜迪亚法》。该法案是在大萧条时期，由一批法律研究人员和进步改革者——费利克斯·弗兰克福特、唐纳德·理查伯格（Donald Richberg）、埃德温·威特（Edwin Wittee）、赫尔曼·奥利丰特（Herman Oliphant）和弗朗西斯·塞尔（Francis Sayre）——组织起草的，目的是解决禁止令的问题。它并非是在理念上，而是表现为程序上对联邦法院涉及劳工争端的禁止令裁决的技术限制。进一步地，程序性的改革并不解释为权利的合法性，而是依据得克萨斯州和新奥尔良的案例，将法案视为在公司集中化“流行的当前经济条件”下，赋予组织和集体谈判的公共政策实践工具。公司集中化“随着政府对产权所有者的权威性支持而逐渐增长”，个体工人可以实现“契约的真实自由性”及获得“可以接受的雇佣条款和条件”。

给定这种解释，《诺里斯－拉瓜迪亚法》可以被视为向实现劳工组织合法解释的公共目标迈出了第一步，并且建立了联邦管制架构以补偿个人雇佣法对集体谈判的各种限制。但《诺里斯－拉瓜迪亚法》自身仍然不具备任何集体组织和谈判的实体法内容，仅仅是起草人希望解决问题的一些愿望。因此，弗兰克福特在“劳工禁止令”中表明，该法案仅仅是对一些“既定假设条件”的倡导，这个假定已经得到近代社会的一致同意，并且成为应用于劳动问题的一般性规则：“社会进步依赖经济福利；我们的经济体制是建立在自由竞争的基础上，并接受了成本收益原则；资本的大规模积聚并不和自由竞争相关，但事实上，它将不可避免地成为社会意愿的反映；
669 由此，个体工人要与集中化资本展开自由竞争，必须进行联合。”

由于《诺里斯－拉瓜迪亚法》没有涉及组织和谈判的联邦实体法的条款，一些观点将该法案作为建立工会的自由企业阶段的标志。但是自由企业阶段很快就过去了。首先是中止，然后是系统性的进一步政策开始出现，它肩负着完成《诺里斯－拉瓜迪亚法》设计者希望的实体法的任务。这个结果就是“不间断的行政干预和精细的制度创新”。[30] 这开始于罗伯特·F. 瓦格纳参议员所提倡的规定，即在《国家工业复兴法》（NIRA）第 7（a）节赋予工人自由结社和谈判的权利，通过对现行行政机制的继承性创造以推进符合这些规定的组织和谈判的扩展，集体谈判在复兴政策中被赋予了从未有过的中心地位，并且在 1935 年《国家劳动关系法》中达到了顶点。

新政的集体谈判政策

从政策导向来说，可以直接解释这个改变的最重要的事实是：(1) 经济衰退；(2) 这种衰退的原因很大部分归结为收入和购买力分布不均导致的消费不稳定；(3) 政治上的倡导——按照这些解释——由于在恢复时期协调生产和收入分配之间的关系时，联邦政府的政策起了关键性作用。尤其在劳工的稳定化和增加方面，有人认为，没有比集体谈判的鼓励更有效率的了。

但是基于宏观经济判断，仍然存在重要分歧。首先，事实上，在新政下集体谈判的发展本身的内容至少部分地导致了这一争端和矛盾的结果，这一矛盾主要存在于《瓦格纳法》具体政策制定的倡导者与该法案实施之后的更多的抱怨者之间。已
670 经可以证明这主要是一群法学家，他们都是和《诺里斯－拉瓜迪亚法》相关的国会内部和外部的人。其次自然是一些有组织的劳工运动，它们日益受到了规避州政府

权力的自愿主义者和愿意包容州政府权力的产业工会主义者的争论的破坏。再次是一小部分从事产业关系研究的专业人士和仲裁人，他们对集体谈判扩展思想以及相关的劳工运动持同情态度。最后是与参议员瓦格纳紧密联系在一起的政策制定者和规划者这些关键人群，其中最有名的推动者是利昂·凯瑟林（Leon Keyserling）。在这些集团的争论中，主要包括两个基本方面：(1) 将宏观目标作为政策的核心和控制集体谈判结构和策略之间的关系，这些结构和策略是使它们合法化的工具；(2) 作为产业稳定性工具的代表机构与集体谈判和被视为产业民主化的制度内容的代表机构与集体谈判之间的关系。根据对目标的不同解释，由于对历史逐渐形成的制度角色的理解，或者只是由于对自利动机的追求，各种结果都可能出现。

NIRA 第 7（a）节

让我们从《国家工业复兴法》的第 7（a）节开始。对于 AFL，复兴法案对集体谈判的推动是劳动者对《自由大宪章》渴望的最新观点，或者是工会合法化的明确表达，它表明在 NRA 条文的正式化和行政化过程中，对工会参与产业政府管制的认同。该复兴法案授权实体合法权威机构为私人部门制订生产、价格、工资和工时计划，第 7（a）节可以确保雇佣中的条款和条件应该由每一个产业内资本和劳动——工会和雇主协会——的最高组织共同谈判决定。实际行使第 7（a）节的权利的过程是将工会的自我司法结构和谈判策略视为协调机构：从实施条款来看，通过代表和集体谈判行使个人权利意味着通过工会根据工作相关法律代表个人进行谈判。总之，AFL 将第 7（a）节作为老的“产业宪政政府”结束的倡导者——自愿主义集体谈判 671
观点占据了上风，即为产业对立的权利双方提供和平的解决方式并提供共同协定的制度化安排。

AFL 的社团主义者对第 7（a）节的解释很大部分与复兴法案的其他部分联系一起。但由于该法案本身是多维的，将第 7（a）节的特征和内容从立法机构其他部分推导出来可能是一个错误。事实上，基于我们知道的瓦格纳的政策和观点，第 7（a）节的支持者对不同观点进行了开放性阐释，而不仅仅是维护劳工组织和谈判的工会建构思想，他们还强调了所有雇员的自由结社和自由决定的基本个人权利，对这一点的认识和保护最为核心的是对产业关系的权力进行重新安排，以实现再分配效应，为国家摆脱大萧条和设立社会公正提供必要条件。

这里，在劳工关系政策的公共目的观点方面存在潜在的显著差异：一种观点是结束公共政策协调和调整事前存在的组织利益的功能，另一种替代观点是州政府在保护组织和谈判作为基本公民权利方面，可以起到更为直接的作用，为社会和经济重新走上正轨提供基础。

1934 年的劳动争端议案

上述涉及的差异实际上在集体谈判能够在复兴政策中起作用之前，就已经开始变得极为明显，程序要求对雇主提供可执行的工具以实现第 7 (a) 节已经表明的权利。不可避免地，执行程序的设计需要政策制定者更为准确地定义他们的目标。当他们这样做时，在涉及具体内容上，重点和精确度的差异出现了。

首先采取的行动是通过 1934 年劳动争端议案，该议案由瓦格纳的副手利昂 · 凯瑟林起草。该议案明确地表示，其目的是使雇主和雇员的谈判力平等，通过描述雇主不公平劳工惯例和自我组织的第 7 (a) 节权利的行使来达到这一目的。该法案将
672 国家劳工委员会作为行政执法的主要机构。瓦格纳在参议院推介议案时，进一步表明了它与他欲作为复兴计划的中心的再分配目标的联系。复兴的关键是“组织和协作”。NIRA 推动雇主形成各种交易协会，目的是在雇员谈判中分享信息和经验，平衡组织和谈判实力，它为“形成管理层和劳工之间谨慎的财富配置，维持购买力的充分流畅以及阻止目前的衰退提供了必要条件”。瓦格纳的观点“并不是简单形成对立的权力”，在听证会期间，该议案的其他支持者注意到“所有当事人在参与制定管制政策过程时拥有内在的权利”。瓦格纳将议案赋予雇员的权利视为“基本的权利”，它属于不可谈判的先决条件，为在巨大购买力重建基础上形成“产业忠诚和友谊的关系”提供无阻碍的实践条件。

1935 年的《瓦格纳法》

劳动争端议案在国会投票中失败，并且在下一年中，各种集体谈判政策的支持者从不同角度对其进行了修正，形成了后一个议案的不同版本。在华盛顿，在瓦格纳的指导下，利昂 · 凯瑟林对劳动争端议案进行了大量的重新检验并获得了新的认

识。在纽约，爱德华 · A. 法林（Edward A. Filene）的 20 世纪基金建立了由律师、产业关系专家和其他人组成的委员会，以寻求政府劳工关系政策的特别程序。[31] 从根本特征看，这个团体的主要观点是强调劳工关系政策的多元主义。

凯瑟林的观点取向主要表现为两个方面。首先，强调当事人的独立性，体现在法案中是创造和增进调查权力和行政权威，以保证雇员实体权利和重新定义雇主不 673
公平的劳工惯例。其次，强调工人权利的可行性和社会普遍福利之间的关系。“经济进步的公共产品和稳定性要求计划，而计划要求政府通过保障足够的工资和提高生活标准来有计划地实现消费增长。但这样的宏观经济计划只能通过微观经济协调来实现，这种协调来源于社会民主化，它正在写入被称为生产的私人关系之中。”[32]

相反，20 世纪基金委员会认为法案应该被看作协调现有集团利益的工具。第 7 (a) 节权利的政府实施工具应该体现出“规则和机制”,以“保障双方（工会和管理层）在公平的条件下进行产业谈判”，并且通过协定推动产业和平。最终委员会拥有限制罢工的权利，期望在凯瑟林议案关于雇主不公平劳工惯例上附加工会和雇员不公平惯例，通过可执行性条件，明确雇员的权利，以达到和平和建设性集体谈判目的，“它被定义为书面协定的法典和惯例”。与拥有广泛权力的独立机构不同，它是通过“联邦劳工委员会”来规范和管辖双方交易中引起的各种争端的。

20 世纪基金委员会期望以凯瑟林议案为手段来达到自己的目的。委员会代表在重新审理议案的国会听证会中不仅作为公共角色提供了普遍性支持，而且为实现协调策略的目标提出了特别修正。但他们没能获得更多的支持，尽管参众两院的立法机构几乎都支持凯瑟林。议案的支持者拒绝按由 AFL 代表提出的限制美国国家劳动关系委员会的权威与自主性的提议对议案做进一步修正，并且在滞后的行政支持下进行选择，以仿效最高法院在谢克特判例（1935）中宣布 NRA 无效的方式,《瓦格纳法》成功获得通过。

尽管基金委员会在国会上对法案进行修正的企图遭到了失败，但这种对立观点 674
的差异仍然极大地影响了立法的长期效应。首先，以权利为基础的和以协调策略为基础的观点的分裂在一定程度上突出了已经获得通过的《瓦格纳法》的基础，即它是以解释权利为基础的产业关系哲学，极大地摆脱了将集体谈判作为组织协调的更规范和更为惯例化的范式。其次，正如我们所看到的，到 1940 年，更为惯例化的范式无疑带来了由该法案创造的劳工关系政策行政管理的优势地位，并且保持了30多年。在这个阶段，产业多元化的胜利帮助有组织的劳工运动获得了从来没有的、最大限度的产业权力。但与此同时，这个胜利也消解了许多民主化的承诺，而《瓦格纳法》对雇员基本权利的保障原本已经为此类承诺的实现打开了通道。

《瓦格纳法》的实施

从《瓦格纳法》出台后五年的实施情况可以看出联邦的劳工政策仍然存在很大的争议。最初，雇主主要拒绝与执行立法的新国家劳动关系委员会（NLRB）合作。“私人团体企图在宪法预判中启动超常规程序。一些著名的保守党律师也强调了《瓦格纳法》在得到检验之前是无效的。”[33] 这种阻碍几乎使该法案在出台将近两年中变成了无效的法律，直到最高法院在1937年对它的宪法基础表达了强烈认同。此后，NLRB主要从事对工会的识别以及为工人代表权和谈判权进行辩护。同时，在顶点袜业诉领导者案（Apex Hosiery v. Leader，1940）以及美国诉哈奇森案（U. S. v. Hutchson，1940）中，最高法院废除了以前几十年中对工会的反托拉斯限制。

但是争论并没有停止，相反它的焦点转向了劳工运动本身。最直接的事件是自
675 从1935年以来的组织分裂，即形成了AFL执行委员会和分裂出来的产业组织的起义委员会建立的工会，后者成为新的美国产业工会联合会（CIO）的核心。这是以前几十年中一直存在于劳工运动领导人之中的“自愿主义”和“统计主义”矛盾的结果。这一分裂对联邦政策的直接影响是引发了关于NLRB角色的特征和建立适当谈判工会以及识别代表人的权威界线的争论，特别是在工会之间为寻求合法性和身份的竞争的条件下。每一观点都代表了自己的利益集团，而强烈地反对对手。他们的争论使联邦政策在涉及这个问题时左右为难。

最好是通过一个简单的案例来说明AFL和CIO争论的主要焦点及其如何反映到《瓦格纳法》和NLRB之中。让我们回顾一下太平洋沿岸码头产业工人的追求有组织的集体谈判权利的历程。在该过程（太平洋沿岸船主协会）中，国际码头工人和仓储工人协会（ILWU）–CIO寻求作为所有太平洋沿岸码头工人的谈判代表。它受到了来自西北太平洋四个港口的国际码头工人协会（ILA）–AFL的反对。NLRB决定在整个太平洋海岸组成一个适当的谈判单位并且将代表权交给ILWU。AFL认为NLRB

没有权利做出这样的决定，这是因为如果这样做将使 ILA 丧失作为劳工组织从事商业的权利。按照 AFL 的意见，工会一旦被雇主承认，就存在既定的利益——产权，它体现在行政代理人没有资格使其退出的契约关系中。AFL 接受了《瓦格纳法》的通过使它成为“任何劳工组织为集体谈判寻求代表雇员的功能的必要和至关重要的设计或条件”的事实，并认为它获得 NLRB 的认证在于它寻求代表谈判的雇员群体是一个适合的集团。但只要工会可以得到给定团体大多数人的支持，它就应该得到认定。

NLRB 则不这样认为。集体组织和谈判的权利并不是工会的产权，而是工人的基本公民权。当其受到威胁时，需要通过行政行为根据事前制定的法令进行清理。676
任何一个工会都没有谈判的优先权。只有 NLRB 基于“事实的判断”认为工会作为工人的代表是适合的，它才有资格作为雇员的代理人与雇主进行谈判。

太平洋沿岸船主协会阐述了两个基本的观点。首先，NLRB 对《瓦格纳法》的权利的解释是保护雇员的权利，而不是工会的权利。《瓦格纳法》在雇员和工会之间创建了简明的委托—代理关系，并且这种司法解释促使 NLRB 并不是简单地对工会与雇主之间的安排进行公共认证，而是对这些安排是否体现出雇员权利进行主动审查。NLRB 毫不犹豫地废除了没有根据这种解释建立起来的谈判安排。由此，在其他一些事件中，NLRB 禁止一些没有代表大多数雇员的工会与雇主签订排他性协定。现有的雇员领导人与雇主签订只雇用工会成员的排他性协定是长期以来工会的一种惯例化的组织策略。现在这种做法已经被视为非法。那些与工会签订只雇用工会成员的排他性协定的雇主现在需要承担在不公平劳动实践中由于提供了不适当支持而受到起诉的风险，除非有证据表明工会的行为遵从了大多数雇员的意见，并且得到了 NLRB 当局认可。

太平洋沿岸船主协会的第二种观点阐明了 NLRB 对适合的单位的自由裁量权的程度，更重要的是，使用这种权力建立工会，以最大限度地在现有协定中保障雇员的谈判力量的意愿。给定这种重新配置的可能性，《瓦格纳法》的设计者已经将其作为集体谈判的基本目的，它已经成为显而易见的重要问题了。接下来一系列的案件都说明了这一点。在匹兹堡平板玻璃案件（Pittsburgh Plate Glass，1939) 中，当局指定了公司范围的工会代表平板玻璃公司各车间，尽管每一个车间已经进行了车间范围的谈判。同样的事件也出现在第二起玻璃产业案件中，即利比·欧文斯·福特案(Libbey Owens Ford，1939)，NLRB 拒绝车间谈判企图通过 AFL 来干预公司范围工会的建立。

677 对于 AFL，当局的歧视政策反对异质和分散化的职业性的工会主义，而支持 CIO 的中心产业工会主义。更糟糕的是，它们已经威胁到了所有自 20 世纪初以来的“集体谈判”的组织实践和工会—雇主（委托—代理）许可的所有边界。由此，到 1939 年 4 月越来越多的抗议雇主的呼声出现了，它迫使 1938 年选举出来的新的以及更多的参议员对法案进行修正，以制止 NLRB 的行政和审查权力以及限制其废除已有的工会与雇主之间双边谈判协定的自由裁量权。

如果进行了修正，AFL 修正案将企图迫使联邦劳工关系政策形成一个比《瓦格纳法》更紧密的正式文本，以体现新政之前的多元产业关系模式。事实上，联邦修正案并没有获得通过。但它们对 NLRB 的大量批评形成了巨大的冲击，阻止了委员会的效力以及导致罗斯福当局（再也不热心于《瓦格纳法》）通过迫使委员会在现有法令的司法解释和实施有很大改变前预先保留批评。更具体的行政干预的表现是罗斯福拒绝重新任命 NLRB 成员。关键的步骤出现在 1939 年 4 月，当时国会仍然在考虑是否修正法案。威廉·莱瑟森（William Leiserson），当时的国家仲裁委员会主席，被任命接替即将退休的唐纳德·韦克菲尔德·史密斯（Donald Wakefield Smith）委员。莱瑟森作为对该委员会的著名评论人，获得了罗斯福的私人指示，来“清理”NLRB 对法案的管理。主席 J. 沃伦·麦顿（J. Warren Madden）15 个月之后离任，取而代之的是芝加哥大学经济学家和劳工仲裁人哈里·密尔斯（Harry Mills）。莱瑟森在给威斯康星大学的导师约翰·R. 康芒斯的信中表达了他对任命密尔斯的喜悦，并且希望其校友埃德温·威特能够接替最后一名原始成员埃德温·S. 史密斯。“你将拥有站在我们立场上的所有三个成员——并且你将相信应用法律的行政管理将是合适和卓有成效的。”

产业多元主义

正如莱瑟森给康芒斯的信中所暗示的，他以及密尔斯的任命给联邦政策的行政
678 管理带来了新的优先权，并根本地改变了 NLRB 对《瓦格纳法》的司法解释。

作为该委员会的一名原始成员，莱瑟森认为法案的目标是确定和保护雇员权利的代表及集体谈判，以缓解现有的经济条件下，工资所有者与雇主之间的对立情况。但莱瑟森将这种“代表权和集体谈判”作为一种由已经存在的非公众规则形成的制度化惯例和实践决定的行为形式，这种非公众化规则是由工会和雇主之间的协定决定的。他对劳工委员会前四年的工作提出了强烈的批评，认为劳工委员会试图通过自己的行政管理（公共、管制）实践的双重影响施加于已经建立起来的（私人）实践来实施法案的谈判代理理论。按照莱瑟森的论述，工会在有序的自愿集体行动的服务中，为管理其成员以及成员与雇主之间的关系，已经形成了法律性实体。行政管理者应该学习已经建立的制度框架并寻求与它们和睦相处。他认为，不要根据自己理所当然的想法，用新的规则去影响既有框架。尤其是在那些双方已经达成契约的方面，这些契约充分地表明了法院的代表权与谈判目的已经实现，也充分地体现了——在实践中——不管双方是什么关系，其已经建立的维度是合适的。

采用这种方式对法案目的进行重新表述在很大程度上没有考虑到宏观再分配的目的，而是为了协调现有组织的利益关系。将工会视为行使自身权利的委托人的概念破坏了立法对雇员权利和工会是雇员代表的最初认定。在所有的问题中，这种已经认定的代表权和集体谈判的重新表述实际上都是与产业关系的“稳定”联系在一起的。例如在谈判单位决定的主要范围中，劳工委员会以前为创造出公司或者产业范围的谈判单位，以最大限度地扩大谈判力量，防止突然中断，宁愿不顾已经建立起来的利益集团。在两个主要的汽车产业案例中，劳工委员会在任命莱瑟森后不久，又扩展到多公司范围（克莱斯勒公司与布里格斯制造公司），委员会拒绝建立公司范围的单位，反而寻求将每一个车间作为独立的适合单位。在密尔斯被任命后，范围 679
又倾向于分散化，委员会修改了最初在太平洋沿岸码头和玻璃产业创造出来的单位，以包容已经被否决的以前对立双方的谈判历史。

总之，最初NLRB成员强调法案的目的是实现雇员一方的自我决定权，平衡雇员和雇主之间的谈判力量，并且使用了NLRB的法定的权利来决定最后的谈判单位。莱瑟森和密尔斯则将法案认为是允诺而不是对登记和认定的事实的调查权力，不管工会与雇主已经形成了什么样的制度安排。莱瑟森强调NLRB应该“将已经形成的集体谈判协定视为已经成形的习惯和实践”，它决定了合适的单位，“而不是体现出劳工委员会自身是否具备公平的理论原则”。[34]

在法院中的《瓦格纳法》

法院在两个重要方面的具体实施反映出《瓦格纳法》的原则的重新界定。一方面，NLRB 的新解释强调了工会—雇主的契约是《瓦格纳法》维护雇员权利的制度结果。它基于新政之前的观点，即将工会与雇主之间的集体谈判协定作为谈判契约，很好地弥补了法院的决定，并且它是建立在自我利益的基础上，其条款有利于全体雇员，而不是针对单个非工会的成员。通过采用不同的方式将集体谈判的权利作为雇员的基本权利以及由此衍生出来的被提名的工会作为负责促进这一权利的谈判代理人的附带角色，《瓦格纳法》以及相关州法案与习惯法最初都产生了基本的分歧和矛盾。“法案……主要是用以解决代表雇员的谈判代理人的选择问题。他们不是为了维护与雇主协定中的工会的利益（除了偶然地）。如果他们表明的是真的，雇主与雇员自己
680 选择的代理人进行谈判的职责是持续的。契约法（相反）强调了交易双方相互之间的约束与影响。”[35]

接下来，NLRB 接受了这样的概念，即为了所有实际目的，工会在其谈判所形成的协定中有自己独立的利益——正如我们所看到的，伴随着在 AFL、NLRB 和劳工委员会原始成员的外部人之间的矛盾，以及伴随着联邦政策关于现有工会—雇主关系的稳定化的概念重建等事件——为《瓦格纳法》的行政管理与习惯法概念的可能结合提供了基础。但是通过牢固树立和维持现有的谈判结构和功能，这些观念就可能干预雇员对“自我选择代表”和集体谈判的“持续”的法令权利的有效使用。劳工委员会现在发现，《瓦格纳法》包含了产业稳定化和惯例化的承诺，以致雇员在行使通过自我选择代表进行集体谈判的权利时在契约期间不能改变他们的代表，尽管事实表明工会中大量的雇员放弃了对现任谈判代表的支持。同样，法院表明主要支持从一个工会向另一个的转移不能剥夺原始工会从雇员谈判协定中形成的利益。雇员不能拒绝他们已经从中获得利益的协定。因而在拉巴奇诉马龙铝业公司案（Labarge v. Malone Aluminum Corporation，1940）中，纽约州法院新认定的代表大多数雇员的工会与雇主之间的谈判形成的协定的有效性必须建立在以前协定的基础上，不能废

除原有协定；在 NLRB 诉电动真空清洗机公司案（NLRB v. Electric Vacuum Cleaner Company，1942）中，联邦第二巡回上诉法院认为现任工会尽管失去了大多数支持，但仍然能够与雇主就契约的延伸条款进行谈判。

法院与产业民主化

但对该法案命运更为深刻的影响是建立在民主化目的上的司法修正——雇员实现权利的能力对雇佣关系产生了重要的影响。在涉及代表权和在位代表的稳定性方 681
面，法院的方法决定于习惯法对其的持续支配——特别是雇佣法的传统条令。相反，法官萨瑟兰（Sutherland）先生在卡特诉卡特煤业案（Carter v. Carter Coal, U. S.1935）中认为尽管联邦政府最终拥有司法控制权，针对“来自雇主和雇员在工资、工作条件以及集体谈判权利等问题上的不同意见”，法院仍然倾向于用曾明显影响了萨瑟兰的习惯法来对雇佣关系进行司法解释。而根据这些习惯法条令，萨瑟兰认为雇佣是“国内关系”的一种类型；就像他一样，法院仍然可以将雇佣解释为上下级关系、主仆关系的一种形式。其结果就是法院对《瓦格纳法》的有效范围进行重新界定，以便尽可能同化以建立游戏规则。

事实上，这种彻底同化已经从法案自身的立宪的表述开始了。最高法院检验的诉讼小心翼翼地进行着，参议员瓦格纳、NLRB、所有支持的工会都认为《瓦格纳法》在 NLRB 诉琼斯和劳克林案（NLRB v. Jones and Laughlin，1937）以及相关的案件中的立宪声明是一场胜利。但在立宪过程中，最高法院仍尽可能小心谨慎且清晰地描述法案要求不涉及雇主行为的范围和程度。现在雇员的集体谈判权和选择代表权已经成为基本的公民权受到保护，并且它们也受到州政府支持的关于集体谈判观念的保护。但这种支持是程序上的，而不是实体性的，因此在雇主不违反谈判职责的情况下，可能还存在其他形式的契约。[36] 法院强调，没有任何法案能够被理解为可以对企业管理和自愿雇佣的习惯特权——工厂中的资源配置和纪律维持——进行侵犯。NLRA 的 682
保护主要涉及谈判代理的指定，而不是对控制和配置的正常惯例行为的干预。[37]

其他一些早期的判例也在法案保护（对于雇员一方）或者削弱（对于雇主一方）的权利范围提供了可行的司法解释。它们表明法院考虑将《瓦格纳法》这个为支持集体谈判代理而创建的一种程序上的特别法令性政策引入管制雇佣关系的习惯法的其他不可变更的环境中。由此，实践的不公平所导致的罢工在《瓦格纳法》中就受到保护，但在其他环境下，对雇主特权的合法保护就像以前一样扩展到对从事商业权利的保护。例如在NLRB诉麦凯无线设备公司案（NLRB v. Mackay Radio，1938）中，最高法院强调违反了公平惯例的雇主，可能会不受惩罚地解雇为工资和工作条件而进行罢工的雇员并雇用其他人永久替代他们。在NLRB诉桑兹制造公司案(NLRB v. Sands Manufacturing Company，1939）中，法院认为由于对契约条款的不同理解而导致的罢工是不受保护的行为，允许大规模替代罢工的工人。在这两项决定中，雇主不受阻碍地接近劳工的特权被证明是以某种偏好打破僵局的单方面行为，这种行为是正当的。雇主在面对他的工人拒绝协议时，试图“利用其他人填补其工作空缺”，这种行为被认为是合法的。

例如，在由于雇主不公平劳动实践导致的罢工中，雇员权利会受到初步保护，法院将拒绝保护当事人已经根据其他条件被宣判为非法的行为。因此在NLRB诉范钢冶金公司案（NLRB v. Fansteel Metallurgical Corporation，1939）中，最高法院认为雇主没有义务恢复已经进行协商的罢工者的职位（如果这些罢工者进行了“一些
683 违反和侵害雇主权利的行为”)。雇主的“正常的”权利包括选择雇员的权利和对“做坏事的人”解除雇佣关系的权利。法院承认尽管雇主有不公平地行使权利的倾向，但阻止雇主行使选择雇员和惩罚性地解雇犯错误的雇员的正常权利，则是一种“破坏规则”的行为。除此之外，可以依靠州法院对于惩罚的认定。

同样的观点认为雇主的惩罚不能是对雇员的“不正常”的干预，这个观点无疑来自C. G. 康因有限公司诉NLRB案（C. G. Conn, Limited v. NLRB，1939)。一群雇员由于经常被强迫加班，在他们拒绝加班并在正常的时间继续工作之后，被解除雇佣关系，NLRB认为他们的行为应该受到法律保护。但是第七巡回法院认为雇员“一定要在工作中服从雇主的权威和控制，否则会作为一个罢工者遭到解职，尽管遭遇令人同情”。不管是法律还是逻辑上都没有给雇员任何自我选择工作的权利，工作就意味着必须服从于雇主的命令。

由此，一旦涉及美国劳工和雇佣法的核心价值，早期的法院都裁决雇主应不受干预地行使商业权利以及控制个人的雇佣关系；它们根据以上观点对《瓦格纳法》做出了司法解释。其他由劳工委员会和法院做出的裁决，同样表明了法案的两个其

他同等重要的假设。首先，正如 Fansteel 判例中暗示的以及之后更明确的裁决，法院认为雇主不仅要控制产权以及生产过程，而且需要雇员的“忠诚”。因此雇主在制定雇员行为规则以使雇员服从产权、工作以及解除那些信不过的雇员合同方面，这些正常的权利不应该被削弱。其次，和控制劳工的正常权利一样，雇主应该拥有控制资本流动的正常权利。例如在马霍宁矿业公司（Mahoning Mining Company，1945）判例中，劳工委员会认为雇主可以“改变商业的结构，对运营的部分出售或者订立契约，或者做出任何适当形式的改变”，而不需要与雇员代表进行谈判，甚至协商。

劳工标准法

新政劳工政策的焦点是对个人雇佣关系的集体谈判的修正，其他措施保证了直 684
接的法令性影响。这些原则是建立在 1938 年《公平劳工标准法》基础上的。在立法之前，联邦的雇佣管制，仅仅明确直接地涉及从事州际贸易的工人，如海事工人和联邦雇员。例如联邦儿童劳工法律已经在 1918 年和 1922 年被宣布为无效［哈默诉达根哈特案（Hammer v. Dagenhart）（美国，1918）］。在州范围内，正如我们所看到的，安全性和健康标准、儿童劳工以及最大工时数都已经在 19 世纪最后 25 年中开始进入立法程序了，但司法解释极大地限制了它们的影响，工时管制在很大程度上仅仅适用于妇女，最低工资法律则被视作是不受支持的，如洛克纳诉纽约案（Lochner v. New York）（美国，1905）、穆勒诉俄勒冈案（Muller v. Oregon）（美国，1908）、阿德金斯诉儿童医院案（Adkins v. Children’s Hospital）（美国，1923）。进入 20 世纪 30 年代，行政管理并不支持立法标准的早期效应，像黑人 30 工时议案，而是强调了国家复兴局的自我管制产业的条令。但是最高法院对《国家工业复兴法》的否决使得惯例不适用。

FLSA 由劳工委员会参议员帕金斯总指导起草，详细提出了现代国家最低工资（7 年内从每小时 25 美分上升到 40 美分）以及相关的工时标准。接下来的立法承认为解决贸易条款谴责《国家工业复兴法》的司法解释的危机提供了一种方式。显然重要的州际贸易条款经受住了司法考验，并且相当数量的弱势工人依然被排除在外，如零售和服务业工人、渔业和农业中的雇员、季节性工人等。更准确地说，这些工人——南方的和农村的雇员、妇女、非洲裔美国人、移民工人——很难通过集体谈判达到被雇用的目的，因此很容易被 FLSA 排除在外。[38]

《塔夫脱－哈特利法》

FLSA 在为个体雇佣契约建立现代联邦标准方面的胜利主要来自通过劳工关系政
685 策的条文对侵害雇佣关系的事件进行了重新表述。在后来的案件中，事件的线索在第二次世界大战之后逐渐明朗化，尤其当涉及雇主特权的传统价值的国家政策逐渐失去了行政管理和司法解释的基础时，它就成为立法事实——1947 年的《劳资关系法》(LMRA)，又名《塔夫脱－哈特利法》。

《塔夫脱－哈特利法》是一部具有多项提议的综合性法令。其特殊的目的在于调整和补充此前 12 年建立起来的联邦劳工关系法律的结构，但是在实施过程中，该法案逐渐在政治和意识形态上具有代表性，成为与 1935 年《瓦格纳法》一样重要的法案。1938 年后，共和党与南方民主党的保守联合的目的在于阻止新政的实施，并且其力量在 1946 年选举之后得到了巩固，法案中的一些核心条款试图退回到反对《瓦格纳法》的第一次运动之中。但其他部分都是新的，反映出遏止劳工组织在二战期间的持续增长势头以及禁止战后罢工浪潮（1946 年选举时的主要事件）的保守决定。更为一般地，其他部分站在平等的、远离中心的保守立场，反对与新政相关的新行政政府的制度和政策。特殊的规定也标志着美国国内反共产主义潮流的出现，它们倾向于瓦解与苏联的战争协定并成为冷战的开端。

该法案包括四个部分。第一部分修正了《瓦格纳法》的行政程序以及实体内容。它扩大了 NLRB 的成员数量，并使其脱离代理调查和司法机构而成为完全独立的机构。它限制了 NLRB 在决定谈判工会时的自由裁量权，从涉及范围上排除了管理层雇员，强调雇员约束集体行动的权利，引入工会“不信任”规定并且允许雇主就雇员的代表选择问题提起诉讼。它设定了工会不公平行为的范围，将程序上的约束引入契约终止或者修正中，并且定义了谈判中的“诚信”的概念。它禁止只雇用工会成员的行为，要求工会优先条款需多数人通过，并且强调政府进一步通过“工作权”法律行使管制工会安全性的权利。它给予 NLRB 确定司法和分工争端的权威并试图
686 禁止“限产超雇”。最后，它要求工会必须由劳工秘书登记，填写年度财务报告。

剩下的部分认可了联邦的协调作用，鼓励各方调整令人不满的程序，并且建立

国家危机罢工程序（第二部分）；设定非法工会和雇主行为的类别（雇主给雇员代表某些酬金，某些由工会发起的联合抵制和联合），最终裁定劳工协定合法的可执行性以及限制工会的政治花费（第三部分）；建立国会联合委员会来调查劳工关系（第四部分）。

LMRA 重新肯定了联邦政策将管理特权作为核心价值的思想。《瓦格纳法》可能被视为对工人权利的明确表述，而以前主流的习惯法中仅仅在雇佣关系中表述了雇主权威的思想，《塔夫脱－哈特利法》则表述了可以与之对立的管理权的思想，该思想得到了习惯法的重新认同。正如豪威尔·哈里斯（Howell Harris）所提出的，那些寻求在 20 世纪 40 年代劳工关系中恢复主动的人受到产业组织的层级理论的激励，该理论建立在“经典的财产权、习惯法以及所有者和主人的正式权威的基础上”，与之对立，同样，也建立在对工会的典型的不信任上，这种不信任认为工会是闯入者，干预了其他和谐关系，除非已经很好地包容在内。那些威胁生产的管理控制的各种行为形式，包括法院或者 NLRB 已声明不受《瓦格纳法》保护的行为（未批准的罢工、静坐、怠工），都将明确地被视为非法。对工会的限制内容体现在如下法令法规或事件中：只雇用工会成员行为的禁止令，州立法机构更为广泛的禁止令，在工厂减少工会的一系列规定，新的不公平惯例，雇主反对工人工会化的合法行动，“反认可”选举的引入，以及代替工人选举代表的投票权威。

战后劳工法

1947 年之后，关于工会组织进一步的限制通过修正的《瓦格纳法》的法院解释得到了增加。由此，在 20 世纪 50 年代，对于广泛的从属行为、联合抵制甚至和平示威的保护大大地减少，罢工的权利严重被削弱。在 1959 年，《兰德勒姆－格里芬法》(Landrum-Griffin Act) 宣布从属联合抵制和“紧急搬运”协定 (“hot cargo” arrangement) 由于禁止搬运罢工滞留的物品而非法。687

更一般地，战后立法机构在两个有力的象征性协议中，重新使“非法”这个已经长期困扰美国劳工组织的概念生效。《塔夫脱－哈特利法》通过要求工会官员证明自己不是共产主义者，有效地将劳工组织视为一个颠覆性的非美国人的组织，直到它的支持者证明它以及他们自身并非如此。同时，《兰德勒姆－格里芬法》使工会陷入腐败和敲诈的困境中，为边缘化和不信任劳工组织提供了另一个重要的制度上的武器。在这两种情况下，工会被看作不正常的美国社会现象，遭遇着恶意攻击和怀疑。

实际上，战后劳工法条款在规制雇佣关系方面，特别是随着 20 世纪 30 年代以来雇员组织的兴起，体现和推动着公司管理的“主动性恢复”。《塔夫脱 – 哈特利法》和《兰德勒姆 – 格里芬法》的累积效应形成了一种禁止性成本，防止工会试图扩展到私人部门组织，超越已经在第二次世界大战后期成功渗透的经济部门以及劳工阶层。围绕着这个核心，LMRA 倾向于进一步分裂已经成为 1940 年 NLRB 政策决定的主要特征的谈判单位，其做法包括分离技术和专业化群体、要求特定类型雇员（著名的安全职员）的独立组织，以及总体限制 NLRB 寻找大规模谈判组织的裁量权等。LMRA 保证工会遵循有秩序、负责任的集体谈判惯例，这种有秩序、负责任的规定在几十年之前开始形成，主要是通过《瓦格纳法》的行政和司法解释建立起来的法典以及用程序和实体限制进一步约束《瓦格纳法》保护组织和谈判的权利。

《塔夫脱 – 哈特利法》和《兰德勒姆 – 格里芬法》的司法解释总体上补充了治理管理权的思想以及对与其对立的集体行动的限制。例如，战后许多劳工法都已经涉
688 及下列划分：(1) 从谈判中保留下来的管理自治的范围；(2) 管理层可以合法介入反对工会对其雇员的影响的程度。在这两种情况中，自《塔夫脱 – 哈特利法》实施以来的劳工法随着管理权限的扩展，已经开始趋于对工会的直接影响。战后早期主要关注的是在企业控制的核心问题上（特别是资本投资），维持管理的裁量权。管理层到 20 世纪 80 年代早期已经受到保护，可以不受谈判义务影响而采取任何行动。尽管它对谈判单位成员的隐含意义是，只要“事关企业整体利益”就可以作为动机。按照最高法院的表述，管理层必须从谈判过程中脱离出来，而将可盈利商业的运营作为中心职责。这种基于商业效率的强调导致对限制合法的雇主反对工会主义的行为的重新审视，以致雇主明显的反工会的行为也可以得到支持（如果他们的行为从经济角度被证明是正当的）。

这个结果使工会更加容易受到雇主的策略攻击。这些策略主要是用来破坏工会组织及其影响，诸如虚假的谈判、运行机制改变——工厂改址、分包等。这种弱势自 20 世纪 60 年代末以来很明显地显现出来。战后长期繁荣的结束以及国际竞争压力的增加导致了制造业成本的上升、雇主反对工会的程度的提高以及工会成员及其

影响的加速下降趋势。

工人的自组织权利显著弱化，这些弱化主要是通过用特别复杂的程序阻止他们行使权利以及增加对工会必须尊重的工人个体权利——特别是参与组织的自由权利——的行政保护来实现的，战后劳工关系立法机构不可能表述与雇主对立的工人权利。由于在 20 世纪 30 年代中工会实际上已经建立了一种不可改变的雇佣关系，它们的退出也就不会改变这种关系的法律结构。由此工会丧失权力的结果转变为在雇佣关系中管理权威的出现。可以确信，集体组织的力量不再是影响个人雇佣关系的唯一因素：自 20 世纪 30 年代起，我们已经看到，修正雇佣关系的重要方面的立法已经获得通过，它们主要试图管制工作地点的风险，如 1970 年的《职业安全与健康法》（Occupational Safety and Health Act）。除此之外，民权立法（如著名的 1964 年 689
《民权法》第Ⅶ节）已经被广泛地运用到雇佣的各个层面。而对于习惯法，法院在 20 世纪 70 年代和 80 年代开始发展在自愿雇佣运行条件下的不公平解除工作例外条款。但不管我们是否在讨论保护不被解雇条款和综合的立法标准的创新，具体的执行，都仍然留下了缺陷，像劳工法总纲，就是转变管理观念的产物。美国法律仍然保留集体谈判作为建立雇员对关键条件的影响力量的措施，这些关键条件是影响在工作地点的雇主与雇员关系的主要因素。“不管立法或者法院采用什么法律条文，”保罗·威纳认为：

> 管理层仍然负责对企业的管理，负责制定企业的雇佣政策（根据来自劳工市场的较松的边界设定）。书面形式的新法律只有在它违反了法律程序的时候才会改变管理层的倾向，但这就要求在裁决过程中需考虑这种违反的频率和严重性。但像这样的执行过程在很大程度上依赖雇员以及代表的主动性。

由此，集体行动支持的弱化——20 世纪最后 25 年的劳工法最重要的特征——在没有任何对工人权利的全面和行政强制性法律条款的代替条件下，意味着个人契约和雇主特权的习惯法模式的恢复，而工作权利的最具创造性的逐个判例解释，只能在边际上改变这个结果。

结 论

在20世纪30年代和40年代，19世纪和20世纪早期已确立的法律结构成为主流，传统的深深根植于雇佣社会关系的不对称的权利遭遇到工人通过不同类型模式的集体代表和集体谈判保护自己权利的抵抗。历史学家将这种遭遇称为“劳工法律革命”，但是革命失败了。不管是建立于NLRA的实体法律权利还是试图从宪法解释
690 表述其差异性，都试图创造一个完全不同的新美国劳工法律，但这种境况昙花一现，接下来首先退化到寻求一种对新内容的容纳，因为自20世纪40年代以来，集体行动被进一步融进雇主优势的传统逻辑之中。

最终，法院所定义的雇主和几百年前的法院所援引的雇主本质上并没有什么区别。它们认为雇主享有传统权利，最终这种权利是建立在产权基础上，“这无疑表明雇主才是工厂的管理者”。雇主“有权要求下属服从其命令”，并且有权要求雇员“忠诚”于他，尤其是当“受到外来压力的威胁时”。法院政策详细表明这些权利行使过程的范围和程度可能会受到其他当事人（如工会）或者其他思想的干涉，这些思想更多的是建立在解放宪政传统（包括“自由表达、自我治理和民主化”）的基础上。[39]

这是一个辩护性总结，即表明在过去的两个世纪中，法律管理着构建了美国的文明社会的社会和文化关系（关于工作、关于家庭和婚姻、关于性别和种族），但它从概念上逐渐失去权威性。同时，这也仅仅是一个辩护性的概括，即表明雇佣法律概念的变迁——从开始就比其他法律概念更自由——最终与其他法律概念相比却并不显著。近代雇佣的合法代表作为一种必要的层级权威标志了转型的相对薄弱。只要法律仍然如20世纪30年代一样将权威作为工作生活的核心事实而不是将它看作一种保护雇佣关系的手段，雇佣就将仍然保留不对称关系，这一关系早在两个世纪以前就由主仆之间的关系论述表现出来了。

注 释

[1] 在美国的法律条文和相关书籍中，“雇主与雇员”仍然是用来解释雇佣法律的标准用语。我们将这个用语保留了下来，主要用意只是为了强调其历史重要性。

[2] John Bristed, *America and Her Resources* (London, 1818), 460.

[3] 和罗得岛不同，弗吉尼亚的观点体现了原始的关押的裁决。但这种方式似乎存在的时间很短，在 1661—1662 年 3 月的大国民议会中未能被再次采用。

[4] 也就是奴隶，但本章不涉及这个问题。

[5] 1785 年弗吉尼亚在涉及仆人的法案中，明确地限制了其司法观点，即将仆人定义为“在美国所有邦联各州中还不能被称为公民的白人，他们通过在贸易或工作中签订为另一方提供服务的契约的方式进入联邦”。事实上，来自新英格兰和中部各殖民地的证据与 17 世纪中叶的弗吉尼亚一样，表明劳役的法律观点长期以来局限于少数群体与移民人口。

[6] 已出版的法律记录倾向于证实这一观点，但这些记录无法广泛获得，尤其在 18 世纪，仅仅是一种愿望。但是在殖民时期由地方犹太人出版学会（JPs）编辑和出版的英格兰治安法律选编本中，人们可以了解到大量的关于地方法院和司法机关的日常行为。在 18 世纪，至少有 8 本这样的书在北方和中部的殖民地出版。所有这些法律书籍都包含与英格兰的同类书籍密切相关的关于“学徒”的章节，但是没有一本书复制英国法律关于雇佣劳动的内容。

[7] 法院要求雇主在解雇雇员的过程中表明原因，这样可以保护雇员免受不公正的待遇。但一些法院认为雇员不能期望获得赔偿，即使这是错误的解雇，除非他们能表明他们正主动地寻找其他雇佣关系。例如，在香农诉科姆斯托克案（Shannon V. Comstock)（纽约州，1839）中，法院列举泥瓦匠受雇一个月，他的雇主拒绝续约的例子。法院指出尽管由于雇主违背契约使雇员失业，但雇员有责任立刻到其他地方寻找工作；如果他没有这样做，由于雇主违背契约期望获得的赔偿损失不仅没有，而且会由于诈骗而受到起诉。“无所事事本身就是对道德责任的违背。如果他为了起诉他人而继续赋闲在家，他就犯了欺诈罪，法院将对这种行为进行惩罚，而不是支持。”

[8] 这里法院采用了布莱克斯通对主人在其家庭的私人服务中的权利的解释，这个解释实际上与商人雇主在雇用靠工资生活的劳工过程中所涉及的权利是一致的。

[9] 可起诉的共谋的传统的法律定义在 19 世纪 40 年代的劳工共谋案例中使用得相当普遍，其定义是“两个或多个人联合起来，通过一致的行为来达到一些犯罪或非法的目的，或者尽管目的本身没有犯罪或者非法，但其手段是犯罪和违法的，

也将被视为合谋”(联邦诉亨特案，马萨诸塞州，1842)。

[10] 事实上，宾夕法尼亚州法院在通过契约自由行使中的机会平等来强调雇主与雇员平等性的同时，也在很大程度上允许雇佣契约不对称责任的存在，最著名的是雇员必须服从命令的义务。

[11] 原告陈述的具体内容参见大法官 Shaw 的 *Minute Books*，第 15 卷。

[12] Howard 的论述被 Amy Dru Stanley 在她的论文“Beggars Can’t Be Choosers: Compulsion and Contract in Postbellum America”中引用，载 Christopher L. Tomlins 和 Andrew J. King 主编的 *Labor Law in America: Historical and Critical Essays* (Baltimore, 1992), 128～159 页。

[13] 这里，在发现个人劳工有权利在没有导致刑事责任条件下解除劳工契约关系的过程中，贝利完全认为应当由法院负责消除对为另一方的利益而强迫某人提供个人服务的控制。但是这种对解除雇佣的权利的承诺可以在习惯法的传统内容之中找到确切解释，习惯法认为“远离控制的自由”在雇佣过程中没有任何实际意义。这意味着只有解除合约的权利。实际上法院认为第十三修正案确认了早先已在北方广泛使用的习惯法中的雇主与雇员条款定义的劳工自由边界，并且扩展到南方以治理从前的奴隶的雇佣关系。参见 Robertson v. Baldwin（U. S., 1896)。

这说明修正案仅仅为美国黑人从奴隶制中解脱出来提供了宪法保护。正因为如此，由于白人不是奴隶，因此它与白人的条件无关。但法院仍然担心白人社团在决定时并没有认识到第十三修正案是专门为（黑人）自由创造的特殊权利，所以法院不厌其烦地说明“解雇的理由来自错误的原告是黑人的事实”或者“一个区域性特征所代表的问题”。这样做，它不自觉地暗示了对于所有劳工更丰富的概念在所有修正案之后还没有被揭示：“对于强迫和压抑的问题，在不同环境下，存在于所有工会成员中，所有美国公民只要涉及此类情况，就将受到宪法的保护。”

[14] 关于“自愿”规则的争论实际上先于 Wood 的论文。在 1851 年，缅因州的最高法院发现（Blaisdell v. Lewis）缺乏明确服务期限的雇佣契约没有实际价值，因为这样的契约在一天内就可以终止。在 1864 年，宾夕法尼亚州最高法院也认为（Coffin v. Landis）如果雇佣契约没有指定期限，这个契约可以在“任意自愿”条件下终止。并且 David Dudley Field 的《纽约民法典》(New York Civil Code，1865）规

定作为一个一般性规则，“没有规定期限的雇佣关系可以由任何一方终止”。无疑，将 Wood 看作一个改革者是公平的，因为在一些案例（经常涉及地位高的雇员）中，随意雇佣对于完善的英国雇主与雇员的体系是一个例外，而美国法院在半个世纪前就已经将这些规则作为治理雇佣劳动的一般性原则了。

尽管 Wood 是一个创新者，但其创新最有趣的地方是任意雇佣被认为是雇主与雇员条例的不变的一个学术性注解。在 Wood 看来，放弃的权利实际上保护了雇员和雇主的自由。但为反对其他人的意见，雇佣法实际上将雇员的决策自由作为雇员反对第三方干扰的权利。进一步地，在任意雇佣下工作中所有的财产权利仍然属于雇主，实际上比以前更加具有排他性。雇员失去了在工作中的解雇提前通知权，同时也失去了获得滥用解雇补偿的机会。

[15] Haywood 在 Charles W. McCurdy 的书中被引用，参见 Charles W. McCurdy, “The Roots of ‘Liberty of Contract’ Reconsidered: Major Premises in the Law of Employment, 1867—1937”, *Supreme Court Historical Society Yearbook* (1984), 20–23。

[16] Paul Kens, “The Source of a Myth: Police Powers of the States and Laissez-Faire Constitutionalism, 1900—1937”, *American Journal of Legal History* 35 (1991), 70–98. 关于政治权力的历史，可参见 William J. Novak 的 *The People's Welfare: Law and Regulation in Nineteenth-Century America* (Chapel Hill, 1996)。

[17] 1885—1900 年，六部保护性劳动法中只有一部获得了通过；到 1920 年，大约有 300 部这样的法律已经由法院宣布无效。

[18] 最主要的例外是附加原则的发展，即认为雇主对雇员工伤的责任是由下列条件引起：直接来自雇主的个人疏忽（对这个责任从来没有提出过异议），也可能直接来自代理人的疏忽，该代理人是由雇主委任，对于企业的运行负有完全责任。

[19] The quotations are from Walter Nelles and Samuel Mermin, “Holmes and Labor Law”, *New York University Law Quarterly Review* 13(1936), 517–55, 541–42, commenting on the opinion of Chief Justice Taft in *American Steel Foundries v. Tri-City Trades and Labor Council* (U. S. 1921).

[20] 例如，People 诉 Kostka 案（纽约州，1886）。

[21] Herbert Hovenkamp, “Labor Conspiracies in American Law, 1880—1930”,

Texas Law Review 66 (1988), 919–965, 955.

[22] 事实上，根据反托拉斯法，通过扩展禁止令的权利以防止损害的威胁超越了联邦政府对私人团体的要求，《克莱顿法》扩大了工会对雇主指令进行反抗的司法风险。

[23] John R. Commons, *Legal Foundations of Capitalism* (New York, 1924), 283–312.

[24] Katherine Van Wezel Stone, "Labor and the Corporate Structure: Changing Conceptions and Emerging Possibilities", *University of Chicago Law Review* 55 (1988), 73–173 at 140.

[25] 一般法院需要交易协定条款适用性的严格证据。例如在 Burnetta 诉 Marceline Coal Company 案（密苏里州，1904）中，由于没有采用个人雇佣条款，仅仅通过工会集体协定来设定个人在雇佣问题上所涉及的条件和条款，因而被视为无效。适用性不能由环境推论出来，如工会成员资格。"人们为自己工作，他们是自由和独立的。施加条件的协定只有在全部人员都声明并乐意接受的情况下才能实施。"此外，缺乏适用性也可能来自环境的推论。在 Langmade 诉 Olean Brewing Company 案（纽约州，1910）中，工会成员依工会与雇主之间的协定要求加班工资的诉讼失败了，法院认为尽管雇主拒绝支付，但雇佣关系的保留表明其个人的雇佣契约没有合并入同意的协定条款中。

[26] 在哈得孙，一名工程师最终由于错误行为遭到解雇。他拒绝听证会，因为工会与公司的集体协定中的工资诉讼请求是建立在这样的基础上，即拒绝听证会意味着他仍是雇员。法院认为关于听证会的条款不能适用于个人雇佣契约，因为他的雇佣是自愿的并且雇主由此有权解雇他，不论集体协定具有怎样对立的内容。

[27] 参见 Blum & Co. 诉 Landau 案 (俄亥俄州，1926) 以及 Donovan 诉 Travers 案 (马萨诸塞州，1934)。在 Donovan 案的决定中，认为工会"绝不是一个委托人"，而仅仅是"一个代理人"，这一决定也隐含着对法院早期的态度进行的重新审视 (Snow Iron Works v. Chadwick)（马萨诸塞州，1917)。这里法院认为工会无权约束其成员，除非其权威性是"建立在雇员相互自愿和同意的基础上"。在 Goldman 诉 Cohen 案 (1928) 中，纽约的最高法院也认为工会是集体谈判协议下利益的代表者，

与其成员是不同的概念。在 Ribner 诉 Rasco 案 (1929) 中，纽约的最高法院裁决是工会代表其成员进入契约之中，但无疑法院强调了获得的契约和权利事实上仅仅是属于工会的。

[28] Christopher L. Tomlins, *The State and the Unions: Labor Relations, Law, and the Organized Labor Movement in America, 1880—1960* (Cambridge, England, 1985), 78, 88.

[29] Felix Frankfurter and Nathan Greene, *The Labor Injunction* (New York, 1930), 205–208.

[30] Howell J. Harris, "The Snares of Liberalism? Politicians, Bureaucrats and the Shaping of Federal Labor Relations Policy in the United States, ca. 1915—1947" , in Steven Tolliday and Jonathan Zeitlin, eds, *Shop Floor Bargaining and the State: Historical and Comparative Perspectives* (Cambridge, England, 1985), 148–191 at 164.

[31] Edward Filene 是波士顿 Filene 零售协会的卓越成员，是零售业科学管理技术应用的先驱者，并且是著名的进步慈善家。他建立了 20 世纪基金，以"研究和推动下一阶段的人类社会和经济生活的发展"。

[32] Kenneth M. Casebeer, "Drafting Wagner's Act: Leon Keyserling and the Precommittee Drafts of the Labor Disputes Act and the National Labor Relations Act", *Industrial Relations Law Journal* 11(1989), 73–131 at 88.

[33] Irving Bernstein, *Turbulent Years: A History of the American Worker, 1933—1941* (Boston, 1971), 639.

[34] 值得一提的是，在 1935 年，在瓦格纳议案的参议院听证会上，William H. Davis 为 20 世纪基金提出建议，认为立法提出的雇主与雇员之间的平等不应该是一种权力的平等，而应体现为权利的平等。

[35] Richard Witmer, "Collective Labor Agreements in the Courts", *Yale Law Journal* 48 (1938), 195–239 at 221.

[36] "该法案不强迫雇员和雇主之间形成协定，也不强迫形成任何形式的协定。它'不阻止雇主拒绝签订一个集体协定或依任何雇主单方面决定的条款雇用雇员'。"参考 NLRB 诉琼斯和劳克林案（美国，1937）。法案强调的是诚信谈判以及对于将

要形成的协定的忠诚。因此在 J. I. Case Company 诉 NLRB 案（1944）中，最高法院认为雇主不能为了逃避与指定的代表人在集体谈判过程中的职责而违反合法的个人契约。

[37]“该法案并不强迫申请人 [雇主] 雇用什么人，也不要求申请人在雇佣中保留不合适的人选……法案允许任何原因的解雇，但鼓动雇员参与集体谈判的工会行为除外。（被判为歧视性解雇的）雇员的复职并不表明他在下一次的请求雇佣中获得保护。不管任何意外事件发生，申请人都可以自由地行使不可怀疑的权利，根据各种合理的原因终止其关系，或者施行法案允许的行为作为对雇员的惩罚或者告诫。”参见 Associated Press 诉 NLRB 案（美国，1937）。

[38] 农民是一群重要的弱势群体，如家庭产业工人，被视为主要的保护对象。在 20 世纪 40 年代早期，该法案的主要反对呼声来自 7 个以家庭为主导的产业（绝大部分与农村和妇女工人有关），它们的反对并不是试图更为详细地管制家庭产业，而是反对对那些产业中的家庭工作实行完全的管理禁令。这些行为 1945 年受到了最高法院的支持（Gemsco 诉 Walling 案）。

[39] 引自 Regina Austin, “Employer Abuse, Worker Resistance, and the Tort of Intentional Infliction of Emotional Distress” , *Stanford Law Review* 41(1988), 1–59; 以及 Richard M. Fischl, “Labor, Management and the First Amendment: Whose Rights Are These Anyway?” *Cardozo Law Review* 10 (1989), 729–746。

第 12 章

北方农业的变迁：1910—1990 年 *

艾伦·L. 奥姆斯特德（Alan L. Olmstead）

保罗·W. 罗德（Paul W. Rhode）

引 言

美国的农场和农场工人“不再是过去的样子了”。首先，他们的数量变少了。在 1910 年有 3 200 万名农民，相当于全国人口的 35%，生活在 640 万个农场上。到 1990 年，全国只有 1.8% 的人口（460 万名农民）生活在 210 万个农场里。尽管农场数目在逐渐减少，但保留下来的农场生产率都相当高；1990 年，一位普通农业工人的产出是 1910 年一个农业工人的 15 倍。在这段时间内，农业人口与非农人口之间的差距缩小了，因此要定义农业部门或者说出谁是农民是很困难的事。现在在北方农场工作的人有一半并不生活在农场里，同时生活在农场的人中有一半不在农

* 我们感谢以下人士的见解和评论：Julian Alston、Dana Dalrymple、Bruce Gardner、Hajime Hadeishi、Peter Lindert、Janis Olmstead、Wayne Rasmussen 和 Mort Rothstein。

场工作。1989 年，北方农场的平均收入是 46 500 美元，但其中 51% 来自非农业部门，还有 12% 是政府转移支付。[1]

强大的力量已经重新塑造了北方农业。机械和生物创新极大地提高了农场的劳
693 动生产率，并改变了农业工作的本质。交通与通信革命使农业和社会其他部门融为一体。非农部门的工资的增长，对于农业劳动力市场施加了巨大压力。20 年的经济萧条，产生了新的农业政策，1910 年北方农业非常近似于完全竞争市场，现在它是一个规制很强的产业，最初以应急措施出现的联邦项目已被现实证明很难终止，因为杰斐逊时期资源曾经丰富的农场已经变得需要依赖政府的施舍了。大型项目日益重要，农场主融入市场经济的程度更高。目前大约 50% 的农业总收入用于购买非农部门的投入要素，比如杀虫剂、机械、燃料和化肥。农民家庭现在从超市、小商场和速食店购买大部分食品。

本章将分析北方农业 1910 年以来的转型过程，重点放在产出收入结构和政府政策的变化上，这里有三个密切相关的问题。第一个是理解 19 世纪发生的波澜壮阔的技术变革的原因与结果，这是农场生产率增长和农业结构变化的驱动力量。第二个问题集中于“农业危机”，通常的观点是农业处于永久的危机状态，自第一次世界大战以来仅有第二次世界大战和 20 世纪 70 年代初期的几年例外，这种观点的基础是什么？第三个问题是探索政府对于农业部门的介入全过程，种植作物支持项目于 20 世纪 30 年代被引入，它代表了与过去原则的明显割裂。这些政策为什么会出现以及如何运行？效果如何？

有关农业的争论不是新事物，许多观察家认为 20 世纪取得了显著的胜利，他们强调食品的低价格、劳动强度大而收入低的工作的消失以及现有人口的相对高收入。其他人看到的是悲惨的失败，他们强调农业工作的减少、环境破坏以及农村生活的消失。但更普遍的是对于这些经历的评价缺乏比较视角，并且采用与其他场合迥然相异的标准。实际上北方的发展，与其他地区和国家的发展历史形成鲜明的对比。

比如对于美国南方的评价，通常放在地区的衰退、制度性障碍对于发展的抑制的影响上。种族分裂、佃农制度、文盲、贫困、文化活动贫乏以及广泛的市场失灵
694 都是常见的话题，这些话题在北方农业的讨论中并不是主要部分，当以一个欠发达国家（LDC）或者是东欧前社会主义国家的政策制定者的眼光来看待北方农业时，

这种对比更加强烈。以这样的国际标准衡量北方农业是绝对成功的。当其他国家不能满足本国粮食需求和被“农民问题”困扰的时候，这些国家应该很羡慕北方农业的高效率和过剩的生产能力。

大多数国家通常从以下五个相互关联的方面来衡量农业部门为该国经济发展所做的贡献：(1) 增加粮食供给；(2) 向非农业部门释放劳动力；(3) 创造储蓄；(4) 为非农业部门的产品提供市场；(5) 赚取外汇。通常的问题是制度落后、无效率的农业部门如何改革以支持一国的全面发展。对于北方农业，这类问题无论在暂时的政策讨论还是在历史回顾中，都很少提及。北方工业化进程既没有受到食物短缺的严重威胁，也没有因没受教育的农民加入非农大军而受阻滞。北方的农民总是为工业部门提供能够产生财富的市场，同时也是重要的外汇赚取者。退出农业的决定通常是令人痛苦的，许多北方农业家庭即使在农业回报率大大低于城市收入时，也仍然固守他们的土地。传统职业对于农业家庭的吸引力，有助于解释为何农业收入的落后得以持续到 20 世纪 60 年代，正如较贫困农民的快速退出有助于解释收入差距的最终消失一样。但是总体来讲，北方农村贫困问题与困扰许多国家甚至美国南方的农业极端落后、市场普遍失灵的问题截然不同。

在历史上的大多数时期，围绕北方农业部门的问题都是上述问题的反面。在 19 世纪，工业部门也许存在与充满活力的、竞争力强大并且快速扩张的农业部门争夺资源的问题。即使是在 20 世纪二三十年代的农业萧条时期，一个重要的问题仍然是：北方农业的生产率太高，城市、出口市场吸纳不了这么多的农作物或者不能提供足够的就业机会来吸纳剩余农业人口。自 20 世纪 20 年代以来，美国政策集中于限制 695
农业生产、增加农产品价格与农业收入以保护农业家庭，而不是促使资源从农业部门转移出去。

地区对比：1910—1990 年

在本章中，北方农业在地域上涵盖从大西洋到太平洋的广阔地域，包括新英格兰、中大西洋、东北中部和西北中部、山区以及太平洋沿岸的人口普查地区。这片地区的土壤、气候以及庄稼尽管有着丰富的多样性，但也有许多共性，包括相似的制度和文化遗产。1910 年，大多数北方农户都是本地白人、清教徒、北欧人的后裔。作为杰斐逊蓝图的现实写照，土地市场非常完善，公共教育以及文化广泛传播，家庭农场一般都是中等规模。对于大多数北方农户来讲，他们居住在自己的土地上，而不是村庄中，基本上依靠自己的劳动。但也有与杰斐逊的蓝图不一致的地方，出于历史发展以及全球化发展的要求，所有这些地区的大多数农民高度商业化，其繁荣程度在很大程度上依赖美国国内和国际市场状况。

尽管机械以及耕作方法有很大的地区差异，但公认的是，北方农民以灵巧以及快速采纳新技术而著称。农机产业和联邦—州农业科研体系源源不断地开发出新技术、新品种以及与当地经济和环境相吻合的新方法。实验以及经济改革已经使北方许多地区的农业大为改观。到 1910 年，东北以及北美五大湖地区相当多的农民都从谷物合作社转到奶业合作社。大多数中西部地区已经从小麦种植演变为玉米—猪的种养结构，加利福尼亚在 1980 年是全国小麦的第二大产区，而后迅速地转为蔬菜、水果和坚果生产区。类似的变化将继续发生，改变第一次世界大战后的地理风情与农民生活。

表 12–1 描述了 1910—1987 年北方农业及其各主产区的全景。1910 年，中北部
696 （东北中部和西北中部）主宰着北方的农业，占据北方农场数及农业人口的约 2/3，作物收割面积的 80%，以及农业产出总产值的 70% 以上（这些地区对于农业净产值的贡献多少会小一些）。1987 年这些比率基本一致。表 12–1 中一个最显著的特点是，牲畜养殖在北方农业中的重要性不断增加。1910 年北方农业中动物产品约占总产出的 45%，但到了 1987 年，这一项在销售农产品市场价值中所占的比例接近 60%。在这个时期，牲畜生产的地理分布，有一个从东部到中北部再到西部和南方的很显著的变化。1910 年的租佃率在人口普查地区也有明显不同，从较低的新英格兰的 8% 到西北中部的约 31% 不等。这与美国南方 50% 的租佃率形成鲜明对比。截至 1987 年，北方的租佃率已经降为一半，并且更加趋同。此外，今天的佃农通常都很富有，并且高度技能化、职业化，不再是下层阶级，许多现代化的佃农耕作的土地要比农场主多得多。

无论在哪个时期，北方各地区间的农场平均规模都相差悬殊，并且自 1910 年以来平均规模增加了两倍多。在内陆地区，平均规模的扩张速度最快。小农场的比重

基本保持不变，但面积 500 英亩以上的大农场出现的频率提高得非常显著。这意味着大农场的成长是通过吞并中型农场实现的。1910—1980 年间，北方地区平均每个男工收割的土地面积提高了 3.5 倍，并且仍然是内陆地区的变革速度最快，这主要是因为节约劳力的谷物收割机的推广普及。1910 年以来雇佣劳动力在北方农业中的相对重要程度基本没有变化；沿海地区因为那里的蔬菜和水果种植需要更多的工人。对外购投入要素的信赖程度提高了，化肥开支占农场总销售收入的比重增长了约 6 倍。1910 年，化肥在东部以外各州很少应用，而到 1987 年，已经在内陆各州频繁而大量地使用了。

1910 年，北方地区与全国平均水平的差异集中表现为北方与南方农业的不同。北方地区拥有全国几乎一半的农场和农业人口以及 70%左右的谷物收成、农产品总 697
产值。北方农民的机械化程度远远高于南方地区，但在化肥上的花销则少得多。到了 1987 年，北方地区和南方地区之间的差距显著缩小了。

表 12–1　　地区对比[a]

	1910							
	新英格兰	中大西洋	东北中部	西北中部	山区	太平洋沿岸地区	北方各州	美国
农业人口（千人）	764	2 137	5 275	5 440	918	887	15 421	32 077
农场数（千）	189	468	1 123	1 110	183	190	3 263	6 362
平均农场规模（英亩）	104	92	105	210	325	270	161	138
50 英亩以下农场所占比重 (%)	51.7	34.0	27.2	13.0	23.4	40.5	25.3	35.4
500 英亩以上农场所占比重 (%)	1.4	0.5	0.6	6.2	8.1	10.3	3.5	2.8
佃农所占比重 (%)	8.0	22.3	27.0	30.9	10.7	17.2	25.1	37.0
每个男工收割面积(英亩)	18	24	35	66	27	31	42	30
单个农场投入（美元）	269	358	239	332	270	349	298	199
农作物产值（百万美元）	118	379	1 072	1 419	160	266	3 414	5 232
牲畜产值（百万美元）	104	283	721	961	156	130	2 354	3 011
雇佣劳动力支出占产出的比重 (%)[b]	14.1	11.2	6.4	5.6	14.7	18.6	8.3	7.7
化肥投入占产出的比重 (%)[c]	3.8	2.6	0.4	0	0.1	0.6	0.7	1.4

698

	1987							
	新英格兰	中大西洋	东北中部	西北中部	山区	太平洋沿岸地区	北方各州	美国
农业人口（千人）[d]				302	2 637	735	3 674	5 226
农场数（千）	25	98	365	497	124	154	1 264	2 088
平均农场规模（英亩）	169	175	237	531	1 965	436	541	462
50 英亩以下农场所占比重 (%)	34.7	28.5	24.6	16.4	30.7	58.3	26.6	28.5
500 英亩以上农场所占比重 (%)	6.9	6.7	12.7	28.5	35.3	12.1	20.5	17.7
佃农所占比重 (%)	6.4	8.2	11.8	15.6	12.1	11.7	12.9	11.5
每个男工收割面积（英亩）[e]	55	88	203	273	202	73	190	171
单个农场投入（美元）	37 888	44 143	49 685	50 427	49 594	45 876	48 837	41 227
农作物产值（百万美元）	626	1 899	10 246	13 809	4 007	12 516	43 103	58 931
牲畜产值（百万美元）	999	4 117	11 087	22 491	7 186	6 800	52 679	77 117
雇佣劳动力支出占产出的比重 (%)[b]	15.0	10.9	5.8	3.8	8.0	16.9	8.0	8.0
化肥投入占产出的比重 (%)[c]	2.8	3.9	7.6	4.9	3.7	3.7	5.0	4.9

说明：a. 1910—1987 年间，GNP 按不变价格计增长了 13 倍左右。

b. 雇佣农业劳动力支出占产值的比重。

c. 化肥支出占产值的比重。

d. 采用东北部、中西部、西部数据。

e. 1980 年数据。

资料来源：U. S. Bureau of the Census, *1920 Census of Agriculture Vol. V* (Washington, D. C., 1922) 18, 71–72, 94–95，132，506–507；*1987 Census of Agriculture Vol.1 Geographic Area Series, Pt. 51, United*
699 *States* (Washington, D. C., 1989), 144–172，179–185，218–225.

生产率增长

北方农业史的核心，是技术变迁及其导致的农业生产率提高，产出的增长、农产品贸易条件的下降、农业劳动力需求的下降、资本密集程度的提高及农场规模的扩张，都可以用它来解释。生产率的提高降低了美国消费者的食品价格，提高了美国农业的国际竞争力，但从更广泛的政治因素考虑，这也增加了政府补助项目的成本，增加了国内纳税人的负担。

图 12–1 展示了 1870—1990 年间全美国农业产出、总投入以及全要素生产率等指标。农业产出增长和生产率提高的过程看上去非常简单。除大萧条的几年外，农场产出稳定增长，而投入在 1920 年结束增长势头呈水平波动状态。生产率增长在第二次世界大战之前一直比较平缓，1930 年的生产率水平与 1880 年大体相同。1940 年

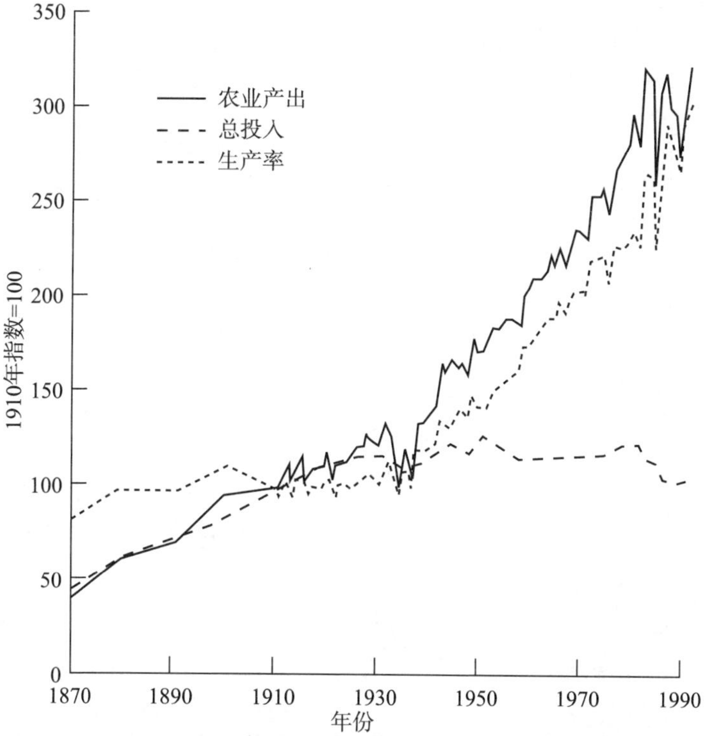

图 12–1　美国农业产出、投入及生产率的增长率

资料来源：U. S. Economic Research Service, *Economic Indicators of the Farm Sector: Production and Efficiency Statistics, 1980*, Stat. Bull. No. 679(Washington, D. C., 1982), 64–77; USDA, *Agricultural Statistics, 1991* (Washington, D. C., 1991), 373.

以后，生产率猛增，使 1980 年的产出实现翻番。农业全要素生产率的增长严重滞后于制造业和各部门平均水平，但自第二次世界大战以来，农业成为旗手，生产率的增长率远远超过其他部门，成为 20 世纪 70 年代和 80 年代全美国生产率下滑中的一个亮点。

尽管美国农业的投入总量自 1920 年以来基本保持稳定，但劳动力、机械、农业化学品和土地的相对贡献率发生了显著变化。图 12–2 是 1910—1990 年美国农业的投入指数。土地总量并没有改变多少，但农业机械和化学品的用量飞速增长。农业劳动力，尤其是非雇佣劳动力，直线下降。机械和化学品的增加及劳动力的减少，

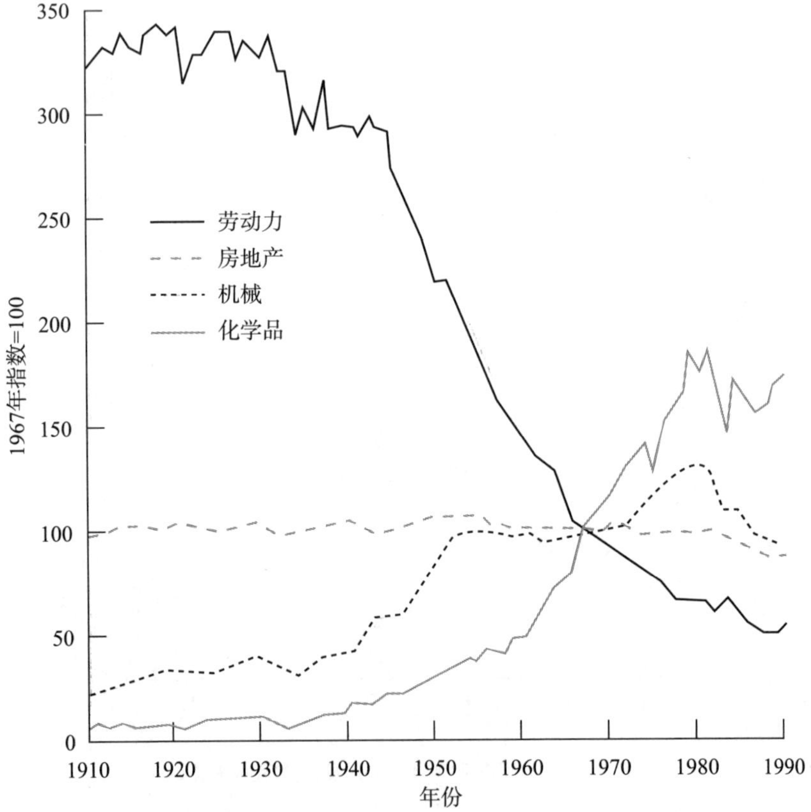

图 12–2　美国农业的投入使用量，1910—1990 年

资料来源：U. S. Economic Research Service, *Economic Indicators of the Farm Sector: Production and Efficiency Statistics, 1980*, Stat. Bull. No.679 (Washington, D. C., 1982), 64–77; USDA, *Agricultural Statistics, 1991* (Washington, D. C., 1991), 373.

并非仅仅因为这一期间内要素价格发生了变化，而是技术变迁的本质要求。大多数 700
研究都发现，自 1910 年以来美国农业的技术变迁呈现出节约劳力、使用机械和化学品的倾向。[2]

表 12–2 是对自 1910 年以来几种北方农产品生产率变化的考察。在这个时间内，生产 100 蒲式耳小麦所需的工时，由 106 小时降到 7 小时，生产 100 蒲式耳玉米所需的工时，从 135 小时降到 3 小时。畜产品的劳动力生产率的变化也很惊人。在第
一次世界大战以前，一个奶牛工人 1 小时的工作所生产出的牛奶，广泛使用资本密 701
集型手段的现代化工人 3 分钟就可以生产出来。对于鸡蛋，劳动生产率也提高了很多。烤肉的变化更大，劳动生产率自 1940 年以来显著上升。对于大多数农产品来讲，劳动投入在 1940 年以前是一点点逐渐下降，此后直至 70 年代早期则迅速下降。之后，下降速度再次变缓。

种植业和养殖业的产量增长也可圈可点。母鸡的平均产蛋量和奶牛的平均产奶量都增长了约两倍。这些变化在 1940 年以前就开始了，但急剧变化是在第二次世界大战之后。烤肉业的生产率也大幅提高，生产一磅鸡肉所需的饲料和天数，在
1940—1980 年间下降了 50%。[3] 在过去 50 年中，干草和小麦的英亩产量翻了一番 702
以上，而玉米和马铃薯的英亩产量则翻了两番还多。这是史无前例的。在美国内战至大萧条期间，北方大宗农产品的产量即使不下降也处于停滞状态。如果说 20 世纪 30 年代以后平均每英亩产出的迅速增长代表着与过去的割裂，那么每个劳动力产出的迅速增长，则代表着一个新的长期趋势的加速演进。

表 12–2　　几种农产品生产率的变化

时期	1910—1914	1920—1924	1930—1934	1940—1944	1950—1954	1960—1964	1970—1974	1980—1984
小麦								
英亩产量(蒲式耳)	14.4	13.8	13.5	17.1	17.3	25.2	31.1	36.2
每 100 蒲式耳产量所需工时	106	90	70	44	27	12	9	7
玉米								
英亩产量(蒲式耳)	26	26.8	23	32.2	39.4	62.2	83.9	101.4
每 100 蒲式耳产量所需工时	135	122	123	79	34	11	6	3

续前表

时期	1910—1914	1920—1924	1930—1934	1940—1944	1950—1954	1960—1964	1970—1974	1980—1984
干草								
英亩产量（吨）	1.15	1.22	1.08	1.35	1.43	1.77	2.12	2.38
每吨产量所需工时	117.39	100.00	113.89	58.52	23.78	6.21	2.83	1.26
马铃薯								
英亩产量（百磅）	59.8	64.6	64.6	82.1	151.2	194.9	234.2	272
每吨产量所需工时	25	23	21	17	8	5	4	3
牛肉								
每百磅牛肉所需工时	4.6	4.5	4.3	4	3.6	2.6	1.7	1
奶牛								
单位产量（磅）	3 842	4 000	4 289	4 653	5 444	7 507	10 075	12 293
每百磅牛奶所需工时	3.8	3.6	3.4	3.1	2.2	1.2	0.6	0.2
鸡蛋								
每年产蛋枚数	86		121	142	181	212	225	244
每百枚蛋所需工时	2		1.9	1.6	1.3	0.6	0.3	0.2
鸡肉（烤肉用）								
每百磅所需工时				7.7	2.4	0.8	0.3	0.1

资料来源：U. S. Bureau of the Census, *Historical Statistics of United States, Colonial Times to 1970* (Washington, D. C., 1975), 500; USDA, *Agricultural Statistics 1975* (Washington, D. C., 1975), 443; *Agricultural Statistics*
703 *1985* (Washington, D. C., 1985), 395.

生产率的提高通常可归结于两个因素：(1) 机械化，它增加了单位工人所能管理的牲畜数或作物种植面积；(2) 生物技术进步，它提高了牲畜或土地的单位产量。常常要严格区分这两个因素，因为它们体现为不同的技术类型——机械改良或者化学品、种子、繁育技术的改进；它们产生于不同的部门——农业装备部门或者农用化学品公司／种子公司；它们是科技工作者不同知识背景的成果——机械师／工程师或者化学家／生物学家。尽管这两种途径是独立前进的，但二者常常相互依存。正如韦恩·拉斯姆森（Wayne Rasmussen）所指出的，机械化马铃薯收割机在 20 世纪 60 年代早期的发展，与成功培育特定属性的马铃薯（个头均匀、表皮坚韧，从而更适合于机械收割）的配合是分不开的。至于小麦、玉米等作物，农民很早就开始选择种植适合机械化收割的品种了。[4]

机械化

农业的机械革命可以追溯至 19 世纪中期，通常以赛勒斯·麦考密克收割机的使用为标志。19 世纪的发明家提供了一个庞大系列的节约劳力装置，包括乘式犁、点种机、打谷机、包扎机、玉米方形穴播机、集草叉、压捆机等非常多的机械。大多数发明都是以马力来代替人力。此外，还更多地使用金属来代替木材，更多地使用 704
可互换零件并依赖简单的机械装置，因此可以得益于第一次工业革命所产生的大量关键革新。到 1900 年，一个景气的北方农场通常依靠不计其数的工业工具和机械来运营，这些工具对于一个世纪以前这块土地上的农场主来讲，都是非常陌生的，他们至多只见过它们的雏形。尽管农场主清醒地意识到他们生活在一个革命性的时代，但很少有人能想到，更大的变革已初露曙光。

最重要的是，内燃机将要改变美国的农村面貌。汽车和卡车帮助农场融入外部更广阔的世界。对于农场自身来讲，最重要的两项应用是汽油拖拉机和联合收割机。拖拉机提高了农场主的可用动力，而联合收割机将收割与脱粒合二为一。它们极大地提高了农民的生产率，彻底减少了对季节性工人的需求，并且改变了社会关系。

最早的汽油拖拉机是个庞然大物，置于巨大的蒸汽机引犁之后。它们在犁地、整垄、皮带传动方面很有用，但不适于除草、牵引农机具等。1910—1940 年间的种种尝试，显著地提高了拖拉机的灵活性，减小了体积，使其适于更广泛的农场作业。与此同时，作为规模化生产的一项积极结果，拖拉机的性能显著提高，价格也降下来了。

在拖拉机的设计上也取得了一些重要突破。布尔（Bull）（1913）是第一款真正的小型轻便拖拉机，亨利·福特的著名的福特逊（Fordson）（1917）是第一款批量生产的产品，而革命性的麦考密克－迪林法尔毛（McCormick-Deering Farmall）（1924）是第一款通用型拖拉机，可以在一排排庄稼中除草。后一款拖拉机还是最早结合了动力输出的款型之一，可以将动力直接传给引犁下面的器械。一系列联合发明，比如空气过滤器的改进、更坚固的设备、充气轮胎以及弗格森 (Ferguson) 三点悬挂系统等，都延长了拖拉机的使用寿命和提高了拖拉机的性能。自第二次世界大战以来的进展主要集中于完善已有的设计，增加拖拉机的体积，提高驾驶员的舒适度。
705 1920—1940 年间新拖拉机的功率大体上没有变化，但 1947—1977 年间，其功率增长了 3 倍，反映了农民对大型机械的偏好。[5] 空调、封闭式驾驶舱等物质享受类设施的添设，使农民远离了牵马拉犁行走田间的劳作方式。

拖拉机在各地区的推广表现出很强的差异性，在西北中部地区普及得最快。20 世纪 20 年代中期通用型拖拉机的发展，加快了东北中部地区的普及速度。所有地区的普及速度，都在大萧条时期放慢，在第二次世界大战期间及其后的较短时期内加快。到 1950 年，在北方地区拖拉机已经基本取代了马匹。从全美国来看，农场马匹存栏数从 1915 年的 2 650 万匹降至 1960 年的 310 万匹。整体来看，这大大增加了美国的农业剩余，因为 25%的庄稼地从种植畜用饲料转变为生产人类消费品。[6]

如同第一辆拖拉机一样，早期的联合收割机也是庞大而笨重的，只适用于蛮荒西部的大型经营农场。一些收割机还带着 40 英尺长的截盘，需要 40 多个牲畜牵着。联合收割机的进化包括减小体积，增加灵活性，完善玉米、大豆、豌豆及其他作物的截割头和脱粒设备等。到 20 世纪 80 年代，联合收割机作业已经成为收割各种谷物和干豆的最主要方式。

这一进程在第一次世界大战以前刚刚开始，当时汽油拖拉机开始取代蒸汽式拖拉机和马力来牵引联合收割机，并且内置的辅助性内燃机也为收割机械和脱粒机提供动力。体积的减小是一个逐渐变化的过程。到了 20 世纪 20 年代末期，带着 8 × 10 英尺截盘、由拖拉机提供动力的机型已经随处可见了。这使得它在落基山脉以东的
706 谷物种植区的使用也变得很合算了。在堪萨斯州，联合收割机到 1918 年时还不常见。到 1926 年时它收割了该州 30%的小麦；到 1938 年时收割了 82%。这时的美国，联合收割机作业面积占小麦种植总面积的一半左右。第二个重要的进展是自驱型联合收割机的普及，它提高了机器使用的初始成本，但其操作一个人就可以承担。在 20 世纪 40 年代出现了一个相反的趋势，人们更偏好于小型机械，而专业化的定制式收割服务开始繁盛。到 1945 年，联合收割机作业的小麦面积占全美国的比重为

75%，至 1950 年上升至近 95%。[7]

联合收割机还应用于其他作物。到 1950 年，联合收割机收割近 2/3 的燕麦地和几乎所有的大豆地。20 世纪 50 年代早期玉米穗采摘附加装置的完善使其得以用于玉米收割。在 20 世纪 60 年代中期，联合收割机代替了玉米摘穗机成为主流设备。[8]联合收割机几乎取消了对季节性工人的需求。尽管各作物的具体情况不尽相同，但大体上，农户举全家之力就可以应付秋收了，也许还要几个雇佣工人或者一个个性化服务的操作员的协助。农村生活不可避免地发生了变化。也许最大的受益者是农场主妇，她们不必再为因收割而迁移的劳动大军做饭了。

以上集中讨论了对多种作物有着广泛影响的两项重要技术的进步。在此过程中，我们忽略了从根本上改变特定作物种植和收割方式的不计其数的发明和创造。机械化收割装置在很大程度上减少了甜菜、马铃薯以及很多水果和坚果的劳动力需求。第一次世界大战后又逐渐引入了飞机播种、施肥、喷洒杀虫剂。改进的果园加热器和风机使柑橘林和葡萄园免受严霜侵袭。

一系列的工艺改进大大促进了一年期产品的生产。奶业的劳动集约度非常高。 707
直到 1940 年，奶业（包括奶畜养殖）每年仍需要 40 亿工时；这是棉花种植业所需劳力的 2.5 倍。最重要的一项机械改进是利用间歇性吮吸原理工作的挤奶机的普及。它于 1905 年首次投放市场，使每头牛大约节省 30 个工时（年工时量的 20% 左右）。在 20 世纪 40 年代以前，由于奶牛农场规模偏小、供电短缺、消毒方式不当以及大萧条等原因，该发明的影响相对较小。在第二次世界大战期间，可能还有 90%的奶牛采用手工挤奶。其后，推广速度开始加快，1950 年有 50%的奶牛采用机械式挤奶，20 世纪 60 年代中期规模化养殖场几乎全部采用机械式挤奶。挤奶机的普及只是奶牛农场更广泛的机械革命的一部分。大规模的冷却与加工技术让牛奶罐头成为历史。而且，同众多牲畜饲养业的进化里程一样，机械化的割草、青贮、饲喂、清粪、运输，在 20 世纪 70 年代已经很普遍了。[9]

化学和生物技术的进步

从大多数方面来看，第一次世界大战以后的技术变革，是一个世纪以来的发明和普及进程的延续。而化学和生物技术的进步则是与过去的明显决裂。这并非否定在试验新作物和牲畜品种方面所进行的卓绝的努力。相反，西进运动首先主要是一场巨大的探索活动，包括了解新定居地区的土地和气候，寻找适合的牲畜、作物品种和生产方式。联邦和各州机构以及农民领袖推进了这一进程，他们全世界搜寻种子、插条和牲畜。这些努力获得了很大成功。但就其最主要部分来讲，这是一个民间的试错过程。

708 所有这一切，随着20世纪初期开始的科学在农业领域的正式应用而改变。关于基因学和化学的新知识，以及政府援助的农业科研系统的成立，导致了农业发展路径的根本性突破。杂交玉米是生物学应用于农业获得革命性成果的最著名的例子。该突破性进展发生于1908年，一位名叫乔治·沙尔（George Shull）的卡内基学院的科学家，将基因学理论用于开发纯种近交系玉米，并通过单交生产出了优良的杂交品种。康涅狄格实验站的爱德华·伊斯特 (Edward East) 和唐纳德·琼斯 (Donald Jones) 仿效沙尔的做法，在1918年生产出了双杂交品种。前几代的玉米育种家都避免自交，因为早期所产品种的植株不太强壮，产量也较低。杂交优势产生在近交系的杂交过程中。正如大多数的科学研究一样，进步通常是在退一步进两步中取得的。一旦玉米品种试验成功，同样的原理和育种方法就可应用于其他作物，但结果各不相同。对于小麦，杂交系中的抗倒伏品种性能杰出，但第一代杂交品种的生产是很困难的，直至现在才展现出商业化前景。

农民以及整个农业部门乐于采用实验室研制出来的产品。在伊斯特和琼斯实验后的10年中，商业种子公司，比如亨利·A. 华莱士先锋种子公司（Henry A. Wallace Pioneer Seed Co.）开始培育杂交种子出售。格里利谢斯（Griliches）的经典普及研究表明，玉米种植者迅速接受了新种子与其所带来的经济收益紧密相关。艾奥瓦州的农民1933—1935年间最早采用了新品种。到1938年，艾奥瓦州的玉米有一半是杂交品种，到1941年已基本全面普及。就全美国来讲，杂交玉米的普及速度略慢，1943年杂交品种占玉米种植的比重为一半，1959年才超过95%。[10]

杂交玉米最初比自由传粉的玉米品种产量高15%～20%。即使在杂交种子全部普及后，玉米产量仍然迅速增长，这主要是更多施用化肥，尤其是氮肥的结果。在
709 1947—1980年间，施用氮肥的玉米地所占比重从44%上升至96%，平均消耗标准增长了10倍。在玉米产量增长的影响因素中，增长的一半以上应归功于氮肥的使

用。在 20 世纪 50 年代和 60 年代，在进入边际收益递减区间、化肥实际价格上涨之前，其效果最为显著。大多数研究都强调改良品种与化肥使用增加之间的高度互补性。[11]

自第二次世界大战以来，商品肥料的使用迅猛增长。美国农民对于作物基本肥料的购买，1910—1940 年间增长了一倍，而在接下来的 30 年间增长了 8 倍。与此同时，化肥使用由低浓度、以磷酸盐为基础的混合化肥向高浓度、以氮肥为基础的单一化肥（比如无水氨肥）转变。1945 年以后商品肥料使用的增长有以下几个原因。第一，传统的施肥法或者根本不施肥使北方地区许多土地肥力下降。第二，也是更重要的，在第二次世界大战以后的时期，化肥的实际价格下降了。积极的反托拉斯政策、战时军需品业上游硝酸盐工厂的扩张，提高了化肥工业的产能和竞争力。第三，技术进步，比如田纳西流域管理局的过磷酸盐的开发和无水氨肥直接施用方法的完善等，促进了化肥的应用。[12]

生物和化学技术的创新也使畜牧业改头换面。选育方法古已有之，但现代基因学、兽病防治技术的出现，配种登记制度的不断改进，以及人工授精的普及，加速了生产率的提高。制度上的创新，比如最早组建于 1906 年的奶牛繁育和畜群改良协会，以及 20 世纪 30 年代开始的全国家禽改良计划，加快了遗传进度。就目前所知， 710
美国奶牛场最早的人工授精出现于 20 世纪 30 年代中期；到了 20 世纪 70 年代中期，全部成年母牛和小母牛中，一半左右是人工繁育的。与这些变化相伴随的变革还有饲养方法的大范围改进，包括精料和激素的使用、疫情的控制以及部分地区对气候和环境因素的大规模改造等。[13]

交通和运输

大多数经济史教科书认为交通运输革命发生在 19 世纪，但对于美国农民来讲并非完全如此。19 世纪的技术发明——运河、铁路和电报，确实将贸易中心和一些小镇与世界市场相联结，但在 1910 年其触角还没有延伸到全美国上百万家农户的庭前室内。20 世纪的技术——汽车和平整的道路、电话、广播、电视，缩短了乡村和城市生活的差距，具有非常深远的意义。

1910 年，大多数北方农场还处于与世隔绝状态，与邻近的农场和附近城市的联系只有依靠土石路。美国农业部1906年的一份调查表明，中北部地区的普通农民骑马或乘马车去往最近的集贸中心，一天只能往返一次。乡村道路的修建以及汽车和载重卡车的普及，方便了农村运输。这里有个很好的例子——1918年的一份研究表明，北方地区的农民驾着载重卡车将农产品运往城镇，平均每天可以往返三趟多。汽车的普及提高了医疗和教育的可得性，妇女们在家中分娩的次数减少了，单间教室的学校也不复存在。汽车的普及还提高了人们对于汽油和非自制物品等外购材料的依赖程度。[14]

根据大多数历史记载，农民最初并不愿意使用汽车，常常担心“魔鬼马车”会
711 惊吓马匹，改变农村的价值观。尽管夹带着很多好笑的逸闻趣事，但大多数记载没有提醒人们，美国农民，至少是北方和西部的农民，是世界上最早并且最快接受汽车的农民。图12–3显示了北方农民填报的拥有汽车、电话、电力和自来水的比例。到1920年，北方农民中有车族已占约一半。

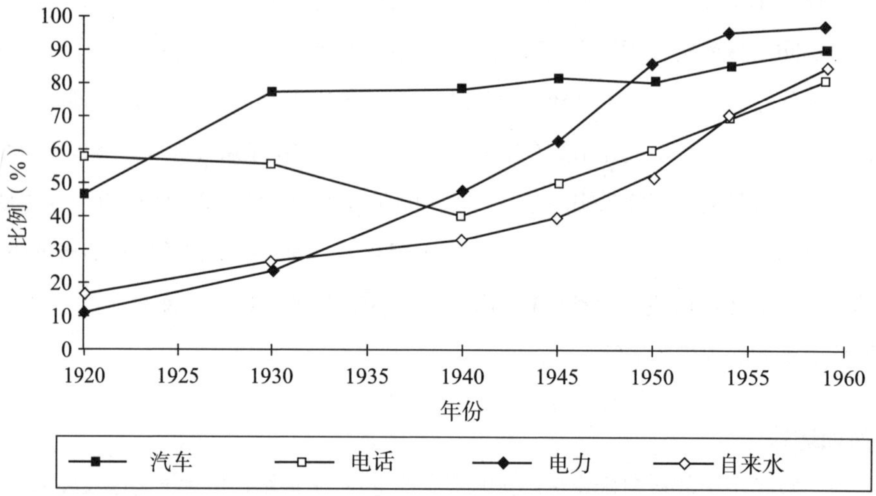

图 12–3　1920—1960 年北方农民填报的拥有特定设施和装置的比例

资料来源：U. S. Bureau of the Census, *Census of Agriculture, 1954, Vol. II*, *General Report* (Washington, D. C., 1956), 46; *Census of Agriculture, 1964, Vol. II*, *General Report* (Washington, D. C., 1966), 683–689, *Census of Housing, 1960, Vol. I, pt.1–9* (Washington, D. C., 1963), table 5: *Agricultural Statistics, 1961*, 591.

要不是农村的路况糟糕，人们对汽车的接受过程本可以更快。1904年，美国农村道路里程大约有200万英里，但铺砌路面只占5%，其余道路雨季几乎无法通行。

农业部领导联邦政府开始致力于建设农村路网。1905 年、1912 年及 1918 年的立法提案组建了公共道路办公室（后来成为公共道路局），开发试验路桥建设技术，对各州修建适应各种气候的农村道路与桥梁工程予以财务支持。在两次世界大战之间，联邦政府向农村道路建设输送了 36 亿美元——在 1944 年《公路法》（Highway Act）问世以前，联邦所有的钱款都用在修路上。使农民“远离泥浆”的“整路运动”取得了进展。到 20 世纪 20 年代早期，农村道路里程大约有 300 万英里。此后，道路 712
长度增幅不大，但道路质量显著升级，只有泥土路向外通行的农场，由 1925 年的 77%下降到 1950 年的 33%。由此，北方农村的大部分地区被纳入了等级道路网的覆盖范围。[15]

20 世纪通信革命中电话和收音机的普及，进一步改变了农村与世隔绝的状况。到 1920 年，北方有一半以上的农场安装了电话。但是 1920—1946 年，由于农业萧条和农村通话质量下降，拥有电话的农场减少了。20 世纪 40 年代，随着农场收入的提高和 1949 年《农村电话法》（Rural Telephone Act）通过后联邦对电话业务资助的扩大，电话的普及速度又回升。到 1960 年，80% 的北方农场拥有电话。收音机和电视机的普及也拉近了农村与城市的距离。1925 年大约 7% 的北方农场有收音机，到 1945 年这一比例为 85%。通过收音机和电视机，农村的家庭每天收听和收看世界新闻、娱乐节目以及大量的农业节目。[16]

广播和电视的普及取决于农村电网的覆盖率。电气化要求公共事业公司为面积广大但人口稀疏的地区建设配送系统。农民对进展的缓慢怨声载道。1935 年，罗斯福政府创设了农村电气化管理局（REA），推动农村配电系统的建设。当时美国只有 11%的农民可以用电。REA 为地方上拥有并运营的电力企业提供长期贷款（以低于市场的利率）。电网扩张很快，尤其是在 1946—1952 年间。到了 1960 年，97%的美国农民实现了电气化，其中一半是由附属于 REA 的公共事业公司来提供的。[17] 713

私人部门可能承担了部分公益产品与服务的供给，但是随着这一历史画卷的逐渐展开，政府发挥了关键作用。有关提供公益品和提供单纯补贴之间的界线很难划分，因此要综合评价这些项目是很难的。一方面，这些投资改善了农场生活，鼓励人们留在农业部门，并导致了近几十年来农产品的过量供给。另一方面，交通和运输条件的改善，帮助农民融入更广阔的社会，防止城乡之间产生难以逾越的障碍。

这无疑促进了人口流动，降低了像阿巴拉契亚地区这样极端贫困现象的发生概率。

公共研究项目

除了提供基础设施以外，政府还通过教育、科研和推广等活动，对农业生产效率的激增发挥直接作用。“农业科研体系”的起源可追溯至1862年美国农业部和政府赠地学院制度的成立。1887年，《哈奇法》（Hatch Act）建立了农业试验站体系，为联邦与各州之间的合作奠定了基础。在1900—1920年间，美国农业部奋力改进科研工作。预算增加了两倍，增设了专门的科研局，通过建立联合研究项目增强各州试验站的联系。美国农业部的科研努力有一些重要特征——从事应用研究而不是基础研究，以农民的实际问题而不是科学理论为导向，对外部利益群体敏感。为了方便农民和科研人员的沟通，1914年的《史密斯－利弗法》（Smith-Lever Act，即《合作推广法》。——译者注）为农业科研体系续上了最后一笔——农业推广服务。[18]

科研—推广体系对于新技术的开发和传播产生了巨大的影响。从格里利谢斯研究杂交玉米开始，有关特定作物及整个推广体系的农业科研回报率的评估，已经
714 进行过许多次了。尽管具体结果不同，但总体而言回报率是绝对高的。比如，埃文森（Evenson）、瓦戈纳（Waggoner）和拉坦(Ruttan)做过估测，1927—1950年研究基金每年的回报率为100%左右。高回报率通常被认为是系统资金不足的信号。但人们对于科研—推广体系并非全是褒奖，有人认为该体系不适当地扶植了大规模农场。[19]

与公共科研系统整合并增强其效果的，是生命力旺盛的私人部门——农资供应公司。最近的研究表明，20世纪50年代以前，农业科研中的私人投资落后于公共部门。到1990年，私人部门的年度投资额几乎达到公共投资的2倍。[20] 私人企业既发明自己的技术，也将公共系统的创新付诸商业实践。机械发明在很大程度上源自私人部门，以国际收割机公司（International Harvester）、农机公司（Farm Machinery Corporation）、奥利佛公司（Oliver）、毛虫（Caterpillar，一种用于履带式拖拉机的商标。——译者注）和约翰·迪尔公司（John Deere）为代表。在生物学领域，政府部门的科学家发挥了核心作用。但在重要的生物技术取得突破后，私人企业，比如先锋公司和迪卡尔布公司（DeKalb）从事实际的产销工作。问题的关键在于，整个科

研—产业—农民系统是由复杂的交流沟通机制整合在一起的，它允许试错并得到当地的反馈意见，这对于新技术的发明者和使用者都具有指导作用。这样就加快了技术变迁的速度并使之制度化。

创新和扩散

有关科技创新和扩散的过程，已经有很多人研究过。有两种观点认为创新并不仅仅是单纯的随机事件。大多数技术专家持第一种观点。这种观点强调创新在科学和技术上的困难程度，认为创新的出现离不开基础科学和应用科学的进步这个大背景。有些问题的确比一般问题更难解决。比如，代替手力的机械，像棉花采摘机和挤奶机，比代替臂力的机械（如收割机）开发难度更大。植物育种起初比繁育动物 715
更加艰难，因为人们早已知悉两性在后者中的作用。基于基因学和化学的技术创新比基于力学的创新难度更大，等等。[21]

农业经济学家普遍持第二种观点，即诱导性创新假说，认为是经济因素主导着新技术开发的进程。需求和要素的相对稀缺性是首要因素。对利润的需求诱导发明者将精力放在较大的市场（小麦相对于秋葵荚）和节约相对稀缺、昂贵的要素投入的技术上。在美国，劳动力是稀缺要素。劳动力相对于土地价格的上涨会激励劳动节约型的创新。诱导性创新模型的支持者认为，前述美国农业技术变迁的过程强有力地支持了该假说。但是对美国历史的近距离解读提出了一些重大问题，比如，劳动节约型机械设备的发明浪潮始于19世纪中叶，当时劳动力相对于土地的价格正在下降，而增加产量的生物技术创新始于20世纪30年代土地价格对化肥和劳动力价格的比率下降的时期。这与诱导性创新假说的观点恰好相反。[22]

关于扩散过程，也有两种主要观点。第一种为农村社会学家所拥戴，它强调信息的传播和农民对改良技术的接受问题。根据这种观点，农民对于新知识的认知和接受程度差异非常大，绝大多数人都持观望态度。他们只有目睹它在相近的环境下确实发挥作用时才能接受它。这种方法强调对最早接受者的特征识别并研究他们在邻居中的示范作用。国家展销会、农业协会、农民刊物、推广服务以及农业学院都向农民传输知识，加快了扩散进程。

第二种观点为经济学家所推崇，它强调新方法的相对成本和效益。它认为，根 716

据农场规模和特定的运营状况，农民接受或拒绝一项新技术都是理性的（不接受也许更划得来，并不必然意味着保守或无知）。随着新技术相对成本的降低，采用新技术对更多的人来讲是有利的，扩散就发生了。显然，在一定程度上两种观点都很有价值。[23]

农业问题

尽管农业部门经历了显著的技术进步，然而几乎每天都在“农业处于危机”中度过，家庭农场一直有生存危机。农业健康发展的经典问题是，收入低且不稳定、价格波动频繁且渐趋下降、财务危机徘徊不去、农业生产的积聚、商业化程度提高和债务负担增加带来的依附性增强，以及更为普遍的乡村生活的改变。在读者填写给威廉·尼尔森农场基金的福利支票时，不妨问一下“农业问题”的经济学表现及其随时间的变化情况。为了回答这些问题，我们将考察一下农产品的价格和收入、农场数目的下降以及农业结构的变迁。对于农业问题的成因的评价，比如技术变迁对于农业收入和就业的影响等，在很大程度上取决于农产品的需求弹性。因此，本部分将通过对这一重要而棘手的问题的分析给出结论。在下一部分，我们将考察始于20世纪20年代的政府对农业危机的应对措施。

价格和收入

农业价格和收入极为多变，并且自第一次世界大战以来总体呈相对下降趋势。
717 图12–4展示了平价比率的变动情况，以衡量农民出售价格相对于购买价格的变动情况。总体来讲，这一比率在1910—1990年间下降了一半。1918年以前该比率呈有利的升势，在1920—1922年及1929—1932年间急剧下降。农业的贸易交换比率在1933年后有所恢复，在第二次世界大战期间显著上升。在1945年以后贸易交换比率稳定下降，只在1973—1974年与“粮食危机”有关的农业繁荣时期呈现波动。这一短暂的繁荣，和第一次世界大战期间一样，导致了债务的大幅扩张；当价格下降时，高负债率使农业信贷机构吃紧，加剧了农民的灾难。

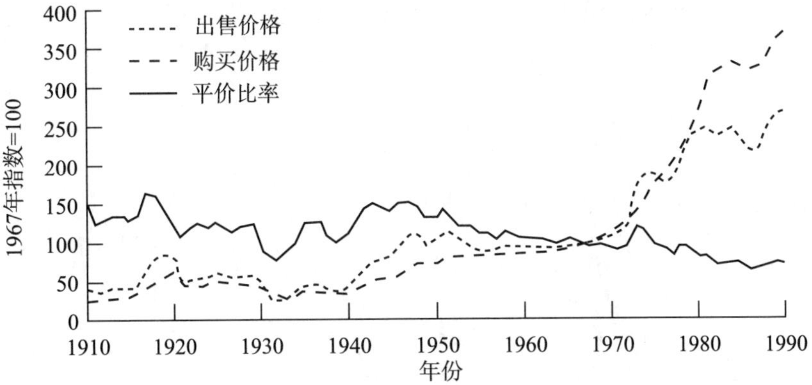

图 12–4　1910—1990 年的农民收入和消费者价格指数

资料来源：U. S. Bureau of the Census, *Historical Statistics of the United States, Colonial Times to 1970* (Washington, D. C., 1976), 488–489; *Economic Report of the President, 1991* (Washington, D. C., 1991), 398.

自 1910 年以来，农业整体实际收入的增长率只有 GNP 的 1/5。扣除生产费用后农业净收入降到 1910 年的 3/4。尽管农场产出长时期显著增长，但农业总收入只呈现出缓慢增长（有人认为这是农业收入增长缓慢的原因）。结果，农业部门在国民收入中的份额从 1900 年的 20.5%降至 1939 年的 9.7%和 1982 年的 1.8%。在 20 世纪 20 年代至 50 年代，总收入的缓慢增长与农业人均收入较低有关。图 12–5 显示了 1910—1983 年全国农业人口相对于非农业人口的人均收入水平。在 30 年代，农业人口对非农业人口的人均收入水平比率在 40%处徘徊。1940 年以后，收入差距有所缩小；到 70 年代时二者基本相等。[24] 718

农业人口

农业收入与非农收入之间差距的缩小，在很大程度上是因为农业人口的转移和 719 农场数目的减少。表 12–3 显示了 1890—1987 年间北方地区农场数目和农业人口的减少过程。自 20 世纪 40 年代以来其下降速度很快，此前速度缓慢。在 1940—1987 年间，北方农业人口减少了超过 1 000 万人，占该地区总人口的比重由 15.6%下降为 2.2%。由于数百万名农村居民离开土地，剩余农业人口的人均资源占有量增加，农业家庭的相对收入增长。全国的农业收入也增长了，因为南方数以百万计的贫困且受教育程度不高的小佃农，包括黑人和白人，也离开了农业。由于上述及其他原因，到了 20 世纪 70 年代和 80 年代，农业家庭收入普遍达到甚至超过了非农业家庭。

图 12–5　1910—1983 年美国农业人口与非农业人口人均收入之比

资料来源：*Agricultural Statistics, 1967, 573; 1984, 418*; U. S. Bureau of Agricultural Economics, *Farm Income Situation* (July-Aug., 1949), 10; USDA, *Major Statistical Series of the U. S. Department of Agriculture: How They Are Constructed and Used, Vol. 3, Gross and Net Farm Income*, Agricultural Handbook No.118 (Washington, D. C., 1957), 2–5, 78–79.

表 12–3　北方农业人口和农场数目　单位：千

年份	农业人口	农场数目
1890	14 048	2 729
1900	15 649	3 120
1910	15 420	3 268
1920	14 911	3 247
1930	14 165	3 071
1940	14 147	3 095

续前表

年份	农业人口	农场数目
1950	11 152	2 746
1960	8 475	2 065
1970	5 958	1 569
1980	4 612	1 438
1987	3 556	1 264

资料来源：U. S. Bureau of the Census, *Rural and Rural Farm Population 1987*, CPR P–26, No.61 (Washington, D. C., 1988), 9; *Historical Statistics* 458–459; USDA *Agricultural Statistics 1981* (Washington, D. C., 1981), 416 and *Agricultural Statistics 1988* (Washington, D. C., 1988), 372.

为什么第二次世界大战之前农业人口的向外迁移如此缓慢？有几个原因。首先，农业作为一种职业，一旦从业，很难转行。第二次世界大战后北方农场主人数的下降几乎完全是由于新进入农场者（尤其是年轻人）的减少，而不是退出率的提高。其次，改变职业意味着改变住所，至少在农村交通和通信条件改善以前是如此。这也 720
减少了农业人口的迁移。最后，在两次世界大战之间，农业外的就业机会的增长比较小。例如，制造业工作岗位在 20 世纪 20 年代处于停滞，在 20 世纪 30 年代急剧下降。因此，农场即使经营状况下降，整体局势也不适合离开。在第二次世界大战期间及以后，非农就业机会扩张，使人们迅速脱离农场。

北方大部分从农业中转移出去的人找到了收入更高的工作，也就是说生产率更高的工作不属于农业部门。很多观察家确实发现，二战以来农业对经济的贡献不在于农业产出的增长，而在于离开农场的工人创造的额外的非农业收入。[25] 尽管从农业中转移出去的人很多，但是并没有使农村人口减少。其原因在于非农场的农村人口增加了 3 倍，因此北方农村人口还是增长了。现在很多农村地区的农场人口已经很少了。尽管 1900 年农场人口还占北方农村人口的 60% 多，但 1980 年只占 13%。[26] 农村生活不再是农场生活的同义词。

农场结构

与农业人口的下降相伴的是农场数目的减少和农场结构的重大调整，包括近乎夸张的农场规模膨胀和商品化程度提高。在 1940—1987 年间，北方农场的数目减少了约 200 万个。由于农业用地基本不变，因此农民的人均耕地从 210 英亩增长到 541

英亩。表 12–4 显示了 1950—1982 年间北方农场数目和不同产品市场占有率（1982 年不变价格）的变化。年产值 100 000 美元及以上的农场比重增长了约 5 倍，在农产品年销售总额中所占的比重增长了近 2 倍。1982 年，北方这样的农场有 222 000 家，占总销售额的 72.4%；加上 259 000 家产值 40 000～99 999 美元的农场的销售额，
721 共占当年农业总销售额的 90%。中等规模的农场在总数中所占的比重也上升了，但其市场份额下降了 1/3 以上。美国农业呈现两极分化，一端是生产向大型商业化农场集中，另一端是大量农村居民和业余农场仍然存在。

表 12–4　　1950 年和 1982 年北方农场规模分布（1982 年美元）

平均销售收入（美元）	农场数目（千）		数目比重 (%)		当年全部销售收入（百万美元）		占所有农场总销售收入的比重 (%)	
	1950	1982	1950	1982	1950	1982	1950	1982
≥ 100 000	75	222	2.7	16.5	17 778	68 404	26.8	72.4
40 000～100 000	302	259	11.1	19.3	18 212	16 246	27.5	17.2
20 000～40 000	569	173	20.9	12.9	16 807	5 049	25.4	5.3
10 000～20 000	558	157	20.5	11.7	8 644	2 271	13.0	2.4
< 10 000	1 220	533	44.6	39.7	4 816	2 552	6.8	2.7
全部	2 728	1 344	100.0	100.0	66 257	94 522	100.0	100.0

资料来源：U. S. Bureau of the Census, *Census of Agriculture: 1954, Vol. Ⅱ*, *General Report* (Washington, D. C., 1956), 1162–1216; *1982 Census of Agriculture, Vol.1, Geographic Area Series, Part 51, United States*
722 (Washington, D. C., 1984), 148–154.

数十年来，大多数小型农场在经济上都不合理；整体来讲，20 世纪 80 年代它们在农业领域实际上是赔钱的。美国农业部和人口普查局坚持将其归为农场（即使是最小规模的）主要是出于政治因素的考虑。[27] 1950 年农场分类中最高分类标准是“25 000 美元及以上”，近似于用 1982 年美元价格计算的 100 000 美元及以上。但根据现代化标准，只有年销售额达到 100 000 美元才是比较合适的规模。表 12–5 提供了全美国 1988 年（当年价格）农场结构的总体情况及更详细的财务构成情况。美国共有 2 197 000 家在册农场。其中，14.7%（323 000 家）现金收入达到或超过 100 000 美元，占所有农场现金收入的 76.6%；106 000 家销售额超过 250 000 美元（全部农场数的 4.9%），占所有现金收入的 54.6%。最顶端是 30 000 家“巨无霸”农

场（占全部农场数的 1.4%），现金收入达到或超过 500 000 美元，占所有现金收入的 36.6%。农业净收入分布的倾斜度更高，这些“巨无霸”占了 43.3%。在底端，是现金收入低于 20 000 美元的农场，整体呈亏损状态。

表 12–5 还提供了不同规模农场的收入来源。1988 年，美国“巨无霸”农场主平均获得政府直接补贴 40 238 美元，平均非农业收入 27 891 美元，农场经营净收入 762 830 美元，合计平均总收入为 830 959 美元。在规模类型的另一个极端，小农场主（销售额 40 000 美元以下）由于有非农业收入，整体情况也不太糟糕。该群体平均农业收入为 1 988 美元，政府直接补贴为 1 697 美元，非农业收入为 26 434 美元，合计 30 119 美元。这与 1988 年所有美国家庭收入的中位数 33 742 美元相比，算 723
是很可观了。[28] 更详细地考察销售额在 40 000 美元以下的农场主的收入发现，由于非农业收入的差异，销售额在 5 000 美元以下的农场主的收入，与销售额在 20 000～40 000 美元之间的农场主的收入非常接近。

表 12–5　　1988 年的农场结构：每个农场的年现金收入

	≥ 500 000 美元	250 000～499 999 美元	100 000～249 999 美元	40 000～99 999 美元	20 000～39 999 美元	10 000～19 999 美元	5 000～9 999 美元	＜ 5000 美元	全部
农场数目（千）	30	76	216	320	251	274	279	751	2 197
数目比重（%）	1.4	3.5	9.8	14.6	11.4	12.5	12.7	34.2	100.0
现金收入所占比重（%）	36.6	18.0	22.0	13.6	4.7	2.6	1.4	1.0	100.0
全部农业净收入所占比重（%）	43.3	19.9	21.6	11.2	3.3	1.4	0.6	–1.4	100.0
政府直接补贴所占比重（%）	8.4	16.9	31.5	24.9	9.9	4.4	1.9	1.9	100.0
平均政府直接补贴额度（美元）	40 238	31 978	21 118	11 283	5 730	2 331	1 010	374	1 697

续前表

	≥500 000 美元	250 000～499 999 美元	100 000～249 999 美元	40 000～99 999 美元	20 000～39 999 美元	10 000～19 999 美元	5 000～9 999 美元	＜5000 美元	全部
平均非农业收入（美元）	27 891	16 254	17 657	14 679	19 420	20 743	25 283	31 280	26 434
平均全部现金收入*（美元）	830 959	201 338	102 946	51 214	35 378	27 484	27 818	30 178	30 119

*包括农业纯收入、政府直接补贴和非农业收入。

资料来源：U. S. Economic Research Service, *Economic Indicators of the Farm Sector: National Financial*
724 *Summary*, 1988 (Washington, D. C., 1989), 39–52.

正如非农业收入的数据所显示的，北方农业结构调整的一个重要特征是，兼业农民的重要性相对提高了。每年有 200 天甚至更长时间从事农业外工作的农场主所占的比重，由 1929 年的 7%上升至 1982 年的 30%以上，而不从事农业外任何工作的人所占的比重，由 70%以上下降为 50%左右。中等（50～199 天）非农时间的农场主所占的比重一直很低，只占 10%左右，这表明专业化的压力一直很大。尽管兼业农民的比重升幅很大，但其绝对人数显示，该趋势主要是全职农场主数目的减少所致。北方兼业农民的绝对人数自第二次世界大战以来基本稳定，而全职农民的人数减少了 2/3。

农民人数的整体下降以及经营规模的扩大，部分地反映了劳动分工协作的增加。许多过去由农民来做的事，现在转由企业承担，对农场主和农产品加工企业提供产
725 品和服务。比如投入领域，在第一次世界大战前后，北方农民的食物和燃料的自给率通常在 60%左右。正如表 12–6 所显示的，1910 年大多数美国农场主自己生产牛奶、鸡蛋、鸡和玉米。最近几年，大多数农民发现，从别的农场购买这些产品更经济、更方便。尽管许多社会评论家埋怨农民不再自给自足，但不再养鸡或者不再打点补丁大小的玉米地的决定，几乎全部是一种自由的、非冲动的决定。更普遍地，投入要素中外购与非外购之比，1910 年以来增长了 6 倍以上。类似的劳动分工协作增加，还体现在产出方面，比如包装、快食店、卡车运输、冷藏库等环节，在消费者食品支出中所占比重越来越大；自 1913 年以来，农场环节的份额从 50%下降至 23%。

在 20 世纪头几十年，作为保持在投入要素和市场活动中的控制力的手段，许多农民求助于合作社。合作社的组建在 1920 年达到高峰，当年成立了大约 2 000 个购销合作社。当时，合作社控制着所有农业生产的 10%～15%。1985 年，农民合作社在农业经济中仍然发挥着重要作用，占农场总购销额的 25%以上。[29]

表 12–6　　1910 年和 1982 年拥有牲畜和庄稼的农场所占的比重（%）

	1910	1982
鸡	87.8	9.6
奶牛	80.8	14.7
马	73.8	18.6
猪	68.4	14.7
玉米	75.7	31.9
果园	48.4	5.5

资料来源：U. S. Bureau of the Census, *1920 Census of Agriculture* 542, 565, 596, 607, 738, 821, 862, and *1982 Census of Agriculture*, *Vol. 1*, *Part 51* (Washington, D. C.: 1984), viii, 11.

对农产品的需求

为什么农业部门相对缩小了？为什么农业的产品价格和收入这样不稳定？前面讨论的技术变迁，是缓解了还是恶化了？这些问题的答案的核心在于农产品需求的本质。

教科书中对于农产品需求的说法，分为根本上尖锐对立的两派。较传统、“悲观”的观点认为，农产品的需求价格弹性为零，增长缓慢。这些特征是从恩格尔定律演变来的。如果需求是没有价格弹性的，农业产出增长导致的供给变动，就会导致价格非同比下降。这将降低农业收入，除非成本下降能将其抵消掉，否则农业福利将 726
下降。因此，技术进步将损害农业部门，尽管最早接受它的农民可能受益。还有其他一些重要的启示。首先，供给受天气等的影响的随机变动，会使食品价格和农业收入极易波动。其次，对农产品的需求不会随人均收入的增长而增长，这导致农业部门的规模与其他部门相比萎缩。最后，对于政府大宗商品政策，这将创造一个相对有利的环境。政府的限产将对农产品价格和农民收入产生巨大的影响，而不会使消费者行为严重扭曲。

第二种有关需求的观点(比较"乐观"的)衍生出截然不同的结论。该派人士认为，北方的大宗产品在广阔的世界市场上只占很小的份额，因此，国际市场决定价格，对美国产品的需求弹性很高。也因此，供给增加会带动美国农业出口增加，农民收入增加。技术进步会提高美国农业的国际竞争力，使部门规模扩大（与不发生技术进步的假想情况相比）。[30] 进一步地，这对政府的农业援助项目来讲，环境极为不利。农产品政策将使美国农产品价格偏离全球市场价，从而导致美国纳税人既补贴国内的种植者，也补贴国外生产者。

美国国内对于食品的需求几乎是很明确地没有价格弹性和收入弹性。从两次世界大战期间开始的早期的统计研究得出结论，价格弹性大约是 –0.2，收入弹性约为 0.3，这一数字很快就成为经典定理。当然，各农场之间的产品弹性差异非常大。在过去的 80 年中，食品生产的人均收入提高了，食品安全、广告等相关领域都发生了很大变化，但人均食物消费或者卡路里摄入量没什么增长。美国国内总需求的增长几乎全部是由于人口增长，而人口增长速度从 1910 年左右的大约 2%降为今天的 1%。

727 但是，美国国内需求只是讨论的一部分。图 12–6 显示了 1910—1990 年玉米和小麦总产量中出口所占的比重。它还展示了农业出口占农业现金收入的比重（分子、分母两项都不包括南方的主要产品——棉花、棉籽、烟草）。出口的重要性自 1921 年以来呈上升趋势，然后国外市场便萎缩了。至 20 世纪 30 年代中期，美国成为玉米和小麦的净进口国。在下一部分，我们将考察美国一般贸易中这一戏剧性的变化。出口市场在第二次世界大战之后恢复，在 20 世纪 70 年代和 80 年代飞速增长，出口额占现金收入的比重达到 1/4 左右。

国外市场重要程度的变化，对于我们理解农产品需求提出了根本性的问题。衡量美国的出口需求弹性是公认的难题。近 50 年认真的实证研究，仍没有得出任何一个建立在既有的理论与实证研究框架上并基于可靠信息的一致性意见。当前对于美国小麦出口需求的短期（1～2 年）价格弹性的衡量，由弹性极低的 –0.1
728 至弹性非常高的 –3.1。弹性中位数是 –0.5。所采用的衡量方法对于预测结果至关重要。[31]

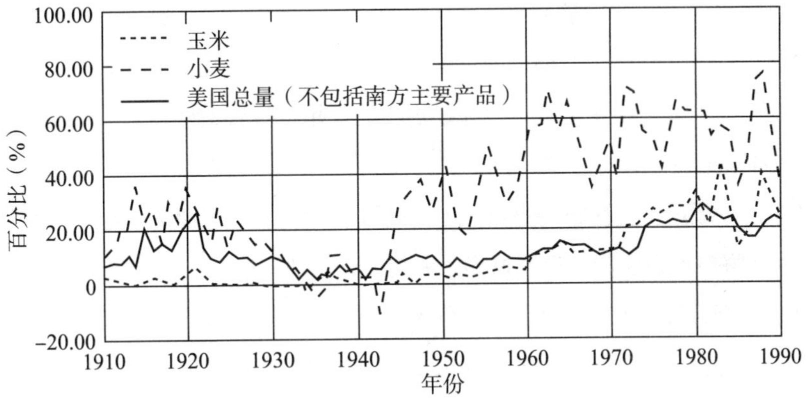

图 12–6　1910—1990 年北方农产品净出口比重

资料来源：*Historical Statistics*, 482, 897–898; *Agricultural Statistics*, *1967*, 1–2, 34–35; *1977*, 4, 29, 575–576; *1980*, 566–567, *1984*, 513–519, *1989*, 511; *1991*, 389, 482–492.

有三点共识。第一，长期来看（3～5 年），出口需求的弹性越来越大。美国小麦的长期价格弹性的绝对值通常大于全部产品。第二，出口弹性受国际贸易政策的影响非常大。外国政府增加贸易保护和市场壁垒的干涉，使弹性降低。第三，因为国际竞争和制度环境的变化，不同时期弹性的大小不同。随着时间的流逝，农业经济学家们的观点从弹性“悲观”微妙地过渡到“乐观”。这也许是对需求弹性从 20 世纪 30 年代国际市场崩盘的阴影中渐渐恢复元气的反应。这种观点变化也许还反映了人们对于“悲观者”帮助制定的政府大宗商品政策的日益强烈的反感。[32]

农业政策

政府对农业的干预，既是规模壮观的胜利，也是代价昂贵的失败。一项理性的农业政策基于六条公认的经济学基本原理，美国的政策糟糕到通常只能合乎其中的三条原理。第一条原理是，在战争和贸易崩溃时保障粮食安全。对于美国这样有着丰富的农业资源的国家来讲，这一条关系不大。第二条原理是，帮助克服基础研究、应用研究以及农业推广中的搭便车问题，并消除资金约束。[33] 这里我们看到的是，政府在迅速提高生产率方面获得了巨大的成功。但是这些科研政策加剧了扶持政策

和稳定政策想要缓解的产量过剩和结构问题。第三条原理是，提供基础设施，减少
729 交通和通信障碍，提高生产要素的分配效率。正如前面所提到的，政府的一系列措施在将农民融入全国经济运行中发挥了杰出的作用（尽管这些措施的收益能否抵上支出还不得而知）。

第四条原理是，克服市场失灵，尤其是过度消耗农业资源的外部性问题和资金约束问题。联邦的水土保持政策取得了一些成效（是有成本的），但在绝大多数情况下，这些政策仅仅是限产的借口。第五条原理是，当不存在合适的保险市场时，需要干涉，因为农产品的价格和产出的灵活易变使农民面临风险，为收入稳定政策和保险政策提供了运作空间。第六条原理是，经济环境的迅速变化，尤其是农产品价格的下降，可能使许多农业家庭陷入贫困，这需要配套的收入政策和就业政策。

美国在解决最后两个重要问题方面的农业政策，设计得很差。根据第五条原理，政策的目标是稳定收入，但由于价格和产量之间负相关，价格稳定政策并不是一个合适的工具。除了试图稳定价格以外，现有政策对农业收入的提高，是以纳税人和消费者承担高昂成本以及效率的严重受损为代价的。这些政策总体上并没有显著提高农村穷人的收入，因而不满足第六条原理。价格扶持和现金补贴是按产量计算的，因此很少能落到穷人的钱袋子里。[34]

20 世纪 20 年代和 30 年代危机时采取的措施

我们是如何走到今天的局面的？农民一直在抱怨，但直到 20 世纪 20 年代和 30 年代，联邦政府才开始采取措施。在第一次世界大战中，美国政府对经济的控制是一次示范，并使干预政策合法化。同时，农民的组织程度更高了，因为早期人民党的抗争让位于商业味更浓的对“有序市场”、行业协会和保护性关税的呼吁。三个主要力量——合作社运动、农业局和国会中的农民集团——主导了 20 世纪 20 年代的农业政策制定。1920—1921 年的农业危机激发了全国性的进行基础农产品（比
730 如小麦、牲畜等）的合作的运动。该计划号召每种农产品的生产者签署捆绑协议，将所有的产出连续数年（通常是 5 年）卖给合作社，该签名具有法律效力。如果达成协议的农民比重很高，那么合作社就成为垄断者，限制供给，提高价格，增加农业收入。市场不能容纳的部分，或者销毁，或者倾销到海外。合作社还可以通过广

告、开拓新市场等帮助提高需求。

合作社的整个框架要求阻止外来进口，避免联邦反托拉斯调查并克服搭便车问题（尽管限产对农民整体有利，但对于个体的农民来讲并非如此）。前两个问题通过一系列关税措施和 1922 年《卡珀－沃尔斯特德法》（Capper-Volstead Act）对于反托拉斯诉讼的部分豁免解决。联邦政府通过 1922 年的立法和 1926 年的《合作社营销法》、1929 年的《农产品营销法》中对税收的高度优惠，积极鼓励该运动。但搭便车问题是块难啃的骨头。垄断商品贸易的勃勃野心，比如美国谷物种植者协会，从未吸引到足够多的农民以影响价格水平。到 1924 年，萨皮罗（Sapiro）志愿合作社运动的失败已成定局，但是“有序市场”的普遍理念，现在已经深深植入许多农民领袖和农业集团成员的心中。

1921 年，新组建的议会“农业集团”坚持通过了一系列议案，以规制经纪人行为，补贴农民贷款。但主要的发起力量是参议院议员查尔斯·麦克纳里（Charles McNary）和众议院议员吉尔伯特·豪根 (Gilbert Haugen) 首倡的“农业平等计划”。麦克纳里－豪根议案的各种版本，1924—1928 年间，每年都提交到国会。其理念就是通过关税将国内市场和国际市场分开。国内实行“平等价”，以 1905—1914 年农产品与非农产品的价格最佳关系为基准。以小麦为例，以立法的形式将其价格定为 1923 年每蒲式耳 1.53 美元的水平，而不是现行的每蒲式耳 0.92 美元。新创立的联邦农业出口公司将向国际市场销售平等价下国内市场难以容纳的部分，并向农民收取少许的“平等费”以弥补出口损失。

该计划最有创意之处在于，它不需要纳税人负担什么；最明显的弊端是它并不限制产量以约束过剩产量、减小因倾销引发贸易战的风险。最初的议案受到美国农业部部长亨利·C. 华莱士的强烈支持，但它分裂了农业游说队伍，遭到农业局和许 731
多合作社领袖的反对。1924 年和 1926 年议案在白宫表决中失败，1925 年没有提请表决。农业的持续萧条、议案覆盖面的扩大和游说强度的加大，提高了支持程度。1927 年和 1928 年，议案通过了议会讨论，但遭到了卡尔文·柯立芝总统的否决，他认为这有悖于美国的精神。1928 年，参议院以 4 票之差没能推翻总统的否决。[35]

麦克纳里－豪根主义为政府在 20 世纪 30 年代的干预打下了基础。农产品市场价格“不公平”、政府应该纠正的提法，获得了越来越多的认同。即便反对者，比如赫伯特·胡佛，也开始寻求农业问题的非市场化解决办法，使农民获得更多的粮食收入。该观点的具体化成果——1929 年《农产品营销法》，创建了联邦农业理事会，利用 5 亿美元的基金购买和储存农产品以提高价格。几乎与此同时，农业理事会陷入困境，因为农产品的名义价格 1929—1932 年间下降了 50 多美分。理事会积累巨额库存抬高价格，抑制出口并使生产更加过剩。随着基金耗尽，理事会释放库存，使农产品市场发生震荡。1933 年，联邦农业理事会解散。[36]

1933 年 3 月罗斯福入主白宫时，农业形势非常严峻——农业收入暴跌，抵押品赎回权的丧失非常普遍，农村银行和农场供应商陷入低潮。连思想几乎最保守的人都认为需要采取激烈手段。第一步是采取一系列紧急信贷措施阻止取消抵押品赎回权的风潮。但最猛的药方是限制产量。《农业调整法》（AAA）签署于 5 月 12 日，是罗斯福农业救济政策的法律基础，其最终的目标是将大多数农产品的购买力提高到 1909—1914 年平价比率的水平。七项“基本”商品（小麦、棉花、大米、饲料玉米、
732 猪、马铃薯和奶制品）是最先满足限产政策条件的（1935 年又增加了八项商品）。

联邦政府通过向农民提供“无追索权贷款”来保证价格，该贷款由商品信贷公司（Commodity Credit Corporation，于 1933 年成立）以库存商品担保。如果价格降到扶持线以下，农民可以放弃商品，拒绝归还贷款；如果价格超过上限，农民可以索回商品并偿还贷款。此外，农民还可以与政府签订合同，弃耕土地，对减少的这部分产量索取“保险费”。全国 25%以上的玉米种植者，60%以上的生猪饲养者，以及 40%以上的小麦种植者签署了弃耕合同。在最大的两个小麦种植州——堪萨斯州和北达科他州，90%以上的种植者参加了这个项目。为了筹集这些项目的开支，《农业调整法》对在国内销售的农产品开征加工税。由于许多产品已经开始生产，《农业调整法》付费请农民停止耕作、屠宰小猪和怀孕的母猪。在大范围失业和灾民救济的背景下，屠宰 600 万头仔猪引发了公众的公开抗议，因此结束了屠宰活动。

1932—1935 年，农业名义收入显著提高，但是《农业调整法》的作用并不明显。大平原严重的干旱和国际市场的变动也显著影响了农业收入。《农业调整法》是一个官僚主义的噩梦——必须搜集大量的信息，起草数以千计的合同，听取数不清的上诉，等等。农民有足够的动力夸大他们的基础产量，毫无疑问许多人确实这样做了。这些项目的细节是在地方层管理的，不断有人指控存在严重的不平等——知名农场

主深受偏爱。[37] 数不清的别的问题接踵而至。玉米等基础商品的弃耕地常常被任意使用，比如牧牛，这损害了既有生产者的利益。农民倾向于用最差的土地参加政府项目，加强保留土地的生产。价格扶持政策还影响了美国的农产品出口，鼓励了国内外市场的限制性贸易政策。

美国政府在补贴农业方面并非孤军奋战，实际上，国外的积极政策构成美国政策具体操作中的重要因素。比如，当美国制定 20 世纪 20 年代和 30 年代的谷物政策 733
时，几乎所有的小麦出口商和进口商都在准备大举进入。在加拿大，农民在 20 世纪 20 年代试图组建小麦贸易卡特尔联盟失败之后，自治政府推出了价格稳定和囤储政策，垄断了所有的出口，向国外倾销过剩农产品。阿根廷和澳大利亚也选择了补贴措施和倾销。农业补贴以及领导的失误，导致这些国家在大萧条时期出口份额的扩张。实际上，很难找到比澳大利亚 1930 年的“小麦增植运动”更扭曲的政策，它刺激农民的产量达到了破纪录的水平并出口到早已饱和的国际市场，结果引发了财政危机和巨大的政治风波。20 世纪 30 年代早期苏联在小麦贸易中重现了这种现象，它的出口飙升至可与阿根廷、美国、澳大利亚相媲美。

进口国也执行干预政策。德国、意大利和法国从 20 世纪 20 年代中期开始重建农业贸易的传统性壁垒，大力补贴国内生产。一些小国纷纷跟进，到了 20 世纪 30 年代早期，限制性关税和高额国内补贴条款有效关闭了许多洲际市场。即使英国也在 20 世纪 30 年代放弃了自由贸易，为支持其共同体成员而采取歧视政策。所有这些变化的整体效果是非常戏剧性的。1928—1935 年，全球小麦贸易量的下降幅度几乎达到 45%。这一时期，美国的小麦贸易，从净出口 1.4 亿蒲式耳变为净进口 3 100 万蒲式耳。[38] 胡佛和 FDR 的农业政策，以及干旱尘暴，无疑促成了美国出口的减少，但另外一个要受指责的因素，是世界贸易的瓦解、保护主义的抬头以及其他商品出口国的倾销行为。这些国际事件有助于解释，为什么新政拥护者在 20 世纪 30 年代不希望依赖国际市场作为提高美国农业收入的工具。

在 1936 年 1 月，美国最高法院宣布《农业调整法》的加工税违背宪法，但是政 734
府在《土壤保护法》(Soil Conservation Act，1936）和第二部《农业调整法》(1938）的授权下继续干预农业。第二部《农业调整法》在其后的几十年中，成为许多农业扶持政策的建制法规。新政还增加了其他作物，创立了几种特殊作物的营销管理理事会，允许农民重新谈判合同，重新获得赔给银行的农场及建筑物，重新享有补贴贷款、作物保险和出口权。[39]

第二次世界大战之后的历史

在最近几十年中，有关大宗商品政策的巧妙和必要性再度引人关注。1949 年，美国农业部部长布兰南（Brannan）提议对该项目进行重大简化，用直接收入补给和确定每个农民可得款额的最大值来代替价格补贴。这些提议失败了，因为大量的商业化生产的农民反对对补贴设限，害怕收入支持补给透明度的提高会遭到更多的公众批评。20 世纪 50 年代和 60 年代早期，高价妨碍了积累过剩粮食储备。一个应对措施就是 1954 年的《农业贸易发展和援助法》（Agricultural Trade Development and Assistance Act）。该法案高度补贴过剩农产品对其他国家的出口，作为全部对外援助项目的一部分。尽管该项目被普遍视为一项人道援助，但许多批评家指出，其长期运作的后果可能是不利于生产的，因为它使许多国家削减国内生产者，提高粮食的进口依存度。不管怎样，美国的农产品仍然过剩。

20 世纪 60 年代早期有一个显著的转变，从商品贷款和积压库存项目转向自愿耕种转移项目和直接价格扶持支付。现在，除了政府以实物占有形式提供的贷款项目外，参加的农民还可以选择在公开市场上出售并领取“效率损失补贴”，以弥补市场价格和之前宣布的官方“保底价格”的差异。为了获得资格，农民必须在种植前与政府
735 签订合同，同意弃耕或“闲置”一部分耕地，通常为基础耕地面积的 10%～20%。在整个 60 年代，相对于保底价格，政府调低了贷款利率，导致政府盈余减少，直接支付成本提高。1965 年的《农业法》明确了这些变化，并将更多商品置于联邦的保护伞之下。在 20 世纪 70 年代晚期和 80 年代早期，贷款利率相对于保底价格的上涨，导致了农产品储备的新一轮积累。当有些农民获得的保底补贴超过 100 万美元的情况被揭发以后，1970 年的《农业法》给生产饲料谷物、小麦和高地棉花的农民增加了单项产品补贴 55 000 美元的上限。可以预料到的是，大规模生产的农场主常以家中其他人的名义分散经营或者采取其他措施规避法律。

其他政策的变动也多如牛毛，最重要的变化之一是 1983 年的实物支付（Payment in Kind，PIK）改革。由于 20 世纪 80 年代初没有采取降低保底价格和贷款利率的政

策措施，小麦、饲料谷物和棉花的积压不断增加。PIK 与现有的减耕项目一道，允许农民再撤销 10%～30%的基础耕地面积上的耕作，换取获得商品信贷公司库存商品粮的权利。结果表明，这是美国历史上最大的减耕项目之一，闲置了美国 20%的庄稼地（7 700 万英亩）；PIK 还是最昂贵的项目之一（780 亿美元），许多农民得到的商品粮价值达到数十万美元。大多数观察家认为，PIK 是一次失败，因为库存的减少只是暂时的，而耕地的大规模、急速减少，严重地影响了许多农产品厂商和工人。1985 年的《食品安全法》（Food Security Act）承认，降低保底价格和贷款利率，尤其是后者，对于减少库存、增加美国出口竞争力是必要的。

批判性回顾

20 世纪 80 年代，里根总统基于政府不再成为人民负担的理念，发起了一场取消管制、改善福利的战役。但是对于富豪农场的福利政策，并未应用该哲学。一些财团确实是不可侵犯的。20 世纪 80 年代中期在美国的农业政策史中写下了最昂贵的一页，联邦价格扶持项目的费用 1986—1988 年间平均每年超过 200 亿美元。这还只是一部分，因为农民还从消费者支付的高价格中受益。这些项目运转负荷庞大，严重 736
损害了效率。在 1984—1987 年，一系列研究测算表明，美国农民平均每年收入 128 亿美元。联邦政府平均每年支出 138 亿美元，美国的消费者每年还要再损失 58 亿美元，总计成本是 196 亿美元。这意味着在该项目中，农民每收入 1 美元，消费者和纳税人需要支付 1.53 美元左右。一个关键的问题在于，农村的穷人和勉强维持生计的农民，几乎没得到此番慷慨政策的好处，而大运营商常常贪婪攫取。对一些特定农产品的评价表明，1983 年，美国甘蔗种植者平均每人获得 70 000 美元，1989 年水稻种植者平均每人获得 45 000 美元——其中当然有人获得较大的数目。这种扭曲的结果并不鲜见；数十年前，经济学家就已做出了类似的判断，但无论如何，该扶持项目受预算削减的影响相对较小。[40]

不难理解，25%的人口，其中许多人在 20 世纪 30 年代遇到非常严重的财务危机，可能以某种方式说服联邦政府向其发放救济金。但 2%的农业人口如何持续获得这样的特殊待遇，就不那么明显了。从近距离来看，问题变得更加复杂。首先，这些收益的很大部分流到了小部分富人手中。其次，美国农业的大部分运行没有政府支持，它依靠市场配置资源，分配收益。所有的玉米和小麦生产者获得的额度都非常高，但水果、蔬菜、小鸡和鸡蛋的生产者被排除在外。任何对于农业补贴的完整的政治经济学解释，都不仅要考虑到品种之间的差异，还要考虑到补贴是一种全球普遍现象。作为一项通则，农业人口比例高的贫困国家，大多向农民征税。但是随
737 着经济的不断发展、国家实力的增强，以及农业人口的相对减少，政策会转而补贴农民。[41]

自第二次世界大战以来，自由贸易是方向，但农业始终是一块主要的绊脚石，因为大多数工业化国家仍然选择保护农民。1990 年，农业总收入中来自政府保护和补贴项目的比例高低不等，从新西兰的 5%到瑞士的 78%（见表 12–7）。美国补贴的水平（30%）远远低于包括日本和西欧国家在内的许多贸易伙伴。一个人口比重很低并且仍在减少的群体，是如何在几乎所有工业化国家中获得补贴的？这是一个有趣然而尚待解决的问题，代表了国体和政体的非常广泛的含义。

近来试图应用奥尔森 (Olson) 的集体行动理论和贝克尔（Becker）的有效再分配
738 理论阐释农业补贴的方式与水平的努力，目前还没有结果。[42] 似乎存在这些理论未曾注意到的路径依赖。历史表明，补贴方式一旦引入，就成为一项不能被剥夺的权利，即使是在繁荣时期。此外，农业生产集团一贯选择间接的补贴方式，实现莫须有的更大的社会目标，比如水土保持或者减缓农村贫困等；直接支付会更有效率，但是太显眼，更易遭到反对。在所有工业化国家中，消费者和纳税人似乎愿意支付高价满足农民的要求，表面上提高了“粮食安全”保障，保留了“传统的生活方式”。

20 世纪 90 年代中期显露出对农业补贴的支持开始崩溃的迹象。为了迎合意识形态上对市场力量而不是政府力量的偏爱，1996 年通过了《联邦农业促进和改革法》(Federal Agricultural Improvement and Reform Act，FAIR)。该法案带来了农业政策的重大变化，它提高了市场力量在种植决策中的作用，减少了以前商品政策的内在扭曲。该法案计划在 7 年中小幅并逐渐地降低对农民的补贴支付水平。1996 年和 1997 年农产品价格高位运行时，支付水平很好地贯彻了该法案的初衷。但 1998 年价格体系崩溃，政府支出一下子增长了 50%。政府短期的权宜之计又一次打乱了通盘考虑过的长期补贴计划。但是这次与过去有明显的不同。1998 年，几乎所有的价格支持政策都取消了，联邦政府采取只向“有资格的农民”发放现金的办法，其中许多

人已经不再是实际的农民，他们拥有领取资格只是因为曾经领取过补贴。许多观察家认为，农业补贴项目中这种新的透明化方式将有助于激发人们对农业补贴的反对，并使其加速灭亡。

表 12–7　　1990 年生产者补贴占农业产值的比重（%）

	比重
澳大利亚	11
奥地利	46
加拿大	41
欧洲共同体市场	48
芬兰	72
日本	68
新西兰	5
挪威	77
瑞典	59
瑞士	78
美国	30

资料来源：OECD, *Agricultural Policies, Markets and Trade: Monitoring and Outlook, 1991* (Paris, 1991), 9–29.

农业的未来

在过去 80 年中，北方农业的许多变迁都是伴随着社会上其他层面的变迁。其他行业的生产者也目睹了市场的收缩，因为新产品、新技术以及对资源的竞争重新调整了经济关系。其他行业也同样经历了技术变迁和结构调整，提高了工人的生产率，大大扩张了工厂规模。然而，在农业以外，维持就业或阻止新技术的努力很少能获 739 得支持。显然，在公众的眼中，农业与众不同。它要求自己给自己当老板，要求人们在与自然的互动中辛勤劳动以生产出必需品，它承载着传统，它是一种生活方式。

即使对待现代农业也有很多不同的流行观点，追求杰斐逊式生活的农民依然保持着神秘感。

产生这种理想的美国，是一个普通人可以容易地获得土地并且保持独立的地方。永远在别人的指挥棒下生活，是其他国家的事。直至 1910 年，按此模式组织社会的理想，在北方农业中还有所反映。今天，它已经一去不复返了，并且没有任何作物扶持项目能将其唤回。农产品政策失败了，并且付出了昂贵的代价。这些政策并没有将其宣称的广泛的社会目标提到新的高度，理应被取消。美国农民在非补贴项目上的竞争力很强，如果取消补贴，他们在其他大多数农产品项目上也将很有竞争力。[43] 取消补贴后仍将有一些替代政策——比如，如果糖价降到国际价格水平，进口品将代替相当多的国产品，农业内部结构将进行调整，并且这种调整会继续下去。

即使农业结构发生了翻天覆地的变化，一些特征也仍然保留着。尽管公司化农业和雇佣工人越来越普遍，但运营的基本单位仍然是家庭农场。尽管政府给予补贴，但农业的许多部门的完全竞争程度还是非常高的，大多数农民仍然是价格的接受者。由于农业要求对具体地理环境的详细了解，管理者对局势变化的迅速反应，以及对分散作业的有效监管，因而分权化的家庭经营管理仍然有很大的优势。在一些活动中，比如鸡肉与鸡蛋的联合生产以及牲畜围栏饲养，显著的规模经济抵消了家庭经营的优势，显示出更强的制造业特征——产业集中度非常高。这种产业集中趋势不太可能成为美国农业的整体特征。即使未来结构还会变动，其经济和社会影响相对
740 于过去的变迁来讲，可能也很小，认识到这一点是非常重要的。现在美国只有 100 万左右的能养活自己的商业化农民，因此即使下一个 10 年中一半人转出农业，其绝对数量也比 1945—1970 年间的大批迁移要少得多。

在过去的 80 年间，农民与自然环境的关系发生了根本性的改变。内燃机所需的化石燃料取代了马力所需的作物饲料，人工灌溉改变了蛮荒的西部，全程的机械化成为食品生产过程的一部分。这些变化引发了有关现行农业技术和经营的“环境可持续性”的讨论。能否在非根本性的改变中继续使用这些方法？如果不能，那么这些改变将会以哪种方式发生？农业设施的批评者将视线集中在表层土壤侵蚀、地下水污染和空洞、有毒残留物的堆积、化学抗虫药的开发、对石油等不可再生能源的依赖以及城市对“基本农田”的蚕食上。

有些担心是杞人忧天，但有些确实指出了现实问题。一方面，基本农田转变为城市，并非是市场不能解决的问题。对石油和其他不可再生能源的依赖在很长的时

期内可能是个问题；从定义来讲，社会不可能永远以现在的水平持续使用不可再生能源。但是对这一问题当前的政策取向很不明朗。[44] 预知未来比较困难，我们的看法是，在未来的几十年中，该问题不会恶化。如果问题开始变得严重，很多相对较小的技术和经济调整，比如提高对甲醇的依赖度，会比较容易发生。（顺便说一下，这将提高对农产品的需求。）另一方面，通过使用现有的技术，美国西部的灌溉，在目前的水平上，不会因为盐度增加和地下水储量减少而不可持续。此外，随着土壤侵蚀、有毒废弃物和昆虫抗药性问题的出现，产生了许多设施和共同资源财产的问 741
题，对集体行动的需求越来越紧迫。集体行动可以采取几种方式，包括重新界定和确立财产权，为负责任的行为提供良好的外部环境。[45]

将来农民和环境之间最大的变化，可能不是来自当前实践的持续，而是来自科学的发展。有很强的暗示表明，我们仍然处于生物–基因学革命的婴儿期。现有的基因技术突破包括用于牲畜饲养中的可以大幅提高饲料效率的生产激素，以及可以显著提高作物对盐度和极端温度的耐受性、提高作物的抗虫抗病性的基因重组。这是一个新的领域，美国商务部专利局 1985 年首先将商品专利保护用于经过基因改造的植物，1988 年用于动物。对基因技术的许多评论都看到了近乎无止境的可能性——引入鲸的基因制造巨型猪，开发能自己固氮的植物，克隆动物以复制其优良的特性，等等。存在严重的政治的、法律的和伦理的争议需要解决，但是对于改变生命形式并申请专利的反对意见，和任何农业发明所遭到的反对意见一样强烈。如果现实如同巧言一样美妙，那么杂交玉米完全可以长得更小一些。但也许将非洲蜂、野葛和 DDT 看得微不足道是错误的。除了提高现有动植物的产出效率外，新的基因技术还提供了创造全新物种和市场的可能性，进一步向前推进了农业的概念。[46] 未来美国的农业，可能还会像过去一样，在争论中前进。 742

注 释

[1] *Economic Report of the President 1992* (Washington, D. C., 1992), 407; U. S. Bureau of the Census, *Historical Statistics of the United States* (Washington, D. C., 1975), 457, 498–499, and *Rural and Rural Farm Population 1987*, CPR Series P–27 No.61

(Washington, D. C., 1988), 9; U. S. Economic Research Service, *Economic Indicators of the Farm Sector: National Financial Summary, 1989*, ECIFS 9–2 (Washington, D. C., 1991), 12–13.

[2] Hans P. Binswanger, "The Measurement of Technical Change Biases with Many Factors of Production", *American Economic Review* 64 (1974), 964–976; John M. Antle, "The Structure of US Agricultural Technology, 1910–1978", *American Journal of Agricultural Economics* 66 (1984), 414–421.

[3] R. Charles Brooks, "Structure and Performance of the US Broiler Industry", *Farm Structure: A Historical Perspective on Changes in the Number and Size of Farms*, U. S. Senate Committee on Agriculture, Nutrition, and Forestry, 96th Cong., 2d sess. (Washington, D. C., 1980), 196–215.

[4] Wayne D. Rasmussen, "Advances in American Agriculture: The Mechanical Tomato-Harvester as a Case Study", *Technology and Culture* 9 (1968), 531–543. 拖拉机取代了马力，释放了数以百万英亩原本用于种植牲畜饲料的土地，显著提高了土地的产量。因此，正如 William Parker 观察到的，从农业部门的整体发展来看，拖拉机是一项土地节约型发明。William Parker, "Agriculture", in Lance E. Davis et al., *American Economic Growth: An Economist's History of the United States* (New York, 1972), 372.

[5] Austin Fox, *The Demand for Farm Tractors in The United States: A Regression Analysis*, U. S. Agricultural Economic Report No.103 (Washington, D. C., 1962), 33; USDA, *Agricultural Resources: Inputs: Situation and Outlook*, AR–15 (Washington, D. C., 1989), 1. 有关拖拉机发展的总体情况，见 R. B. Gray, *Development of the Agricultural Tractor in the United States*, USDA Information Series No.107 (Beltsville, MD, 1954), and Robert C. Williams, *Fordson, Farmall, and Poppin' Johnny: A History of the Farm Tractor and Its Impact on America* (Urbana, 1987) 。

[6] A. P. Brodell and J. A. Ewing, *Use of Tractor Power, Animal Power, and Hand Methods in Crop Production*, U. S. Bureau of Agricultural Economics, Farm Management Report FM–69 (Washington, D. C., 1948), 5–11; *Historical Statistics*, 510, 519–520.

[7] A. P. Brodell et al., *Harvesting Small Grains and Soybeans and Methods of*

Storing Straw, U. S. Bureau of Agricultural Economics, Farm Management Report FM–91 (Washington, D. C., 1952) 2–5; 对于联合收割机的总体发展，见 Graeme Quick 和 Wesley Buchele 的 *The Grain Harvesters* (St. Joseph, MI, 1978)。

[8] 玉米摘穗机自身的发展相对缓慢。其最初商业化生产是在 1909 年，20 世纪 20 年代末期由拖拉机提供动力和悬挂支持的摘穗机问世后得到广泛使用。1938 年，机械式的玉米摘穗机在全国近 12% 的玉米地和 28% 的玉米带上作业。到 1951 年，这两个比例分别上升到 68% 和 89%。See William H. Johnson and Benson J. Lamp, *Principles, Equipment and Systems for Corn Harvesting* (Wooster, OH: Agricultural Consulting Associates, 1966), 9–12; Samuel R. Aldrich et al., *Modern Corn Production*, 3rd ed. (Champaign, 1986), 311–318.

[9] Robert E. Elwood, Arthyr A. Lewis, and Ronald A. Strubel, *Changes in Technology and Labor Requirements in Livestock Production*, Works Progress Administration, National Research Project, WPA Report No.A–14 (Washington, D. C., 1941), esp. v; G. H. Schmidt, L. D. Van Vleck, and M. F. Hutjens, *Principles of Dairy Science*, 2nd ed. (Englewood Cliffs, 1988), 11–13, 78–114; Clayton C. O'Mary and Irwin A. Dyer, *Commercial Beef Cattle Production*, 2nd ed. (Philadelphia, 1978).

[10] Paul G. Manglesdorf, "Hybrid Corn, "*Scientific American* 185 (1951), 39–47; Deborah Fitzgerald, *The Business of Breeding: Hybrid Corn in Illinois 1890—1940* (Ithaca, 1990), esp. 23–42; Zvi Griliches, "Hybrid Corn: An Explanation of the Economics of Technological Change", *Econometrica* 25 (1957), 501–522.

[11] W. Burt Sundquist et al., *A Technology Assessment of Commercial Corn Production in the United States*, Minnesota Agricultural Experiment Station Bull. No.546 (St. Paul, 1982); J. J. Bond and D. E. Umberger, *Technical and Economic Causes of Productivity Changes in US Wheat Production, 1949—1976*, USDA Tech. Bull. No.1598 (Washington, D. C., 1979); Dana G. Dalrymple, *Development and Spread of Semi-Dwarf Varieties of Wheat and Rice in the United States*, USDA Agricultural Economic Report No.455 (Washington, D. C., 1980).

[12] Jesse W. Markham, *The Fertilizer Industry: Study of An Imperfect Market*

(Nashville, 1958); Darrell A. Russel and Gerald G. Williams, "History of Chemical Fertilizer Development", *Soil Science Society of America Journal* 41 (1977), 260–265; U. S. Economic Research Service, *Economic Indicators of the Farm Sector, 1988, Production and Efficiency Statistics*, ECIFS 8–5 (Washington, D. C., 1990), 28–31.

[13] USDA, *1936 Yearbook of Agriculture* (Washington, D. C., 1936), 863–1143, esp. 997–1143; *Yearbook of Agriculture, 1943—1947: Science in Farming* (Washington, D. C., 1947), 32–244, esp. 160–175; M. E. Ensminger, *Animal Science*, 7th ed. (Danville, IL, 1977), 68–99; and Lyle P. Schertz and others, *Another Revolution in U. S. Farming*? (Washington, D. C., 1979), Part II–Livestock Production, 85–256.

[14] USDA, *1919 Yearbook* (Washington, D. C., 1920), 746.

[15] U. S. Bureau of the Census, *Census of Agriculture: 1950, II, General Report* (Washington, D. C., 1952), 215–216; *Historical Statistics*, 710; C. Phillip Baumel et al., "Alternatives for Solving the Local Rural Road and Bridge Problem" and Donald L. Nelson, "Extension Involvement in Rural Transportation, "both in William R. Gillis, ed., *Profitability and Mobility in Rural America* (University Park, PA, 1989), 18–26.

[16] U. S. Bureau of the Census, *Census of Agriculture: 1945, II, General Report* (Washington, D. C., 1947), 314–321. Also see Reynold M. Wik, "The Radio in Rural America During the 1920s", *Agricultural History 55* (1981), 339–350; Don F. Hadwiger and Clay Cochran, "Rural Telephones in the United States", *Agricultural History* 58 (1984), 221–238.

[17] D. Clayton Brown, *Electricity for Rural America: The Fight for the REA*, Contributions in Economics and Economic History No.29 (Westport, CT, 1980); USDA, *Rural Lines USA*, Misc. Publ. No.811 (Washington, D. C., 1960) .

[18] The classic treatment is A. Hunter Dupree, *Science in the Federal Government: A History of Policies and Activities to 1940* (Cambridge, MA, 1957) 149–183. See also U. S. Congress, Office of Technology Assessment, *An Assessment of the United States Food and Agricultural Research System* (Washington, D. C., 1981) .

[19] Zvi Griliches, "Research Costs and Social Returns: Hybrid Corn and Related

Innovations", *Journal of Political Economy* 66 (1958), 419–431; Robert Evenson et al., "Economic Benefits from Research: An Example from Agriculture", *Science 205* (Sep. 14, 1979), 1101–1107; for criticism of the system, see Jim Hightower, *Hard Tomatoes*, *Hard Times* (Cambridge, MA, 1978) .

[20] Wallace Huffman and Robert Evenson, *Science for Agriculture*: *A Long Term Perspective* (Ames, 1993) .

[21] 一个很有说服力的解释是 W. Parker 在 Lance E. Davis 等人所著的 *American Economic Growth* 中的论述，384～385 页。

[22] 见 Yujiro Hayami and Vernon W. Ruttan, *Agricultural Development*: *An International Perspective*, revised and expanded ed. (Baltimore, 1985), and Alan L. Olmstead and Paul Rhode, "Induced Innovation in American Agriculture: A Reconsideration", *Journal of Political Economy* 101 (1993), 100–118.

[23] See Everett M. Rogers, *Diffusion of Innovations*, 3rd ed. (New York, 1983) and Paul A. David, "The Mechanization of Reaping in the Ante-Bellum Midwest", in Henry Rosovsky, ed., *Industrialization in Two Systems*: *Essays in Honor of Alexander Gerschenkron* (New York. 1966), 3–39.

[24] USDA, *Agricultural Statistics 1967* (Washington, D. C., 1967), 573; *Agricultural Statistics 1984* (Washington, D. C., 1984), 418; U. S. Bureau of Agricultural Economics, *Farm Income Situation*, FIS–142 (1949), 10. 1934—1983 年的序列展现了农业人口相对于非农业人口的人均可支配收入的比率。1910—1948 年的序列是农业人口人均农业净收入对于非农业人口人均收入的比率。农业人口的农业外收入，在 20 世纪 30 年代方有统计，当时约占农民总收入的 1/3，包括在非农业人口收入当中，导致农业人口对非农业人口的收入比率过低。即便如此，该序列的变动可以反映更早期的相对收入变动。

该数据是全国的整体性数据，但是从 1955 年才开始统计的地区数据显示，北方地区的收入比率与全国接近。参见 Robert H. Masucci, "Regional Differences in Per Capita Farm and Nonfarm Income", *Agricultural Economics Research* 12 (1960), 1–6。

[25] Lester C. Thurow, "Agricultural Institutions and Arrangements Under Fire",

199–218, in N. Schaller (compiler), *Proceedings of Phase I Workshop*, Social Science Agricultural Agenda Project (Minneapolis: Spring Hill Conference Center, June 9–11, 1987).

[26] *Rural and Rural Farm Population 1987, 9.*

[27] 20 世纪 80 年代，美国农业部内部官员提议裁掉所有销售额在 5 000 美元以下的农场，但没有获得通过。大量的农业相关补贴，比如农村邮政基金、农场—市场道路基金、农业科教官员基金不间断发放的唯一条件是，统计数据中有农民，而不是事实上增长了多少。

[28] *Economic Report of the President 1991* (Washington, D. C., 1991), 320.

[29] W. C. Funk, *What the Farm Contributes Directly to the Farmer's Living*, USDA Farmers' Bull. No.635 (1914), 1–21; USDA *Yearbook, 1922* (Washington, D. C., 1923), 999. U. S. Economic Research Service, *Changes in Farm Production and Efficiency, 1980*, Stat. Bull. No.679, 64–65; *Economic Indicators of the Farm Sector: Production and Efficiency Statistics*, 1989, 37; James H. Shideler, *Farm Crisis, 1919—1923* (Berkeley, 1957), 91; and Willard W. Cochrane, *The Development of American Agriculture: A Historical Analysis* (Minneapolis, 1979), 114.

[30] 技术进步对于农业福利的影响取决于供给曲线移动轨迹及需求弹性。即使需求是有弹性的，供给曲线向着提高供给弹性的方向移动，也会减少农业增加所需的生产者剩余。不论需求是否有弹性，消费者都将从生产率增长中获益，其福利会因为限产措施而减少。

[31] 对价格与净出口关系的直接经济计量估测，大多数结果为弹性较小，而综合的估测或计算方法（比如，对国内需求和其他国家的需求进行加权求和）得到的结果多为弹性较大。U. S. Economic Research Service, *Embargoes, Surplus Disposal, and U. S. Agriculture*, Agricultural Economic Report No.564 (Washington, D. C., 1986), Section 6, 21; Colin A. Carter and Walter H. Gardiner, *Elasticities in International Agricultural Trade* (Boulder, 1988), 30–55.

[32] 对于弹性之争的更详细的讨论，参见 Carter 和 Gardiner (1988) 以及 Bruce L. Gardner, "Changing Economic Perspectives on the Farm Problem", *Journal of Economic*

Literature 30 (1992), 64–67, 84–85。

[33] 搭便车问题产生于经济行为主体从一项服务中获益但并不为该服务付费的情况。在这种情况下，个体行为者存在不付费的激励，这将会导致该服务的供给处于次优状态。

[34] David M. G. Newbery and Joseph E. Stiglitz, *The Theory of Commodity Price Stabilization*: *A Study in the Economics of Risk* (New York, 1981), 12–46; Charles L. Schultze, *The Distribution of Farm Subsidies*: *Who Gets the Benefits*? (Washington, D. C., 1971), 60.

[35] Murray R. Benedict, *Farm Policies of the United States*, *1790—1950*: *A Study of Their Origins and Development* (New York, 1953), 194–198, 216–231; Joseph G. Knapp, *The Advance of American Cooperative Enterprise*, *1920—1945* (Danville, 1973), 6–16; Shideler, *Farm Crisis* 76–117.

[36] Shideler, *Farm Crisis*, 270, 389; Benedict, *Farm Policies*, 198, 239–266; Cochrane, *Development of American Agriculture*, 116–121; and Clifton B. Luttrell, *The High Cost of Farm Welfare* (Washington D. C., 1989), 6–11; David E. Hamilton, *From New Day to New Deal*: *American Farm Policy From Hoover to Roosevelt*, *1928—1933* (Chapel Hill, 1991), 26–49, 89–108.

[37] Theodore Saloutos, *The Farmer and the New Deal* (Ames, 1982), 73–76, 87–113.

[38] Wilfred Malenbaum, *The World Wheat Economy*, *1885—1939* (Cambridge, MA, 1953), 13–17, 154–170; Paul de Hevesy, *World Wheat Planning and Economic Planning in General* (London, 1940), 331–358, 375–393, Appendixes 9, 18, and 33; Jimmye S. Hillman, "Policy Issues Relevant to United States Agricultural Trade", in Alex F. McCalla and Timothy E. Josling, *Imperfect Markets in Agricultural Trade* (Montclair, 1981), 113–127; C. B. Schedvin, *Australia and the Great Depression*: *A Study of Economic Development and Policy in the 1920s and 1930s* (Sydney, 1970), 140–153; Michael Tracy, *Government and Agriculture in Western Europe*, *1880—1988*, 3rd ed. (New York, 1989), 119–143, 149–161, 163–178, and 181–189.

[39] See Wayne Rasmussen and Gladys L. Baker, *Price-Support and Adjustment Programs from 1933 through 1978: A Short History*, U. S. Economic Research Service (Washington, D. C., 1979), and Bruce L. Gardner, "Why, How, and Consequences of Agricultural Policies: United States", in *Agricultural Protectionism in the Industrialized World*, Fred H. Sanderson, ed. (Washington D. C., 1990), 19–63.

[40] 纳税人和消费者所付出的与农民所得之间的差额被称为“无谓损失”。这些估算主要取决于对供给和需求的弹性的估计。正如前面所提到的，对弹性的估计存在争议。参见 Gardner 的“Changing Economic Perspectives”, 89。

[41] Kym Anderson and Yujiro Hayami, *The Political Economy of Agricultural Protection* (Sydney, 1986); Bruce L. Gardner, "Causes of U. S. Farm Commodity Programs", *Journal of Political Economy 95 (1987)* , 290–310; Peter H. Lindert, "Historical Patterns in Agricultural Policy", in C. Peter Timmer, ed., *Agriculture and the State* (Ithaca, 1991).

[42] Mancur Olson, *The Logic of Collective Action* (Cambridge, MA, 1965); Gary S. Becker, "A Theory of Competition Among Pressure Groups for Political Influence", *Quarterly Journal of Economics 98* (1983), 371–400; James T. Bonnen and William P. Browne, "Why is Agricultural Policy So Difficult to Reform", in Carol S. Kramer, ed., *The Political Economy of U. S. Agriculture: Challenges for the 1990s* (Washington, D. C., 1989), 7–36.

[43] 缓解农村贫困不再是一个简单的农业问题，它应该通过总收入维持计划和工作培训项目来解决。

[44] 乐观主义者认为，有三种力量——资源勘探、要素替代和技术变迁（这是最重要的）——基本上能解决问题。悲观主义者对这些变化会很快就发生，并能阻止生产成本飙升，防止出现断层持怀疑态度。乐观主义者指出，历史文献中充斥着的大量“缺陷”都是用经济和技术手段解决的，在相当大程度上这不无道理。悲观主义者列举环境管理不善引起的文明之消失为证。有关化石能源，我们并不需要政府支持，其他部门也许需要基础研究和税收方面的适度支持。这些是全国性的问题，不仅是农业的。

[45] Clive A. Edwards et al., *Sustainable Agricultural Systems* (Ankeny, IA, 1990); John P. Reganold et al., "Sustainable Agriculture", *Scientific American* 262 (1990), 112–120.

[46] U. S. Office of Technology Assessment, *Technology*, *Public Policy*, *and the Changing Structure of American Agriculture*, OTA-F-285 (Washington, D. C., 1986); Chuck Hasselbrook and Gabriel Hegyes, *Choices for the Heartland*: *Alternative Directions in Biotechnology and Implications for Family Farming*, *Rural Community*, *and the Environment* (Ames, 1989); J. Persley, *Beyond Mendel's Garden*: *Biotechnology in the Services of World Agriculture* (Wallingford, England, 1990); L. Christopher Plein and David J. Webber, "Biotechnology and Agriculture in the Congressional Policy Arena", in Kramer, ed. *The Political Economy of U. S. Agriculture.* 179–200.

第13章

20世纪的银行业和金融

尤金·N. 怀特（Eugene N. White）

引 言

为20世纪美国经济增长融资的不断扩大的资金流动受金融创新和政府管制交替更迭的影响。20世纪初期，随着竞争的阻碍因素的减少，市场的一体化趋势加强。但金融体系还很不稳定，安全性和合理性只是公共政策追求的目标。联邦储备体系和新政尽力保护储蓄者和投资者。随后的稳定局面证明这些保护政策似乎很成功。但是大萧条期间和20世纪80年代发生的股市崩溃和银行业危机，暴露了这些政策的局限性。在特殊利益的驱使下进行的银行业和金融改革建立起了一个复杂且烦琐的管理体制。随着时间的推移，市场压力促使传统的金融中介萎缩，新的机构和市场得以发展。只是在20世纪最后的20年里，在整个金融系统陷入通货膨胀和停滞局面之后，美国才开始全面解除金融管制。新政实施前的趋势再次显现，各种金融中介之间的区别削弱了，金融市场的一体化增强了，效率也提高了。

战争与和平期间的联邦储备，1913—1929 年

1913 年，为了防范银行业危机建立了联邦储备体系，该体系是 19 世纪后期美国银行业发展的产物，目的是在不改变银行结构的前提下弥补一些显而易见的缺陷。743 12 家联邦储备银行在联邦储备委员会的监管下，形成了新的美国“中央”银行。为了保证长期价格稳定，《联邦储备法》(Federal Reserve Act) 宣告了具有可兑换性的黄金标准准则，并通过强制推行为联邦储备纸币和存款建立黄金储备准备金来实施这一准则。为了抑制出于恐慌而导致货币需求短期内大幅上升的局面，当局提供了一种用以贴现的“弹性货币”。但中央银行以这个黄金标准为指导的政策与另外的“真实票据”的要求相矛盾，后者是为了调整产生于商业交易中的“合格”纸币、汇票和交易支票而准备的。[1]

联邦储备体系的贴现窗口对成员银行开放。联邦储备体系要求国内所有的银行都加入联邦体系，并赋予它们新的银行权力，对准备金的要求也降低了。国家特许银行可以自愿加入联邦储备体系，这保持了完整的双重银行体制。结果是，银行体系被分成三部分：国家银行、联邦政府的成员银行以及国有非成员银行。

尽管 1913 年 12 月 23 日《联邦储备法》就被签署为法律，但当欧洲爆发战争的时候，联邦储备体系还远没有建成。股票价格动荡不安，为了防止恐慌，纽约股票交易所被迫关闭。就像以前危机爆发时一样，国家银行从纽约银行取出了存款。但是，1908 年的《奥尔德里奇 – 弗里兰法》规定可以通过清算贷款凭证和紧急货币的形式提供流动性，这缓解了银行恐慌。由于那些好战的当权者大量购物的支撑，经济很快就恢复了。在美国保持中立期间，外部需求引起黄金流入，扩大了货币供给，从而导致了通货膨胀。

美国 1917 年加入战争，这促使联邦储备银行要满足联邦政府的财政需求。虽然税收提高了，但是 3/4 的战争支出来源于借款和货币创造。四次自由公债和一次胜利公债都对战争资金起了重要作用。[2] 为了使战争筹资成本最小化，财政部希望保持低的利率。联邦储备银行为其成员银行贴现票据从而维持了较高的债券价格，这些票据是以客户用银行贷款购买的证券为抵押的。在欧洲黄金不再流入美 744
国以后，票据贴现促进了货币存量的增加，从而使通货膨胀率升到内战以来的

最高点（见图 13–1），联邦储备银行不得不采取措施控制价格。

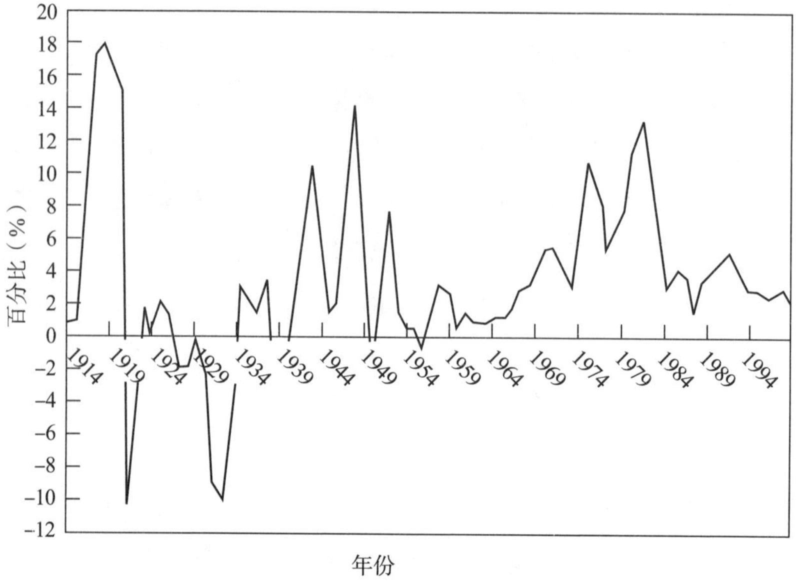

图 13–1　1914—1997 年的价格变动率

资料来源：Bureau of Labor Statistics, consumer price index all items.

在战争结束以后，联邦政府的规模很快缩小。1919 年下半年，巨额财政赤字刚刚填平，财政部加强了反对提高利率的呼声。美国黄金的流出促使联邦政府于 1920 年大幅提高了贴现率。由于世界范围内的经济都开始滑坡，利率的提高（见图 13–2）进一步加剧了衰退的速度和深度。1920—1921 年间，实际收入下降了 16%，失业率提高到约 12%的水平，批发销售价格下降了一半。尽管经济很快就恢复了，但农业以及与其相关的新兴金融机构受到重创。

从战后发生衰退到大萧条，这期间的几年是经济快速增长的时期。1922—1929 年，虽然中间发生过两次短暂的衰退，但 GNP 的年均增长率为 4.7%，年均失业率为 4%，价格也非常稳定。从战时为财政部提供服务的义务中解脱出来后，联邦储备银行在经济管理中发挥了积极的作用。在著名的《第十次年报》（*Tenth Annual Report*，1923）中，联邦储备银行指出，政策不应受任何单一的规则的影响，而应谨慎行事。为确保“经济体系的良好运转”，防止贷款被用于投机目的，决策应建立在广泛的信息基础上。

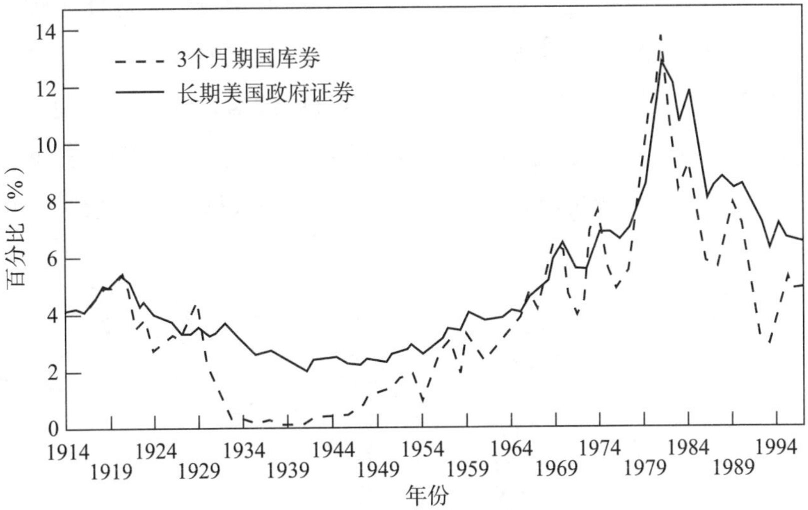

图 13–2　1914—1997 年的利率

资料来源：Board of Governors of the Federal Reserve System, *Banking and Monetary Statistics, 1914—1941* (Washington, D. C., 1943); Stephen G. Cecchetti, "The Case for Nominal Negative Interest Rates", *Journal of Political Economy* 96 (1988), 1111–1141; Sidney Homer and Richard E. Sylla, *A History of Interest Rates* (New Brunswick, 1996); Federal Reserve Bank of St. Louis, www. stls. frb. org.

在坚持黄金标准的同时，为预防秋季作物的运输和圣诞节的货币信贷需求，会提高短期利率、增加银行储备的压力，联邦储备银行对其进行了干预。这期间的其他冲击可能导致危机。为了平抑利率发生的周期性振荡，联邦储备银行通过调节贷款需求和货币供给量，缓解了周期性利率循环带来的震动。[3] 联邦储备银行采取行动的时间与经济周期发生的时间存在高度一致性，这向大家表明，20 世纪 20 年代，745
联邦储备银行在缓解经济震动和降低银行业危机方面是有所作为的。

20 世纪 20 年代金融体系的成熟

稳定的经济环境以及日益上升的收入和利润，通过金融系统产生了新的储蓄潮。20 世纪 20 年代，金融机构和市场的命运反映了它们获得新资金资源的能力，以使其能应付不断变动的贷款需求。一些具有灵活性和善于创新的企业增长得非常快，而那些与没落部门相关的企业日益萎缩。图 13–3 和图 13–4 显示了 1900—1929 年间，各金融中介的资产份额。最引人注意的是商业银行和互助储蓄银行所占的份额下降
747 了。虽然银行部门是绝对增长的，有些私营银行也很繁荣，但它们总体上仍受联邦政府和州政府的管制。20 世纪 20 年代证券市场的繁荣使券商和交易商所占的份额翻了一番，保险公司和储蓄贷款协会（S & Ls）获取的份额增加了，投资公司也在其中占有一席之地。

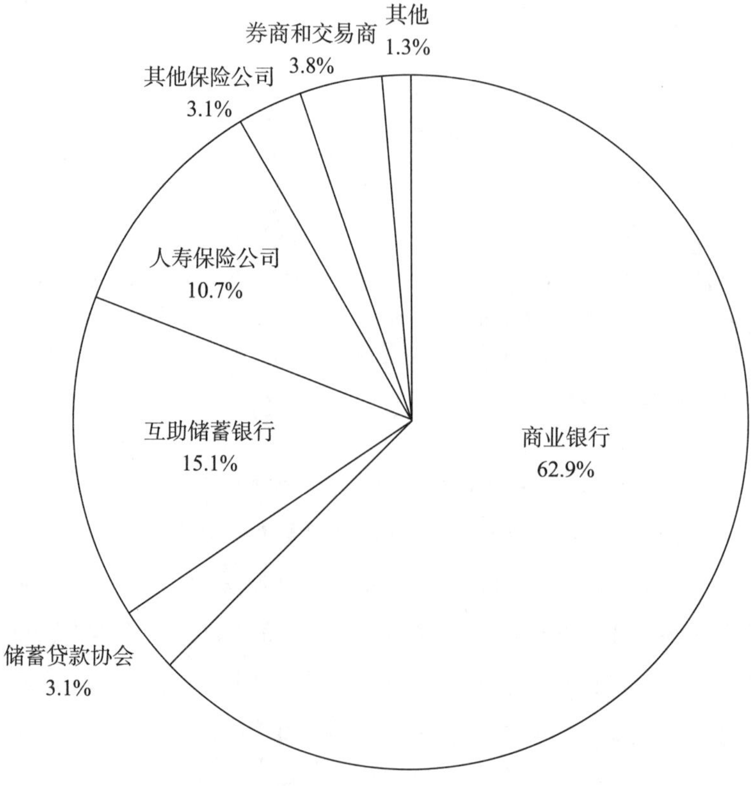

图 13–3　金融中介的资产份额，1900 年

资料来源：Raymond W. Goldsmith, *Financial Intermediaries in the American Economy since 1900* (Princeton, 1958) and U. S. Bureau of the Census, *Historical Statistics of the United States, Colonial Times to 1970* (Washington, D. C., 1976).

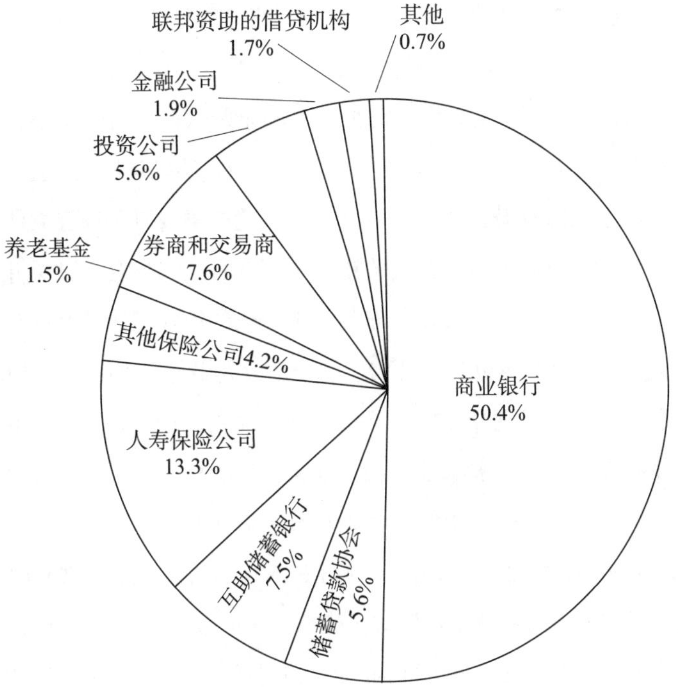

图 13–4　金融中介的资产份额，1929 年

资料来源：Goldsmith, *Financial Intermediaries in the American Economy since 1900 and Historical Statistics* (1976).

商业银行的困境

一战前，商业银行是占主导地位的金融中介。20 世纪 20 年代，它们的业务发展了，资产份额却缩小了。银行不能保持住它们的商业客户。按照法律和传统习惯，商业银行为地方企业提供短期商业贷款。

但企业需要的是期限较长的贷款，存量融资已不那么重要。1920—1929 年间，商业银行提供给有限公司的资金份额从 12%下降到 2%，提供给所有企业的资金份 748
额则从 65%下降到 56%。商业银行业绩这么不合意，可以从联邦法规和州立法规中寻求原因，这些规定对分支机构设立、贷款规模、证券组合选择以及其他活动加以限制。虽然这些限制措施在 19 世纪并没有对银行为满足工业需要提供贷款的能力造成什么影响，但在 20 世纪成为严重的制约因素。

对设立分支银行的限制尤其繁杂，因为这些限制损害了银行从事多样化经营以及追赶快速增长的大规模公司的努力。1865 年货币监理署（Comptroller of the Currency）规定，大多数州都采取把国内银行限定为一个办事处的做法，这禁止或者严重限制了国家特许银行分支机构的发展。1924 年，只有 11 个州允许跨州设立分支机构，9 个允许以有限的形式设立分支机构。小银行，特别是地处农村地区的单一办事处银行，在与主张限制潜在竞争者设立分支机构的国会以及国会立法者经过激烈的斗争以后，获得了成功。尽管较大的银行利用各种法律机会通过兼并、收购和设立分支机构提高它们的储蓄基础，但与其他工业化的国家相比，这些银行分支机构的数目仍非常有限。只有少数几家机构，例如意大利银行（美国银行的前身），能够充分利用加利福尼亚对设立分支机构不加限制的规定，建立大型的、多样化的储蓄基地。在国家特许银行机构被赋予了设立分支机构的权力以后，国家银行就具有了特别优势。为了把国家银行的斗争成果纳入国家宪章中，1927 年通过了《麦克法登法》（McFadden Act），该法案允许国家银行在其总部所在城市设立有限数目的分支机构，但前提是州属银行被授予相似的优先权。然而分支机构增长缓慢，到 1930 年为止，仅有 3 522 家银行设立分支机构，而当时的银行数目总共有 23 251 家。还有部分银行以个人所有或者以持有多家银行股票的银行控股公司所有的银行集团形式出现。[4] 这些银行集团从多区域分布和集中化服务中受益匪浅。

第一次世界大战期间，售卖自由债券 (liberty bond) 的爱国运动促进了银行业与证券业的结合。战后，联邦债务开始收缩，客户为了找到新的投资机会而寻求银行的建议和帮助，较大的银行将它们对公司的融资活动转向独立的证券会员，这促使它们发
749 展成为成熟的投资银行和经纪行。纽约国家城市银行（National City Bank of New York）（花旗银行的前身）和大通国家银行 (Chase National Bank)（大通曼哈顿银行的前身）都是这个领域的佼佼者。数目众多的储蓄者使银行以及其成员单位出售证券变得很容易，从而赢得了参与承销联合企业证券的机会。到 20 世纪 20 年代结束时，许多作为货币中心的银行以及其成员单位都从事各种类型的证券的包销、直销以及交易业务。

商业银行也对其他金融中介提出挑战。一战爆发前，银行业最重要的直接竞争者是国家特许的信托公司，信托公司是同时从事银行服务和财产信托服务的公司。《联邦储备法》及其修正案对国家银行实施相似的管制，并赋予其相似的从事信托服务的权力。定期储蓄准备金要求的降低，使商业银行具备了与信托公司和储蓄银行

竞争定期储蓄的能力。互助储蓄银行曾经对自身拥有的对小储蓄者提供服务的特殊机会沾沾自喜，现在却看到自己的客户被竞争对手吸引走了。到 1929 年，互助储蓄银行的资产份额只是 1900 年资产份额的约 1/2。

20 世纪 20 年代，无论成功还是失败都推动了银行业的合并过程。限制设立分支机构的法律以及非常低的最小资本金要求，造就了由大批与当地社团相联系的、缺乏多样性的小银行组成的银行业。1921 年，商业银行有 29 018 家，到 1929 年，这一数字下降到 23 695 家。这其中有近乎 1/3 是银行业兼并和整合的结果，而剩下的 2/3 则是小银行效益极度低下的结果。在 1914 年以前，银行破产对整个银行领域带来的冲击很小，第一次世界大战以后，这一冲击力增加了 5 倍（见图 13–5）。农村的国有银行在战时繁荣期间将大量贷款投向房地产。购房抵押债务的价值与农产品价格同时上涨了 250%。八大国有储蓄保险基金采取的不正当激励措施鼓励了风险贷款行为，进一步恶化了国有银行的境遇。1921 年农产品价格下跌到战前水平，使为债务苦恼的农民雪上加霜。农业抵押品的价格大幅上升，在 1926 年达到了顶点，这导致 976 家银行破产，创下了银行破产的历史纪录。这些破产的银行绝大多数都是国有非成员银行，主要集中在中西部、南方、山区各州（这些地方主要是单一办事处的小银行占主导地位）。[5] 750

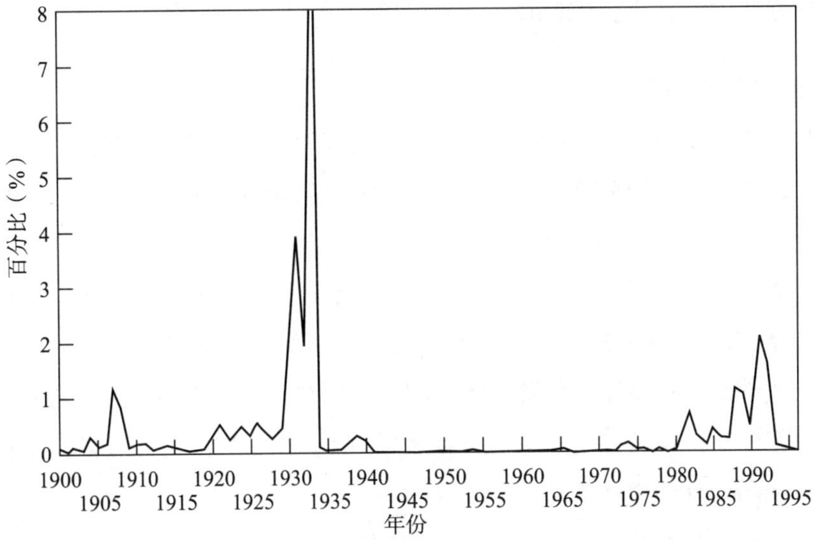

图 13–5 破产银行的储蓄占所有银行储蓄的比重，1900—1996 年

资料来源：Federal Deposit Insurance Corporation, *Annual Reports* (Washington, D. C., 1934 and later years).

由于担心抵押率太高和期限太短会损害农民的利益并阻止佃农成为所有者，国会在1916年通过了《联邦农业贷款法》(Federal Farm Loan Act)，将更多的长期贷款借给农民。《联邦农业贷款法》仿照联邦储备体系设立了12家联邦地产银行(Federal Land banks)。每家地产银行能够自己发行债券来筹资，但这些债券要得到当地的全国农业贷款协会（National Farm Credit Association）提供的农产品抵押物的担保，而全国农业贷款协会也是在地产银行的赞助下形成的。除了这些银行外，私人拥有和管理的股份合作制地产银行(Joint-Stock Land bank)也由联邦农业贷款委员会（Federal Farm Loan Board）批准成立，并被赋予出售免税证券的特权。农业问题也促使1923年通过了《农业信贷法》(Agricultural Credits Act)，这促成了联邦中介贷款银行（Federal Intermediate Credit bank）的建立。地产银行和中介贷款银行都被允许借款给商业银行和农业合作组织，并出售由农业票据担保的债券。

联邦政府介入农业金融并没有减轻农民的现实困境，但是这确实扩大了对分期偿还的长期农业抵押品的运用。与现存的贷款相比，地产银行提供的抵押品期限超过了40年，并且利率相同，而现存的贷款一般期限不到5年，且执行不同的利率。
751 就像商业银行改革的效果一样，联邦政府对农业银行的干预不一定改变了现存机构的运作方式，但是弥补了它们的一些很明显的缺陷。

证券业的繁荣时期

从19世纪晚期开始，商业贷款从短期变为长期，20世纪20年代这一改变加快了速度。第一次世界大战期间，资本发行委员会（Capital Issues Committee）限制了新的企业债券和地方政府债券的流通。一旦放松了管制，每年发行的新证券平均超过了2亿美元，1929年这一数字上升至8亿美元，达到顶点。老的公司、新的企业、公用事业、国家以及州政府都是国内证券最为重要的发行者。虽然发行的债券、票据和优先股增多了，但普通股票的增长更快，到1929年时，其在新发行的证券中所占的份额超出了一半。正是随着普通股票市场的繁荣，才有了经济发展，向市场发行新证券的成本也才能下降。

虽然1929年的投资所达到了3 000家左右，控制初级市场的只是五六家运转良好的公司。为了应付巨大的发行量，这些公司将保险企业组成辛迪加，以购买新的债券和股票。由于承销辛迪加有风险，因而要求成员具有足够强的实力可以承担较大的冒险行为。不久，国家立法机构开始出台法律规范保险公司的行为，投资银行被迫调整其证券承销辛迪加的结构。它们是理想的联合成员，有稳定的资金流量，不受即时需求的制约。相比而言，商业银行不能参与任何股权联合，商业银行和信托公司的规模受到设立分支机构限制的制约。互助人寿保险公司、公平人寿保险公司以及纽约人寿保险公司都是这一行业的巨头，它们的保单销售在整个人寿保险销售中所占份额达到一半。这些保险公司主动与顶级的投资银行联姻，以获取贷款和其他帮助。争夺保险公司控制权的斗争使纽约于 1905 年进行的阿姆斯特朗调查案 (Armstrong investigation) 谴责了金融企业之间相互联合获利的行为。次年立法机构通过了一项改革法案，其大部分内容被 19 个州采纳。纽约州的法律禁止人寿保险公司承销证券，并命令其卖出它们手中的股票。由于人寿保险公司现在被排除在保险业 752
以外，投资银行被迫扩大它们辛迪加的规模，缩短其持续期（duration)，并且吸收更多的银行和信托公司加入。

对新兴行业的融资为那些位于中西部和西部的、发展不成熟的投资银行以及商业银行的证券附属机构提供了向那些成熟的东部银行机构挑战的机会。这些成熟的证券机构，包括 J. P. 摩根公司 (J. P. Morgan & Co.)、库恩－洛布公司 (Kuhn, Loeb & Co.) 等，缺乏有远见的销售策略，并且与一些外行客户合作，还经常把主要精力放在与公司业务无关的事情上。这样，它们就将一个日益增长的市场拱手让给了新企业去开发，这些新企业建立了零售商业网以支持它们的投资银行业务。新的企业还采取批量市场技术，通过广告和直接邮送的方式推行小面额的证券。

对于一些投资银行、券商以及证券附属机构而言，关注的重点在于小投资者。在有限的既定资源下，并非所有的小投资者都能够充分地将其证券组合多样化。投资信托公司能消除这一局限性。第一家投资信托公司成立于 1893 年，但它们刚开始增长很慢，1921 年才达到 40 家，然而到 1929 年却猛增到 770 家，财产超过了 70 亿美元。在投资银行、商业银行以及私营管理者的指导下，投资信托公司在很大程度上被建成封闭式互助基金的样式。就投资而言，有些是固定信托，即证券组合在开始时就被确定的信托，而有些是管理信托，即由受托者控制证券组合的信托。

在面向广大公众销售证券时，经常有很多“黑幕”，这滋生了诈骗行为。1911 年

第一部证券法规《蓝天法》(Blue Sky Law) 出台了，此法首先被堪萨斯州采纳，要求在国内发行和售卖任何证券必须先得到国家银行特派员的批准。在接下来的 20 年里，许多州遵循了这一先例。有些州要求将即将发行的证券提交给某一机构进行资格审查，还有些州要求对发行的证券进行公告，并要求交易商登记注册。尽管这一法律是针对“不可信任”(fly-by-night) 的券商，但其背后的主要推动者是那些小银行，它们希望限制本州以外证券公司的竞争。但是由于大多数州几乎不干预证券市场，《蓝天法》对证券销售的影响非常有限。

在繁荣的二级市场，纽约股票交易所 (New York Stock Exchange, NYSE) 仍然是最重要的交易商，但是那些排他性和限制性不那么强的交易商也受益匪浅。纽约股票场外交易市场（New York Curb Market）的股票名单、交易规模和自动收报机数量
753 的增长要比场内的快得多，1921 年，纽约股票场外交易市场也被纳入了场内交易市场。到了 1923 年，纽约股票交易所自动收报机服务在奥马哈停止，这给其他证券交易机构和公司提供了一个竞争机会。券商对当地市场的分支机构和代理机构提供内部的电报服务，这加强了其与当地市场的联系。这种扩张有助于增加小投资者进入二级市场的机会以及它们购买证券的兴趣。

改革的保险业

尽管受到国家法规的制约，保险仍然是一个充满活力的部门。20 世纪的前 30 年，保险公司拥有的资产差不多是同期商业银行的 2 倍。保险行业业绩最为突出的是人寿保险公司。保单的销售额从 1920 年的 6 500 万美元增加到 1929 年的 1.23 亿美元，带来了大量的资金流入，从而推动了保险行业的扩大。尽管普通人寿保险公司的保单销售总额增长了 2 倍多，但面向集团和工业销售的保单增长得更快。就像其他金融中介一样，20 世纪 20 年代人寿保险公司主要面向中等工薪阶层开展业务，这促进了新型保单的发展。两家最大的公司——美国大都会保险公司和保诚保险公司 (Prudential)——都是由工业保险公司起家的，当时它们每周挨家挨户推销人寿保险以获取微薄的保险费。保单不再仅仅作为一种单纯的保险产品被售卖，而是私人投资项目的一部分。

阿姆斯特朗调查案以及随后出台的带有惩罚性的国家法律强迫一些主要的保险

公司中断与投资银行之间的连锁关系，并强迫保险公司甩卖手中的股票和停止销售延期分红（即半集资联合养老金，semi-tontine）的保单。大公司收缩规模降低了保险行业的集中度，规模最大的 9 家公司的销售额占总销售额的一半。保险公司的投资集中在铁路债券、市政债券、不动产抵押以及保单贷款上。

抵押品代替债券成为最重要的资产，成为证券组合构成的最为显著的改变。到 1926 年城市抵押品开始占据主要地位，而在此之前，农业贷款是主要的抵押形式。

抵押借款和分期付款信贷

20 世纪 20 年代，想要购买家居和耐用消费品的家庭增加了长期借款。不仅家庭贷款的规模和份额上升了，而且贷款结构也发生了改变。那些传统的、缺乏活力的 754
贷方机构被新的金融中介所取代。

抵押借款是最主要的家庭融资方式，1923—1929 年间，家庭抵押借款额占家庭总借款额的 61%。城市不动产贷款机构之所以成为充满活力的部门，主要是因为人们经历了从愿意租住房屋到愿意拥有房产这一长期变化过程，同时也离不开战后经济繁荣的刺激。传统的抵押借款大多由开发商、当地投资商、家庭和朋友提供。1920 年，仅有一半的不动产借款是通过金融中介进行的。这时市场的主要特征是贷款期限较短，利率只是市场价格的 1/3～1/2。大多数贷款，甚至由贷方机构提供的贷款也不采取分期清偿的方式，全部本金都是到期一次性偿付的。而各州对建筑贷款协会或者储蓄贷款协会的限制较少，这些协会不受上述规定的制约。它们将小的储蓄存款集中起来，形成对储蓄成员分期支付的抵押贷款。贷款期限也延长了，可达到 12 年，占资产总值的 60%～75%。这些储蓄机构以及保险公司赢得了银行占有的市场份额，不过保险公司没有储蓄机构的扩张力度大。到 1929 年，在居民抵押借款中，有 40%来自 12 342 家储蓄贷款协会的贷款，促使非机构的贷款份额降到市场总贷款额的 40%。

商业抵押借款和居民抵押借款的证券化开始于 20 世纪 20 年代，促进了城市建筑的繁荣。这主要得益于两项创新：(1) 房契和抵押担保公司对那些由它们发起并为之提供服务的贷款筹措活动的参与者颁发证明书，表明违约风险由它们填写的保险单承担。(2) 针对单一商业抵押借款形式，发行不动产抵押债券。这些债券最初是银行对已竣工建筑的贷款的证券化，但是后来也为开始阶段的建筑提供资金。

一战以后，家庭支出转向大件耐用品。在总的家庭支出中，耐用品的份额翻了一番，达到8%。对汽车需求的增加是家庭支出发生剧烈变化的最主要因素，另外对家用电器需求的增加有一定的影响，不提供抵押的消费信贷在战前增长很慢，但战后也翻了两番。尽管银行对为消费者提供信贷的制造商和零售商提供短期贷款，但银行并不愿意为消费者融资。大部分家庭的分期付款信贷是由销售贷款公司（sales finance company）提供的，它们从销售商那里购买零售期货合同(retail time-sales contract)。10
755 年间，销售贷款公司的数目就从不到100家增加到1 000多家。到1929年，在总额为11亿美元的分期付款信贷市场，销售贷款公司占了40%的份额，而商业银行所占的份额仅仅为5%。[6]

就在一战前夕，汽车交易商的融资中出现了重要的创新。大多数银行拒绝为汽车存货者提供资金，因为它们对支持消费行为和那些特许权有可能在短期内被取消的不值得信任的交易商持谨慎态度。而且，银行不能在联邦储备银行的贴现窗口使用分期付款票据。制造商只好与那些能承担特许交易商的存货贷款和零售合同的财务公司建立商业关系或者签订合同。通用汽车承兑公司（通用汽车的子公司）、商业信贷公司（与克莱斯勒公司有合约关系）、商业信用投资公司（与各种汽车制造商有合约关系）以及环球信用公司（福特公司的子公司）都是这一业务领域的佼佼者。

金融一体化及其脆弱性

从一战结束到1929年，国内金融部门的超常规发展反映了经济的新型特征，最重要的是反映了对长期贷款的需要。为了服务于家庭和企业，所有金融行业的领头企业都力图在法律限制的框架内扩大金融服务的范围。

虽然城市地区的金融中介变得更为完善，效率也得到很大提高，但国内金融市场仍没有达到一体化的程度。19世纪金融市场的一个显著特征是地区间利率差异较大。一战结束以后，初级商业贷款、同业贷款、股票质押贷款以及货物收据质押贷款的利率水平逐渐接近，但是地区差异仍然存在，这表明地方银行家在贷款市场获得了一定的租金。虽然有证据表明，风险可以解释利率差异，但是，即使具有相同担保的贷款——自由债券，其利率也存在差异，这意味着风险并非唯一的解释因素。

新的联邦机构可能推动了这些进步。联邦储备体系的贴现操作是银行贷款的源泉，这种贷款保证了即使在最艰难时期的资金流动性，在整个国家范围内联邦储备地产银行支付的利率也几乎相同。如果国家的金融市场没有完全一体化，那么部分 756
原因要归咎于联邦储备体系对银行系统结构改革的失败。另外，条块分割的银行业和对竞争的限制也可能是阻碍一体化进程的因素，它们削弱了金融系统承受经济冲击的能力。联邦储备体系努力缓和周期性的利率变动以保护金融系统，但是由于对缺乏多样性的小的金融机构的维护，这一努力的潜在效果大打折扣。由于随后没有再进行改革，20 世纪 20 年代银行的纷纷破产成为 20 世纪 30 年代金融体系崩溃的预兆。

金融体系的崩溃，1929—1933 年

1929 年股票市场的冲击

1928 年年初股票价格开始大幅度上升。价格从 1928 年 3 月开始上涨，到 1929 年 9 月达到顶点，以道琼斯工业指数表示的证券总值几乎翻了一番（见图 13–6）。价格上涨的股票大多数分布在工业、公用事业以及银行领域，这些领域的活动集中于新成立的企业，而小企业的股票和铁路股票几乎没有上涨的迹象。股票价格的持续上扬将资金从其他市场吸走，包括商业票据市场和外国债券市场。

当时的一些观察人士认为股票价格的上涨是由于新技术的采纳、管理水平的提高以及经济规模的扩大和收入的提高，这是新时代即将来临的迹象。华尔街甚至白宫都充满着乐观气息。约翰 · 肯尼斯 · 加尔布雷思（John Kenneth Galbraith）在其经典名著《大崩盘》（*The Great Crash*）中认为这种繁荣景象是一种狂热症状，即在大众投资者的非理性乐观情绪下膨胀的市场泡沫。有关大萧条的主流观点认为，价格的持续上涨必然显示出非理性。但有些历史学家也论证说，收入的增加是股票价格攀升的前提保证。尽管这样，仍然有一些令人吃惊的混乱局面表明存在泡沫。例如私人投资者情愿用巨额投资购买封闭式基金。另外，银行和券商在进行股票质押贷款时，要求更高的利率，对初始的保证金要求也提高了，这表明它们也意识到股票

757 投资的风险是不断加大的。

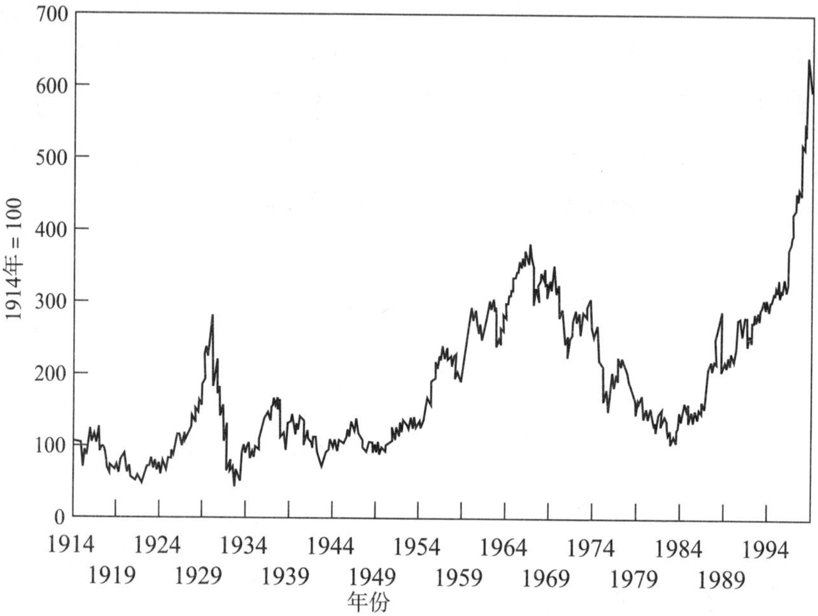

图 13–6　道琼斯工业实际平均指数，1914—1997 年

说明：道琼斯指数是经消费者价格指数调整以后的数字。

资料来源：Phyllis Pierce, ed., *The Dow Jones Averages, 1885—1985* (Homewood, 1986)and Dow Jones & Company, www. dowjones. com.

美联储并没有太多疑问，它认为是投机驱动了繁荣，而不是真实的经济增长，为此它寻求办法抑制投机行为。1928 年 1 月，在股票市场开始上涨之前，美联储实施了紧缩性货币政策来控制黄金流出美国。然后在 1929 年 2 月，美联储引导成员银行限制“投机性”贷款，即给券商的贷款。[7] 为了响应纽约联储的要求，联邦储备委员会允许银行在 8 月 9 日将贴现率从 5%提高到 6%。

联邦储备银行的紧缩性政策，连同夏季末开始的经济衰退打击了市场信心。道琼斯工业平均指数从 9 月 3 日的顶点一路下跌。随着证券交易规模的扩大，经纪公司陷入危机，对保证金要求的变动也更为频繁，订单开始远远跟不上需求。当投资
758 者无法得知自身的资金头寸的去向时，恐慌性售卖活动就发生了。股票价格在 10 月 24 日这个黑色的星期四和 10 月 29 日这个黑色的星期二直线下降。当城市外围的银

行和贷款机构开始回收给券商的贷款时，金融危机就会扩散。为了解决危机，纽约联储不得不逐步打破其政策原则，进行公开市场购买，鼓励成员银行自由借款并为股票经纪公司提供贷款。

联邦储备银行采取的及时措施，保证了冲击造成的直接影响仅仅限于股市。联邦储备委员会对纽约联储越级发号施令的做法非常生气，对此进行谴责，并坚持实施紧缩性货币政策。联邦储备委员会对紧缩性政策的坚持被认为是美国经济一步步陷入衰退的罪魁祸首，这种衰退反映在股市的长期下降趋势上（见图 13–6）。[8]

联邦储备政策和银行破产

1929—1933 年间的经济衰退在美国历史上是史无前例的，这次衰退导致金融系统陷入整体崩溃的边缘。联邦储备委员会采取的出乎意料的紧缩性货币政策，非但没有起到缓冲效果，反而加剧了经济的衰退形势，始于 1929 年的经济衰退到 1933 年演变成大萧条。实际国民收入下降了 31%，价格水平下降了 1/3（见图 13–1），失业率高达 20%。当金融机构出现困难，而联邦储备委员会又没有发挥最后贷款人的作用时，流动性挤兑就出现了。

20 世纪 20 年代，家庭的融资借款者地位加强。经济紧缩使它们的收入缩水，同时相对于它们名义负债的实际价值而言，它们资产的市场价值也急剧下降了。公众纷纷从金融中介撤出资金，这反过来加剧了金融机构向外贷款的收缩。同时，企业破产、贷款拖欠、证券违约等现象损害了金融中介的偿付能力。1933 年年初，整体崩溃局面就有逼近的迹象，从金融中介撤出的资金也不得不延期偿付，但是此时金融中介已经受到长期损害，20 世纪 20 年代曾经繁荣的金融中介业大为衰退，成千上万的金融机构被迫关闭。从总体上看，金融中介的名义资产总值在 3 年内缩水了近
乎 20%。[9] 在经济危机时期，金融中介服务的欠缺使整个经济的萧条局面雪上加霜， 759
这是除货币紧缩政策之外又一促使经济衰退的因素。

对经济和金融系统的命运起决定作用的是商业银行的崩溃，这场崩溃开始于 1930 年 10 月的一场银行危机。与经济中的其他衰退形式一样，农村地区的银行由于商品价格的暴跌而发生大范围的倒闭。这场银行危机的浪潮（见图 13–5）反映了拥有成千上万家脆弱的单一银行的银行系统的普遍问题，这些单一银行的贷款主要

集中在狭小的地区内。到 11 月的时候，危机扩展到美国南方，当时卡德韦尔公司（Cardwell and Company）濒临破产。卡德韦尔公司是美国南方最大的投资银行，控制着一系列银行和保险公司。股票价格的下跌导致卡德韦尔公司不得不延期支付存款者要求撤出的资金，这使其控制的银行发生了挤兑风波，120 个机构被迫关闭。1930 年 12 月，银行业危机达到顶点，并向城市扩展。银行破产最惨重的例子是纽约的美国银行（Bank of United States）。公众和银行都拼命寻求流动性，从而提高了货币利率和存款准备金率，减少了货币存量。

尽管在 1931 年年初，经济显现出一些恢复的迹象，但美联储并没有采取适当措施增强这一微弱的趋势。1931 年 3 月到 6 月银行系统出现了第二次危机。持续不断的通货紧缩的恶性循环使借款者违约，同时，金融机构出售资产以满足资金需求，这都削弱了金融中介的证券组合，迫使资产价格下降。新一轮的银行破产重新掀起了流动性挤兑和货币紧缩政策。尽管货币存量的下降由从欧洲输往美国的黄金那里得到了补偿，但随着英国在 1931 年 9 月放弃金本位，对美元的挤兑也开始了。为应对这种局面，美联储于 10 月提高了贴现率。利率的提高和黄金的外流使得更多的银行倒闭，经济活动更为衰退。

一战前的金融危机通常发生在秋季和春季，一战后这种现象再次重演。美联储处理危机的方法的改变可能是因为 1928 年本杰明 · 斯特朗的逝世。在纽约联储中，斯特朗是该集权体制的关键领导人。尽管他也关注股票市场上的投机，但因为担心紧缩性政策会引发经济衰退，他反对紧缩性货币政策。在他去世后，纽约联储丧失了对联邦储备体系的控制权，同时丧失的还有纽约联储关注国际形势的传统和作为中央银行的传统。美联储所支配的政策制定委员会于 1930 年 1 月解体，代替它的是
760 公开市场政策委员会（Open Market Policy Committee），公开市场政策委员会代表联邦储备体系所有成员银行的利益。这些银行不喜欢扩张性政策，害怕股票市场投机再次兴起。联邦储备委员会对银行业危机的明显的漠不关心反映出一个事实：大多数破产的银行都是非成员银行。即使成员银行中有破产的银行，也只是那些规模较小、实力薄弱、对联邦储备体系影响极其有限的银行。

对于美联储在解决银行系统危机方面的无能为力，国会的应对措施是在 1931 年对美联储的贴现政策自由化，并在 1932 年 1 月创设了复兴金融公司 (Reconstruction

Finance Corporation)。复兴金融公司通过发行债券的方式对金融机构提供质押贷款，尽管只有那些提供合格抵押品的金融机构才能得到贷款支持，但复兴金融公司改善了银行流动性，加快了对关闭银行的储蓄者的偿付速度，从整体角度看，提高了民众对银行的信心。在国会的压力下，美联储进行了 10 亿美元的公开市场购买操作，这改善了银行的处境。但是，这种扩张性政策在国会休会之后被放弃了。

1932 年第四季度，银行系统遭遇了新一轮破产浪潮，并再次出现了对流动性的紧迫需要。由于银行受到的压力增加，为保护银行免受恐慌的储蓄者的挤兑，地方银行宣布实施延期支付和休假制度。1932 年 10 月，当大规模的恐慌席卷内华达州时，内华达州首先宣布实行银行休假制度，在新的一年来临时，恐慌的蔓延加快了速度，到 1933 年 3 月 3 日，有 36 个州被迫实行银行休假制度限制储蓄者从银行撤出资金。结果是，那些存放在货币中心银行的未被限制的储蓄撤离的速度加快了。为了制止全国范围出现恐慌以及对美元挤提，罗斯福总统宣布全国都实行银行休假制度，暂停了黄金偿还和运输活动，并于 1933 年 3 月 6 日关闭了交易所。后来，国会在《紧急银行法》(Emergency Bank Act) 中赋予总统至高无上的权力，该法令刚颁布，罗斯福就立即宣布，从 3 月 11 日起暂时关闭商业银行。

银行业危机和休假制度的实施重新整合了银行业系统。在 1929 年 6 月的大风暴前，共有商业银行 24 504 家，储蓄总额为 490 亿美元。到 1932 年年底，还剩 17 802 家商业银行，储蓄总额为 360 亿美元。而 1933 年 3 月 15 日，开业的银行只有 11 878 家，储蓄总额为 230 亿美元。加上这一年余下月份里批准的营业执照，1933 年，商业银行的数目最终为 14 440 家，储蓄总额为 330 亿美元。1930—1933 年间银行破产的成本大于以前各个时期。损失总计 25 亿美元，其中大概一半由储蓄者承担，一半 761
由股东和其他贷款人承担。

收缩的机构和市场

比银行业遭受的打击更为严重的是储蓄贷款协会。由于不动产价格下降以及抵押借款者延期支付借款，储蓄贷款协会的资产质量恶化了。忧心忡忡的储蓄者从银行撤离资金，并存放在邮政储蓄系统的保险箱里。1929—1933 年期间，邮政储蓄系统的储蓄额提高了 6 倍，达到商业银行总储蓄额的 10%。面对这种局面，储蓄贷款协会建立了自身的现金储备，将新的抵押贷款削减了76%，与此同时商业银行也削减了50%的抵押贷款。日益严峻的紧缩形势也反映在储蓄额的下降上，储蓄贷款协会的储蓄下降了28%，商业银行的储蓄则下降了17%。

1931年，储蓄贷款协会发生了严重的危机，再次提出了建立联邦家庭贷款银行的需求。早在1919年，在储蓄贷款业的一再要求下，有关这一设想的计划曾经提交给国会但没有回音，如今这一计划得到了罗斯福总统的支持。尽管遭到商业银行和保险公司的强烈反对，国会还是在1932年通过了《联邦住房贷款银行法》(Federal Home Loan Bank Act)。联邦住房贷款银行仿效联邦储备体系，设立了12家区域性家庭贷款银行，这些银行由成员储蓄机构所有，并接受联邦住房贷款银行委员会(Federal Home Loan Bank Board, FHLBB）的监管。银行以批发形式为存贷机构提供贷款，即银行先以优惠利率获得借款，然后再贷给成员储蓄机构。尽管联邦住房贷款银行设立的目的是作为一种援助深陷困境的家庭业主的手段，但是几乎没有再融资，新体系建立的主要受益者是储蓄贷款协会。储蓄贷款协会限制资金撤离的能力以及从联邦住房贷款银行获得的援助有助于减少银行破产。与银行相比，储蓄贷款协会经历的收缩幅度较小，从1929年的12 342家下降到1933年的10 596家。

流动性挤兑也打击了人寿保险公司。大萧条开始的时候，保险公司拥有的资产价值远远超过了它们的保单持有者的储备，或对未来索取权的估计值。尽管保险公司资产的账面价值并没有缩水，但资产价格的下跌使它们陷入灾难性境地。如果以市场价值衡量这些保险公司的抵押借款和债券的价值，大多数公司已经失去了偿付能力。而且保单贷款的突然增加进一步减少了已经处于收缩中的现金流量。到1932
762 年年底，保险公司已经到了不得不出售证券以满足资金需求和隐藏真实头寸的地步。1933年1月和2月，州属银行的休假制度进一步加剧了保险公司对资金和隐藏真实头寸的需求。3月6日，由纽约开始，29个州命令保险公司休假，这大大限制了保单持有者在这期间从保险公司撤离的资金。金融危机减少了人寿保险公司的数目，从1929年的438家之多减少到1933年年底的375家。

除了金融机构外，农民也减少了贷款需求。农民在大萧条期间抵押借款的境遇甚至比20世纪20年代还要糟糕。1933年，国内抵押借款赎回率几乎达到了4%。这么高的赎回率是农产品价格出现意外下跌的结果。农业领域出现的严重倒退促使25

个州在 1932—1934 年间联合抵制抵押借款赎回立法。借款者的压力暂时得到缓解，但这是以对包括个人和金融机构在内的贷款者的危机为代价的。

不确定的经济环境破坏了美国国内的一级和二级证券市场，一级证券市场几乎被破坏殆尽。1929 年发行的公司债券为 80 亿美元，但是 1933 年这一数值只有 1.6 亿美元。商业票据的规模下降幅度高达 2/3。许多规模小的投资机构破产了，甚至规模较大的投资银行的合伙企业也遭受重创。例如，基德尔 – 皮博迪公司 (Kidder, Peabody) 被出售了，以改善经营状况；李 – 希金森公司 (Lee, Higginson) 也被清算，之后虽重新开业，但是规模缩小了。在二级市场上，证券交易规模的下降也大大削减了券商的利润。

股票市场的动荡使不确定性问题更为突出，这也是自股市建立以来所经历的最严重的震荡。债券市场上的投资者纷纷撤离，转向那些安全性更高、期限较短的资产。在 20 世纪 20 年代的大部分时间里，收益率曲线保持水平或者稍微向下，但这时收益率曲线有较大的正斜角，这说明对于那些承受较大价格波动风险的长期债券品种而言，存在更高的风险溢价。相似地，相对于利率高的债券，那些低利率的债券的收益大幅上升。BAA 债券和 AAA 债券之间的利差从 1929 年 1 月的 1%增加到 1932 年中期的 5%。金融系统受到了严重的破坏，公众遭受持续的损失，由此都提出了对改革的迫切需求。在新政的支持和这种不同寻常的机遇下政治改革家和现存的实力最强大的特殊利益集团决心重建金融市场。 763

新政和金融体系的重建

美国国会的闹剧

新政的前奏是，国会听到了一系列有损银行尊贵形象的言论。在经济上涨的 20 年里，主要的商业银行和投资银行都积极发放信贷，推动了经济的繁荣发展。当市场崩溃、经济萎缩的时候，那些已经进入新行业的金融创新者和新投资者成为替罪羊，经济衰退远非他们单个人或者集体所能左右的。

他们在钱财上的精明算计惹恼了那些经受巨大损失的储蓄者和股民，甚至使那些没有受到损失的人也陷入焦虑，认为某种形式的改革势在必行。这种状况改变了银行和金融的政治经济环境。

罗斯福总统认为期盼股票下跌的投机商正在阻碍股市的恢复，他督促参议院银行和货币委员会（Senate Banking and Currency Committee）调查华尔街股市的交易情况。在最初听取的反馈中，有证据表明精明的运营商已经在股市大肆宣传，推动股票价格上涨，还有几家主要的大公司以性质不明的投资信托的形式诱使投资者购买股票。在费迪南德 · 佩科拉 (Ferdinand Pecora) 被任命为参议院银行和货币委员会的法律顾问的时候，他揭露了华尔街丑闻，主要针对两家从事商业银行证券业务的大型公司的共谋行为。他发现花旗集团（即花旗银行，National City Bank）引诱投资者购买后来变得一文不值的南美债券 (South American bond)，当时南美债券被怀疑参与了不道德的交易。花旗银行和其合作单位的总负责人查尔斯 ·E. 米切尔 (Charles E. Mitchell) 被指控没有保护股东和投资者的利益，却为管理层提供债券和其他特殊投资机会。除此之外，大通证券公司（即大通国家银行，Chase National Bank）及其董事长艾伯特 · H. 威金 (Albert H. Wiggin) 也因同样的违法行为受到严惩，其中以威金卖空大通证券公司的股票为最。米切尔和威金被迫辞职，他们之间的合作关系也宣告终结。佩科拉也没有放过投资银行家，他指责他们对投资信托推波助澜。但对投资银行家的调查发现，他们的主要业务是向那些黄金客户发行和销售已成立公司的债券，并不涉及对信托的滥用或者违背。

佩科拉听证会并非对金融片面考察的结果，而是反映了改革论者对金融资本主
764 义的担心，而经济衰退正进一步加剧金融资本主义。尽管这些意见并没有揭露出某些应受到谴责的不道德行为，但对金融业的大致概况还是过分夸张了。从事后看，很多公开出售的、价格攀升很高的证券是一种不明智的投资。但谴责投资银行家的隐含假定是，他们已经提前预测到世界性经济萧条的到来。管理层补偿项目甚至被描述为使管理层富裕的手段，虽然其目的似乎更倾向于解决所有权和管理权分离以后的风险和报酬问题。这次听证会的成功之处在于，通过强调公众对这些被指责机构的反对情绪来削弱它们的政治影响力，从而改变了金融行业内部彼此竞争的利益集团之间的权力平衡状况。

银行业的新政

在新政中，银行业和证券立法的表面目标是增强金融机构和市场对储户与投资商的安全性，降低他们的未来损失。对于商业银行来说，新政立法则比较保守。银行系统的结构并没有改变，没有设立分支机构的单一银行的地位得到了加强，规模较大的银行引入的很多创新被取消了。新的管制制度创设了组织松散的卡特尔，政府对卡特尔设置了准入壁垒，并限制其价格及商业活动。

国会对银行改革的斗争在很大程度上是依靠参议员卡特 · 格拉斯 (Carter Glass) 和众议员亨利 · 斯蒂格尔（Henry Steagall）进行的。根据国会搜集的意见，参议员格拉斯决定将商业银行和投资银行分开。如果仅仅施加某些限制，国会中的多数人会更加满意，但格拉斯仍然按照真实票据原则，主张商业银行和投资银行完全分离。但这一主张是否能得到房地产银行和货币委员会主席斯蒂格尔的支持，依赖存款保险制度是否被采纳。规模较大的银行、联邦储备体系、总统以及格拉斯都反对存款保险，但是小城市的银行希望推行这一制度，以确保它们没有安全感的客户不会流失。因此，在经过半个世纪的游说后，国会最终接受了存款保险制度，当时发生的大规模银行业危机使公众支持斯蒂格尔一直坚持的意见，即不实行存款保险制度，就等于没有进行银行改革。

1933 年和 1935 年的《银行法》奠定了以后半个世纪商业银行体系的基本结构和特征。1933 年的《银行法》建立了联邦存款保险公司（Federal Deposit Insurance Corporation, FDIC）。所有的联邦储备成员银行都被要求参加保险计划，非成员银 765
行在得到联邦存款保险公司的批准后也可以加入。参加保险的银行按照存款额的一定百分比交纳保险费用，建立起相互保证的基金，用于支付那些破产银行的储户。1934 年 1 月 1 日，这一暂时性计划启动，每个储户能得到最高 2 500 美元的保险。在 6 个月内，就有 14 000 家商业银行加入存款保险计划。1935 年的《银行法》颁布后，存款保险制度成为长期不变的政策，并且保险费用上限提高到 5 000 美元。尽管保险对象的覆盖面几乎达到百分之百，大多数小储户得到了保护，但是实际的保险只能保证 43%的存款。

1933 年的《银行法》，即《格拉斯 – 斯蒂格尔法》促使商业银行和投资银行真正完全分离开来。该法案规定：任何个人或公司从事通过发行、承销、出售或者分配证券来接受存款的业务，都是违法的。银行和证券公司之间的任何合作及其参股董事、官员和雇员之间的任何联合都被禁止。[10] 同时，要求撤销商业银行隶属的证券公司以及削减债券部门。花旗银行清算了其附属单位，第一波士顿公司（First Boston Corporation）从大通国家银行和波士顿第一国家银行（First National Bank of Boston）的证券附属单位中独立出来。投资所，例如摩根，选择建立存款银行，而其他合作伙伴则建立了新的摩根·士丹利投资银行（Morgan Stanley & Co.）。

从 1933 年的《银行法》开始，继而到 1935 年的法案，限制竞争的思想被引入商业银行领域。国会受银行业危机的产生是由于竞争者强迫银行支付“过多的”利息这种观点的启发，禁止银行对活期存款支付利息，并限制对定期存款的利率水平，如同行政委员会（Board of Governors）在《Q 条例》下所做的一样。对新银行准入的限制进一步抑制了竞争。新政对银行业的立法终结了近一个世纪的“自由银行业”时代，在那个自由的时代，新的州属银行或者联邦银行只要能满足法律要求的最低标准，就可以在任何地方开立。同样，出于对“过度竞争”的担心，1935 年的《银行法》赋予联邦机构自由签发特许证的权力。

新政立法在管制商业银行地域扩张方面变化不大。国会修正了《麦克法登法》，
766 赋予国家银行与那些各州特许的农村地区银行一样的设立分支机构的特权。更为重要的是，银行控股公司首次被纳入联邦政府的管理范围内。那些吸取了较大群体资源的竞争者使非隶属的小银行受到威胁。小银行的抱怨促使在 1933 年和 1935 年的《银行法》中出台了新的管制规定。银行控股公司被界定为拥有多个成员银行大部分所有权的组织。[11] 虽然银行控股公司被置于联邦储备银行的监管之下，受新管制条例的制约，但获准收购新银行和进入其他新的业务领域。

尽管联邦储备银行采取的不适当的货币政策对金融体系的崩溃起了重要作用，但是联邦储备银行并没有受到很多指责，相反，它的权力更大了。金融体系的权力从商业银行手中转移到联邦储备委员会，这要归功于公众和国会对控制联邦储备银行的银行家们的信任危机，以及罗斯福总统新任命的联邦银行主席马里纳·埃克尔斯（Marriner Eccles）的坚持不懈的努力。联邦储备委员会在 1935 年的《银行法》的框架内，获得了任免联邦储备银行领导人的权力（现在由行政委员会行使这一权利）。货币决策权集中在 12 家成员银行组成的公开市场委员会手中，这一委员会包含 7 个行

政委员会成员和 5 个地区联邦储备银行的主席。行政委员会也获得了新的货币政策工具，即有权改变准备金。与银行获得的允许提供不动产贷款的权力相联系，联邦储备银行能够对任何“合格的”票据提前贴现。新政就这样废弃了曾被庄严载入《联邦储备银行法》的真实票据原则。

证券市场的新政

在新政的要求下，以前由各州监管的证券市场，现在由联邦政府接管。虽然在路易斯 ·D. 布兰代斯（Louis D. Brandeis）的增强信息披露的理念引导下，投资者并不能完全避免犯错误，但政府还是保证投资者不会因为信息的不充分或误导而陷入不知所措的境地。这一措施打击了《蓝天法》尽力隐瞒新的发行信息的努力，目的是提高有关上市公司披露证券交易信息的要求。1933 年的《证券法》(Securities Act) 767 和 1934 年的《证券交易法》(Securities Exchange Act) 的目的就在于通过确立严格的信息披露规则来提高投资者所获信息的数量。

1933 年的《证券法》还努力保证，州际证券买卖的信息能够被完全、公平地披露，并保证杜绝首次发行新证券时的欺诈行为。[12] 除了政府发行的证券和某些豁免证券外，所有公开发行的新证券都要求先注册。与发行者和证券有关的特殊信息都要有文字记录，以保证公众可以从招股说明书中查阅到。为了给投资者留下一定的时间来消化这些信息，证券从记录在册那天算起，20 天以后才可以入市交易。每个券商都要保证是可靠的，如果记录在册的信息被发现是虚假的，交易就会停止，购买者会收回资金。

1934 年的《证券交易法》进一步提高了联邦政府对在国家交易所内进行的证券交易的信息披露的要求。《证券交易法》要求证券发行公司必须注册，并定期以书面形式提供报告；还要求交易所也要登记在册，其交易系统需要经过政府的详细检查。《证券交易法》认为各种操纵市场的行为都是非法的，规定了短期买卖和止损的各种规则。任何拥有公司证券超过 10%的个人都被要求报告持有证券的状况。联邦储备委员会具有制定购买股票所需保证金数量的新权力，这发挥了杠杆作用。除了上述规定，《证券交易法》还建立了一个掌管新的立法的独立机构，即证券交易委员会 (Securities and Exchange Commission，SEC)。证券交易委员会由 5 个成员单位组成，拥有较大的自由决策权，可以制定单位之间有关交易活动和行为的规则及程序。对于清算所，罗斯福总统任命金融活动家约瑟夫·P. 肯尼迪（Joseph P. Kennedy）作为第一任主席，尽管肯尼迪从事过在目前看来属于禁止之列的活动。

1938 年，当证券买卖开始转向不受管制的市场时，出台了《马洛尼修正案》(Maloney Amendment)，对 1934 年的法律予以修改，进一步加强了对那些不通过交易所直接将证券售给顾客的券商和交易商的控制。券商和交易商可以直接在证券交易委员会注册登记，也可以在它们的交易机构注册登记。如果是后一种方式，则要求由交易机构将登记情况报送证券交易委员会。结果，1939 年召开的投资银行家会议促成了全国证券交易商协会（National Association of Securities Dealers，NASD）的成立。全国证券交易商协会与证券交易委员会共同承担规范不通过交易所直接将证
768 券售给顾客的市场行为的职责，并共同维持市场纪律。

1937 年，新政实施者指责大企业和华尔街使经济环境陷入悲观，并建立了临时全国经济调查委员会（Temporary National Economic Committee，TNEC），专门对此进行调查。临时全国经济调查委员会提出了金融集中和控制问题，尽管并没有证据表明大企业和华尔街阻碍了经济发展。[13] 对投资银行家的进一步打击采取的方法是推行强制性的公众密封投标方式（compulsory public sealed bidding），目的是消除支付“过多的”保险费用的问题。这一方式得到了规模较小的交易所的支持，它们希望和占支配地位的大公司平等竞争。1941 年，证券交易委员会要求所有注册过的公共事业性质的控股公司都参加竞标。这使得那些较大的投资所组织起来，形成了竞标联合体。20 世纪 40 年代末期，有关强制性竞标带来的好处的很多说法很明显都夸张了。[14]

1940 年，证券交易委员会的管理范围延伸至投资咨询公司和投资公司。当证券交易委员会为注册过的证券制定新规则时，《投资咨询法》(Investment Advisors Act) 要求专业人士对这些证券提供建议或分析，《投资公司法》(Investment Company Act) 针对的是已经吸引了大批小投资者的投资信托和基金，目的是保证这些公司具有独立的管理层和充足的资本，限制商业银行和投资银行的地位，并保证股东能够获得信息和控制董事长。

对储蓄和信用合作社的新的管制

新政再次提起了储蓄贷款协会的问题，并通过 1933 年的《房主贷款法》（Home Owners Loan Act），进一步加强了联邦政府对抵押市场的干预。联邦住房贷款银行委员会被赋予特许一种新的中介类型——联邦互助储蓄贷款协会——的权力，由此在存贷行业中建立了联邦—州的双层结构，并取得了与银行对等的地位。

为了直接帮助房主，1933 年的《房主贷款法》要求建立一个临时性机构，即房主贷款公司（Home Owners Loan Corporation, HOLC），接受联邦住房贷款银行委员会的管理。房主贷款公司从银行、储蓄贷款协会以及其他贷款者那里购买无法履行债务的房屋抵押借款，然后再以较低的利率和较长的期限为这些抵押提供资金。房主贷款公司共为 100 多万个家庭的抵押借款提供资金，拯救了许多处于丧失了抵押品赎回权的困境中的家庭。[15] 为了帮助未来的房屋所有者，国会在 1934 年通过了 769
《全国房屋法》（National Housing Act），提供房屋抵押借款保险。为处理这种保险业务，还专门成立了一个新机构——联邦房屋管理局（Federal Housing Administration, FHA）。对于一个只支付了 50%的保险费用的借款者而言，联邦房屋管理局提供的保险承担了全部拖欠的本金，以发行补偿性的 20 年到期债券的形式使贷款者免受借款者违约的风险。为了提高住房贷款资金的供给，1938 年建立了联邦国家抵押协会（Federal National Mortgage Association，FNMA），其主要工作是从外部借款，并将款项用于从贷款者和发起人那里购买抵押品。1944 年出台的《退伍军人权利法》（Servicemen’s Readjustment Act）授权美国退役军人管理局（Veterans Administration）提供由预算资金支持的担保，从而提供了更多的抵押保险。由于担心联邦存款保险公司的建立不利于储蓄贷款协会的发展，《全国房屋法》也要求在联邦住房贷款银行委员会下创立联邦储蓄与贷款保险公司（Federal Savings and Loan Insurance Corporation，FSLIC），专门为住房贷款账户提供保险，最高额可达到 5 000 美元。和由联邦存款保险公司承担保险支付的银行一样，联邦储蓄与贷款保险公司的成员也被要求支付保险费，并要接受定期审查。

联邦政府通过了有关特许成立联邦信用合作社的立法，开始对金融部门一个新的分支实施监管。出于慈善的目的，专为劳动阶层提供贷款的信用合作社形成了。到 1930 年，32 个州通过了允许建立信用合作社的法律。尽管信用合作社的数目超过了 1 000 个，但它们只是金融系统的一个微不足道的组成部分，资产总额仅有 4 500 万美元。危机的发生使信用合作社的倡导者有机会去华盛顿游说联邦法律放任拒绝执行信用合作社规管制度的各州。1934 年的《联邦信用合作社法》（Federal Credit Union Act）为联邦特许者提供了便利条件。信用合作社通过信用合作社国民协会（Credit Union National Association）联合起来，成立了专为贷款提供私人保险的基金，取代了政府保险。储蓄贷款协会以及银行要开设新的机构变得越来越困难了，这有助于解释信用合作社为什么会繁荣，1939 年信用合作社的数目超过了 10 000 个。

新政的后果

对于金融机构而言，1936—1937 年的衰退进一步强化了其在不确定的经济环境下对高流动性和高安全性的偏好。1935 年年底，联邦政府开始担心过多的银行准备金会存在通货膨胀的潜在风险。联邦政府希望刺激借款，采取了大胆的做法。1936 年 8 月以及 1937 年 3 月和 5 月，联邦政府将准备金提高了一倍，同时提高了保证金
770 率，降低了贴现率。银行的反应是大量削减贷款以保持过量的储备金，这成为经济急剧紧缩的开端。这次经济衰退程度是如此之深以至 1937 年的实际人均收入比 1929 年还要低。

对流动性的需求促使银行减少贷款，并增加对现金和证券的持有。贷款成为与证券市场有密切联系的货币中心银行的业务。货币中心银行一直是活期贷款市场重要的参与者，主要业务是将同业存款和其他存款投资以贷款的形式向券商投资。禁止对活期存款支付利息大大降低了货币中心银行吸引同业存款的能力，也降低了活期贷款市场的重要性。联邦资金市场逐渐在货币市场上占据了重要地位。

由于《格拉斯－斯蒂格尔法》禁止商业银行从事投资银行业务，由此禁止商业银行对其企业客户提供长期资金，因此，银行开始从事期限较长的定期贷款。商务部和复兴金融公司鼓励这种改变。传统上，对贷款普遍可以接受的最长期限是 6 个月。现在，商务部和复兴金融公司对银行观察人士指出，不能仅仅因为贷款期限较长就横加指责。1935 年的《银行法》允许联邦储备银行出借具有优良资产的证券，而不管到期日的长短。在贷款额被限制到资本和剩余资金的 10%时，即使货币中心银行也感到对重要公司发放贷款存在较大难度。解决办法是实现银团联合贷款，从

其他银行吸收资金。

改革后的商业银行看起来好像获得了成功，它不再是联邦储备银行的成员单位，同时，也被保护免于受到“过度”竞争，并得到联邦存款保险公司的保险。在银行休假制度实施以后，银行破产的数目下降了。在 20 世纪 30 年代以后的几年，银行破产减少了（见图 13–5）。损失程度也大大低于大萧条时期，并且能很容易地被联邦存款保险公司处理。银行体系安全性的显著提高是有代价的，例如要支付给存款人利息，服务的类型和新的机构减少了。对准入以及设立分支机构的限制削弱了竞争，但有助于提高银行业的投资回报率。

30 年代的证券业处于低潮时期，当时新的发行市场受到限制。由于惊慌的投资者逃离市场，同时由于 1932 年出台的《税收法》提高了对股票的过户费并对债券征税，证券交易的规模急剧萎缩。强迫顾客缴纳超过券商要求的保证金的规定进一步抑制了交易，降低了市场的灵活性。市场参与者对要求新发行证券公开报价的规定 771
抱怨颇多。证券直销者担心股市冷清时期市场态势的变动，发行者不愿公开披露信息，那些在有价证券上市登记表上签字的机构则害怕承担民事责任。由于无须承担上述这些成本，定期贷款和直接分销变得重要起来。为避免证券交易委员会的烦琐审查，对新发行证券的直接分销，从 1900—1933 年间不足市场总发行量的 3%攀升到 1939 年的 23%。[16]

1933 年的《证券法》和 1934 年的《证券交易法》之所以被通过，是因为相信信息披露会为投资者合理分配他们的资源提供必要的信息，并为所有的投资者创造一个具有“公平游戏规则”的市场。尽管规定要求进行信息披露，但是实际的状况几乎没有改进的迹象。与整个市场相比，那些购买并持有新发行证券的投资者，平均收益实际上与新政实施前后一样。只有那些仅仅在地区性交易市场发行的不够成熟的证券品种，信息成本才可能比较高，这是新政实施前错误的定价策略的结果。收益率确实下降了，这意味着风险降低了。但是这也可能反映出风险较高的证券向直接分销方式转移了。

新政也改变了家庭抵押市场。由于非机构贷款者不能获得联邦抵押保险，私人拥有的抵押贷款降低了。储蓄贷款协会的抵押贷款占了整个抵押市场的 1/3，是最重要的贷款者，其次才是商业银行。大多数储蓄贷款协会成为联邦住房贷款银行委员会系统的成员，但是只有30%的储蓄贷款协会获得联邦储蓄与贷款保险公司的保险。保险的吸引力降低是因为储蓄贷款协会保持了限制资金撤出以防止大规模挤兑的权力，同时，也因为储蓄贷款协会没有从以前的保险管制中看到任何好处。那些有保险或者由联邦政府特许的机构比没有保险的储蓄贷款协会的风险预期要低，或者是因为那些稳健管理的储蓄贷款协会加入了联邦体系，或者是因为管制迫使它们降低了承担的风险。但是几年后这些影响就消失了。有保险的储蓄贷款协会比没有保险的储蓄贷款协会显示了更高的风险预期，这表明保险的道德风险开始发生作用。

受到违约行为的损害，人寿保险公司的抵押贷款减少了，从1930年占资产总额的40%下降到1940年的19%，并取而代之以美国政府债券为抵押品。保险公司仍
772 然是企业融资的重要渠道，其超过1/4的资产投向了公司债券，这些公司债券被直接分销者购买的比重也日益上升。

尽管在大萧条前夕，金融部门也受到管制，但新政进一步强化了现存的对金融中介的管制框架，并增加了新的管制制度。联邦控制的范围也扩展到了金融市场。从总体上看，新政把金融机构界定得更为狭隘，对它们的定价策略和准入施以限制，这都抑制了竞争。对银行和储蓄贷款协会引进的存款保险制度促进了这些机构提高风险承担能力的积极性。但是，由于经济冲击和出人意料的政策，金融机构的流动性不规则波动，新政试图达到的大部分效果都被隐藏了。

第二次世界大战及其后果

美国参加第二次世界大战时，联邦政府又想办法将储蓄流量转变为战争资金。战争促使政府尽最大努力转变资源用途，当时使用的资源在数量上确实比以往和以后的战争都要大，战争期间的累计支出相当于年国民收入的3倍。尽管税收增多提高了收入，使其可以支付60%的支出，但政府仍然面临着两难困境，不得不借款。如果公众不相信政府有可靠的融资计划，投资者就会去购买高利率的债券，而这会提高战争成本。当时采取的策略是施加一系列控制，以保证财政部以较低的利率借到款项，从而钉住利率水平。随着放弃中立国的地位，1942年4月美联储宣称它将购买所有的短期国库券以维持不高于3/8个点的利率（见图13–2)。债券利率保持在

2.5%。这一上限表示政府决心保持较低的长期通货膨胀率，即使有必要进行货币创造。因此，通货膨胀率降低了（见图 13–1），政府成功地出售了 7 个战争公债和 1 个胜利公债。

政府要求降低消费耐用品的生产的规定使得消费者的支出转向政府债券。1941 年夏天，政府发布了第一道限制令，禁止生产汽车、卡车以及冰箱、洗衣机和其他家用电器。这些产品的生产厂家不得不转而生产军需品。战争期间，商品的缺乏促 773
使消费信贷减少。由于建筑材料的缺乏以及没有把家庭建筑计划列入优先发展规划，大多数的家用建筑工程都停止了。对新产品生产的限制以及高涨的需求，使得耐用品以及没有受到控制的产品的价格都被抬高。通货膨胀促使联邦政府于 1942 年 4 月出台了《最高价格通用规管法》(General Maximum Price Regulation)。后来，又采取广泛的配给制，进一步配合价格控制和价格管理措施的实施。通过限制支出，货币需求的增长速度得到控制，使得政府在创造较少的货币的条件下，可以获得同样规模的资源。

第二次世界大战将资金从私营部门撤出，并重新建立了金融中介的证券组合。监管者督促金融中介更多地投资于政府债券，他们的工作也减轻了。对于商业银行而言，一旦证券价格抬高，就几乎失去了保持大量超额准备金的动力。那些有息证券不会因为价格变动产生风险，基本上能够满足商业银行的流动性需要。尽管降低了超额准备金的要求，但是在管制经济条件下，银行不能轻易地扩大支出。相反，新的银行投资中有 90% 是美国政府的债务。储蓄贷款协会和人寿保险公司也将大量资金投向国债。

货币和资本市场在战争期间被榨取得一干二净。商业票据市场不存在了。1939—1945 年，优质的企业债券每年都在减少。联邦政府将保证金要求从 40% 提高到 100%，停止了对投资者的贷款，纽约证券交易所的交易规模甚至下降到低于萧条时期的水平。市场缺乏活力使证券交易委员会被称为一个“无关紧要”的机构，其职员中有 1/3 暂时辞职而转为军队服务。

根据第一次世界大战的经验，人们相信，第二次世界大战之后将出现短暂繁荣，随后陷入艰苦的衰退时期。但实际上，只在 1945 年军队大规模复员时，出现过短暂的萧条。从战时生产到和平时期生产的迅速转变，使经济出现了 3 年持续增长。

1946 年价格控制减弱，通货膨胀率立即提高，这在很大程度上是货币流通速度增加的结果，而不是货币基础增加的结果。和平时期出现的通货膨胀为钉住利率提出了新困难，于是 1948 年联邦政府第二次提高了准备金率。尽管这一政策加速了 1948—1949 年的经济衰退，但是它同时抑制了通货膨胀及其对联邦银行的利率政策带来的
774 威胁。有些观察家认为，联邦政府维持低的利率，是为了最小化对财政部的偿债成本。但回想 20 世纪 30 年代的经历，联邦政府担心的应是对于那些持有大量长期政府债券的银行而言，利率的上升会引起大规模的资产损失。而在战后继续实施钉住政策使银行可以降低这样的风险。

钉住政策之所以是一种可以说服公众的政策，是因为 1946 年政府预算的平衡以及 1947—1948 年政府预算的盈余表明政府不会再发行债务了。随着 1950 年 6 月朝鲜战争的爆发，公众对通货膨胀的预期改变了。更高的债券收益率要求联邦政府出面支持证券价格，这意味着钉住政策将带来重大的货币扩张效果。国会对财政部施压的结果是，在 1951 年 3 月，出台了《财政部—联邦储备体系协定》(Treasury-Federal Reserve Accord)。这一协定允许联邦储备体系放弃对债券价格的支持。为了保护债券持有者，财政部将可上市交易的长期债券与具有更高收益率的非上市交易的债券相互转换，这种做法使财政部承担了部分损失。最终，利率逐步提高，联邦储备体系重新获得了制定货币政策的独立地位。

新政的高潮，1951—1971 年

战后的融资途径

在不稳定的 20 年——包括战争期间以及战争以后——的经济衰退之后，美国经济开始进入新的繁荣时期。采取固定汇率制的布雷顿森林体系使政府预算得以平衡，而谨慎的货币政策促成了将近 20 年的增长和低通货膨胀率。尽管金融部门能够满足经济需要，税收制度和其他鼓励性制度还是改变了资金从储蓄者转移到借款者的渠道。图 13–7 和图 13–8 说明在新政期间，商业银行、互助储蓄银行和人寿保险公司在融资渠道方面的相对重要性降低了。新政的受益集团，包括储蓄贷款协会、金融

公司、养老基金、互助基金，则获取了大部分资金流。

尽管人们一致认为新政期间的管制起到了稳定金融系统的效果，但货币政策、 775
财政政策以及缺乏严重的外部冲击也是解释大多数金融系统成绩的重要原因。[17] 在《财政部—联邦储备体系协定》实施以后，联邦储备体系重新获得了独立性，它追求逆向操作的政策，以名义利率为调节目标实施反周期政策。经济衰退开始减速，通货膨胀率也降低了（见图 13–1）。直到 20 世纪 60 年代早期，当较小的财政赤字成为常态时，联邦政府预算才大致平衡了。战后，联邦政府从货币和资本市场撤出，这使私人融资渠道得以恢复。

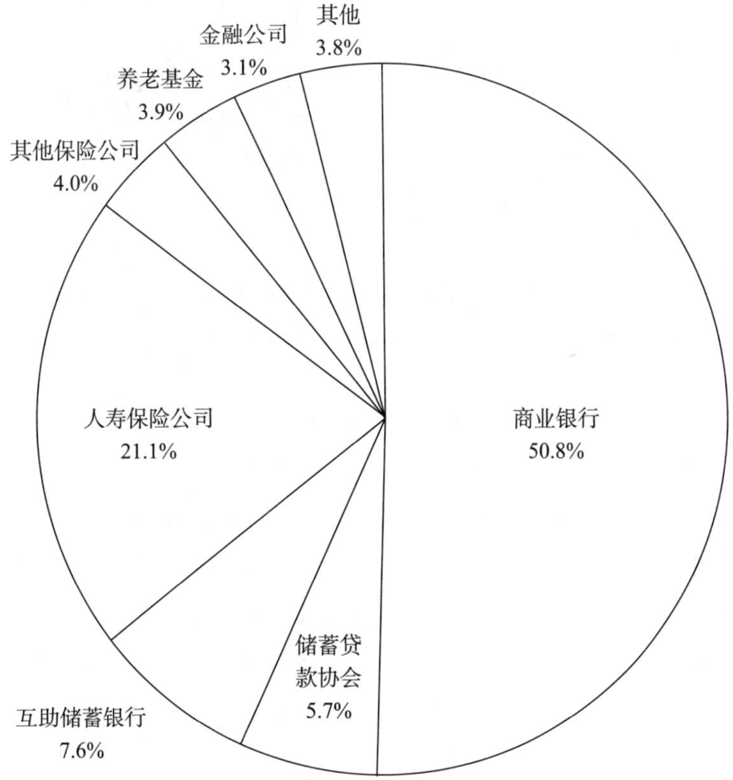

图 13–7　金融中介的资产份额，1950 年

资料来源：Goldsmith, *Financial Intermediaries in the American Economy since 1900 and Historical Statistics* (1976). 776

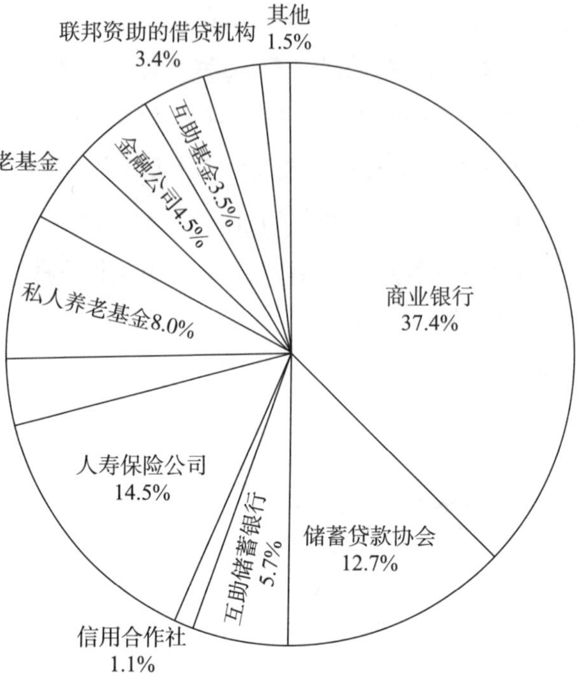

图 13–8　金融中介的资产份额，1970 年

资料来源：Board of Governors of the Federal Reserve System, *Federal Reserve Bulletin* (1971).

在战争期间，企业被排除在金融市场之外，它们的大部分资金是依靠内部融资筹集的。在战后第一个 20 年，债务融资占公司融资总额的比重从 15%上升到 30%，恢复到了 20 世纪 20 年代早期的普遍水平。但同时，股权融资的使用降到了历史上的低点，股权融资在公司融资总额中所占的比重从 5%降到了 2%。公司更多地向依靠债务融资转变可能是考虑到发行证券的成本尤其是税收问题。在 20 世纪 40 年代之前，税收体制对公司融资没有产生强有力的影响。但是在战争期间，公司税税率的上升使投资者有动力持有那些融资企业的股份，企业借款者享有的真正的税后收益率非常低。

企业战后借款的增加在很大程度上反映了对战前水平的恢复，家庭借款同企业一样也增加了。但是借款增加的幅度大大超过了战前水平，1952 年家庭借款额尚为 777 GNP 的 25%，1970 年则几乎上升到 50%。20 世纪 50 年代早期，尽管富裕的家庭购买股票和债券，但大多数家庭的投资选择仍非常有限，仅限于把钱存入银行和存贷机构，或者购买将保险和低利率的储蓄结合起来的人寿保险。专家经营的保险基金以及互助基金的迅速兴起扩大了居民的选择范围。这些金融中介共同管理资金，允许投资者购买多样化的证券组合资产。如果居民的这些证券组合中包含了保险基金，则证券投资组合会享受明显的税收优惠。

实施新政时的商业银行

曾在金融中介领域占主导地位的商业银行发现，它们在金融体系中的地位遭到侵蚀。但是它们受到新政实施的制度规则的保护，新政不仅限制它们之间展开竞争，而且限制那些较少受到管制的金融中介和商业银行竞争。

在 20 世纪 30 年代的普遍性危机之后不久，二战期间银行出售政府债券的动力非常强，这使银行对证券组合的投资策略比较保守。目前，对贷款的需求上升，银行可以扩大向外借款。1950 年，证券在它们的资产总额中所占的比重为 50%。20 年以后，这一比重下降到 25%，被具有较高收益的贷款代替。[18] 但即使这样，商业银行也在商业借贷领域中失去了自己的阵地。竞争来自金融公司和兴盛的商业票据市场。从总体上看，到 20 世纪 60 年代早期，银行贷款只提供了公司所需总借款中的 19%。银行寻求更多的抵押贷款和消费者贷款，但联邦政府对储蓄贷款协会、制造商和零售商的优惠政策，使它们成为银行有力的竞争对手。[19]

尽管对活期储蓄禁止支付利息的规定为商业银行带来了廉价的资金来源，但许多顾客还是转移到储蓄贷款协会开立能够支付利息的账户，或者购买国债，或者使用商业票据。为了吸引新的账户，银行提供一系列的免费服务，获取一些隐含的利益。新客户是公认的“免费受益者”(free toaster)。但这些刺激手段收效甚微，银行只好更多地依赖定期储蓄。1966 年，银行定期储蓄的规模第一次超过了活期储蓄。

对于货币中心银行而言，资金压力尤其突出。1961 年，这一压力引起了可转让 778
的存款凭证 (Certificate of Deposit，CD) 的诞生。可转让的存款凭证是由纽约第一国家城市银行（First National City Bank of New York）创造的，最小发行单位为 100 万美元，并按照市场利率支付利息，在全国范围内的企业融资途径中，它成为国库券和商业票据的竞争对手。使用可转让的存款凭证要求进行更为谨慎的成本管理，从而为商业银行带来了缓慢的转变。20 世纪 60 年代后期的通货膨胀推动市场利率突破了《Q 条例》所设置的利率上限，低成本的资本很快就消失了。银行从存于欧洲的非美国银行的美元市场以及证券回购协议中寻求资金。大型企业转向利率不受限制的商业票据市场。尽管存在这些问题，但新政还是有助于商业银行赢得较高的收益率。贷款损失很低，银行破产也成为少见的事件。在这 20 年内，每年破产的银行不足 10 家，并且都是小银行（见图 13–5）。

1950 年，账户的保险费用提高到 10 000 美元，从那时起，银行负债的保险费用就逐渐上升。大多数大型银行都没有像最初采取存款保险制度时那样对提高的账户保险费用进行拒付。这些银行在既定的保险费用折扣下，接受了费用提高这一事实，而正是保险费用的提高使得较小的银行以及存贷机构获得了比大型银行更高的补贴。由于联邦监管当局致力于控制风险，它们没有能够控制住保险费用从 1966 年的 15 000 美元上涨到 1969 年的 20 000 美元，这提高了保险的实际价值。保险费用的日益提高以及个人对多重账户的利用结合在一起，导致了更高的费用。1940 年，在被保险的银行中只有 40%的存款受到联邦存款保险公司的担保，这一比例在 1970 年上升至 64%。当联邦存款保险公司的保险基金相对于被保险的存款下降的时候，无论国会还是公众都没有过多的担忧，因为似乎没有银行处于崩溃的危险中。

商业银行在传统业务领域里面临着更为激烈的竞争，它们发现它们扩张业务和多样化经营的能力受到管制。银行系统的结构几乎僵化，在差不多 20 年里，商业银行的数目稳定地保持在 14 000 家左右，各州都限制分支机构的设立，几乎没有哪个州放松管制。1951 年，17 个州只允许单一制银行存在，17 个州允许自由跨州设立分支机构，这种状况一直到 1967 年才稍有改变，当时只允许设立单一制银行的州有 14 个，而对设立分支机构不加限制的州有 19 个。在银行试图通过兼并和收购的方式获得发展时，国会于 1960 年通过了《银行兼并法》(Bank Merger Act)，赋予联邦银行监管者阻止兼并的权力。司法部对自身权力的丧失一直耿耿于怀，同时不满意银
779 行监管者“松弛”的监管纪律，它们开始受理几个关于阻止兼并的诉讼案件。司法部坚定的反托拉斯的立场得到了最高法院的支持，当时最高法院在美国诉费城国家银行案中宣布商业银行要遵守《克莱顿法》。为了达到反托拉斯的目的，最高法院将“相关的商业群体”界定为代表商业银行的一个服务群体。因此，尽管银行面临着其他金融中介的竞争，但仍然被视为一个独立的、从法律上仅限于在当地市场开展业

务的行业。国会接受了法院在 1966 年《银行兼并法》中的结论，这一兼并法案认为银行业务适用于 1890 年的《谢尔曼法》以及 1914 年的《克莱顿法》，并认为如果兼并“对竞争有实质的削弱作用”，就应该禁止兼并。司法部将对任何市场占有率超过 5%的银行进行审查的承诺，阻止了许多兼并者和收购者的脚步。

反托拉斯并没有阻止银行的竞争者侵入银行的传统业务市场。当商业银行试图向新的领域扩张的时候，它们遇到了这些领域的企业的强烈反抗。旅行社、数据处理公司、保险机构、装甲车公司以及投资咨询公司通过法律途径反抗商业银行，法律规定银行应被限制在一个较小的活动领域。面对这种状况，商业银行转而求助于银行控股公司的形式。一个注册的银行控股公司能够收购多家在法律上具备从事非银行业务资格的银行及其附属机构。由于银行的竞争者抱怨银行控股公司的扩张，国会于 1956 年通过了《银行控股公司法》(Bank Holding Company Act)，将银行控股公司置于联邦储备委员会的监管之下，由联邦储备委员会决定哪些关联金融活动是被允许的。将银行控股公司界定为拥有两家或更多银行的组织，为那些单一型的银行控股公司提供了机遇。[20] 这些银行控股公司将提供各种金融服务的公司联合起来，绕过某些监管，寻求获得规模经济和范围经济。针对这些带有欺骗性的行为，国会于 1970 年通过了《银行控股公司法》，将只有一家银行的银行控股公司也置于联邦储备委员会的管理之下。银行控股公司运动给银行业组织带来了显著的改变。到 1976 年，在所有银行中有 26%的所有权掌握在控股公司手中，它们控制了 50%的银行办事处和 66%的银行储蓄存款。正如在 20 世纪 20 年代一样，大型银行逐渐演变 780
成不同性质的机构，为整个国家和世界提供多样化服务。

储蓄贷款协会的兴起

战后，迅速增长的储蓄贷款协会成为商业银行强有力的竞争者（如果我们不考虑作为第二大储蓄机构的互助储蓄银行）。新政为它们带来的好处提高了它们在流动资金市场上的份额。尽管储蓄贷款协会对活期存款和定期存款支付利息的做法不会完全替代商业银行对活期储蓄支付很少利息的做法，但还是吸引了小型储蓄者。为了和受到联邦存款保险公司保险的银行进行竞争，更多的储蓄贷款协会加入了联邦储蓄与贷款保险公司的保险，并且存贷机构的比重从 1950 年的 43%上升到 1970 年的 71%。

很多方面的因素促使大多数储蓄贷款协会将资金投向不动产贷款领域。1964 年前，联邦政府只允许储蓄贷款协会向外进行抵押贷款。尽管抵押市场较低的违约率使得抵押贷款成为有吸引力的资产，但是抵押贷款的同质性使其缺乏流动性。为了克服这一缺点并鼓励更多的抵押贷款，成立了联邦国家抵押协会，专门从贷款者和所有权者那里购买抵押品。20 世纪 60 年代，联邦住房贷款银行委员会也大大增加了对抵押业的预付款项，从而鼓励了抵押市场的扩张。由于这些有利因素，储蓄贷款协会成为抵押贷款的贷方。1950 年，储蓄贷款协会的抵押贷款在所有抵押债务中所占的比重为 25%，1970 年这一数目上升到 40%。

特别是，新政限制竞争的政策保护了存贷机构。新政的有关规定限制银行向与存贷机构办事处有一定距离的地方贷款，限制新的银行机构进入，限制建立分支机构。在这样的环境里，典型的存贷机构以小型互助储蓄贷款机构的形式运行。互助储蓄贷款机构的一般运行规则被描述为“3—6—3”,即以 3%的利率接受储蓄,以 6%的利率借出贷款，在下午 3 点停止营业。整个 20 世纪 50 年代以及 60 年代早期稳定的利率为这些中介机构带来了繁荣，虽然它们缺乏多样化的证券组合，并且在存折账户和 30 年的抵押品之间存在严重的到期期限不匹配的问题。在这期间，破产的储蓄贷款协会只有 13 个，130 个储蓄贷款协会促进了 1934—1979 年的兼并活动，只花费了联邦储蓄与贷款保险公司 3.06 亿美元。

尽管新政建立了一个稳定发展、结构合理的存贷行业，但竞争逐渐改变了这一行业的结构。20 世纪 60 年代，当储蓄贷款协会中的大多数仍然以互助机构的形式存在
781 时，股票协会却迅速发展，它们更关注利润，而不是自助的形式。对产品多样化和地域多元化的限制促使储蓄贷款协会控股公司形成。第一个储蓄贷款协会控股公司是建立于 1955 年的西方巨型金融公司（Great Western Financial Corporation）。到 1966 年，98 家控股公司控制了 134 个储蓄贷款协会及这一行业 13%的资产。它们将对众多储蓄贷款协会的管理集中起来，并增加了保险、不动产以及产权保险等附属机构。

这些规模更大、更具进取性的控股公司，能够更为容易地筹集到资本，并敢于从事一些违规的活动。受到竞争威胁的存贷机构和联邦住房贷款银行委员会说服国会于 1959 年通过了《斯彭斯法》（Spence Act），仿照监管银行控股公司的模式，将储蓄贷款协会的控股公司置于监管之下。

人寿保险公司、养老基金以及互助基金

第二次世界大战末期，几乎没有保险金计划。1950 年，只有 15%的劳动力列入私营雇主的保险金计划之内，但是到 1970 年，这一比率翻了一番，达到 31%。税收激励措施将保险金计划的捐资视为雇主可扣税的费用和雇员退休前的免税收入，这推动了保险金计划的扩张。保险基金从以前次要的中介转变为金融市场重要的竞争者，从图 13–7 和图 13–8 中我们可以看到这种改变。保险基金的主要投资方向仍然是债务工具，但是它们庞大的规模使得它们成为证券市场重要的机构投资者。到 1960 年，它们收购的公司股票在金融机构净购买额中所占的比重超过了一半。

20 世纪 50 年代，日益上升的股市带来了互助基金的恢复。发展最快的是开放式互助基金，20 世纪 30 年代那场灾难摧毁了许多当时更为普遍的封闭式基金，但开放式互助基金存活下来了。在一些热心的销售商的推动下，开放式基金吸引了许多小型投资者。在这个时期，互助基金几乎是投资者持有更多样化的资产组合的唯一途径。尽管互助基金不能享有保险基金那样的税收优惠，但互助基金为投资者提供了流动性。

人寿保险公司也处于持续发展中，但是它们的部分阵地被保险基金和互助基金占有。20 世纪 60 年代，各州对人寿保险公司的监管发生了变化，众多人寿保险公司被允许在某种程度上提高它们资产组合中证券的分量。就像商业银行一样，在战后的头 20 年，人寿保险公司也处于不断增长中，是发展正常的营利性机构，尽管它们 782
的相对地位有所下降。

互助基金、养老基金以及人寿保险公司的发展提高了金融市场的效率。这些机构投资者的研究能力以及理论水平都提高了，它们在一级和二级市场上成批购买证券，降低了交易成本和信息成本，从而缩小了销售价格和交易价格之间的利差。

资本市场的复兴

战后经济的稳步发展以及公司扩张对资金需求的增加使资本市场得以恢复。曾经受到大萧条打击和新政管制的证券发行，在战后也得以恢复。1954 年，道琼斯平均指数达到了其在 1929 年的高峰，1963 年纳斯达克市场的规模终于超过了 1929 年的水平。图 13–6 显示了从二战末到 20 世纪 60 年代中期资本市场的发展。这一时期由于市场的繁荣而被称为“戈戈舞”（go-go）年代。

《格拉斯－斯蒂格尔法》使商业银行被排除在资本市场之外，而允许那些按照狭义界定的投资银行在市场上调动资本。但是，重新兴起的资本市场对新政的实施者提出了挑战。1947年，司法部发文谴责17个最大的投资银行以及投资银行家协会违背了《谢尔曼反托拉斯法》，引起了美国诉亨利·S. 摩根（Henry S. Morgan）等人的案件。这些银行家被指控串谋欺骗发行者和贷款者。保险合同中固定价格的条款被认定是不合法的，司法部认为保险价格应该实行强制性拍卖定价。相比而言，证券交易委员会则并不认为金融部门的这些做法是对竞争的非法限制，只是一种将发行新证券的投资所集中起来的方法而已。1953年，这一案件忽然被中止，主要是由于证据不足，这一带有偏见的指控才被解除，这使司法部不可能重新受理这一案件。司法部的失败使得它们监管华尔街的努力宣告结束。由于新闻记者的渲染，18世纪与19世纪之交时，华尔街在人们眼中的形象是一个高高在上的带有垄断性质的投资银行家。

在20世纪50年代和60年代初证券市场的繁荣时期，证券交易委员会扮演着一个并不重要的角色。艾森豪威尔政府将证券交易委员会的人员削减到其在新政时期最多人数的一半。尽管1933年的《证券法》规定，对新发行证券审批注册的时间
783 为20天，但在1969年，这一期限延长至65天。伴随着证券交易所和纳斯达克市场的自我约束的加强，关于欺诈行为的调查减少了，对市场的监管也有所放松。公众和国会又重新支持恢复对交易所的监管，因为他们发现美国股票交易所（American Stock Exchange, AMEX）的交易商公然违背监管者制定的法律。[21] 肯尼迪政府支持扩大证券交易委员会的监管范围，在1964年通过的《证券法修正案》中证券交易委员会的权力得到了加强。[22] 尽管证券交易委员会提高了管理能力，但仍然赶不上迅速发展的市场的步伐。

大型投资银行在20世纪的萧条中存活了下来，并在二战以后迅速发展，最大的券商美林公司（Merrill Lynch）就是新兴繁荣市场的典型代表。该公司通过培训销售人员和发展研究机构，不断地为小型投资者购买质量上乘的证券。尽管小型投资者返回到市场中去，但华尔街的重要参与者仍然是机构投资者，包括互助基金、信托公司、保险基金以及保险公司，它们在证券持有和交易中所占的份额提高了。

交易所的业务繁荣了，券商费尽精力管理指令的传送。尽管纳斯达克和美国股票交易所仍然是最重要的市场，1967年在所有的美元交易额中，它们占了其中的

92%，但是它们仍然因其他快速发展的市场而困扰。1964 年，批量交易（10 000 股以上）占交易量的 2%，1969 年这一数字上升到 12%。如果专业人士无法处理大额交易，机构投资者就会转移到场外市场（over-the-counter market，OTC）。场外市场增长的速度异常快，尽管这一市场缺乏严格的订单体制或者专业的拍卖体系。由于纳斯达克实行固定的券商佣金制度，不容许大规模的回扣，因而它失去了部分业务。区域性的交易所希望招揽更多的业务，允许回扣和使用场外市场。尽管区域性股票交易所的灵活性更大，但仍然面临着竞争压力，并开始走上兼并之路。

纳斯达克竭力保持优势地位。纳斯达克禁止公开上市的公司拥有席位，并且经过其专业人士的游说，证券交易委员会于 1955 年通过了《394 规则》（后来的《390 规则》）来约束上市公司的交易行为，阻止经纪机构放弃场内交易而采用电话交易 784
的方式。《394 规则》禁止纳斯达克成员与非成员之间进行纳斯达克交易所证券的买卖。尽管证券交易委员会承担着促进竞争的职责，但是当时，《394 规则》没有引起任何机构的反对，也没有在华盛顿引起任何波澜。

庇护成员单位远离竞争带来了金融市场的无效性。这些成员单位在处理迅速增长的文书工作量方面力不从心，导致了 1968—1970 年证券市场幕后工作的危机。1964—1968 年，日交易额上升了 250%，股票认证书以及相关的文件成堆累积。虽然 1969—1970 年的经济衰退减轻了交易所的压力，但还是有 100 多个券商交易公司破产清算。[23] 面对客户的损失，国会于 1970 年通过了《证券投资者保护法》（Securities Investor Protection Act），为客户账户建立了政府保险制度。

新一轮的危机和变革，1970—2000 年

经济政策和不稳定的经济

二战以后的头 20 年内，经济呈现出稳定发展态势，这与接下来的 20 年里经济的波动和危机形成鲜明对比。1971 年，对布雷顿森林固定汇率体制的摒弃是一个分界点，因为这种消除通货膨胀外部限制的做法，预示着经济环境和政策制定的改变。

布雷顿森林体系的消亡源于越南战争以及美国国内那些没有带来税收增加的社会项目费用的日益上涨。财政预算的赤字有一部分从货币创造那里得到弥补，但这

推动了通货膨胀。伴随而生的对支付赤字的平衡导致外国财政部门和央行对美元需求的累积。当这些需求超过了美国黄金持有量的时候，美国以每盎司 35 美元的价格将美元自由兑换成黄金的能力遭到怀疑。1971 年 8 月延迟兑换美元阻止了美元缓慢流出，浮动汇率的时代正式开始了。

尼克松政府担心通货膨胀预期会带来迟滞效应，就采取了控制工资和价格的政策。这一控制措施未能阻止通货膨胀随着货币增长而上升的趋势。1973 年石油价格
785 暴涨，通货膨胀在次年就达到了 12%（见图 13–1）。卡特政府对失业率持续上升的忧虑，削弱了美联储追求反通货膨胀政策的意愿。为适应新环境实施的货币政策纵容了 1979 年的石油价格冲击对通货膨胀的抬升。政策实施过程中的不可预料因素增加了不确定性，带来了高失业率和高通货膨胀率同时出现的恶果。新政期间承诺建立的稳定低利率的金融体系，遭到了严重的破坏。

在保罗 · 沃尔克（Paul Volcker）成为联邦储备委员会主席之后两个月，美联储对制止通货膨胀的犹豫不决的态度改变了。1979 年 10 月 6 日星期六，美联储发布了新的操作规则，按照这一规则，银行储备规模将以控制货币总量为目标，并允许联邦资金利率浮动。效果立即显现，债券价格下跌了，利率上升了（见图 13–2）。尽管经济衰退期间实行了宽松政策，但是反弹的通货膨胀促使美联储硬着头皮于 1982 年将通货膨胀率下降到 4%。反通货膨胀政策的代价是高失业率和 1981—1982 年经济衰退的加深。

与紧缩性货币政策相伴的是财政政策令人吃惊的宽松。二战后联邦政府从资本市场撤离后，其在总贷款额中所占的比重从 1950 年的 51% 下降到 1980 年的 16%。里根政府大幅削减税收并进行军事建设，这大大扭转了这种下降局面。20 世纪 60 年代，政府年均赤字不足 GNP 的 1%，70 年代政府赤字不足 GNP 的 2%，而 1983 年，政府赤字上升到 GNP 的 6%，政府背负着贷款市场上 25% 的债务。当时很多人质疑这样高的借债水平是否能够持续，并为其对经济的广泛影响感到担忧，但是经济的快速增长以及赤字的快速降低使 80 年代末的赤字占 GNP 的比例下降到 3%。通货膨胀处于可控状态，美联储又摒弃了 1979 年采用的方法，而重新使用类似于 20 世纪 50 年代和 60 年代的政策，以调控联邦资金利率为目标。[24] 由于没有受到外部的通货膨胀的冲击，美联储建立了新的信贷体系用于控制通货膨胀。到 20 世纪末期，美
786 联储在维持稳定的低通货膨胀率方面获得了巨大的成功。

新市场和资金流动

1970 年以后的经济波动为金融系统带来了极大的压力。新政对竞争的限制政策却为新进入的、较少受到管制的金融中介和市场带来了发展机遇，虽然这是建立在“传统”的金融机构做出牺牲的基础上的。1970—1990 年间，商业银行、互助储蓄银行以及人寿保险公司持有的金融资产的份额有继续下降的趋势（见图 13–8 和图 13–9）。在传统的金融中介中，只有储蓄贷款协会的资产份额上升了，但是随后由于工业的衰退，储蓄贷款协会也陷入崩溃境地。保险基金和互助基金占据的范围扩大，货币市场互助基金、抵押入股以及证券化的贷款迅速增加。当受到管制的贷款者不能满足企业的贷款需要时，企业寻找到其他替代的融资途径，诸如商业票据、欧洲债券以及垃圾债券。 787

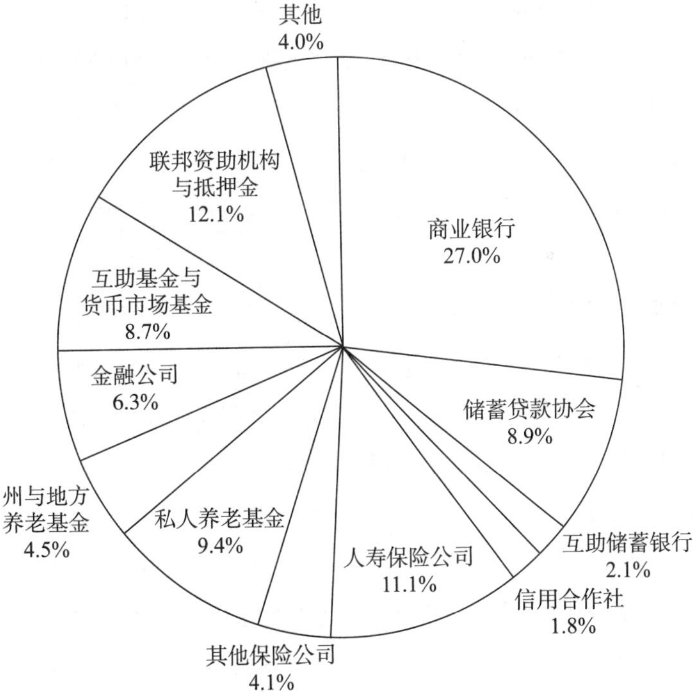

图 13–9　金融中介的资产份额，1990 年

资料来源：Board of Governors of the Federal Reserve System, *Federal Reserve Bulletin* (1991).

20 世纪 80 年代金融部门最为重大的转变是证券化过程扩大了，不可转售的资产转换为有价（可转售）证券。住房抵押贷款以及后来的自助贷款和信用卡应收账款，几乎无一例外地以商业银行和储蓄银行的证券组合的形式存在，被当作证券，在二级市场上买卖。银行和存贷机构提供的有特色的系列服务——发行、服务、持有以及融资贷款——被分解了。

在这一时期的利率浮动环境中，银行和存贷机构尽力减小遭受的利率风险，在这一过程中，它们参与了证券化的发展过程。有困难的存贷机构出售了它们的抵押品，尽管建立一个流动的抵押市场损害了存贷机构作为独立的专业化金融中介的本质。政府担保者在抵押市场的转变以及证券化过程中发挥了重要的作用。联邦国家抵押协会（Federal National Mortgage Association, FNMA）、政府国家抵押协会（Government National Mortgage Association, GNMA）以及联邦住房贷款抵押公司（Federal Home Loan Mortgage Corporation , FHLMC）购买发起机构发行的抵押品，或者为这些抵押品提供保险，然后发行（或者允许发行）抵押担保的债券，并由联邦公路管理局（FHA）或者美国退伍军人管理局对这些债券提供担保。直到 20 世纪 70 年代早期，这些机构规模还不大。在实行浮动利率之后，抵押入股及其衍生品在国内外市场上交易的效率几乎等同于国债。证券化通过改善流动性和提供担保降低了抵押率。

传统的金融中介受到管制，这提高了它们的服务成本，从而导致企业不再从金融机构借款，转而求助于市场。为了降低贷款成本，大型投资企业用短期银行贷款代替商业票据。而那些等级较低的小型企业在高收益市场即垃圾债券市场上发现了新的筹资机会。[25] 1977 年，垃圾债券在整个债券市场上所占的份额仅仅为 3.5%。有 500 家公司都具有投资等级，还有 20 000 家公开上市的公司年收入至少达到 3 500 万美元。

它们所需要的短期贷款是由银行和其他金融中介提供的，并且在贷款危机期
788 间，银行和其他中介可以收回贷款。企业可以出售证券，但是它们要进入证券市场则非常困难。由于意识到垃圾债券带来的高风险和高收益，迈克尔·米尔肯 (Michael Milken) 和他的德雷克塞尔－伯纳姆－兰伯特公司 (Drexel，Burnham，Lambert)，在 1977 年建立了新的垃圾债券市场。利率和通货膨胀率的变动使企业寻求固定利率融资方式，投资者寻求更高收益的投资机会，这推动了市场的发展。保险公司、互助基

金、保险基金以及储蓄贷款协会买入许多新发行的垃圾债券。公司发债能力的增强使得一些创新者，如科尔伯格－克拉维斯－罗伯茨公司（Kohlberg，Kravis，Roberts）通过融资买入手段重新组建公司，并采取投资者控制的治理结构提高企业业绩。20 世纪 70 年代，有 2 000 亿美元的垃圾债券市场为 1 500 家公司服务，并占有了企业债券总额的 1/4。[26]

使投资者面临几乎所有风险类型的衍生产品在 1979 年很快得到恢复。1948 年建立的芝加哥期货交易所（Chicago Board of Trade，CBOT）主要从事谷类交易，是第一个有组织的期货市场。但是直到 1972 年，才出现远期金融产品。在这以后不久，进入交易的远期金融产品就包括了借方工具买卖合同，特别是美国国债和质押证券，同时，芝加哥期货交易所和芝加哥商品交易所（Chicago Mercantile Exchange，CME）成为世界上最大的两个期货交易所。1982 年引进了股票指数期货，使得投资者可以在现金市场上对其持有的证券进行套期保值，由此产生了“证券组合保险”。1973 年前，非标准化的期权在场外市场上出售。随着芝加哥期权交易所 (Chicago Board Options Exchange，CBOE) 的建立，标准化的期权开始在 1973 年交易。标准化的期权具有允许购买对某种金融产品的买卖权的优点，这使芝加哥期权交易所的规模猛增，1973 年芝加哥期权交易所的合约为 100 万份，1987 年这一数字超过 3 亿。随后，美国证券交易所、费城股票交易所、太平洋股票交易所以及纽约股票交易所都建立了自己的期权交易市场。为了规范期货交易所，国会在 1974 年建立了商品期货交易委员会（Commodity Futures Trading Commission, CFTC）。随着期货、期权以及现金市场的产品创新，美国证券交易委员会和商品期货交易委员会之间的司法界线变得模糊，1982 年的法律赋予商品期货交易委员会主管股票指数期货和与期货产品相关的期权的权力，同时赋予美国证券交易委员会监管股票期权、股票指数以及外币的 789
权力。

储蓄贷款协会非常规的繁荣和衰落

20 世纪 70 年代早期，储蓄贷款协会开始迅速扩张，这时没有人预测到它会在 20 年内走向衰落。衰落的祸根在应对 20 世纪 60 年代晚期的脱媒（disintermediation）危机所运用的政策中就已经种下了，当时国会在《Q 条例》中对存贷机构实施利率限制政策。

最初，存贷机构不受《Q 条例》的制约。1935 年，联邦储备银行对所有银行储蓄和定期存款设置了 2.5% 的利率上限。由于这一上限通常在市场平均利率之上，20 世纪 60 年代中期，利率限制政策产生了问题。1965 年市场利率上升，这时银行和存贷机构的资金开始流失。为了弥补这种脱媒现象，储蓄贷款协会从联邦住房贷款银行委员会中寻求贷款。联邦住房贷款银行委员会采取定量配给贷款的方法，同时，存贷机构也大量削减抵押贷款，建筑施工量大幅度降低了。

警惕的国会于 1966 年通过了《利率控制法》(Interest Rate Control Act)，将利率上限的实施范围扩展到存贷机构的储蓄。为了使储蓄更具吸引力，存款保险在 1966 年被提高到 15 000 美元，1969 年提高到 20 000 美元，1974 年提高到 40 000 美元，从而抬高了通货膨胀调整后的保险水平。存贷机构的存款利率上限比商业银行高 0.75%。之所以存在这种差别，是因为希望降低商业银行和储蓄贷款协会的竞争，并且以较低的利率吸引资金重返抵押市场。利率控制的成本被不那么富裕的储蓄者承担了，他们损失了好几亿美元的利息收入。较为富裕的储蓄者没有受到利息损失，因为国会规定 10 万美元以上的存款可以不受《Q 条例》的制约。小额的储蓄者的选择进一步受到短期国库券最小面值增长的制约，国库券的最小面值从 1 000 美元上涨到 1970 年的 10 000 美元。

1969 年、1973 年和 1979 年，通货膨胀率出乎意料地上涨，这对那些受困于长期固定利率抵押的存贷机构产生了极大破坏，长期固定利率的抵押贷款到期以后的本金和利息与储蓄存款账户不相符。通货膨胀率提高，推动了市场利率的上涨，利率上限也提高了好几次，但是商业银行间的利率差别减小了。存贷机构能够以较高利率发行各种各样的证券，这对于存贷机构而言是一种新的援助。在新英格兰，国家特许的储蓄贷款协会自己创造了经商议可转让支付命令的活期存款账户 (NOW 账户)。这些账户支付利息，能够与那些禁止支付利息的银行支票账户相竞争。储蓄贷
790 款协会也引入可调整利率的抵押贷款 (ARM)，目的是控制利率浮动带来的风险，这些风险曾经给它们带来极大的痛苦。

20 世纪 70 年代晚期，这些改变使储蓄贷款协会提高了自身的能力，并在抵押市场获取了更大的份额。但是，利率的提高降低了利率提高之前的、较低的利率抵

押品的价格。财富逐渐从金融机构悄无声息地转移到家庭，这损害了金融产业。当美联储为治理 1979 年的通货膨胀而提高利率的时候，储蓄贷款协会被削弱的命运大致就确定了。存贷机构受制于低利率的抵押品，随着资金成本的猛增，没有盈利的被保险的存贷机构的比重由 1979 年的 7%上升到 1981 年的 85%。在低于市场利率的情况下，储蓄者将资金转移到货币市场互助基金（MMMF）。这些安全的投资渠道为投资者提供市场利率，并可投资于短期国债、商业票据以及其他流动性资产。用账面价值衡量，储蓄贷款协会的净价值只是略微下降，但是以任一种市场价值计算，储蓄贷款协会作为一个整体，净资产价值只有 1 000 亿美元左右，处于破产的边缘。

对于破产的存贷机构的储蓄者，联邦储蓄与贷款保险公司也只能清偿其中的一部分。房地产业并不希望存贷机构大规模地倒闭，里根政府也不愿扩大政府财政赤字。在众多储蓄贷款协会积极游说的影响下，国会尽力对存贷机构注入新的活力，采取的措施是出台了 1980 年《储蓄机构自由化和货币市场控制法》（Depository Institutions Deregulation and Monetary Control Act，DIDMCA）和 1982 年的《加恩 – 圣杰曼法》(Garn-St. Germain Act)。《储蓄机构自由化和货币市场控制法》分 6 年逐步消除利率上限控制，对每个储蓄者提供的存款保险也增加到 100 000 美元。《加恩 – 圣杰曼法》则批准银行和存贷机构开办货币市场存款账户（MMDA），与货币市场互助基金竞争。存贷机构许多传统的证券组合限制也被取消，并允许其提高消费信贷、商业不动产抵押贷款以及企业贷款。[27] 陷入破产境地的存贷机构则有机会通过新的大胆的冒险赌一把，正如批评家所说的那样“起死回生”。如果冒险获得成功，存贷机构将盈利；如果它们失败了，成本会由联邦储蓄与贷款保险公司承担。这一计划隐含着道德风险，为了防止过度冒险，需要进行严格的检查和监管；但是由于管理层也承受着减小政府作用的压力，检查的次数不得不减少。

然而冒险并没有获得成功。即使 1983 年以后经济恢复了，利率仍然保持在较高的水平。在新的贷款能力和大额经纪储蓄的推动下，储蓄贷款协会得到迅速发展：新的储蓄贷款协会被组建，许多互助基金都被转换为容易扩张的股票存贷机构。存 791
贷机构在得克萨斯州和西南部等发达地区得以繁荣发展。尽管有些管理者和所有者从事违法活动，但是金融企业的基本问题主要在于高风险的战略，这种战略是由监管方面的改变引发的。在代表存贷机构利益的国会的压力下，联邦住房贷款银行委员会实行的是宽容性监管政策，容许即将破产的机构继续营业。

尽管联邦储蓄与贷款保险公司的担保抑制了普遍性恐慌，但储蓄贷款协会的糟糕状况仍然导致1985年国家特许的俄亥俄州和马里兰州的存贷机构发生挤兑。[28] 1986年，国会知道联邦储蓄与贷款保险公司没有偿付能力，为避免遭受未来溢价的损失，就允许联邦储蓄与贷款保险公司发行新债券，这相当于对联邦储蓄与贷款保险公司注入了108亿美元的“预算外”资本金。1989年通过了《金融机构改革、恢复和强制实施法》(Financial Institutions Reform, Recovery, and Enforcement Act, FIRREA)，存贷机构的获利开始了，资本金标准也向银行看齐。联邦住房贷款银行委员会解散，储蓄机构监理署（Office of Thrift Supervision，OTS）作为国库的管理者得以建立，负责监管存贷机构。破产的联邦储蓄与贷款保险公司也解体了，保险被转移到联邦存款保险公司新设立的储蓄联合保险基金公司（Savings Association Insurance Fund，SAIF）。在新的管理部门（美国）清债信托公司(Resolution Trust Corporation，RTC)的领导下，破产的储蓄机构要么被兼并，要么被清算。最初，关闭资不抵债的金融机构时的折扣成本为740亿美元，但后来，清算成本大多都至少翻了一番，对于税收支付者而言，这种费用远远高于20世纪30年代银行业危机期间由储蓄者和股东承担的费用。

尽管储蓄贷款协会的规模缩小了，数量也减少了，不再是主要的抵押贷款机构，但在20世纪90年代的经济繁荣期间，储蓄贷款协会重新恢复了生机。许多存活下来的企业合并成类似银行的金融机构，与其他金融中介在更平等的环境中竞争。

商业银行的危机和恢复

1970年以后经济的回升，以及新政期间银行体制的崩溃使商业银行业优胜劣汰。就像储蓄贷款协会一样，1979年以后资金成本的上升，以及石油行业和区域性不动
792 产市场的衰退所造成的损失使商业银行遭受了打击。虽然破产的银行数目少于存贷机构，但是在破产的银行中包含了一些大型的机构。存活下来的银行增强了实力，转变成更多样化、大型化的金融服务企业。[29]

1974年，美国排名第20位的大银行——纽约富兰克林国家银行（Franklin

National Bank of New York）——破产了。[30] 富兰克林银行曾经试图从长岛市场跳到纽约市场，为企业提供低于银行最低优惠利率的贷款，并使用短期储蓄为企业筹资，这带来了灾难性的外汇投机行为。纽约富兰克林国家银行的破产之所以著名，是因为其大量使用有极大风险的短期借入资金。尽管富兰克林银行的破产似乎对许多人而言是出乎意料的事情，并且关闭银行的数目较少，它们占有的储蓄份额也非常小(见图 13–5)，但是问题在扩大。

1980 年，联邦存款保险公司解救了宾夕法尼亚第一银行，后者由于追求风险贷款，失去了进入可转让存款凭证市场（该市场曾是其用以扩大融资的）的资格。监管者担心的是宾夕法尼亚第一银行的破产可能会引发对银行系统的信任危机。联邦存款保险公司没有关闭这家银行，而是利用权力之便使用法律上从未使用过的条款，宣称宾夕法尼亚第一银行是“一家为居民提供充分银行业服务的至关重要的银行”。这一宣称为监管者通过资本注入援助这家银行提供了理由。这次保释行动为联邦存款保险公司以后的一些操作提供了参考。

20 世纪 80 年代，除了美国国内出现的银行灾难以外，银行尤其是大银行还面临着欠发达国家的违约风险。联邦政府鼓励国内银行对欠发达国家重复使用“石油美元”(petrodollars)，石油美元是 20 世纪 70 年代由石油生产商累积的。1982 年，欠发达国家爆发了债务危机，当时，墨西哥宣称它不能偿还债务。欠发达国家无法偿还的贷款大于银行业的总资本，那些大型的银行相应地承担了更大的风险。由于担心银行破产会引发危机，监管者允许国内银行在其账本上按照债务的账面价值承担这些贷款，这样债务要么被重新规定偿还时间，要么被逐渐地注销。

20 世纪 80 年代，西南部石油业繁荣发展前景的破灭，以及相关的不动产市场的崩溃，迫使成百上千家银行倒闭。1982 年一家小机构——俄克拉何马城的佩恩结算 793
银行（Penn Square Bank）——的破产拉开了银行倒闭的序幕。佩恩结算银行乘着繁荣时期，制造了数亿美元的毫无价值的参与贷款，并将其出售给其他银行。联邦存款保险公司关闭了这家银行，对其存款者进行清偿，但是参与贷款连累了其他许多银行，包括大陆伊利诺伊国家银行（Continental Illinois National Bank）和美国的第六大银行——芝加哥信托公司（Trust Company of Chicago）。当市场发现大陆伊利诺伊国家银行的问题的严重程度时，挤兑已经开始了。仿照宾夕法尼亚第一银行的例子，监管者于 1984 年称大陆伊利诺伊国家银行“影响太大，不能破产”。联邦存款保险公司购买了大陆伊利诺伊国家银行所有的问题贷款，并承担了它的债务，保护了所有的储蓄者。随后，联邦存款保险公司对大陆伊利诺伊国家银行进行了重组，控制了其 80%的股权。在“影响太大，不能破产”理念的主导下，20 世纪 80 年代的后 5 年，得克萨斯州和美国东北部的很多银行都得到了政府的解救。

同联邦储蓄与贷款保险公司不同，联邦存款保险公司在银行破产的浪潮中生存下来。1981—1994 年间，总共有 1 455 家银行破产，损失了 520 亿美元的保险基金。其中在 20 世纪 80 年代银行破产的高峰期，受到日益激烈的竞争的压力，以及受到存款保险制度和“影响太大，不能破产”思想的保护，银行承担的风险增加了。增加的风险体现在贷款—资产率的提高、资本—资产率的下降以及贷款构成的变化上。联邦储备体系因担心银行缺乏充足的资本，于 1981 年首次制定了资本要求制度。由于银行资产组合在资产负债表中占的分量较少，因而联邦储备体系没有考虑其风险。新的资本要求为企业提供了追求表外业务的动力。表外业务包括备用信用证、委托贷款、贷款销售、证券化以及衍生工具的提供，这使银行面临新的风险。在传统产品的收入下降的同时，表外业务的收入稳步上升了。到 1990 年为止，由表外业务带来的贷款占整个工商企业贷款的 50%。尽管 1981 年以后，资本要求已经提高，但 1988 年由 12 个国家签署的《巴塞尔协议》(Basel Accord) 指出了新的风险。所有的成员国都同意对银行强制要求统一的最低资本额，这一最低资本额能降低所有资产项目和表外项目的风险。1991 年出台的《联邦存款保险公司修改法》是上述资本规则的补充，目的是结束监管者任意延长偿债期限的状况。这一方案制定了当机构开始显示破产迹象时所实施的早期干预规则，也制定了对破产机构采取紧急解决措施的规则。这些改革提高了资本额，降低了承担的风险。这些因素再加上 20 世纪 90
794 年代美国经济开始走向兴盛，银行破产不再出现了。

银行业的灾难带来的一个正面效果是地理上的限制开始减弱。里根政府时期，司法部对横向兼并的反对态度有所缓和。限制在本州设立分支机构的州立法律开始取消，到 1990 年只有 3 个州坚持单一银行体制，35 个州都允许跨州自由设立分支机构。兼并政策的放松和允许设立分支机构的法律促进了兼并浪潮以及州范围内企业的联合。20 世纪 70 年代以后，商业银行的数目已经猛增到 14 000 家之多，尽管后来出现了银行破产危机，这一数目也仅在 1995 年下降到 10 000 以下。增加州际的银行业务更加困难。[31] 允许银行控股公司进入州际业务的合同成为州际银行业务扩张的途径。1975 年，缅因州在 1957 年的《银行控股公司法》基础上，颁布了《道格拉斯修正案》，为那些想在本州设立或者收购银行的州外银行控股公司提供了互惠条件。1982 年，马萨诸塞州针对所有总部设在新英格兰的银行通过了相似的立法。1985 年，纽约的一些银行对此独占性条件提出了诉讼，但被联邦法院判定为败诉，这使独占性的州际合约成为发展跨州银行业务的通道。结果，"超区域组织"而非货币中心银行成为跨州银行业务的主导。1994 年，《里格尔 – 尼尔州际银行业务和分支机构效率法》（Riegle-Neal Interstate Banking and Branching Efficiency Act）使美国走上了发展完全跨州银行业务的道路。银行控股公司被允许收购任何一个州的银行。1997 年允许跨州设立分支机构，推翻了 1927 年的《麦克法登法》，从而为提高效率创造了机会。

对设立分支机构和银行准入的限制阻碍了地方存款市场和贷款市场实现完全竞争，使一些银行获得租金。对于没有效率的金融机构而言，这些限制也减轻了其被取代的威胁。随着自动取款机（automatic teller machines, ATMs）以及其他电子设施的建立，银行业的地理扩张活动已推展开来。1979 年自动取款机的数目为 13 800 台，但是到 1994 年，这一数目达到 109 080 台，自动取款机极大地提高了银行服务的便捷度。同时，处理电子存款的实际成本下降了近乎 90%，降低了银行成本。因此，在银行联合运动即将展开的时候，电子银行业务的兴起为客户提供了更好的服务，降低了银行服务成本。

同时，新政中对分业经营的规定已经慢慢模糊了。日益兴盛的证券市场诱使美 795
国银行收购了一家贴现券商——查尔斯 · 施瓦布公司（Charles Schwab & Co.）。[32] 后来这一做法被其他银行模仿，它们希望将证券出售给客户。银行通过货币掉期交易，进一步进入市场。由于外汇掉期行为产生于顾客在新近的浮动利率条件下改变他们的利息支付的需要，监管者并没有禁止商业银行间的货币掉期活动。有鉴于墨西哥债务危机和大陆伊利诺伊国家银行危机，J. P. 摩根大通银行和其他的银行尽力说服联邦储备银行同意商业银行通过它们的控股公司从事新的保险业务。1996 年，货币监理署在一定限度上赋予银行通过其附属机构销售证券和出售保险的权利。后来，联邦储备银行又扩大了允许设立银行控股公司的投资银行的数量。《格拉斯–斯蒂格尔法》仍然有效，但是对它的违背屡屡发生，这说明银行业、保险业以及证券业之间的壁垒将减小，甚至可能会消失。

尽管这些改变有助于增加商业银行成为更大的、更加多样化的金融服务企业的可能性，但 20 世纪最后的 25 年里，银行的经营状况仍然不如其竞争者。20 世纪 90 年代商业银行虽然得到恢复，但是它们并没有重新赢回传统业务的市场。银行发展的速度不亚于经济发展速度，但是其在贷款市场所占的份额下降了，这些市场份额被外国银行、金融公司或其他竞争者夺走。美国的商业银行仍然处于各自为政的分割状态，1990 年没有一家美国银行进入世界排名前 10 位的银行之列，只有 2 家进入前 50 位，而在 40 年前，世界银行业界实力雄厚的银行中，美国银行占据一半。

繁荣的养老基金

税收激励政策使养老基金成为战后最初 20 年里重要的机构投资者，同样它也为更大份额的资金流入这些机构开拓了渠道（见图 13–8 和图 13–9）。养老基金成为证券市场上最为活跃和最有创新性的交易商。1975 年对券商佣金管制的解除使得养老基金支付的交易费用低于私人投资者，由此保险基金的营业额迅速增长。模仿多样化证券组合的新衍生产品的引进，使得保险基金能以较低的成本有效地对多样化的
796 证券组合进行交易。为了保护其证券组合免受价格下跌的影响，许多保险基金采用了所谓的证券组合保险（portfolio insurance）策略，但有些人指责这种策略是 1987 年股市崩溃的罪魁祸首。

尽管养老基金在金融市场上越来越成熟，但并非所有的基金都能向客户兑现退休收益的承诺。无法兑现承诺的原因是限定受益计划的私人投保者捐助了大量的资金以保证未来的保费支付，而使得许多其他的计划缺乏资金。当公司破产使计划中断时，工人们就得不到任何保费。[33] 为了保护雇员的退休金，国会于 1974 年通过了《雇员退休收入保障法》（Employee Retirement Income Security Act，ERISA），对符合优惠税收条件的计划设置最低标准。这些规定为资金筹集、参股、承保和授权等方面制定了最低标准，并且明确了受托人对投保人的责任。《雇员退休收入保障法》很快就在增加捐款、改善某些项目的融资状况等方面发挥了作用。但是从长期看，

限定受益计划对雇主的吸引力不大。投保人中断了需要他们过量筹资的限定受益计划，以获得超出他们对工人法定义务的资产。这些计划通常被限定捐款计划所代替，后者需要雇主捐款的数目较少。20 世纪 80 年代和 90 年代，日益上涨的股市改善了许多现存的限定受益养老金的状况。

在《雇员退休收入保障法》中，通过建立养老金收益担保公司（Pension Benefit Guaranty Corporation，PBGC）对被授权的退休保险费用进行保险，国会给予了养老金额外的保护。私人计划的投保人被迫对养老金收益担保公司支付固定利率的保险费用，以按照指数化的最大额对养老金的支付进行担保。养老金收益担保公司没有对所有的保险费用承保，投保人仍需对剩余的部分承担责任。保险费用的不足损害了养老金收益担保公司的发展。那些对“统一”规定的保险费用进行集体讨价还价的公司，以及那些没有充分预料到未来工资上涨趋势的公司都出现了问题。出现财务困难的公司使用提高保险费用的方法延迟支付被联邦政府保险的赔偿金和避免在陷入破产时捐献款项。为了应对这种做法，国会在 1987 年加强了对保险资金的要求，提高了每个参与者的年保费，增加了风险贴水。1994 年进一步进行了改革，提高了那些高风险的保险项目的贴水。这些措施，再加上经济的稳步增长消除了养老金收益担保公司的赤字，而赤字正是养老金收益担保公司从建立之初一直以来的心头 797
之患。

变动中的人寿保险业

相对于其他金融中介而言，人寿保险公司增长速度较慢，这部分反映在对其传统产品的需求较少上。和银行以及存贷机构一样，人寿保险公司也遭遇其服务产品分类定价的困扰。20 世纪 80 年代的通货膨胀和高利率增加了保单放弃（policy surrender）和保单贷款（policy loan），降低了保险公司的流动性。为了应对这些不利因素，人寿保险公司提供普遍的、可以变动的人寿保单，也就是说，死亡抚恤金（death benefit）或者年度保险费用可以根据投资业绩而变动。在税收以及其他鼓励政策的驱动下，人寿保险公司将主要精力转移到退休金和养老金的业务上。1974 年通过的《雇员退休收入保障法》鼓励小额退休计划者将退休金的管理移交给保险公司，从而刺激了保险公司的退休金和养老金业务的发展。寻求流动性也降低了抵押贷款和保单贷款。为了提高收益，有些保险公司参与了一些杠杆收购和风险资本投资项目。

为金融中介提供担保体制的普遍趋势也波及人寿保险业。由于受到州政府，而非联邦政府的规管，担保体制主要在州的层次上展开。在 1970 年以前，只有纽约有保护投保人的担保体制。当 1970 年，国家保险监督官协会（National Association of Insurance Commissioners）向州立法机构推荐了一种担保体制模型后，各州很快都设立了担保基金。为了保护投保人以及领受养老金者，当保险公司破产时，要对生存下来的公司征收摊派税捐基金。有 39 个州规定，一个公司的摊派税捐基金可以用州的税收加以补偿，这就将保险公司破产的大部分成本转嫁给了本州纳税人。而其他州则允许人寿保险公司对其客户征收额外的保险费用。

尽管人寿保险公司没有像商业银行和存贷机构那样发生大规模的破产，但它自身的问题也层出不穷。20 世纪 90 年代早期，有 2%的人寿保险公司受到损害，受损资产占保险业总资产的 3%。资不抵债的保险公司破产的原因在于当市场崩溃时，它们持有大量的垃圾债券或者不动产贷款。保险公司的净价值从 1970 年的 9.4%下降到 1990 年的 7.5%，这是经济环境、竞争压力以及担保资金的风险承担激励等因素共同作用的结果。

面对人寿保险保单数量缓慢增长的态势，与商业银行一样，人寿保险公司也积
798 极寻求新的业务。由于消费者有了更多的投资机会，人寿保险公司的保费收入份额已经从 1980 年的 41%下降到 1995 年的 19%。与其他成功的金融中介相似，实力雄厚的人寿保险公司转变成综合性的金融服务企业。

华尔街的转型

经济波动及其对金融系统产生的压力产生了综合效应，一方面为证券市场带来了活力，另一方面使证券市场发生了超出新政实施者预料的改变。竞争和计算机自动化颠覆了已经建立的投资银行、券商以及交易所的布局。新的超常的融资机会的出现重塑了 20 世纪 80 年代的投资银行业。垃圾债券推动迈克尔·米尔肯的德雷克塞尔－伯纳姆－兰伯特公司的发展，抵押担保证券则使所罗门兄弟公司（Salomon Brothers）在证券业的排名跃至前列。继资本运动的障碍减少之后，投资银行进入日

益增长的外汇市场，并在此过程中驾驭了 20 世纪 80 年代的兼并和收购浪潮，获得了丰厚的超额利润。高速的计算机和金融专家协助了证券的发展：计算机能迅速处理越来越复杂的交易和应付不断扩大的交易量，金融专家发展出新的金融工具定价理论。新市场的迅猛发展以及日益上涨的股市（见图 13–6）创造了乐观的社会氛围。

20 世纪 70 年代发生的后勤办公室危机（back-office crisis）和市场的暴跌，使得对竞争的限制开始崩溃。在 1975 年的《证券法修正案》中，国会警告证券交易委员会要积极促进竞争。证券交易委员会于 1975 年 5 月 1 日废除了备受攻击的固定佣金制，平均佣金大幅度减少。尽管随着交易价格的下跌，证券交易规模增加了，但固定佣金制的废除使脆弱的券商交易所陷入绝境。市场上更高层次的运作与传统的合作方式相比需要更多的资金。1969 年唐纳森 – 勒夫金 – 詹雷特公司（Donaldson，Lufkin，and Jenrette）宣布将公开上市，随后是所占交易额名列首位的美林公司。那些最大的投资交易所联合起来，增加了资本，并提高了竞争力。

交易规模的扩大需要更为充分的价格信息。1971 年，在全国证券交易商协会引进全国证券交易商自动报价系统之前，每天的场外市场报价是以“红皮报价单”（pink sheets）的方式公布的。一旦市场上价格信息能即时传播，交易额就急剧上升，
出价—询价（bid-ask）之间的价差也缩小了。在 20 世纪 80 年代的 10 年内，许多在 799
其他方面符合纽约股票交易所或者美国证券交易所上市要求的公司，在场外市场上也都有了自己上市交易的证券。在证券交易委员会的督促下，纽约股票交易所、美国证券交易所、5 个区域性交易所以及全国证券交易商协会都建立了运用计算机进行联合电传的系统装置。 市场间的差异减小了。1979 年，建立了市场间的交易系统，允许一个交易所的交易商将交易指令传送到另一个市场。但是，这一交易系统并没有要求指令必须使用最好的报价方式在市场间传送；《390 规则》仍然起作用，纽约股票交易所控制了上市股票的交易情况。计算机人员不仅提供了快速传播的价格信息，而且使执行指令、清算传递以及结算过程得到改善。

《415 规则》（Rule 415）规定，注册必须在有效期限内完成，这一标准的推行改变了证券销售业的传统做法。1982 年采纳的《415 规则》，目的是应对欧洲债券市场的出现，欧洲债券市场是为了规避证券交易委员会的注册程序和 1979 年以后出现的利率波动而发展起来的。《415 规则》允许企业的注册权利在两年内有效。规

定的 20 天等候期限使企业面临利率风险；银行家和客户希望这一过程缩短。虽然组建一个综合性的大型企业需要的时间缩短了，但是企业仍有能力取得较大的市场份额。

不管新政对证券市场实施的管制花费了多大代价，长期以来人们一直相信，新政的管制确实保证了金融系统不会再发生像 1929 年股市大崩溃那样的危机。但具有惊人的相似性的是，股市在 1987 年崩溃，当时股市价格的波动和 1929 年几乎一样。就像 20 世纪 20 年代一样，20 世纪 80 年代长期的经济扩张伴随着股市的稳步上升、广泛的金融创新，甚至包括 1987 年上半年的股市价格令人兴奋的上涨。尽管联邦储备银行不再全力控制投机行为，却存在对通货膨胀以及阻碍经济加速发展的紧缩性政策的担忧。股市在 8 月开始陷入低迷，部分程度上反映了联邦政府对经济的降温政策。但 1987 年 10 月 19 日道琼斯工业平均指数下降了 508 个点——这是美国历史上股市交易指数下降最多的一天，这引起了华尔街和白宫的恐慌。股市价格的崩溃损害了证券业，并将危险扩展至其他金融体系，最终打击了投资者和消费者的信心。面对这种局面，在新主席艾伦·格林斯潘领导下的联邦储备银行，宣布它将为金融系统提供流动性来源。公开市场购买扩大了流动性。尽管联邦储备银行采取的及时干预措施防止了危机向更大范围扩张，但联邦储备银行并没有采取进一步的措施刺激
800 经济增长。到 1988 年年初，危机过去后，联邦储备银行又重新实施较为紧缩的货币政策，以控制通货膨胀。

与 1929 年对比，20 世纪 80 年代持续的经济增长促使证券市场逐渐恢复并达到新的更高的水平。衰退之后对金融市场的研究把焦点放在证券组合保险以及计算机技术驱动下的交易对证券市场所起的重要作用上。但是，由于股市价格恢复了，同时股市不再出现衰退的迹象，因而减小了推行大量新的监管措施的压力。监管方面仅有的重要创新是在一些市场上引进了“断路器”（circuit-breaker），以阻止价格急剧下降时进行交易活动。强劲的发展势头为市场的恢复提供了良好的基础。随着市场在 20 世纪 90 年代攀升到新的高度，互助基金的数量也翻了数倍，成为最受欢迎的投资工具。

未来的金融体系

20 世纪末，美国金融系统正经历一次新的转型，其主要的驱动力来自金融市场的全球竞争，而非政府管制政策的引导。这种发展代表着对 20 世纪早期某种趋势的回归。在大萧条危机爆发前的 19 世纪，政府对产品竞争和地区竞争设置的障碍已经在减少。市场上出现了更大、更多样化的金融机构，市场的整合程度和效率都得到了提高。虽然新政一度阻碍了这些发展，但后来又恢复了。政府管制的目的在于保护投资者和储蓄者免受萧条危机的伤害，同时保证金融体系的正常运行。

尽管新政制度持续了近半个世纪，但是从长期看，保护金融中介的努力造成了消费者和纳税人的损失，也给新的金融中介的发展和规避监管的市场造成了损害。随着新的融资渠道的形成，已建立的企业发现竞争是件困难的事情。商业银行、存贷机构、投资银行以及券商都经历了脱胎换骨的改变，经历了失败和兼并浪潮带来的痛苦。它们的脆弱带来了新的监管和政府担保。风险向这些基金的转移（有时也转向纳税人），是 20 世纪的重大发展之一。

为了逃避监管，首批出现的新的市场工具和机构提高了交易效率，并促进了金
融市场的一体化。以前产业之间清晰的界线已经大大模糊，企业成为多样化的金融 801
混合物，能够参与全球市场的竞争。在这种新的形势下，20 世纪初期就面临的主要
政策问题——需要什么样的监管才能保证金融部门的安全和稳定运行——仍然是 21 802
世纪初期的核心问题。

注　释

[1] 为了扶植能用于贴现的“真实票据”，《联邦储备法》授权银行从事国内商业和对外贸易的承兑业务，希望借此与英国进行竞争。银行拥有的这一新型权力产生了银行贴现市场。

[2] 战争贷款以低于当时的利率发放，但非常吸引人的是获得税收减免以及转换特权。

[3] 美联储减少了利率的季节性变动的观点得到了以下文献的支持：Jeffrey A.

Miron, "Financial Panics, the Seasonality of the Nominal Interest Rate, and the Founding of the Fed", *American Economic Review* 76 (1986), 125–140; N. Greg Mankiw, Jeffrey A. Miron, and David N. Weil, "The Adjustment of Expectations to a Change in Regime: A Study of the Founding of the Federal Reserve", *American Economic Review* 77 (1987), 358–374; 以及 Robert B. Barsky, N. Greg Mankiw, Jeffrey A. Miron, and David N. Weil, "The Worldwide Change in the Behavior of Interest Rates and Prices in 1914", *European Economic Review* 32 (1988), 1123–1154。并受到以下文献的挑战：Truman A. Clark, "Interest Rate Seasonals and the Federal Reserve", *Journal of Political Economy* 94 (1986), 76–125.

[4] 在创建更大的银行的激励下，到 1929 年成立了 28 家银行控股公司，控制了 511 家银行，控制的贷款和投资占全国所有银行总贷款和投资的 10%。

[5] 大多数大型商业银行逃避了灾难，部分原因在于通过国家银行进行房地产贷款受到非常严格的限制。

[6] 消费信贷受到国家的某些限制。1916 年，国内的小额贷款者在拉塞尔·塞奇基金会（Russell Sage Foundation）的援助下发展了《统一小额贷款法》(Uniform Small Loan Law)。

[7] 联邦储备政策受到真实票据原则的强烈影响。联邦储备银行相信，真实票据能够使贷款远离"投机活动"而转向"生产性"活动。

[8] 股票市场的财富缩水使那些购买耐用消费品的消费者遭受极大损失，从而进一步加剧了经济的衰落。

[9] 据报道，资产总值缩水指的是名义账面价值的减少。如果有办法测量资产的真实市场价值，则下降的幅度要大得多。

[10] 分业经营并不彻底，银行还被允许从事美国政府、州和地方发行的证券的销售以及交易业务。

[11] 那些由非成员银行组成的银行控股公司和组织就被排除在规管范围之外。

[12] 这一工作由联邦贸易委员会（Federal Trade Commission）承担，2 年后，这一工作任务转移到新成立的证券交易委员会手中。

[13] 临时全国经济调查委员会也调查了保险行业的集中和监管问题。

[14] 1939 年，注册在案的公开发行证券收益中，15 个最大的投资所占了 90%。1948 年，这一比例下降到 81%，但是最大的 3 家公司所占的比值上升了。除此之外，并不仅仅是那些受到竞争性中标方式影响的部门的利差降低了，整个行业的利差都降低了。

[15] 房主贷款公司在完成其使命之后，1936 年开始缩小业务范围，1954 年解散。

[16] 商业票据的发展与有价证券相似，直接分销是由大型金融公司支配的，开始占发行额的 1/4，后来提高到 1/2。

[17] Christina Romer 在 "Is the Stabilization of the Postwar Economy a Figment of the Data?" *American Economic Review* 76 (1986), 314–334 以及 "The Prewar Business Cycle Reconsidered", *Journal of Political Economy* 97 (1989), 1–37 中对认为继《财政部—联邦储备体系协定》之后 20 年出现了前所未有的稳定局面的观点提出质疑。他认为，这 20 年的经济和 1929 年以前的年份一样处于不稳定中。对这个问题的争论很激烈，参见 David Weir, "The Reliability of Historical Macroeconomic Data for Comparing Cyclical Stability", *Journal of Economic History* 46 (1986), 353–366, Robert J. Gordon, ed; 以及 *The American Business Cycle* (Chicago, 1986), and Nathan Balke and Robert J. Gordon, "The Estimation of the Prewar GNP", *Journal of Political Economy* 97 (1989), 38–92。

[18] 这一发展态势回归到 20 世纪 20 年代间的通常水平。1925 年，贷款额在资产总额中的比重为 56%。

[19] 到 1972 年，无论是 3 个最大的零售商还是 3 个最大的制造商提供的消费信贷都比 3 个最大的商业银行多。

[20] 银行的母组织开始出现。因此，纽约第一国家城市银行，也就是花旗银行的前身，于 1968 年产生了花旗公司。

[21] 1921 年允许场外交易的券商进入场内，这促使纽约场外市场成立。1953 年纽约场外市场被重新命名为美国股票交易所。交易所在业绩最佳时纪律松懈，在业绩最差时濒临破产，证券交易委员会介入对股票交易所的调查，一些富有改革精神的年轻券商则彻底改变了交易所的管理。

[22]《证券法修正案》加强了对券商和交易商的监管，并以券商从其客户身上

大捞好处为由对“场内交易”的某些做法进行了严格的限制。

[23] 1975年，证券交易委员会对公司采纳了统一的最小资本金要求。

[24] 困扰联邦储备银行的是货币供给的其他途径带来的扩张效果。

[25] BA（由穆迪提出）和BB（由标准普尔提出）等级将一个企业的借款分为“不具有投资性”的等级，用场外术语称为“垃圾”。

[26] 垃圾债券的价格在1988年下降。尽管米尔肯被指控违背了证券法，德雷克塞尔–伯纳姆–兰伯特公司被清算，有几个著名的发行商也违约，垃圾债券市场后来恢复后仍在美国占重要地位。

[27] 1981年，联邦住房贷款银行委员会（FHLBB）将对资本金的要求从通用会计准则（GAAP）转变为更为有弹性的管理会计准则（RAP）。

[28] 它们只是受到国家担保资金的有限担保，而联邦储蓄与贷款保险公司得到联邦政府具有“完全信任和信用”的隐含担保。

[29] 随着1968年的《消费者信贷保护法》（Consumer Credit Protection Act）或《诚实借贷法》（Truth-in-Lending Act）的出现，银行业开始重视消费者保护，目的是保证贷款条件能够被清楚地披露。对歧视或者剥夺某些城市的贷款权的谴责导致国会于1977年通过了《社区再投资法》（Community Reinvestment Act）。

[30] 大萧条开始之后，首个大银行破产事件是1973年圣迭戈的美国国家银行的关闭，其在美国银行中按照规模排名第86位。

[31] 金融控股公司尽力使用“非银行”的银行或者提供“有限服务”的银行来跨州提供服务，直到国会在1987年出台的《银行公平竞争法》（Competitive Equality Banking Act）结束了金融控股公司钻漏洞的行为。

[32] 查尔斯·施瓦布公司不经营证券销售业务，收购这一公司并不违背《格拉斯–斯蒂格尔法》。

[33] 养老金分两种，一种是限定受益（为固定债务提供资金），一种是固定缴费（付款利率提前决定）。

第 14 章

20 世纪的技术变迁

戴维·莫厄里（David Mowery）
内森·罗森堡（Nathan Rosenberg）

引　言

回顾 20 世纪美国的经济革新当然必须从 19 世纪开始。艾尔弗雷德·诺思·怀特黑德（Alfred North Whitehead）在其著作《科学和现代世界》（*Science and the Modern World*）中恰如其分地指出“19 世纪最伟大的发明是发现了如何进行发明的方法”(98)。这句话广为人知，紧接着的论述虽不那么出名，却同样重要：

> 认为基本的科学思想就是为了发明创造并进行学习和应用是一个巨大的错误。19 世纪是富有想象力的发明创造爆发的时期。新方法论的一个基本原理就是探寻如何在科学构想和最终产品的鸿沟之间架设桥梁。这是一个严格的不懈攻关的过程。

怀特黑德的论述至少在两个方面为本章关于20世纪技术的许多讨论提供了颇有价值的材料。首先，与19世纪相比，20世纪的显著特征是创造发明的过程由力量雄厚的专业机构进行，并使之更加系统化。发明活动的制度化意味着创新已经与20世纪组织有序的科学研究接近了。当然，这种研究并不像怀特黑德所指的那样仅局限于科学领域，更不仅仅局限于基础性的科学研究。但是，从其他方面看，怀特黑德
803 的观点也有合理性。由于发明活动的重新组织以及制度化，20世纪科学和技术的进步对经济的影响要得以实现，就要求体现科学技术进步的产品能得到显著的提升和精炼。接受新技术的过程是一个不断学习、修正和精化的长期过程。这意味着即使在技术变革时代，新技术对经济产生实际的影响也需要一段相当长的时间。

最开始引进或推广的发明创造通常与它们最终被广为传播时所表现出的形式存在很大区别；换句话说，正是经历了不断完善的过程，发明创造才会得到广泛传播。1903年，莱特兄弟（Wright Brothers）在基蒂霍克（Kitty Hawk）成功地实现了空中飞行这一伟大的技术成就，尽管这个笨重的装置是由粗糙的支架、打包铁丝、粘贴剂等组装成的，飞行距离也不过几百米远。在历时1/3个世纪经过成千上万次大大小小的改进后，直到1936年随着DC–3型飞机的引进，城市间的飞行航班才变得普遍。第一台数字型的电子计算机，即电子数字积分计算机（ENIAC），在1945年被引进时，有100多英尺长，并且需要18 000多个真空显像管同时运转。而今天，人们能很方便地把具有强大功能的电子计算机拿在手中，甚至装在口袋里。

此外，把这些发明创造转化为商品之前还必须完成许多步骤。例如，在很多情况下，经常需要其他产业的辅助发明或改进；有时为了增加产品的便利性和降低产品成本以使消费者买得起，往往需要重新设计产品，而当消费者发现新的未被预料的需要时，也有必要对产品做进一步改进；有时为了满足新产品对特殊物质生产材料的要求，还必须重新组织生产设备。要等所有这些互补性的改进较为成熟，需要一段较长的时间，这段时间常常是几年甚至几十年。

尽管感觉到技术革新对经济的影响需要相当长的时间，然而这些影响是意义深远的。但是，直到20世纪过去了一半多的时间，经济学家才对经济增长在多大程度上是技术变迁的结果有了较为充分的评价。摩西·阿布拉莫维茨(Moses Abramovitz，1956)和罗伯特·索洛（Robert Solow，1957)分别做出的两项影响重大的研究虽然使

用的方法不同，检验的时段不同，对经济产出估量的角度不同，但他们的研究都得 804
出了一个非常重要的结论：20 世纪前 50 年，美国经济产量增长中只有 15% 可以由资本量和劳动量的增长来解释，而剩余的 85% 表明，20 世纪美国经济增长是对经济活动的每单位投入创造了更多的产出，而不是仅仅利用了更多的投入的结果，这是一个不可否认的事实。一些不够谨慎的分析人士将此称为“技术进步”的贡献，有些则下结论说，资本存量的增长并不能对经济增长做出重要的贡献。但是，技术进步对经济增长的贡献几乎不能脱离投资，因为大多数新技术需要物化在资本品中，后者是技术的载体。大多数新技术能够融入经济生活的潮流仅仅是投资决策的结果。

技术进步和美国 20 世纪经济的增长还存在另一层联系。西蒙·库兹涅茨于 1930 年指出，技术创新常常能创造出全新产业并生产出新的产品（Kuznets，1930；Burns, 1934）。这些新产业在早期阶段发展迅速，当市场达到饱和后就进入发展减速的成长阶段。整个经济的增长速度是作为其组成部分的所有产业的增长速度的总和，即要得到总体经济的高增长率，成熟产业日益下降的增长率必须由与新技术相关的产业更高的上升的增长率来补偿。换句话说，经济的持续性增长反映了混合型经济产品和产业的不断变换。

尽管库兹涅茨的理论具有深刻的见解，但他低估了成熟产业采纳新技术的重要意义，成熟产业采用新技术能大大促进生产力的提高，甚至促进这些产业中新产品（如合成纤维轮胎）的出现。实际上，得益于新技术在部门间的相互传播，许多老产业的生产力都得到大幅度提高。新技术在部门间的流动是 20 世纪美国经济中技术创新活动的一个基本特征。例如，化学产业和电子产业中的创新确实已经得到广泛传播，并在庞大的消费品和工业用品的队列中得到体现。除此之外，汽车产业和
商用航天飞机产业的发展极大地带动了对来自其他上游产业的产品（例如，喷气燃 805
料、合成材料或汽油）的需求，由此为这些产业扩大规模和提高效率提供了外在的动力。新技术在部门间流动的重要性是我们要对其深入讨论的原因，下面将讨论重点放在几类影响了整个美国经济的创新和增长的、被广泛应用的技术上。

技术的国际性流动对于美国经济的增长也发挥了重要作用。尽管美国在其早期历史阶段，绝对是外国技术的进口国（Rosenberg，1972），但到 1900 年，它已经变成重要的工业和农业技术的出口国。实际上，早在 19 世纪 50 年代，美国已经开

始出口专业化机器。这些机器被集中起来，运送到英国的恩菲尔德兵工厂（Enfield Arsenal）——用来建立可互换性零件的大规模军火武器制造基地，这种技术被英国称为“美国制造业体系”。

但同时，美国引进了一批本国没有掌握的工业技术。例如，19 世纪后半期在有机合成染料制造领域占据主导地位的德国技术。确实，二战爆发前美国经济中的技术状况从表面上更接近于日本在 20 世纪 60 年代和 70 年代的情形。这期间，美国公司在利用（通常只是改进）国外已经研制出来的技术方面的能力几乎没有什么对手。但是，二战以前，美国在科学领域的地位无论如何并没有达到领导地位，虽然早在 20 世纪初期，在有关工业和农业技术的大量领域中，美国就已经确立了其主导地位。

自二战以来，新的国际性组织，例如布雷顿森林体系和 GATT 以及后来的世界贸易组织，减少了国际商品和技术交易的障碍。确实，在 20 世纪最后 1/3 时间，公司间的联系越来越紧密，出现了各种联合组织，如国际合资企业和战略性联合组织，这增进了技术在国际上的流动（Mowery，1988）。联结国际网络的信息技术发生了
806 举世瞩目的变化，赋予了“全球化”这个概念较之 20 世纪初更为广泛的意义。

20 世纪美国经济中技术领域发生的多样化和复杂的巨大变化对学者分析提出了难以避免的挑战。本章重点不是对发生于 20 世纪的新技术做百科全书式的描述，而是重点考察三次集中发生的、对 20 世纪美国经济已产生了重大影响的技术创新，它们的发展是 20 世纪美国变革核心特征的一般性代表的基础，下面将对其进行讨论。这三次集中式的技术进步是指内燃机、电力（包括电子）和化学。它们有不少共同的特征：它们都是扩散型的，实际上，它们对经济的影响远远不止于已经被认识到的；而且，它们都是研究密集型的。值得指出的是，此处术语“研究”并不局限于尖端科学领域里的基础研究的含义，而是具有更为广泛的意义。[1] 大部分新技术的产生绝对不是总依赖新的科学知识。20 世纪的技术创新从现存技术知识中吸取的营养成分并不亚于从“科学”中吸取的，甚至在某些特殊情况下，技术创新比那些可以对其性能或构思做出解释的科学理论出现得还要早。

这三次集中发生的技术创新，至少有两次，即化学和内燃机，发生在美国，这是受到这个国家独特的地质结构和资源禀赋影响的结果。在美国，货物的运输和旅游者的旅行都必须经过相当长途的距离，这推动了对能够缩短旅游时间、降低运输

成本、提高安全性的技术的发展和采用。在 19 世纪，这些技术指的是电报机和铁路（包括古老的运河技术）。在 20 世纪，这些技术则指的是汽车和飞机。

美国拥有丰富的原材料，特别是石油。同时，这种资源禀赋意味着内燃机和美国化工产业的发展遵从了资源密集型的发展模式。美国技术变革的这种特征反映了一种较为普遍的现象，即变革的过程具有路径依赖性。促使变革出现和促进经济发展的初始条件对经济发展需要的知识类型也具有强有力的影响，知识形态决定于对 807
其开发的模式，技术形态则遵从演进的道路。

20 世纪美国经济革新史上的另一个显著的特征是，这一期间革新是一个制度化的过程。早在 19 世纪晚期，工业企业就开始系统地组织内部的研究与开发项目。美国经济中那些产业研究实验室的出现是与大学中新工程学和应用科学的发展齐头并进的。确实，我们三次集中出现的技术革新都具有“劳动分配”在从事研发并提供资金的私营企业、大学和政府之间不断转移的特征。

创新组织和机构化：1900—1990 年

美国研究与开发体系产生于 20 世纪初期，在过去的 100 年里经历了复杂的结构变迁。[2] 这种结构变迁有两个显著的特征。第一个是美国企业迅速进入由德国首先从事的“发现发明的艺术”的研究中。第二个则是同 20 世纪美国研究与开发体系演化相关的特征，即作为研发资金提供者和履行者的工业部门、政府和大学间频繁的角色转换。20 世纪，美国三个部门在研发中重要性变动的幅度可能超过了相关的其他任何产业经济的变动幅度。战后的研究与开发体系，得到了来自综合性大学、联邦调研机构和工业领域的联合力量的参与，规模庞大，资金供应充足，这种状况在 1940 年以前几乎没有（甚至根本没有）出现过，这也与战后其他工业经济体的研究与开发体系的结构形成鲜明对比。此外，1989 年以来国家政治环境发生的改变不仅在很大程度上影响了战后美国研究与开发体系的发展，也对美国研究与开发体系的结构及其在国际上的独一无二性产生了深远的影响。 808

美国工业研究的起源

美国工业研究的发展是19世纪后期20世纪早期美国制造业重建计划的重要构成部分。[3] 19世纪70年代德国在化学工业研究中最早建立室内工业研究实验室（Beer，1959）。在19世纪和20世纪之交期间，美国一些从事化学工业和电子设备工业的企业建立了相似的实验设施。

在美国和德国同时得到发展的工业研究与开发，主要得益于19世纪最后1/3的时间内物理和化学的进步，这些进步为科学技术和知识的应用创造了极大的盈利潜力。对工业研究与开发的投资最初是由德国企业完成的，它们试图把建立在快速发展的有机化学基础上的创新商品化。在对工业研究与开发最早进行投资的一批美国企业中，有很多企业例如通用电气公司(General Electric)和美国铝业公司（Alcoa），都利用物理和化学的先进成果取得了产品或生产工艺的革新。

集体参与的研发实验室大大发展和提高了美国制造企业采纳的工业技术，降低了独立的发明者成为专利来源的重要性（Schmookler，1957）。19世纪后期，随着生产规模的扩大，钢铁、肉类加工业、物资检查和测试设备等行业中的许多企业都建立起来了，并且逐渐提高了对生产过程和产品创新的能力（Mowery，1981；Rosenberg，1985）。但是，美国大型公司内部的研究机构并非只关注新技术的发明，它们还留意公司外部的技术开发活动的动向，并建议公司经理也设法从外部获取先进的技术。

美国的反托拉斯政策和工业研究组织

美国的反托拉斯政策使许多不断加大工业研究方面投资的制造企业发生了结构
809 变化。到19世纪晚期为止，对《谢尔曼反托拉斯法》的司法解释已经使各公司在作为国民检举价格和产量目标的控制方面达成了共识。1895—1904年间的兼并浪潮，特别是1898年以后迅猛的兼并势头，是对新的法律环境的一种反映。自各种非正式的和正式的有关定价与市场份额方面的协议在越来越多的场合被宣布为非法以来，公司开始寻求横向的兼并者来控制价格和市场份额。[4]

最高法院1904年出台的《北方证券决议》(Northern Securities Decision) 终止了《谢尔曼反托拉斯法》对兼并的鼓励，但是，反托拉斯政策对工业研究的影响远远超过了其对公司合并的影响，即使在 1904 年以后很长时间内，仍然起着重要作用。美国司法部也反对横向兼并，将它们置于《北方证券决议》的制约下，这促使美国大型公司为了发展不得不寻求其他方法。针对大型公司对单个产业的控制而实行的反托拉斯法迫使这些公司向其他领域多样化发展。内部的研究与发展支持了自研的新技术与从外部购买的新技术的商品化，促进了公司的多元化发展。在联邦政府和各州发生的反托拉斯诉讼案件的警示下，乔治·伊斯特曼（George Eastman）把工业研究视为支持伊斯特曼·柯达公司 (Eastman Kodak) 多样化发展和业绩增长的途径 (Sturchio，1985，8)。早在 1913 年反托拉斯决议颁布以前杜邦公司就利用工业研究发展除黑色火药、无烟火药产业之外的市场，反托拉斯决议迫使公司在黑色火药和炸药市场占有的份额被剥夺了一部分 (Hounshell & Smith, 1988, 57)。[5] 810

尽管美国在 1940 年以前的大部分时间里执行的反托拉斯政策打击了那些处于同一生产行业的大公司中的横向兼并者，但是并没有阻止住这些公司从外部资源中寻求获取新技术的努力。例如，在这期间，杜邦公司的主打产品和许多工艺创新技术都是从外部引进的，并且，杜邦公司将其进一步发展，使它们成为美国市场上的商品（Mueller, 1962; Hounshell and Smith, 1988; Hounshell, 1996）。[6]

约瑟夫·熊彼特（Joseph Schumpeter）在其 20 世纪 40 年代的著作《资本主义、社会主义和民主》(*Capitalism, Socialism, and Democracy*) 中论证了内部的工业研究已经替代了发明家—企业家模式［施穆克勒（Schmookler）于 1957 年提出的假设］，并且会加强而非削弱占有优势的企业的地位。有关 200 家最大企业的人员和企业营业额方面的研究数据表明，至少在 1921—1946 年间，工业研究产生的影响符合熊彼特的预测。美国经济在 1890—1920 年间发生的兼并活动、管理的重新组织以及大型工业企业的发展都与制造业日益稳定的市场结构以及企业营业额的下降有关（Edwards, 1975; Kaplan, 1964; Collins & Preston, 1961）。1921—1946 年间，从事研发职业的人数增加，美国制造行业中前 200 家企业的排名发生变动的可能性减小，这二者之间是相联系的（Mowery, 1983）。从某种意义上说，联邦政府的反托拉斯政策促进了美国大型企业在两次世界大战之前和之间对工业研究的投资，矛盾的是，反托拉斯政策反而有利于这些企业的生存，并促使在美国众多的制造行业中形成了相对稳定的寡头垄断市场结构。

专利权在美国工业研究起源中的地位

19 世纪后期和 20 世纪早期，美国从司法和立法方面采取措施加强了对知识产权
811 的管理，进一步强化了反托拉斯政策对工业研究的影响。国会在 1898 年修改了专利权法，延长了美国专利局对包括在其他国家内取得的专利发明的保护期限（Bright, 1949, 91）。最高法院 1908 年在大陆纸袋公司诉东部纸袋公司案（Continental Paper Bag Company v. Eastern Paper Bag Company）的决议中声称包括不在生产线上的商品在内的专利权都是有效的 (Neal & Goyder，1980，324)，这扩大了为了与竞争企业抗衡而进行的大型专利投资的用途。

在 20 世纪最初的 20 年里，国会采取了一系列的其他措施：增加了专利局的检查人数，改进了内部考察程序，把专利局从一个内设机构转化为一个商业部门——负责代表美国工业利益的代理机构（Noble, 1977, 107–108）。这些专利局的政策和机构的改变，部分是为了提高知识产权建立程序的速度和一致性。知识产权越受重视，越清晰，就越能促进获得和出售工业技术市场的发展。司法上对严格的专利申请政策（见下文）的宽容进一步提高了专利权在合作研究策略中的价值。

尽管对新专利权的追寻为工业研究提供了动力，但专利权有效期的限制又产生了另一重要的动力，即建立工业研究实验室。例如，美国电话电报公司和通用电气公司新建或扩展了各自的研究实验室，以应对由于关键专利权到期而可能引发的巨大的竞争压力（Reich, 1985；Millard, 1990, 156）。一方面要努力提高和保护公司自身的技术资产，另一方面要争取从其他公司和独立发明人手中获取相关技术的专利权，二者是相辅相成的。

专利权也使一些公司在没有违背反托拉斯法的前提下获得了市场权力。1911 年，达成的一项有关解决联邦政府针对通用电气公司的反托拉斯诉讼案件的协议，基本未触及通用电气公司的专利权许可方案，这纵容了通用电气公司通过其许可证在灯具销售的项目和条款方面获得了广阔的活动余地，通用电气公司也因此在美国灯具市场上有效地维持了其卡特尔的地位（Bright，1949，158）。专利权许可为通用电气公司和杜邦公司参与战争期间化学及电力设备行业的国际卡特尔同盟提供了基础。
812 美国的大公司都积极参与这些分享国际市场份额的协议，并尽力通过专利权许可方案的形式来安排它们的国际协议，并声称，在对许可权的商业性利用方面做出排他

性的许可安排和限制不会违背美国的反托拉斯法律。[7]

衡量工业研究的增长

尽管最近对美国工业的历时研究主要集中于电力工业（除了 Hounshell and Smith，1989），但是，有关工业研究增长方面的有限数据表明，早期对研究与开发的投资主要集中于化学及相关产业。1899—1946 年间建立的实验室中有将近 40% 属于化学、玻璃、橡胶和石油产业。从事化学工业研究的人员也在 1921—1946 年间的研究人员中占据了主导地位。1921 年，化学、石油和橡胶产业拥有的研究科学家和工程师占了整个制造业所拥有的 40% 还多。在此期间，作为研究者的化学及相关工业的主导地位被那些产品和工艺技术高度依赖物理的工业所补充。1921 年，电子机械和仪表设备行业的研究人员占所有研究人员的比例不到 10%。但是，到 1946 年，在美国制造业雇用的进行工业研究的科学家和工程师中，这两个行业所占的比例已经超过 20%，以化学为基础的工业的研究人员所占的比重已经提高到 43% 还多。

表 14–1 提供了 19 个制造行业(标准产业分类)和整个制造业(不包括混合制造业)在 1921 年、1927 年、1933 年、1940 年、1946 年从事实验室研究的人数。从事制造业研究的科学家和工程师的人数从 1921 年的约 3 000 人增加到 1946 年的近 46 000 人。[8] 813
工业研究密度的排序具有高度稳定性，其中密度最大的化学、橡胶、石油和电子机械业中的科学家和工程师人数占这个时期从事制造行业研究的科学家和工程师人数的 48%～58%。尽管联邦政府战后投向工业研究的资金增加了，但大部分战前的研究人员仍然在战后进入了研究最为密集的行业。1940 年，美国化学、橡胶、石油和电子机械业中的研究人员占制造业研究人员总数的比例超过了 53%，1995 年，这一比例为 39.7%（美国国家科学基金会，1996）。[9]

表 14–1　美国制造业中从事实验室工业研究的科学家和工程师的人数，1921—1946 年

年份	1921	1927	1933	1940	1946
食品 / 饮料业	116（0.19）	354（0.53）	651（0.973）	1 721（2.13）	2 510（2.26）
烟草业	—	4（0.031）	17（0.19）	54（0.61）	67（0.65）
纺织业	15（0.015）	79（0.07）	149（0.15）	254（0.23）	434（0.38）
服装业	—	—	—	4（0.005）	25（0.03）

续前表

年份	1921	1927	1933	1940	1946
木材产品业	30（0.043）	50（0.16）	65（0.22）	128（0.30）	187（0.31）
家具	—	—	5（0.041）	19（0.10）	19 (0.07)
造纸	89（0.49）	189（0.87）	302（1.54）	752（2.79）	770（1.96）
出版	—	—	4（0.015）	9（0.03）	28（0.06）
化学	1 102（5.2）	1 812（6.52）	3 255 (12.81)	7 675 (27.81)	14 066 (30.31)
石油	159（1.83）	465（4.65）	994（11.04）	2 849 (26.38)	4 750（28.79）
橡胶产品	207（20.4）	361（2.56）	564 (5.65)	1 000（8.35）	1 069（5.2）
皮革制造	25（0.09）	35（0.11）	67（0.24）	68（0.21）	86（0.25）
石头 / 黏土 / 玻璃	96（0.38）	410（1.18）	569（3.25）	1 334（5.0）	1 508（3.72）
原生金属	297（0.78）	538（0.93）	850（2.0）	2 113（3.13）	2 460（2.39）
金属制造业	103（0.27）	334（0.63）	500（0.153）	1 332（2.95）	1 489（1.81）
非电子机械业	127（0.25）	421（0.65）	629（1.68）	2 122（3.96）	2 743（2.2）
电子机械业	199（1.11）	732（2.86）	1 322（8.06）	3 269 (13.18)	6 993（11.01）
运输设备制造业	83（0.204）	256（0.52）	394（1.28）	1 765（3.24）	4 491（4.58）
仪表设备制造业	127（0.396）	234（0.63）	581（2.69）	1 318（4.04）	2 246（3.81）
总计	2 775	6 274	10 918	27 777	45 941

说明：括号里的数字代表研究密度，即每 1 000 个生产工人中科学家和工程师的人数。

814 资料来源：Mowery (1981).

1900—1940 年间的工业研究与大学机构

早在 19 世纪晚期，无论美国工业还是高等教育机构已经都把从事研究当作一项重要的职业活动，这两种组织的研究活动是以德国的工业和大学机构为榜样的（美国工业领域的研究活动也受到了来自其榜样的竞争压力）。美国许多大学都依赖州政府的资助，这种适当范围的资助加上大学机构自身教育活动的急剧扩张，都加强了工业与大学机构之间在研究上的各种正式的和非正式的联系。1940 年以前，美国大学组建了外部技术的聚集中心来密切关注美国许多工业研究实验室的研究活动。至少，这些大学与工业中的某些部门促进了新技术和新产品的发展及商业化。

大学研究与工业研究之间的联系受到其分散的结构和为其提供资金的美国高等

教育机构，特别是这个体系中的公立教育机构的强烈影响。公共资金的支持使美国的高等教育体系远比欧洲大部分国家的要庞大。但是，公共资金的来源同样非常重 815 要。州政府在为美国高等教育机构提供资金方面的突出地位，促使公立大学愿意通过与工业组织之间的各种正式和非正式的联系为本地区创造经济利益（Rosenberg and Nelson, 1994）。

美国高等教育中的课程设计和研究课题都比许多欧洲高等教育体系更贴近商业实践的需要。斯旺（Swann, 1988）描述了公立和私立高等教育机构内的大学研究人员与一战以后发展起来的美国处方药 企业之间的关系。[10] 霍恩谢尔和史密斯（1988，290–292）记录了与杜邦公司相似的趋势，该公司在 20 世纪 20 年代为 25 个大学的毕业生提供资助，20 世纪 30 年代这项资助计划扩充到包括对博士后研究人员的资助。20 世纪 20 年代受到杜邦公司资助的大学也曾经向杜邦公司提出研究方面的建议。1938 年，杜邦公司的研究带头人离开了公司，转到特拉华州大学担任化学工程系的主任（Hounshell and Smith，1988，295）。

与地方性和全国性公司有密切联系的另一所大学是麻省理工学院，它是 1862 年在马萨诸塞州提供的《莫里尔法》（Morrill Act）基金资助下建立起来的。[11] 1906 年，麻省理工学院在电子工程系建立了咨询委员会，包括通用电气公司的伊莱休 · 汤姆森（Elihu Thomson）、波士顿爱迪生电气照明公司的查尔斯 · 埃德加 (Charles Edgar)、美国电话电报公司的哈蒙德 · 海斯 (Hammond V. Hayes)、芝加哥爱迪生公司的路易斯 · 弗格森 (Louis Ferguson)、西屋电气公司的查尔斯 · 斯科特 (Charles Scott)（Wildes and Lindgren，1985，42–43）。电子工程系在 1913 年成立了电子工程研究专业，这一专业受到了通用电气、美国电话电报和斯通 – 韦伯斯特（Stone and Webster）等多家 816 公司的经常性资助。麻省理工学院后来在美国化学工程发展中占据重要的地位，与美国化学和石油产业都有紧密的合作（下面我们进一步介绍这一点）。

在这个时期，由公立大学培养的从事工业研究的科学家和工程师，也将美国大学和工业组织联系起来。在公立大学获得博士学位者是这一时期在工业研究队伍扩充中的重要参与力量（Thackray, 1982, 211）。这些受教育的人力资源不仅在规模上具有重要性，在质量上也同样重要；尽管在 1940 年以前的 10 年中，各项条件都正在逐步得到改善，但科恩（Cohen, 1976）指出，美国所有认真负责的科学家都是在欧洲大学完成他们的研究的。撒克里等人（Thackray et al., 1985）论证说，这期间的美国化学研究之所以非常有吸引力（经常被其他科学论文引用），是因为其质量和数量都有保证。[12] 美国科学研究在广泛的学科领域内做出的突出贡献是战后的主要现象。

1940 年前联邦政府在美国研究与开发中的地位

尽管美国宪法中有关“普通福利”的条款包含自由追求的含义，但在二战以前，联邦政府对科学的支持仍是有限的。一战期间，由于战争，军队左右着研究与开发部门和生产设施，联邦政府只在军需品产业方面依赖杜邦公司。无论海、陆、空三军的哪一军种需要某一方面的科学技术，具备这方面知识的合适人选就被编到这一军去。建立于 1915 年的国家航空咨询委员会（National Advisory Committee on Aeronautics, NACA）是战时技术开发计划的“遗产”，其职能是“研究飞行中的
817 科技问题，并对空军以及政府的其他航空项目提出建议”（Ames, 1925）。国家航空咨询委员会在 1958 年被并入美国国家航空航天局 (National Aeronautics and Space Administration, NASA)，它在存续期间对新的民用和军用航空技术的应用及发展做出了巨大贡献，并在 1940 年以前的一段时期占据着极其重要的地位。[13]

1940 年是不必为战争动员耗费巨大开销的最后一年，联邦政府在研究、开发以及研发设备方面的总支出达到 7 410 万美元。其中，农业部支出 2 910 万美元，占总支出的 39%。1940 年，农业部的研究预算超过了后来逐渐被并入国防部的那些代理机构的预算，国防部总的研究预算为 2 640 万美元。两大部门合起来的研究费用占整个联邦政府研究与开发费用的 75%，剩余的 25%，按照比重的大小排列，依次为内务部（Department of the Interior, 790 万美元）、商务部（330 万美元）、公共卫生服务组织（Public Health Service, 280 万美元）和国家航空咨询委员会（220 万美元）。

在整个 20 世纪 30 年代，联邦政府在研究与开发费用上的支出是美国总的研究与开发费用的 12%～20%，工业组织占了总费用的 2/3，其余的来自大学、州政府、私人基金会以及研究机构。一项估计表明，1935—1936 年州政府在研究费用上的投入大概是大学投入的 14%（国家资源规划委员会，National Resources Planning Board, 1942，178）。而且，从这些数据看，与战后时期相比，州政府对非农业的大学研究

的资助已经超过了联邦政府。

二战对美国研究与开发结构的影响

美国对战争的准备以及其在 1941 年 12 月的参战，改变了我们前面所描述的联邦政府对研究与开发支出的平稳状况。战前对非国防领域研究与开发项目的投入在 818 战时大幅下降。但是，联邦政府在研究与开发项目上的总支出从 1940 年的 0.832 亿美元暴涨到 1945 年的 13.136 亿美元。同时期的国防部研究费用从 0.296 亿美元增加到 4.236 亿美元（以 1930 年美元价格计算）。

联邦政府在战争期间成功建立的宏大的研究与开发项目及其组织结构为后来留下了几项重要的遗产。1944 年和 1945 年，曼哈顿项目的研究预算费用处于顶峰，大大超过了国防部的研究费用，它成功地将研究与武器生产结合起来，成为真正“大科学”(big science) 时代的先驱。具有讽刺意味的是，曼哈顿项目在创立具有前所未有的破坏力的武器方面的成功也为战后建立能提高社会福利的大规模科学机构的可能性带来了美好的前景。[14]

投资额较小，但是在制度创新方面具有重要作用的是科学研究与开发局 (Office of Scientific Research and Development, OSRD)，这是万尼瓦尔 · 布什（Vannevar Bush）领导下的一个民用机构。科学研究与开发局和私人企业及大学之间在研究方面有密切的合作关系。麻省理工学院在战争期间是单方面接受科学研究与开发局资助并与其签订合约最多的大学机构（以及深受大学研究管理者喜爱的设备的发明者）。它与科学研究与开发局签订了 75 个总额超过 1.16 亿美元的合同。接受科学研究与开发局捐款最多的公司是西部电气公司，共接受了 1 700 万美元（Pursell, 1977, 364）。

对比一战和二战期间从事研究与开发的机构，可以发现，在第二次全球冲突中，从事研究与开发的大学和私营部门取得了更大的发展。二战期间科学研究与开发局签订的研究合同和协议的目的也是要挖掘出高校和工业组织在研究与开发方面的大量资源，这些资源都是在战时发展培养出来的。科学研究与开发局号召科学团体的成员为具有一定军用营利性质的科学研究提供建议和指导，并参与其中，成为这样的科学研究的带头人，或者参与到这样的项目中去。科学研究与开发局并不是隶属 819 于军队，可以直接面见总统以及相关的国会预算委员会。

战时与私人部门之间成功的合作促进了战后研究与开发体系的发展，这种体系极大地依赖联邦政府对政府外研究与开发项目的资金支持。1940 年，联邦对研究与开发的投资大量被用来支持公共部门从事的研究项目，要么由联邦行政官员投资于国家标准计量局、农业部、公共卫生服务组织等的研究项目，要么由联邦政府捐助成立州立机构，例如农业试验站。相对而言，战后时期，联邦政府在研究与开发上的投资大部分都用以支持非政府组织从事的研究项目。此外，联邦政府对大学研究资助的显著增长，促使了大学中大型基础研究中心的建立。联邦政府对工业领域的研究与开发项目的投资，连同大型联邦采购项目合同，对战后时期一系列高新科技产业的出现产生了深远的影响。

战后结构：1945—1995 年

介绍

战后研究与开发的费用支出有两个显著特点，一个是全国研究与开发总投资量，一个是联邦研究与开发的规模。在整个 1945—1995 年时期，联邦研究与开发费用在国家研究与开发规模巨大的总投资中所占的比重较大。二战以后投入研究与开发项目中的资源的总规模，不仅相对于早期时候要大，而且相对于经济合作与发展组织的其他成员国也要大。到了 1969 年，最大的工业经济组织（德国、法国、英国和日本）在研究与开发上投资的总和是 11.3 亿美元，而美国一个国家是 25.6 亿美元。直到 20 世纪 70 年代晚期，这四个国家对研究与开发的联合投资才超过美国。

在战后的研究与开发体系内，联邦政府对研发的投入占研发总投入的 1/2～2/3。其他大部分是由私人企业投入。1995 年，在国内研究与开发总资金中，企业占了 71%。联邦政府对研发投资的 36% 投入私人企业从事的研究项目中，只有 27% 的资
820 金投向了联邦内部实验室从事的研究与开发项目，尽管 1995 年，联邦政府在研究与开发中投入的资金超过美国总研究与开发资金的 35%。联邦资金在支持基础研究项目中发挥着特别重要的作用。在 1995 年美国基础研究项目的总投资中，联邦政府占了 58%，尽管联邦研究组织从事的基础研究项目只占美国基础研究的 9.1%。在这期间，大学作为基础研究项目的承担者的重要性增加了。1953 年，所有基础研究中大学承担的项目不足 1/3，联邦研究与开发中心（FFRDC）在大学的基础研究项目的

投资中也不足 1/3。但是，到了 1996 年，大学承担了美国 61%的基础研究项目（所有数据来自美国国家科学基金会，1996）。

战后的研究与开发体系的另一个显著特征也许是联邦政府在这个体系中以一个假定的形象存在，这种模式与 20 世纪美国科学政策一位著名的、有影响力的人物万尼瓦尔·布什所预想的有极大不同。布什作为战争期间研究与开发政策的监督者，在答复罗斯福总统的要求（一个他已经恳求过的要求）时，提出了著名的关于战后联邦科学政策的 1945 年报告，即《科学：永无止境的领域》(*Science: The Endless Frontier*)。布什预估到了后来经济学家所分析的事情，他论证说，基础研究是经济增长的最终源泉，并提倡建立独立的联邦管理机构，以负责所有国防和非国防领域的基础研究方面的投资，包括卫生保健在内。布什提倡基础军事研究的发展方向是民用研究，这是他对战争经验的总结，正如他极力建议他领导的“国家研究基金会”(National Research Foundation）把工作重心放在对外部研究，特别是国家大学机构内的研究的资金支持上（详细的介绍见 Mowery, 1997）一样。由于布什拒绝国会对其建议成立的机构进行监管，加上战后国内政策的复杂性，布什的建议最终被束之高阁。一个单纯的民用管理机构并不能监管所有的联邦政府科学政策和投资，各种职能部门，包括军事和全国卫生研究所，都在支持基础和应用研究方面承担着重要的职责。到 1950 财政年度结束时，联邦政府在研究与开发上的 90%的支出都控制在国防部和原子能管理局手中。

与国防相关的研发和采购

在过去的 30 年里，军队一直在联邦政府的研发预算费用中占据主导地位，在仅仅 3 年内，其在联邦政府研究与开发投资中所占的比例就下降到低于 50%（见图 14–1)。1960 年，国防研究基金在联邦政府研究与开发投资中至少占到 80%。到 821
20 世纪 80 年代早期，这一比例迅速下降至 50%左右（这一下降被太空计划的增加所弥补)，然后又有一段时间的短暂上升，并从 20 世纪 80 年代后期和 90 年代早期起开始缓慢下降。

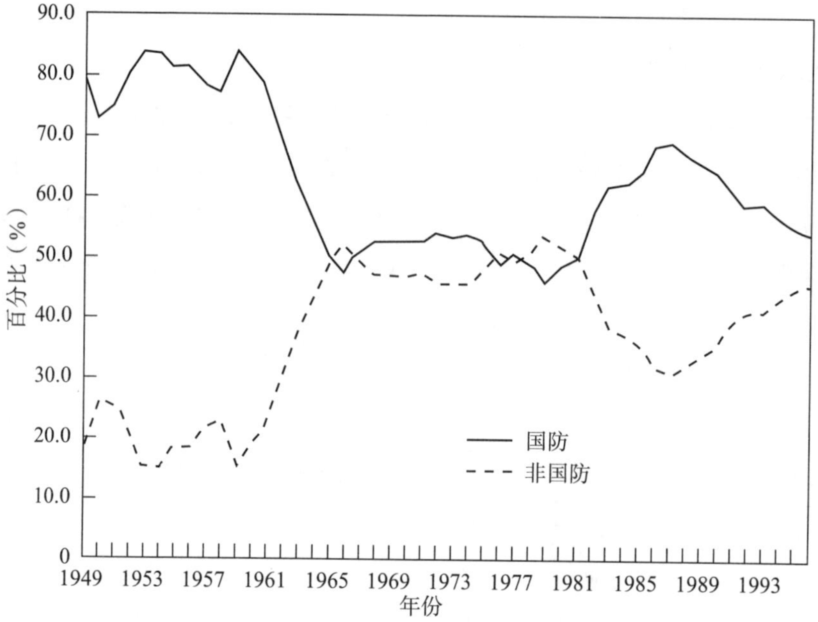

图 14–1　联邦政府研究与开发的投资行为：国防投资和非国防投资所占的比例（1949—1996 财政年度）

说明：1995 财政年度的费用是估计数目，1996 财政年度的费用是提议数目。

资料来源：U. S. Office of Management and Budget (1995).

由于联邦政府将国防研究与开发作为发展重点，并投入了大量的预算费用，其研究与开发的预算在整个工业领域的分配中呈现出高度集中的状态。1993 年，联邦政府的研发资金中近 55% 的资金投向两个行业，即 42% 的资金投给了航天飞机和导弹研究部门，12% 的资金投向了科技测量仪器研究部门（美国国家科学委员会，1996）。20 世纪 50 年代，在一些关键技术领域例如航天飞机、半导体和计算机进行的与国防有关的研发投资，产生了重要的从军事应用到民事应用的技术“溢出效应”。

对技术“溢出效应”最重要的影响在于，对某项技术而言，民用目的与军用目
822 的所具有的一般相似性的程度（详细讨论见 Nelson，1984）。在新技术的发展初期，商用技术和军用技术在性能、成本、耐久性等方面的要求常常彼此很相似。[15] 这种对技术要求的显著的相似性似乎和 20 世纪 60 年代早期的微电子技术的重大“溢出效应”相联系，那时商用和军用市场对小型化、运转时的低热量和耐久性方面的要

求并没有很大差别。但是，军用和商用市场对微电子技术需求的相似性在后来降低了，现在，军事上对半导体的需求在美国整个半导体产量中所占的比重很小。在 20 世纪 50 年代和 60 年代，喷气式发动机被用于军事轰炸机、运输机、坦克，这些武器对机身设计和工程性能的要求与商用空中运输工具的一些要求相似。但是，随着时间的推移，这些技术领域中的溢出效应的大小和方向都发生了改变，正如我们前面提到的那样。

大学研究地位的改变

战后美国研究体系结构还有一个新的变化，即美国大学研究的扩张。虽然万尼瓦尔·布什关于建立一个单独从事基础研究的投资机构的建议并没有得到实现，关于采用机构投资而非项目投资方式的提议也被忽略了，但是这一时期美国大学享受到的联邦政府对其研究与开发项目的资金支持大大增加。无论从哪个角度看，高校研究都可谓是巨幅增长。1935—1936 年，大学研究投资估计有差不多 5 亿美元，1960 年，大学研究投资（不包括联邦研究与开发中心）增长到 24 亿美元多，1995 年，这一数字增加到 168 亿美元（美国国家科学委员会，1996；所有的计算都以 1987 年的美元价格为基础）。联邦政府对大学研究的资金支持的增长将美国一些主要大学转变为世界性的科学研究中心，美国高校被赋予的这一地位使其大大区别于战前时期。

联邦政府并不局限于仅仅扩大对大学研究的需求。联邦政府在供给方面采取的措施扩大了科学研究人员的规模，保证了高质量研究获得成功所必需的研究装置和设施的供应。以计算机科学为例，联邦政府对大学购买计算机大型主机的支持是美 823
国大学新型学科制度化必不可少的条件。二战以后，联邦政府规划项目增大了对高校学生的资金支持力度。[16]

联邦政府不仅为大学教育提供资金支持，而且同时支持大学研究的发展，通过这些措施，联邦政府加强了大学从事研究的责任心，强化了研究和教学之间的联系。在高等教育中推行研究和教学相结合的模式，美国比其他任何国家和地区都深入得多。例如，在欧洲和日本，很大一部分研究是在特定的与高等教育没有关联的研究机构或者是在政府掌控的实验室里进行的。

自 20 世纪 80 年代初期以来，联邦政府在支持大学研究方面的中心地位开始下降并由投资额日益上升的企业补充，大学与企业联合参与研究的形式已经吸引了大量的评论。就像我们对 1940 年以前美国研究与开发体系的讨论中所提到的，这些联合机构在二战以前就已经很完善了。确实，在战后很长一段时间内，企业资助大学研究的资金份额不断下降，1953 年，企业为大学研究提供了 11%的资金支持，1960 年，这一比重下降到 5.5%，1978 年，下降到 2.7%，部分原因在于联邦政府对大学研究的投资比重的上升。到 1992 年，企业对大学研究的投资又恢复到约 7% 的水平，1996 年，仍然维持在这一水平。

另一个较少受到学者关注却很重要的大学研究机构是美国医学研究中心，它被证明是战后时期技术创新的一个极其重要的源泉。美国医学研究中心通过把科学研究与医疗实践相结合，将科学与创新相当高程度地联结起来，使科学家能够迅速地
824 搜集医学从业者反馈的有关医疗设备和程序的新进展方面的信息，便利了对新药物的临床试验，有力地促进了药物设备和医疗设备的创新活动。将科学和临床实践统一在一个研究机构中的做法是不同寻常的，正如亨德森 (Henderson) 等 (1998) 以及盖利金斯（Gelijns）和罗森堡 (1999) 所指出的，西欧的大多数医学机构更强调临床实践和应用而非科学研究。和美国其他有多个组成部分的学术研究企业一样，战后时期，生物医学技术方面取得的巨大成就以及规模较大、功能多样的医疗研究中心都从联邦政府的大笔资金投入中受益匪浅。特别是国家卫生研究所数十年来一直受惠于来自两党共同的有力的政治支持，并且对生物医药科学及其应用的研发的资金支持也相当充足。这里我们还要强调，在整个战后时期，美国大学和学院研究机构在研发中始终处于重要的地位，不论是在“研究”方面，还是在“开发”方面。

工业研究

我们的上述讨论表明，战后时期，私营企业继续在美国研究与开发中占主导地位，在这一期间研究与开发资金的供应来源发生了改变。1993 年，尽管工业研究项目占到美国研发总项目的 68%，但工业部门对研究与开发的投资只占美国总投资的 50%多一点。然而，私人企业作为研发的执行者意味着工业研究人员的不断增长——1946 年科学家和工程师尚不足 50 000 人（见表 14–1），1962 年，这一数字上升到约 300 000 人，1970 年为 376 000 人，1996 年约为 800 000 人（Birr，1966；美国人口

普查局，1987，570；美国国家科学基金会，1996，109）。

美国的反托拉斯政策对战后工业研究和创新有着重要的影响，但是政策本身和影响的性质都发生了变化。1938 年，随着瑟曼 · 阿诺德 (Thurman Arnold) 被任命为美国司法部反托拉斯部门的负责人，再加上对大型公司和经济实体趋于集中的批评日益激烈（例如联邦政府的国家经济发展临时委员会对集中趋势进行了调查研究），反托拉斯政策更加严格并一直持续到 20 世纪 70 年代。阿诺德和他的继任者提出的许 825
多议案在 20 世纪 40 年代和 50 年代早期获得了通过，这些议案改变了美国战后许多大型公司的工业研究政策。

修订的反托拉斯政策使美国大型公司在兼并拥有某些相关技术或产业的公司上更为困难，这就促使它们更加依赖从外部渠道获得新技术。以杜邦公司为例，由于反托拉斯政策对相关产业并购的严格限制，其高级管理部门放弃运用中心实验室和发展部从外部寻求技术资源。因此，在内部从事新产品的发明（而非开发）变得极为重要（霍恩谢尔和史密斯在 1988 年强调，公司在战后扩大了研究与开发项目，努力寻求“新尼龙”[17]），这同二战前公司的研究与开发策略形成鲜明对比。

战后反托拉斯政策的修订也影响了其他美国公司，高级经理为了维持增长，寻求收购无关行业的公司，只要公司间在产品和生产过程中存在一点联系，它们就可能结合产生联合公司。钱德勒（Chandler, 1990）和其他人（如 Ravenscraft and Scherer, 1987; Fligstein, 1990）都论证说，广泛的多样性削弱了高级经理对技术发展的理解和责任心，这种技术发展从历史上看是竞争取得成功的关键因素，这也损坏了他们对技术相关问题决策的质量和连贯性。

在已经建立起来的企业改变它们从 20 世纪初期就开始运用的研究与开发策略的同时，新建企业开始在战后美国研究与开发体系引起的技术发展中起重要作用。小公司在战后美国的新电子技术商业化过程中发挥主导作用，这种主导作用和它们在两次世界大战之间在技术商业化过程中所起的轻微作用形成对比。在 1940 年以前并没有实质存在的产业，例如计算机和生物技术，基本上是新兴公司通过采取措施将重要技术创 826
新项目商业化。[18] 这些战后美国工业不同于日本和大多数西欧经济体中的工业，在日本和西欧，主导电子技术和医药技术商业化过程的是电子公司和医药公司。

新兴小型公司在战后美国创新体系中之所以起重要作用，是因为以下几个因素。

大学、政府和不少私营企业建立的大型的基础研究部门孕育着技术创新发展，这些技术又随着公司建立者将其商品化而走向社会。在生物技术、微电子和计算机工业领域，这种技术开发和销售的模式特别有意义。确实，在高科技公司的区域性联合体内发生的高水平的劳动迁移既是技术扩散的重要渠道，又是吸引相关行业的其他企业的磁体。

生气勃勃的新兴公司的建立和存活也离不开完备的私人融资体制，这种体制在新兴公司诞生时起了重要的支持作用。美国风险资本市场对 20 世纪 50 年代和 60 年代许多微电子公司的建立起了特别重要的作用，同时也促进了生物技术和计算机产业的发展。根据技术评估局（Office of Technology Assessment, 1984，274）的估计，1969—1977 年间，风险资本每年流向工业投资市场的数额为 2.5 亿～3 亿美元。但是，风险资本支持型的投资专门投入新兴公司的数额要小一些，20 世纪 80 年代平均每年大概有 5 亿美元（Florida and Smith, 1990）。

严格的知识产权保护对美国在高技术领域诞生的大量新兴公司在战后获得发展起了复杂的作用。对于某些高技术产业，相对较弱的产权保护有利于其新兴公司的早期发展。知识产权存在的非限制性区域促进了新兴公司对微电子、计算机硬件和
827 软件的技术创新的商业化过程，这种非限制性区域有利于技术扩散和降低新兴公司由于使用了部分起源于已建公司的发明而带来的诉讼负担。在微电子和计算机领域，自由许可证和交换专利权政策是反托拉斯诉讼的副产品，它们证明了美国政府各种政策之间的紧密联系。1956 年的协议表明，联邦对 IBM 和美国电话电报公司的反托拉斯诉讼要求这些技术具有自由专利权，这降低了新兴公司进入计算机和半导体产业领域的门槛（Flamm，1988）。

结论

我们对美国研究与开发体系演变的讨论主要着眼于两种与世纪之交时大型公司的出现相关的结构性转变，许多大型公司在工业研究实验室的发展中充当了先行者，它们带来的结构性改变通过二战及其结果作用于研究与开发体系。1940 年以前的研究与开发体系的结构（如果称不上结构，至少是规模）同那个时代其他主要的工业经济实体的结构相似，例如英国、德国和法国，企业是研究与开发的主要投资者和

从事者，联邦政府对研究与开发的投资是有限的。相比起来，战后的美国研究与开发体系至少在三个方面不同于其他工业经济实体的研究与开发体系：(1) 新兴的小型公司是新技术商业化过程中的重要实体；(2) 同国防有关的研究与开发投资和采购对美国经济中的高科技产业产生了深远的影响；(3) 战后时期美国反托拉斯政策具有非同寻常的严厉性。

战后研究与开发体系的这三个特征彼此依赖。同国防有关的研究与开发和采购是半导体和计算机产业的新兴公司成长的必要条件。反托拉斯政策促进了知识产权在整个初生的计算机和半导体领域内快速扩散。这些技术的商业化通常依赖规模小得多的、建立在企业融资体制基础上的企业的扩展，这种企业融资体制使美国经济区别于德国和日本经济。20 世纪 50 年代和 60 年代，随着同国防有关的研究与开发费用的支出的增加，许多技术获得了发展，并在商业市场发现了重要的、有利可图的应用价值。

冷战的结束大大缩减了联邦政府在同国防有关的研究与开发上的费用支出。除此之外，其他促进战后美国研究与开发体系的独特结构形成的政策也在 1980 年以后经历了重要的变化。对于美国一些重要的但知识产权相对难以界定和产权保护政策 828
难以执行的高科技产业，1980 年以后也在国内和国际领域加强了知识产权保护。再加上其他工业经济在竞争和政策环境方面的变化，这些因素看起来好像减小了美国研究与开发体系和其他经济实体内的研究与开发体系之间的结构差异。

不断变化的制度蓝图对于我们讨论技术“沉积”的背景是必不可少的，这种技术沉积是 20 世纪美国经济中技术和经济变迁的核心内容。正如我们对每一种技术沉积的讨论所指出的那样，除了美国研究与开发体系的机构结构外，很多因素都为 20 世纪的每一种技术创造了独特的技术变迁轨道。

内燃机

使汽车和飞机的制造成为可能的内燃机，通常被认为在 20 世纪前半段时间的美国技术发展中起核心作用。虽然，最初以汽油为动力的发动机的发展几乎完全是欧洲的一项发明成就，贡献者是德国人和法国人，包括卡尔·本兹（Carl Benz）（德国人，1985 年驾驶第一辆由内燃机发动的汽车）、戈特利布·戴姆勒（Gottlieb Daimler）、尼克劳斯·奥托（Nikolaus Otto）、阿尔方斯·比奥·德罗夏（Alphonse Beau de Rochas）、雷诺 (Renault) 等人。[19]

内燃机技术的发展和扩散证明了美国 20 世纪技术创新的显著特征在于创新主题更为广泛。在美国境内，发动机技术迅速改善，并很快得到应用，这主要是因为国内较为丰富的低成本石油燃料资源和地理位置上人口居住区分散的居民对低成本自动化空中运输的强劲需求的促进作用。与化学行业内的新产品和工艺过程后来的发展相比，或者与二战后美国电子工业的发展相比，20 世纪早期内燃机技术的改进几乎没有得到美国高校研究机构的帮助。

829

内燃机也显示出，美国经济中技术在部门之间的流动日益重要，通常具有不可预料性。内燃机本身被应用于作为运输工具的一系列产品中和其他部门中（例如，农业器具拖拉机在棉花收割的机械化过程以及在保证来自南方的农工不迁移出去方面发挥了关键作用）。汽车产业中大批量生产的方法也适用于其他产业。除此之外，无论汽车产业还是航空产业都变成具备较高加工技术要求的原材料和零部件的需求源。

汽车

汽车代表着一种非同寻常的运输工具的创新，即使人们可以忽视它对批量生产的发展和扩散的贡献。随着汽车的诞生，陆运模式发生了巨大的改变。它改变了国内生活的整个节奏，随着郊区生活的大面积扩张，它改变了社交、娱乐、商场购物的方式，也改变了工作和生活在空间距离上的安排。尽管汽车最初是欧洲的一项发明，但它更为广泛的、更为迅速的应用是在美国，而不是在欧洲。

确实，美国作为汽车销售的首要市场的重要地位（见下文）可能已经成为在 20 世纪初期促使内燃机在与蒸汽和电力作为汽车推动力的竞争中取胜的因素。内燃机作为占主导地位的推动力技术的出现，绝不是在 1900 年能够预料发生的事情，当时美国制造的蒸汽汽车有 1 681 辆，电力汽车有 1 575 辆，汽油燃料汽车有 936 辆（Flink, 1970, 234）。根据登记注册的数据，1902 年的蒸汽汽车和电力汽车的数量，无论在纽约还是在洛杉矶，都超过汽油燃料汽车的数量。但是到了 1905 年，内燃机

就成为美国汽车工业推动力的主导技术。 830

这三种推动力的形式都要求有一套精巧的加油或填料装置，但是汽油发动的汽车在运行距离方面超出一等，这使它在美国市场上具有特别的优势。除此之外，美国国内汽油价格比电力低，使内燃机汽车比电力汽车具有运行成本上的优势。[20] 最后，内燃机的性能在 1900—1905 年间比电力或蒸汽动力技术得到了更为迅速的提高。这些优势表明，制造方法的进步（例如提高汽缸加工精良度、改进铸造方式等）有助于在内燃机性能方面产生一系列小的但是集中起来较大的改进。制造方法的改进是建立在 19 世纪美国公司对互换性金属部件的大规模生产技术的开发的基础上的。

通过观察美国人口普查局 1900 年对综合性工业所做的分类，就可以总结出汽车带来的经济效应！ 1900 年组建了 57 家汽车制造厂，它们当年的生产总值不少于 500 万美元（按 1994 年美元价格计算，统计数字略大于 6 500 万美元），这些厂家也投身于试验性的研究工作。1909 年，按照行业附加值大小排列，汽车行业在美国列第 17 位，到 1925 年，汽车行业已名列第一。正如表 14–2 所显示的，1900 年美国登记在册的汽车有 8 000 辆，1910 年有 458 000 多辆，1930 年总量就达到了 2 300 多万辆（Clark, 1929；Fishlow, 1972）。1900 年尚没有真正存在的行业在不到 30 年的时间内竟已成为美国最大的行业（以附加值衡量）。

就像飞机一样，20 世纪汽车的发展也离不开前期技术的成果。19 世纪下半叶，美国开发出一套大型的、特制的金属作业的机器设备，这套设备最重要的技术是利用了机器作为工具。这些工具满足了生产大量工业产品的需要，包括纺织机、铁路设备、火器、农业器具、缝纫机以及自行车。这一系列特殊的生产设备制造出大量 831
规格统一的零部件，并最终将这些零部件组装成技术含量不断增加的产品，进一步完善了“美国制造业体系”。随着对这些产品的日益增长的需求，美国工业开始在标准化、低成本的最终产品的大批量生产中占据优势（Rosenberg，1969）。在发展所需要的技术过程中最关键的里程碑是 1850 年以后缝纫机的生产和 1890 年以后自行车的诞生。

自行车对于促进技术改进和新方法的普遍应用非常重要，例如冲压钢板、滚球轴承等，这些新方法在 20 世纪占据不可忽视的地位。自行车工业也有力地促进了汽车使用气胎，强化了人们对较好的路面状况的需求。确实，把自行车当作汽车的铺路石是公平的！承担美国飞机和汽车工业的发展重任的是许多居住在中西部的、在自行车生产方面具有丰富经验的人。但是，随着汽车生产的增加自行车产量急剧下
832 降。1900 年美国制造的自行车尚有 111.3 万辆，1914 年这一数目降为 29.9 万辆（美国商务部，1994，卷Ⅱ，753 页）。

表 14–2　　美国登记在册的汽车数量，1900—1993 年

年份	数量
1900	8 000
1910	458 300
1920	8 131 522
1930	23 034 753
1940	27 165 826
1950	40 339 077
1960	61 671 390
1970	89 243 557
1980	121 600 843
1985	131 864 029
1990	143 549 627
1993	146 314 000

资料来源：U. S. Dept. of Transportation, 1985; U. S. Department of Commerce , 1975; *Statistical Abstract of the United States*: 1995, 634.

亨利·福特（Henry Ford）不是汽车的发明者，甚至不是在汽车销售上获得某些商业成功经验的第一个美国人［这个成就属于兰塞姆·奥尔兹（Ransom Olds），他在 1900 年卖了 500 辆汽车］。然而，20 世纪 20 年代福特在汽车制造数量上获得了显著增长，这和后来日本人制造晶体管收音机、录像机或者汽车的经历颇为相似。福特对制造方法进行了大量的改进。福特本人是这样描述他对大批量生产技术的贡献的：

> 与商店零售一样，大批量生产的关键是简单化。这有三条基本原理：（1）对商场的商品按计划地、持续不断地做有序的改进；（2）向职

> 工布置任务而不是寄希望于职工发现工作的积极性；(3) 分析每个组成部分的运行状况。这几条各有要求，但并不是独立的步骤；它们的内容在第一条都有所反映。要计划原材料从最初的加工直到最后以完工产品出现的整个过程是非常复杂的，这中间包含了大规模的商场规划以及流水线不同点之间在材料、工具、零部件方面的制造和传送。要以日益改进的工作质量成功地完成这些步骤，意味着把整个工作按照其操作顺序分成若干块。最初计划一条流水生产线就需要考虑这三个基本点（Ford，1926）。

在这里，福特言简意赅地道出了美国对汽车行业发展的最重要的贡献，即发展出一种新的生产技术。这种新的生产技术最终被广泛应用于 20 世纪的生产领域。“福特主义”就是这种方法享有盛名的代言词。

尽管 1850—1900 年间在发展精良的技术方面已经取得了巨大的成就，而且这种技术带来了更高程度的统一性，但是尚处于成长阶段的汽车行业包含的技术不能以较高的生产额和较低的单位成本为各种消费性耐用品组件的整合提供一个令人满意的基础（Rosenberg，1969，1972；Hounshell，1982）。亨利 · 福特已经在 1913 年尝试用传送带系统装配磁发动器，这一方法很快被应用于汽车底盘。亨利 · 福特还在装
配线最佳速度的测定、装配工人的最佳工作方位、每项操作的最佳高度、原料发送 833
的最有效方法、机器设计等方面进行了不少尝试。福特在生产组织上的开创性革新创造出了一条逐步分层的汽车装配线，这条生产线依赖传送带在各站点之间运送产品，依赖专门机器生产可交换零部件。福特的工人装配合成产品，产品的各个零部件出厂时具有非常高的精确度，不需要任何调整，也就是说不需要再用锉刀锉，不需要额外的机器配备，不需要其他任何多余的操作过程（Raff, 1991）。因此，福特装配线的速度不仅快，而且稳定，这个生产组织所具有的高固定成本意味着随着生产规模的扩大，单位成本会大幅度下降。

随着 1908 年 T 型车的引进，福特成功地将四汽缸型汽车投入市场，这种汽车并不像在欧洲那样是一种上层阶级的新玩具，而是一种大众化的耐用消费品。1912 年，亨利 · 福特打算向全世界证明标准化产量的生产是可能的。一家颇具影响力的商业杂

志这样评论道：

> 英国汽车制造商值得我们给予高度评价，因为它们在被迫应对美国低成本汽车制造商的竞争时，选择的是维持它们工作质量方面的名声，而不是为了降低成本而使用劣等的原材料和技术，如果这样，它们就毁坏了自己的名声。[21]

到第一次世界大战爆发时，美国理所当然地成为世界汽车的总部。[22]

1916 年福特汽车公司以低于 400 美元的零售价出售了 50 多万辆 T 型汽车（如果以 1994 年的价格计算，大概为 5 400 美元，不足美国新型汽车 1995 年平均价格的 30%）。尽管福特公司的生产方法非常简捷，但一战以前它们的方法并没有得到广
834 泛传播。然而若不是运用新的装配线生产技术，美国汽车生产量在 1923 年要增长到 360 万辆是绝对不可能的。20 世纪 20 年代期间，这些技术被应用到更加广泛的产品领域，促使新的电子消费产品行业，如摩托车、洗衣机、电冰箱、电话、收音机以及其他耐用消费品的产量急剧增加。这些生产技术也被用于农用机器设备等几种生产耐用品的行业中，以及大量可以通过批量生产改变较高的生产固定成本的其他产品中（Rosenberg，1972，106–116）。

大批量生产方法在汽车制造业中的应用、使用更加专业化的设备来追求更高的工艺效率、更高程度的纵向联合的组装过程以及对福特基础产品设计的有限修正，所有这些都在底特律外的里弗鲁日（River Rouge）装配工厂中得到充分体现，该工厂开设于 1919 年，位于福特战时造船厂的所在地。里弗鲁日工厂将流水线生产工艺延伸至 T 型汽车的原材料中，工厂还包括一套大型的钢制设备用以制造生产汽车和拖拉机所需的关键投入品。这些设备使用的是福特汽车公司拥有的矿山的铁矿石（Nevins and Hill，1957）。里弗鲁日装配工厂是当时大批量生产技术最大最先进的例子之一，但其重点是提高单一产品（即 T 型车）的制造效率，自 1908 年以来，这种单一产品的整体设计就几乎没有什么改变了。

福特汽车公司不懈地追求生产效率，但同时牺牲了产品创新，这使福特汽车公司在 20 世纪 20 年代中期受到通用汽车公司的挑战。通用汽车公司在艾尔弗雷德 · P.

斯隆（Alfred P. Sloan）和福特生产部前任经理威廉·克努森（William Knudsen）的领导下，将福特公司的许多生产方法应用到共同零部件的制造中去，这拓宽了生产线，使其能够适应每年设计的变化（Raff，1991）。这些创新技术迫使福特公司处于破产的边缘。福特在 1927 年停止生产 T 型汽车，并在大多数时间关闭了里弗鲁日装配工厂，目的是急于努力开发一种新产品（即 A 型车）和重新装备大型的联合生产设备。福特公司的逆境使得通用汽车公司和另一个汽车市场的进入者克莱斯勒公司受益匪浅。

20 世纪 20 年代克莱斯勒公司进入汽车市场的意义非凡，因为它的出现是与汽车生产厂商日趋集中的趋势相反的。20 世纪 20 年代汽车行业的竞争状况是规模生产技术、分期购买计划以及产品模型升级的资本成本提高了，这使得不少厂商相继退出 835
了这个行业，并且在大萧条时期这一趋势加速了。根据拉夫和特雷吉顿伯格（Raff and Trajtenberg，1997) 的统计，1910—1920 年间，汽车制造市场上的厂商有 150 多家。但是到了 20 世纪 20 年代，这一数字已经降到了 90 家。1930—1940 年间，仍然活跃在市场上的汽车制造厂商仅剩 30 余家。但是在此期间，伴随着较高的固定成本和厂商退出率，为数不多的汽车制造商所提供的各种车身模型明显增多了——1910—1920 年平均每个生产厂商推出 5 种车身模型，而 1930—1940 年为 18 种。

20 世纪最初的 25 年，汽车工业获得了急剧增长，在剩余的 75 年里规模也不断扩张，这创造了对各种物质和资金投入的巨大需求，为供应商行业的变革提供了动力。汽车工业就像是吸引各种投入的磁铁，包括机器工具、喷洒车身的漆、玻璃、橡胶、钢铁（包括大量的钢铁合金）、铝、镍、石墨、电气设备、电子器件以及二战以后各种型号的塑料。内燃机在汽车行业和航天飞机行业得到广泛应用，这大大促进了对石油产品的需求，特别是通过精炼得到的燃料，这促使美国石油和化学产业迅速发展。确实，随着更多地使用资本和规模集中型生产方法以及从生产中学习的策略所带来的收益持续增长，所有供应商的单位成本都大幅度降低了。

与汽车工业发展初期在产品设计方面的快速发展相对照[23]，战后美国汽车工业几乎或根本没有任何重大的产品创新，呈现出一幅典型的产业集中的景象。大概在 1925 年，汽车才有了基本框架，一个由内燃机发动的、装配在底盘上的封闭式钢铁制品。在 20 世纪 30 年代末期，正如拉夫和特雷吉顿伯格（1997）在他们有关汽车性 836

能和其他属性方面的分析中所显示的，对产品特性的改进几乎停止了。按照一项分析，在战后时期的第一个25年里：

> 汽车工业可以被描述为在产品的技术改进上几乎陷入停滞的行业。现在的汽车与1946年的没有本质区别；这个行业几乎没有引进什么新技术。产品在过去的20年里已经得到改进，但都是一些微小的改进，并没有触及本质内容。这些改进通常来自零部件的供应商，而不是汽车公司本身；并且汽车公司在适应这些改进方面是迟缓的（White，1971，258）。

尽管这并不是产品设计方面的创新，但是美国汽车工业确实不断提高生产技术，这反映出在这一时期其劳动生产率超过了平均水平。

20世纪70年代，美国汽车种类较少和技术创新不够的情形才开始改变，主要是由于汽油价格急剧上升以及与此相关的外国进口（大部分来自日本）的大幅度增加。正如他们所言，美国汽车企业面临的竞争危机的原因和结果是值得注意的，他们始终强调“硬”技术和“软”技术在产业经济体间进行国际传递的重要性。到20世纪70年代晚期，日本汽车公司的领头羊，例如丰田公司和本田公司，都对生产组织技术和产品开发技术进行了完善（这些技术，特别是在“质量管理”领域，依赖最初由美国管理者开发的统计技术和管理技术，并促进了二战后日本工业的发展），这使得日本制造商比美国厂商制造的汽车种类更多，质量更高（Clark and Fujimoto, 1991; Womack et al., 1990）。日本的竞争为美国汽车工业带来了冲击，迫使美国政府限制进口日本的汽车，这反过来迫使日本掀起了在美国投资生产汽车的浪潮。这些“移植”（transplant）工厂最终成为国际技术转移的关键渠道。

日本企业在它们投资的美国工厂中使用的所谓的精益生产技术获得了成功，这
837 为美国经理层提供了不得不接受的可信的证据，即这种利用美国劳动力建立生产组织的替代方法是可行的和有利可图的。面对消费者对燃料需求的日益增长，以及政府要求降低污染的强制性命令，汽车制造商在设计针对美国市场的产品时，不得不重新考虑发动机和传送系统，这大大增加了在汽车制造中对半导体和电子零部件的应用，包括集成电路、微型处理器和计算机。1996年，北美汽车行业耗掉了近30亿美元的半导体零部件，其中仅集成电路的消耗（近20亿美元）就超出了美国国防工

业的耗费［我们感谢哈斯商学院（Hass School of Business ）的杰弗里 · 马奇（Jeffrey Macher)，他汇集了这些数据，我们也对 Tire One 允许我们使用这些数据表示感谢］。

尽管在汽车工业中“主要的设计”仍然与其 20 世纪 20 年代和 30 年代的前身异常相似，但在过去的 10 年内，零部件发生了意义重大的创新，这些创新主要依赖从其他工业国家的进口技术（其中，电子产品在汽车制造行业的更为广泛的应用大大提高了对技术人员的技术及培训要求，见 Stern, 1997)。美国汽车工业的战后历史由此证明了部门间技术流动与国家间产品和资本流动以及有关生产组织和产品开发方面的软技术的转移的同等重要性。战后美国工业企业的产品革新的历史也表明了竞争压力对于企业保持创新精神的重要性。尽管从许多方面来看，对于独占垄断控制下的大型企业，有关竞争重要性的证据与有关资本主义、社会主义和民主主义的争论一样难以说明，但 1945—1975 年间的证据表明，国内寡头垄断厂商可能会屈从于追求安静的生活，而不是维持它们对各种创造性毁灭的投资。

飞机

内燃机不仅促进了汽车的诞生，而且促进了卡车、公共汽车和其他商业用车、农业设备以及飞机的诞生。[24] 飞机的发明离不开公众对 1903 年莱特兄弟在基蒂霍 838 克那次短暂的飞行的不满足心理。但是实际上，正如我们在前面提到的，莱特兄弟在基蒂霍克取得成功之后很长时间，飞机才变成一种真正商业意义上的发明物，正如本兹 (Benz) 关于汽车发动机的论述，他预言该产业将在 20 年内成为一个重要的经济部门。[25]

伴随着一战的结束，军用飞机的产量骤然下降。1918 年生产的飞机有 14 000 架，1922 年美国飞机生产总量不足 300 架（Holley, 1964)。1926 年美国宣布了军事计划，飞机生产随之开始繁荣起来，到 1931 年，飞机数量增加到 26 000 架。1925 年颁布的《凯利航空邮件法》（Kelly Air Mail Act）将航空邮递运输的职能从美国邮电局移交给私人承包者，并将联邦航空邮件合同与对采用新的商用飞机技术（这些新技术包括多发动机飞机、无线电装置以及导航系统）的补贴结合起来。1915 年建立的国家航空咨询委员会主持了有关机身设计和军用飞机发动机的重要研究。1925 年，普惠公司 (Pratt & Whitney）的组建就是依赖美国海军对购买其 WASP 发动机的意愿。

民用航空运输体系的建立，包括无线电通信网络和航空标识，也开始于 20 世纪 20 年代。

到 20 世纪 20 年代晚期，美国客机需求的增长为飞机的商业化市场提供了美好的前景。1927—1937 年间，客机市场占美国飞机销售额的 42%（Miller and Sawers, 1968，2）。实际上，1927 年美国几乎还不存在客运，但客运飞机在 1930 年，即大萧条初期已经超过世界上其他国家的总和（Miller and Sawers，1968，16）。这种商业运输模式的快速扩张，就像汽车的应用一样，反映了美国国内运输具有很长的里程，也反映了美国拥有众多的人口。

839 20 世纪 20 年代航空飞机工业的复兴引发了一系列兼并行为，将从事航空运输、机身生产和发动机制造的公司纵向地整合起来，这在其工业历史上是前所未有的，也仅有这一次。1934 年国会通过了《航空邮件法》(Air Mail Act)，旨在针对国家邮电局的报酬合同引发的一系列政治矛盾，它不仅终止了对采纳先进的航天技术的公司的补贴，而且要求解散这些整合的航空和空中运输公司。联邦政府带有鼓励性和惩罚性的政策，与商业航空运输的需求浪潮，在 1936 年随着 DC–3 型飞机的引进达到了高潮，DC–3 型飞机很快就成为最流行的商务飞机。1938 年，能容纳 21 位乘客的 DC–3 型飞机承担了美国 95% 的商务航空运输，并且被 30 条国外航线所使用。再加上二战期间制造的多种类型的 DC–3 型飞机，其总数超过了 13 000 架（Miller and Sawers，1968，103）。

就像 T 型车一样，商业上占统治地位的 DC–3 型飞机是综合性的技术进步的产物，这些技术进步包括 DC–3 型飞机作为商用飞机后，各种零部件和原材料技术的逐步改进与设计和制造技术的不断提高。没有哪个“关键的”技术改进可以解释 DC–3 型飞机获得的令人惊奇的商业成功。DC–3 型飞机融入了大量的来自美国和欧洲的特定的发明以及设计上的改进，在很多方面具有与其他飞机共享的性能，包括道格拉斯本人早期的 DC–1 型和 DC–2 型飞机。但是，DC–3 型飞机结合了许多独立的和共同的特征：两用发动机飞机在发动机设计上经历了大量的改进（利用空气冷却的星形发动机附有空气引擎罩，以减小空气阻力），这些设计改进依赖具有较高的压缩比率的燃料。除此之外，技术改进还体现在可变动螺旋推动器、翼瓣安全阀、最新型单翼机设计、可收回式降落齿轮以及应力外壳（单壳体）多孔式金属安装等各个方面上。

尽管到 1936 年 DC–3 型飞机已经存在了 1/3 个世纪，但我们说 DC–3 型飞机代表了到当时为止商用飞机历史上最重要的创新并不为过。DC–3 型飞机体现了经济性能的改善，表现之一在于每客运里程（人 · 英里）的成本，与 DC–3 型飞机以前的成本相比要低得多，此外 DC–3 型飞机也更为舒适、安全、可靠 (见表 14–3)。

表 14–3　　　　两次战争之间主要贸易运输工具的运营成本比较

		运营成本比较：美分 / 客运里程 (人 · 英里)						
			飞行运营成本					
飞机	引进时间	乘客座位数	飞行人员经费	燃气和石油	小计	直接维修成本	折旧	总计
福特三引擎飞机	1928	13	0.72	0.47	1.34	0.67	0.62	2.63
洛克希德 Vega	1929	6	1.01	0.28	1.56	0.58	0.37	2.51
波音 247	1933	10	0.74	0.36	1.19	0.43	0.49	2.11
道格拉斯 DC–3	1936	21	0.34	0.28	0.69	0.24	0.34	1.27

资料来源：Derived from Edward P. Warner, *Technical Development and Its Effect on Air Transportation* (Northfield, VT, 1938), 36–42. Details on particular aircraft from Civil Aeronautics Board, *Handbook of Airline Statistics, 1962 Edition* (Washington, D. C., 1962), Part VII, passim. Miller and Sawers (1969), 34.

两次世界大战期间美国商用飞机公司享有的成功是意义非凡的，因为直到第二次世界大战，大多数关于气体力学的顶尖科学研究都是在德国而不是在美国进行 840
的。当时德国哥廷根（Göttingen）大学的路德维希 · 普朗特（Ludwig Prandtl）在这个领域的理论研究处于领先地位。在其漫长的研究生涯（1904—1953）中，他为人们理解作为飞机飞行性能基础的流体机制提供了分析框架。美国加利福尼亚技术研究所、斯坦福大学和麻省理工学院从事的航空发动技术研究，在很大程度上都依据普朗特的基础研究。确实，也可以说，空气动力学是由西奥多 · 冯 · 卡门 (Theodore Von Karman) 传入美国的，他是普朗特最得意的学生，于 20 世纪 20 年代移民到美国后，在加州理工学院从事研究工作（Hanle, 1982）。

尽管美国大学在空气动力学理论研究方面发挥的作用有限，但美国大学机构在帮助美国最终成为航空技术的领导者方面发挥了重要作用。1940 年之前，美国大学作为认真进行实验研究和设计方案研究场所的地位日益上升，这反映了它们的研究能力大大提高。大多数研究工作都要进行广泛的测试，并依赖试验参数变量，因为没有科学理论可以作为飞机设计的详细指南。然而，就像维森提（Vincenti，1990）所揭示的，1916—1926 年间斯坦福大学的杜兰德（Durand）和莱斯利（Lesley）为设计螺旋推动器所做的试验更多的是数据的采集，而不是科学研究。这些试验依赖
841 一种不能直接从现存的科学原理中推导出来的专业的方法论，尽管这种方法论可能与那些科学原理存在联系。这当然不是基础科学，但也不像应用科学的试验那样能被准确归纳出特征来：

> 说杜兰德和莱斯利从事的工作超出了经验主义的数据搜集，但并不意味着这些工作可以被归于应用科学的类别中……这些工作包括了对于工程学研究特别重要的因素，创造了有关工程学特征和目的的特有知识。方法论中的某些因素好像存在于科学活动中，但作为整体的方法论并不是从科学活动中得来的（Vincenti，1990，166）。

这项工作为发动机的设计和性能的重要改进提供了基础。调查研究是在缺乏综合性科学理论的条件下应用工程学的方法分析和描述重要现象的一个很好的例子。

DC–3 型飞机以后飞机行业的另一项重要创新是喷气式发动机，其被应用于 20 世纪 50 年代和 60 年代的商业运输中，改变了美国商业飞机行业，终止了道格拉斯飞机在商用飞机行业的统治地位。关于喷气式发动机的早期工作是 20 世纪 30 年代在英国和德国进行的，开始时希望将它应用在军用飞机上。与美国在 1940 年以前许多领域都滞后于科学发展这一特征相一致的是，美国在航空动力学理论方面的弱势意味着工业、政府、大学研究者以及整个国家都在认识喷气机的发展潜力和可行性方面反应缓慢。喷气式发动机技术是战争期间从英国引入美国的，当时，通用电气公司开发了军事发动机，正如其他“技术转移”发生时一样，将英国大量的设计蓝图和技术图表转变为适合美国的规格需要花费大量的时间及精力。单纯地整理和汇总英国的知识是不足以使美国生产商仿效出英国的创新的。

尽管在二战即将结束的数月内以及在朝鲜战争中，喷气式发动机被用于军事领域，但其在民用市场上获得成功是直到 20 世纪 50 年代才开始的。由于第一个将性

能尚有重大不确定性的新技术推向市场者要承担风险，1952 年英国海外航空公司引入德·哈维兰公司的商用喷气机（彗星客机）就带来了一场灾难。在预测德·哈维兰公司的设计中金属耐久度上的失败导致了一系列坠机事故和飞机在商业上的失败。波音公司于 1958 年启用了第一架商用喷气机 707，不久以后道格拉斯公司启用了 842
DC–8 型飞机。

二战以后不久，活塞式飞机发动机的主要生产厂商普惠公司就开始生产喷气式发动机。尽管西屋电气公司、通用汽车公司的子公司（Allison）都努力研制喷气式发动机，但通用电气公司和普惠公司在 20 世纪 60 年代占据了商业喷气式发动机市场，当时，整个商用发动机市场（除了私人飞机外）也变成单一的喷气式发动机市场。

喷气式发动机的商业应用伴随着美国生产飞机发动机和机身的厂商的退出，两次世界大战期间整个飞机市场被道格拉斯和洛克希德占据使这些生产商遭受了损失。到 20 世纪 80 年代，美国只存在两家机身生产商（分别为波音公司和麦道公司的道格拉斯飞机部门）和两家发动机生产商（分别为普惠公司和通用电气公司）。1997 年，波音公司合并了麦道公司的道格拉斯飞机部门。喷气式发动机根本创新（radical new）技术的出现已经改变了商用飞机行业的结构。但与其他战后美国高科技工业结构的改变相比，在喷气机年代，商用飞机的创新者并不完全是新公司，也几乎不是商用飞机的新进入者（通用电气公司是一个例外）。

在战后很大一部分时间，美国商用飞机行业都从与重要的国防工业、军事飞机和发动机等行业的紧密合作中受益匪浅。战后一段时期，美国在军事研究与开发上的费用占整个工业研究与开发费用的 70%以上，尽管随着导弹技术的发展，军事费用的支出结构发生了很大改变。喷气式发动机、原材料、电力等技术从军用到民用的溢出效应都使商用飞机行业获利。商用飞机行业也从机身和发动机的军事采购中获利，开发波音 707 的一部分成本是由早期开发 KC–135 型军用喷气式坦克所承担的。20 世纪 60 年代后期，在对喷气式发动机的改进中，最重要的也是独一无二的改进发生在军用领域。五角大楼对大型 C–5A 型运输机的喷气式发动机的研究与开发的支持促成了高旁通率的发动机的发展，这种发动机目前是许多商业运输机的动力。但是自 20 世纪 70 年代以来，由军用技术向民用技术的溢出效应对商用飞机行业的经济意义逐渐降低。实际上，最新的军用坦克 KC–10 是建立在民用机身设计，即麦 843

道 DC–10 的基础上的。

美国商用飞机行业也从其他行业的技术创新中受益匪浅。DC–3 的单壳体机身使用了硬铝合金，是由 20 世纪 20 年代后期在海军部从事飞船规划项目的美国铝业公司开发出来的。喷气式发动机的出现意味着冶金技术在动力技术的进步中发挥着重大作用。自 20 世纪 40 年代以来，关于高温下的金属性能的研究促进了涡轮叶片、输入口、输出口、涡轮螺旋桨飞机的压气机以及喷气式发动机的发展。作为蒸汽涡轮和其他动力装置的主要生产商的通用电气公司，为了开发增压式气体发动机和后来的喷气式发动机，也参与了冶金技术的研究。除了活塞式飞机发动机外，我们前面提到的动力装置的技术性能的改进也有赖于燃料技术的进步，这些进步产生于汽车和石油公司主持的研究与开发项目。

无论美国航空公司还是美国商用飞机行业都从战后电子技术的进步中受益。以半导体为基础的军用导航系统也为商用飞机带来了极大的利益，虽然半导体的起源和商用飞机行业几乎没有关系（见下文）。计算机为大量的空中运输技术的改进和商用飞机行业的发展提供了资源。计算机对于空中航运控制和最佳飞行路线确定是至关重要的，并在气象卫星所提供信息的帮助下，可以节省能源，提高乘客的安全度和舒适感。计算机已经使世界范围的订票系统和预订系统成为可能，并且成为大型航线定价和定时政策的核心。驾驶舱中使用的微型计算机已经极大地提高了商用飞机的导航和操纵性能，计算机模拟目前也是向新手传教如何驾驶时被广泛使用的方法。

具有强大功能的计算机的广泛使用改变了飞机和发动机的设计及发展。计算机辅助设计技术降低了（并非消除了）机身性能的不确定性，使在风洞外从事更为广泛的测试成为可能。超级计算机在最近商业运输机的机翼设计中发挥了重要作用。确实，1996 年进入商用飞机行业的波音 777 在设计上很大程度上运用了计算机辅助
844 技术，这些技术将波音飞机的设计者和未来的消费者、生产商联系起来，计算机也在很大程度上被用于测试飞机设计。

计算机对空中运输的贡献引起了对 20 世纪技术改进的广泛关注。对技术进步起重要作用的研究倾向于高度集中于一小部分行业领域；但是，在这些少数行业中，每一个开发出来的技术往往都会广为扩散到整个经济中去。因此，一个行业内的研

究与开发是必要的，但绝不是那个行业的技术变革的充分条件。尽管飞机行业“自身的”研究与开发对吸收和应用外来技术至关重要，但行业外部的研究至少和行业内部的研究一样是改进技术性能的重要源泉。

虽然依靠计算机的设计和模拟技术具有节约劳动的潜力，但应用这些技术并不意味着可以很明显地降低研制新的机身和发动机的成本。确实，战后美国和其他工业经济国家制造商用飞机的特点之一是开发新产品的成本无情地上升了，目前研制一个新的大型商用飞机的机身的成本已经超过了 20 亿美元，这与研制一个新的商用飞机的喷气式发动机的成本相当。而且与开发成本增长相对的是，军用技术向民用技术的溢出效应开始递减，这有效地增加了进行技术开发的公司所承担的开发成本的份额。

化　学

美国的化学工业，就像飞机和汽车工业一样，在整个 20 世纪已经从世界其他国家发生的科学和技术进步中受益匪浅。[26] 对 20 世纪前几十年化学工业基本知识的发展做出重大贡献的非欧洲人莫属。但是在 20 世纪，美国对科学的贡献逐渐增加，从 1945 年起（并不是与战争有关的事件带来的），化学工业的基础研究中心就转移到了美国。这一点可以从诺贝尔化学奖在 1940 年前后被授予美国公民还是欧洲 845
主要强国的公民的情况对比中揭示出来。到 1939 年为止，在 30 个诺贝尔化学奖中，德国科学家得到了 15 个，美国科学家只得到了 3 个，法国科学家和英国科学家分别得到了 6 个。而在 1940—1994 年间授予的 65 个诺贝尔化学奖中，美国科学家占了 35 个，德国科学家占了 7 个，英国科学家得到了 17 个，法国科学家得到了 1 个（*Encyclopaedia Britannica*，1995，740–747）。

20 世纪化学制品领域技术变化的核心特征毫无疑问是汽油化工行业的兴起，即有机化学制品的原料从以煤为基本成分转变到以石油和天然气为基本成分。美国在化学制品领域的领导地位是无与伦比的，美国自然资源的基础再一次在国内企业引领的、以石油为基础的化学制品工业程序的改进中发挥了重大作用。但是，德国在科学和技术方面的实力也促进了美国技术的发展。

德国的化学工业在1890—1945年间的发展重点在于合成产品。德国在合成品制造方面的能力在很大程度上归功于一战前合成染料工业应用科学和技术的进步。无论是从德国的资源禀赋还是从其国内对依赖外国原料资源的关注来看，都表明这些合成产品是从煤而不是从石油中提炼出来的。

美国化学工业的技术进步有以下几个特征：(1) 美国市场规模巨大，增长迅速；(2) 美国市场的巨大容量为从大规模的、连续不断的生产过程中寻求利润提供了可能性；(3) 自然资源禀赋——石油和汽油——在开发出合适的新技术的前提下，为实现有机化学工业资源基础的转变和成本的显著降低提供了独一无二的机会。

1945年前，在政治局势阻碍过度依赖外国原料供给的时期，由于在国内资源禀赋上的显著差异，美国和德国的技术变革各具特色。美国创造了能够充分挖掘出其丰富资源的新技术，而德国的化学工业创造了能够补偿其资源缺乏的新技术。二战
846 期间，德国坦克和飞机用合成汽油制品做燃料，其履带用取自煤炭的合成橡胶做成。在二战结束后，随着一系列领导国际贸易和金融事务的多边机构的建立，国际贸易恢复了繁荣，美国才获准进入外国石油资源市场，从而支持了德国化学工业转向以石油原料为基础。

合成氨：德国的领导地位和“技术转移”

20世纪早期，美国的化学工业已经具有一定规模，主要集中在无机化学制品和炸药的生产上。以通用的尺度衡量，1914年美国化学工业中硫酸的产量相当于德国与英国硫酸产量的总和。[27] 这个时期美国化学工业的研究与开发规模和范围并不大。美国有机化学的生产商仍然依赖自然投入，技术的熟练程度远不及德国企业，并依赖德国企业所生产的染料。

战争爆发时，美国仅有两家大型的染料生产厂商来满足国内纺织业庞大的需求。这两家企业每年生产的染料总和为3 000吨，不足和平时期国内染料需求量的1/8。战争期间，美国终止了对德国合成染料的进口，然而美国国内对合成染料的需求不断增加，这对美国有机化学工业的出现起到了决定性的作用（Aftalion, 1991, 115–119）。确实，美国停止对德国化学制品的进口促进了一项应急计划的诞生，这个计划由联邦政府主持，内容是开发出能替代氮和氨的其他供应资源。

一战期间，美国政府努力将一种对炸药和弹药的生产具有极端重要性的化学制造技术，即哈伯－博施 (Haber-Bosch) 的固氮工艺引入美国，这提供了一个国与国之间进行技术转移具有较大难度的典型实例。尽管 1918 年美国在参战以后通过的《移民财产保管法》允许美国政府征用 BASF 以及德国其他化工企业在美国申请的专利，但是美国专家也不可能复制出由 BASF 所领导的哈伯－博施的固氮工艺。在亚拉巴 847
马州的马斯尔肖尔斯（Muscle Shoals）推行的一项耗资超过 7 000 万美元（按照 1997 年美元价格计算，超过 5 亿美元）的战时规划最终也证明，美国还没有能力引进固氮工艺以及合成氨的生产技术，这一切到 1921 年才成为可能。[28]

20 世纪 20 年代，美国的固氮实验室和私营企业从事了大量的额外研究，提供了制造高压设备（例如大型压缩机）所必需的设计方案和构造资料，这些高压设备对哈伯－博施方法的广泛应用至关重要。同样重要的是要掌握催化剂技术，这种技术最终被证明是化学工业发展的关键。长期的学习实践对理解催化剂技术的两面性是必要的：(1) 化学的一面；(2) 动力工程学和设计的一面，特别是将催化剂技术从实验室阶段应用到完全不同的商业规模化生产中去的复杂过程（美国化学协会，1973，216–220；Haber，1971，205–206）。

只有在二战以后，大量附加工序的改进才使合成硝酸铵成为氮肥的重要来源，这些工序大多依赖廉价、丰富的电力资源。最终，氨在运输、销售和应用上的便利意味着氨本身能够以无水氨、氨水或氮溶液的方式直接注入土壤。1945 年以后美国以及后来整个世界农业生产力的显著提高，在很大程度上归功于合成氮肥和除草剂、杀虫剂的使用（Achilladelis et al., 1987）。美国农业的肥料使用量在 1940 年到 20 世纪 60 年代中期的一段时期内增长了约 3 倍（见表 14–4）。

肥料使用量的日益增长是肥料价格下降的结果，这与肥料生产价格和其他农业投入的价格相关。但是，肥料的价格日益下降也对亩产量的上升有影响。20 世纪的作物育种业已经研制出很多新的、产量更高的种子类别，包括像培育出杂交玉米这样重要的技术进步，杂交玉米在 20 世纪 30 年代席卷了整个中西部。这些新的庄稼种子对投入的肥料非常敏感，各种高产量农作物的培育和采用与日益下降的肥料成 848
本紧密相关（Hayami and Ruttan, 1971, 121）。化学制品的创新大大改变了关键肥料投入品的相对价格，为在不同经济部门中追求技术的开发和应用的特殊途径提供了动力。

表 14–4　　商用肥料：消耗的数量和品种，1940—1985 年

年份	数量 *	氮含量（%）	氧化磷含量（%）	碳酸钾含量（%）
1940	8 556	4.9	10.7	5.1
1950	20 345	6.1	10.4	6.8
1955	21 404	9.0	10.5	8.8
1960	24 374	12.4	10.9	8.9
1965	33 071	16.1	11.8	9.7
1970	39 902	20.4	12.0	10.6
1975	40 630	21.2	11.1	11.0
1980	50 491	22.6	10.8	12.4
1985	47 179	24.4	9.8	11.7

* 单位为千吨。

资料来源：U. S. Department of Commerce , Bureau of the Census (various years). Data for the post–1985 period are not available.

美国石油化学工业的发展

20 世纪初期，美国引进了以内燃机为动力的汽车技术，并且随后得到快速发展，这使得对液体燃料的需求几乎是永无止境的。这种需求反过来刺激了石油提炼行业的出现。在 20 世纪的最初 20 年内，石油提炼行业是公认的满足汽车需求的特定行业。石油提炼行业有两个重要的、相互联系的特征：(1) 这一行业是资本高度密集型的。实际上，到 20 世纪 30 年代为止，它已经成为美国所有工业中资本最密集的行业。(2) 为提高生产效率要求摒弃小批量生产而代之以大规模生产方法，小批
849 量生产是其他化学制品例如合成有机物生产的特征。大规模的石油提炼行业要求开发出连续的与之适应的工艺技术。在两次世界大战之间美国在石油提炼行业中的领先地位为支持化学工业原料基础从煤向石油的转变提供了关键的知识以及工程和设计方面的技术。

美国巨大的市场规模在早期阶段就使美国石油行业的企业采取大规模的生产形式生产例如漂白粉、苛性钠、苏打粉、硫酸、过磷酸盐等基本产品。处理大规模生

产的能力以及最终连续性工艺技术的采用是 20 世纪化学工业的一个重要特征。[29] 在这方面，美国早期从事大规模生产的经验帮助了美国化学工业向以石油为基础的原料过渡。

但是，美国大规模生产设备的发展不仅仅是由大规模的、日益增长的市场所推动的。美国企业在大规模化学工厂的建立和运作方面的经验都建立在认真的经验总结和科学的专门技术基础之上，二者同样重要。新技术首先在小范围内验证，通常在试验性的工厂内验证。随着得到的设计信息更为可靠以及对新技术信心的增强，化工企业就会扩大生产规模（见图 14–2）。[30]

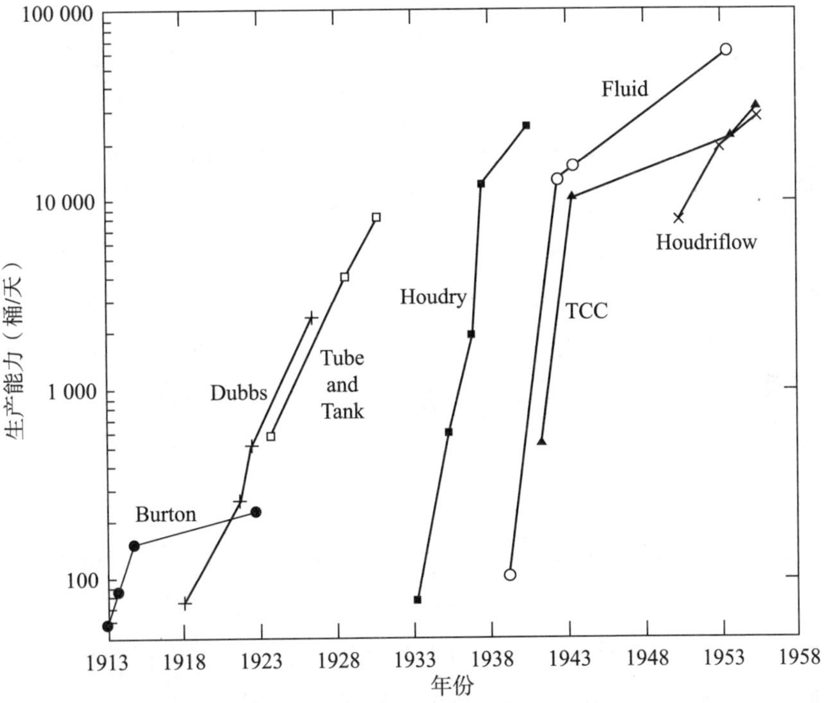

图 14–2　石油提炼行业单一裂化装置规模的增长：1913—1957 年

资料来源：Enos (1962).

化学工业转型的主要参与者是联合碳化物公司（Union Carbide）、标准石油公司（新泽西州）、壳牌公司（Shell）和陶氏化学公司 (Dow)。但是，化学原料转向石油也受益于美国石油公司采用的新的开采技术，其中较为突出的是汉贝尔石油公司（Humble Oil，新泽西州标准石油公司的附属公司）。汉贝尔石油公司建立于20世纪20年代中期，其采用的地质开采技术是由欧洲地质学家开发并在美国初次使用
850 的。新的开采技术取得了卓越的成果——1920—1926年间，有70个重要油田被开发出来。[31]

美国对国外开发的技术的利用因此也引起了美国资源禀赋的极大扩张，这些资源对促进一系列化学技术的发展都具有显著的作用。一旦新的工艺技术被开发出来，就可以更加方便地得到低成本的石油和天然气，这意味着这些资源可以提供远比煤便宜的有机化合物。

美国化学工业在1920—1946年的转型奠定了石油工业的基础，这一工业在二
851 战后走向成熟。化学工业的转型，从大的方面衡量，是化学工程行业取得的巨大成就。[32] 化学工程值得引起人们的进一步关注。因为化学工程在美国化学工业原料转向石油以及化学工业本身的发展中起着重要的作用，同时也因为1940年以前的一段时期大学对化学工程学科的研究，美国大学和工业之间的不断演变的关系开始明朗。

化学工程学努力将对化学的理解和工艺技术融合起来。这些技术对于超大规模的生产是必不可少的。这种方法和德国化学工业中的技术实用主义形成对比。技术实用主义认为化学家和机械工程师之间有着鲜明的区别，后者负责工业技术的发展。值得注意的是，德国组织过程和产品创新的方法在染料生产时代得到了发展，但其特征是小规模的批量生产方法。在这种条件下，工业过程和产品技术的整合并不那么重要。[33]

化学工程学的发展在很大程度上与美国的一所大学——麻省理工学院——密不可分。[34] 1888—1915年间，麻省理工学院就开始了化学工程学的教学和研究工作，但对于麻省理工学院和不断发展的美国化学工业之间关系的性质存在严重的争议。本科毕业于麻省理工学院并在莱比锡大学获得博士学位的阿瑟·诺耶斯(Arthur Noyes)，于1903年创建了物理化学研究实验室，为化学方面的基础研究提供支持。诺耶斯建立专门的学术机构从事研究的尝试最终失败了，在著名咨询公司的创建者威廉·沃克（William Walker）和阿瑟·D. 利特尔（Arthur D. Little）在麻省理工学院创立了一门旨在突出应用科学及其与工业的紧密联系的有关工程培训的新课程之后，诺耶斯离开物理化学研究实验室，加入了加州理工学院。为了从企业那里获得研究合同并为

教师和学生提供获得收入和解决工业问题的实践机会，沃克在 1908 年创立了应用化学研究实验室。1916 年沃克、阿瑟 · D. 利特尔和沃伦 · 刘易斯（Wallen Lewis，沃克 852
的同事）合伙建立了化学工程学院，这使麻省理工学院和美国化学工业之间的联系得到进一步加强。学院的重点在于加强化学工程方面的合作教育，学生在求学期间有部分时间要在化学工业企业中度过。

20 世纪 20 年代和 30 年代，麻省理工学院以及其他美国大学开设的化学工程学科强调“单元操作”的概念，即作为所有化学产品制造基础的通用工艺过程。“单元操作”的例子包括蒸馏、吸收、过滤等。人们相信，这些“搭积木式”的工艺过程可以联合起来，在形成一定规模后生产出不同系列的产品。但是，“单元操作”概念的发展以及对从实验室到工业生产规模的“按比例扩大”的复杂性更加深入的理解，都需要进行大量的工业实践。

1927 年，新泽西州的标准石油公司新建立了“开发部门”，作为其从事工业研究活动的核心部门，目的是寻求沃伦 · 刘易斯关于如何利用 I. G. Farben 公司的氢化技术的建议，这一技术是标准石油公司从德国企业获得的专利。刘易斯建议麻省理工学院化学工程学院的负责人罗伯特 · 哈斯拉姆（Robert Haslam）请假到标准石油公司工作一段时间。于是，哈斯拉姆从麻省理工学院挑选了 21 名研究者组成一个团队，在标准石油公司设在巴吞鲁日 (Baton Rouge) 的大型精炼厂建立了一个研究机构。1940 年以前，美国绝大部分极其重要的化学工程方面的研究都是在巴吞鲁日精炼厂进行的。

促进石油和化学工业的重建的经济动力主要来源于其他经济部门的技术革新。电力照明技术的引进大大降低了对煤油的需求，但是汽车工业的发展对煤油的更多的需求又抵消了这一降低，并促使人们产生对汽油的需求。因此总体上说，对轻油精炼产品的需求比对重油精炼产品的需求例如燃料油以快得多的速度增长。美国对汽油产品的需求所具有的这一重要特征与欧洲有着本质的区别，欧洲对轻油精炼产品的需求的增长远远慢于对重油精炼产品的需求的增长。 853

新化学原料的获得促进了有机化学工业的迅速发展。20 世纪 20 年代，德国科学家斯托丁格（Staudinger）、马克（Mark）以及库尔特 · 迈耶（Kurt Meyer）对聚合体化学进行的基础研究更加有力地推动了这一发展进程。斯托丁格的研究提供了对热塑性塑料和热固性塑料的结构以及特征的系统理解。[35] 赫尔曼·马克（Herman Mark）于20世纪30年代在I. G. Farben公司主持了聚合体研究，随后成为布鲁克林工学院的聚合体科学方面的特聘教授，他在多年以后（1976）指出：

> 一旦这个化学工业新分支的基本概念被清晰界定，聚合体化学家就投入实际有用的工作中：对新单体进行合成；对散装、溶解、悬浮以及乳状物形成等聚合工艺原理进行质量分析；以静态热力学为基础分析溶液中宏观分子的特征；研究固体状态下性能的基本特征。这些工作的结果是使人们对橡胶、塑料和纤维的性能有了更深的理解（Spitz，1988，248）。

马克成为将聚合化学制品引入美国的一个重要人物。他在布鲁克林工学院创立了聚合物研究所，并在给美国人传授聚合物知识方面发挥了重要作用。他的众多学生都到美国化学行业的第一大企业杜邦公司工作，马克本人也成为杜邦公司的常任咨询师，专门解答与聚合体研究有关的问题（Hounshell and Smith，1988，296–297）。

国际技术转移在两次世界大战期间的化学工业中同样发挥了重要的作用，特别是在与I. G. Farben公司、帝国化学工业公司（ICI）、杜邦公司以及新泽西州标准石油公司相联系的专利许可和技术共享协议中。最近的技术密集型行业中的企业间联合的动力，部分来自拓宽进入外国市场渠道的愿望。与这些企业联合对比，美国的技术共享协议寻求的是实现技术互换，在一定程度上以分割全球市场以及限制其他参与者进入特定区域为基础。德国的化学巨头企业和参与这项协议的美国企业之间实际进行的技术互换好像并不多。但是，与帝国化学工业公司和杜邦公司相关的技
854 术互换协议包含着意义重大的双边技术交流，特别是在新兴的塑料工业领域。

20世纪30年代后期塑料工业的兴起推动一系列新原料的诞生，这些原料最终替代玻璃、羽毛、木材、钢铁、铝和纸张等原料。战时需要同样也促进了原材料的迅猛增长，特别是热塑性塑料，但不同的是，这种增长势头甚至持续到战争结束之后（见表14–5）。

表 14–5　　**塑料模压材料的生产**　　单位：千磅

年份	热塑性塑料总量	热固性塑料总量
1940	20 300	98 000
1946	239 000	175 000
1950	508 000	286 000
1960	3 785 389	2 126 797
1965	8 448 174	3 236 701
1870	15 685 228	3 524 691
1975	19 728 061	5 139 661
1980	31 121 746	7 064 244
1985	41 755 141	8 242 728
1990	56 754 635	9 500 734

资料来源：Spitz (1988), 229.

1945—1971 年间，塑料材料的生产规模以年均超过 13 %的平均速度增长，1971—1996 年间速度下降到年均 5.7%（见塑料工业协会对各种主题的相关讨论）。生产的极快扩张，特别是战后早期生产的扩张，离不开对聚乙烯使用的日益增加，聚乙烯可能是各种塑料中使用最广泛的。聚乙烯是二战爆发前不久在帝国化学工业公司发现的，被广泛应用于战时军事需要中。杜邦公司是美国第一个生产聚乙烯的厂商，它是通过与帝国化学工业公司的许可协议得到聚乙烯的生产技术的。但是，二战后美国聚乙烯产量的迅速增长在很大程度上归功于美国司法部对聚乙烯专利权具有自由许可性的认定，在对杜邦公司和帝国化学工业公司的反托拉斯诉讼案中，这一认定是美国司法部判决中的一项条款。另外，联合碳化物公司在美国政府的默许授权下，在二战期间有效地侵占了杜邦公司和帝国化学工业公司的专利权。到1945 年为止，该公司对聚乙烯生产能力的投资已经大大超过了杜邦公司，而杜邦公 855
司才是真正持有聚乙烯的美国生产许可证的企业（Smith，1988）。

美国化学工业中聚乙烯生产规模扩大的历史阐释了二战对美国工业产生的最重要的一项影响。史密斯（1988）曾提到过这一点：在美国政府的直接压力下，并且作为战时协力完成的生产项目，化学工艺技术特别是大规模石油化工的工艺技术，被广泛传播到美国的整个企业界。战争有效地降低了化学工业中的技术门槛和以专利为基础的壁垒，战后有大量企业进入美国工业领域，其中许多是石油生产厂商。

不像电力和电子工业那样，技术变迁和创新是相连的，化学工业中的创新很难从众所周知的一系列最终产品中，例如无线电通信设备、洗衣机等，明确辨识出来。这反映出化学工业的一个鲜明特点：大多数产出（订货中的75%）是由中间产品构成的，这些中间产品不仅被家庭购买，也被那些最终产品需要化学投入品——漆、肥料、杀虫剂、除草剂、塑料、炸药、合成纤维、染料、溶剂等——的其他行业的企业购买。因此，化学工业中的电力公司是所有经济部门所需生产投入的供应商，并不仅仅是化学工业中那些企业所需生产投入的供应商。

合成橡胶

除了适应战时紧急需求的聚合体化学产品和熔炉有了科学突破以外，新兴的另一种重要产品是合成橡胶。在德国和美国的历史上，合成橡胶的出现可以追溯到第二次世界大战之前的很长一段时间。在美国，杜邦公司已经于1931年引进了合成的人造橡胶，并将其命名为氯丁橡胶。当时具有普遍适用性的天然橡胶产品的价格为每磅不到5美分，而氯丁橡胶的价格高达每磅1.05美元，这使氯丁橡胶的使用和推广受到限制。

1940年，在美国橡胶市场，天然橡胶占有的份额为99.6%，合成橡胶只占0.4%，
856 这一点毫不奇怪。1941年以后，这种情形才得到改变，当时，日本军队大肆毁坏东南亚的天然橡胶的植物资源。为了应对这种情况，联邦政府组织成立一个协会，起初由四个重要的橡胶公司以及标准石油公司组成。此协会主要集中交流有关苯乙烯—丁二烯橡胶和未来研究结果的信息。为了缓和国会中那些农业支持者的情绪，战争早期丁二烯橡胶的生产主要依赖酒精；但是到1945年，丁二烯橡胶和苯乙烯橡胶一样主要依赖石油进行生产，石油自此就成为最重要的橡胶原料。联邦政府投资将近7亿美元建造了51家工厂，用来生产制造合成橡胶所必需的单体剂和聚合剂这两种重要产品。20世纪50年代中期，这些建筑设备都被卖给了私人企业（Morton，1982，231 and 235）。

就为了实现战时紧急目标而进行的人力资源动员的速度和广度而言，合成橡胶项目仅次于曼哈顿项目（Manhattan Project）。到1945年，美国的橡胶消费量（超过

90 万长吨,1 长吨 = 2 240 磅。——译者注）不仅远远大于 1941 年（不足 80 万长吨），而且在整个橡胶总量中，1945 年的合成橡胶所占比例不少于 85%（见图 14–3）。合成橡胶是一种被引进的大规模地利用以石油为基础的原料进行生产的合成聚合体（Spitz，1988，141），但并不是最后一种。

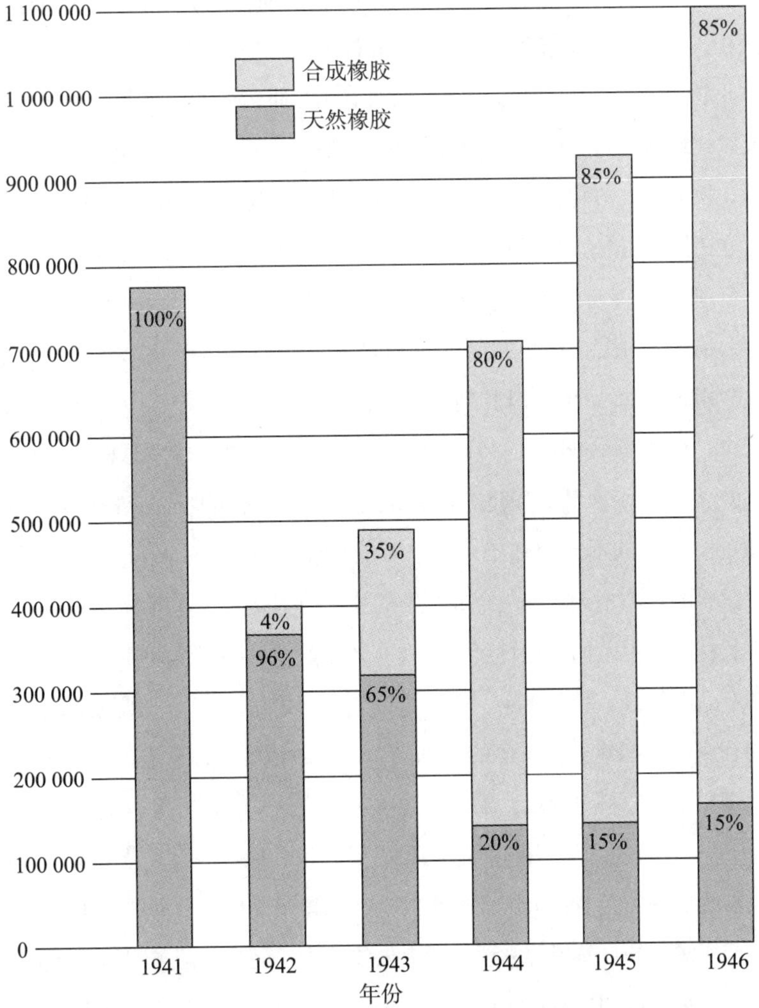

图 14–3　美国天然橡胶和合成橡胶的消费量：1941—1946 年（长吨）

说明：数据为根据 1950—1960 年数据估计而得的 1945 年和 1946 年的合成橡胶—天然橡胶比率。

资料来源：Herbert and Bisio (1985).

合成纤维

二战爆发后不久，纺织纤维业就经历了巨大的转变。大量新设立的合成纤维工厂（主要是尼龙、丙烯酸树脂和聚酯）开始替代天然产品（主要指棉花和木材），并最终占据主导地位，这些天然产品很久以来一直是纺织品制造和使用的基础原料。合成品对天然品的替代需要时间，因为要获得最佳的纤维特性离不开天然物质和合成物质的混合。而且，许多与合成材料有关的技术改进最终都转移到较为古老的天然产品上，因此到 20 世纪 70 年代，用于美国纺织业和服装业的以棉花、木材和纤维素为基础的天然纤维远不同于那些 50 年以前有着同样名字的纤维。传统产品最终获得了理
857 想的特性，例如清洗方便、防皱缩、阻燃，这些特性第一次与新的合成纤维有密切关系，并建立在化学研究的基础上，正是这些化学研究，产生了合成纤维。

合成纤维也具有与塑料、合成橡胶相同的特征，它们都起源于 20 世纪 20 年代
858 和 30 年代所进行的聚合化学制品的基础研究，并都得益于杜邦公司的华莱士·卡罗瑟斯（Wallace Carothers）以及斯托丁格、马克等人的工作（Hounshell and Smith，1988；Smith and Hounshell，1986）。20 世纪 20 年代晚期，卡罗瑟斯通过对聚合物的研究，生产出了氯丁橡胶，1935 年随着尼龙的发现，他的研究工作达到了顶峰。[36] 合成纤维的生产在战前已经开始了，主要是在杜邦公司和 I. G. Farben 公司，但是，由于军事需要的量非常大，商用合成纤维的生产受到了限制。例如，1939 年尼龙主要用于女性长袜中，但是由于这种新材料具有较好的拉伸力以及韧性，这意味着杜邦公司的全部产品都要用于军事装备，例如战争期间所用的降落伞、轮胎和帐篷。

新的合成纤维都建立在单体的基础上，这些单体既可以从石油化学原料中提取，也可以从煤质化学原料中提取。但出于成本考虑，这些合成纤维，就像塑料和合成橡胶的生产一样，还是主要使用石油化学原料。[37] 像其他战后合成品一样，美国丰富的石油储量在战后美国企业扩大合成纤维的生产规模中发挥了核心的作用。然而，开采合成品生产所需要的自然资源需要耗费大量的精力，而且美国丰富的自然能源的优势并不仅仅是一种纯粹的自然禀赋优势。美国化学企业和石油企业所大力开发的技术最终赋予石油和天然气这些自然储备以极大的经济价值。美国早期在化学工程领域中的领导地位在很大程度上也是美国丰富的石油储量和开采技术进步的结果。

我们在本章中讨论了许多关键的技术进步，将突破性的技术商业化需要一个长

期过程。不仅需要研发出生产中间产品的合适方法，例如生产聚合纤维所必需的对苯二酸，为取得很高产量而在生产尼龙中使用的乙二酸，还需要开发出一整套工艺技术。

就像塑料一样，低成本的合成纤维被广泛使用，其使用范围之广，甚至难以一一列举。到 1968 年，人造纤维超过了（按重量）棉花和木材的合计产量。1966 年，人造纤维最早被使用在消费品上（见表 14–6），其中使用量最大的行业是服装业，859
几乎占了合成纤维总产量的 1/3，大部分是妇女和儿童的服装，其次是包括地毯、织物、家具等在内的家用装饰行业。工业中的使用主要集中在轮胎上，其次是加固塑料。此外，其他产品的生产也广泛使用合成纤维，包括软管、绳子、带子、箱包以及过滤器等 (美国化学协会，1973)。

表 14–6　　人造纤维最终的使用市场，1966—1975 年（%）

年份	1966	1969	1970	1975
妇女和儿童服装	21	22		
男人和男孩服装	11	11		
服饰	44	44		
家用装饰	29	31	30	31
其他消费品	12	12		
工业消费品	23	24	21	19
出口	4	n. a.		
其他产品			5	6

资料来源：Spitz (1988), 292; *Man-Made Fibers Fact Book*, various issues.

医药产品

美国医药行业是一个重要的突出的化学工业部门，它的诞生与比它更大的美国化学工业部门相似。19 世纪中期美国医药行业和化学工业的发展都离不开始于德国的技术。[38] 19 世纪后半期，不仅整个美国医药产品依赖从德国进口，甚至广泛使用的医药教科书也主要从德国引进，这种状况一直持续到 19 世纪 90 年代。而且，860
美国一些最早的和最为成功的医药生产企业，例如辉瑞公司和默克公司，都起源于德国。

20世纪，美国医药行业开始挖掘国内日益增长的科学知识存量。但是，“以科学为基础的”工业转型进展缓慢。20世纪，几乎没有哪种新的医药产品可以将其起源归功于科学研究。这并不令人惊奇，因为对医药行业发展非常关键的生物医药学科，例如细菌学、生物化学和免疫学在19世纪晚期20世纪初才随着巴斯德（Pasteur）、利斯特（Lister）、科克（Koch）以及埃利希（Ehrlich）等人在生物医药领域的重要突破开始建立起来。欧洲许多新设立的医药企业都是生产合成染料和优质化学制品的集团公司的附属公司。但是，美国的医药公司缺乏这层关系，它们仍然主要从事传统医药产品（这些产品的原料主要来自大自然）的生产，并且沿用传统的生产方法。

一战爆发时，德国和瑞士控制着世界医药市场。然而，医学教育改革和医学课程范围的扩大（包括生物医学教育在内）为以后的生物医学研究奠定了基础（Swann，1988，第2章）。1906年通过了《纯净食品和药品法》（Pure Food and Drug Act），反映了人们对那些缺乏效用（或毒性较高）的医药产品销售的关心日益增加，同时也为20世纪较晚时期联邦政府出台的范围更大的医药管制措施奠定了基础。

二战促使美国的医药行业转向依赖正规的自主研究，并与国内那些从事生物医学前沿领域研究的大学建立了更为紧密的合作关系。二战期间，对抗病毒药物的需求急剧增加，促使美国集中力量探索亚历山大·弗莱明(Alexander Fleming)发现的青霉素的抗病菌性能。尽管弗莱明在1928年已做出了这一伟大发现，但10多年以来几乎没有在青霉素的商业规模生产方面进行过系统的努力。

二战期间，联邦政府开始安排有关开发青霉素的大规模生产技术的大型项目，
861 参与者包括20多家医药公司、数所大学以及农业部。这个“应急项目”的成功标志着美国医药行业技术变迁的新纪元的开始。但这些问题，包括青霉素的大规模生产的解决办法不是来自医药化学家而是来自化学工程师。这些化学工程师阐明了当时最主要的生产技术——与需氧菌有关的深层发酵技术，是如何产生作用并制造出高产量的。化学工程师通过规划和运作一个实验性的工厂取得了这项成果，这种工厂是为解决热量以及大量转移的复杂问题而建立的，这些问题是美国医药公司以前从没遇到过的。微生物学家和科学工程师联手取得的这一成就可以被当作生物化学工程领域最伟大的成功（American Institute of Chemical Engineers, 1970）。

战后美国医药工业的发展打开了广阔的希望之门，新医药产品面临着一个巨大的潜在市场，无论成本如何，只要满足这个市场，就一定有高额利润可赚。这些预想的事情最终都得到充分实现。

战后时期，联邦政府对生物医学研究的支持也有了显著增强，这通过全国卫生研究所 (National Institutes of Health, NIH) 的预算经费的巨幅增长反映出来（见图 14–4）。1950—1965 年间，全国卫生研究所在生物医学研究上的经费投入的实际增长率不低于 18%。到 1965 年为止，在所有投资于生物医学研究的费用中，联邦政府占了几乎 2/3 的份额。1965 年以后，这种大幅增长的势头有所减弱，但联邦政府占生物医学研究支出份额的降低反映出私人对研发投资的加速增长，特别是在 20 世纪 80 年代早期。1993 年，全美国在生物医学研究与开发费用上的总支出超过了 300 亿美元，其中 39% 是由联邦政府投资的，50% 是由企业投资的（Bond & Glynn，1995，15–16）。

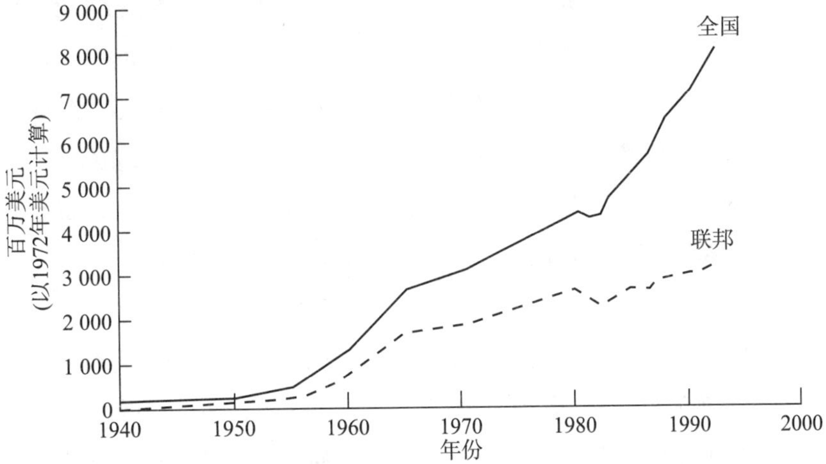

图 14–4　全国和联邦政府的医疗保健研发基金，1940—1992 年

资料来源：Based on Ginzberg and Dutka (1989); U. S., HHS(1993). Bond and Glynn（1995）.

战后时期，大型医药公司，例如默克公司、辉瑞公司、礼来公司以及百时美施贵宝公司都获得了较快的增长和较高的利润。医药工业之所以存在高利润率并常成为引发政治矛盾和国会听证的根源，是由于医药工业研发的高度集中。1984—1994 年间，平均来讲，在这个行业中公司对研发的投资占公司销售额的 9%，这一比例在

美国各制造行业中是最高的（美国国家科学基金会，1996，137）。战后时期，美国
不仅成为新医药产品的最大销售市场，而且成为新医药产品的最大供应商，并且这
862 种状态一直持续下去。各种新的医药产品能够也确实满足了大规模的需求。医药产
品的主要种类是品种繁多的“抗体类”药，这类药最先从抗生素开始，以后陆续包括抗高血压的药物、抗炎药、抗腐烂药、抗胆固醇药、抗抑郁病药以及抗组胺剂药。值得注意的是，1940 年以前，从没有厂商涉足过上述这些种类的药。除了抗体类药外，其他种类的药物还包括疫苗（最主要的用途在于预防小儿麻痹症）、止痛药、心血管病和中枢神经系统治疗药物、利尿剂、血管扩张和神经治疗药物、口服避孕药以及 α - 受体阻滞药和 β - 受体阻滞药等。

1953 年，分子生物领域的一项重大发现拉开了美国医药行业技术变迁新纪元的序幕。沃森（Waston）和克里克（Crick）确认了 DNA 的双重螺旋结构，找到了一种更为有效的药物发明方法，取代了长期占据药物研制领域的随机的试验方法（Gambardella, 1995）。但在这一科学突破后的 40 多年内，生物技术行业仍然处于初期发展阶段。迈出医药研制新方法关键一步的斯坦利 · 科恩（Stanley Cohen）和赫伯特 · 博耶（ Herbert Boyer）在 1973 年发现了基因接合技术，这一发现使改变有机
物的基因密码和操纵蛋白质的生产成为可能。新的方法表明医药研究在本质上具有
863 不连续性，即具有从化学领域向生物领域过渡的性质。生物技术不仅创造了现存
药品（例如胰岛素）的新生产技术，而且创造了新的医药研制技术（Henderson et al., 1998）。

分子生物学领域正在进行的革命是沿着多条轨道前进的，而不是遵循某一单一的技术发展的范例。但是，整个生物技术行业一直受到联邦政府对其研发的巨额资金支持，包括尼克松政府在 20 世纪 70 年代早期的“向癌症宣战”(War on Cancer) 项目。根据 20 世纪 80 年代国会技术评估办公室（Congressional Office of Technology Assessment）的估计，20 世纪 80 年代早期联邦政府每年在生物技术研发项目上的费用支出平均大概为 5 亿美元，到 1990 财政年度时，这一数字增加到 30 多亿美元（技术评估办公室，1984；1992）。

尽管自 20 世纪 70 年代起，巨额资金已经投向生物技术工业领域，但新产品的产出规模与资金规模相比相差甚远。人造胰岛素作为第一个面向市场销售的生物技

术产品（建立在生物技术的制造过程的基础之上），于 1982 年获得了美国食品与药物管理局核准。1989—1996 年间，从事生物技术医药产品开发的美国公司从 45 家增加到 113 家。1996 年年底，美国食品与药物管理局批准了 33 种以生物技术为基础的医药产品。另外，有 450 种生物技术医药产品处于开发中，120 多种医药产品处于第Ⅲ期试用阶段（Ernst and Young, 1996）。

美国生物技术行业的一个明显特征是新建企业在其中占据着最主要的地位，特别是大学作为企业顾问加入其中，这些企业还得到了敢于冒险的资本家的投资支持。[39] 但是，大批新开办的公司和规模较大的老牌医药公司之间的关系包含了一种复杂的新型分工（Arora and Gambardella, 1994），比如大型医药公司对新开办的有前途的公司投资，对合资企业、许可权投资以及在某些情况下收购新开办的小型公司。正如亨德森等（1999）指出的，事实已经证明，新开办的公司能够非常有效地将生 864
物技术运用于医药制造领域。老牌医药公司具有较强的营销能力，还拥有组织和管理临床试验以及其他规章事项的专家。这说明，新建企业生物技术的“研究蓝图”通常离不开与老牌企业的合作，而不是直接与其竞争。但是，在将生物技术应用于研制和发展新的药物方面，做得更成功的还是一小部分与大学研究机构和全国卫生研究所有紧密联系的老牌医药公司。

瑞士企业霍夫曼·罗氏公司（Hoffman La Roche），现在是基因泰克公司（Genentech）的主要股东，后者大概是新的生物技术企业中最成功的一家。大型企业是积蓄能力资源的宝库，这种能力是商业获得最终成功的关键；是积蓄广泛的分配网络、市场营销智慧的宝库；还是积蓄新医药产品通过要求苛刻、耗时冗长的美国食品与药物管理局核准程序的要诀的宝库。医药工业采用新的研究范式，并将其应用到工业结构、公司组织以及专业化生产等各个领域。

电力和电子学

美国电力工业的产生开始于 1882 年曼哈顿珍珠街电站的开业。尽管电力技术最终产生了巨大的经济效益，但直到 1899 年，在美国制造业中，电力传动装置尚不足所有机械马力传动装置的 5%，也就是说，电力装置对美国经济还没有实质性影响。

确实，早期对这种具有划时代意义的创新技术的运用是逐渐进行的，与我们在本章其他地方的论述相一致，真正的、重要的创新技术对经济影响的实现只能是逐步的，因为采纳“一般目的的技术”（Bresnahan and Trajtenberg, 1995），例如电力技术，要求在技术、组织和管理上都进行一系列辅助性创新。除此之外，这类新技术的最初原型必然要通过一系列附带性的创新和修正才能得到实质性改进。对技术的修正既
865 影响技术本身，也影响部分使用者对技术发展潜力及其适用要求的理解（“Learning by Using”，Rosenberg，1982）。

家庭电力消费的增长

1910—1930 年，美国国内大量的城市家庭都用上了电。然而向农村地区输电的成本远远高于城市地区，并且直到 20 世纪 30 年代早期，仅有 10%的美国企业从中心发电站接收到电力。在罗斯福总统实施了联邦政府给予农村电气化管理局（Rural Electrification Administration）补贴的政策之后，农村地区缺电的状况才得到极大改善（Schurr et al., 1991）。

最初，城市家庭使用电力主要是用于照明。1920 年美国家庭平均每户使用电力的成本为每千瓦时 7.45 美分，1930 年降低为每千瓦时 6.03 美分，与此对应，家庭使用电力增加了三成多。从 20 世纪 20 年代开始消费者对低成本的电力的使用量日益增长，这引发各种发明的诞生。20 世纪 20 年代，无线电设备、电冰箱以及电力热水器都相继诞生。这些发明反映出电力成本的降低、新技术的引进、电能更为方便的用途的发现以及用电生产出来的产品的成本的日益降低，这些产品中的许多都受益于大规模生产技术的使用（见图 14–5）。正如我们以后将提到的，在战后的电力发展阶段，家用电力设备和办公室用电力设备价格的降低（特别是质量进一步改善后的产品价格）速度呈加速状态。

20 世纪 20 年代，在大规模市场上随处可见的许多电力设备并非都是全新的。电以及较小的电动车的使用为大量处于原始形态的发明赋予了生机，这些发明虽然已经存在多年，但由于缺乏合适的能源而被暂时搁置。早在 19 世纪 50 年代和 60 年代，像空气净化器、洗碗机以及洗衣机等这类设备就已经被发明出来了，但是一直被束之高阁，直到电动机被发明出来后，才使它们有了实际应用的可能性（Giedion,

1948，553）。20 世纪 20 年代随着家庭收入的逐步上升，家用电器被越来越多的家庭所使用。[40] 正如汽车等其他大规模生产的产品一样，美国家用电器的广泛使用也离 866 不开以下因素：美国居民收入分配比当时西欧工业经济中的收入分配更为平均化。

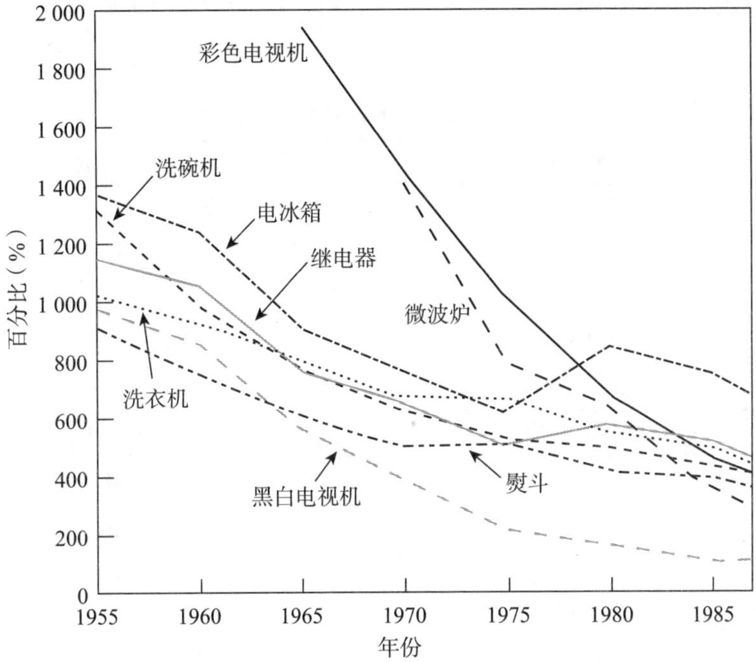

图 14–5　家用电器的价格趋势，1955—1987 年（以 1982 年的美元价格计算）

资料来源：Based on: Appliance Price: U. S. Bureau of the Census, *Statistical Abstract of the United States, 1969* (Washington, D. C., 1969), Table 1157; 1982—1983, Table 1434; 1988, Table 1297. GNP deflator:U. S. Council of Economic Advisers, *Economic Report of the President* (Washington, D. C., 1988), Table B–3. Schurr et al. (1991).

1945 年以后，家用电器的数量和种类增长迅速（见表 14–7）。家用电器的使用，特别是空气净化器和洗衣机等节约劳动的设备的使用，对于美国生活结构及其空间组织的影响都是意义深远的。由于家庭所需劳动量的减少，中产阶级家庭很少再有人雇用家仆，而这在以前是非常普遍的。节约劳动的家用电器也使广大妇女加入劳动大军成为可能，这是二战以及 20 世纪 70 年代至 80 年代的显著特征。但是，电器的影响并不仅限于这些“较小”的改变，例如电冰箱可以将大量食物储存更长的 867

时间，使购物商场的空间组织发生了改变，消费者无须每天或者每周三次长途跋涉到商店购买新鲜的食品（Oi, 1988）。同时，家用电冰箱和汽车的广泛使用，使得大型超市的发展成为可能，超市最终取代了小型城市的食物零售供应商，同时，由于不需要频繁地长途跋涉到商场购物，人口的分散居住和零售食品商店的分散设立成为可能。

表 14–7　　战后美国引进的主要电器

20 世纪 50 年代	20 世纪 70 年代
带冷冻库的冰箱	微波炉
电视	热力泵
衣服熨斗	垃圾捣碎机
自动洗衣机	食品加工机
室内空调设备	
20 世纪 60 年代	**20 世纪 80 年代**
彩电	家用电脑
洗碗机	大屏幕电视
中央空调	录像机
空间加热器	CD 机
除霜冷冻冰箱	家用卫星接收器
废物处理器	

资料来源：Schurr et al., 1991, figures 11.7, 11.8, 11.9.

20 世纪 90 年代移动电话的出现，也许是新近电力技术应用最成功的一个案例，这种创新技术也吸收了先进的电子技术。移动电话是 1983 年引进的，开发商希望其有一个相对平缓的发展速度。当时，美国电话电报公司预测，移动电话申请人数到 1989 年可能会达到 100 万人；到 1996 年年底，移动电话申请人数已经达到 4 600 万。对需求低估的一个主要原因是价格的日益下降和产品质量的改进对移动电话的需求产生了影响。1983 年，移动电话的平均价格按照当前价格计算，大概是 3 000 美元。
868 到 1997 年，性能更加优良的移动电话的购买价格不足 200 美元（Hausman, 1997）。

电力的工业用途

讨论了电器在美国家庭中的广泛应用，并不等于阐述了电力技术对 20 世纪美国经济的全部影响。[41] 同样，如果没有电力在工业生产过程中的使用，美国也不会发生如此重大的经济增长。电力在工业中应用的效果与使用电力的原因，远不在于每一热量单位（BTU）能源成本的降低。电能的形式确实很好地适应了诸多新兴工业技术的需要，这特别体现在对 20 世纪工业技术发展起着基础性作用的冶金工业部门中。

电力在钢铁和铝产业中的使用

19 世纪后半期，美国冶金业的能源主要是煤。但是在 20 世纪，冶金业对电力能源的依赖性越来越强，这成为当时冶金业最显著的特征之一。从煤到电力的改变深刻地影响了冶金工业的方方面面，包括工会的权力、废料的回收以及美国资源禀赋的特性。

19 世纪后期电炉被开发出来，但只在有限的几个专业钢铁企业中使用。在这些钢铁企业中，每次电炉熔炼仅能生产数吨钢铁。在钢铁生产中使用电炉可以使生产过程远离污染源，这一点对生产高质量的合金非常重要。因此，在 20 世纪早期，虽然电炉技术在生产多种合金铁中使用得并不多，但属于非常重要的技术。

1945 年以后电力成本持续下降，制造商能够使用较大的电炉，主要用来生产碳钢。由于电炉的有效规模最小，资金成本也远低于那些旧的、传统的制钢技术，从而电炉的使用促进了美国“小钢铁厂”的发展。绝大多数小钢铁厂都是由新进入钢铁行业的投资者建立的，而不是由那些经营大型综合钢铁厂的企业建立的，这些大型综合钢铁厂在 20 世纪的多数时间都在美国工业中占据主导地位，而小钢铁厂的生产设备的规模要小得多。1985 年，近 2/3 的美国小钢铁厂生产的年粗钢产量不足 60 869
万吨，但是，到了 20 世纪 90 年代早期，小钢铁厂的生产能力超过 100 万吨 (Barnett and Crandall，1986，9–10；Heffernan, Personal Communication，1997)。早在 20 世纪 60 年代，电炉的使用主要被限制在合金、不锈钢等混合产品内，1961 年，小钢铁厂占美国粗钢产量的比重不足 9%（美国商务部，1975，693)。1970 年这一份额已经增长到 15%，1994 年进一步增加到约 40%（见表 14–8)。

表 14–8 美国电炉熔炼的粗钢，1970—1994 年

年份	粗钢产量（百万吨）		电炉熔炼量占比（占总产量的百分比，%）
	电炉熔炼量	总产量	
1970	20.2	131.5	15.3
1971	20.9	120.4	17.4
1972	23.7	133.2	17.8
1973	27.8	150.8	18.4
1974	28.7	145.7	19.7
1975	22.7	116.6	19.4
1976	24.6	128.0	19.2
1977	27.9	125.3	22.2
1978	32.2	137.0	23.5
1979	33.9	136.3	24.9
1980	31.2	111.8	27.9
1981	34.1	120.8	28.3
1982	23.2	74.6	31.1
1983	26.6	84.6	31.5
1984	31.4	92.5	33.9
1985	29.9	88.3	33.9
1986	30.4	81.6	37.2
1987	34.0	89.2	38.1
1988	36.8	99.9	36.9
1989	35.2	97.9	35.9
1990	36.9	98.9	37.4
1991	33.8	87.9	38.4
1992	35.3	92.9	38.0
1993	38.5	97.9	39.4
1994	39.6	100.6	39.3

资料来源：Barnett and Crandall (1986), 7; *Statistical Abstract of the United States*: 1995, 776.

但是，电炉技术的优势并不仅仅在于它们的成本和规模，电炉也能对更广泛的原材料加以利用。电炉在运作时通常使用的是 100%的废料。相比而言，氧气顶吹转

炉只可容纳 50%的废料，而且除非废料预热过，否则这一容纳量难以起到节约成本的作用。因此，氧气顶吹转炉使用的废料很少超过 1/3。电炉已经成为一种可以为钢铁制造能力提供相对便宜的补充的颇有吸引力的方法。同时与以前的技术相比，电炉使更为集中地利用便宜的投入品成为可能。烙铁和钢铁工业可以使用低成本的电力，这为它们绕过传统钢铁制造行业在其能量高度密集型的早期发展阶段所必须经历的开采、焦炭制作以及冶炼等过程提供了独特的机会。在可以得到废料的地方，电炉就是一种能量节约型技术，尽管人们通常抱怨说，由于生产电力时有大量的热能损失，电力是一种“无效”的技术，但这种抱怨是没有根据的。

与以前的技术相比，电炉也在地理位置方面提供了更大的灵活性。电炉可以安
置在远离煤厂、铁矿、铜炉或焦炭灶的地方，并且小钢铁厂的引入有助于宾夕法尼
亚西部减少制造钢铁的数量。[42] 除了用于产生电力外，电炉还主要用于大型的城市
垃圾堆积站，不管如何，这种垃圾是一种可以随地获得的投入品。实际上，美国有 870
丰富的低成本的废料，这是美国小钢铁厂与外国同行竞争者相比所具备的一个重大
的成本优势。

电炉有越来越大的吸引力也离不开其他方面的特征，即在过去以污染而著称的
工业中，电炉技术是一种相对清洁的生产技术。由于联邦政府、州政府以及当地政 871
府都对工业排放物有严格的控制，电炉就成为颇为理想的选择。电炉对空气和水造
成的污染要比那些旧的鼓风炉技术造成的污染易于处理得多。

在氧气顶吹转炉替代平炉炼钢技术中，电力也起到了重要的作用。长期以来，钢铁工业投资者和工程师一直都明白制钢业中氧气的重要性。确实，19 世纪 50 年代的贝西莫（Bessemer）酸性转炉法就倾向于在制钢过程中选择使用氧气。尽管人们很长时间以来已经掌握了酸性转炉法的核心内容，但氧气顶吹转炉只是随着便宜的氧气可以获得之后，才使其在商业上的应用成为可能，而廉价氧气的获得也是由于生产过程中电能的使用才成为可能的。当开始使用氧气顶吹转炉后，钢铁工业产出中的很大一部分就明显地依赖电力。使用电炉是直接依赖电力，使用氧气顶吹转炉是间接依赖电力。而氧气顶吹转炉需要大量的氧气，这种氧气的生产只能通过电能密集型技术才能节约成本。1959 年，几乎 90% 的美国钢铁工业产量都是使用平炉炼制的，但是到 1989 年，使用平炉炼制的钢铁量只占美国钢铁总产量的 3%（Schurr et al., 1991，114）。

铝是 20 世纪美国经济中第二大重要的金属，如果没有廉价氧气的生产，铝的出现也是难以想象的。尽管早在 1825 年铝就首次被分离出来，但是在以后很长时间内很少有人问津。1852 年，铝的售卖价格是每磅 545 美元（按 1994 年美元价格计算，大概为 7 500 美元），当时铝的数量非常少，在工业上也没有什么用途。直到 1886 年美国的查尔斯·马丁·霍尔（Charles Martin Hall）和法国的保罗·路易斯·保森特·赫罗尔特（Paul Louis Poussaint Heroult）各自独立地开发出铝电解工序以后，铝才开始了它的商业生涯。新的铝工业依赖廉价的电能，因为它需要大量的电力来分离矿石中的铝和氧气。[43] 19 世纪 90 年代来自尼亚加拉瀑布的廉价电能，使新型的铝制方法具有了商业上的可行性。通过使矾土成为商业上制造铝这种重要的工业原料的合
872 意原材料，电的应用大大扩展了美国经济的资源基础。[44]

铝对 20 世纪的技术发展非常重要，因为它具有强电传导性、强热传导性以及强抗腐蚀性等特点。强度—重量的高比率是铝的更重要的一个特点，因为铝合金易于生产，更提升了其强度和硬度。由于铝具有重量轻、支撑力量大的特点，铝在运输设备，特别是在飞机中也占有重要地位。尽管当前，美国飞机制造业对铝的消耗仅占美国铝业产量的 0.7%（啤酒和软饮料的饮料罐的市场规模要大得多），但铝对飞机性能的贡献还是很重要的。铝还有一个明显的特征，即很容易回收利用，而回收利用可以大规模地节省电力。确实，运用电炉技术对铝回收利用，在最初从铁铝氧石中提炼铝时，可以节省 95% 的能量。因此，在重要的金属产业中，电炉变成了回收利用的工作室。

电的其他工业用途

到目前为止，我们对电的工业用途的讨论强调的是这种能量资源在物质的化学转变中的用途。但对于大多数工业而言，电是和电动机器联系在一起的。尽管 19 世纪最后 10 年尼亚加拉瀑布的水电站建立才是引进电动机器的开始，但在 19 世纪和 20 世纪之交，电能在工业上的广泛应用随着蒸汽涡轮机和电动机的改进得到了极大扩张。正如我们在前文提到的，1899 年，制造业中电动机的使用量不足机械马力总量的 5%，10 年以后，制造业电动机的使用量占马力总量的约 25%。到 1919 年，数

字上升到 55%，1929 年，超过了 82%，1939 年，差不多有 90%的企业使用了电动机（见表 14–9）。

电之所以成为美国经济中工业生产的主导能源，是因为其具有引人注目的优点。873
首先，电能够被任意分割，而蒸汽发动机在一定规格之下就会变得高度无效。"分割"的电能资源可以精确地满足每种工业用途的特定能量需求，这意味着可以节约大批能源和资金成本。大型蒸汽发动机在仅仅要求一小部分或间歇式能量的情况下往往产生超过需要的过量的能源，而电动机的使用能够避免这种现象。电力因此满足了对"微调"能量供给的需求。而且，电动机降低了对房屋面积的要求，为办公地的组织和规划提供了更大的自由空间。电动机意味着工厂内的工作流动并不一定要装设笨重的传动带和转轴系统来从中心能源地带向各台机器输送能量（Du Boff, 1967, 513）。

表 14–9　　制造业使用电动机与机械马力的比例：1899—1954 年中的部分

年份	马力使用总量（千马力）	电动机使用量（千马力）	电动机使用量 / 马力使用量（%）
1899	9 811	475	4.8
1904	13 033	1 517	11.6
1909	18 062	4 582	25.4
1914	21 565	8 392	38.9
1919	28 397	15 612	55.0
1925	34 359	25 092	73.0
1929	41 122	33 844	82.3
1939	49 893	44 827	89.8
1954	108 362	91 821	84.7

资料来源：U. S. Bureau of the Census (1957), vol. I, Table I, 207–212.

但是，在经历了相当长的时间后，工业中使用新电力技术体系带来的好处才得以实现。20 世纪 20 年代以前，难以观察到工业生产中电力对生产力的实际增长率的影响。后来，电力逐渐渗入工业中，工业的产量反映出工业采用电力能源有着较高的经济成本和组织成本。工厂重建不仅包括工厂内部劳务流动的重组和工作安排的 874
变动，而且包括对工人和管理层专业分工的新形式的采用，这都需要数十年的探索尝试和学习（Chandler，1990；David，1990）。[45]

辅助性技术的发展和旨在充分发挥电能功效的技术改进需要经历漫长的时间，这是20世纪大多数重要技术创新的特征。这种趋势不仅可以在利用电力生产出来的产品上观察到，而且在发电部门本身也能观察到。电能生产过程的创新，就像其工业用途一样，也依赖大量的增量改进，这些改进的发展和最终使用都需要数十年的时间。然而，大量小的改进累积起来就成为大的改进，以至20世纪上半叶，电能生产部门生产力的长期增长率要比美国经济中其他任何部门都高（Kendrick, 1961, 136–137）。

集中式热能设备的效率改进带动了燃料部门长期增长率的显著提高。一系列较小的设备改进，包括合金铁的使用使提高生产温度和压力成为可能，以及锅炉和涡轮设计的改进使提高产量成为可能，这些都大大提高了单位燃料投入的能量产出率。1900年，每小时生产1千瓦电能需要7磅煤，20世纪60年代生产同样数量的电能需要的煤不足0.9磅（Landsberg and Schurr，1968，60–61）。然而，即使这些数字也不足以完全反映出由电能利用带来的效率的提升，电能利用过程包括电能的生产、传送和利用，这其中每一过程的技术进步都是至关重要的：

> 在1907—1957年的50年间，煤的开采、传送和转化为电能，以及电
> 的传输和转化为最终产品的过程，所需要的总能量或损失的能量都在降低，
> 875 而一吨煤能够产出的电能提高了10倍多（美国商务部，1960，501）。[46]

但是20世纪60年代，电能生产领域的一系列生产力改进突然中断。需要强调的是，这种中断要早于能量成本急剧上升的时间。能量成本是通过能量价格的两个相似的峰值确定的，这两个峰值分别与阿拉伯世界拒绝供应石油和伊朗革命两件事相关。尽管生产力提高路径结束的原因尚未完全弄清楚，但有一点很明确，即这一中断包含了大型技术组合的结束。[47] 尤其是到20世纪60年代中期，进一步扩大煤的生产规模以提高生产力已变得不可能(Gordon, 1993)。技术在发展中占有重要地位，从热耗率（即生产1千瓦时电能所需要的燃料数量）的发展趋势我们可以得到明显的证据。从1925年起热耗率就开始下降，直到20世纪60年代早期这一下降趋势才停止（见图14–6）。

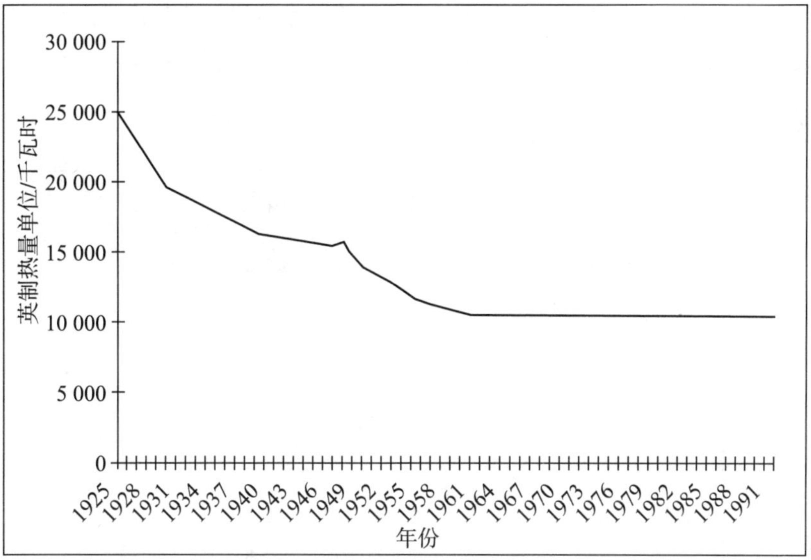

图 14–6　美国电能制造中的热耗率，1925—1992 年

资料来源：Edison Electric Institute, *Statistical Yearbook of the Electric Power Utilities*, various years.

20 世纪 20 年代以来，美国总的能源消费中电力所占的份额呈现出平稳上升的态势，尽管整个经济中的能源密集度（即能源消费量与 GDP 的比率）有很明显的下降。直到 20 世纪 60 年代晚期，这两种趋势才通过电力相对价格的下降相互联系起来。图 14–7 显示了电力价格与 GDP 的纵向对比趋势。从 20 世纪 60 年代晚期开始，电力相对价格开始上升，这种趋势一直保持到 20 世纪 80 年代。尽管随后几年，电力的相对价格开始下降，但仍然远高于 20 世纪 60 年代晚期的水平。

电子技术革命：1947—1990 年

与化学工业和内燃机领域的技术一样，电子技术革命的一个重要特征是不断出现“技术瓶颈”，通常主要围绕着电子系统内的各个零部件或者互联零部件展开。这样的瓶颈也引领了 1945 年以后的电子技术革命。就像我们下面将要提到的，电子通信领域内的一个重要的瓶颈的出现促成了贝尔电话实验室的研究项目，该项研究制造出第一个晶体管并最终使战后电子技术革命的发生成为可能。电子零部件和计算机系统随后发展成它们目前的组合方式，这是在对清除进一步发展的障碍的迫切需要下完成的。进一步的发展离不开这些复合体内其他零部件的发展，这样的例子包
876 括需要更多的分立元件、复合软件，或者零部件之间缺乏互换性。

图 14–7　美国电能生产者价格指数 /GDP 平减指数

877 资料来源：U. S. Bureau of Economic Analysis (1996).

电子技术的发展使战后美国经济出现了三个新兴产业：电子计算机、计算机软件以及半导体部件。创新的电子类产品支持了这些产业领域内的新兴企业的发展，并促进了成熟产业的运营方式和技术的变革，例如电子通信业、银行业、航空业、铁路运输业。电子革命归功于两项关键的发明：晶体管和计算机。这两项技术创新出现于 20 世纪 40 年代，对二者的利用主要是冷战期间出于对国家安全的考虑。这些创新的诞生对美国国内科学和发明的依赖程度要比 1940 年以前的主要技术创新高得多。

半导体

1947 年后期，贝尔电话实验室发明了电子晶体管，标志着贝尔实验室的总裁——雄心勃勃的默文 · 凯利 (Mervin Kelly)——在 20 世纪 30 年代启动的有关固态物理的

基础研究取得的第一项成果。面对着长距离电话设施需要的日益增长，美国电话电报公司努力寻求能够替代必须大量使用中继器和继电器的方法，大量使用中继器和继电器极大地增加了网络维护功能的复杂性，降低了可信度。凯利认为固态物理这一新兴领域的基础研究有可能产生出替代技术。[48]

在美国反托拉斯政策的作用下，贝尔实验室的发明成果在商业上得到利用，这一政策在更早时期对美国整个 20 世纪的研究与开发体系发生的革命都有重要的影响。1949 年，美国司法部针对美国电话电报公司提出了重要的反托拉斯诉讼。美国电话
电报公司面对这一威胁，被迫在话筒产品的商业销售领域开辟出一项全新的业务， 878
目的是希望避免将注意力集中于其利用市场权力的做法上，例如对晶体管部件和专利许可权收取高价。1952 年 4 月，贝尔实验室对所有从事点式接触晶体管技术和接合晶体管生产改进研究的公司召开了一个公开研讨会（Brooks，1976，54）。1956 年反托拉斯诉讼最终通过一项协议，美国电话电报公司的商业活动被限制向电信服务和设施发展。1956 年达成的这项协议也促使美国电话电报公司作为半导体技术专利权的主导者允许所有市场准入者都能象征性地拥有一些对半导体技术的专利权，即寻求与那些获得半导体交叉专利权的公司之间的交叉许可权。因此，该行业中每一步重要的技术发展对美国电话电报公司都是开放的，其中所有的专利都通过交叉许可权与美国电话电报公司相联系。

获得商业成功的第一批晶体管是德州仪器公司 (Texas Instruments, TI) 于 1954 年制造的，而不是美国电话电报公司制造的。而且，与这里讨论的其他重要的发明创新一样，德州仪器公司生产的晶体管在贝尔实验室的基础上进行了重大的设计改进，降低了制作成本，提高了产品的可靠性。德州仪器公司在开发分线晶体管的过程中，不仅要求改进装置设计，而且要求硅元素的制造和提纯方面的技术不断进行扩大性的改进。硅元素分线晶体管很快就被应用到美国军事用途上，被用于制造激光和导弹。

半导体电子领域的下一个重要成就是 1958 年研制出的集成电路（IC)，它能将大量的晶体管在单一的硅芯片上结合起来。集成电路在很大程度上是为了解决与利用大规模的分立式晶体管相伴而生的、日益突出的安全性问题而研制的。随着在同一系统中使用晶体管数目的增加，单一零部件或连接点的失败引起整个系统失败的

879 可能性会成倍增加。[49] 对半导体零件需求持续不断的增长要求一系列价格和性能（例如更高的安全性和更少的连接点）能够扩大系统的应用范围的新产品与之适应。集成电路是由德州仪器公司的杰克 · 基尔比 (Jack Kilby) 发明的，吸取了德州仪器公司在扩散和氧化物掩模技术方面的工艺创新。集成电路技术的发展使大量晶体管在单一装置基础上相互连接成为可能（图 14–8 显示了 1955—1990 年间半导体工业运载量的结构趋势）。

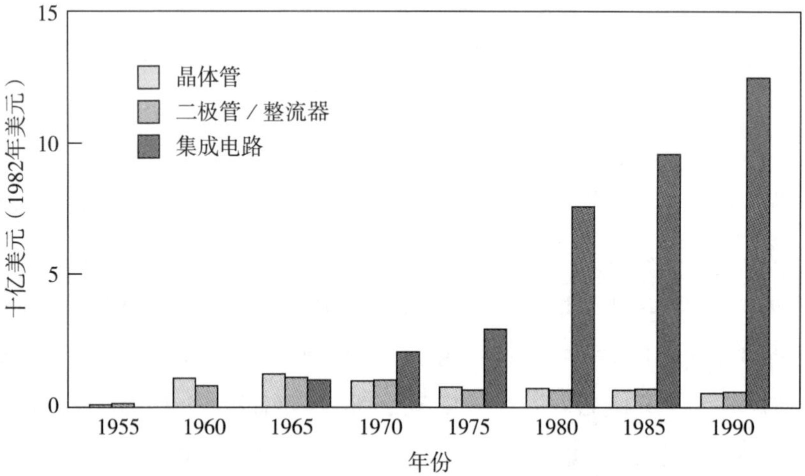

图 14–8 美国晶体管、二极管 / 整流器以及集成电路的运载量

资料来源：U. S. Bureau of the Census, various years.

基尔比对集成电路技术的研究是想设计出一种半导体装置以打开军用市场（并且最终是商用市场）。基尔比进行的开创性的研究与开发并没有得到美国军事组织的支持，军事组织对集成电路产业的早期发展最伟大的贡献是满足了集成电路产业对高度可靠的部件的需求。计算机在军事系统内（例如，民兵导弹制导系统就是一个具有机械强度的、高性能的计算机）的使用过程中，分立元件的“绝对数目”(tyranny
880 of numbers) 问题一直非常尖锐。军用计算机设计师要求计算机各部件必须具有高度的安全性和稳定性，这为在这些计算机系统中首次使用集成电路提供了可能性。[50]

一旦军事和航空系统论证了集成电路行业的生存能力，新的技术很快就被应用于商用计算机。表 14–10 显示了 1955—1968 年用于军事目的的分立半导体的生产

(包括国家航空航天局、联邦航空局、原子能委员会)。在半导体工业发展早期，对分立半导体的商业需求就很大，例如，半导体零部件被用于并不昂贵的助听器和无 881 线电通信中，这创造了一个巨大的市场。尽管 1960—1962 年的民兵导弹项目对分立半导体的军用需求达到了顶点，并且 60 年代中期的越南战争又使之再次增长，但整个 20 世纪 60 年代军事方面的需求还是按照一定比例的产量下降了。

表 14–10　　美国军用半导体的生产：1955—1968 年 [a]

年份	半导体总产值（百万美元）	军用半导体产值 [b]（百万美元）	军用半导体产值 / 总产值 (%)
1955	40	15	38
1956	90	32	36
1957	151	54	36
1958	210	81	39
1959	396	180	45
1960	542	258	48
1961	565	222	39
1962	575	223	39
1963	610	211	35
1964	676	192	28
1965	884	247	28
1966	1 123	298	27
1967	1 107	303	27
1968	1 159	294	25

说明：a.1962—1968 年的数据包括单块集成电路。

b. 军用半导体生产包含为国防部（DoD)、原子能委员会（AEC)、中央情报局 (CIA)、联邦航空局 (FAA) 以及国家航空航天局 (NASA) 生产的半导体设备。

资料来源：Data for discrete devices are from U. S. Department of Commerce, Business and Defense Services Administration (BDSA), *Electronic Components:Production and Related Data, 1952—1959* (1960)；BDSA "Consolidated Tabulation:Shipments of Selected Electronic Components" (annual reports; processed; title varied somewhat over the period).

一直到 1966 年，集成电路行业还不重视晶体管在商业上的应用的重要性，集成电路在电子系统（如计算机）中的使用为其他半导体部件的需求打下了基础。到

20 世纪 70 年代中期，大多数系统设施都使用了非集成电路半导体作为集成电路的补码电路，因此，对非集成电路部件的需求增长离不开集成电路行业市场的发展。图 14–9 和图 14–10 显示了 1972—1990 年间集成电路生产总量的增长和集成电路产品混合方面的变化。在这期间，集成电路运载量的价值以每年大于 20%的速度增长。

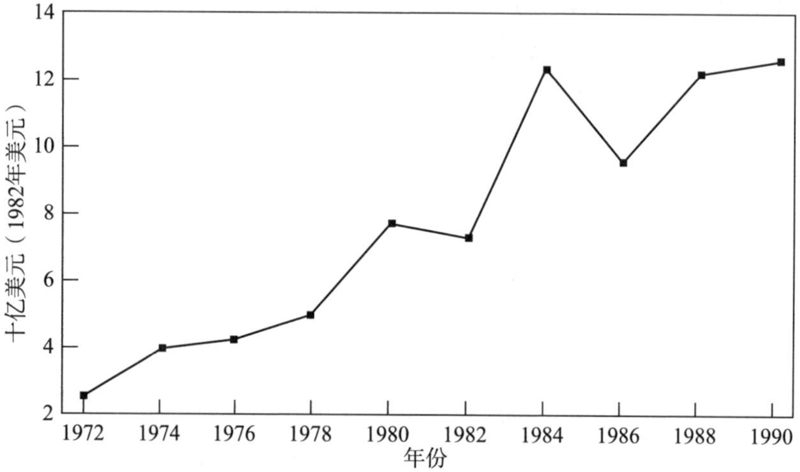

图 14–9　美国集成电路运载量，1972—1990 年

资料来源：Mowery and Steinmueller (1994).

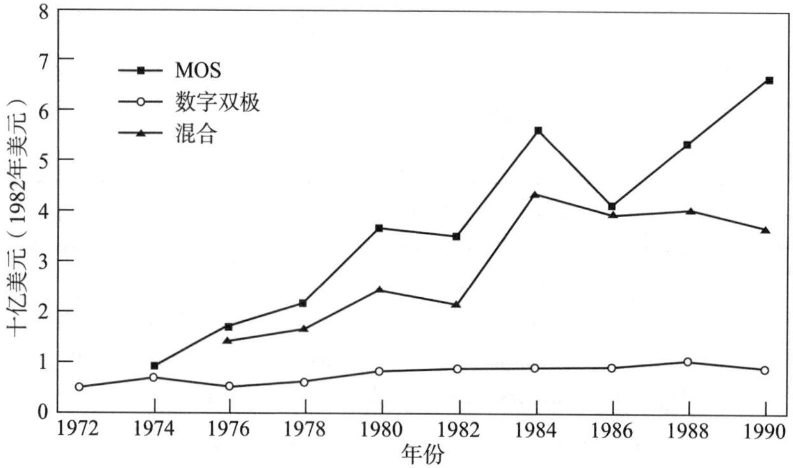

图 14–10　美国集成电路产品运载量，1972—1990 年

资料来源：Mowery and Steinmueller (1994).

伴随着产出的快速增长，集成电路的组成结构也发生了重大变化。发明于 1971 年的微处理器到 1976 年收入总值已经达到 2.75 亿美元（包括在“金属氧化物半导体”MOS 类目中），而较早期的集成电路产品类目的收入，例如二极管晶体管逻辑电路（包含在“数字双极”类目中）在 20 世纪 70 年代晚期开始下降。

联邦政府深入参与了战后早期半导体产业的发展，既作为资金供给者，又作为半导体产品的购买者，其影响之一就是在创新和技术产品商业化过程方面形成了一种机制，这种商业化技术的机制不同于 1940 年以前美国化工产业和电子机械产业等技术密集型产业。与战前情况完全不同，大公司的研究与开发推进了基础性技术的开发，而这些基础性技术又由新公司来进行商业化。新开办的小型企业在引进新产品过程中的作用可以从它们在新的半导体市场中所占的份额通常超过了大型企业这一点反映出来。而且，随着集成电路的发展，新公司的重要性也在上升。1960 年，正是在将集成电路引入商业用途的前夕，在美国电子系统 10 个最大的晶体管制造厂商中，旧厂商占了 5 个，这些旧厂商中的大多数在 1940 年以前建立，原来的生产领域是办公室设备、消费品以及电器。但是到 1975 年，在电子行业中占主导地位的厂商，许多是新进入的企业，例如英特尔公司和仙童公司（Fairchild），它们在 20 世纪
50 年代晚期才进入电子行业，通过利用它们在集成电路方面的专长迅速发展。集成 882
电路的影响远远超过了晶体管，它改变了美国半导体产业的结构，那些处于领先地
位的新办企业将大多数产品都卖给了其他企业，而不是主要为自己生产。 883

尽管集成电路产品的商用市场需要很快就超过军用市场，军用需求也促进了集成电路早期的发展和价格的下降，这最终促成了集成电路产品的商用市场的大规模扩张（见表 14–11）。军事采购政策也影响了集成电路工业的结构。与西欧军事防御部门相比，美国军事组织愿意和德州仪器公司等企业签订大规模的采购合同，这些企业要么刚进入半导体行业不久，要么几乎没有或者根本没有军用半导体供应的历史。但让人惊奇的是，军事半导体行业的研究与开发合同对这一行业早期阶段技术创新的影响非常有限。军事研究与开发合同的主要参与者并不属于那些率先在半导体技术领域引进创新的公司，它们并没有与政府签订军用半导体研究与开发合同（Kleiman，1966，173–174）。

表 14–11　美国集成电路的产值和价格以及军用市场的重要性，1962—1968 年

年份	总产值（百万美元）	每一集成电路的平均价格（美元）	军用产值在总产值中所占份额[a]（%）
1962	4[b]	50.00[b]	100[b]
1963	16	31.60	94[b]
1964	41	18.50	85[b]
1965	79	8.33	72
1966	148	5.05	53
1967	228	3.32	43
1968	312	2.33	37

说明：a. 军用产值包括为国防部（DoD）、原子能委员会（AEC）、中央情报局（CIA）、联邦航空局（FAA）和国家航空航天局（NASA）生产的设备。

b . 估计数。

资料来源：Total production and average price figures are from the *Electronic Industries Yearbook*, 1969 (Washington, D. C., 1969)，Table 55. Defense production as a percentage of total production is based on data for monolithic integrated circuits found in BDSA, "Consolidated Tabulation:Shipments of Selected Electronic Components".

美国军事组织之所以愿意从未经检查的供应商那里购买产品，是因为它能够有效控制地美国半导体企业之间大量的技术转移和技术交换。为了降低围绕特定集成电路设计的某一系统由于生产问题和供应商退出而受到耽搁的风险，军事组织要求
884 其供应商为该产品发展一个“第二来源”（second source），即一个能够生产电子产品或功能类似的产品的国内供应商。要使第二供应商符合要求，两个供应商之间要互换设计图，共享有关生产工艺方面的充分的知识和技巧，以保证第二供应商生产出来的零部件与原来的产品相符。为军用市场大规模制造的集成电路使企业能够快速地将学习曲线移动到低处，将其部件成本降低到足以满足对商用集成电路巨大需求的程度。然而，在军事需要尚占主导地位的时期，整个集成电路市场的规模较小，但这段时期很短，这表明许多新进入集成电路产业的企业主要还是受美国国内潜在的更大的民用市场的吸引。

通过鼓励市场准入以及支持企业之间较高水平的技术溢出（例如 1956 年美国电话电报公司的协议，再如国防部制定的“第二来源”政策），公共政策及其他方面的

影响提高了美国半导体行业内个人和企业从事技术交换活动的多样化和次数，当时，关于半导体技术的未来发展尚有很大的不确定性（对于不确定性在技术变迁中的作用的讨论，见 Rosenberg，1996）。厂商大量进入此行业以及企业之间快速的技术扩散也引发了美国企业之间激烈的竞争。激烈竞争的工业结构和行为规则促成了残酷的“选择环境”(selection environment)。在此环境下，那些缺乏效率的企业和技术解决方案将被无情地抛弃。事实证明，对于一个国家半导体行业内的佼佼者而言，技术多样化和强大的选择压力特别有效。

与在化学工业和以后的计算机软件工业的发展中发挥的关键作用对比，美国大学在半导体行业应用的技术方面发挥的作用甚微。原因之一是半导体行业的制造工艺过程具有超出一般的复杂性，使得大学研究学者不可能模仿出这一恰恰是工业实践所必需的工艺技术。尽管如此，大学在半导体工业发展中的作用很小的原因仍不甚明确。甚至，肖克利（Shockley）和其同事在贝尔电话实验室非常得心应手使用的固体状态物理理论，其源泉既离不开贝尔电话实验室，也离不开大学机构；第一份被广泛使用的手册《半导体行业中的电子和空穴》（*Electrons and Holes in Semiconductors*）是由肖克利撰写的。但是，美国大学很快就开设了用以培养半导体行业所需要的工程师和科学家的课程，并制定了相关毕业生的学习规划。美国大学在从事由联邦政府投资的研究项目中得到了很多帮助，这些项目中的许多都是与国 885
防有关的。

计算机

美国计算机行业的发展也从冷战期间的军事费用支出中受益匪浅，但是计算机行业的起源和早期发展，在其他方面都不同于半导体行业。尽管美国大学在半导体技术的早期发展中至多是一个外部参与者，其在计算机行业的研究以及早期发展活动中却起了非常重要的作用，正是这些早期的发展活动制造了美国最早的计算机。20 世纪 50 年代晚期和整个 60 年代，联邦政府将来自军事和非军事的费用投入计算机行业，为这一新行业的发展提供了极其重要的基础研究和教育框架。

战争时期，美国军事组织主持了大规模的高速计算机的开发项目，这些项目的目的是解决特殊的军事问题。电子数字积分计算机（ENIAC）通常被认为是第一台比较完善的电子数据计算机，是由陆军军械部投资的，它与炮兵射表的计算机化有关。ENIAC 是由宾夕法尼亚大学穆尔学院的 J. 普雷斯珀 · 埃克特（J. Presper Eckert）和约翰 ·W. 莫克利（John W. Mauchly）开发的，ENIAC 解决一系列特殊问题依靠的是硬件而非软件。1944 年，约翰 · 冯 · 诺依曼（John von Neumann）参与到正在从事新机器电子数据计算机（EDVAC）开发的埃克特 – 莫克利工作队伍中。他们协作的结果是研制出新的代替硬件概念的存储程序计算机，EDVAC 的指令存在存储器里，这有利于指令的修正。

冯 · 诺依曼对存储程序计算机这一概念的抽象的讨论（von Neumann, 1945）奠定了以后所有计算机的逻辑基础，并使之得以广泛传播。[51] 虽然冯 · 诺依曼的理论体系很快就在 20 世纪 50 年代流行开来，但是计算机的软件仍然与硬件密不可分。20 世纪 50 年代早期，设计硬件的组织开始同时涉足软件。但是 1970 年以后，随着计
886 算机技术的发展及其应用市场的扩张，使用者、独立开发商以及计算机服务公司开始在软件开发中占据主要地位。

美国第一台可操作的存储程序计算机是 SEAC，它是在 1950 年利用国家标准局 (National Bureau of Standards) 的少量资金开发出来的（Flamm，1988，74）。其他许多重要计算机的开发最初都是为了出售给联邦政府的。这其中包括：

IAS 计算机，1951 年由普林斯顿高等研究院的冯 · 诺依曼根据他的 EDVAC 计算机模型和后续的一些论文开发出来，其资金来源于陆军部、海军部和美国无线电公司等。

旋风（Whirlwind）计算机，1949 年由麻省理工学院开发出来，其有关计算机技术的先进资料被 20 世纪 50 年代 SAGE 战略航空防御系统所采用。

通用自动计算机（UNIVAC），1953 年由雷明顿 · 兰德公司（Remington Rand）通过购买埃克特 – 莫克利技术的知识产权制造。其早期客户除了私营企业外，还包括人口普查局以及其他政府机构。

IBM 701，1953 年由 IBM 公司开发，受到了 IAS 设计的影响。最初是作为国防部的科学仪器使用，国防部购买了首批 IBM 701 型中的大多数。

从美国军事组织对计算机技术发展的早期支持可以看出，美国军方迫切希望有关创新的技术信息广泛地流传到民间。这种态度与英国或者苏联的军事组织形成鲜明

的对比，似乎可以追溯到美国军事组织的关注焦点，即计算机技术的开发和利用要求工业及研究具有适当的内在结构。[52] 军事组织为 IAS 计算机设置的技术规划在美国政府机构和大学研究所间广泛传播开来，产生了众多的“克隆品”（例如，ILLIAC、MANIAN、AVIDAC、ORACLE 以及 JOHNIAC——见 Flamm，1988，52）。

尽管海军部进行的与计算机密码技术相关的许多研究仍属保密资料，但海军研究局（Office of Naval Research，ONR）分别于 1951 年、1954 年和 1956 年组织了有 887
关自动化程序的研讨会（Rees，1982，120）。计算机公司和大学机构也组织了相似的讨论会，刚成立不久的计算机学会（Association for Computing Machinery , ACM）也多次召开会议，这些会议与海军研究局召开的会议一起，为缺乏正规交流渠道的从业者团队提供了一个交流的渠道 (Hopper，1981)。在海军研究局和国家标准局（Rees，1982，110–111）的支持下，加利福尼亚大学洛杉矶分校设立了数字分析研究所，这一研究所对整个计算机科学的发展做出了重大贡献。

到 1954 年，美国最大的计算机厂商被办公室设备和电子消费品行业中的老牌企业所控制。这些企业包括美国无线电公司、斯佩里 · 兰德公司 (Sperry Rand)（最初是打印机生产商雷明顿 · 兰德公司，其将埃克特和莫克利刚开办的计算机公司合并）、IBM、邦迪克斯航空公司 (Bendix Aviation) ［邦迪克斯航空公司兼并了诺思罗普飞机公司 (Northrop Aircraft) 的计算机业务］。这些公司主要将计算机出售给政府机构，特别是国防机构和情报局。

20 世纪 50 年代早期，对计算机的商业需求逐渐扩大，并形成一个独立市场。这 10 年间商业上获得最大成功的机器是成本较低的 IBM 650，售出了 1 800 台（Fisher et al.，1983，17）。IBM 650 通常也被称为 MODEL T 计算机，IBM 凭此确立了其在计算机行业的领头地位（Katz and Phillips，1982，178；Flamm，1988，83）。但是，即使在 IBM 650 的情况下，政府采购也非常重要：有 50 台机器计划卖给联邦政府（在预测的 250 台机器的总销售额中所占的比重相当大），这促使 IBM 决定启动这项计划（Flamm，1988）。

所有早期计算机的程序编制与计算器相似，都是一个单调乏味的过程。程序员必须在硬件环境（即存储地址）下明确规定计算机操作的步骤次序。计算机的这种特性将软件的发展紧紧束缚于某一特定机器上，因为程序员必须熟悉其硬件结构。

由于单一机器的硬件模式各不相同，针对某一机器设计的程序技术的通用性非常有限。由于这一因素，IBM 650 获得商业成功成为促进软件开发和程序设计技术发展
888 的关键。IBM 650 为大型设备的程序开发提供了一个通用的“平台”。[53] IBM 650 为计算机带来了广阔的商业市场，这对那些从事计算机软件开发的企业提供了强大的动力。

大学研究在计算机行业的发展中发挥了重要的作用。大学是对硬件和软件进行基础研究及应用研究的重要基地，促进了新硬件的发展。当然除此之外，大学对从事计算机行业的工程师和科学家的培养也起了特别重要的作用。借助于强调公开性的开放的研究和运行环境、研究人员之间较高水平的周转率以及在各地寻求就业的毕业生，大学成为整个工业创新技术分散和传播的基地。

美国大学不仅为工业与大学机构之间，通常也为软件和计算机科学的国防研究与民用研究之间提供优势互补和信息交流的重要渠道。亨德里 (Hendry, 1989) 论证说，从事军用计算机研究和民用计算机研究的学者与工程师之间缺乏交流削弱了战后初期英国计算机业的发展[54]，而美国与其他工业经济国家的这种完全不同的情况增强了其在硬件和软件工业复合体方面的竞争力。在日本和苏联，大学机构在计算机科学和与软件有关的研究活动中发挥的作用较小，这减少了不同研究单位之间的知识交流，阻碍了国内软件行业技术进步的步伐。

私营企业首先采取措施在美国大学机构内建立计算机学科。除了给予计算机一定的价格优惠外，数据控制公司（Control Data Corporation，CDC）为美国大学机构的研究活动提供了研究支持、免费的上机时间以及现金捐助（Fisher et al.，1983，
889 170）。20 世纪 50 年代中期，IBM 通过捐赠使用计算机时间在麻省理工学院和美国加利福尼亚大学洛杉矶分校建立了地区性计算机中心[55]，并将 IBM 650 计算机以较低的租金出租给大学（Galler，1986；Fisher et al.，1983，170–172）。[56] 计算机厂商承认，支持高等教育除了具有提高公众形象的好处外，还可以通过促进大学对其硬件设备的采购和使用提高产品需求（Fisher et al.，1983，169）。对学术机构使用计算机的支持也会通过培养更多的程序设计师来防止已出现的软件“瓶颈”现象的继续恶化。同时，对学术机构使用计算机的支持也会将计算机设备的未来使用者和购买者“锁定”在某一公司的专利设计或建构范围内。[57]

联邦政策也强化了美国大学研究机构在硬件和软件技术发展中的地位。甚至在

私营企业在计算机硬件制造中的地位提高之后，联邦政府仍然对大学计算机技术的研究与开发给予支持，并帮助大学设立计算机这一新的学科。国家科学基金会和国防部建立计算机学术机构的努力最终使私营企业对计算机发展所起的作用黯然失色。图 14–11 描述了利用定值美元计算的国家科学基金会在计算机科学研究上支出的增长，图 14–12 显示出在联邦政府对美国大学机构进行的计算机研究的支持中，美国国防部高级研究计划局（Defense Advanced Research Projects Agency，DARPA）所起的重要作用。1963 年，美国大学机构花费了 9 700 万美元购买计算机设备，其中有一半资金来源于联邦政府，而大学机构本身支付了 34%，计算机制造商支付了剩余的 16%（Fisher et al.，1983，169）。

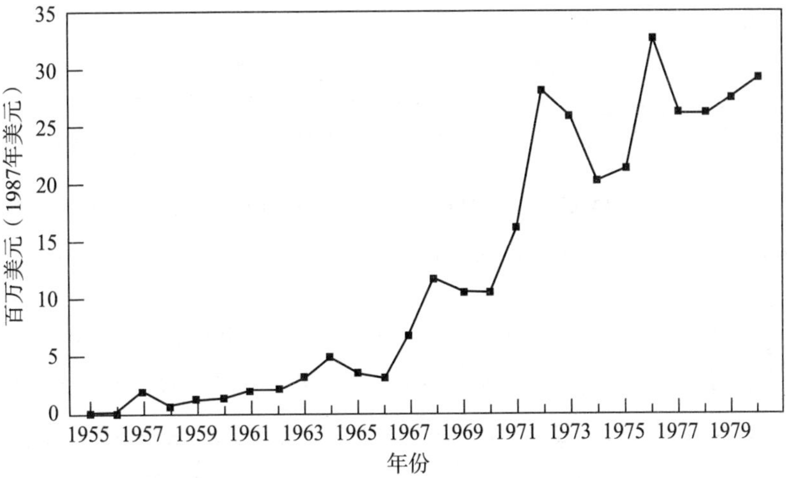

图 14–11 国家科学基金会对计算机研发的投资：1955—1980 年（以 1987 年美元计算）

资料来源：Aspray and Williams（1994).

联邦政府对计算机研究与开发的作用日益增强。20 世纪 50 年代，大部分研究与开发都在美国大学机构内进行。与此同时，军事系统对计算机采购的支出也在增加。无论是在硬件还是软件领域，政府的需要都不同于商业部门，并且随着计算机业进 890
入 20 世纪 60 年代，从军用计算机的研发和采购向民用转变中产生的大量的、纯粹的技术“溢出效应”在某种程度上降低了。但是，就像半导体行业的情况一样，军用计算机的采购需求成为促使新企业进入这一行业的强大的吸引力，20 世纪 50 年 891

代晚期和60年代，有许多这样的企业进入羽翼未丰的计算机产业。在与国防相关的计算机的开发和采购初期，最著名的例子是SAGE航空国防系统，它是20世纪50年代开发并加以利用的早期计算机报警系统。迄今为止，这一国防系统是在程序设计方面所做的最努力的一次尝试。

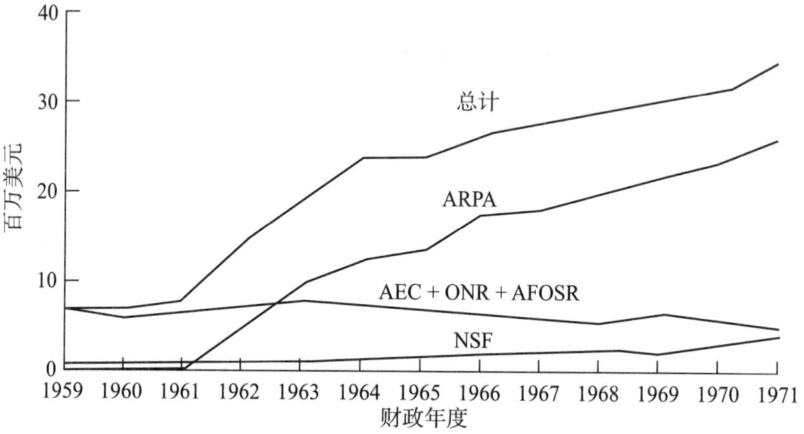

图 14–12　联邦政府对计算机研发的投资支持，1959—1971 财政年度

资料来源：National Science Foundation (1970).

从20世纪50年代开始的计算机技术进步，是在以下几个趋势的相互作用下完成的：中央处理器以及数据存储装置等重要外围设备价格—性能比的大幅度降低，计算机技术快速向新的用途发展，软件相对成本日益增加。这些趋势产生了软件发展瓶颈，影响了技术变迁的道路。例如，IBM 360大型计算机巩固了IBM公司在20世纪60年代和70年代美国计算机行业的龙头地位，创造了一系列不同性能和不同价格级别的计算机产品，但所有的计算机使用的是共同的操作系统和其他软件，所以这些计算机可以说属于同一家族。

正如弗拉姆（1988）和其他人所指出的，IBM 360计算机就其硬件技术而言，并不是一种革命性产品（1969年前，它没有使用集成电路）。但这并不影响人们承认它是计算机产品的领头羊之一，人们也认为它对计算机行业软件的发展起了战略性的推动作用，这也表明软件发展的技术瓶颈问题在商业上获得成功解决。IBM 360成为大型计算机行业的“主导设计”，一大批美国国内和国外企业都着手开发与IBM

360 生产线兼容的大型计算机及相关产品（例如数据储存产品）。[58]

小型计算机的引进加速了计算机市场的分化，新企业展开了与大型计算机老牌厂商的竞争。半导体零部件技术的进步降低了中央处理器的成本，再加上储存技术成本降低，从而使小型计算机的发展成为可能。美国数字设备公司的 PDP-I 小型计算机是 1960 年推出的，属于第一批使用晶体管技术设计的商用计算机。数字设备公 892
司的创立者肯尼斯 · 奥尔森 (Kenneth Olsen) 是麻省理工学院参与旋风计划的一名毕业生。小型计算机实施的是与 IBM 360 不同的产品战略，初期卖给从事学术研究和科学活动的综合型使用者，他们从生产商那里几乎得不到任何软件和产品支持。

大型计算机和小型计算机逐渐被用于工业，例如实时控制化学和汽油的精炼工艺过程，这要归于这些行业中每单位产出所使用的能量强度的降低（见 Schurr et al., 1991，146–149）。而且，计算机也为新工艺中的建模和模拟过程提供了支持，从而使新的制造工艺更为顺利地应用于商业生产成为可能。例如，“试验工场”在化学产品和汽油提炼过程中应用的重要性降低了，因为人们对提炼过程有了更深入的理论理解以及实时控制。但是，要推广这种复杂工业生产过程进行实时控制的方法需要能够在分散化组织中使用的、廉价的计算机。

整个大型计算机市场的扩张以及（更为重要的）计算机市场新的分支领域的发展（包括小型计算机和用于科学研究的计算机）改变了美国计算机行业的结构。随着新企业的涌入，用于办公设备的计算机在整个计算机行业的主导地位以及与之相关的行业逐渐变弱。到 1982 年为止，恰恰在台式计算机冲击波到来前夕，美国 10 个最大的计算机制造商中有 4 个建厂尚不足 50 年，其中又有 3 个是在 1950 年后建立的(见表 14–12)。到 1986 年,当时美国 10 个最大的计算机厂商中新企业占了 5 个。台式计算机市场的快速发展加速了这一转变，并且严重削弱了在 1986 年 5 个最大的计算机厂商中的 4 个 [IBM、DEC、优利系统（Unisys）和 NCR，其中 NCR 在 1991 年被美国电话电报公司兼并] 的竞争优势。王安电脑公司（Wang）在 1986 年尚名列第七，但在台式计算机的激烈竞争中于 1993 年被迫破产。新企业进入计算机行业很明显是受到计算机用途出现了新的市场领域所吸引。因此，IBM 360 和 IBM 370 的主导地位在直接竞争中并没有被推翻，而是随着小型计算机和（最终）台式计算机工作站的近似替代品市场的扩张，丧失了其主导地位。这并非是计算机行业的“主

893 导设计”被替换了，而是一度由单一设计或建构占据主导地位的市场被分割了。

表 14–12　　美国计算机公司数据处理业务的收入，1963—1986 年
（百万美元，以当前美元价格计算）

公司	1963	1973	1983	1986	1993
IBM	1 244	8 695	31 500	49 591	62 716
伯勒斯公司 (Burroughs)	42	1 091	3 848	与斯佩里公司合并	
斯佩里公司 (Sperry)	145	958	2 801	9 431（优利系统公司）	7 200
数字设备公司 (Digital)	10	265	4 019	8 414	13 637
惠普公司	n. a.	165	2 165	4 500	15 600
NCR 公司	31	726	3 173	4 378	9 860
数据控制公司 (Control Data)	85	929	3 301	3 347	452
科学数据系统 / 施乐公司 (Scientific Data System/Xerox)	8	60	n. a.	2 100	3 330
霍尼韦尔公司 (Honeywell)	27	1147	1 685	1 890	n. a.
通用数据公司（Data General）	n. a.	53	804	1 288	1 059
Amdahl 公司	n. a.	n. a.	462	967	1 680
通用电气公司 (General Electric)	39	174	862	900	684
Cray 研究公司 (Cray Research)	n. a.	n. a.	141	597	895
飞歌公司（Philco）	74	n. a.	n. a.	n. a.	n. a.

资料来源：Flamm (1988), 102; sales data for 1993 are taken from *Datamation*, 6/15/1994, 44–45.

图 14–13 的数据显示了 1960—1990 年间大型计算机和小型计算机的装运价值的发展趋势。大约在 20 世纪 80 年代中期小型计算机销售额快速增长，同时大型计算机装运价值则在 20 世纪 80 年代初期以后趋于平稳。大型计算机在 20 世纪 80 年代中期以后缺乏发展，这与接下来作为计算机行业另一个重要分支的微型计算机的发展相一致。图 14–14 显示了 1980—1990 年间，美国公司在“大型”、“中型”和“小

型”计算机以及个人计算机方面的运载量。图 14–14 显示出大型计算机在 1984 年以后增长速度的下降幅度要比图 14–13 大得多。两幅图都低估了计算机技术运用的程度，因为它们没有调整这些计算机因能力改进而引起的装运价值的变动。 894

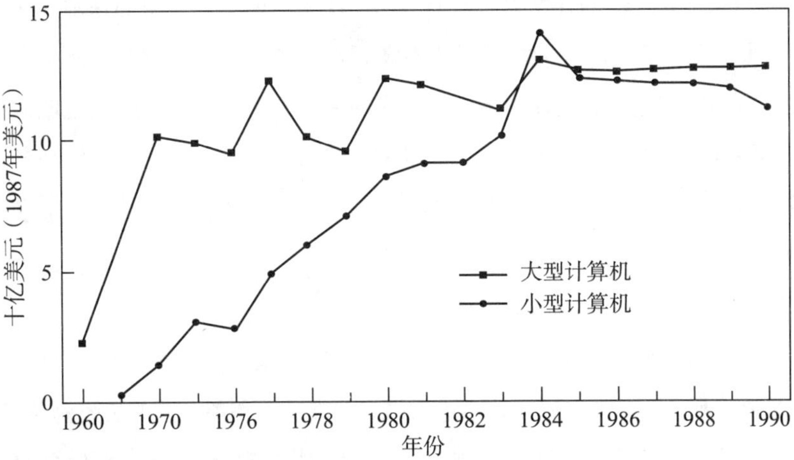

图 14–13　美国国内大型计算机和小型计算机的运载量，1960—1990 年

资料来源：Juliussen and Juliussen (1990).

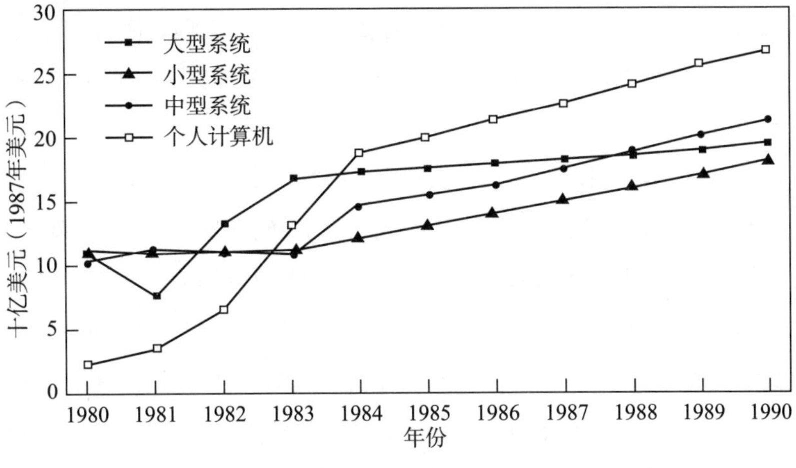

图 14–14　美国公司的计算机运载量，1980—1990 年

资料来源：International Data Corporation (1992).

微型处理器和计算机软件行业的发展

1971年，英特尔公司将微型处理器商业化，这改变了此后25年内美国计算机行业的结构。就像IBM 360能将软件发展方面的稀缺人才资源加以有效利用一样，英
895 特尔公司对微型处理器的开发也来自对具有广泛用途的集成电路的探求。微型处理器并非为每种用途都设计一种特定的芯片集，而是使英特尔公司有可能生产一种能够满足各种不同用途的、功能强大的、具有通用性的集成电路。微型处理器有效利用了工程设计人才这一稀缺的资源，而以前这些人才资源浪费在开发每种新用途所需要的特定部件上（见Reid，1984；Slater，1987）。[59] 微型处理器打破了限制技术发展和降低计算机技术扩散速度的瓶颈。

以微型处理器为基础的计算机技术的扩散，给那些为台式计算机和工作站生产标准软件的厂商带来了巨大的市场。到20世纪80年代，半导体技术得以快速发展，并成为独立产业，再加上计算机产业的发展，为战后一种新产业的扩张奠定了基础。该产业主要生产用于市场销售的标准计算机软件（这与生产用于内部使用的标准计算机软件不同）。对美国软件市场的规模和最近发展的估计数字并不可信，因为政府统计质量有限，以及“硬件”、“软件”和“计算机维修”之间的界线模糊。最近的一项调查研究表明，以定值美元（1987年美元）计算，美国软件销售收入从1970年的14亿美元增长到1988年的约270亿美元，差不多增长了18倍（Juliussen and Juliussen，1991）。

美国计算机软件行业至少在四个比较明确的阶段增长显著，最后一个阶段才刚刚开始。在早年的第一阶段（1945—1965），正如我们目前所知道的，软件行业还不存在，只涉及计算机的发展和早期商业化。计算机软件作为计算机系统的一个重要组件，其概念是在程序储存式计算机的诺依曼式结构出现以后才真正诞生。但是，诺依曼式设计成为主流设计以后，直到20世纪50年代软件仍然在很大程度上受制
896 于硬件。美国软件行业的发展真正开始于计算机大规模出现之时。IBM 650为计算机创造了巨大的商业市场，这使计算机行业有动力为IBM 650计算机的物理结构开发标准软件组件。

随着IBM和其他使用标准代码（如COBOL语言和FORTRAN语言）的主要硬件厂商的发展，单一平台得到广泛应用，这有助于大型使用者生产“内部”软

件。但到了 20 世纪 60 年代，软件以及大型计算机维修服务的主要提供者是这些机器的制造商。以 IBM 为例，IBM 公司将许多计算机出租，软件和维修服务的成本包含在租金中。但是到 20 世纪 50 年代晚期，大量独立的企业都进入自定义软件行业。这些企业包括计算机应用公司（Computer Usage Company）和计算机科学公司(Computer Sciences Corporation)，二者的建立者都是 IBM 公司的前雇员（Campbell Kelly，1995）。20 世纪 60 年代，许多更为独立的企业进入大型计算机的软件行业。

第二阶段（1965—1978）出现了最早一批进入软件行业的独立销售商。20 世纪 60 年代晚期，美国大型计算机的生产厂商开始将它们的软件产品和硬件产品分开销售，这就使硬件、软件在定价和配送方面独立起来。这种发展为开发大型计算机应用软件和标准式自定义操作系统的独立厂商提供了进入软件行业的机遇。

尽管独立软件供应商开始在 20 世纪 70 年代大批进入美国软件行业，计算机厂商和使用者仍然是这个时期自定义软件和一般软件的重要来源。有些为使用者提供操作服务和程序设计的服务机构开始将它们的服务和软件分开来，这吸引了又一批新手从事软件商品的独立开发和销售。计算机系统的综合使用者，特别是大型计算机的使用者，也开发出专门技术，并以此提出符合计算机应用和操作系统需求的解决方案。美国大量的在软件商品供应领域处于领先地位的厂商都是由计算机专家建立的，这些专家曾经都是一些主要大型计算机使用商的雇员。

斯坦米勒 (Steinmueller, 1996) 论证说，有几项发展促进了 20 世纪 60 年代美国大 897
型独立软件行业的发展。IBM 在 1965 年引入的 360 型计算机提供了单一的主机结构，它可以利用标准操作系统驱动 IBM 家族内的机器。这类发展扩大了那些运用软件包的大型计算机储存器的规模，增强了对独立发展商进入软件行业的吸引力。1968 年，IBM 将其软件和维修服务的定价方式及供应分开，这一决定是迫于反托拉斯诉讼的压力做出的。[60] 著名的硬件厂商将软件业务剥离出去（并不影响企业仍然在向全世界供应软件方面名列前茅），为独立软件销售商的发展提供了机会。最后，20 世纪 60 年代中期小型计算机被那些不提供捆绑式软件和维修服务的典型企业引入，这为独立软件销售商开辟了又一个分支市场。

在第三阶段（1978—1993），台式计算机得以发展和扩散，促进了软件交易行业的急剧发展。美国再一次成为这一转变的“先动者”(first mover)，并且美国市场很快成为可交易软件包的最大市场。台式计算机在美国的迅速普及促使了台式计算机结构“主流设计”的早期发展，从而为软件包创造了第一个巨大市场。这一期间进入软件交易行业的独立软件销售商（ISVs）对于这一行业而言，在很大程度上，尚属一件新鲜的事。几乎很少有台式计算机软件的供应商是来自在大型计算机和小型计算机软件的供应中处于领先地位的独立厂商，大型计算机和小型计算机的独立软件销售商在台式软件发展中仍是微不足道的。

独立软件销售商进入软件行业以及 IBM 个人电脑成为主流设计都离不开 IBM 公司选择从英特尔公司（微型处理器的供应商）、微软公司（电脑操作系统 MS-DOS 的供应商）等外部销售商那里获得其大部分的微机零部件的决策，同时这一决策并不限制这些公司向其他厂商销售这些零部件。购买微软公司的操作系统的决策受到两个因素的影响。IBM 个人电脑的开发是一个独立业务部门承担的“应急项目”（crash
898 program），这一部门缺乏足够的人员和时间，因此无法从事一系列零部件或一个独特的操作系统的室内研发工作。但同样重要的是，IBM 关注其个人电脑能够操作较大数目的、为微软 BASIC 操作系统开发的应用程序和其他程序。实际上，早期 IBM 个人电脑包含了 MS-DOS 和 BASIC 两种操作系统软件。[61]

台式计算机低成本硬件系统的迅速应用，同时有关台式机硬件结构“主流设计”的很快出现，破坏了硬件厂商和软件厂商之间的垂直一体化关系，为独立软件销售商创造了大好机会。更为便宜的计算机储存器生产的不断增长是软件行业活力的源泉，并吸引了大批企业进入此行业，因为应用软件市场的快速扩张已经超过了老计算机制造商以及为这些计算机制造商提供软件包的重要厂商的生产能力。[62]

美国台式计算机软件行业的成本结构与出版行业和娱乐行业的成本结构类似，比自定义软件的成本结构要复杂得多。每种产品的收入是巨大的，“生产成本”却非常低。就像其他行业一样，软件市场的迅速发展提高了得到正式认同的知识产权的重要性，特别是著作权和专利保护。但是，软件行业与出版行业和娱乐行业相比的一个重要区别是，在软件市场上，产品标准和消费的外部性非常重要。在大规模的软件市场上，使用者经常不愿进行操作系统间，甚至是运转良好的应用程序间的转换，因为学习新技术以及掌握与操作系统相配套的大量的应用软件需要较高成本。这些转换成本要比那些占据了大规模软件市场的主要份额的、不那么熟练的使用者所花费的成本高得多，这种成本促进了“流行模式”的快速发展以及市场推动的产品标准的建立。

1985 年，软件包（用于大型计算机、个人计算机或者小型计算机的标准软件）在美国国内市场软件销售额中所占份额超过了 75%，并且从那时起，其在国内软 899
件消费中所占的份额得到极大增长（Mowery，1999；OECD, 1989）。随着台式计算机在美国的广泛使用，美国国内对软件包的消费迅速提高。美国软件包在 1985 年的销售额稍高于 160 亿美元（以 1992 年美元价格计算），以年均高于 10%的速度增长，到 1994 年达到 339 亿美元，1996 年，进一步达到 462 亿美元。据美国商务部 1997 年的预测估计，当年国内消费额有望超过 520 亿美元（美国商务部，1997，24–28）。[63] 尽管软件包的消费额在其他工业经济实体内也增长得很快，但其国外市场仍然远远小于美国国内市场。1996 年，西欧的软件包消费额的估计数为 320 亿美元，当年日本软件包市场的销售额只有 114 亿美元。

美国软件包市场是第一个经历了急速发展的大市场（回想一下 20 世纪 80 年代早期，主机和小型计算机的出现及快速扩散，接着台式计算机的爆炸性增长），再加上其本身规模巨大，赋予国内软件包行业中那些领头羊企业以强大的“先动者”优势，这种优势目前正在国际上发挥作用。美国企业在国内大多数类型的软件包市场的份额超过了 80%，在除了应用软件之外的非美国市场中，所占份额超过了 65%。

在软件行业发展的第四阶段（1992 年以后），占据主导地位的是台式电脑网络的发展，包括通过与某一服务器连接的本地网络的企业，以及通过互联网连接的成千上万的使用者。网络为新软件种类（例如，当前储存在台式计算机内的操作系统
软件可能处于网络中或某一服务器中）和新“主流设计”的出现创造了机会，而且 900
很有可能促使当前在软件行业占主流地位的企业的消退。有些发展很快的网络应用软件，例如万维网，使用的软件在所有平台上都能有效操作，而不是锁定在单一的结构里。就像软件行业以前三代的发展一样，美国网络用户和应用软件的发展要快于其他工业经济体，美国企业维持了其在用户市场和应用软件市场的主导地位。

就像半导体和计算机硬件一样，美国计算机软件行业在发展早期，大部分产品都被出售给了联邦政府机构，特别是国防部。国防部在软件采购上的支出不存在确切的时间序列，这些软件是使用相容设置的软件，例如将嵌入式软件从自定义应用

软件、自定义操作系统或者软件包中分离出来。图 14–15 中关于软件采购支出的数据也与国防部在软件维护（在这里，维护与采购相对）上的支出费用不一致。

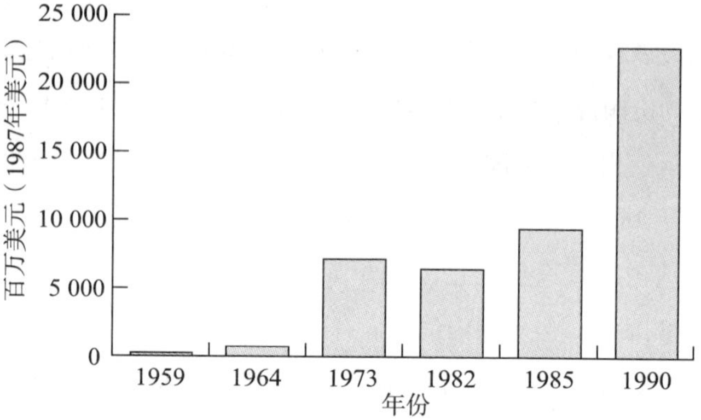

图 14–15　国防部的软件采购支出，1959—1990 年

资料来源：Langlois and Mowery (1996).

然而，这些数据反映的趋势是令人惊奇的。在美元价格不变的条件下，国防部的软件采购支出在 1964—1990 年增长了 30 倍还多。在这期间，国防部的软件需求主体是自定义软件，国防部和联邦政府对自定义软件的需求在美国软件行业的总收入中占了相当大的份额。但是像半导体行业一样，国防市场逐渐被商业市场超越，
901 尽管对软件的商业需求代替国防需求经历的时间似乎比半导体行业长一些。20 世纪 90 年代，国防需求在总需求中日益下降的份额意味着，软件的国防市场不再对软件研发和产品开发从普通的学术研究和产品开发中受益这样一种模式产生充分影响，国防需求和商业需求已经不同了。

尽管需求状况非常有利，但在美国，一个生机勃勃的独立的软件销售业的出现离不开由联邦政府投资所建立的、受益于研发体系的研究和人事结构。大概联邦政府投资最重要的影响就是发展了一种大型的以大学为基础的研究团体的模式，这种模式促使了新观点、新产品以及大批希望参与软件销售行业的企业的不断涌现。像战后联邦政府对半导体行业的投资和采购主要集中在与国防有关的产品上一样，联邦政府对软件行业的政策也主要基于对国家安全问题的考虑。然而事实证明，联邦政府对研究框架广泛的资金支持对于扶植一个强大的民用工业也非常有用。在软件

行业，与国防有关的研发支出在 20 世纪 80 年代就有所下降，这正是国家科学基金会等民间机构增加它们在计算机科学研究领域的预算支出的时候。联邦政府对计算机研发的支出占与国防有关的支出的份额从 1986 财政年度的近乎 60%下降到 1990 财政年度的不足 30%（Klement，1987，1989；Klement and Edgar，1988），尤其是在某种程度上，对大学机构与国防有关的计算机研发的支出被对准学术研究和培训机构的投资所取代。

美国的反托拉斯政策也在软件行业的发展中发挥了重要作用。20 世纪 60 年代晚期针对 IBM 公司制定的反托拉斯法案带来的压力几乎毫无疑问地加强了软件和硬件的分类定价。而且，正如前面所提到的，那些积极应对 IBM 公司新政策所带来的机遇的独立销售商成为为联邦政府机构提供计算机服务的供应商。当前，网络应用软件、以网络为基础的软件以及其他软件产品的迅猛增长都受益于美国电子通信行业的重建和非常规的发展。电子通信行业建于 1984 年，是联邦政府针对美国电话电报公司反托拉斯诉讼的结果。除此之外，美国对于计算机硬件和零部件较为自由的政 902
策也促使计算机硬件行业中大多数产品的价格—性能比迅速下降，并因此加速了为软件厂商创造大规模销售市场的硬件平台在国内的普及。西欧和日本政府对本地硬件工业实施保护政策，使得硬件成本很高而普及率很低，这阻碍了其国内软件市场的发展。

尚在大型计算机、小型计算机和台式系统发展早期，美国软件厂商就与世界有名的计算机硬件厂商联合，赢得了竞争优势。但是，这种联合的重要性降低了，虽然其在发展早期有着重要意义。然而，美国市场作为网络设计和互联网等领域开发新用途的“试验场”的中心地位，反映了用户和厂商之间的联系在软件行业的发展中具有永恒的重要性。不论新的软件操作的硬件平台源于美国国内哪个企业，美国本土的软件企业都比那些非本土的企业更有优势。

结论

美国电子行业向综合型发展，表明美国“资源禀赋”的性质与技术创新之间的关系发生了根本性改变。企业和居民对电力需求的增加要求对生产电能的化石燃料进行更加有效的利用。正如我们在前面所提到的，对美国的涡轮机以及水力发电相关技术的发展的一个重大影响，确切地说，就是发掘了生产电能的丰富资源。

相对而言，战后电子工业采用的是固态技术，并不能创造出对自然资源的巨大需求。但是，计算机软件、硬件以及半导体行业的发展确实不仅受益于公共的和私人的对电子技术的共同需求，而且得益于战后美国科学和工程领域丰富的人力资源。
903 20世纪建立了一种制度性的框架，到20世纪40年代就能够大规模地吸引能够引领本专业领域技术发展的电气工程师、物理学家、冶金学者、数学家以及其他专家，这意味着，战后美国的专业型人力资源禀赋远远比其他工业化国家丰富。美国国内人力资本丰富，主要原因是二战结束后不久，拥有大学学历的人口所占的比例大大提高。战后时期，在电子行业的知识密集型企业中，不少化学、医药甚至汽车行业的资源基础都发生了变化。自然资源本身的重要性下降，并且与知识和资本的跨区域流动相结合的国内人力资本的培育是不可缺少的。战后美国经济的发展首先揭示了这一趋势，现在，这种趋势已经成为全球经济中许多国家的特征。

总　结

美国20世纪的技术变迁应被视为在依托众多有利的和独特的初始条件的背景下产生的。其中最重要的是经济中丰富的自然资源禀赋。经济中技术变迁的方向和意义是在美国拥有丰富的资源禀赋这一事实的作用下形成的，这对现代工业化至关重要。

“上帝对美国人的眷顾”（Providence to Americans）之说众所周知，也经常有各种评论出现，但将美国拥有丰富的经济发展所需的资源这一特征单纯理解为上帝的眷顾是远远不够的。尽管我们可以认为资源是大自然赋予的，但我们也必须将地质学家在勘测新大陆时所认为的自然资源和经济学家在更加严格意义上使用的资源的定义区分开来。1900年，即使地质学家知晓距离路易斯安那沿海海底数千英尺下存在石油，它也不可能成为经济学家所称的资源，仅仅因为挖掘这些石油的技术尚不存在。

重点是自然资源并不是天然就具有经济价值。其具有经济价值是运用技术知识的结果，这些技术知识使自然资源能够被挖掘出来，然后被用于满足人类需求
904 (Rosenberg，1972)。就像戴维和赖特(1997)最近所指出的，19世纪美国以非同寻常

的速度开采矿物储藏资源，对这些资源的发现也不过是几年前的事情。这些矿藏被发现和开采的速度在一定程度上可以归于以大学为基础的、对采矿工程师的各种培训的发展，这为 20 世纪化学工程和计算机科学领域的发展趋势提供了预测前景。

19 世纪和 20 世纪美国的技术创新道路为较低质量或没有价值的原材料转化为具有商业用途的产品创造了可能性，从而有利于矿物储藏资源的开采。因此，电弧炉将矾土从毫无经济价值的矿石转化成一种有价值的、新的金属矿石，而这种矿石具有极其吸引人的特性。同一种电弧炉能将废弃的汽车转化为低成本的钢铁资源。哈伯－博施工艺能将空气中的氮转化为一种无限量的肥料资源。汽车和化学工程师将石油从一种微不足道的照明燃料转化为一种在运输、工业材料和纺织品方面具有巨大经济利用价值的资源。

当然，我们的结论是由于技术能力的提高，自然资源才获得了经济价值，但技术能力绝非大自然的赐予。20 世纪美国工业发展在很大程度上包含着 20 世纪初期，对从几乎没有价值的自然资源中寻求价值并提取出来的新技术的学习过程（Rosenberg，1972，第 1 章和第 2 章）。在这个意义上，20 世纪的技术变迁是以美国的“资源增值”为基本特征的。

然而，二战后时期的一个重要特点是对专门性人力资本的依赖程度远远高于战前时期，人力资本是战后美国拥有的一种丰富资源，是对大型研究和培训基础设施进行投资的结果。尽管无论是自然资源还是专门性人力资本的经济价值都依赖投资，但投资只是自然资源和人力资本产生及利用的必要条件，而非充分条件。换句话说，国内缺乏自然资源的民族国家除了从外国获得资源外几乎别无选择，但这种做法在 20 世纪的大部分时间也由于战争和经济混乱因素变得很困难。但是，国内人力资本存量的产生依赖人的智力和能力这种相对丰富的资源。随着其他民族国家已经在国内专门性人力资本的生产上进行了彼此相似的大型投资，随着这些国家在战后时期 905
有了自然资源进口权，自然资源作为美国比较优势的基础已经在很大程度上失去了意义（Nelson and Wright, 1994）。

美国 20 世纪的技术发展的原因不仅可以追溯到丰富的自然资源，而且可以追溯到大量的人口。按照第一次世界大战前欧洲的标准，美国的人口已经算是非常庞大了，并且居民收入分配也比较平均。进一步说，社会阶层明确的分工为标准化的同类产品创造了一个巨大的市场，美国占据 20 世纪汽车工业市场主导地位的速度可以明显反映这一点。无论是汽车还是商用飞机，美国国内人口的地理分散为快速采纳这些技术起了进一步的推动作用。

美国在汽车市场的主导地位也离不开形成美国技术发展轨道的另外两个特征。第一个特征是大规模的国内市场，在这一市场上，可以自由交易货物，并且建立了更为复杂的工业专业化形式。1900 年，美国国内市场的规模已经大大超过任一欧洲国家的市场，这一事实提高了 1914—1945 年间打破商品、资本和技术的国际流动的重要性。美国国内市场很大，以至 1945 年前，美国企业，无论是汽车行业还是化学工业的企业，都比欧洲的竞争对手更能最大限度地发挥规模经济的优势。自二战以来，欧洲和日本经济业绩改善的一个重要因素是世界贸易的恢复，这减少了对那些国内市场较小的国家的限制。

第二个相关特征近来被称为“路径依赖”，尽管有历史记载的时候，这种现象就已经存在了。一个企业或国家在任一时间的技术能力都无可避免地要经过特定的使经济达到目前状态的路径。而且，这种状态决定了技术可供利用的、多种可能的未来发展道路是容易的还是困难的。因此，20 世纪美国汽车工业的成功在一定程度上应归于 19 世纪美国企业掌握的设计技术和有效利用专业化工具生产互换型金属零部
906 件的能力，这些金属零部件组装在一起就成为标准化的最终产品。

其他工业产品，如靴子、鞋子的制造也使用了高度专业化的机器，并且遵循相似的工艺顺序，食品加工业论证了屠宰场和肉类加工厂的动物被持续加工“解体”的可行性，从而有助于生产线技术的进步（Rosenberg，1969，1972；Hounshell and Smith，1985）。路径依赖的这种次序导致了福特生产线的诞生，创造出一种能反过来适应美国经济中不断扩大的新产品生产规模的技术。“福特主义者”的生产线技术的发展，以及美国对这一技术发展的领导，可以被理解为一种工序的一部分，在这一工序中历史顺序非常重要。

但是，我们的分析也表明，考察新技术不仅仅要注重它们进入生产时的初始条件。对其历史的全面分析揭示出高科技在改造“老”产业中的潜力，包括纺织业和林业、银行业和金融业、零售业和医疗保健业。回顾一下 19 世纪 70 年代被发明但 20 世纪才得到广泛使用的电话。二战以后，电话在美国商业和家庭中都变成普遍存在的必

需品，到 1970 年，美国有 87%的家庭拥有电话设施，到 1994 年，这一比例就上升到 94%（Statistical Abstract of the US，1995）。尽管电话在一个世纪多一点的时间就变成一种处于成熟期的基本产品，即进入产品创新生命周期的低增长阶段，但最近数年的事情有很大不同。虽然电话在 1876 年已取得专利权，但电话成为一系列更为复杂的通信服务的平台则是在较晚时期。电话确实是早期出现的最为有用的发明之一，其功能由于传真发送、移动电话、电子邮件、数据传送、在线服务、语音邮件、会议呼叫以及 800 数字的产生而更加强大。确实，1980 年以后，美国的计算机网络技术和服务设施得到快速发展，其强有力的动力来自电话通信服务设施的重建和非常规的发展，其标志性的开始是 1982 年美国电话电报公司的建成。

而且，过去 20 年内电话服务设施领域取得的一些惊人的进步都是电话使用者有目共睹的，相对于 20 年前，近距离拨号的便捷以及长距离传送质量的改善都是非常明显的。1966 年，大西洋彼岸最好的电话电缆仅仅能在欧洲和北美洲之间同时输送 907
138 个对话。第一条纤维光学电缆使用激光传导，是 1988 年安装的，有能力同时传送 4 万个对话。纤维光学电缆在 20 世纪 90 年代早期安装，可以同时传送近 150 万个对话（Wriston，1992，43–44）。

20 世纪美国发生的一系列技术变迁都与科学在经济中的地位不断发生变化有关。但是，这句话也不足以宽泛地解释美国的技术变迁过程。更为精确和综合的论断是不仅承认科学在经济中的地位不断提高，而且从整体上承认研究的制度化对经济的贡献不断增加。这当然与当前的现实更为吻合，在今天，所谓“研究与开发”中包含的大部分东西超过了科学的含义。概括地说，美国“研究与开发”投资中的 2/3 都由“开发”组成，也就是说，大多数研究与开发的支出都被用于产品设计和测试、重新设计以及制造工艺的改进等。大多数研究与开发并非科学，既非基础科学，也非应用科学。而是就像很久以前怀特黑德所坚持的观点，也就是本章开头段落中所引用的观点，即大多数研究与开发表明了对如何在“科学构想和最终产品的鸿沟之间架设桥梁”的探索，“这是一个严格的不懈攻关的过程”。整个 20 世纪，美国在将这一“严格的不懈攻关的过程”在私营企业中机构化和制度化方面取得了巨大的成功。

有关 20 世纪科学在经济发展中的作用不断加强的大多数讨论都将科学看作一种

纯粹的外部现象，也就是说，科学能力的增长来自经济动力以外的原因，但科学一旦获得增长，接着知识就被用于解决各种经济问题。毫无疑问，存在一个更深入的、被人们所忽略的问题，这一问题可以被看作对科学需求的决定因素。为什么经济对科学发现的“报酬”突然提高到足以弥补企业在研究与开发上的投资？本章的分析强有力地表明，科学进步已经越来越少地作为知识的独立延伸，而越来越多地作为对有关产品生产和服务供应的技术进步的反映。

我们已经说明，对于在欧洲占据重要地位的、企业以卡特尔联盟形式进行寻租
908 行为的方式，美国反托拉斯法是极力反对的，这促使美国企业的战略行为更加强调和依赖研究与开发等内部活动。进一步的观察表明，在 20 世纪的头 30 年里，工业研究实验室的快速扩张与大学研究的增加和私营企业价值的增加几乎同时发生。因此，大学研究能力的发展提高了人们对建立工业研究能力的预期收入率，反之亦然。在这一意义上，可以说大学研究和工业研究之间存在强烈的互补性。

随着私营企业内部有组织的研究逐渐机构化，提高一个不断扩张的技术体系的性能已成为必要，这一需要也塑造和调动了工业实验室中的研究，并促使其水平不断提高。这些工业实验室的一个基本任务是开拓科学知识和方法论、尽可能地降低成本、提高产品可信度以及探索开发全新产品或制造工艺。复杂的工业技术所遇到的问题以及由此引起的异常的观察结果或难以预料的困难，都成为工业实验室和学术团体从事科学研究的强大动力。这样，科学研究肩负的满足经济需求和为经济提供各种机遇的使命被大大强化了。

因此，在 1947 年 12 月晶体管被发明出来以前，固态物理作为目前物理学最大的分支学科，仅仅吸引了有限数目的物理学家（尽管这少数人中包含了这一专业中一些最著名的学者）。晶体管的出现展示出了固态物理研究具有潜在的高回报率，从而吸引了大批资源集中于这一研究领域。晶体管被开发出来后，对从事固态物理研究的智力资源的快速动员既发生在私营企业，也发生在大学机构。正如我们前面所提到的，晶体管技术并不是建立在以前那种小规模学术研究的基础上。但是，这一技术突破吸引了大规模的学术科研资源来从事物理学的基础研究。相似的例子也存在于表面物理学分支学科的研究中。

相似地，激光的发展以及为传送目的将激光和光学纤维结合起来的可能性，有

力地显示出光学领域中的知识进步也有可能获得高报酬。结果，在物理学家西奥 909
多 · H. 梅曼（Theodore H. Maiman）于 1960 年成功研制出宝石激光器之后不久，光学作为科学研究的领域在 20 世纪 60 年代就经历了巨大的复苏。光学很快就从人们所认为的科学中较为平静的智力储水库转变成一个生机勃勃的研究领域。从这一意义来看，技术对科学的影响是通过决定科学研究的议程这种最强的方式来实现的。

我们已经论证过，在 1940 年前的大部分时间，美国是一个擅长进行技术“租借”和商品买卖的老手，这在很多方面受益于其国内巨大的市场规模、较高的家庭收入和较为平均的分配方式以及地理上分散的人口。但在许多情况下，美国企业都是以这些重要进步为基础的技术产品最为成功的商品交易者，而且，美国企业将其他地区开发的重要创新技术借过来并加以应用，这依赖的是工程和技术开发方面的实力，而非科学研究方面的优势。美国在二战的推动下形成的研究与开发体系，其结构发生的重要转变改变了美国在科学领域的地位，即从追随者成为毫无争议的领导者。

如果美国企业 1940 年以前的发明创造能力不是建立于科学的基础上，那么这些能力是从哪里产生的？技术创新依赖美国在技术开发、制造、市场销售以及工程设计方面的能力，这些能力的形成在很大程度上归功于私营企业。而且，这些能力本身的发展是因为美国经济和社会的某些基本特征使得这个国家能够更为充分地利用一种资源密集型和资本运用型技术道路的内在机会，但是，同时也比欧洲国家有更强的规模依赖。1940 年以前，美国企业的大部分创新活动具有资源密集型特征，这一点我们在前文提到过。这一期间的美国智力资源的基础随着对高等教育的公共投资日益增加而扩大，高等教育的研究和教育活动支持了内部发生的大多数技术转移，从而巩固了美国创新的能力。

第二次世界大战期间以及之后所进行的大规模的综合性科学研究改变了美国在国际研究与开发体系中的地位。美国企业现在不再是对联邦政府投资建立的工业和
大学研究机构的借用者或者模仿者，而是发明创造新技术的领导者，并主导了对新 910
技术早期阶段的商业化过程。就像我们以前提到的，战后美国像微电子、计算机这样的高科技行业在许多方面的特征，例如很高的行业进入门槛、激烈的竞争以及对专属于某一企业的知识产权的保护不力，都非常适合于归整出大量的技术替代品，并为商业化过程带来大量的不确定性，而这些正是由新的市场准入机会带来的挑战。

但是，第二次世界大战创造的新的研究与开发体系，为美国企业在战前已经处于领先地位的各种各样的技术开发和商业活动提供了支持，同时，其他开发活动也有助于促进来自外部资源的更为激烈的竞争。从这一意义上来说，联邦政府和美国企业对基础研究的投资取得了重大成就，那些有充足的资金和技术的非美国企业是可以利用这些成果的。此外，由联邦政府投资的与国防有关的项目的商业利润在战后一段时期呈现出下降趋势。

美国国内巨大的市场以及获得自然资源的便利性曾经为美国企业带来了优势，现在这种优势减弱了，这是全球贸易体系复兴的结果，美国在这期间对外经济政策的一个主要目标就是进入全球贸易体系。旅行和通信技术的进步加速了科学技术领域的先进成果在国际的传播。因此，战后较晚阶段，美国企业借助其在基础科学和设计工程领域的领导权获得的利润受到了削弱。

美国20世纪的技术变迁是否在很大程度上是由一种独特的、使其与其他工业国家完全不同的“美国国内的创新体系”决定？或者这是历史形式而不是我们前面阐述的一系列有利于经济和技术发展的各种条件（包括巨大的美国国内市场、比较丰富的资源以及较为平等的收入分配方式）作用的、足以证明20世纪美国的经济和技术发展成绩卓然的结果？例如，在化学等工业领域，美国资源禀赋使美国企业在两次世界大战爆发的中间阶段，在发展以石油为基础的原料和聚合化合物所必需的技术及其他工艺技巧方面处于领先地位，这些技术和技巧丰富了战后阶段新产品的品种，降低了制造成本，那时产品的丰富和成本的低廉都是前所未有的。仅举一个20
911 世纪80年代的例子，美国大规模的国内市场以及英语在这一市场和其他重要市场中的主导地位已经为美国计算机软件行业的企业和创新者提供了重要的优势。

但同时，我们前面也提到在整个20世纪，特别是自第二次世界大战以来，美国“创新体系”的制度结构已经远远不同于其他大多数工业经济国家的制度结构。但是，我们的讨论也强调了这一事实，即“美国体系”并不是一成不变的。确实，20世纪美国经济的研究与开发组织经历的结构变迁可以被认为比其他工业资本主义国家都要深远。

我们因此可以得出结论：自然资源禀赋和制度这两方面的因素在肯定美国20世纪非同寻常的经济和技术发展轨道以及取得的非同寻常的成果方面都发挥着必不可

少的作用。它们的影响不能也不应该被分开。美国研究与开发体系的非同寻常的制度结构，例如大学在支持采矿工程、化学工程和石油工程发展方面起着重要作用，促进了美国国家自然资源禀赋的发现和利用。这个结论同时为我们对未来发展持有的自信和乐观提供了基础。尽管美国经济的自然资源禀赋不再被当作一种具有比较优势的资源，但 20 世纪后期美国的其他特征例如巨大的国内市场，使美国继续在特定的产品和技术领域具有竞争优势。我们尚不能确定，制度和这些“自然”优势的互补作用能否持续。但制度结构已经被证明是具有高度适应性的。对于以前的结构变迁过程必不可少的是，我们需要更清晰地理解制度对技术创新和经济发展的贡献。

我们感谢摩西·阿布拉莫维茨和罗斯·玛丽·哈姆（Rose Marie Ham）对我们以 912
前的草稿的指正。

注　释

[1] 本章使用的“研究”一词包括目前普遍使用的“研究和开发”（R&D）中的所有内容。

[2] 本节部分内容借鉴了 Mowery（1995）。

[3] 本节部分内容借鉴了 Mowery（1995）。

[4] 见 Stigler（1968）。最高法院在 1898 年有关 Trans Missouri Association 的案件和 1899 年有关 Addyston Pipe 的案件中规定，《谢尔曼反托拉斯法》不承认公司间达成的有关价格和市场份额的协议是有效的。Thorelli (1954）和 Lamoreaux (1985) 的研究资料显示，1895—1899 年以及 1899—1902 年兼并浪潮不断高涨。Lamoreaux (1985) 认为，其他因素，包括资本密集型的生产技术不断增加，引起了固定成本的上升，对美国兼并浪潮有更为重要的影响。但是，她的论述（109）同时也承认了《谢尔曼反托拉斯法》在美国兼并浪潮发展到鼎盛时期的重要性。Lamoreaux 同时强调，1904 年以后，《谢尔曼反托拉斯法》执行得更加严格，这鼓励公司为了得到或保持市场份额，寻求其他能够替代兼并或建立卡特尔联盟的途径。

[5] 早在迫使杜邦公司失去一部分黑色火药和炸药产品的市场的 1913 年反托拉斯决议颁布之前，这家公司就开始把研究活动的重点放在发展除了黑色火药和无烟

火药业务以外的市场。Hounshell 和 Smith（1988）通过对杜邦公司早期的工业研究活动的讨论，论证说“杜邦公司最初的多元化发展策略建立在利用公司自身的设备、技术知识以及在无烟火药技术（例如硝化纤维）领域的研究与开发能力上，目的是发现无烟火药设备的用途，因为 1907 年以后华盛顿的政治发展（国会限制通过海军运输托拉斯联盟的火药）使杜邦公司的政府业务即使没有终结，也发生了大幅度的下降”（57）。

[6] 美国电话电报公司 (AT&T) 的研究设备是在获得独立投资人 Lee De Forest 发明的三极管后建立起来的，这启发高级公司经理决定从 Pupin 那里获得加感线圈技术（Reich，1985）。通用电气的研究工作不仅决定了外国灯丝技术的发展以及其他公司和个人的发明活动，而且追求在世界范围内的创新技术的专利权（Reich，1985，61）。新泽西州的标准石油公司建立了开发部，准确地说，这个机构是专用于对引进的外来技术进行开发，而不是用于基础研究的（Gibb and Knowlton，1956，525）。Alcoa 的研究与开发工作也主要从事对外来工艺过程进行技术创新以及购买外来创新技术（Graham and Pruitt，1990，145–147）。

[7] 通过对 1929 年帝国化学工业公司和杜邦公司之间签订的专利和工艺协议的讨论，Taylor 和 Sudnik 认为尽管这两家公司都希望证明它们的国内市场会得到保护，供应也会得到保证，因为对新的化学技术的开发正在有序进行，但杜邦公司努力使此协议遵守它们在 1929 年所理解的美国反托拉斯法。当时杜邦公司对外关系部门的秘书 John K. Jenney 坚持说：“我们的律师认为，对专利权进行商业限制绝对合法……授权一项专利或机密的工艺过程是排他性的，可以有效防止专利许可的授予方出口通过申请专利权生产出来的产品或者机密的工艺过程”（126）。

[8] 表 14–1 中的数据最初来自美国国家研究委员会对工业研究队伍的人员调查，Mowery（1981）将其制成表格。

[9] 这个时期学者还揭示出，工业研究人员的地理区域集中趋势和行业集中具有极其相似的稳定性。1921—1927 年，五个州（纽约州、新泽西州、宾夕法尼亚州、俄亥俄州、伊利诺伊州）从事工业研究的专职人员占所有工业研究人员的 70% 还多；1940—1946 年间，这一比重略微下降至 60% 多一点。研发人员在地理位置的集中的稳定性持续了相当长的时间，这表明美国境内高科技公司与研发活动具有的地区集

中性在 20 世纪 50 年代以前已得以较好地确立。

[10] 按照 Swann（1988，50）的说法，施贵宝公司对大学研究人员的奖金支持以当前美元价格计算，从 1925 年的 18 400 美元增加到 1930 年的 48 000 美元，是同一时期处方药企业在研发项目上总预算支出费用的 1/7。到 1943 年，按照 Swann 的研究，大学研究人员的奖金总计超过 87 000 美元，是礼来和杜邦公司研发预算费用的 11%。Swann 举证了由默克公司和普强公司（Upjohn）主持的雄心勃勃的大学研究项目。

[11] 麻省理工学院的例子也可以说明，州政府对希望寻求工业研究资助人的大学削减资助造成了一定的影响。Wildes 和 Lindgren（1985, 63）指出马萨诸塞州立法机构对麻省理工学院提供的资金帮助的削减，连同麻省理工学院和哈佛大学之间有关为哈佛大学教授工程学课程的协议的终结，都导致麻省理工学院的校长 Richard C. Maclaurin 建立工业合作和研究部门。这个组织是由工业公司资助的，这些公司资助的交换条件是，它们获得进入麻省理工学院图书馆和实验室的权利，同时，麻省理工学院要为它们提供可以解答工业问题的人员。在麻省理工学院和美国研究密集型工业组织之间联系的机构还包括建立于 1916 年的化学工程实习学院（Mattill, 1991）。

[12] 美国化学产业从一战前的相对弱小的地位稳步上升到在国际上占优势地位。1975 年的 *Annual Reports*（即 *Annual Reports in Chemistry*，被描述成英国化学工业的核心期刊）有将近一半引用的都是美国的研究工作。相似地，在 1975 年的 *Chemische Berichte*（德国化学工业核心期刊）中，有一半的非德语文献引用的是美国的研究工作。令人惊奇的是，美国的这种霸权地位是 50 年以来一直存在的上升趋势的顶点，并不仅仅是二战以后发展的结果。此外，很明显，在二战前的 20 年里，人们对美国的注意力日益上升，这反映出美国化学工业的规模日益扩大，而不是对其重新估价的结果。但是自二战以来，无论是 *Chemische Berichte* 还是 *Annual Reports*，美国化学工业的研究结论被引用的比例都大于其在数量上的增长所能保证的。美国的研究工作在国际文献中的突出地位一直是因为质量而维持的（Thackray et al.，1985，157）。

[13] 20 世纪 30 年代咨询委员会（Advisory Committee）的主席万尼瓦尔·布什在 1945 年一份有影响力的报告 *Science: The Endless Frontier* 中，建议战后成立国家

研究基金会，并在这份报告中引用国家航空咨询委员会作为基金会的一个模型，国家航空咨询委员会在过去的30年里已经极大促进了对飞行领域问题的基础研究，在对基金会成员的任命方式以及职责规定方面，人们一直在认真考虑委员会本身成功的运作模式。

[14] 然而，有些大型研发项目是战争应急时建立的，在战后产生了巨大的社会福利效应。“爆炸式”的战时项目制造了在治疗传染病方面广为应用的青霉素，这大概是20世纪最大的医疗技术突破（见下文）。战时为了改善雷达系统等军事目的在微电子领域从事的研究，为战后扩大世界技术能力提供了丰富的遗产。还有一种大规模的技术开发项目（下文将讨论到）是生产能降低成本的合成橡胶，这对美国化学和石化产业产生了持续影响。

[15] 有趣的是，计算机软件好像是一种技术，军用和商用需求已经与计算机产业起始时期大相径庭。因此，计算机软件技术产生的军用—民用溢出效应是从对高校计算机科学研究项目进行的与国防有关的投资开始的（Langlois and Mowery, 1996）。

[16] 对大学研究提供资金支持的最有名的法案是《退伍军人权利法》，其对所有参与大学教育项目的高年级学生提供了大量的资金支持；另外，还有国家科学基金会（NSF）和原子能委员会(AEC)资助的毕业生奖学金、全国卫生研究所资助的培训奖学金以及国防部提供的《国防教育法》（National Defense Education Act）奖学金。

[17] Hounshell和Smith（1988）、Mueller（1962）都论证了杜邦公司获得的最大的商业成功的技术创新之一尼龙的发明和发展实际上同1940年以前的公司研究与开发策略是相左的。对尼龙的发明并不是在杜邦公司并购之后的商业化过程中实现的，而是建立在Carothers利用杜邦公司内部研究设备从事的基础研究的基础上。无论如何，尼龙从基础研究到商业化这样一个成功的发展过程对杜邦公司的战后研究与开发策略施加了强有力的影响，并不仅仅因为杜邦公司的许多高级主管都有参与尼龙开发项目的直接经验。Hounshell（1992）论证说，杜邦公司在将“尼龙开发的经验教训”运用于战后进行与聚甲醛树脂一样昂贵的合成纤维技术创新方面远远不成功。

[18] 这并不否认IBM这样的大公司在计算机领域以及美国电话电报公司在微

电子领域的突出地位。在其他方面，大公司都从较小的企业购置技术，将小企业生产和销售的专门技术推广到一种新产品技术市场中去。无论如何，美国的新兴公司在使新技术商业化方面看起来比其他企业经济实体明显积极得多。Malerba (1985) 和 Tilton (1971) 强调指出，美国新兴的小型公司在半导体产业中具有重要性；Flamm (1988) 描述了这些小公司在计算机技术发展中所起的重要作用。Orsenigo (1988) 和 Pisano 等 (1988) 讨论了这些公司在美国生物技术发展中的重要性。Bollinger 等 (1983) 考察了关于“新技术型企业”的文献。

[19] 美国人 George Selden 于 1879 年申请作为汽车动力的汽油发动机的专利权，1895 年，他得到了这一专利权。专利权引发广泛的法律诉讼，但是 Selden 在汽车制造行业从来没有过一席之地。

[20] 根据 Flink（1970）的考察，从波士顿驾驶一辆电力汽车到纽约，在 1903 年花费的成本是驾驶一辆汽油卡车行驶同样路程所花费用的 4～5 倍。具有重要意义的是，电力汽车在获得行驶完全部路程所必需的 5 个装料设备方面没有难度。

[21] Saul (1962，41) 1912 年 9 月 21 日引用了 *Autocar*。英国工业一直坚持的信念是，批量生产需要高质量的保证。20 世纪 20 年代，关于这一点的证据可以参见 Committee on Industry and Trade（1928），pt. 4，227–228，220–221 以及其他书籍。

[22] 按照 Victor Clark,“英国对 1914 年世界主要国家的汽车数量 (包括摩托车在内 , 英国的摩托车比其他国家都更为普遍) 的估计结果表明，美国有 426 000 辆，作为汽车工业的发源地的法国有 91 000 辆，德国有 77 000 辆，意大利有 20 000 辆。美国各种型号的车大概有 1 200 000 辆，差不多是其他所有国家总和的两倍”（Clark，1929，163）。

[23]“汽车质量发生变动的频率最高的历史时期是在汽车工业的发展初期，即 1906—1914 年。这毫无疑问是我们这个时期的一段历史，在这个时期，绝大多数企业家都是工程师或受到培训的技工，知识的溢出效应非常普遍，担当设计工作的政府机构是最狭隘的。无论运行机制是什么，这种形式都为在产品创新领域迈出最大步伐的新企业进入市场的过程提供了所需要的预测”（Raff and Trajtenberg，1997，88）。Raff 和 Trajtenberg 接着指出，美国汽车工业早期发展阶段出现了产品质量改进后价格反而下降的现象，下降率几乎是 20 世纪 80 年代美国电子计算机工业所观察

到的价格下降率的一半。

[24] 内燃机对于船只和公路也很重要，但是，内燃机在船只和公路方面的作用最终被柴油机代替。

[25] 这一观察结论强调了许多技术都具有生命周期这一重要特征，我们这里要特别讨论的是：大多数技术在诞生初期只能被有限使用，并且在它们对经济产生实质影响之前必须经过广泛的性能改进、设计修正以及成本降低的过程 (Rosenberg，1994)。

[26] 本章部分资料借鉴了 Rosenberg（1998a）以及 Arora 和 Rosenberg（1998）。

[27] Haynes (1945）的第 14 章详细描述了一战爆发初期美国化学工业的发展，参见 Aftalion (1991)，115–119。

[28] 见 Haynes (1945) 和 Hughes（1983）对美国这项规划中花费的成本和遇到的困难的叙述。

[29] 一项对美国在参加一战前不久的状况的权威性研究形象地描述说“美国对化学制品生产的态度，简单地说是建立一个大型工厂，然后为工厂生产出来的产品找到销售市场”(Haber，1971，176)。

[30] 观察新的商用飞机的制造情况，可以看到同样的情况。“拉伸”机身使其能够容纳更多的乘客，这是一种普遍的做法，但只在一段足够长的时间之后，人们对机身设计，特别是对发动机才有了相当大的信心。

[31]“将地质学和地理学方面的知识运用于勘探的重要意义，可以在有关美国发现新油田的历史数据中显示出来。1920 年前的 60 年里，开采了 68 个大型油田。那些守旧的、没有科学知识的勘探者——从业者——的发现，在几十年内的诸多重大发现中，占了绝大部分的比例，但是，地质学家的重要地位在渐渐上升。这两类人为一战期间的油田开采工作做出的贡献具有同等的重要性。1920—1926 年间，地质学家在发现油田领域比从业者做出了更多的贡献。在发现的 70 个主要油田中，他们占了 2/3。1927—1939 年间，在 171 次重大发现中，地理学家占了 65 次，地质学家占了 77 次，旧式勘探者占了 29 次。还有一点也很重要，旧式勘探者在 17 次钻井实践中，仅仅有 1 次成功的经历，与其形成对比的是，技术人员在每 7.5 次钻井实践中就有 1 次是成功的”(Larson et al.，1971，75)。

[32] 见 Landau 和 Rosenberg（1992）。下面的段落利用了这一说明。

[33] 化学工程学创立者之一 Warren Lewis 将德国的情况描述如下："机械工程师的任务是进行设备构造的详细操作，但这些工程师履行任务时接受的是化学家的思想指导，他们对于事情为什么要这样做的充分理由几乎没有或者根本没有自己的理解。由此带来的结果是，不仅在德国技术工业部门而且在为化学工业输送专业受训人员的大学和工程学院，化学部门和工程部门被分离开来"（Lewis，1953，697–698）。

[34] 尽管麻省理工学院是对化学工程学做出最重要的贡献的学校，但其他许多大学——伊利诺伊大学、明尼苏达大学、威斯康星大学、特拉华大学以及其他学校——都做出了重要的贡献。而且，工业企业特别是杜邦公司也有重要作用。对杜邦公司的贡献的阐述和分析，见 Hounshell 和 Smith（1988），第 14 章。

[35] 热塑性塑料是具有受热时变软、受冷时变硬的特性的聚合体。此外，热固性物体则在受热时变成永久的固体。

[36] 尼龙最初在 1937 年被用作塑料，以代替制作牙刷的猪毛，而不是作为纤维使用。

[37] 像塑料和合成橡胶一样，合成纤维也是建立在石油化学的主要"积木"构架上，包括乙烯、丙烯、丁二烯、苯、二甲苯。见 Spitz（1988）298～299 页的图 7.3。

[38] 这两个部门对德国人力技能的依赖程度可以从美国设立的第一个专门负责医药行业质量保证问题的协会的名字中反映出来。协会是 1851 年在纽约建立的，起名为"纽约医药行业同盟"（New York Pharmazeutischer Leseverein），6 个月后名字改为"德国医药行业同盟"(Deutscher Phamazeutischer Leseverein)。到 19 世纪 50 年代，许多德国药剂师都已接受了大学教育，同时代美国社会的"前沿领域"和德国的这种状况相差甚远 (Feldman and Schreuder，1996)。

[39] 确实，在较为广泛的生物技术行业，将医药品的应用作为新公司的业务重点，其有效性已经得到证明，但绝不是唯一的。按照一项估计（Ernst and Young，1996），1995 年，美国 1 311 家公司投身于较为广泛的生物技术行业，其中仅有 20%（265 家）公开上市。正如这些数据所表明的，生物医药行业中占主导地位的仍然是大量通过多种渠道从事新产品开发的小型新公司。但是，和西欧国家的区别也很明

显，安永的年度调查报告指出，活跃在生物技术领域的公司只有584家，尚不足美国生物技术行业中所有企业数量的一半。

[40]“20世纪30年代大萧条爆发的早期，几乎所有城市家庭都联上了电线，用上了电熨斗。70%的家庭有了无线电设备，20%～50%的家庭有了电冰箱、洗衣机、烤箱、空气净化器以及咖啡机”（Schurr et al.，1991，252）。

[41] 见Rosenberg（1998b）对这一论点的详细论述。

[42] 小钢铁厂分散化的地理分布为钢铁制造商创造了另一种成本优势，因为这些钢铁厂几乎未被统一过：“因为它们的工厂分散于整个国家，通常是在西部和南部的小城镇，它们的工资条件反映了具有地方特色的劳动市场状况。但是，甚至小钢铁厂中规模最大的工厂，其工资水平也大大低于那些较大的综合性公司。1985年，在规模稍大的小钢铁厂里，每小时工作的工资几乎没有超过17.50美元的，与综合性公司平均每小时22.80美元的工资形成鲜明对比”（Barnett and Crandall，1986，22）。

[43] 在铁铝氧石已经转化成氧化铝（铝）后，氧化铝“通过电解溶液分离成金属铝和氧气，电解溶液也提供铝分解时使用的冰晶石电解质保持熔化所需的热能”(Carr，1952，86)。

[44] 同时，廉价的电也产生了一种全新的工业，即电化学（见Trescott，1981）。

[45] 正如David所指出的，20世纪最初的20年里，电能首先被那些第一次尝试建立生产设备的新行业采用，例如，“……烟草、加工金属、运输设备和电动机”的生产者。在较老的已建行业中引进电能必须等到“……工厂耐用品发生物质形态的贬值”以及“城市中心地区建造的过时工厂在重新规划时被指出无效”时（1990，357）。

[46] 也见Hughes (1971)。

[47] 电力生产领域生产力下降的时机提出了令人惊奇的问题，即这一下降与开始于1970年前后的美国整个经济生产力增长速度的大幅度下降之间的可能联系，见Hirsh (1989)；Gordon (1993)；Joskow (1987)。上述讨论吸取了Hirsh (1989) 和Joskow（1987）的有关论述；Michael Preis帮助我们收集了相关数据。

[48]“早在1936年，Kelly就认为由于电话系统的日益复杂和对于电话的日益增大的需求，有一天在电话交换台中使用的中继器，将被电子连接所替代。由于使

用电子管是一种在技术上几乎不可行的方法，因此 Kelly 幻想的应该不是简单的全新的电子管技术，也许是一种全新的电子器件……看上去就好像 Kelly 发现了从氧化铜中的半导体整流器到半导体开关的逻辑的进步”（Braun and MacDonald，1982，36）。

[49]“只要每一零件必须被制造、测试、包装、装载、拆卸、再测试和与其他零件连接，其就是纯粹单一的零件而非阻碍进一步发展的技术上或生产上的局限性。互联的零件带来的问题特别严重，因为无论零件的可靠性如何能够得到保证，它们的可信度最终也只是等同于连接它们的节点以及用于布线电路的普遍的人工制造方法。系统越复杂，就需要越多的连接点，因此也越有可能引发失败。因此，对进步的主要障碍是绝对数字问题”（Braun and Macdonald，1982，99）。

[50]“据说，如果所有的军事设施都受到送至民兵系统军备基地的良好待遇，费用会超过国民生产总值”（Braun and MacDonald，1982，99）。

[51] 但是，就像半导体工业一样，由于种种原因，计算机行业在发展早期知识产权相对较弱。原因之一是 EDVAC 的广泛传播，这导致陆军部专利权律师声明说：“……因为自 EDVAC 报告（Eckert/Mauchly/von Neumann）出版以后，在随后的时间内，与 EDVAC 型计算机相关的概念都成为公用领域。其他组织在不久以后设计它们自己的计算机时，会使用这些思想”(Flamm，1988，50)。1956 年，在随后的针对 IBM 的联邦反托拉斯诉讼的解决方案中也包括了允许自由竞争的法令，以进一步支持自由竞争公司间的计算机技术的扩散。

[52] 宾夕法尼亚大学的陆军弹道研究实验室主持的战时项目产生了 Eckert-Mauchly 计算机，其领导人之一 Goldstine 指出，“1945 年秋天，弹道研究实验室召开了一次会议，讨论了‘按照战后研究规划’建立的实验室需要的计算机技术，会议记录表明了当时企业领导人的一个迫切的愿望，就是能保证他们的工作广泛开展。由此，有人认为一旦 ENIAC 成功运行，其逻辑性能和运行特征就不再成为机密资料，会传遍整个计算机行业……那些感兴趣的人会被允许掌握这些特征”（1972，217）。Goldstine 引用的是“弹道研究实验室召开的有关计算机方法和设备的会议的记录”，1945 年 10 月 15 日。

[53]“在 IBM 650 诞生之前，大学机构建造了自己的机器，既有对其他机构设计的机器的仿造，又加入了新颖的设计。在 IBM 650 出现后，这种情况就不存在了。

Weik 报告说，到 1955 年 12 月，制造中的机器有 120 台，已订购机器有 750 台。一大批计算机使用者第一次拥有或多或少相似的系统。这对程序设计过程以及程序设计员都产生了深远的影响。大批团体的存在使所有计算机拥有共同的程序、程序设计技术等”(Goldstine，1972，331)。

[54]“确实，尽管 NRDC(National Research and Development Corporation) 在许多方面代表一流的关系网，但其甚至不了解整个 20 世纪 50 年代以及 60 年代早期的军用计算机的发展状况。从事军用计算机发展工作的人在很多情况下也不了解商用计算机发展的前沿状况。相比而言，美国的各公司与实验室之间的交流似乎非常有效，甚至在传统工作领域也是如此”(Hendry，1989，162)。

[55] 以麻省理工学院为例，IBM 在 1957 年捐赠了一台 704 型计算机，可以供麻省理工学院每天免费使用 7 个小时，其他 24 个新英格兰大学可每天免费使用另外 7 个小时的时间。IBM 本身使用剩下的 10 个小时（晚间）(Wildes and Lindgren，1985，336–367)。

[56] IBM 的教育折扣项目启动于 1955 年 10 月，对大学出租计算机的租金降低了 60%。1960 年 5 月，IBM 改变了折扣方式，将用于行政管理的计算机的租金降低到 20%，将用于学术研究的计算机的租金降低到 60%。1963 年，IBM 公司不再区分行政管理用途和学术用途，对所有新的订货都将费用降低到 20%。1965 年，IBM 建立了有关新的 360 系列计算机折扣的浮动比例，最低降价比率为 20%，最高降价比率为 45%。到 1969 年，折扣进一步降低到 10%（Fisher et al.，1983，172）。

[57]“捐赠款项是 IBM 的兴趣所在，因为 IBM 公司意识到支持大学机构并与之保持紧密联系和自身有强烈的利害关系，也因为整个一代的学生和学校教职工会将计算机和使用‘IBM’操作联系在一起”(Galler，1986，37)。

[58] 软件创造了或者说打破了在大型计算机的竞争性市场上获得商业成功的能力在 RCA 的例子里得到了证明，RCA 在 1966 年引入“光谱 70”计算机系列产品。尽管这些计算机以较低成本提供了与 IBM 相当的性能，但其不能作为 IBM 360 的专用软件，最终导致商业上的失败（Flamm，1988）。

[59] Reid 引证了英特尔公司的 Marcian Hoff 和 Robert Noyce 有关特定电路设计和建构过程中成本持续增加的现象：“如果成本不断增加，所需电路的数目会增加到

超过电路设计师的数目，不断增加的设计成本和不断减少的用途不利于厂商将成本分摊给大量的使用者，也会阻滞学习曲线的优势”（Reid，1984，141，引自 Noyce and Hoff，1981）。但微型处理器是具有“通用性的技术”，有可能满足许多产品的用途要求，英特尔公司的管理层在认识微型处理器的这一可能性方面比较迟缓。确实，最初英特尔公司将微型处理器设计的唯一专利权授予了日本电子计算器公司，其只是这一设计的委托制作人（Reid，1984，140–141）。

[60] 正如美国国际贸易委员会（U. S. International Trade Commission，1955）在最近的研究中所指出的，20 世纪 60 年代晚期，美国政府从独立供应商那里采购计算机维修服务有助于促进从事计算机维修服务的企业的大规模增长。这些企业都是在 IBM 将其维修服务和软件分开以后，最早从事为大型计算机提供自定义软件的工作的企业。

[61] 本讨论大量借鉴了卡尔加里大学的 Thomas Cottrell 教授的研究成果，见 Cottrell（1995，1996）。

[62] Bresnahan 和 Greenstein (1995) 指出，随着微型计算机的引进，计算机硬件制造商生产多种产品得到的经济实惠似乎出现了相似的下降。

[63] 衡量美国计算机软件行业的总规模比较困难，由于这一行业比较年轻且缺乏公共统计机构，因而难以得到纵向分析数据。另外，软件行业复杂的结构也加大了对这一行业的产出进行衡量的难度，即使我们忽视界定问题和质量调整问题。例如，许多企业既供应自定义软件，又提供计算机维修服务，这使人们难以区分在整个产出中软件销售额所占的份额。然而，已有数据表明，这一行业中的软件包类别目前发展速度快于其他产品类别。根据 1998 年的 *Statistical Abstract*，包括许多生产自定义软件（即主要为特定顾客群体以及特定用途开发的软件）的企业在内的“计算机程序维修服务”，其产出从 1990 年的 227 亿美元增长到 1995 年的 348 亿美元，增长速度低于软件包的发展速度（U. S. Bureau of the Census，1998）。

第 15 章

20 世纪美国的企业经济 *

路易斯·盖兰布斯（Louis Galambos）

在过去的一个世纪，美国商业体系经历了三次惊人的变化。第一次发生于 19 世纪末 20 世纪初，通常被称为“大兼并运动”，其特征是工业经济的大部分部门都转向采取公司组织形式，并且采取高度集中的发展方式。第二次变化的浪潮相对来说不那么显著，发生于 20 世纪 40 年代和 50 年代，美国主要企业的准则是采用多部门的分权形式，在世界市场进行经营。我们当前正在经历第三次也是这三次转变中最为惊人的变化，美国的主要企业，其中许多是服务部门的企业经历了重组，并采取合适的策略应对以剧烈的竞争和看起来永无止境的创新压力为基本特征的国际经济变化。

* 我要感谢以下几个人对我写作本章的帮助：他们是戴维·霍恩谢尔（David Hounshell）和史蒂夫·乌塞尔曼（Steve Usselman），他们二人都以巨大的耐心阅读了本章的初稿，并提出了批评意见。艾尔弗雷德·D. 钱德勒（Alfred D. Chandler）和内奥米·拉穆鲁（Naomi Lamoreaux）也一如既往地以非同寻常的完善方式为我提供有关商业历史本身的纯模型。

这三次转变都是成功的，从总体上说，美国的企业经济在为美国社会提供人们需要的商品、服务、工作职位以及经济机会方面是成功的。成功的关键是，股份制企业适应新的外部环境的能力以及股份制企业为了保持长期创新动力而重新安排其人事、组织和经营活动的能力。

解释适应能力和创新能力的唯一最重要的因素是在美国成功的公司将公司资源 927
和专业知识技能结合起来的方法。在鼓励冒险行为和创造性变化的文化制度领域里，已经实现了资源和专业知识的结合。尽管公共性的非营利机构，包括研究机构和职业院校，都在促进持续性创新方面发挥了关键的作用，然而产生的企业家创新活动主要发生在美国企业中。在 20 世纪的企业里，专业知识已经为美国国家创新体系中的商业和其他机构之间提供了重要的联系。[1]

要理解专业知识和现代企业的结合是如何发生以及产生了什么效果，我们需要从 19 世纪追溯起，当时在美国企业界，专业知识和现代企业都是稀缺品，而非常见事物。

纵观美国前三个世纪的历史，美国国内大多数经济企业都由私营部门、家庭以及合伙企业掌握。企业规模很小，政府参与企业活动的程度也非常有限，尽管存在一些例外。在 17 世纪和 18 世纪期间，农业以及与农业相关的商业活动处于极端重要的地位，所有者或合伙人无须采取公司的组织形式，就可以有效地从事农业及与其相关的商业活动。虽然到目前为止，公司形式被广泛采用，但是桥梁或码头等具有明显的公共服务性质的企业采用公司形式仍然有风险，有可能产生外部利润和私人利润不一致的问题。

1812 年战争后不久，新英格兰的工业生产，特别是棉花和毛料衣物的生产增长得很快，企业规模也扩大了。[2] 但是，直到 19 世纪后半期，制造业对国家产出的贡献才超过了农业的贡献。那时，大多数从事木材和金属加工的制造企业规模比较小，从事化工产品制造和印刷品业的企业也是这样。在一些例外的情况下，它们继续使用批发和专业生产模式，并且在没有获得公司利润的情况下持续经营。19 世纪 90 年代以前，在运输、通信和金融领域，公司形式已经非常普遍，但是在其他领域，经济活动仍然继续主要由个人所有者、合伙企业和一小群临时性工人运作。[3] 928

大多数参与政治选举的美国人似乎对国内政治经济形式以及这种形式下的商业

企业很满意。尽管收入和财富的分配向那些收入较高的群体倾斜，但资源仍然很丰富，大多数美国人得以自我提高的机会也很多，以致他们在多数情况下都是赞同美国的资本主义制度的。成千上万的人从那些资源贫瘠、获得经济发展和社会进步的可能性有限的社会涌向美国。尽管并非所有人都获得成功，尽管民族和种族歧视阻碍了许多人获得机会，但美国在经济快速增长和实际工资日益提高的数十年里获得的成功，足以吸引成千上万的人继续涌入美国。

正如连续数代的美国人经历了实际财富的增长和人均收入的提高一样，他们的子孙推动了经济和社会的继续前进，这种经济社会崇尚物质进步，并且对白种男性的迁移几乎没有限制。在美国社会里，实际上所有白种男性都能够而且确实参加了选举，这使美国社会在 19 世纪后半期对禁止酒精销售比利用政府控制商业行为给予了更多的政治关注。因此，民主政治和商场对忙于经商的美国人传达的是同样积极的信号：美国人有充足的理由相信，除了挣钱以及获得地位和权力外，他们正在帮助他们的社团和国家实现“命中注定的领土扩张”（manifest destiny）[①]。

但是到 19 世纪末，经济发生了急剧转型，情况随之开始改变。超大规模的企业控制了一个又一个小企业。那时，由于非常不明确的原因，开始于运输业、通信业和金融业的运动扩展到了制造业、销售业以及经济的其他部门，引起了公众广泛的担心，他们担心垄断可能破坏政治系统、对工业劳动和农业实施霸权以及阻碍除控
929 制着巨型企业的少数人之外的其他人的经济机会等。

很多美国人表现出来的忧虑是可以理解的。他们有理由质疑，那一时代的大型企业联合体会使用它们的权力损害竞争，捞取垄断利润。由于相信这些大型企业都是寻租者而非创新者，公众预计垄断者会利用它们的经济资源和政治影响消除来自小型企业的竞争，而实际上小企业比大企业更具有企业家精神和效率，只是权力较小罢了。霸权主义式的公司资本主义对消费者的需求和其自身雇工的需求都同样不重视。在这种情况下，美国商业系统不可能生产出人们需要的产品和服务，也不可能提供进一步发展的机会，而这长期以来正是美国社会的核心特征。要理解这些令人担忧的事情是如何产生的，我们需要深入地观察 19 世纪末期美国商业系统发生的变化。

---

① 领土扩张注定说是 19 世纪的一种扩张主义史观。——译者注

第一次公司变革，1897—1940 年

甚至在 1893 年发生严重萧条之前，美国企业就开始向公司组织形式转变。在那些固定成本较高或网络外部性较强的行业，从商者为了筹措到他们所需要的大量资本，迅速采用了公司形式。对于那些与成千上万的客户和供应商有生意往来的并且雇用了大量工人的企业或者横跨几个州的企业而言，有限责任则是一个优势。在银行业中，从一开始，公司就是通常的组织形式。在一个拥有丰富自然资源而资本供给相对不足的社会里，为支持商业发展而印制钱币和实施贷款的能力是公众强烈关注的领域。[4]

在电报、电话和铁路行业，公司形式由来已久。西部联盟公司（Western Union）运用公司形式建立了一个全国性系统，在很多年里，它是美国最大的商业组织。西部联盟公司拥有的资本金超过 4 000 万美元，使较小的贝尔电话公司（Bell Telephone Company）相形见绌。西部联盟公司的管理层也对其在 19 世纪 70 年代的竞争优势 930
非常自信，以致拒绝以 10 万美元的价格购买贝尔的专利权。西部联盟公司的轻视没有打垮贝尔电话公司，在以后几年内贝尔电话公司成功地维护了其专利权的垄断地位，并建立了广泛的、对贝尔电话公司支付专利费用的国内电话公司体系。美国的铁路公司以不同的方式发展，因为铁路行业的领导人首次将 500 英里的铁路网络系统接合起来（这种系统能够跟踪芝加哥、辛辛那提、圣路易斯等商业中心以及重要的东海岸港口之间的直销贸易过程）。这种扩张性增长过程导致一系列大企业的成立，例如宾夕法尼亚铁路公司（Pennsylvania Railroad Company）、纽约中央（铁路）公司（New York Central）、伊利（铁路）公司（Erie）、密歇根中央（铁路）公司（Michigan Central）等，它们都参与直销贸易的激烈竞争，在它们面临瞬息万变的竞争时，经常采取的办法是将价格降低到成本之下。逐渐地，竞争驱使几个主要的大型企业将自己的铁路干线合并到精心设计的 5 000 英里的支线网系统中去，设置支线网的目的是使每一个系统在交通拥挤时能够相对满足自身的需求。

19 世纪 90 年代，当一些大型生产企业例如安德鲁 · 卡内基（Andrew Carnegie）钢铁企业仍然没有采取公司法人形式的时候，标准石油公司和美国烟草公司出现了，它们似乎已经采取了这种未来流行的形式。这两家公司最初组建的目的都是阻

止铁路行业内部正在发生的残酷的价格竞争。这两家公司所处的行业都具有极高的固定成本，为批量生产创造大量机会的技术变化非常快，这种批量生产正是为了满足国内和国际市场的需求。两个行业都控制在积聚了巨额财富的企业手中，对于很多美国人而言，似乎不存在对这些企业之间的联合或者“垄断”会影响公共财富的担心。

确实，在那些年里，所有的企业联合都会使公众产生对未来的担忧，甚至贝尔电话公司自己的律师也承认这是美国人最为讨厌的垄断。贝尔电话公司不愿降低价格鼓励人们更为广泛地使用电话，这种表现似乎像一个缺乏远见的垄断者，固守着自己的短浅眼光，既没有听取公众的意见，也没有留心政府反对其垄断行为的可能性，更没有看到一旦专利所有权到期，竞争者就会立即威胁贝尔公司的市场份额的可能性。这在美国是一个有风险的策略，因为美国具有一种强烈的文化倾向，即无论是对于私人部门还是公共部门来说，本地的权威性要胜于相隔甚远的国家机构。
931 铁路行业也是这样，对非竞争性的短期交通运输支付的费用多于竞争性的运输，并且要对标准石油公司这样有实力的运输部门支付一大笔回扣。19 世纪 80 年代和 90 年代，尽管国家铁路企业发行的债券远远超过了联邦政府，但当时几家主要的铁路企业似乎愿意花费更高的固定成本建立大型铁路系统，它们希望借此免于价格竞争。

巨大的兼并运动席卷了美国制造业并使世界上主要工业国家的经济部门发生改变。大萧条期间激烈的价格战使许多商人相信，联合起来有利于在残酷的竞争中生存。他们曾尝试对不同种类企业之间的联合放任自由，却发现采取固定统一的价格和集中安排的方式都是权宜之计，他们不得不寻求其他有利于保护其投资的办法。在他们之前有标准石油公司、美国烟草公司以及通用电气公司提供的成功范例，这些公司都尽力制止或消除各自的工业领域发生短期价格竞争。当生产商寻求纽约投资银行的支持时，它们发现，由于金融业在 1897 年已从大萧条中恢复过来，金融从业者能够在国内外市场出售联合公司的证券。结果是掀起了一场公司收购和兼并的猛烈浪潮：1898 年有 16 起企业并购事件；1899—1901 年间有 103 起；接下去的 3 年内又有 25 起。由于运输业、通信业、金融业和当时的制造业领域似乎控制在少数几个企业手中，例如美国钢铁公司和通用电气公司，大多数美国人不需要他们的政治领导人去说服他们相信，他们的社会已经发生了某些重要的改变。[5]

对于当代的观察人士而言，从 1897 年到第一次世界大战之间最值得关注的改变是那些与沿着 1901 年美国钢铁业普遍遵从的路线进行的横向一体化有关的问题（例如，具有相似功能的竞争性企业如炼油业或造钉业之间的联合）。一次巨大的联合的结果是诞生了美国国内第一家拥有上亿美元资本金的企业，这成为轰动性的新闻。负责组建美国钢铁公司的是美国有名的投资银行家 J. P. 摩根，他本人引起媒体高度关注。美国钢铁公司创造了有报道价值的事件以后，由于收购了安德鲁 · 卡内基公 932
司的巨型生产能力，受到了更多的关注，安德鲁 · 卡内基公司是一个曾经创造美国钢铁产量神话的主导企业。

公众对这些新组建的巨型公司的担忧不久就体现到公共政策上。早在 1890 年，国会就已经通过了《谢尔曼反托拉斯法》，直接针对以前竞争者为了限制贸易而产生的共谋行为以及某一公司的垄断行为。但是，有关《谢尔曼法》对生产活动的适用性的疑问以及执行过程的拖沓使 19 世纪 90 年代的商人相信，法律并不能禁止他们的兼并活动。[6] 在厂商之间的兼并活动兴起期间，联邦政府没有有效地使用《谢尔曼法》，进一步助长了人们对此法的怀疑态度。

但是在 1906 年，西奥多 · 罗斯福总统决定将反托拉斯政策变成一种有效约束国家那些最大的、最有实力的公司的行为的手段。美国司法部成功地起诉了标准石油公司和美国烟草公司（1911）这两家公司，强迫它们将某些重要业务分离出来。国家最大的爆炸物制造厂商杜邦公司也被提起相似的诉讼，结果相同。这些案例使商业领导人和他们的法律顾问相信，他们不能无视《谢尔曼法》的存在，罗斯福的继任者威廉 · 霍华德 · 塔夫脱（William Howard Taft）和伍德罗 · 威尔逊（Woodrow Wilson）对反托拉斯法的实施甚至比罗斯福更为严格。塔夫脱总统的首席检察官发起了对美国钢铁公司的反托拉斯诉讼，在威尔逊时代，政府强迫控制了贝尔系统的美国电话电报公司对其竞争者做出巨大的妥协，否则将对其提起诉讼。

在联邦政府、市政当局以及各州内进行的一次规管进一步强化了反托拉斯政策。目的是用控制公司企业行为的办法作为对大公司进行拆分的一种替代措施。对回报率的规管限制了被定性为公共事业的公司的盈利空间；价格和服务都普遍受到监管机构的监督，这些机构都不受政党政治的影响。大多数监管机构都采取了州际商业委员会（Interstate Commerce Commission，1887）的模式，这一委员会逐渐控制了美

933 国国内州际铁路运输企业的税率结构。到第一次世界大战结束时，提供电能和电话服务的公司普遍受到严格管制，铁路和国家银行也一样受到管制。

对第一次公司变革的第三个反应来自劳工组织。工会在很早以前就进行了兼并运动，许多在多年内几乎没有受到公司设立和企业联合等趋势影响的行业（例如建筑业）都设立了工会。但是在整个19世纪90年代中期，国家中的各个工会仅仅管理了很小比例的劳动力。然后，在1897—1903年，工会在成员数目、资金力量以及谈判能力等方面突然获得了很大发展。美国劳工联合会和其组成单位第一次向人们清楚地表明，它们在接下去的低迷的经济周期内不会经历衰退。有些推动力也在起作用，新组建的联合企业在尽力满足日益膨胀的资本金要求的过程中，很少发生罢工。曾经有一段时间，它们向工会的要求屈服，促使更多的成员加入劳工组织。工人对未来工作保障以及在诸如造铁和制钢等工业内手艺落后的可能性的担心，也促使劳工转向工会形式。新加强的手工业联合会提供了在一段时间内可以与大企业相抗衡的制约力量。

需要多少限制在很大程度上依赖大企业的业绩，特别是面对经济、技术、政治和社会环境的变化时的应对能力。在19世纪和20世纪之交期间，一点也搞不清楚的是，这类企业如何利用已经得到的权力。大企业只会寻求垄断租金吗？或者大企业是否会像服务于自身的长远利益一样服务于社会，并从中发展创新能力？

就如已经显示的那样，美国企业提高应对环境变化的能力的关键是使用某一方法从与其业务相关的专家中聘请到自己需要的人才。有些专家来自法律和会计等已充分发展的传统的专业领域。有些是“组织型专家”，也就是只能在某一组织内发挥自己技能的专家，例如企业关系专家和大多数管理者。还有一些是准专家，他们在社会上没有取得专家地位，但是拥有与传统行业专家非常相似的技能，例如交通运
934 输方面的人才以及擅长公共关系的专业人才。这些职业骨干中的许多对于美国社会是初来乍到者，但是在大规模兼并运动之后的时代，对大型企业的业绩发挥了重要的作用。[7]

吸纳和聘请专职人员与业务岗位的专家并不是件轻而易举的事情。美国国内大多数的大型企业都建立了自己的人事组织，并在最初的20年内尽力学习如何有效地招聘人才。有些企业彻底失败了，而有些企业在摸索中度过了它们最初的10～20年。

行政管理的内部整合是这些企业面临的第一个挑战；它们不得不将彼此独立的组织、文化和领导者进行混合。有时，为了抵制来自新进入者和那些尚没有参与企业联合的已建企业的竞争，将来自不同企业的职业管理者和审计者进行整合是它们必须完成的新的、富有挑战性的任务。整合过程带有偶然性，并非技术变迁和兼并的必然结果。[8]

在准入门槛并不特别高的行业，以及在建立新的联合企业需要承担较高固定成本的行业（之所以要承担较高的固定成本，是因为为减少竞争对手而将其并购的金融安排），几乎没有公司能够避免破产和重组的命运。新英格兰棉纱公司（New England Cotton Yarn Company）是典型的联合企业。其在 1899 年组建，在 1903 年在市场上占有了自己的一席之地，但是，公司贷款遭到失败，被迫重组。数年以后，它被另一公司吞并，但这一成功进行合并的公司也陷入失败。

但是，更多的新公司的代表是那些发展成为职业经理骨干的人，这些经理骨干有能力使他们新收购的、非常复杂的组织变得更稳固。最初他们得到那些领导合并过程的投资银行家的帮助，但是，只有经理才能直接负责以最有效的组合方式集中进行生产以及发展能够保护企业长期市场份额的规模经济。国家糕点公司（National Biscuit Company，1898）是首次尝试通过卡特尔联盟策略获得成功的企业联合的较 935
好实例，卡特尔联盟策略的重点是要么收购新的竞争对手，要么驱逐新的竞争对手；这种短视的策略很少获得成功，因为它会抬高被收购公司的价格，或者降低联合企业产品的价格，或者同时出现两种情况。国家糕点公司认识到这些正在发生的问题，发展了一种新的策略，并对新策略所要求的管理体系进行整合。国家糕点公司［后来的纳贝斯克（Nabisco）］利用规模经济降低成本，利用商标广告保护市场份额，真正将下游企业融入其消费者范围内，并发展了一批市场营销专家骨干，这是企业维持长期良好业绩所必需的。联合水果公司（United Fruit）也经历了同样的故事，由最初的一个香蕉批发商发展成一个将上游（自我供应水果）和下游（自我运输并销售产品）融为一体的企业；皇家发酵粉公司（Royal Baking Powder）也有同样的发展历程；最后是美国制糖公司（American Sugar），其使用卡特尔联盟策略的时间比大多数成功的联合企业都要长得多。[9]

如果新企业能将批量生产和批量销售有效结合起来，它们就会取得优势地位。

在19世纪的经济中，货物借助中介人——经纪人和批发商——的精细链条上市，每个中介人都要求为他们的服务定价。如果联合企业能够依靠自身的力量完成批发销售服务过程而一点也不依赖经纪人，它们就能够削减成本（即交易成本），并以更快的速度和更高的效率将商品打入市场。这种转变使缺乏效率的企业受到损害（约瑟夫·A. 熊彼特称之为“创造性毁灭”），但是在此之前，因被驱赶而陷入绝境的中介人奋力支持反托拉斯政策以及其他对大型一体化企业的政治攻击。[10] 但是，纵向一体化——按照在生产货物和提供服务并将其供应给消费者的过程中发挥作用的前后顺序组成的联合——很难在一个有着小型公共部门、致力于私营部门的发展以及追求低价格的社会中遭到拒绝。

936 确实，国家的许多大型公司都通过纵向一体化得到极大扩张。例如，芝加哥的肉类包装商已经利用一种创新技术（即冷冻），在屠宰牲畜和将最终食品投入市场方面研制出更为有效的方法。它们被迫将其下游企业整合进它们的产业链，因为在芝加哥牲畜养殖地与东部海滨城市市场之间的商业和运输链条并不存在它们所需要的冷冻设备。六个大型公司——Armour、Swift、National、Cudahy、Morris以及Schwartzchild & Sulzberger——在建立了自己的商业链条后，也组织起了新的管理人才队伍，这些队伍彼此协作，并指导他们的国内系统的运作。

行政管理的整合工作刚完成，许多大型公司就认识到，经济规模过大会阻碍新企业的进入。联合企业拥有实质的市场权力，在有些情况下，甚至拥有政治权力。在全球的范围内，批量生产和批量市场销售都相互结合，加强了在标准化和简洁化方面的努力，这种努力以福特汽车公司的生产流水线和产品为标志。福特汽车公司发掘了一种新型汽车的巨大市场，这种车为黑色外观，价格便宜。福特汽车公司在生产和市场营销方面执行的准则创造了一种劳动生产率收益，这成为20世纪企业经济的一个核心特征。增长主要依赖不断提高的生产率，而不是通过增加土地、劳动或者资本的投入量，这确实是美国20世纪经济和以前三个世纪经济的不同之处。[11]

不幸的是，福特汽车公司也会成为某种重要问题的负面象征，这些问题是20世纪所有大型企业都会经历的问题。所有企业都认识到不可能维持创新的稳定发展，每隔一段时间，它们就要面临来自更多企业竞争者的挑战。政府机构对私营部门施加的影响和对公共机构施加的影响有某些相似之处。事实证明，创新过程比行政管理的整合更为复杂，风险也更大。福特汽车公司在 20 世纪 20 年代中期遇到了这种问题，当时福特汽车公司几乎被驱逐出通用汽车公司创建的商业领域，后者是一家更有效率的企业，其管理人员能很精确地读懂消费者传递的信号。福特汽车公司的 937
经历并不是独一无二的。这有助于解释为什么独占垄断几乎一直不如寡头垄断（即被少数大型企业占据主导的行业领域）流行。

当然，美国商业体系中有很大一部分既非受独占垄断的控制，又非受寡头垄断的控制。在批量生产占优势的情况下，或者在产品采取订单形式进行生产的情况下，或者在灵活度的重要性大于规模经济或范围经济的情况下，大型兼并运动之后形成的企业，其类型不同于兼并前的企业。无论这些企业是制造公路客车等精细设备，还是制造车床和钻孔机等机械工具，它们都在产品和新生产工艺方面经历了重大变化。有些企业甘冒风险进入标准化市场，但大多数企业都合并为一个企业，很多企业都发展成为整个国内和国际市场提供服务的大型企业。西屋电气公司是将公司特色和标准化产出相结合的典型组织，并在完全投身于批量生产之前很长时间就成为大型企业。在西屋电气公司和辛辛那提轧齿机公司（Cincinnati Milling Machine）等大公司周围的是成千上万家新开办的小企业，这些小企业与大企业 19 世纪的情况非常类似：企业的经营权掌握在财产所有者和合伙人手中；通常缺乏周转资金；失败率较高；当它们成功时，有的会被大公司收购，有的则会成长为中等规模的甚至是较大规模的企业。这两种类型的企业各有千秋，为企业经济提供了约 1/3 的产量，在“福特主义”已经变成美国企业发展的指导思想以后的很长时间，这两种类型的企业对企业经济的产出贡献率更高。[12]

努力提高大企业的创新能力通常意味着公司引进其他类型的人才，这些人才可以作为外部顾问，也可以作为雇员。在科技含量高的行业，这意味着建立一个旨在发展科学人才和工程人才并传播先进的思想观点的人才网络。1897—1920 年间，一些公司广泛地建立从事实验室研究的组织，这些研究机构并不只是被用于测试产品或生产工艺。通用电气公司较早时期就承认，如果它要维持在电力制造行业的强势 938
地位，就要具有实质性的研究能力。19 世纪 90 年代晚期，通用电气公司努力进入 X 光设备这一新领域，并且说服管理层相信，通用电气公司需要改变推动创新的方式。由于在市场上受到一家小型科学设备制造商的打击，通用电气公司集中精力进行有利于产品创新的科学和工程方面的活动，并不断提高这方面的能力，与此同时，通用电气公司还建立了美国工业领域第一个现代化的研发机构。

其他企业纷纷模仿，包括美国电话电报公司。美国电话电报公司像通用电气公司一样，在一个控制了对长途电话业务非常重要的创新技术（加感线圈）的大学科学家申请的专利成功时，它几乎陷入失败。美国电话电报公司买下这个专利并继续实施将美国主要城市中心与长途线路相连接的策略。但是，经验以及通过改善贝尔电话系统的设备和服务来加强其在独立电话公司中的竞争地位的一般性需要促使美国电话电报公司早在 1909 年就开始增强在研究与开发方面的运作力度。贝尔电话实验室在 1925 年初具规模，最终成为全世界著名的工业研究实验室，这都是贝尔电话公司通过努力打下的基础。[13]

在美国电话电报公司、通用电气公司以及受它们领导的企业，建立实验室研究与开发能力的过程非常慢，不仅带有实验性质，而且成本高昂。许多一流的科学家拒绝辞去地位较高的大学职位而到虽然报酬较高但地位不高的工业部门就职。即使他们如此选择，如通用电气公司的欧文·兰米尔（Irving Langmuir）和美国电话电报公司的弗兰克·朱伊特（Frank Jewett）就是这样做的，他们也会发现，管理研究过程并控制实验室和工业之间的分界点非常困难。以前从来没有人这样做过。例如，一个人如何考虑研究费用？它们多长时间内能被结清？项目什么时候会完成？基础研究和应用研究之间的平衡点是什么？在任何情况下，公司都必须以专门手段为这些问题及其他问题找到答案。正如研究领域的一个先驱者对其同事所解释的："我们对公司来说必不可少的假定并不可靠。"那些通常对他们投资的科学领域知之甚少的生意人被迫对科学部门的人事、组织结构以及公司的其他活动之间的关系做出决策。
939 在 10 年甚至更长的时间内，在工业领域遥遥领先的公司努力发展有利于公司制定发展策略并发现新的增长机遇的研究与开发项目。

在某一公司内部难以启动研究与开发的情况下，就不难理解，为什么有些公司寻求大学的帮助进行它们所需要的科学和工程创新，而有些公司则寻求独立的营利性研究机构的帮助。美国电话电报公司在建立实验室研究项目之前，尽力通过麻省理工学院为研究项目提供资金。但是，公司要这样做，就必须先了解有哪些特殊问题需要解决；同时，如果公司内没有大量的研究人员，进行实验室研究的任务就难以完成。甚至当公司聘请到研究方面的合适人才时，它们也会发现，在大学科学家和工程人员中存在急躁情绪，这些人员都对进一步发展他们的研究领域和职业生涯以及那些极其重视盈利—损失数字的公司有兴趣。美国电话电报公司和其他大公司最后都发现，它们应该和大学研究机构保持紧密的联系，部分原因是为了招募人员，但是不能用大学替代实验室研究机构。没有进行实验室研究的实质性能力，公司就既不能掌握良好的工作实践知识，也不能吸收大学机构的研究科学。

从 20 世纪早期开始到 20 世纪 20 年代，由梅隆研究所（Mellon Institute）和利特尔研究所（A. D. Little）这样独立的研究机构进行的实验室研究，遵循了一条相似的途径。公司需要研究机构和公司的其他部门如制造部门和市场营销部门保持紧密联系。仅仅依靠公司自己的实验室取得成就困难重重，但和一个与公司完全不同的独立机构合作则更加复杂。除此之外，实验室研究与开发的优势之一是，成功的研究项目可以带来知识和关系的积累。像杜邦公司那样的公司对研究人员和他们的团队所表现出的能力有浓厚的兴趣。[14]

因此，进行实验室研究是发展趋势，第一次世界大战以后这种趋势加强了。20 世纪 20 年代早期，领导者在解决将研发与企业相结合的问题方面取得了实质的进步，他们的成功已经在出版物、贸易协作会议以及政府项目方面得到体现。战争期间（1917—1918）对后来被称为军事—工业联合的做法已经开始进行短暂的尝试， 940
这种联合促进了不同创新方法之间的融合。战争期间的工作产生了大批研究与开发方面的出版物，战后的繁荣进一步鼓励了企业对研究的投资，甚至落后公司，如美国钢铁公司也深受鼓舞。到 20 世纪 20 年代结束时，研究与开发在企业范围内更为广泛地进行，尽管大多数研发费用仍然集中在高科技电力、化学和精炼工业中。

企业和其他行业之间的联系方式与军事和工业之间的联系方式有某种程度的相似，尽管在两种联系方式下，实验室活动和出租承包活动之间的界线不同，并且处于不断变动中。工程技术甚至比研究活动更快地被引进公司中。以会计为例，大型公司为了管理经营活动，必然发展实质性能力；但是，它们仍然依赖普华永道、德勤、Dever 以及 Griffiths 等著名的公司对其每年的财务报表提供不受外界影响的证明，管理层希望借助这些证明向潜在的投资者保证，公司值得他们支持。因此，19 世纪与 20 世纪之交的兼并高潮带来了会计扩张浪潮。市场营销也是一个特例。大多数拥有商标产品的公司从外部聘用机构策划并宣传广告项目，但是为了更好地管理和发展公司的项目规划及政策，它们不得不在加强内部营销实力方面投入大量资源。

营销专家具有两个对创新过程至关重要的作用。他们通常是公司里与那些购买或使用公司商品或服务的个人接触最紧密的专家。公司所取得的成功与他们向市场广泛传播创新商品和服务的优点的能力有很大关系。在一个成功的公司里，营销专家也是一个传导管道，带来有关市场需求和不可能售出的商品的信息。福特汽车公司在 20 世纪 20 年代晚期濒临破产，其失败可以归于在把握汽车市场的信号方面组织不力。通用汽车公司则正确地把握了汽车市场的信号，认识到汽车市场分割是未来发展的浪潮，单一的、大规模生产汽车产品的时代已经终结。[15] 还有一个正确理
941 解市场信号的厂家是美国铝业公司，它是一家大型公司，将大量的投资放在开发单一铝产品的新用途上。由于美国铝业公司正确地诠释了企业和消费者的需求，它成为 20 世纪经济中异军突起的公司之一，长期内处于创新的垄断地位。还有一个著名的例子是美国电话电报公司，到 20 世纪 20 年代，美国电话电报公司已成为世界上最大的公司。[16]

但是，在美国经济的大多数部门，独占垄断仍占主要地位，竞争行为忽略短期价格竞争，它们看重的是通过产品和工艺创新以及通过新的市场营销方式进行竞争。20 世纪 20 年代，大型一体化公司的产品和工艺创新领域以及市场营销领域，常常是专家占据主导地位。那时，公司在融合专业技术和企业资源方面已经取得很大成功，反映在美国最大的工商企业的生产收益率和增长率上。[17] 20 年代末，美国 5 个最大的工业企业是美国钢铁公司（资产总额约为 24 亿美元）、新泽西州标准石油公司（资产总额为 18 亿美元）、通用汽车公司（13 亿美元）、国际纸张和能源公司（International Paper & Power）（8.21 亿美元）、印第安纳州标准石油公司（Standard Oil of Indiana）（8.01 亿美元）。[18] 20 世纪 20 年代的繁荣时期，这些企业的发展创造了对专家的新的需求，并促进了职业教育的扩张。

日益扩大的企业体系大大提高了对所有类型的职业经理的需求，美国高等教育
942 对新型市场迅速做出反应。大学从 19 世纪晚期就开始开设商业课程了：宾夕法尼亚大学沃顿商学院是第一家开设商业课程的学院（1881 年开设），大概 20 年以后，芝加哥大学和加利福尼亚大学伯克利分校也开设了商业课程。第一批开设研究生商业

培训课程的是达特茅斯大学的阿莫斯塔克学院（Amos Tuck School，1900）和哈佛商学院（1908）。随后，各个大学纷纷开设商业课程。到 20 世纪 20 年代中期为止，有 160 个大学都在课程中增设了商业项目培训。很明显，这是教育系统的一个发展部门，特别是在对选民和立法者关注的问题比较敏感的公立大学。虽然哈佛大学和其他一些机构设立了工商管理硕士学位（MBA），并强调处于商业领导地位的企业的一般特征，但大多数商业培训计划涉及生产、会计和人事管理等具体商务领域的本科教育。技术专业化打开了商业领域的大门，而这正是 20 世纪 20 年代的本科生所需要的。

在企业扩张的早期，几乎所有的企业都向白人男性开放，许多白人男性都是熟练技工的后代。大多数被雇用的女性仅仅从事办公室工作 ，现在女性在大型企业中赢得了越来越大的发展空间。然而，办公室工作以外的职位非常稀少，女性争先恐后地竞争这些新的公司白领工作职位。大型企业最初没有将以后社会存在的领域分解和细化，但是办公室职位吸引了那些想在中等阶层拥有立足之地的妇女。非洲裔美国人仍然只能从事低技能的蓝领工作，当美国的政治和文化环境发生根本改变，通往职业教育的途径比较通畅的时候，非洲裔美国人和从事办公室工作的妇女能够打破这些阻碍因素，从事较高层次的工作。[19]

1897—1930 年间，企业资源和具有专业知识技能的专家的能力相互结合，也促成了企业、公众、新兴的美国管理层以及劳工之间出现错综复杂的发展关系。在这些前沿领域，对专业服务的需求产生了新的职业。19 世纪和 20 世纪之交时，农村和城市展开激进改革。在最初几年内，为了应对政治攻击，大多数大型企业尽力培养自己的说客，专门游说官员，或者用钱收买有影响力的人，还有些企业则是在攻击造成实质影响之前，静观其变。这些策略无一例外是失败的。[20] 政治攻击持续进行， 943
主要是国家两大政党之间的斗争，在伍德罗·威尔逊第一次执政期间（1913—1917），政治攻击达到了高潮。

即使那些支持某些改革措施例如 1913 年成立联邦储备体系的企业领导也意识到，他们的公司在应对压力时，不能像公路企业界的大亨威廉·范德比尔特（William Vanderbilt）曾经说的一样“让公众见鬼去吧”（let the public be damned）。新闻媒体过于积极主动，公司也乐意尽力满足新闻媒体的要求。大型企业需要提供自身的案例，以示耐心，需要说服公众不要对某种政治经济形式做过大的改变，因为这种政治经济形式已经使美国成为最富裕的国家，并且有些人认为美国已经是世界上最为强大的国家。为了满足这种需求，一种新的职业——公共关系——诞生了。

在有限的程度上，公共关系人员的职能如市场营销专家一样，向媒体和政府机构塑造及展示公司的案例，同时将信息反馈给企业领导层。市场营销职业和公关职业的职能都是由那些制定和实施旨在提高大公司的公众形象的项目的公司顾问和职员共同承担的。20 世纪 20 年代，公共关系操作惯例在形成中，企业领导层可能认同“让公众见鬼去吧”的想法，但是他们从来不会在任何一家主流报纸上引用这句话，以免造成影响。

忙于各种事务的各级政府也更为主动地在公共事务和公共政策方面推行专家制度。被管制的工业企业也有一些需要不能被法律部门和外聘的辩护律师所满足。实际上，受到收益率制约的企业的“市场”是州立法机构和联邦立法机构中的规管者和他们的监管委员会。如果公司不能将自己置于两党控制的管制领域，其产生的灾难性后果等同于对降低价格的竞争者失去了市场份额。只有通过建立规制能力和政治能力，公用事业如塞缪尔·英萨尔（Samuel Insull）的联邦爱迪生公司（Commonwealth Edison）（伊利诺伊州）才能保证它们会有足够的资本扩大业务，并提供法律所允许的服务。英萨尔在 19 世纪 90 年代以及 20 世纪早期进行的重要创新不仅是技术性和经济性的，也是
944 政治性的，而且政治色彩和技术、经济色彩一样多。[21]

为国家大型企业服务的专家队伍似乎对美国政治文化产生了影响。企业家发现在进步年代发展起来的企业自由化策略是有效的；他们能够根据某种意识形态建立一种能适当地衡量变化的案例，这种变化是将有关到哪里投资、如何投资、什么时候革新、以什么形式革新、公司的应该引进哪几类劳动力结构等重大决策权赋予企业领导人。在 20 世纪 20 年代相对保守的时期，公共关系和公共事务等职业引领他们的公司参与所谓的“联合体”，这种联合体将公共事务和个人志愿事务适当地结合起来，目的是解决特殊的社会和经济问题。在制定并实施缓慢移向“福利资本主义”的公司规划方面，人际关系这个新领域的专家发挥了重要作用。这些措施，包括公司有关退休、娱乐、日常运动、陈述制度、股东所有权以及储蓄方面的规划，经常被公司发言人热情地描述为反映了统一团结和公众项目，而自由主义政治领导人一

直推动各阶层的联合以及公众项目。虽然 20 世纪 20 年代，企业专家队伍已经非常庞大，结构非常复杂，并且具备了影响美国管理层的基础，但企业专家不可能对美国的管理层施加霸权主义。企业专家对引领 20 年代的管理潮流发挥了重要作用。卡尔文·柯立芝（Calvin Coolidge）总统很自豪地称，在这 10 年，“美国企业是真正的企业”。

20 世纪 30 年代的大萧条改变了柯立芝总统对 20 年代繁荣状况的精辟评论，变成了对过度繁荣的讽刺性批评。随着失业和企业破产的增加、公司和社会的自愿福利项目的停止以及国内生产总值的持续下降，需求大大增加，改变了政治经济状况，以前的政治经济社会使公司管理层手中集聚了大量的收入、财富和权力。但是，在 10 年萧条和 6 年（1933—1938）的新政改革以后，能够大幅度进行任何程度的重新分配的只有政治权力。政治领域的改变使得公司专业发言人和公司顾问在公司的地位更加重要。

企业管理制度使公众事务、公众政策、会计和公共关系对公司的未来有重要的影响，新政加强了这些企业的管理制度，并广泛传播了这些管理制度。例如，证券交易委员会的产生对所有大型公司都赖以获得自身的资本份额的市场有重大影响。945
证券交易委员会赋予会计人员在新的领域的责任，保证了会计人员在判断所有公开交易的企业以及那些想要在股票交易市场交易的企业的财务信誉时，能够保持更为独立的地位。内部控制必须相应提高。1933 年以前企业上报的那些暂时的机密性年报不再满足法律要求。同时，对于那些被考虑将要投资于事关公众利益的某一特殊领域的基础设施企业——公用单位、银行以及从事通信、陆运和航空运输的重要企业，联邦政府的规管进一步加强了。

富兰克林·D. 罗斯福所在的民主党也推动企业管理退回到反托拉斯法。国家复兴局（1933—1935）规划的卡特尔项目失败后，新政恢复了以前的政策，对贸易和垄断企业实行限制。尽管无论在富兰克林·D. 罗斯福总统的领导下，还是在西奥多·罗斯福总统的领导下，这一政策实施得都不甚成功，没有降低经济集中程度，但是新政奠定了未来几年商业政策的雏形。例如，杜邦公司放弃了其一直研发的创新方法中的一个非常有效率的重要部分。除了在自身研究实验室内研制新的产品和生产工艺外，杜邦公司在早期发展阶段一直收购那些让人感兴趣的小型创新企业。杜邦公司利用其在化学工程和销售领域的巨大资源扩大创新规模，并在国内和国际市场上销售最终产品。对充满活力的反托拉斯政策的恢复迫使杜邦公司停止借助本公司控制的市场收购创新企业的行为。

权力关系领域发生的最为重要的改变之一是劳工组织关系。1935 年美国通过了《瓦格纳法》，劳工运动受到了国家劳动关系委员会的积极保护，这使美国企业的劳动关系产生了意义重大的改变。在新的工业组织大会的支持下，大批生产企业展开了联合运动。美国的车间日益受到完善的劳动纪律的制约，这些劳动纪律是国家工业和贸易联盟与企业雇主之间谈判的结果。在新政实施后，在谈判中代表大型企业
946 的企业关系专家代替了人际关系专家。由于企业专家和联盟领导人非常重视新政中有关管理层和劳工组织之间关系的政策，他们在政策、实践以及劳动关系文化方面逐渐改变了美国数十年来一直非常紧张的劳工关系。

无论劳工问题的解决还是反托拉斯政策，抑或新的规管浪潮，都没能阻挡住大多数大型企业迅速地从大萧条带来的恶劣影响中恢复的步伐，并且大型企业的恢复速度快于国民经济中的其他实体。中小型企业在 20 世纪 30 年代遭受了严重的损失。但是经济中一直处于供小于求市场情况的高度集中的部门早在二战前很长时间就开始再次盈利，最终推动美国走出了萧条。当然并非所有的大型公司都存活下来，许多大型铁路公司都倒闭了，英萨尔的大型公用事业控股公司也倒闭了。但是，在企业专家队伍的指导下，1940 年前，美国大多数大型公司已能够重新扩大规模，并适应 20 世纪 30 年代的行政管理制度，就像它们曾经很快适应变革年代一样。在这方面，像应对经济变化一样，它们在应对政治变化方面体现出灵活性和创新性。

在规模经济不足以保护它们的市场份额时，它们采取措施满足对现行创新的新方法的需求。工业研究与开发以及新的营销手段的推广提供了防止盛行的官僚体制阻碍公司创新的重要方法。有些公司例如美国钢铁公司，愿意将其市场份额逐渐转让给更有创新精神的竞争者。其他公司，例如美国铝业公司和杜邦公司，也已经学会如何在内部鼓励创新并从它们现存的和未来的市场那里获取信息。甚至在高度集中的经济中，市场也仍然在起作用，福特汽车公司遭遇的问题无疑很好地说明了这一点。

20 世纪早期，美国实业界发生的第一次公司转型没有像许多美国人预料的那样

产生可怕的后果，因为大型联合公司聘请新专家所使用的方法能够增强企业的灵活性和创新性。1940 年，美国仍然是世界工业的带头人，从 1900 年起，与欧洲各国相比，美国的经济实力已大大增强。美国卷入第二次世界大战以后，这一优势成为胜 947
利的关键因素。

第二次公司变革，1940—1970 年

在日本于 1941 年偷袭珍珠港后，美国政治领导人很快认识到这次战争远比第一次世界大战长久而且更加棘手，并很快进行了战争动员准备工作。与 1917—1918 年的战前工作相比，40 年代的动员工作要全面和细致得多，战争期间，几乎有一半的美国工业都被收归政府所有。确实，美国在 20 世纪 40 年代越来越接近一种社会化的经济。国家的收入和财富也经历了大幅度提高。但是，在对轴心国取得胜利以后，政府立即就拍卖了公司财产，终止了政府配额的完备体系并取消了价格管制。

国家没有放弃的是其为“创新体系”提供政府支持的新决策，这种创新体系赖以建立的基础是先进的技术、前沿科研成果以及专业知识。许多人认为，二战之所以取得胜利，部分是因为专家的全面通力合作，特别是技术专家和科学家的合作，研制出了低空爆炸信管和雷达，更重要的是产生了原子弹。在战后年代，国家支持带来的成果就是联邦政府大力推广职业培训和专业调查研究，也包括对国家安全相关领域的研发的合同性支持。20 世纪 40 年代末期冷战开始以后，甚至对那些与国家军事有外围关系的需求的支出也被认定是合法的。专家才能也被认为是二战取得胜利的原因。

20 世纪 40 年代，美国许多大型公司能够充分利用这些条件巩固它们的技术能力和市场地位。战争摧毁了这些大公司的主要竞争者的经济实力，而战争也使美国公司完全从大萧条的影响中恢复过来，它们获取了掌握高科技创新所必需的专业技能，并将业务范围扩充到它们在战前不能介入的外汇市场。因此，“美国世纪”以自我宣言的形式产生了，这是一个美国的军事力量和商业影响都被认为处于统治地位的时代，正如 19 世纪英国航海业和工业在世界上的地位一样。 948

一种新的企业权力结构——多部门型公司（即 M 型结构的公司）——为“美国

世纪”提供了基础。战争之前，少数几个重要公司已经发现，集权化企业也就是单一组织（即 U 型公司）在两种情况下缺乏效率：(1) 这种结构不能有效处理高度分散的、多样化的产品和行为；(2) 这种结构不能处理经营活动向非常广泛的地理区域范围的扩展行为。杜邦公司、西屋电气公司、通用汽车公司、西尔斯公司（Sears）以及标准石油公司都经历了不同的结构，将管理权力下放给它们的下属部门（因此这种结构叫作多部门型或者 M 型）；每个部门现在都设有材料处、制造处、工程处、销售处以及市场营销处，这些是各个部门完成自给自足的业务过程所必需的。公司的首席执行官（CEO）和其身边的顾问的职责是对各个部门分配资金，选择高层领导，审批部门扩张计划，并保护公司免受外来冲击。

随着 20 世纪 40 年代的经济增长以及战后海外市场的吸引力的增强，美国大型公司成批转向 M 型结构。畅销书《企业的概念》（*The Concept of the Corporation*）的作者彼得·德鲁克（Peter Drucker）将这种新型结构普及开来，而一些管理咨询公司例如麦肯锡公司（McKinsey），博恩艾伦咨询公司（Booz，Allen & Hamilton），也对 M 型结构的推广做出了贡献。有些企业完全采取新的企业管理结构，有些企业将集权和分权两种管理结构结合起来。但普遍的趋势是朝向分权式管理结构发展，这种结构能使企业经营活动更好地适应分散化的市场要求。随着企业经营活动的多样化和在地理区域上的多方延伸，企业管理层控制经营活动越来越困难，企业的管理顾问建议这些企业采取新的管理方式。通常是管理顾问帮助企业实现管理结构的转变。到 20 世纪 50 年代，大型企业普遍采用了 M 型结构，而在此之前，M 型结构只是一种例外的情况。

有证据表明，多部门结构对于那些从事海外经营活动的美国企业是一种理想模式。在分权化的结构下，外国分支机构能够根据它们特殊的政治经济环境立即形成自己的决策。从事医药行业的默克有限公司及福特汽车公司、从事橡胶产品的 B. F. 古德里奇公司（B. F. Goodrich）以及其他许多总部设在美国的跨国公司都按照这种思路建立了分支机构。在很多情况下，这些分支机构的管理职位给了外国人，他们
949 通常比他们的美国老板更了解当地的市场和政治条件。很多政府都强制实施进口限制，这样拥有一个相对自主的外国分支机构显得特别重要，对于每个分支机构而言，进口限制使它们继续承担在东道国经营的大部分制造业和销售工作成为必要。

美国国内市场对于本国企业的重要性仍然是第一位的，也对外国企业构成了极强的吸引力，而多部门的企业结构进一步促进了市场的多样化。那些拥有有效的工业研究实验室的公司为新产品和新基础设施创造了很多投资机会。有些公司，如国际商用机器公司（IBM）和空气化工产品公司（Air Product），都利用政府出面签订的交易合同和研究协议开发新的能力。IBM 因此能够实现从相对单一的电子机器技术向非常复杂的数字电子计算机技术的转变。同样，空气化工产品公司成为液体氮和氦等工业天然气领域的核心技术拥有者。正如这些企业以及其他企业通过创新技术扩展了前沿领域一样，它们发现有必要从集权化的管理结构转向分权化结构。在化学领域，联合碳化物公司（Union Carbide）、联合化学公司（Allied Chemical）和塞拉尼斯公司（Celanese Corporation）都经历了相似的事情，它们的研发队伍开发出新的产品领域，每一个领域都是一个以最有效的方式进行经营管理的独立部门。在“美国世纪”，经济的扩张以及多部门公司管理结构的推广产生了对职业经理人的大量新需求。又一次，美国高等教育对这种巨大的需求做出反应。20 世纪 50 年代和 60 年代，在一系列自身正在经历规模扩大的大学中，从事商业管理教育的大学成为重要的发展核心。20 世纪 50 年代末期，已经有 100 所学校可以提供 MBA 教育。加利福尼亚州的体制以加利福尼亚大学伯克利分校为代表成为其他州模仿的典范，这些州希望在促进职业教育、控制研究经费流出华盛顿以及在扩展企业经济所需要的专业知识技能的过程中促进经济发展方面发挥更大的作用。那些年里，与那些设在东部和中西部的传统的、更为有声望的学校相比，伯克利哈斯商学院取得了显著的进步。在硅谷（Silicon Valley）发展的推动下，斯坦福大学的研究生教育计划也在 20 世纪 60 年代开始启动，并跻身拥有商学院的大学前列。 950

科学和工程方面的专业知识在促进企业发展中发挥了核心作用，这是 20 世纪 50 年代和 60 年代的一个关键特征。在美国历史上，其科学和技术机构成为世界的领导力量尚属首次。在那些年里，对美国经济发展非常重要的行业的大型美国企业走在创新的前列，部分原因在于美国的研究院校和专业机构非常有创造性。拥有一个综合性的、富有竞争力的、有充足资金来源的研究基地的好处已经在电力、商用机器、计算机、飞机、化工产品、照相机、金属、医药以及所有种类的机械等行业中显现。由于美国企业已经学会如何管理研究机构以及如何与创造新知识的专业知识网相结合，研究基地带来的这些好处成为现实。

这是一个自动化的大学式工业实验室发展的时代。大企业，例如美国无线电公司、美国电话电报公司、IBM 公司、杜邦公司、通用汽车公司、柯达公司以及通用电气公司为工业研究创造了新环境，这种新环境类似于大学，能够吸引顶尖科学家。这些企业也开始向基础研究投资，就像向应用研究投资一样。前提是，有价值的思想能够并且一直能够从基础研究领域稳定地应用到应用研究领域，然后又到生产部门。通过加强实验室（是从缺乏吸引力的生产车间挪过来的）的基础研究，企业认为它们能够走在产品创新和工艺创新的竞争的前列。[22]

在“美国世纪”，有大量的证据表明，这一研究策略是成功的。美国无线电公司的首席执行官戴维·萨尔诺夫（David Sarnoff）将实验室、企业营销运作和生产组织紧密结合起来，并使这种结合富有效率，这使美国先是在黑白电视机然后在彩色电视机方面成为世界的领导者。美国铝业公司也在战后年代建立了大学式的研究机构，对基础研究和应用研究都投入了大量的预算资金，巩固了其市场地位，在政府反托拉斯诉讼案件中，法官勒尼德·汉德（Learned Hand）1945 年裁定美国铝业公司的市场从独占垄断转变为寡头垄断。[23] 贝尔实验室于 1947 年发明了锗晶体管这种全新
951 的转换器，在使美国为世界提供最好的通信系统中占据关键地位，并且强化了企业研究是企业创新的导向性力量的例子。

尽管诸如晶体管和彩色电视机这样的产品吸引了媒体的注意力，但这一时代许多很重要的创新从来没有受到关注。在每个行业，正是工艺创新（即研究与开发中的开发）使美国大型企业在垄断竞争中获得了最为重要的优势。杜邦公司的尼龙就是一个惊人的成就，为公司赢得了数十亿美元，但从长期看，公司的工艺研究和化工技术才是竞争力的重要源泉。在一家专门从事医药研制的企业——默克公司，其对发展合成有机化学方面的研究能力投入大量资金，在维生素 B12 和链霉素等许多药品上取得突破，赢得了各种荣誉。但默克公司发展过程中一个关键的因素是其将工艺研究和化工技术结合起来以降低药品研制成本的能力。工艺研究和工程对提高美国工业的生产力和使其经济扩张势头延续至 20 世纪 60 年代起了重要作用。工艺创新使得对经济规模的追求成为一个动态的长期过程。

这些年，在越来越多的大型企业里，市场营销专家和技术人才在推动企业不断

变动的过程中发挥了越来越重要的作用。20 世纪 20 年代和 30 年代的市场分割几乎使福特汽车公司陷入困境，在战后却成了美国企业发展的规则。可口可乐等公司长期以来一直依靠单一产品和单一信息获得成功，这时却面临激烈的竞争，竞争者如百事可乐（Pepsi)，针对市场上某一特定年龄、阶层和地理区域的消费者投入产品和广告。百事可乐对年轻一代的消费者采取的吸引策略非常奏效，在美国软饮料市场夺走了可口可乐占有的很大一部分份额。在新型超市领域，A&P 面临着同样的竞争，结果也相似。在竞争中打败蒙哥马利 · 沃德（Montgomery Ward）的西尔斯公司却发现自己难以应对国家大批出现的新的专卖店以及折扣商如凯马特公司（K-Mart)。在上述每一个例子中，大企业失去了与当前的和潜在的消费者的联系，因为它们中断了与消费者的交流：要么是市场营销人员没有留意消费者的信息，要么是企业经理没有倾听企业营销专家的意见，要么是两种都有。952

无论原因是什么，结果是一样的：市场份额曾经是一个很好的证明美国工业竞争充满活力的指标，甚至在那些高度集中的行业准入也是有可能的，现在却发生了变动。在运输部门，收益率的限制制约了市场准入，实际上消除了航运、货运以及公路运输行业的竞争，但是即使这样，在运输部门，各企业之间仍然存在竞争。在电力和电子通信等受到管制的公共事业，规管者也限制市场准入，但是由于电力和远程通信都促进了生产率的大幅度提高，几乎不存在对它们业绩的担心。其他能源市场也存在同样类型的竞争，生产力也提高了。天然气公司摒弃了传统的、缺乏效率的燃料，在城市市场推行管道式天然气，管道从西南部向东部和中西部铺开。对控制的反抗减缓了，但是并没有制止清洁的新燃料大规模进入市场。上述这些市场现象也表明了在美国高度集中的经济中存在多么牢固的竞争。

在“美国世纪”，衡量集中度的最好方法是表明集中度相对稳定或者在稳步下降中。二战以前，美国商业体系的一些机敏的观察人士也对大型企业会不可避免地吞并其竞争对手表现出担心。这也是阿道夫 · A. 伯利（Adolf A. Berle）和加德纳 · C. 米恩斯（Gardiner C. Means）在《现代公司与私有财产》（*The Modern Corporation and Private Property*）这部 20 世纪 30 年代颇有影响的著作中提出的问题之一。但是在战争以及战后年代，整个商业体系的发展速度快于大型企业的发展，带动了集中率的下降。开始有迹象表明，企业霸权不久就会成为一个历史问题，正如对国家大型企业会成为仅有的静态寻租者的担心已经成为一个不复存在的问题一样。

20 世纪，尽管大企业具有的保持灵活性和创新性方面的能力使其成为经济的典范，但是由于行政制度和劳工组织运动方面的巨大变化，企业没有做到这一点。尽管企业领导者不断说服他们自己相信，来自其他区域的灾难性的变动正在对他们的生存造成威胁，但企业本身仍然没有发生很大的变化。20 世纪 60 年代，企业内部和外部广泛认识到企业缺乏变动，但是当时东南亚的战争要求美国的政治经济和社会
953 发生巨大的变化。结果是，尽管战后年代政治经济和社会发生了重大的改变，但权力、财富或者收入分配并没有发生本质上的改变。

起初，最富有挑战性的变化是向凯恩斯主义财政政策的转变。这一转变发生于新政后期，但是在二战期间加速了。如英国经济学家约翰·梅纳德·凯恩斯（John Maynard Keynes）和其美国拥护者所言：赤字财政政策推动经济向更高水平的投资、消费和国民生产总值发展，战时的赤字支出政策是有利于经济发展的。伴随着这一过程的是失业率的大幅下降。企业领导者在战争后期开始思索这种现象，他们认为到了推动凯恩斯主义流行并确保政策的基本目标符合企业发展的需要的时候了。因此，财政政策和货币政策应该以控制通货膨胀、保卫美元以及推动有利于降低失业率或提高经济增长率的私人投资为目标。

企业领导人在经济发展委员会（Committee for Economic Development）和劳动部企业咨询委员会（Business Advisory Council of the Department of Labor）担任要职，从而能够引导政策按照满足企业需求的方向发展。这种制定政策的方法取得的最大成就是在 1964 年削减了税收。税收措施的目的是通过减税和促进更多的美元投向消费领域推动经济的适度扩张，这得到了主要的企业协会以及自由国会议员的支持。这些人如果读过或者对凯恩斯最主要的著作加以理解，就不会支持减税措施。相反，政治家和企业家从他们的经济学顾问那里寻求领导权。在政府领域和商业领域，这是专家当道的时代。[24]

公共领域的第二个重大改变是公民权利方面的变化。20 世纪 50 年代和 60 年代，由于要求实施公正和公平原则的非洲裔美国人和那些支持民族歧视政策的白种美国人之间的冲突，美国似乎陷于分裂中。20 世纪 60 年代的结果是公共政策发生本质转变。在联邦法律中，写进了选举权和对所有的公共设施的准入权；进而，美国为实

现立法变化所必需的政治经济条件进行了努力。在这一过程中，大企业证明比国家的小企业以及许多贸易和工业联合组织更能适应变化。企业是相对透明的组织，当 954
它们被发现违法的时候，它们既不能隐藏它们正在做的事情，也不能避免遭受重大起诉（虽然它们很富裕）。大多数企业对于那些能够显示它们在为所有人，不管其种族或文化背景，提供平等的就业机会方面的信誉的项目规划都能很快完成。

劳动力的性别结构也发生了巨大变化。二战结束不久，妇女就逐渐大规模地进入劳动队伍。直到 20 世纪 50 年代和 60 年代，这一趋势一直处于发展中，当时，充满活力的女权运动开始在整个美国社会攻击就业和高级行业中的性别门槛。妇女开始大批进入以前以男性为主导的职业。以前，俱乐部和高尔夫球场的大门只受到男性商人和他们的男性伙伴的欢迎，现在开始向中等阶层的女性开放。至于公民权利，对妇女提出的享有平等权利的要求，大的公司企业的反应要比仍然受控于某一企业主和其家人的中小企业快。当妇女进入小企业时，常常是以企业主的名义进入的。到 60 年代末，专家型劳动力结构正在发生革命性的变化，企业则是许多最为重要的改变发生的场所。

迫使企业适应新政策的第四个运动是环境主义者的努力。虽然有证据表明，性别关系的改变也为大多数企业带来了好处——毕竟，在美国体系中，差异是创新的一个重要来源，对于企业来说，环境主义者在同一面旗帜下是否能发展起来尚不确定。环境规则要求大企业例如通用汽车公司，投入大量的金钱用于满足诸如空气质量的新标准等环境要求。环境主义活动家巧妙地运用法院、立法机构和代理人阻止或者修正大量的企业项目规划。例如在企业看来，正是环境主义活动家的反对才毁灭了美国的核能源工业。

然而，当然，核设施面临的严重问题以及公众日益对空气和水质的污染的难以容忍是公共政策改变的驱动力量。两党的政治领导人都承认，中产阶层对环境保护的大力支持使“像往常一样的企业”成为不可能的事情。逐渐地，公司适应了新政 955
策，有时在某些情况下甚至成为执行环境保护的高标准的强有力的支持者。至于公民权利，大型企业通常比小的竞争者反应更为积极乐观，也更为迅速。[25]

第五个也是最后一个转变体现为和前四个转变不同的过程。在二战即将结束时，美国第一次成为众多重要国际组织的核心成员，这些国际组织包括联合国、国际货币基金组织以及世界银行。这次政策改变是随着美国对传统的孤立主义立场的摒弃并接受了对世界事务承担责任的新立场开始的。冷战期间的联合体制随着国际机构体制的发展而扩大了，也成为美国企业发展的部分内容之一。企业接受了这个立场，有时甚至比这个立场做得还多，但是从来没有忘记这个职责。在中东，美国取代英国成为拥有重大控制权的力量，在这种情况下，美国的军事和外交力量在中东的影响有多大，美国石油公司卷入中东事务的程度就有多深。在远东，美国不仅保持军事力量，还保持经济力量。在欧洲，随着 20 世纪 40 年代晚期和 50 年代美国马歇尔计划（Marshall Plan）的实施以及北大西洋公约组织（NATO）的建立，美国的跨国公司进入欧洲市场。在这个由复杂的军事联合体系组成的半球内，美国企业的影响力是其 1945 年前的企业远远不能比的。

尽管这些发展非常有影响力，但是与内部发生的、体现为私营企业的转变相比，这些发展因素对美国企业未来的重要性要小得多，美国内部发生的私营企业的转变是战后年代的基本特征。恰恰是美国企业的威力给外国评论者留下了深刻的印象。这些外国评论者几乎看不到这些大型的多部门企业有多么成功，因为这些大型企业被定位于一个国家创新体系范围内，这一体系把公共的非盈利因素看得和盈利因素一样重要。美国成功企业的业务专家能够与推动创新过程的技术和科学网络进行有效的交流。在美国的创新体系中，私人部门占据了重要的地位，私人部门的大型企业在政治稳定和企业上升期间，引领了企业发展进程。但在战后年代的美国体系
956 中，私人部门、公共部门和非营利部门之间是相互依赖、互为支持的。[26]

“美国世纪”的发展也深入社会层面，缩小了不同阶层以及不同地理区域之间的距离。这个年代标志着美国消费社会的真正实现。新政中有关劳工组织的规定确保了工人、新的管理层以及执行董事都对战后企业经济中的财产和证券享有一定权利。企业专家很现实，他们期望在同一家公司中能尝试担任所有职位，然后体面地退休并得到足够的退休金保障。20 世纪 40 年代，经济的不平等现象已经减少了；尽管财富和收入的分配仍然严重向占人口 20%的上层社会倾斜，但上层社会人口在战后保持了相对稳定。[27] 流动的机会非常多，不仅改善了白种人的生活，也提高了少数族裔和妇女的生活状况。教育是获得企业职位并进一步获得企业的专家管理职位的重要途径。凯恩斯主义政策和其他政府规划项目似乎已经消除了极度的悲观情绪，而

这曾经是二战前美国资本主义的基本特征。20 世纪 50 年代和 60 年代的繁荣局面似乎太好了，好得让人觉得难以持久。

1970 年到目前全球竞争推动第三次公司变革

20 世纪 50 年代和 60 年代，美国许多大型企业开始实施有可能在可以预见的未来实现稳定增长的新策略。技术相互联系的领域对多样化发展策略的运用非常成功，包括化学、汽车、电力和其他工业领域，多样化为企业发展提供了新的道路。多样化的逻辑目前已经延伸到那些没有与技术和市场相联系的领域。新的联合策略源于国家主要的商业培训学校所传授的管理方法，在这些学校，人们认为成功实践的基 957
本原则几乎适用于任何商业环境。

联合策略对战后的专业策略规划者和管理顾问具有强大的吸引力。它为受管制的公司指出了一条将收益提高到它们的监管者能够接受的水平之上的道路。对于其他管理人员而言，联合策略保证了稳定增长，这对那些经常要求更多的有关企业业绩和规划的信息的投资团体非常有吸引力。企业不再对某一产业甚至某一组相关产业的经济周期深恶痛绝。

但是，正如联合运动进行得很好一样，美国很多行业领域的企业开始面临海外的激烈竞争。20 世纪 60 年代后期和 70 年代，国外大型企业，包括消费电子、钢铁、机械工具、金属、轮胎以及汽车行业的企业都进入美国国内市场，这些市场长期以来一直是由美国企业控制的。日本和德国企业走在了前列，它们的产品质量上乘，但售价是美国企业无法匹敌的。当第一次全球竞争浪潮袭击美国经济的时候，无论美国企业的领导人，还是美国的政治家，都无法对美国企业面临的问题提供令人满意的解决途径。

在 20 世纪 70 年代的大部分时间里，美国的公共部门处于混乱中。由于一系列事件的发生，包括越南战争、高通货膨胀率、1973 年和 1979 年的石油危机以及水门丑闻及其后果，美国政府被一个又一个危机所困扰，不能执行一种连贯的政策来应对它面临的竞争，而这种竞争正在使“美国世纪”的繁荣局面很快走向终结。失业在增加，价格和利率也在上升。生产力增长速度在下降，经济增长率也在下降。有些人建议美国模仿日本制定明确的产业政策，并由华盛顿控制。还有些人则提出采取关税保护措施以保护美国企业和美国人的就业机会。

尽管争论在继续，然而，竞争削弱了企业经济，也打击了美国人的信心。战后数十年的繁荣为许多美国企业创造的有才能的领导者、制度结构以及公司文化，都使美国企业难以改变发展方式，也使美国企业不能有效应对重大的竞争挑战。在有
958 些情况下，问题产生于管理上的傲慢；在有些情况下，问题产生于劳资之间长期建立的关系形式；在有些时候，问题产生于繁荣年代已经侵蚀了公司收集和分析国内外市场的信息的能力。复杂的官僚结构实际上成为有组织的陀螺仪，控制了采取战略性发展道路的公司，正是依靠这种战略性发展道路，美国企业获得了数十年的成功。在汽车行业，三大公司（Big Three）从美国对日本的进口限额政策中暂时缓解了竞争压力，但是前景仍然灰暗。美国公司忽略了海外的技术进步，例如盘式制动器和前端驱动仪，而且无法与日本公司取得的业绩相比。日本的质量控制要比美国好，它们的工人在促进新工艺的过程中所使用的方法带给日本的好处大于美国企业所使用的方法。美国钢铁公司采取的技术也落后于钢铁行业的切削刃技术，就像美国轮胎工业一直试图忽略欧洲研制的更为先进的星形轮胎技术带来的威胁一样。在消费电子领域，日本企业很快将美国企业排除在市场之外，而这些市场正是美国企业例如美国无线电公司最早创建的。

20 世纪 70 年代灾难性的状况带来了一场新的企业革命。企业革命在 70 年代后期开始积蓄力量，80 年代加快了速度，90 年代显示出了强大的积极效果。这次改革还伴随着州政府和联邦政府向保守的政治领导的回归，在某些情况下这种回归甚至是改革的推动力。自由党确保平等和安全的政府规划项目让位于崇尚效率和创新的政策。全国普遍地开始解除管制，就像在激进年代管制思想大行其道一样。竞争性机构和福利机构都不得不努力维持它们在美国行政管理中的地位。20 世纪 80 年代后期，在冷战期间建立的军事—工业—大学的复合体退居防守位置。

公共政策的三次改变对美国大型企业产生了重要的积极影响。第一次，解除管制使更多的企业逐渐受到市场纪律的约束，这些企业遍及运输业、通信业、金融业和能源业等。有些企业没有针对竞争性环境做出相应的变革，例如有几家航空公司和货车运输公司破产了，还有一些公司则被竞争者收购。所有那些以前受到管制的

企业都发现有必要裁减冗员，并对技术变革的机遇做出更为迅捷的反应以及提高它们经营的总体效率。在实现这些目标的过程中，它们开始改善国家的基础设施的运 959
作效率，这对于美国仍然维持在全球经济竞争中的领导地位是个非常重要的变革。

公共政策的第二个改变也同样重要。20 世纪 80 年代早期，联邦政府开始治理国民经济中的通货膨胀。这包含了联邦储备委员会的紧缩性政策，这些政策没有采取措施刺激经济增长，致使失业率上升。20 世纪 80 年代中期通货膨胀率下降了，政府允许公司在进行对提高美国竞争力有益的改革时，可以向私人部门融资。

第三个也是最重要的改变是摒弃联邦反托拉斯政策的过于严格的一面。1981 年在罗纳德 · 里根总统的第一届任期内，司法部的反托拉斯处撤除了对 IBM 的长期诉讼。同时，威廉 · 巴克斯特（William Baxter）将军的代理律师一直从事政府对美国电话电报公司的诉讼案件，政府指控美国电话电报公司的台外结算系统（1982）破坏了贝尔系统。除了加速引进电话通信的竞争以外，美国电话电报公司的结算系统标志着反垄断政策实际上的结束，至少对接下去的 15 年是这样。之所以在 19 世纪制定这一反垄断政策，是为了反对美国一些规模大的和成功的企业。政策上的这一转变鼓励了企业以新方式相互联合，与以前的竞争者建立战略性合作关系，更为普遍的是，鼓励企业进行结构改革，这些结构改革如果不在 1981 年前进行，则在以后时期会非常困难。

公共政策的发展和竞争压力的增大导致美国公司不断发生变化，这成为潮流。并不让人感到惊奇的是，加强企业改革的一些创新主要来自服务部门。数十年来，美国服务部门，包括零售业和批发业、金融业、保险业、房地产业以及娱乐业等的发展速度快于制造业或采矿业。1947 年，服务部门的雇员人数为 2 640 万人，已经超过了制造行业的雇员人数（2 430 万），到 1965 年，两个行业的雇员人数之间的差距进一步扩大（3 900 万对 2 820 万）。当时，美国是第一个服务部门的雇员人数在其全部劳动力人数中超过一半的国家。15 年以后，美国非农业职位中，有超过 70%的岗位属于服务行业，《福布斯》（*Forbes*）宣称（1983）“以服务业为驱动力的经济标 960
志着经济发展的最高阶段”。无论是否为“最高”，美国向服务行业的重大转变不断进行，到 1996 年，在服务部门工作的美国人超过 9 500 万。[28]

产生于金融服务行业的创新在 20 世纪 80 年代和 90 年代成为重组以后的美国企

业经济走上正轨的重要因素。新的融资手段极大地推动了公司控制的市场：杠杆收购（LBO，使用债务为公司重组融资）、管理层收购（MBO，经常用于指出售公司的部分产权）以及垃圾债券（即一种高风险的债务，没有任何抵押）。随着对再融资的重新认识的加深以及再融资带来的费用越来越多，主要负责买断业务的投资部成为华尔街的奇迹。再融资运动在为资金转移领域带来了新鲜的人才血液的同时，也使人们普遍担心美国企业日益增长的债务负担会使美国企业难以在竞争中生存。

就像大多数这样的转变一样，20 世纪 80 年代的 LBO—兼并—收购运动产生了一些极具新闻价值的丑闻，在这方面的例子包括内部人交易以及对微不足道的服务支付令人惊奇的费用。政府成功地惩罚了 20 世纪 80 年代两个成功的金融企业家，即伊万 · 博斯基（Ivan Bosky）和迈克尔 · 米尔肯（Michael Milken），他们都被禁止从事人寿保险行业。他们的活动摧毁了美国古老的投资公司之一德雷克塞尔公司，同时催生了一个生气勃勃的新闻市场，批评者认为这是一个新的新闻市场过量的年代。

但是，比诈骗和内部人交易更为重要的是，正在发生的企业转型过程要大得多。每个重要行业的公司都在从事与它们的核心业务无关的活动，这些活动通常建立在良好的技术或者市场的基础上。它们也聘用对公司的核心业务没有多大帮助的人员，包括第一次聘用大规模的专家人才。通过在早期让雇员退休的方式，企业缩小了规
961 模，成百万的白领雇员不得不重新寻找工作。雇员实事求是地不再期盼在企业获得终身职位，即使那些受过良好培训、拥有大量实际经验的专家人才也是这样。还出现了一种新型的职业即“扭转局面的专家”(turn-around specialist)。这种职业的诞生加快了公司转型的速度。接着，公司在开始寻求削减产品和服务的成本以及提高质量的同时，也重新对产品和服务的功能进行设计。

在努力提高创新能力的过程中，许多企业在选择对它们的分支机构放权时更为激进，它们停止了各种各样凌驾于其他业务之上的业务，并因此使机构的各个部门得以平衡。典范之一是专门从事非处方药生产的强生公司（Johnson & Johnson）仅设立了一个规模较小的总部，该总部控制着大批自主权较大的部门的经营活动。每个部门各自负责自己的业绩和发展，如果哪一个部门缺乏生产效率，就会被总部剔除出去。英特尔公司是另一个成功的公司，其在高科技半导体行业取得了新的专利权。

英特尔公司没有像大学研究机构那样，各个研究机构是独立的，而是保持所有的技术研究和业务发展部门的通力合作。英特尔公司的研究者没有赢得诺贝尔奖，但是他们一直与公司的生产部门和市场营销部门之间保持良好的交流关系，正是这种交流使得英特尔公司在资本主义历史上这个快速变化的、竞争最为激烈的行业之一半导体行业中保持了高水平的创新能力。

20 世纪 80 年代和 90 年代，企业变迁的步伐加快了，美国企业开始摒弃新政所规定的有组织的劳动所必须遵守的严格的工场准则。对那些很容易将生产转移到海外的行业而言，离岸生产的压力削弱了工会的地位。对于越来越多的工人而言，当他们担心整个工厂会关闭并转移到国际劳动关系委员会的裁决权之外的地方时，某一工会提供的工作保障不再有意义。工会为了保持自身的地位努力了 10 年。20 世纪 90 年代中期，工会成员占整个非农业人口的比重已经下降到新政前的水平，只有公共部门的劳工组织处于增长势头。

尽管美国企业的经济环境发生了以上改变，但许多大型企业一直没有间断过追赶它们的外国竞争者的业绩的努力。通用汽车公司尝试过几种策略：首先对自动化 962
设备大量投资，以降低劳动力成本；其次努力模仿日本的竞争者，并在工场这一层次上以合作关系替代对抗关系。但是，无论哪种策略都没有获得很大成功，最终，通用汽车公司开始自上而下改变领导权，实施更为激进的改革。尽管历史对通用汽车公司的这次改革尚有记录，美国无线电公司的历史却戛然而止了（这个公司在努力重温其在“美国世纪”在高科技领域取得的成功时遭遇了失败）。美国无线电公司的管理制度不再能够建立起像英特尔公司、通用电气公司和其他成功的企业所发展起来的内部交流机制。美国无线电公司在最后一次企图成功地完成电视唱片的技术革新失败之后，作为一个独立的公司的地位也不复存在了。[29]

优胜劣汰在快速地进行着，企业经济开始在企业界发展一种牢固的、可以有效维护企业在国际上占据的领域的核心。以前所未有的速度进行的兼并和收购使得许多企业的规模扩大，并随着它们从事与它们的核心业务没有直接关系的活动而成为全球强有力的竞争者。在企业经济恢复阶段，那些在企业经济中一直发挥重要作用的中小型企业的就业获得了大规模增加。有的中小型企业填补彼此间的缝隙，共同服务于大型企业，有的企业则对生物技术、计算机软件、互联网服务等新行业进行高风险投资，这些新行业是美国体系能够继续创新的推动力量，惠普公司、英特尔公司以及微软公司成为国际重要行业的巨型企业。在1997年世界上最大的私营企业中（按照市场价值排列），有7个企业的总部设在美国。它们的资产规模从2 140亿美元（通用电气公司）到1 080亿美元（菲利浦·莫里斯公司）不等；排名第六的微软公司在过去一年的销售额超过了110亿美元，排名第八的英特尔公司在过去一年的销售额则有210亿美元左右。[30]

其他企业正在尝试采取同样的途径在高科技领域获得成功，例如基因泰克公司是加利福尼亚的一家生物技术公司，由一名科学家和一名风险资本家在1977年建立。当在法律、经济和对复合DNA技术的治疗前途方面都存在很多问题的时候，基因泰克公司成立了。基因泰克公司经过了最初几年的困难时期，在1980年成为第一家公
963 开发行上市交易证券的生物技术公司。在经济的高科技和低科技部门，新企业成立的速度在20世纪80年代和90年代都是创纪录的。

除了新成立的企业之外，大型服务企业，例如麦当劳（McDonald's）、时代华纳兄弟娱乐公司（Time Warner）、微软公司、迪士尼公司、花旗银行、伯克希尔·哈撒韦公司（Berkshire Hathaway）以及那些基础牢固的企业，如通用电气公司、默克公司、康宁公司（Corning）、可口可乐公司以及摩托罗拉公司都促进了美国企业的复兴。经过15年痛苦的重建以及政策改变，美国企业重新成为世界许多重要市场的领头羊。

随着企业转型的进行，美国创新体系的力量呈现出日益明显的加强迹象。由企业控制的积极主动的市场加速了对这种新形势的适应，因为国家投资资本的供给具有丰富的来源，大批企业都愿意承担新的、高风险的项目。美国大学和政府的多样化的研究体制包括从事基础研究以及科学和技术人员教育培训项目，其重要性并没有随着“美国世纪”的终结而下降。下降的是美国企业为了促进创新而有效利用网络和人力资源的能力。20世纪60年代和70年代美国政府实施的政策进一步促进了这种下降，但主要责任在于那些脱离市场、脱离竞争者、脱离其创新思想的重要来源的企业。不能进行内部和外部的交流使许多美国公司陷入盲目和软弱。结果，许多公司首先被国外竞争者打败。

但是，到20世纪90年代中期，我们可以为第三次公司转型提供一个中期评价。

变迁的成本非常高，并且在人口之间的分配不平均。那些处于传统工业的蓝领工人遭受的损失最大，许多中产阶层的管理者却发现工作环境并不困难。即使将额外福利也考虑进去，实际工资的向下压力也促使收入下降。20 世纪 90 年代的繁荣无论在阶层之间还是地理区域之间都分配不均。由于美国传统地区的工业几乎全线崩溃，这些地区的经济恢复起来很困难，留下大面积的萧条，因而这些地区被称为生锈地 964
带（Rustbelt）。那些无法接受与应对信息时代技术相关的教育和培训的企业的状况进一步下滑，复兴的道路越来越远。在转型过程中，收入分配更加倾向于高收入阶层，尽管在经济增长阶段，各阶层收入群体之间经常处于变动中。

成功的转型使收入分配具有了灵活性，这带来了正面的国内影响，对于企业经济而言完全是件利好的事情。生产的收益率提高了，整个美国体系的增长率都提高了。美国的失业率降低到二战以来的最低水平。通货膨胀率也保持在极低的水平。甚至 20 世纪 80 年代的预算赤字也是经济增长和联邦政府限制支出共同作用的结果。在成功恢复了创新能力的大型企业的领导下，美国经济在许多全球市场上重新赢得了领导地位。美国可能再也无法享有其在“美国世纪”所享有的那样至高无上的地位。但是在 1993 年，国际管理发展研究院认为，美国的竞争力超过了日本，正在引领世界的发展。在接下来的三年，差距进一步扩大，美国公司继续繁荣，而它们的亚欧竞争者遭受了严重的问题，这些问题促使亚欧企业领导人重新思考自身的工业和金融政策。[31]

历史教训

从 20 世纪的企业发展历史中，我们得出了什么教训？第一个教训是我们在分析经济变迁的过程时，应该谨慎地区分短期和长期。20 世纪初，有充分的理由去深入关注美国企业发展的未来问题。进一步地，应关注整个美国的政治经济。20 世纪 30 年代大萧条期间，虽然人们对于大型企业的担忧甚少，却极为担心整个美国经济会在极低的国民生产总值和就业水平上处于稳定状态。市场持续发挥作用，尽管发挥作用的方式不同于以前大型兼并运动时市场发挥作用的方式。在两种情况下，国家的大企业都不断地在产品和工艺方面进行创新。对于商业创新起关键作用的是企业 965

资源和大量专家才能的力量的结合，这些专家中的许多都具备 20 世纪企业所要求的技术能力。结果，20 世纪美国经济发展的路径和以前的世纪的发展路径不同，但是其发展的方法为二战后消费社会的形成奠定了基础。

第二个教训是，创新和繁荣都是周期性而非持续不断的现象。这一教训看似荒谬。从单个企业的微观发展角度来看，其获得最大成功的时期应该是对未来感到焦虑的时期。对于那些从事商业或者政治的人而言，这样想好像并不特别自然，但对于关注企业长期发展业绩的商业机构而言，培养一批具有当代企业家精神的所谓“妄想狂”则是明智的。在分析整个经济体系时，同时假定会出现周期性变迁看起来非常重要。二战以后出现的企业扩张浪潮在 20 世纪 60 年代早期并没有明显的即将消失的征兆，但对于美国商业和政治领导人而言，能够意识到“美国世纪”确实已经削弱了力量还是非常有用的。

第三个教训是，对 20 世纪美国企业历史的简短回顾表明，所谓历史相似性大概是大多数当代媒体的报道误导的结果。认为 20 世纪的美国经济与 19 世纪的英国经济具有相似性，这加强了错误的想法，导致错误地将 20 世纪称为“美国世纪”。同样，英国经济的衰落使许多美国人确信，他们整个企业领域都将在 20 世纪 70 年代和 20 世纪 80 年代的早期走向衰退。这种相似性使他们忽略了美国创新体系的强大实力，只在充满痛苦但是颇为迅捷和有效的第三次转型以后，他们才感受到这种实力。

第四个教训是，历史说明了模仿具有威胁性。在美国公司体系发生第二次转型之后，许多国家盲目模仿美国多部门的公司体制，并向美国公司的业绩看齐。在“美国世纪”终结时，许多美国人又企图盲目地模仿日本。但是无论哪个国家，其商业成功的路径都建立在成功地运用了本土的资源实力的基础上，日本在二战中失败以
966 后很清楚地证实了这一点。这也是美国第三次公司转型的教训，这一转型过程颇为著名，以至成为世界闻名的“美国的解决方案”。这一解决方案充分考虑到美国特殊的文化、经济和政策，目前已经取得了巨大的成效。但是，考虑到我们的第一个教训，结论应该等待进一步的事实检验，这一事实是，全球经济已经成为商业生活的一个
967 常态而非变量。

注　释

[1]Richard R. Nelson, ed., *National Innovation Systems: A Comparative Analysis* (New York, 1993).

[2] Alfred D. Chandler, Jr., *The Visible Hand: The Managerial Revolution in American Business* (Cambridge, MA, 1977), 50–78.

[3] See William G. Roy, *The Rise of the Large Industrial Corporation in America* (Princeton, 1997), especially 45–77, for a discussion of the early corporation.

[4] 关于这些发展的最好指南见 Naomi R. Lamoreaux, *Insider Lending: Banks, Personal Connections, and Economic Development in Industrial New England* (New York, 1994)。

[5] 关于兼并运动的两种相反的观点见 Alfred D. Chandler, *The Visible Hand*, 以及 Naomi R. Lamoreaux, *The Great Merger Movement in American Business, 1895—1904* (New York, 1985)。我有关兼并运动起源的解释吸收了两位作者的观点，但是更接近于 Lamoreaux，而不是 Chandler。

[6] 关于反托拉斯政策的起源的最佳文献参见 Hans B. Thorelli, *The Federal Antitrust Policy: Origination of an American Tradition* (Baltimore, 1955)，又见 William Letwin, *Law and Economic Policy in America: The Evolution of the Sherman Antitrust Act* (New York, 1965)。

[7] 在本章以下部分，我将所有的专业人才称作专家，无论他们是生物化学家还是管理者，是从事公共关系的还是从事固态物理学的。

[8] 在对于管理稳固性的分析和随后的多部门公司的分析中，我将综合以下成果：Alfred D. Chandler in *The Visible Hand* and in his earlier account of *Strategy and Structure: Chapters in the History of the Industrial Enterprise* (Cambridge, MA, 1962)。

[9] 美国制糖公司在 1895 年著名的反托拉斯案件中获得成功，见 Alfred S. Eichner，*The Emergence of Oligopoly: Sugar Refining as a Case Study* (Baltimore, 1969)；对此案例最好的分析见 Charles W. McCurdy，"The *Knight* Sugar Decision of 1895 and the Modernization of American Corporate Law, 1869—1903", *Business History Review* 53

(1979), 304–342。

[10] Joseph A. Schumpeter, *The Theory of Economic Development: An Inquiry into Profits, Capital, Credit, Interest, and the Business Cycle* (Cambridge, MA, 1934) and *Capitalism, Socialism and Democracy* (New York, 1942).

[11] Robert E. Gallman, "The Pace and Pattern of American Economic Growth", in Lance E. Davis et al., *American Economic Growth: An Economist's History of the United States* (New York, 1972)， 15–60.

[12] Philip Scranton, *Endless Novelty: Specialty Production and American Industrialization, 1865—1925* (Princeton, 1997).

[13] Leonard S. Reich, *The Making of American Industrial Research: Science and Business at GE and Bell, 1876—1926* (New York, 1985).

[14] David A Hounshell and John Kenly Smith, Jr., *Science and Corporate Strategy: Du Pout R & D, 1902—1980* (New York, 1988).

[15] Richard S. Tedlow, *New and Improved: The Story of Mass Marketing in America* (New York, 1990).

[16] 贝尔电话系统公司对传导器、转换器、信号系统的创新见 M. D. Fagen, ed., *A History of Engineering and Science in the Bell System: The Early Years (1875—1925)* (Bell Telephone Laboratories, 1975); and in Leonard S. Reich, *The Making of American Industrial Research*, 151–238。George David Smith, *Form Monopoly to Competition: The Transformations of Alcoa, 1888—1986* (New York, 1988)。

[17] 有关生产力以及企业所做的分析报告的数据见 John W. Kendrick，*Productivity Trends in the United States* (Princeton，1961)，特别是 136 页。由于 Kendrick 没有区分大型企业和小型企业的数据，我们只能将高度集中的行业（例如烟草行业）和不那么集中的行业（例如橡胶产品或饮料）相比较。Nestor E. Terleckyj 的 *Sources of Productivity Change: A Pilot Study Based on the Experience of American Manufacturing Industries, 1899—1953* (unpublished doctoral dissertation, Columbia University, 1959) 的结论为，生产力变动率在统计上与研发的费用和产品销售之间的比率有关；由于大多数研发在几个高度集中的行业进行，Terleckyj 的研究成果对上面提到的结论提供

了支持。对近期有关市场结果和创新之间的关系的证据的精辟讨论见 F. M. Scherer and David Ross 的 *Industrial Market Structure and Economic Performance* (Boston，1990)，特别是 645～660 页。

[18] Alfred D. Chandler, *Scale and Scope*: *The Dynamics of Industrial Capitalism* (Cambridge，MA，1990)，列出了最大的 200 家工业公司。

[19] Olivier Zunz, *Making America Corporate, 1870—1920* (Chicago, 1990)，尤其是 125～148 页。

[20] Ralph W. Hidy and Muriel E. Hidy, *Pioneering in Big Business, 1882—1911*: *History of Standard Oil Company* (*New Jersey*) (New York, 1955），639–718, 在这方面具有指导作用。

[21] Thomas P. Hughes, *Networks of Power*: *Electrification in Western Society, 1880—1930* (Baltimore, 1988)，202–226；20 世纪 30 年代英萨尔的公司地位衰落了，但是就像 Hughes 所指出的，英萨尔已经向我们展示了大萧条前期美国企业创新的清晰历史。

[22] David A. Hounshell, "The Evolution of Industrial Research in the United States", in Richard S. Rosenbloom and William J. Spencer, eds. *Engines of Innovation*: *U. S. Industrial Research at the End of an Era* (Boston, 1996)，13–85.

[23] Margaret B. W. Graham and Bettye H. Pruitt，*R&D for Industry*: *A Century of Technical Innovation at Alcoa* (New York, 1990); and George David Smith, *From Monopoly to Competition*.

[24] Robert Collins, *The Business Response to Keynes, 1929—1964* (New York, 1981); W. Elliot Brownlee, ed., *Funding the Modern American State, 1941—1995*: *The Rise and Fall of the Era of Easy Finance* (New York, 1996).

[25] Samuel P. Hays, *Beauty, Health, and Permanence*: *Environmental Politics in the United States, 1955—1985* (New York, 1987).

[26] Louis Galambos, with Jane Eliot Sewell，*Networks of Innovation*: *Vaccine Development at Merck, Sharp & Dohme, and Mulford, 1895—1995* (New York, 1995); and Louis Galambos and Jeffrey L. Sturchio, "The Transformation of the Pharmaceutical

Industry in the Twentieth Century", in John Krige and Dominique Pestre eds., *Science in the Twentieth Century* (Amsterdam, 1997), 227–252.

[27] Jeffrey G. Williamson and Peter H. Lindert, *American Inequality: A Macroeconomic History* (New York, 1980).

[28] Victor R. Fuchs，*The Service Economy* (New York, 1968), 18–19，在狭义上定义了服务（不包括运输业和通信业）。*Forbes*, April 11, 1983, 在 Stephen S. Cohen 和 John Zysman 的 *Manufacturing Matters: The Myth of the Post-Industrial Economy* (New York, 1987) 中被引用。*Economic Report of the President*, February 1998, 334–335，使用了服务的广义定义，1996 年的数字包括了 19 447 000 名政府雇员。

[29] Margaret B. W. Graham, *RCA & the VideoDisc: The Business of Research* (New York, 1986).

[30] *Wall Street Journal*, September 18, 1997.

[31] International Institute for Management Development, *The World Competitiveness Yearbook, 1997*（Lausanne，1997）.

第16章

政府对企业的管制

理查德·H. K. 维特尔（Richard H. K. Vietor）

美国政府对企业的管制是一种独特的思想、政策和制度安排的结合。在欧洲、日本、加拿大和拉丁美洲，政府对企业进行控制的一般形式是国有企业和自主的行政监管的结合。相比之下，在美国，半自治的政府机构在有效的程序和密切的司法监督下，对私营企业形成了严密的控制。

美国的政府管制一般来说并不是一种受欢迎的公共活动，主要是因为公众广泛地对中央政府的权威持怀疑态度。在政治辩论中，管制的支持者想要迫使公众相信，由于存在市场或管理上的缺陷，某种形式的管制性干预是正当的。这些人包括提出外部性（比如环境污染）、信息问题（比如消费品上的标签）、公共产品（广播或者银行体系）、自然垄断（在这种情况下，在任何产出水平上，如果市场上只有一个企业，它的单位成本就比市场上有两个或者更多企业的时候要低）以及反竞争的行为（导致价格歧视或者共谋）等问题的经济学家。但联邦管制的推动力常常是来自那些要求减轻“过度的”国内和国际竞争、宏观经济不稳定性、可感觉到的结构性问题

（比如即将耗尽的资源）或者政治干预（来自州和地方的立法或者大众运动）的公司管理者。

969 有相当多的学者在研究经济管制问题。[1] 经济学和政治学文献对特定时期特定的产业提供了一些有用的解释性模型。但这些模型常常不足以解释作为一种政治—经济体系存在的管制变迁，在相当长的时间内，许多行业都受到了这种管制体系的影响。对管制是如何进行的或者管制的实际操作过程很少有历史的、动态的解释。

广义地说，有三种理论方法可用于解释管制：公共利益模型、俘获（capture）模型、组织模型。在公共利益模型中，经济管制是政府对某些市场失灵现象的反应。这种模型把管制的原因和结果看成是为公共利益服务，将其作为首要的价值，在这个意义上，这是一种规范的方法。[2] 俘获模型表现出一种更具批判性的观点：公共利益管制被俘获过程所破坏，在这个过程中，私人利益对管制产生了影响，或者控制了管制者。[3] 在俘获模型更为极端的观点中，管制的起源甚至被归因于被管制企业的私人利益。[4] 在争夺影响力或选票的政治竞争中所涉及的私人利益，最终被精心地吸收进俘获理论中，并用来解释管制问题。[5]

将公共利益理论和俘获理论结合在一起就产生了各种官僚和组织理论，这些理论将管制的动机、过程、结果归因于管制机构中个人的和组织的因素。这些模型以
970 各种管制环境或者直接的经验分析为基础，注重数量的、实用的分析。[6]

本章在一个与管制相关的市场结构、政治利益和企业行为的变化的框架中分析经济管制最近的历史。这一模型的核心是市场建构（market structuring）的思想——一种集中于管制对市场结构特征的影响的实证解释。这种观点认为，政府对任何一种形式的市场结构的管制以及管制的实质性变化都会对市场产生决定性影响。通过这一市场建构过程，管制有力地影响了企业的行为，并进而产生了经济利益，这种经济利益是由政治领域中类似的竞争改变公共政策而产生的。在不同的环境中，管制可能对被管制的企业和它们的消费者或者市场中任何特定的子集团有所帮助，也可能对它们造成伤害。长期来看，企业与政府之间在管制问题上的相互作用也是由技术、宏观经济条件以及政治价值的广泛的变化来塑造和阐释的。

本章由五个按时间顺序排列、突出管制政策的演化的部分组成：(1) 第一次世界大战到大萧条之间的阶段。在这一阶段，全国性市场与全国性企业的增长使得州和

地方权威行使公共目标的权力受到局限。(2)从大萧条到20世纪60年代。在这个阶段，由新政所激发的管制体制塑造了大多数产业，它们构成了国家的基础结构，在相对缺乏竞争的环境中鼓励产业的发展和一体化。(3)从20世纪60年代中期到70年代末。这一阶段发生的一次权利革命将政府控制扩大到各种社会问题中。(4)管制与放松管制交迭的阶段（1968—1983）。在这一时期，新政时代留下的对竞争的控制发生了转移，或者改变了方向。(5)1983年之后。这一时期，政府管理下的竞争和市场引导下的控制作为新的管制体制的基础而产生。

全国性的竞争市场，1914—1932 年

第一次世界大战对企业—政府关系产生了巨大影响。它强化了国家产业协调的重要性，确立了大规模企业的合法性。企业之间、企业与政府之间成功合作的范例 971
也出现了，并导致了一场技术革新浪潮以及战后一个非凡的经济增长时期。[7]

在这一阶段开始的时期，联邦管制当局，尤其是银行、竞争政策和运输方面的管制机构发生了一次彻底的变化。《联邦储备法》(1913)、《克莱顿法》和《联邦贸易委员会法》(1914) 以及《运输法》(1920) 代表了进步时代之前和其间长期的国家政治辩论的高峰。[8] 当时的研究者一般认为这些法律代表着实质性的改进，但这几个法案都不足以应付10年后发展起来的问题。

1913年的《联邦储备法》创造了一个事实上全新的银行和金融管制体系。经历了1907年那场动摇了美国经济的严重的金融恐慌之后，专家建议建立一个中央银行以管理通货、保持流动性。1912年，众议院银行委员会所披露的关于所谓“货币托拉斯”的一些事实加强了公众对银行改革的压力。伍德罗·威尔逊总统赞成对银行体系施加额外的政府控制，“从而使银行只是企业的一个工具，而不是企业的主人”。[9] 这一法案成立了12个区域储备银行，在华盛顿有一个管理委员会，组成人员包括五个由总统任命的人员，外加一个货币审计员和一个国库秘书。所有由国家批准的银行都要求成为联邦储备体系的成员，而由州批准的银行如果希望加入，也可以成为成员。这一法案确定了特定的储备条件，确定了预计可以作为控制货币供给的重要工具的贴现率。储备银行将对成员银行的短期商业和农业票据进行再贴现，最终为其提供交易服务。

来自公众和竞争性领域的企业的压力以及反托拉斯政策导致了《克莱顿法》的颁布和联邦贸易委员会的成立。在1912年的总统选举中，四个候选人——西奥
972 多·罗斯福、威廉·H. 塔夫脱、伍德罗·威尔逊和尤金·V. 德布斯（Eugene V. Debs）——都对以1890年的《谢尔曼法》为基础的现行反托拉斯体制表达了不满。最高法院在1911年的判决调整了对标准石油公司和美国烟草公司的财产清算，但这并未缓解对立法改革的要求。《谢尔曼法》的局限在于事后惩罚垄断行为，从而只是在最极端的情况下才进行惩罚。标准石油公司案中发展的新的"合理法则"（rule of reason）是将罪责与滥用垄断力行为直接联系起来，但仍然不能消除许多经济学家和政治家所希望避免的特殊的滥用垄断力的行为。最高法院的解释认为，《谢尔曼法》缺乏透明度，导致了对整个经济结构的怀疑。

在后面的立法中，威尔逊的提议或多或少取得了胜利。《克莱顿法》认定价格歧视和勾结合同（tying contract）都是非法的。这一法案禁止了可能在实质上削弱竞争的兼并行为。《联邦贸易委员会法》成立了一个独立的机构，它被授权对不公平竞争现象进行调查，可以发出停业指令，可以对特定的产业提出贸易管制的建议，如果有必要，还可提起诉讼。

1920年的《运输法》的影响比较小。在第一次世界大战期间，当时的联邦铁路委员会论证了对运输系统进行国有化和中央管理的利弊。虽然有一些改革者在和平时期还在追求维持那种安排，但遭到了许多集团的普遍反对，尤其是船员。《运输法》恢复了私有制，赋予州际商业委员会（ICC）新的权力，以规定流通率（streamline rates）、对利润进行监管，并鼓励国家铁路系统进行大规模的重组。1921年虽然制订了相当多的计划，但都遭到了铁路保护行动的反对。ICC甚至要求国会收回它的合并命令。[10] 20世纪20年代，铁路的收入尽管迅速增加，但运输体系仍然是分割的，在某些地方甚至是冗余的。

对其他大多数经济领域的管制仍然是以分散化为主。当时的大多数基本服务——水、有轨电车、电力、天然气和电话服务——都是在地方自治政府或州政府的法律管辖范围内由当地企业来提供的。这些公用事业在狭小的地理范围内一般都表现出规
973 模经济的特征。因此，大城市的政府一般来说在一个市场区域内都只向一个企业发放特许经营权。但是，由于特许权合同是刚性的，或者容易导致腐败，所以产生了持续

的监管和控制以限制竞争的要求。1907—1914 年间，大多数州都组建了公用事业委员会，相对于地方自治政府而言，公用事业企业常常更为支持公用事业委员会。

无论是选举产生的还是任命的公用事业委员会委员都在监管公共服务方面逐渐积累了丰富的经验。在一些比较大的州，比如纽约和加利福尼亚，委员会网罗了为数众多的专家，发展了相对成熟的度量和判决程序。它们的权威常常在法庭上经受了公众集团、被管制企业以及这些企业的竞争者的检验。在整个 20 世纪 20 年代和以后的时期内，司法问题和定价方法一直是诉讼中出现最多的问题。就像 19 世纪在铁路管制中发生的情况一样，资产收益的公平性问题，无论是计算初始成本、重置成本，还是计算市场价值，都成为资产估价中的焦点。但是，只要经济增长和技术革新使成本不断下降，以历史上较高的成本为基础的资产收益率管制方法对于经营公用事业的企业来说就是很好的办法。[11]

到 20 世纪 20 年代，法律上的争议更加激烈了。当州立法机构将公用事业委员会的职能范围扩展到管理问题以及减轻公众的抱怨方面后，最高法院在以单独案例为基础确定司法管辖边界的问题上碰到了困难。1934 年在莱比亚（Nebbia）诉纽约市案，291 U. S.502 中，最高法院剥夺了公用事业委员会的职权，让州立法机构有完全的权威对州内任何形式的商业进行管制，只要它们履行了合法的程序。

法院要解决更大的地理范围内管制的权限问题也是很困难的。在整个 20 世纪 20 年代，技术变革使得远距离的电力传输、电话服务和天然气供应在商业上来说更加容易。当供应体系跨越了州界，尤其是跨越了横向一体化和纵向一体化公司（向后进入燃料的供应和生产，向前则进入产品的分配）的经营范围后，州管制机构就陷入了诸多程序上的困境之中：成本的分配、交叉补贴以及作为企业基本目的的相关资产收益率的分配。控股公司（组织这种公司的目的是产生财务杠杆效应）可以阻碍有效的管制，从而安排它们在多个州的账目。法院弥补这种管制上的罅隙的努力 974
一直持续到 1930 年，在这一年，最高法院裁决美国电话电报公司没有将电话成本的分配控制在当地的补贴水平之下，州管制者在这个案子中却无所作为。[12] 只有国会才能弥补这一罅隙。

在很少直接影响到公共利益但公司或者其他机构能够创造出公共产品或者正的外部效应的经济领域，政府采取了一些非正式的、自愿的管制措施。尤其是在赫伯特·胡佛担任商务部部长期间（1921—1928），政府鼓励新的私营部门在各种产业中制定安全标准、采用产品标准、分配无线电频率、保护资源以及抑制长期过剩的生产。[13] 这些办法在执行程度和产业结构上的差异产生了不同的结果。在这些办法失效的场合，联邦政府偶尔也采取更正式的管制措施，尽管也有例外，但大多未形成强制性规则。[14]

新政管制的时代，1933—1968年

从1921年到1929年，美国的GNP每年平均增长6%。增长的主要源泉来自交通、通信、能源产业的革新和投资。汽车、货运、空运和管道运输超过了战前时期基础性的铁路运输和水运。同样，电话和无线电通信成为近一个世纪以来一直占支配地位的电报、邮件和报纸这些基本通信方式的补充。石油、天然气、电力正在取
975 代对煤和水力能源的依赖。

这些方面的发展刺激了整个经济的增长，基础设施投资每年平均增长13%。正如一位经济学家所描述的那样，“一系列新产业和新服务所创造的投资机会喷薄而出”。[15] 但是，这些增长也产生了巨大的生产能力——在某些部门产生了过剩的生产能力，而且促进了寡头垄断程度更高的产业组织形式的产生。公用事业、交通、通信和金融逐渐被大企业所支配，这些企业规模太大，其行为很容易对整个市场造成影响。

经历了这一特殊的增长阶段之后，到1929年，美国经济崩溃了。此后4年，美国GNP的下降达到一个前所未有的水平（平均每年下降8.6%），实际上萧条持续了5年以上。投资，尤其是对基础设施的投资几乎完全停滞。物价水平平均下降了25%。名义收入水平在公用事业中下降了21%，在通信产业中下降了38%，在交通和金融业中则下降了55%。许多企业的股息分配都延迟了，债券利息分配也延期了。破产风暴席卷了在过去10年曾是经济增长驱动力的每个部门。许多小型的公用事业和铁路公司纷纷破产；9 000家银行倒闭。到1933年，经济举步维艰，1/4的劳动力处于失业之中，过去相对自由竞争的政治价值观完全崩塌。

在整个20世纪30年代，立法调查、学术研究和公共辩论都在致力于解释大萧条的原因。在事实面前，自由放任下的竞争和现存的管制机制都不足以解决问题。

有点不合逻辑的是，大萧条的多数明显的原因在当时表现为垄断性的产业结构与“过度”竞争的结合。一位经济学家在 1936 年写道：“产业条件的变化严重地破坏了自由放任信条。目前的社会政策需要在以下二者之间进行选择：是通过法律来保护竞争（一种荒谬的社会控制政策）还是国家参与到已经集中化了的经济权威的实践中去。”[16]

富兰克林·罗斯福总统 1933 年 3 月发表就职演说之后的 6 年中，联邦政府建立 976
了一个管制型政府，最终与对垄断的有力打击联系在一起。新政府的计划最初是逐渐来自 10 年中的社团主义，但后来逐渐来自罗斯福自己的实用主义，来自他的顾问们所宣扬的自由思想的集合，来自大企业敦促政府稳定市场的努力。[17] 新政府没有忽视任何一个重要部门——农业、制造业、金融业、公用事业、运输业、自然资源业，所有行业都受到政府直接或间接的干预。

在新政拥护者全力应对低物价水平和剩余产品之时，他们也开始处理农业和制造业中的卡特尔问题。罗斯福希望采取激烈措施，但他坚持进行自愿、分散的控制。胡佛在前 10 年中采取的方法仍然是一种合乎逻辑的模式，而且似乎限制了政府对公司协作和法院执行判决的干预。国会在 1933 年 5 月通过了《农业调整法》，在 6 月又通过了《国家工业复兴法》。

农业方面的立法授权农业部进入市场，与农民和分销商签订销售协议。这些协议可以确定最低价格，限制产出或者销售。通过将商品在县一级组织起来，这些协议规避了反托拉斯法的制裁。虽然提高农业收入的努力按理说是成功的，但对农作物的破坏、对种植面积的限制以及利益支付等方面的问题导致越来越多的政治批评。1936 年，最高法院宣布《农业调整法》违宪。1938 年，国会通过了合宪的第二个法案，在支付和种植面积与市场条件相匹配方面表现出了更大的灵活性。

在《国家工业复兴法》中，国会批准建立一个公平竞争的规范体系。罗斯福认为这个体系“对于阻止不公平的竞争以及灾难性的生产过剩”是非常必要的。[18] 每一个产业都被强制性地要求采用两类规范：一类涉及产出和价格，另一类涉及工资、工作时间和集体谈判条件。由休·约翰逊（Hugh Johnson）将军领导的国家复兴局（NRA）负
责组织这些规范的强制执行，规范的组织需要听取各产业的意见，而且通常要更多地 977
考虑工会领袖的意见。对规范的发展和强制的“自愿服从”方面的监督是比较松散的。

对这一项目的批评是把它与德国的卡特尔体系——说好听点是社团主义，说难

听点就是法西斯主义——相提并论。消费者和小业主抱怨他们受到了不公平和歧视性对待，其中争论最激烈的莫过于劳动力供应问题。该法案写明要保障劳动者组织和集体谈判的权利。但雇主以及后来的NRA都将这一条款解释为允许成立公司工会或像美国劳工联合会这样的独立工会组织。而且那些认为竞争已不再发挥作用的人一般都支持“蓝鹰”（顺从者佩戴的一个明显的标志）计划。合作被视为摆脱大萧条的一种直观的途径。但是，在执行了不到两年后，NRA被宣布违宪。它所制定的条款影响了法院的判决，并被认为被赋予了过多的立法权。[19]

与此同时，为阻止银行体系的彻底崩溃，富兰克林·罗斯福入主白宫后就宣布全国银行放假三天。国家的金融资产已几乎荡然无存，成千上万的银行、经纪商、信托投资公司和保险公司纷纷破产。尽管学者们后来将这些机构的破产归因于资产萎缩、不适当的货币政策以及“存款人恐慌的蔓延”，但来自国会的意见则强调破产原因在于那些动摇了“国家的道德观”的银行业务。[20] 当时的公众将银行倒闭归因于投机和彻底的欺诈、提款和证券发行的综合后果以及“银行链条”（比如分支银行）。

银行的倒闭，加上1929年的股市崩溃和证券业丑闻，为补救立法风潮打下了政治基础。这些法律包括：1932年的《联邦住房贷款银行法》、1933年的《银行法》、1933年的《证券法》、1934年的《证券交易法》、1934年的《联邦信用合作社法》、1935年的《银行法》和1940年的《投资公司法》。每一个法案本身都是各种银行和券
978 商、新政改革者、官僚、立法上的派别之间紧张的政治争论和讨价还价的结果。这些法案通过划分类型和区域、固定价格以及提供应对风险的保障共同重建了金融体系和资产负债市场。稳定是压倒一切的目标。

这些法案的核心是1933年的《银行法》。这个被称为《格拉斯－斯蒂格尔法》的银行法强化了对分支银行的约束，建立了联邦存款保险制度，设定了存款利率上限，授权联邦储备委员会改变准备金要求，将商业银行和投资银行分离开来。参议院银行委员会主席卡特·格拉斯（Carter Glass）和哥伦比亚大学金融学教授H. 帕克·威利斯（H. Parker Willis）在很多年以前就已经开始领导和推动银行改革。格拉斯和威利斯最初试图对商业银行的投资业务进行管制，但来自1933年国会关于证券和银行业的听证会上的否定意见使他们转向寻求商业银行和投资银行在结构上的分离。类似地，格拉斯领导的委员会相信解决流动性（存款的流通性）危机的办法在

于提高准备金要求以及放宽对银行设置分行的限制。但在这里，仍然是政治上的压力——尤其是来自地方银行家的压力——使得存款保险采取了更为灵活的政策。[21]

《银行法》把联邦管制机构分为三个机构。货币监理署继续对国家银行进行监督。新成立的联邦存款保险公司不仅（通过成员机构）对存款提供保险，还对那些没有加入联邦储备体系的州特许银行进行管制。联邦储备银行对银行控股公司和州授权的成员银行进行管制。这一结构弥补了管制上的罅隙，解决了行政上的无效率以及代理机构的权限冲突问题。在 20 世纪下半叶，这一体系使每一类银行服务于特定的市场，在特定的地理范围内向不同的消费者集团提供稍有差异的产品。这一体系保留了一定的竞争，但不是价格上的竞争，而是服务上的竞争。每一类银行在政治领域都追求不同的目标，都在维护自己的细分市场，同时也试图向其他市场扩展。图 16–1 描述了管制如何划分了每一类机构所服务的产业和市场结构。 979

当格拉斯和他的同事们为银行立法而努力的时候，哈佛大学的法学教授、罗斯福的顾问菲利克斯 · 法兰克福特（Felix Frankfurter）也带领三个青年学生帮助起草一个联邦证券法，其基本观念是新发行证券的公司的财务信息披露。在证券业的勉强支持下，国会通过了 1933 年的《证券法》。这一法律要求发行新证券的公司登记所有股票，并公布一份招股说明书。承销证券的投资银行家对招股说明书的准确性要承担法律责任。为了限制投机，这一法律也要求在发行登记和证券销售之间要有一个为期 20 天的“冷却期”。1934 年，国会通过成立证券交易委员会而对这一法律进行了补充，委员会被授权以一贯的基本理念对证券市场进行管制。宽泛的权限和灵活的规则确保了这个委员会在后来的几十年中作为一个行政机构取得了相对的成功。[22]

罗斯福政府在缓解了广大制造业、农业和金融业部门的危机之后，就开始把注意力转向通信、交通和公用事业的问题了。

对于贝尔电话系统公司来说，大萧条只是一次挫折而不是一场灾难。在 20 世纪 20 年代，美国电话电报公司迅速地成长，它购买了成百个地方电话公司的股份，将它们整合到由它垄断的全国长途电话网中，占据了 80% 的市场份额。它需要的所有设备都在自己的辅助机构西部电子公司制造，贝尔实验室也领导着全国电子领域的研究。1929—1933 年间，美国电话电报公司的订单和用户分别下降了 25% 和 36%，裁减了 150 000 名员工。

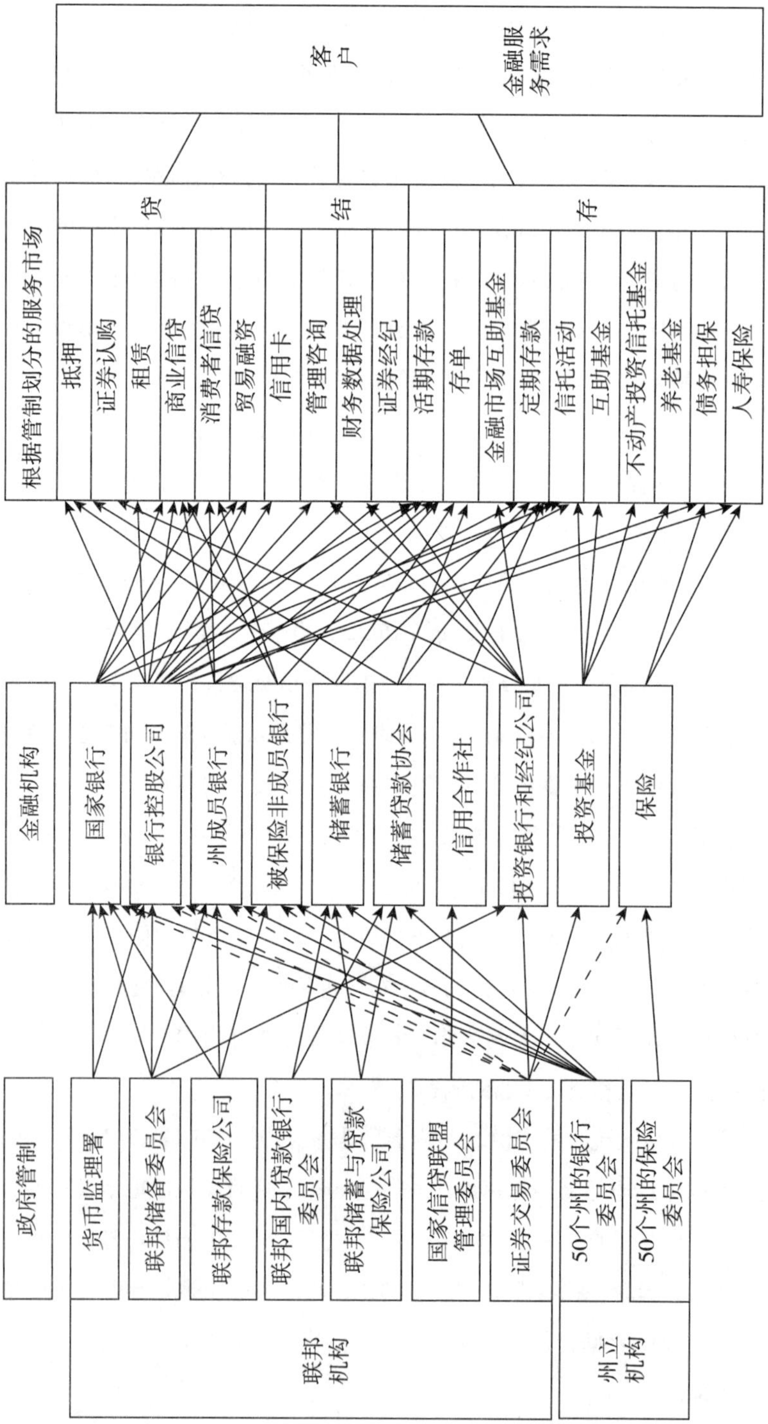

图 16-1 根据管制来划分的金融服务市场

1934 年春天，国会批准一个特别调查组对控股公司在通信方面的问题进行研究并发布了研究报告。调查组的结论是“电话业务是一种垄断业务……应该进行管制”，但是，“管制，尤其是联邦政府进行的管制有名无实”。调查组建议开展一次重点检查，包括对电话、电报和广播方面的联邦立法进行检查。它建议成立一个新的联邦通信委员会（FCC）。在罗斯福政府的支持下，1934 年的《通信法》（Communication 981
Act）毫无争议地很快得以通过，因为贝尔电话系统公司没有积极反对这一法案。[23]

《通信法》成立了一个由 7 名成员组成的委员会，其成员由总统任命，被授予特殊的权力。在电话部门，委员会将对利润率、设备、公司合并、设备采购、研究以及会计标准进行监督。在广播领域，它将根据区域、功率水平和内容类别向广播公司分配频率、发放许可证。用法案中的话来说，委员会的目标是“尽可能地建立一个可利用的、高效的、在全国范围乃至世界范围内拥有足够设备并且费用合理的无线电通信服务网络”。电话业中的垄断被隐含地接受了，无线电和广播行业中也没有太多的竞争。[24]

在天然气和电力产业，财务危机和过剩的生产能力只是加重了早已因州际传输、纵向一体化和控股公司的发展而产生的管制权限问题。由联邦贸易委员会主持的一场始于 1928 年、到 1935 年才结束的大型调查披露了公用事业控股公司以及它们杠杆融资的全部范围和结构。比如城市服务公司、电力债券和股份公司、中西部公用事业公司等几个最大的集团在 30 个州设有 90 家分公司。联邦贸易委员会的研究表明，15 家天然气公司控制着 73% 的生产能力和 85% 的销售额。电力部门的集中程度也大致相同。[25]

1935 年通过了《公用事业控股公司法》（Public Utilities Holding Company Act）。它的第 1 部分就包含了著名的“死刑”，准许证券交易委员会（SEC）拆分州际控股公司。委员会考察了 2 000 多家涉及不同领域的控股公司。在天然气和电力部门，SEC 最终剥夺了 417 家公司的经营权。法案的第 2 部分重新组织了联邦动力委员会（FPC），赋予它管制州际电力输送的权限。1938 年，国会通过了《天然气法》（Natural
Gas Act），扩大了 FPC 管理州际天然气输送的权限。国会虽然没有指定每一个产业的 982
管制形式，但它对法律用语的选择——与“实际的合法的财产成本”相联系的“公平的、合理的”费率——使委员会选择了州公用事业中运用的服务成本、基本费率、收益率等管制模式。不幸的是，当这种方法运用到联邦一级的水平上时就带来了更多的抱怨，有效性也降低了。

在交通部门，技术革新和萧条相结合，削弱了铁路的生存能力。不仅总运输量下降了（大约 50%），而且大量的货运和客运向其他替代性运输工具转移。客运逐渐转向了公共汽车、客车甚至城际航空运输。重要的铁路运输货物，比如石油和化学品，转移到了低成本的管道运输，而高价值的短程货运则转向城际货车运输。上百条国家铁路陷入破产的境地，州际商业委员会（ICC）对此却没能做出有效的反应。

国会采取了多种措施来应付这一形势。1933 年的《紧急运输法》改变了 ICC 自 1920 年以来就开始使用的基本费率公式，用钉住费率替代了资产价值和固定路线的城际运输收益，新法案鼓励委员会在考虑到对运输活动和联合运输的影响的前提下，制定一套实用的费率。1935 年，国会通过了《汽车运输法》(Motor Carrier Act)，将州际货车运输纳入联邦控制之下。对这些管制措施的支持不仅来自铁路公司和 ICC，而且来自那些无法控制州际运输的各州的管制者，也来自希望避免降价、防止游击式的小运输公司进入市场的那些大运输公司。在这一法案之下，委员会对每一条运输路线、每一种产品都设定了最低费率，发放便利证书（一种营业许可证）。在 1940 年的《运输法》中，国会责令州际商业委员会“负责对所有形式的运输进行公正、公平的管制”：铁路、水运、货车和管道。从表面上看，这一系列举措建立了一个保护铁路的“协同的”联合运输体系。[26]

在航空业这个 20 世纪 20 年代中期才开始活跃起来的新兴产业中，从一开始竞
983 争就非常激烈。在飞机机身和发动机的发展还不足以提供客运服务之时，邮包是航空运输主要的业务。但是联邦补助这种糟糕的安排鼓励在航线上少算运费以及采用低于成本的定价。胡佛政府的邮政总长沃尔特·布朗（Walter Brown）寻求通过立法授予他更大的自主性以批准航线、规定费率。布朗希望在没有竞争性的出价的情况下建立一个稳定的航线体系，为运输公司带来足够的收入以支持客运服务的发展。1930 年的《麦克纳里－沃特雷斯法》(McNary-Watres Act）采纳了布朗的多数提议。

布朗迅速组织了一个卡特尔，将重要的航线分配给了比较大的航空公司（美国航空公司、联合航空公司和环球航空公司），剩下的航线则在 6 家公司中进行分配。许多发展势头很好的小公司被排除在外。此后几年，这一体制迅速地成长，3 家大

公司成为纵向一体化的控股公司。但在 1934 年，国会的一项调查披露了布朗的卡特尔体制，揭露了这一丑闻。在国会重修法律时，罗斯福总统命令陆军航空部队接管了航空邮件业务。在 1934 年的《布莱克－麦凯勒法》（Black-McKellar Act）中，国会剥夺了邮政总长的权力，恢复了竞争性出价，赋予州际商业委员会完全的控制权。先前订立合同的公司被禁止投标航空邮件合同，纵向一体化行为也被禁止了。[27]

此后四年中激烈的竞争（“同归于尽的不负责任的运动”）再度影响了航空业务。[28] 国会任命的联邦航空委员会促成了一种新形式的管制下的竞争，禁止“卡脖子竞争”行为和过度的竞争，但鼓励在“竞争精神”下产生的服务和技术上的竞争。航空产业本身则通过举出破产威胁的实际例子频繁地对经济管制进行游说。罗斯福政府虽然在成立另一个管制委员会方面犹豫不决，但最终还是在 1938 年的《民用航空法》（Civil Aeronautics Act）得以通过后签署了这一法令。民用航空委员会的 5 名成员由总统任命，他们在批准公共交通证书、批准或者修改运费、制定邮费标准、控制兼并和收购、控制竞争途径以及收集和发布商业及金融信息方面拥有广泛的权力。委员会的多数成员都是过去布朗体系中的执行者，原来的卡特尔事实上复活了。 984

罗斯福政府也支持能源部门的重大改革，这些部门的经济浪费现象非常严重。早在 1927 年石油和天然气价格开始下降之前，物质浪费和生产过剩就已成为很棘手的问题。美国的分散产权控股意味着多重的所有者或者承租人常常从公共的地下油层中开采石油。在普通法中，“获取规则”（rule of capture）对每一个所有者尽可能多地开采石油提供了一种不可抗拒的激励。但这样做就会由于减小了自然压力而损害油层。如果每个人都尽可能快地生产，石油价格将一直下降。

在 20 世纪 20 年代，联邦石油保护委员会（Federal Oil Conservation Board）就已开始组织人员研究这一问题。1926 年，该委员会的报告认为对物质浪费的管理与对经济浪费的管理是不可分离的——这就意味着要把生产控制和市场需求相结合。但可能是由于放弃了反托拉斯法，联邦控制与得克萨斯州的石油生产者格格不入，也为柯立芝和胡佛的共和党政府的意识形态所不能接受。即使是在 1929 年和 1930 年石油已大量充斥市场、价格下降到每桶 25 美分的情况下，政府仍然反对对企业进行控制。最后，在 1932 年 11 月，由于戒严令的颁布而关闭了油田，得克萨斯州的立法机构才通过了《市场需求法》（Market Demand Act）。其他州也纷纷仿效这一法律，根据对市场需求的预测来分配产量。

但是，由于各州之间没有达成一致，或者是非法的州际运输未得到制止，在市场需求不变的情况下，石油生产的增长仍然非常快。石油公司首先采用了 NIRA 的公平竞争标准，但当这一法案在 1935 年被宣布为违宪后，浪费和生产过剩问题又重新出现了。国会急忙通过了《康纳利热油法》（Connally Hot Oil Act），禁止未经许可的州际石油运输。国会随后授权州际石油契约委员会（Interstate Oil Compact Commission）协调各州的石油分配。这样，美国国内的石油和天然气市场多少保持了稳定，直到 20 世纪 50 年代初的石油进口才打破了这种平衡。[29]

零售分销部门的竞争问题因大萧条而恶化了。20 世纪 20 年代迅速扩大的连锁店对百货、药品和一般商品的单一业主商店及地方所有的商店形成了威胁。由于拥有
985 比供应商更大的优势以及更低的单位成本，连锁店可以将商品价格降低到地方零售店的价格之下。于是整个国家的各个社区受害者都在哭诉“垄断”之害。而对大量购买给予价格折扣的供应商则被指控为价格歧视。

一场情绪化的政治斗争开始了。连锁店被视为一种侵蚀地方社区生命的、异类的、不道德的机构。由于得克萨斯州的赖特·帕特曼（Wright Patman）议员的一项提案没有得到罗斯福总统的支持，大量的批发商开始反击，列举了政府干预的危险。但作为《克莱顿法》第 2 部分的修正案，《罗宾逊－帕特曼法》（Robinson-Patman Act）还是在 1936 年得以通过。限制竞争或者侵害他人利益的差别定价被视为非法。尽管在缓和其影响方面做出了相当的妥协，但这一法案还是在很大程度上将反托拉斯的目标转向了保护产业结构中的小企业以及保持“公平的”定价结构。[30]

综上所述，新政在管制方面的首创性产生了大量稳定微观经济的公共政策。直接的价格管制和限制竞争的进入壁垒这些管制方法已经在大多数被认为“对公共利益有影响”的产业中减少或者消除了。新的联邦机构被赋予极大的权力以约束竞争、控制垄断，并可以直接干预管理决策制定的细节行为。相对于华盛顿来说，州的权限缩小了。平等、公平或者发展这些社会目标替代了配置效率和消费者主权这些政策目标。

在后来大约 30 年的时间里，这些管制体系所涉及的市场的增长和发展占到国民生产总值的 1/4。1938—1968 年这一时期是伴随着低通货膨胀率（3.8%）和低利率（3 个月期国库券的平均利率为 2.0%）、强劲的经济增长（实际 GNP 每年平均增长

4.3%）的繁荣时期。按通行方法来衡量，管制在这种环境中运行良好。金融系统的资产增加了 4 倍。超过 40 000 家金融机构共同提供了各式各样的服务。破产几乎绝 986 迹了。天然气管道、航线、电信都建成了全国一体化的网络，比世界上任何一个地方的价格都低，服务标准则更高。石油和天然气供应非常丰富，价格也很稳定。电力行业同样如此。

这些管制体系似乎可以灵活地将多数部门维持在过度竞争和垄断泛滥之间的一种可接受的平衡状态之中。限制进入与根据生产和地理因素来分割市场两种措施并举。当技术或者供给的变化影响到了受管制产业的界限时，就根据具体情况扩大管制。[31] 价格一般来说都与历史平均成本相联系；成本低、数量多的服务与数量少、成本高的消费者之间进行了交叉补贴。当竞争发生在服务而不是价格上时，销售、营销和分销就维持相对简单的模式。第二次世界大战后形成的产业模式或多或少地保持了稳定。

不再实行经济管制的领域就实施反托拉斯法。遵循 1937 年美国铝业公司案的法庭判决，即便不能证明企业的垄断地位是非法行为的结果，司法部也可以依据《谢尔曼法》的第 2 部分对垄断提起诉讼。司法部和联邦贸易委员会试图阻止反竞争的兼并，但是通过资产（而不是股份）收购进行的兼并则在《克莱顿法》的第 7 部分中存在一个很大的漏洞。但是通过 1950 年的《塞勒 – 基福弗修正案》(Cellar-Kefauver Amendment)，国会排除了这个问题，而且大大加强了政府防止兼并的能力。

除了防止垄断之外，反托拉斯法的执行逐渐成为政府行为的重心。限定价格和其他横向共谋的情况、掠夺性定价以及其他不公平的行为在两个反托拉斯机构的记录中占了相当高的比重。1938 年之后，司法部每年新增案子的数量从 9 起提高到了 38 起；这些案子中约 1/3 都是结构性的案子，包括垄断或者反竞争的兼并。在联邦贸易委员会方面，新案子的数量（不包括《罗宾逊 – 帕特曼法》下的 1 200 多件诉讼）有所下降，每年新增案子从 24 起下降到 16 起；这些案子中，大约 6/7 属于行为性的，而不是结构性的。两个机构的专业人员和预算的增长与 GNP 增长保持同步，大的、通常失败的案子所占用的资源常常是不合比例的。尽管败诉公司需要缴纳来自 987 间接民事诉讼的罚款和三倍的赔偿金，但很少诉诸刑事处罚，结构性剥夺也很少被采用。[32]

控制工业主义的社会成本，1964—1977年

20世纪60年代，用于保护消费者、工人和环境的政府规则绝不是什么新鲜事物。从罗马帝国到中世纪的欧洲、再到英国的习惯法中，一直都有一些最起码的标准被用于反对欺诈、剥削和对自然资源的破坏。在美国，始于进步时代的改革就已经预示了现代的社会管制，当时制定的规则包括：1899年的《垃圾法》（Refuse Act），童工法，城市建筑、灯光和通风标准；1906年的《食品和药物法》；以及1914年《联邦贸易委员会法》的第5部分；等等。新政的立法扩大和补充了某些保护措施，比如反对食物和化妆品掺假、欺骗性的广告和标签、土壤侵蚀以及水资源浪费。到20世纪60年代之前，这些控制体系通常都限定在法定的范围之内，在强制性方面比较松散，司法解释也比较有限。政府管制机构很少得到组织化的利益集团有广泛基础的政治支持，从而从社会管制中获益。

在1964—1977年间，国会颁布了大约36个与环境、卫生和安全事务有关的重大管制法律。表16–1列举了最重要的一些法律。这一期间成立的新管制机构有：平等就业机会委员会（EEOC）、国家公路交通安全管理局（NHTSA）、职业安全与健康署（OSHA）、消费品安全委员会（CPSC）以及环境保护署（EPA）。按1970年美元价格计算，用于管制的联邦预算在1977年达到26亿美元，是1964年的8亿美元的3倍多。

管制行为的剧增是由环境的变化引起的。就像20世纪30年代初一样，基本的经济和政治条件发生了迅速的变化。1968年后，经济增长放慢，通货膨胀则加速了。
988 公众对大型组织的权力的不满，尤其是对大型企业和联邦政府的不满削弱了他们对政府对经济的积极干预这一流行的意识形态的接受和认可度。市民与消费者对他们明显缺乏政治和经济的影响力越来越感到灰心丧气。

表16–1　　社会管制的变革，1964—1977年

卫生和安全	环境保护
《烟草标签法》（1965）	《水质法》（1965）
《公路交通安全法》（1966）	《空气洁净法》（1967）
《国家交通和机动车安全法》（1966）	《国家环境政策法》（1969）

续前表

卫生和安全	环境保护
《诚实借贷法》(1976)	《空气洁净法修正案》(1970)
《天然气管道安全法》(1968)	《联邦水污染控制法》(1972)
《易燃纺织品法》(1968)	《联邦杀虫剂、杀菌剂和灭鼠剂法》(1972)
《煤矿卫生和安全法》(1969)	《海岸带管理法》(1972)
《职业安全与健康法》(1970)	《濒危物种法》(1973)
《消费品安全法》(1972)	《有毒物质控制法》(1976)
《联邦矿井安全和卫生法》(1977)	《资源保护和恢复法》(1976)
《硅肺病税收法》(1977)	《表层采矿控制和开垦法》(1977)
	《空气洁净法》(1977)

与此同时，技术进步加深了空气、水和有毒排放物对人类健康的影响。然而新技术也带来了缓解这些问题的希望。现有的通常附属于政府执行分支部门的小型管制机构已经难以应付这些挑战。国会、媒体和私人集团中的政治企业家动员对改革的政治支持的契机到来了。[33]

但新的社会管制在许多方面都与新政的经济管制有差别。这些社会管制并不是对突然的结构变化的反映，而是代表着对工业化问题的长期持续的调整。它们的目标是经济活动对个人生活的健康、安全和就业机会的影响。它们不是简单地对信息 989
失灵和外部性的补救，实质上是建立了关于个人“权利”的一种意识形态和确定的标准，包括卫生的工作场所、清洁的环境、安全的产品以及同等的就业机会。一些分析家把这种发展归因于收入水平和期望值的提高。但是，伴随这些改革的政治争议也表明，道德和公平这些基本价值发挥了重要的作用，尤其考虑到利益的扩散时更是如此。[34]

这一改革的一个重要后果是，使得那些在要求参与立法和司法程序上取得成功的公众利益集团浮现出来。这一发展有助于消除“管制俘虏”。[35] 1977 年，自 1960 年以来成立的 83 个公共利益集团中的 2/3 在华盛顿设立了办事处。其中包括大多数消费者集团和大多数主要的环保集团（除了三个最大的集团，它们的成员在 1970—1971 年间猛增了 1/3）。单是在 1967—1971 年间，就新成立了 5 个像拉尔夫 · 纳德法律援助中心（Ralph Nader’s Center for Responsive Law）、公共理想（Common Cause）、美国消费者联盟（Consumer Federation of America）那样的重要环保集团。这些组织不仅进行游说，而且发展了空前的专业人员和研究能力。[36] 环境保护基金会中能干的年轻人和“纳德突击队”的调查人员都来自大量对人权状况不满以及受反战运动刺激的学生。与国家野生动植物联盟和消费者联盟这样的先驱不同，这些集团采取对抗的方法对华盛顿的经济权力发起了挑战。

在这一阶段，激进分子影响新政策制定的能力得益于司法“起诉权”（standing）的扩大。过去如果要从行政立法中寻求司法豁免，将受到直接约束行政决策的党派的限制。实际上，为了提高政府管制的有效性，新政改革者确实曾经希望强化这种
990 限制。但是 1946 年的《行政程序法》（Administrative Procedures Act）为“遭到法律伤害”或者“受到不利影响或有冤屈”的任何人打开了司法起诉的大门。[37] 在 20 世纪 60 年代和 70 年代早期，法庭逐渐允许包括公共利益集团在内的受管制影响的部门对管制法的执行提出异议。在这个过程中，激进主义的法庭扩大了管制应用的范围，也扩大了可以推翻管制方面的决策的基础。[38]

尽管商业集团仍然认为它们代表着自愿行动信念和贸易协会的普遍接受的标准，但新的激进集团还是说服了国会和公众，认为需要一个更有效、更合法的政府管理结构。国会授予了激进的新机构极大的权力，虽然这些权力要由一个以前从未有过的法律专家组和国会勘察机构来负责解释。这些新机构在改革的热情和自它们产生以来就相伴随的媒体的支持下，普遍采取了迅速、果断的行动。在这个过程中，它们采取了一些戏剧性的行动，通常自由地表达其主张，这导致商业社会对它们始终有一种憎恶之情。

行政机构的形式也相继发生了改变。CPSC 在组织形式上还保留着委员会的形式，但在结构上则完全避免了来自政治方面的影响。NHTSA 单独受一个由总统任命但向交通部报告的行政长官的领导。在 OSHA 中，国会将执行、研究和评价的职责分给三个相互分离的、隶属于两个执行部门的组织。其他通常的形式是 EPA 选择的那种形式——单独受一个由总统任命、向总统报告的行政长官的领导。

在每年有 50 000 人因交通事故而丧生这一惨状面前，以及受到拉尔夫·纳德 1965 年出版的《任何速度都不安全》（*Unsafe at Any Speed*）一书的启示，国会于 1966 年通过了《机动车安全法》和《公路安全法》。这些法令授权 NHTSA 订立机动

车行车安全必需的标准。在4年中，NHTSA颁布了29个特殊标准，覆盖了从疲劳驾驶到禁止儿童驾车的每一个细节。它还制订了直接检测计划和现场监督计划。标 991
准的执行最重要的是依靠厂商的产品“召回”制度。这种制度成本高昂，一次召回就要涉及超过600万个产品单位。在1966—1980年间，由于2 942起不同的安全缺陷，有8 370万辆汽车被召回。[39] NHTSA的规定，比如1977年发布的对系安全带的消极限制以及它制定的更为昂贵的召回制度，引发了激烈的争论。成本是否超过了收益——安全规则真正挽救的生命是否足以抵补花费的成本——也是争论的问题之一。但事实证明，交通事故死亡人数的下降与联邦安全标准的推行是有相关性的。[40]

每年发生的工伤事故也造成了数千人死亡、数百万人伤残。林登·约翰逊（Lyndon Johnson）总统在1968年对职业安全和健康立法发出了倡议，理查德·尼克松总统后来签署了这一法案。经济组织虽然同意这一立法原则，但它们反对许多执行上的规定。但是，劳工组织发起了一场英勇的立法运动，这场运动与公众在健康问题上的意识普遍加强相结合，产生了1970年的《职业安全与健康法》。但是这一法令中复杂的组织安排和不实用的规则制定程序都是妥协的结果，也导致了一些错误和挫折。起初，OSHA不得不采用诸多“国民一致同意的标准”，这些标准在历史上是由同业工会发展起来的。许多标准都是陈旧的，甚至是空洞的。它们主要关心的是标准的设计而不是执行。OSHA的工作主要放在违规行为、处罚和撤销命令的检查及援引判例这些方面。

OSHA的这些毫无价值或者错误的规则除了遭到多年的嘲笑之外，其管制也遭到了大企业的批评，因为它们的投入巨大，而收益甚微；还遭到小企业的批评，因为它们受到那些繁文缛节的限制，且其成本超过了它们的业务所能保证的收益；同时也遭到劳工组织的批评，因为管制缺乏效率，它们对以卫生为代价来强调安全感到失望。OSHA对事故和伤害的统计研究也没有什么说服力。[41]

紧接着OSHA之后的是1972年通过的《消费品安全法》。联邦政府在产品安全 992
方面的作用从前是限定在制定特定产品的法令方面，现有的机构开始强化这一作用。新的法案赋予由5名成员组成的委员会广泛的权限来对成千上万种产品进行管制（除了汽车、烟草、药品、枪支和其他进行个别管制的商品）。CPSC可以颁布强制性标准，禁止生产和强制召回，可以要求对危险进行标示或者通告，可以要求对企业财务进行检查，也可以寻求民事或者刑事处罚。

像 OSHA 一样，CPSC 起初也在很大程度上依靠已经有一定成效的自愿标准。在法案通过后的几年中，它几乎没有颁布什么安全标准，即使颁布了标准也没有什么价值。虽然委员会的首任主席将他的目标描述为控制不必要的危险，而不是控制所有危险，但向控制不必要的危险这一目标的转移还是花费了许多年的时间。这一法案取得的重要成果包括颁布了关于婴儿床、暖气设备和危及儿童安全的药瓶盖标准。[42] 然而，CPSC 的管理让它的多数支持者大失所望，它那复杂耗时的程序也让企业彻底疏远了它。1981 年，里根政府在这一法案的最后时期曾试图废止它。这次努力失败后，委员会制定标准的权力被一个要求遵从自愿标准的修正案所削弱，无论在什么情况下，自愿标准都被认为是恰当的。

无论是从人员、预算还是从影响范围来看，EPA 肯定都是新管制机构中最重要的一个。[43] 经过一次执行上的重组后，理查德·尼克松于 1970 年成立了 EPA。在地球日后的 8 个月中，在威廉·拉克尔肖斯（William Ruckelshaus）的领导下开展了一场全国性的环境关系示范活动。EPA 从 15 个联邦机构雇用了 5 700 名人员负责管制空气和水污染，管理固体废物、杀虫剂、噪声和放射物。甚至在从华盛顿得到一个固定的办公地点之前，拉克尔肖斯就已经开始推行一个果断的强制策略。他广为宣传许多大公司和市政当局违反《联邦水污染控制法》的诉讼案。为了避免树敌众多
993 的风险，拉克尔肖斯试图确保 EPA 的预算，与环保团体建立一种诉讼委托关系，让环保问题保持在政治上的焦点位置。[44] 经过这些努力，他最终取得了成功。

1970 年通过《空气洁净法》后，国会对 EPA 新增了一个艰难的管制任务：建立国家环境空气质量标准，通过固定的和流动的空气污染源的排放标准来执行。工业团体和环保团体在许多问题上展开了论战，比如卫生标准和空气质量标准之间的安全界限，是否应该允许在空气非常洁净的地区降低空气质量标准。在发布各州的指导线的时候、在颁布新污染源（包括汽车和卡车）的排放标准的时候、在决定最适用的控制技术的时候、在批准各州的许可证和执行时间表的时候以及在制定监督政策的时候，在执行的每一个阶段，许多利益集团都在对 EPA 进行游说。[45]

20 世纪 70 年代中期，无节制的经济增长遭到了一些选民团体的批评，环保主义

者成功地使 EPA 的空气污染政策从清除污染转向了抑制污染的增长。许多环保团体的法律专家在法庭的普遍支持下提出了一系列 EPA 难以（有时候是不可能）要求的规则和法庭指令。围绕这些问题的争论引发了一场持久的立法斗争，并一直持续到 1976 年的总统选举之后。斗争在 1977 年的《空气洁净法修正案》这一美国历史上最复杂的管制立法中达到了顶点。修正案提出了新的规则以阻止未开发地区空气质量的严重恶化，它们通过抑制增长来处罚城市中未达到国家标准的污染制造者。[46]

在 1972 年的《联邦水污染控制法》中，国会确立了一个激进的目标——到 1985 年达到污水零排放。根据《空气洁净法》的经验，《联邦水污染控制法》在两个阶段建立了“技术强制”标准。到 1977 年，要求处理企业和城市污水的管道采用“最 994
可行的控制技术”，6 年后则要求使用“最有效的控制技术”，无论成本有多高。EPA 最终发展了一个包括许可、监督、褒奖、处罚的详尽的体系。[47] 虽然目标和标准在 1977 年的修正案中有所放松，但这一强制执行的洁净计划是世界上任何一个国家都无法比拟的。

1975 年，在联合化学公司得到了向弗吉尼亚州的詹姆斯河排放十氯酮（一种像 DDT 一样的杀虫剂）的许可证后，EPA 的第三个重要项目（包括对有毒物质的控制）突然引发了一场全国性的论战。随后的调查和调查结果的公开导致了《有毒物质控制法》在 1976 年得以颁布。国会命令 EPA 建立一个所有有毒物质的数据库，建立一个在有毒物质上市前对其制造者和使用者进行通告、登记和发放许可证的体系。法案的执行工具包括对标签的要求、标明使用说明、强制检验和禁止使用。[48]

一个控制危险垃圾的法案也于 1976 年颁布。《资源保护和恢复法》授权 EPA 列出所有的危险垃圾，对任何危险垃圾的产生、运输、处理或处置制定规则。在连带责任得到财政支持的情况下，一个“从摇篮到坟墓”的单一计价体系保证了这一项目的实施。[49] 但是，这一法律仍然存在漏洞，比如大多数（小型的）垃圾制造者就被免于处罚，执行的时候也不尽如人意。即便预算增加了三倍，人员也增加了一倍，EPA 的组织资源的延伸到现在还是非常不够。

革命性的社会管制还是要和政治相结合。

新政管制体制的崩溃，1968—1983 年

20 世纪 70 年代和 80 年代初，局势的变化瓦解了新政的经济管制体制，而同种
995 类型的局势变化却刺激了 20 世纪 30 年代的经济管制和 60 年代的社会管制的产生，这多少有点矛盾。

根本的宏观经济条件和政治条件构成了管制方面变化的广泛背景。1968 年后，实际经济增长突然放慢了（从年均增长 4.3% 下降到 2.2%）；通货膨胀加速，利率大幅提高。[50] 1971 年的美元贬值和 1973 年的第一次石油冲击后，美国经济与 1968 年之前的 30 年相比大大地衰弱了。工业生产能力过剩，生产率的低增长，以及高失业率与通货膨胀和高利率问题同时出现了。

新政的管制体制已经发展了 30 多年，无论与 20 世纪 30 年代还是 70 年代相比，在这一体制经历的 30 多年的发展期间里，宏观经济都更强劲，通货膨胀也很低。它的管制方法和规则是以稳定的或者下降的实际成本和物价、迅速提高的需求为基础的。当这些宏观经济条件在 20 世纪 60 年代末发生变化后，受管制企业潜在的问题突然就显现出来了。这些问题包括过度的资本化、负债经营、过剩的生产能力、高成本以及交叉补贴的定价模式。

由于越南战争的局势越发恶化，由于经济停滞和通货膨胀显然难以应付，由于国家的能源供给似乎被 OPEC 所控制，由于政治上的不法勾当牵涉白宫，美国人民对政府完全失去了信任。在大萧条期间建立的、体现在新政中的政府对经济的干预，在知识上和政治上的合法性到 20 世纪 70 年代中期被彻底地侵蚀了。

临时组合的政治利益集团很快就开始支持放松管制的改革。对改革的推动始于拉尔夫·纳德这样的激进主义消费者和爱德华·肯尼迪参议员这样的自由政治家，他们相信大多数管制机构都已经被受管制的产业所俘获。在 20 世纪 70 年代中期，对政府官僚提出温和批评的人和研究产业组织的经济学家也加入进来，这些经济学家研究管制问题，并向福特和卡特总统提出政策建议。[51] 20 世纪 80 年代初，这些利益集团逐渐被反对政府干预的保守派和芝加哥学派的经济学家所支配，他们更偏向
996 市场运行的结果而不是政府控制，他们普遍支持里根政府。

技术革新是导致管制发生变化的第三个因素。通过发展替代技术和消除产品市场

的差别以及降低进入成本，技术革新改变了管制据以存在的经济特征。宽体喷气式飞机、自动取款机、微波传送、数字交换机和核能的发展就是这方面的例子。最终，当管制者不再能够抑制这些技术革新所产生的经济压力的时候，他们就不得不放弃管制了。

管制的失效也要归因于无法实施管制。当压力来自其他方面的发展时，管制机构总是发现难以对管制措施进行调整。比如在电信业，在维持交叉补贴机制的情况下，它们就不能理解自由进入的问题。在航空业，管制者有所反应，但通过不适当地将传统原则扩展到极端的程度把事情弄得更糟。在面临天然气短缺的情况时，管制者试图提高价格以进行激励，但由于他们自己的裁决和管理程序上的缺陷，这一措施只是成为一种摆设。

政策企业家是变化的第五个源泉。在公共部门和私人部门，了解管制失效后果的人，或者至少是看到了变化带来机会的人，都会利用法院、管制的领域和立法改革来推动变化的过程。MCI 公司的主席比尔 · 麦高恩（Bill McGowen）、民用航空委员会的主席艾尔弗雷德 · 卡恩（Alfred Kahn）、能源部部长詹姆斯 · 施莱辛格（James Schlesinger）以及货币监理署署长托德 · 康诺弗（Todd Connover）都是很好的例子。[52]

航空

航空运输是第一个废除新政管制体制的产业，也是管制机构本身被解散的唯一产业。航空业放松管制的影响是迅速而又具有戏剧性的，虽然产业结构在十多年之后仍然在调整。

这一产业经常性的服务能力过剩问题在 1969 年突然恶化了。经济的缓慢增长、费用的增加以及宽体喷气式飞机的出现都是其原因。由于上座率的迅速下降，劳动 997
成本和债务增加，燃油费用超过了此前已经压缩费用后的生产力所获得的收益。民用航空委员会（CAB）对此采取的措施是允许组织卡特尔对新航线的开发提供延期付款以及提高票价。由于 20 世纪 70 年代中期乘客数量的增长一直很缓慢，航空业的资产收益率大大低于不受管制的行业的收益率。

1975 年，改革的动力产生了。爱德华 · 肯尼迪参议员利用他所掌管的行政执行和程序委员会调查并公布了航空业管制的失效。[53] 只有两个团体——某些航空公司和它们的工会——反对管制改革，但它们只是一些小集团，相对缺乏政治影响力。1977 年，支持管制改革的吉米 · 卡特总统任命经济学家艾尔弗雷德 · 卡恩为 CAB 的领导。卡恩是边际成本定价方法的支持者，他鼓励在许多先前实行许可制度的领域放开市场准入和价格竞争。在这些成功经验的帮助下，国会被说服了，并于 1978 年通过了《航空业解除管制法》(Airline Deregulation Act)。

尽管国会的打算是分五年有序地放松管制，但竞争的突然冲击还是令所有人大吃一惊。第一家公司进入市场后，紧接着就会降低价格，原有的承运人就会放弃某条航线；到 20 世纪 80 年代中期，竞争已经非常普遍而且残酷。低成本、不提供多余服务的新航空公司迅速增加。面对这种破坏性的损失，大公司奋力做出反应。低效率的飞机被停飞或者替换；维护和运营被集中化；人员被削减，工资也降低了，公司与工会重新谈判工作规则。点对点的航线模式被重新组织成由中心向外扩散的体系。这些措施增加了新竞争者进入中心城市的成本，但也通过由更多较小的飞机和机组来执行支线航班降低了单位成本。计算机预订机票这一系统使销售和分销更加现代化，细分市场的增加使得大公司可以把定价当作一种竞争武器来使用。

在整个 20 世纪 80 年代，航空安全得到改善，成本和价格（实际值）则降低了，飞机更加现代化。以消费者满意程度来度量的服务质量则恶化了。大公司对地
998 区性公司的收购与大量公司的破产相结合，形成了一个更为集中化的产业结构（见图 16–2)。平均利润令人很失望。[54]

公路货运和铁路运输

美国铁路的衰落始于 20 世纪 30 年代，到 20 世纪 70 年代则面临更严重的危机。产业增速的下降以及市场份额不断向公路货运流失，使许多铁路产业面临破产的威胁。过时的工厂和设备、无法控制的劳动成本使铁路管理似乎毫无希望了。因此，州际商业委员会和国会反复努力推行补贴、国有化等方面的局部改革。

以航空业放松管制的成功模式为基础，许多消费者、运输公司、经济学家以及一部分铁路和公路货运公司都认为唯一的出路就是放松管制。1980 年，吉米 · 卡特总统签署了两个议案：1980 年的《斯塔格斯铁路法》(Staggers Rail Act) 和《汽车运输法》。《斯塔格斯铁路法》规定，无论是否存在竞争，铁路公司都可以在不受 ICC

干预的情况下自行确定费率。甚至在铁路运输占支配地位的市场中，ICC 也能够确定一个灵活的费率区间。此后，协议定价、放弃运输线路以及联合运输兼并都成为允许的行为。《汽车运输法》在放松公路货运业的管制方面走得更远。准入限制最终被彻底取消了。对货运路线和货运类别的限制也被取消了。运输公司被赋予灵活定价的权利，对协议运输的限制也放松了。对多家公司集体定价的限制最终也取消了。[55]

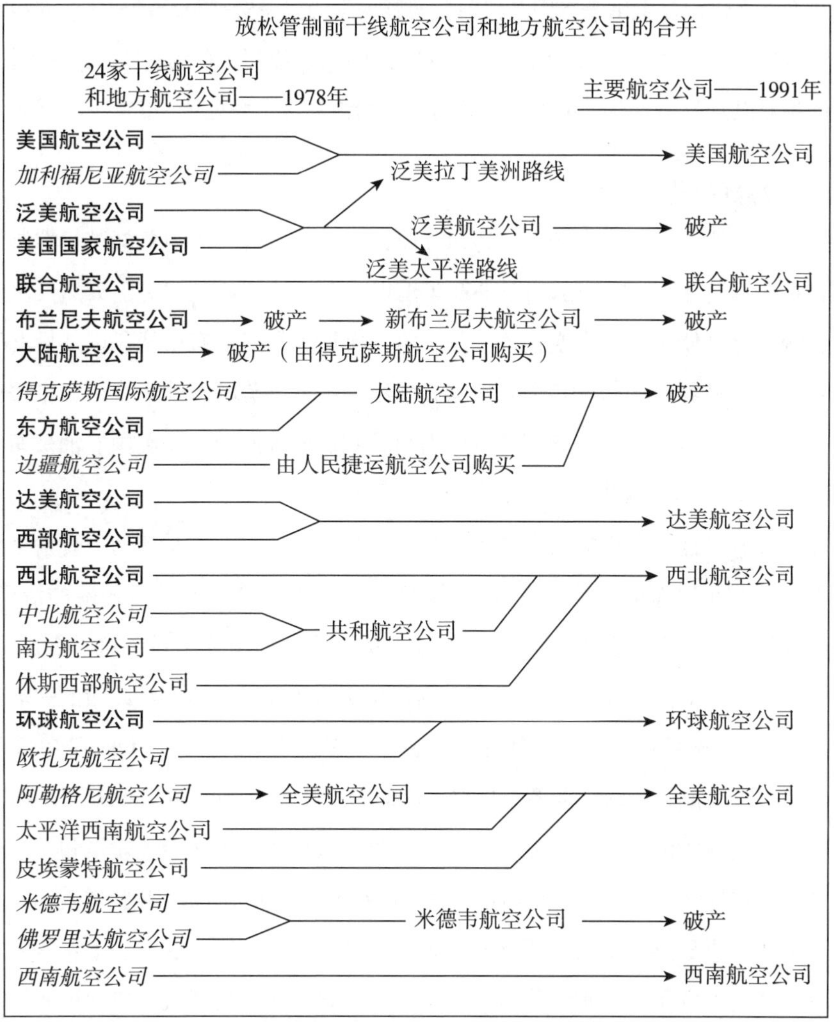

图 16–2　放松管制前干线航空公司和地方航空公司的合并 1000

说明：合并前用黑体表示的航空公司表示干线航空公司。斜体表示的是地方航空公司。

放松管制对公路货运业的影响是显著的；对铁路来说，则不太明显。所有公路货运业务的价格都急剧下降。随着进入市场的人为限制的取消，大量“打了就跑”类型的公司进入市场，为实现某些经济学家所说的“完全可竞争”创造了条件。[56]接着，这个产业出现了轻微的衰退，迫使一些中等规模的公司采用了一种产业结构：将大型的、高效的运输车辆和小型的、便捷的车辆分开经营。放松管制对铁路的影
999 响则没有那么快地显现出来，因为铁路公司有大量的沉没资产，劳动成本相对也更为固定。但是到20世纪80年代中期，平行路线的合并、无用工厂的关闭、路线的清理、劳动的买断以及公司兼并以扩大规模等措施开始恢复这个垂死体系的经济效率。[57]

石油和天然气产业

对天然气价格和石油生产（向各州分配指标）与进口（由内务部进行控制）的管制性控制执行了30年之后，在1969年出现了失效的迹象。据美国天然气协会报告，国内天然气储备量的净变化情况是，第二次世界大战后有所增长，然后就开始下降；第二次世界大战结束几个月后就开始出现不足。美国石油研究所的报告也表明，48个州的石油储备都下降了。几个月后，利比亚政府向一家美国石油公司要求将石油价格提高20%，这家公司接受了这一要求。

美国政府对这一变化的反应是不成功的。在天然气方面，联邦动力委员会没能将价格提高到足以刺激供给或者抑制需求的水平。甚至在面临严重短缺的情况下，国会在立法上也没能达成任何一致（直到近10年后的1978年才做到这一点）。在石油部门方面，尼克松总统在1971年开始对价格进行管制（这是经济政策的一部分），然后在1974年放开石油进口限制时扩大了价格管制的范围。经过OPEC 1973年的打击之后，国会成立了联邦能源管理局（Federal Energy Administration）对价格管制进行管理以及在炼油厂之间分配原油。1975年，国会通过了《能源政策和保护法》，建立了一个错综复杂的价格管制体系，这一体系大大地抑制了美国国内的石油生产，刺激了需求，也导致了销售集团之间在分配上严重的不平等。这一法案将美国国内的石油价格定在低于世界市场价格的水平上，建立了一个受到低效率的炼油厂欢迎的详细的供给“资格”体系。

经过了8个月的争论后，在1978年，国会通过了最初由卡特政府提出的《天

然气政策法》(NGPA)。NGPA 首先将管制范围扩大到州内销售，但取消了对许多 1001
成本高昂的新气源的控制，并且拟订了一个逐步取消对其他来源的控制的时间表。对天然气源头价格的放松管制是由联邦能源管制委员会（Federal Energy Regulatory Commission）（经过重组后的联邦动力委员会）在 20 世纪 80 年代完成的，并紧接着又扩大了州际天然气管道的销售和运输功能。

1979 年，在伊朗革命和第二次石油价格冲击之际，卡特总统决定停止对石油价格的控制。其实，如果他不选择进行控制，1975 年的《保护法》就已经提出在 8 个月的时间内临时性地取消控制。但是为了让取消控制在政治上可行，卡特经国会批准提出了一个新的征税方案，即对国内石油价格提高而获得的“意外之财”征税。[58]

1985 年后，由于国内产量和 OPEC 产量的扩大，美国国内石油和天然气价格迅速下降。这一产业也经历了一次兼并、收购、成本降低和重组的浪潮。到 20 世纪 80 年代末，天然气生产仍然过剩，其实际价格降到了 1973 年的水平之下。尽管美国国内石油生产仍然没有恢复，但石油价格还是回到了 1973 年的实际水平。

电力行业

这一阶段虽然未对电力公用事业放松管制，但这个行业也得到了自 20 世纪 30 年代以来在定价和经营上空前的灵活性。这个行业中同样出现了前所未有的激烈竞争。

20 世纪 60 年代末，电力生产的范围经济效应减弱了，而且有可能下降了。这种技术革新的滞后与第一次石油危机大体一致，同时环保主义者反对毫无节制地用高硫煤来发电，核能发电在此时也开始商业化。[59] 因此，在建设越来越大的工厂、降低成本和刺激需求之后 10 年，美国的电力公用事业第一次面临着成本的上升。当 20 世纪 70 年代需求消退后，电力行业的管理人员没能迅速地调整生产能力计划。结果
是他们建设了过多的新工厂。尤其是在核能发电出现后，由于长期许可证的延迟，1002
由于安全标准持续的变化以及通货膨胀和高利率，电力行业出现了巨额的资本成本。在许多情况下，新工厂并不是急需的。

现在，州管制者面临着每年都要对新工厂的增长速度进行审批的任务，这些新工厂则是环保主义者、核能反对者和某些消费者团体所不希望设立的。这些团体普遍都支持管制程序，它们迫使管制者放弃与公用事业历史上订立的契约，即从对速

度控制的风险收益中弥补损失。在这种情况下，管制者调整了他们对工厂的“轻率的”投资，而且不允许工厂扩张的速度超过既定的标准（这就意味着降低了公用事业股东的收益，而且有时对公司本身来说还意味着净损失）。州委员会也开始推动公用事业的边际成本定价，从而使需求能够更好地反映成本，而且能够作为新建工厂的一种替代方案来促进能源保护。

1978 年的《公用事业管制政策法》(PURPA) 使竞争或多或少在不经意间产生了，其部分原因也在于卡特政府的国家能源计划。PURPA 鼓励独立的能源生产者利用风力、地热，尤其是伴生能源（工业蒸汽和电力的结合生产）发电，按照公用事业的边际成本向它们销售电力。由于鼓励了独立的电力生产者，这一法案也鼓励了许多大的使用者放弃公用体系并转而购买独立生产者的电力。当 20 世纪 80 年代中期这种现象逐渐增加后，就威胁到了大型州际公用事业，因为对它们生产的电力的需求减少了。这些公用事业通过削减成本并发展自己的伴生能源来应对这一局面。[60]

电信产业

美国电话电报公司对电话业务的垄断在 20 世纪 60 年代末开始被打破。由于通信和交换（相互呼叫设备）方面出现的新技术，FCC 和美国电话电报公司越来越难以维持现行的市场准入限制，或者难以维持大客户对便于通用服务的市话业务的交叉补贴这一体制。1968 年，FCC 第一次允许非贝尔公司生产的设备进入电信网络，
1003 并于 1969 年首次允许其他长途微波通信公司进入市场。到 20 世纪 70 年代中期，许多国内外的制造商已经开始向美国电话电报公司的消费者销售电话、电话应答机和私人交换机（用于商务公司提供特殊服务的分机交换机）。20 世纪 70 年代末，微波通信公司（MCI）将它的私人线路和长途电话网络转向公共服务，与美国电话电报公司形成了直接的竞争。虽然 FCC 事后反对这种竞争范围的扩大，但法庭对此并不予以支持。1980 年，FCC 放松了对所有终端设备的管制，但将其管制范围在电信（数据交换）业务和计算机（数据处理）业务之间进行了划分。[61]

这时，司法部对美国电话电报公司提起了一次大型的反托拉斯诉讼，断言美国电话电报公司利用其纵向一体化结构妨碍竞争，阻止竞争者得到向市话消费者提供服务的权利，并且使用了歧视性定价。FCC 事后通过允许竞争者进入市场支持了这

一诉讼，但同时又要求美国电话电报公司继续为市话公共服务提供交叉补贴。1982年，受信奉极端自由市场的经济学家深刻影响的司法部与美国电话电报公司签署了一个双边同意的判决。总公司同意撤销它的 22 个市话业务公司，将其迅速重组为 7 个区域性的大公司，每个公司都有大约 60 000 名员工及 80 亿～90 亿美元的资产。美国电话电报公司将保留长途电话业务、设备制造（西部电子公司）和贝尔实验室，并被允许重新进入在 1956 年的双边判决中被排除在外的计算机业务。这 7 个区域性的贝尔公司被禁止经营长途电话业务和设备制造，禁止提供比如语音邮件或者电子黄页之类的增值信息服务。[62]

这些管制上和结构上的变化以各种途径影响了电信市场。自从与其他长途电话公司展开竞争的贝尔公司不向市话业务提供高比率的交叉补贴后，长途电话价格就大大降低了。新的语音和数据服务，尤其是对大客户提供的这些服务受到了这种竞争以及交换和电信技术迅速革新的刺激。但是，市话价格则大大提高了，反映了网 1004
络接入和使用的真实成本。设备制造者之间的竞争也降低了设备的价格，并产生了样式、功能、质量各异的设备，比如无线电话、电话应答机等。只有信息服务业务方面的进步不太大，这在一定程度上是因为对这一业务还保留着严格的管制性限制。

金融服务

在美国经济众多的金融服务部门中，在企业家和管制失效的推动下，放松管制在曲折中取得了一定的进步。始于 1968—1969 年的通货膨胀和高利率引发了管制方面的变化。联邦政府借款和信贷的收缩使银行可以按高于联邦储备银行管制条款规定的上限利率向储户支付利息。这种情况在 1973—1974 年和 1979—1980 年间再度出现，每次出现都导致了金融脱媒（指储户将他们的存款从受到管制的银行转向受管制较少的投资工具，比如股票和债券、对企业的直接贷款、可转让存单以及货币市场的共同基金）。为了应对这种损失，银行被迫按照市场利率购买基金，为它们的固定利率抵押贷款筹集资金。这种资产和债务的“失谐”造成了大量的损失。在这种糟糕的情况下，所有种类的非银行金融企业仍然在寻找每一个银行部门可利用的有利可图的机会。它们采用组织化的措施和产品创新以绕开管制性壁垒。在银行部门中，它们以相反的方向使用同样的措施——避开条文规定的管制性限制，为逃避管制而只提供受管制较少的服务。管制者对这些规避管制的措施不加干预，这种现象日积月累，直到 1980 年引发了金融危机之后才被迫采取立法上的行动。

1980 年，国会通过了《储蓄机构解除管制与货币控制法》。这一立法决定分阶段地取消存款利率上限，允许商业银行开立有利息的 NOW（negotiable orders of withdrawal，能签发可转让支付命令的活期存款）账户，取消了对联邦特许的储蓄账户在经营上和地理上的限制，将储蓄保险的上限从 40 000 美元提高到了 100 000 美
1005 元。1981 年在经济陷入衰退后，一场破产浪潮席卷了储蓄和贷款行业。国会于 1982 年迅速通过了《加恩－圣杰曼银行法》（Garn-St. Germain Banking Act），不仅让储蓄账户中的资金能更容易地购买基金和转为储蓄存款（通过将储蓄保险的保险金额提高 150%），而且在向商业不动产和建筑业发放贷款、购买低级别的（“垃圾”）债券方面都赋予了前所未有的自由。此时，里根政府减少了监督行为，希望以此来释放“私人企业”精神。

结果导致了 20 世纪 80 年代末储蓄和贷款大危机的产生——这场金融灾难需要 3 000 亿美元的资金来为束手无策的储户提供担保。在全美国，尤其是在西南部的普遍现象是，银行支付高利率以吸引存款，然后向高风险企业贷款，这常常缺乏最起码的信用分析，最终违背了公众利益。管制者要求国会议员对这些行为提出批评。当这些贷款和投资问题在 20 世纪 80 年代末显现出来后，数百家储蓄和贷款机构倒闭（见图 16–3 对银行破产的详细说明）。1989 年，即将上任的布什政府认识到了危机的严重性，并且成功地发起了《金融机构改革、恢复和强制实施法》。这一法案提议向储蓄保险基金提供再融资，建立一个新的管制体制以防止任何问题复发。

反托拉斯

在与推动放松管制相同因素的推动下，1968—1983 年间的竞争政策经历了知识上和行政上的变革。1967 年，当唐纳德·特纳（Donald Turner）出任司法部反托拉斯分局负责人的时候，经济学分析开始在反托拉斯诉讼的鼓动和起诉中发挥更大的作用。特纳召集了许多杰出的经济学家为政府出谋划策，随着 1973 年经济政策局的成立，这种活动被制度化了。在联邦贸易委员会，经济学分析受竞争局（Office of Competition）的支持也采用了一些经济学家使用的产业案例的研究方法。经济学分

析为许多大型组织的诉讼提供了基本原理，比如 IBM 公司案（1969）、美国电话电报公司案（1974）以及方便食品制造商的“份额垄断”案（1972）；当时的政治学也推动了 1984 年对 8 家最大的石油公司提起的 4 起大型诉讼。

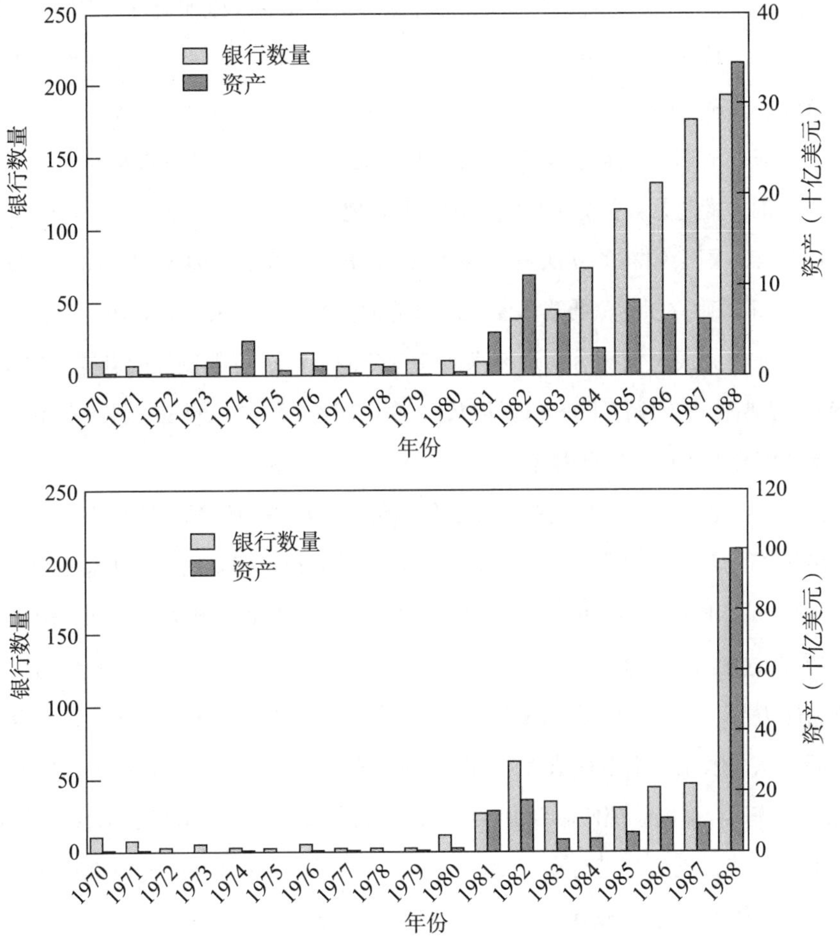

图 16–3　破产的商业银行，数量和资产（上图）
破产的被保险储蓄银行，数量和资产（下图）

资料来源：Federal Home Loan Bank Board.

其实在 20 世纪 80 年代早期开始审理这些案子之前，反托拉斯理论就已经逐渐受到“芝加哥学派”的经济学家青睐，他们对产业集中本身并没有异议，认为不管企业的规模有多大，反托拉斯行动的唯一目标应该是鼓励竞争。来自市场导向的对 1006

政府干预的批评早在1974年以前就已经很清晰了，而且在里根总统对托拉斯发出最后通报之前，知名的政府经济学家和律师早就对此有所批评。[63] 1981年，里根总
1007 统任命威廉·巴克斯特出任反托拉斯局局长，任命詹姆斯·C. 米勒三世（James C. Miller Ⅲ）领导FTC，此后，上述三个案子最终得以结案。以他对自由市场的偏好为基础，巴克斯特成功地迫使美国电话电报公司进行剥离，以创造一个更有效率、更富竞争性的长途电话市场。

关于兼并的所有政策也遵循了同样的路线。1968年，司法部颁布了以产业集中率为基础的横向兼并指导方针。当时，FTC建立了一个兼并前进行通报的报告体制。1976年，国会颁布的立法——《哈特－斯科特－罗蒂诺法》（Hart-Scott-Rodino Act）——正式确立了这一报告体制的法律地位。由于有了预先的通知，政府就可以在复杂的兼并完成之前更容易地要求对反竞争的资产进行限制性的剥夺。1982年，威廉·巴克斯特再次修订了兼并指导方针，在市场份额、进入壁垒、技术革新和产业增长率方面给予了更大的自由度。[64]

在反托拉斯行为，尤其是在联邦贸易委员会支持下的反托拉斯行为方面，联邦政策经历了更剧烈的变革。在卡特时代（1977—1981），FTC由于其主席迈克尔·珀楚克（Michael Pertschuk）的激进行为而受到了严厉的批评。珀楚克承认，FTC的任务是用“反托拉斯法确保一个没有经济和政治强权的民主社会，确保社会的多样性和创新能力”，这与美国社会向更自由的市场体制迈进的步伐似乎不太一致。当FTC准备颁布法规限制儿童电视节目中的广告内容时，它甚至被《华盛顿邮报》奚落为“国家的保姆”。里根总统任命自由市场经济学家詹姆斯·C. 米勒三世取代珀楚克后，FTC大大削减了它的激进行动计划，取消了对方便食品的诉讼，用米勒的话来说，回到了“伍德罗·威尔逊总统所阐明的原则”。[65] FTC的人员规模也从1977年的约1 600人减少到1990年的700人。

20世纪80年代向管制下的竞争的转变

放松管制作为缩减联邦政府作用的一部分，是罗纳德·里根的竞选纲领中的一个
1008 主要内容。1981年，里根的班子制订了一个雄心勃勃的计划，要着手处理环境保护

和核能、消费品和职业卫生与安全、农业、广播、有线电视以及金融服务中的管制问题。当选后不久，里根任命的管理和预算局局长戴维·斯托克曼（David Stockman）就要求采取“重大的取消管制行动”以恢复经济信心。[66] 里根总统立即冻结了所有悬而未决的管制条例，削减了管制预算，并任命副总统乔治·布什为放松管制特别工作组主席。他任命了许多支持放松管制的人来领导经济顾问委员会、联邦通信委员会、货币监理署、联邦贸易委员会、联邦能源管制委员会、OSHA、EPA 和内务部。

这些行动一开始就产生了很大的影响。管制方面的开支下降了 3%（实际值），联邦管制机构的人员也从 119 000 人减少到 101 000 人。产业特殊管制被减少了超过 1/3，EPA、OHSA、CPSC 的执行预算也大大减少了。[67] 但是，除了减少政府的繁文缛节以及一些对经济业务尤其不利的卫生和安全方面的管制之外，里根政府并没有一个改变管制或者替代管制的全面计划。事实上，政府仅仅成功地在两个行动中放松了管制，即 1984 年灾难性的《加恩－圣杰曼银行法》和《有线电视法》。与普遍相信的情况相反，其他所有重要的放松管制的立法其实是在 1977—1981 年卡特时代就已经颁布了。

1982 年和 1983 年，里根政府的宏观经济计划的失效，损害了其在国会立法上的影响力，从而使放松管制的推动力开始减小了。EPA 的官员和内务部部长卷入其中的丑闻伤害了公众对放松管制的支持，也使得支持社会管制的公共利益集团重新振作起来。[68] 到 1984 年年末，华盛顿内部小心地承认，放松管制的努力结束了——或 1009
者说放松管制至少是被可被称为“管制下的竞争”的措施替代了。在里根的第二个任期内，联邦管制人员又增加到了 107 000 人，而以实际值计算的预算增加了 18%，其中预算增加最多的是环境保护、银行和融资方面的管制（见表 16–2）。

表 16–2　　政府机构的管制预算，1970—1988 财政年度

	1970（百万美元，当前货币）	1981（百万美元，当前货币）	1988（百万美元，当前货币）	1970—1981 年变化率（%）	1981—1988 年变化率（%）
社会管制					
消费品安全委员会	—	42	32	—	–24
海岸警卫队	94	512	499	444	–2
国家公路交通安全管理局	32	150	128	369	–15

续前表

	1970（百万美元，当前货币）	1981（百万美元，当前货币）	1988（百万美元，当前货币）	1970—1981年变化率（%）	1981—1988年变化率（%）
矿山安全和卫生管理局	27	151	159	459	5
职业安全与健康署	—	209	234	—	12
平等就业机会委员会	13	138	180	961	30
表层采矿开垦办公室	—	122	369	—	202
环境保护署	205	1 345	3 109	556	131
核能管制委员会	64	499	398	679	–20
经济管制					
货币监理署	32	131	218	309	66
联邦存款保险公司	39	124	565	355	80
联邦储备体系	5	121	212	2 320	75
证券交易委员会	22	79	133	259	170
民用航空委员会	11	29	—	163	—
联邦通信委员会	25	81	102	224	217
联邦能源管制委员会	18	74	101	311	36
联邦海事委员会	4	12	14	200	17
州际商业委员会	27	76	44	181	–42
联邦贸易委员会	21	70	67	233	–4
反托拉斯分局（司法部）	10	44	45	340	1

资料来源：Melinda Warren and Kenneth Chilton, “The Regulatory Legacy of the Reagan Revolution: An Analysis of 1990 Federal Regulatory Budgets and Staffing” (St. Louis, Center for the Study of American Business, 1989).

管制改革的政策重心不再是取消政府控制，而是向市场导向的行政控制发展，
1010 新的详尽的管制机制鼓励了有限形式的竞争和对竞争性市场的仿效。这些现象的出现尽管部分原因在于政治动力的丧失，但也是由于对进入壁垒、沉没成本、边际成本、准确的价格信号、替代方法的可用性以及修补运行中的漏洞的有效性等的重要作用有了进一步的认识。十多年后，重要的几个管制机构都聘请了那些相信自己有能力

激励、塑造市场，从而避免管制失误的经济学家。

比如在通信行业，FCC 采用了一种入门费用体系，仿效边际成本定价以向消费者收回固定成本。为了更准确地传达价格信号，这种体系要求精心设计的新型管制措施。与此相类似，FCC 把对美国电话电报公司进行管制的传统收益率方法转变为新的“价格上限”（price caps）方式。这种根据通货膨胀而设定生产线投入的价格上限是为了鼓励提高生产率和技术创新，但也需要进行诸多复杂的管制。在天然气产业，联邦能源管制委员会于 1985 年颁布了一个被称为《436 规则》的基本标准。在这一规则中，州际管道公司可以在销售运输服务上自由竞争，但不能与它们的州内天然气销售运输业务和运费混合在一起，而且要允许所有买者和卖者同样自由地进入它们的管道网络。这个体系所追求的是仿效一种竞争性的、非一体化的市场，但准确地说并不是“放松管制”。在空气污染控制方面，EPA 试验了一种“泡沫”（bubble）管制，这种对大型多点排放源管制的重点是针对结果而不是手段。1990 年，当国会修订了《空气洁净法》后，EPA 采用了一种“可交易的污染权”体系而不是源头控制体系，用来减少造成酸雨的硫黄气体排放。

这些措施产生了新的管制竞争体制，经济学家普遍欢迎这种体制，认为它比先前的方法更有效。通过用市场敏感程度更高的工具来设计管制方式以塑造市场，管制者无疑是避免了行政干预这种最糟糕的扭曲。但是，管制竞争同样存在许多严重的问题，其结果也是不可预见的，原因是：从竞争性资产中将垄断性资产分离出来需要复杂的成本界定；企业为更好地跨越受管制的产品市场边界而试图钻空子；更多的反托拉斯政策及其不可预见的结果。此外，受管制的企业仍然不能追求利润最大化或者做出战略性选择，而且它们现在暴露于竞争之中，在经济衰退阶段就没有任何保护地面临着风险。这表明了“管制竞争”根本性的不对称。 1011

结束语：政府在管制中的作用

在 20 世纪的大多数时间里，美国式的管制以不同于其他发达国家的观念和制度不断发展。这种差别来自私有制和意识形态的承诺单一地结合在一种有限的状态中。即使在大萧条这一最黑暗的时期，国家也没有责备以前的私有制——只是谴责竞争，而且只支持了相对有限的政府干预形式。美国人对国家权力的恐惧也有助于说明美国式的管制在权限上的分割，与州和联邦的机构、法院和国会交叠在一起。而且，它们更为强调过程而不是结果。1946 年的《行政程序法》与普遍的司法观相结合，使得美国的管制程序错综复杂。美国的管制传统与其他国家的根本性区别是它极度依赖不断发展的经济学原理。竞争和垄断的概念、寡头垄断下的竞争、边际成本分析以及可竞争性都为政策上的争论成功地提供了理论基础。无论从理论还是实践来看，管制显然都被证明是动态的。

对管制很难做出一个纯粹的历史判断。显然，它时好时坏。比如，通过电话管制就实现了以较低的费率提供非常普及的、高品质的服务。但对天然气来说，管制实际上导致了供给危机。在某些特殊的情况中，比如商业航空运输，管制就被寻求控制这一行业的利益集团俘获了。在其他部门，比如核能，管制者和被管制者就始终被锁定在严重的对抗之中。在 20 世纪，管制在最低程度上为美国提供了一种保护
1012 企业但同时又要对其进行控制的政治上可接受的方式。

注　释

[1] For surveys of this literature, see Robert Britt Horwitz, *The Irony of Regulatory Reform* (New York, 1989), 22–45; Thomas K. McCraw, “Regulation in America: A Review Article”, *Business History Review* 49 (1975), 159–183; and Barry Mitnick, *The Political Economy of Regulation* (New York, 1980).

[2] 大多数社会和政治历史学家支持这种观点。参见 Richard Hofstadter，*The Age of Reform*: *From Bryan to F. D. R.*（New York，1955）；Samuel P. Hays, *The Response to Industrialism*（Chicago，1957）；Ellis Hawley, *The New Deal and the Problem of Monopoly*（Princeton，1966）。

[3] 参见 Marver Bernstein, *Regulating Business by Independent Commission*（Princeton，1955）。对这种方法更详细的阐述见 Grant McConnell, *Private Power and American Democracy*（New York，1966），以及 Theodore J. Lowi, *The End of Liberalism*（New York，1969）。

[4] 在历史学家中，Gabriel Kolko 是这种观点最著名的支持者；在经济学家中则是 George Stigler。见 Gabriel Kolko, *The Triumph of Conservatism: A Reinterpretation of American History，1900—1916*（New York, , 1963），以及 George Stigler, "The Theory of Economic Regulation", *Bell Journal of Economics and Management Science* 2（1971），3–21。

[5] See Sam Peltzman, "Toward a More General Theory of Regulation", *Journal of Law and Economics* 19(1976), 211–240; and James Buchanan, *The Demand and Supply of Public Goods* (Chicago, 1968).

[6] For examples, see Douglas D. Anderson, *Regulatory Politics and Electric Utilities* (Boston, 1981); Stephen Breyer, *Regulation and Its Reform* (Boston, 1982); Thomas K. McCraw, *Prophets of Regulation* (Cambridge, MA, 1984); and Martha Derthick and Paul Quirk, *The Politics of Deregulation* (Washington, D. C., 1985).

[7] Morton Keller, *Regulating a New Economy* (Cambridge, MA, 1990); also, Robert D. Cuff, *The War Industries Board* (Baltimore, 1973); and Natural Resources Committee, *Technological Trends and National Policy* (Washington, D. C., 1937).

[8] 对铁路的联邦管制在此之前就由 1906 年的《赫伯恩法》（Hepburn Act）和 1910 年的《曼－埃尔金斯法》（Mann- Elkins Act）加以扩展了。

[9] U. S. Congress，House Committee on Banking, *Report of the Committee to Investigate the Concentration of Money and Credit* (62nd Cong., 3rd Sess)，1913 ；also, Robert T. Johnson，*Historical Beginnings: The Federal Reserve*（Boston，1982），25. 不像其他任何一个工业国，美国在 1836—1913 年间一直没有中央银行。这是美国人讨厌中央权威的一个明证。

[10] 详细的分析见 K. Austin Kerr, *American Railroad Politics, 1914–1920* (Pittsburgh, 1968)。

[11] 收益率管制方面的一篇优秀的论文见 James C. Bonbright 等的 *Principles of Public Utility Rates*，second edition（Washington, D. C.，1988）。

[12] 关键决策见 Public Utilities Commission of Kansas 诉 Kansas Natural Gas Company 案，249 U. S. 236 (1919), United Fuel Gas Company 诉 Railroad Commission of Kentucky 案，

278 U. S. 300 (1919)，以及 Smith 诉 Illinois Bell Telephone Company 案，282 U. S. 133 (1930)。

[13] See Ellis Hawley, "Herbert Hoover, the Commerce Secretariat, and the Vision of an 'Associative State', 1921—1928", *Journal of American History* 61 (1974), 116–140; also, "Three Aspects of Hooverian Associationalism: Lumber, Aviation, and Movies, 1921—1930", in Thomas K. McCraw, ed., *Regulation in Perspective: Historical Essays* (Boston, 1981), 95–123; and Murray Rothbard, "Herbert Hoover and the Myth of Laissez-Faire", in Ronald Radosh and Murray Rothbard, eds., *A New History of Leviathan* (New York, 1972), 111–145.

[14] 1920 年，国会颁布了《联邦动力法》(Federal Power Act)，成立了一个委员会来管制影响到州际水渠的水力电气的发展；1926 年，《空气商业法》(Air Commerce Act) 责令商务部对航空安全进行管制。紧接着，1927 年的《麦克法登法》(McFadden Act) 对商业银行跨州设立分支机构进行了限制。

[15] Robert Gordon, "Cyclical Experience in the Interwar Period: The Investment Boom of the Twenties", in National Bureau of Economic Research, *Conference on Business Cycles* (New York, 1951), 194.

[16] Arthur R. Burns, *The Decline of Competition* (New York, 1936), 523.

[17] Alan Brinkley, "The New Deal and the Idea of the State", in Steve Fraser and Gary Gerstle, eds., *The Rise and Fall of the New Deal Order, 1930—1980* (Princeton, 1989), 85–121; also, Ellis Hawley, *The New Deal and the Problem of Monopoly* (Princeton, 1966); and Robert Higgs, *Crisis and Leviathan* (New York, 1987), 159–195.

[18] *The Public Papers of Franklin D. Roosevelt*, vol.2 (New York, 1938), 202.

[19] *Schechter v. United States*, 295 U. S. 495 (1935).

[20] See Susan Kennedy, *The Banking Crisis of 1933* (Lexington, MA, 1973); also, Vincent Carosso, *Investment Banking in America: A History* (Cambridge, MA, 1970), 323–351; Milton Friedman and Anna J. Schwartz, *A Monetary History of the United States, 1867—1960* (Princeton, 1963).

[21] H. Parker Willis and John M. Chapman, *The Banking Situation* (New York,

1934), 62–83; and Richard H. K. Vietor, "Regulation-Defined Financial Markets: Fragmentation and Integration in Financial Services", in Samuel L. Hayes, *Wall Street and Regulation* (Boston, 1987), 7–95.

[22] Thomas K. McCraw, *Prophets of Regulation*, 162–176; also, Louis Loss, *Securities Regulation* (Boston, 1961), vol. I, 23–64.

[23] U. S. Congress, House, *House Report No. 1273* (73rd Cong., 2nd Sess.), "Report on Communications Companies," Pt. Ⅲ , No.1 (1934), ix, xii.

[24] Bernard Schwartz, ed., *The Economic Regulation of Business and Industry: A Legislative History of U. S. Regulatory Agencies* (New York, 1973), vol.4, 2374–2395.

[25] Federal Trade Commission, *Summary Report of the Federal Trade Commission to the Senate of the United States... On Economic, Financial, and Corporate Phases of Holding and Operating Companies of Electric and Gas Utilities*, vols.68–69a, 72a (Washington, D. C., 1934–1935).

[26] Transportation Act of 1940, quoted in Clair Wilcox, *Public Policies Toward Business* (Homewood, IL, 1960), 660.

[27] 关于航空管制的早期历史，参见 Francis A. Spencer, *Air Mail Payments and the Government* (Washington, D. C., 1941); J. Howard Hamstra, "Two Decades—Federal Aero-Regulation in Perspective", *Journal of Air Law and Commerce* 12 (1941), 108–114。

[28] Federal Aviation Commission, "Report of the Federal Aviation Commission", *Senate Document No.15* (74th Cong., 1st Sess.), January 1935, 52–53, 61–62.

[29] Richard H. K. Vietor, *Energy Policy in America since 1945* (New York, 1984), 21–26.

[30] Hawley, *The New Deal and the Problem of Monopoly*, 249–258；Joseph C. Palamountain，Jr., *The Politics of Distribution*（Cambridge, MA, 1955）。作为对类似压力的反应，国会于 1937 年通过了《米勒 – 泰丁斯法》（Miller-Tydings Act）。这一立法加强了稳定法定转售价格的州立法（对制造商制定的批发价格的强制）。先前，这些法律与早先法庭做出的禁止在《谢尔曼法》下维持转售价格的判决（Dr. Miles Medical Co. 诉 John D. Park and Sons Co. 案，220 U. S. 373，1911）相冲突。在 1975

年的《消费品定价法》中，国会废除了《米勒－泰丁斯法》。

［31］1954 年的飞利浦案的判决就是扩大管制的一个例子，FPC 的管制扩大到了天然气的源头价格上；1959 年实施了石油进口配额；FCC 也在电信业的微波传输和电子终端设备的控制方面做出了诸多努力。

［32］Richard A. Posner, "A Statistical Study of Antitrust Enforcement", *Journal of Law and Economics* 13(1970), 365–421.

［33］Michael Pertschuk, *Revolt Against Regulation: The Rise and Pause of the Consumer Movement* (Berkeley, 1982), 22–23.

［34］Cass R. Sunstein, *After the Rights Revolution* (Cambridge, MA, 1990).

［35］Mancur Olson 在 *The Logic of Collective Action* (Cambridge, MA, 1965) 中认为，社会改革带来的广泛分散，普遍阻碍了成功的集体行动。

［36］对公共利益运动的详细分析参见 David Vogel, *Fluctuating Fortunes: The Political Power of Business in America* (New York, 1989)，93–112。Michael Pertschuk 也注意到了劳工组织在为这些组织分配"力量"方面起到的重要作用，参见 *Revolt Against Regulation*，28–29。

［37］5U. S. C.702(Supp. V 1987); for discussion, see Sunstein, *After the Rights Revolution*, 210–214.

［38］Richard Stewart, "The Reformation of American Administrative Law", *Harvard Law Review* 88 (1975)1669—1813; and Christopher Stone, *Should Trees Have Standing*? (Los Angeles, 1974).

［39］NHTSA, *Motor Vehicle Safety 1979* (Washington, D. C., 1980), 46, cited in Douglas F. Greer, *Business, Government, and Society* (New York, 1983), 437.

［40］数据引自 Greer，438–439。关于对这方面持怀疑态度的观点，参见 Jerry Mashaw 和 David Harfst 的 *Struggle for Auto Safety*（Cambridge, MA, 1990）。

［41］John Mendeloff, *Regulating Safety: An Economic and Political Analysis of Occupational Safety and Health Policy* (Cambridge, MA, 1979); and W. Kip Viscusi, "The Impact of Occupational Safety and Health Regulation, 1973—1983", *Rand Journal of Economics*, 17 (1986), 567–580.

[42] See Steven Kelman, "Regulation by the Numbers— A Report on the Consumer Product Safety Commission", *Public Interest* (Winter 1974)；W. Kip Viscusi, *Regulating Consumer Product Safety* (Washington, D. C., 1984)；对 CPSC 制定的柴炉和暖气设备的标准的详细分析，见 Ross E. Cheit 的 *Setting Safety Standards* (Berkeley, 1990) 的第 5 章和第 6 章。

[43] 对环境保护主义和管制的更完整的历史分析，见 Samuel P. Hays, *Beauty, Health, and Permanence*: *Environmental Politics in the United States, 1955—1985* (纽约，1987)。

[44] Gregory P. Mills, "William D. Ruckleshaus and the Environmental Protection Agency", reprinted in Richard Vietor, *Strategic Management and the Regulatory Environment* (Englewood Cliffs, 1989), 42–58.

[45] Richard H. K. Vietor, *Environmental Politics and the Coal Coalition* (College Station, TX, 1980), chap.6.

[46] R. Shep Melnick, *Regulation and the Courts*: *The Case of the Clean Air Act* (Washington, D. C., 1983); also, Richard Vietor, *Environmental Politics*, chapter 7; and Bruce Ackerman and William T. Hassler, *Clean Air/Dirty Coal* (New Haven, 1981).

[47] Harvey Lieber, *Federalism and Clean Waters* (Lexington, MA, 1975).

[48] Hays, *Beauty, Health, and Permanence*, chap.6.

[49] 在运用到危险垃圾上时，连带责任的意思是，对所发生的损害，要么是所有责任方对所有损害的结果承担完全的责任，要么是任何一个潜在的责任方对所有损害的结果承担完全的责任。

[50] 以不同指标表示的美国的基本经济条件如下：

	1938—1968 年	1968—1983 年
实际 GNP 增长率　（每年）	4.3%	2.2%
通货膨胀率（GNP 平减指数）	3.8%	7.0%
利率（3 个月期国库券的平均值）	2.0%	7.4%

[51] Derthick and Quirk, *The Politics of Deregulation*, 29–57.

[52] 关于政策企业家更详细的讨论见 Clayton A. Coppin and Jack High, "Entrepreneurship

and Competition in Bureaucracy:Harvy Washington Wiley's Bureau of Chemistry, 1883—1903", in Jack High, ed., *Economic Regulation: Theory and History* (Ann Arbor, 1991), 95–99。

[53] U. S. Congress, Senate, Judiciary Committee, Subcommittee on Administrative Practices and Procedures, *Civil Aeronautics Board Practices and Procedures—A Report* (94th Cong., 1st Sess.), Committee Print (Washington, D. C., 1975).

[54] Richard H. K. Vietor, "Contrived Competition:Airline Regulation and Deregulation, 1925—1988", *Business History Review* 64 (1990), 61–108.

[55] Thomas Gale Moore, "Rail and Trucking Deregulation", in Leonard Weiss and Michael Klass, eds., *Regulatory Reform— What Actually Happened* (Boston, 1986), 14–39.

[56] William J. Baumol, John C. Panzar, and Robert D. Willig, *Contestable Markets and the Theory of Industry Structure* (New York, 1982).

[57] Helen Soussou and Richard Vietor, "Note on Freight Transportation and Regulation", and "CSX", in Richard Vietor, *Strategic Management in the Regulatory Environment* (Englewood Cliffs, 1989), 209–278.

[58] Vietor, *Energy Policy in America*, 193–312.

[59] Richard F. Hirsh, *Technology and Transformation in the American Electric Utility Industry* (New York, 1989).

[60] Richard Hirsh, "Regulation and Technology in the Electric Utility Industry: A Historical Analysis of Interdependence and Change", in High, ed., *Economic Regulation: Theory and History*.

[61] Richard H. K. Vietor, "AT&T and the Public Good: Regulation and Competition in Telecommunications, 1910—1987", in Stephen Bradley and Jerry Hausman, eds., *Future Competition in Telecommunications* (Boston, 1989), 27–105.

[62] Peter Temin, with Louis Galambos, *The Fall of the Bell System* (New York, 1987).

[63] 对这一转变中的分水岭事件的分析见 Harvey J. Goldschmid、H. Michael Mann 和 J. Fred Weston 主编的 *Industrial Concentration: The New Learning* (Boston, 1974)。

[64] 关于反托拉斯政策及其执行情况的详细分析见 Douglas F. Greer, *Industrial Organization and Public Policy* (New York, 1984)；以及 Marc A. Eisner, *Antitrust and the Triumph of Economics*: *Institutions*, *Expertise*, *and Policy Change* (Chapel Hill, 1991)。

[65] 关于这些事件的多样化阐析，参见 Pertschuk, *Revolt Against Regulation*, 69–117；以及 James C. Miller Ⅲ，*The Economist as Reformer* (Washington, D. C., 1989)。

[66] Jack Kemp and David Stockman, "Avoiding a GOP Economic Dunkirk", quoted in *Wall Street Journal*, December 12, 1980.

[67] Melinda Warren and Kenneth Chilton, "The Regulatory Legacy of the Reagan Revolution: An Analysis of 1990 Federal Regulatory Budgets and Staffing" (St. Louis, Center for the Study of American Business, May 1989).

[68] Vogel, *Fluctuating Fortunes*, 246–251, 260–270.

第 17 章

公共部门

W. 埃利奥特 · 布朗利（W. Elliot Brownlee）

公共部门——受政府控制的经济部门——的扩张是 20 世纪经济史中最为显著的一个特征。这种扩张是相对的，同样也是绝对的。尽管美国经济几乎在整个 20 世纪都在迅速扩张，但公共部门的扩张表现得更为迅猛。不论政府采取了什么措施，公共部门扩张这一趋势还是出现了，而且在各级政府中都是如此。

我们可以用所有级别的政府中全部的政府支出——购买商品和服务以及转移支付的总和——来说明经济结构的巨大转变。第一次世界大战前，政府开支占国民生产总值（GNP）的 7% ~ 8%；到了 20 世纪 70 年代，政府开支已经接近 GNP 的 40%。

这一令人吃惊的增长表现出很不连续的特征：它最初是一些相当不连贯的转变的结果（见表 17–1）。每一次转变都伴随着关系国家安危的紧急情况——大的战争（包括冷战）和 / 或严重的经济萧条。这些紧急情况表现出一种“上升棘轮”效应，也就是说在危机之后，政府开支就会稳定在一个比危机前高的水平上。第一次世界大战是 20 世纪的第一场这种危机，使得政府开支的相对水平迅速提高，这就是战争的结果。到 20 世纪 20 年代，相对于国民生产总值而言，政府开支几乎是第一次世界大战前的两倍。在大萧条初期，即使是在新政开始实施前，政府开支也增加到了 GNP 1013 的 20% 以上，而且在整个 20 世纪 30 年代都保持在这一水平上。[1] 第二次世界大战的筹资活动推动了政府开支的增长，达到 GNP 的 50% 以上，而且在战后一段时期，政府开支再度增加，与冷战和朝鲜战争的紧张局势相一致，政府开支在 20 世纪 50 年代初的增长超过了 30%。此后，政府开支一直保持着增长的势头，直到 20 世纪 80 年代才大致稳定在占 GNP 40% 的水平上。

与公共部门相对规模的扩大相一致的还有其他几个趋势。首先，伴随着这种扩 1014 张的是政府行为的集中化。公共部门的开支在 1902 年大约占州和地方政府开支的 2/3，而到 20 世纪 70 年代，这一比例尚不足 1/3。在第一次世界大战、20 世纪 30 年代的新政 10 年以及第二次世界大战中，联邦政府的扩张是最为迅速的，而州政府的扩张则在 20 世纪 20 年代和 60 年代表现得最为明显。

表 17–1　　政府开支在 GNP 中的比重，1902—1983 年（%）

年份	联邦政府	州政府	地方政府	合计
1902	2.6	0.9	4.1	7.6
1913	2.4	1.0	4.6	8.0
1927	3.7	2.2	5.9	11.8
1932	7.4	4.9	9.2	21.5
1936	11.1	4.7	4.5	20.3
1940	10.1	5.2	5.0	20.3
1950	15.6	5.3	3.7	24.6
1960	19.2	6.2	4.4	29.8
1970	21.0	8.5	4.0	33.5
1980	23.5	9.8	3.1	36.4
1983	26.4	10.0	4.5	40.9
1989	24.4	7.7	7.1	39.1

资料来源：Department of the Treasury, Office of State and Local Finance, *Federal-State-Local Relations* (Sept.1985), 51, 54; Board of Governors of the Federal Reserve System, *Federal Reserve Bulletin*, 77 (March 1991), A53; and Advisory Commission on Intergovernmental Relations, *Significant Features of Fiscal Federalism, Revenues and Expenditures*, Vol.2 (Oct.1991), 81. Intergovernmental transfers are allocated to the donor level of government.

其次，卫生和福利服务以及国防支出的增加相对更大。在 1902 年，日常行政部门——比如国务院、财政部、商务部等——的支出需要决定着联邦支出，而且邮政服务的支出占预算的将近 1/4。到 1990 年，日常行政的成本压缩到了预算的将近 1/3 的规模。此外，卫生和福利支出从世纪初的寥寥无几增加到联邦预算的将近 1/3。与 1902 年相比，国防支出在 1990 年的联邦支出中所占比例没有太大的变化，但从 20
1015 世纪 40 年代到 70 年代，这项支出超过了联邦支出的 40%（见表 17–2）。

表 17–2　　联邦政府在各项功能上的支出（%）

年份	国防支出	邮政支出	教育支出	公路等的支出	卫生和福利支出	行政和利息支出
1902	28.8	22.0	0.7	—	0.2	47.6
1913	25.8	27.8	1.9	0.5	0.2	44.8
1927	17.4	20.1	0.5	2.6	1.2	58.1
1932	19.2	18.6	0.6	5.6	1.2	57.6
1936	10.2	8.2	3.6	8.8	5.8	63.4
1940	15.8	8.0	3.4	7.9	7.1	57.7
1950	41.0	5.0	5.5	1.1	12.7	33.9
1960	50.3	3.8	1.1	3.1	16.1	24.9
1970	40.5	3.8	1.9	2.4	24.8	24.4
1980	24.2	2.9	2.7	1.6	35.4	32.1
1983	26.2	2.7	2.9	0.3	35.6	31.6
1990	25.0	2.0	3.0	2.5	46.5	21.0

资料来源：Department of the Treasury, Office of State and Local Finance, *Federal-State-Local Relations* (Sept. 1985), 54; Board of Governors of the Federal Reserve System, *Federal Reserve Bulletin*, 77 (March 1991), A29.

最后，国家税收体系对所得税的依赖越来越大（见表 17–3）。所得税的作用在 1913 年到 20 世纪 20 年代之间迅速增强，但由于大萧条缩减了税基，所得税在萧条期间出现下降，然后在第二次世界大战期间又开始剧增，并且一直增长到 20 世纪 80 年代（尽管后来的税率比较低）。严重依赖所得税这一特征使得美国的税收体系与大多数工业国家有所区别。到 20 世纪 80 年代末，除了加拿大和日本之外，美国比其他实行生产型公司所得税的主要工业国更加严重地依赖所得税（见表 17–4）。相反，除了日本之外的其他工业国更多地使用的是销售税，尤其是全国性增值税。

表 17–3　　根据各税收类型划分的政府收入分配（%）

年份	所得税	销售税	财产税和使用人头税	费率及杂项	总计
1902	—	37.5	51.4	11.1	100
1913	1.5	29.5	58.7	10.3	100
1927	24.3	16.5	50.0	9.2	100
1932	14.5	18.6	56.2	10.7	100
1936	15.8	32.0	38.7	14.2	100
1940	19.4	32.4	34.9	13.3	100
1950	54.1	25.4	14.4	6.1	100
1960	58.2	21.6	14.5	5.7	100
1970	59.2	20.9	14.6	5.3	100
1980	63.4	19.5	11.9	5.2	100
1983	59.3	20.4	13.4	6.9	100
1990	56.7	21.1	11.6	10.6	100

资料来源：Department of the Treasury, Office of State and Local Finance, *Federal-State-Local Relations* (Sept. 1985), 47–49；Department of Commerce, *Survey of Current Business*, 72 (March 1992), 10.

公共部门中这种令人惊奇的转变仍没有得到全面的解释。经济学家在公共开支的增长与某些经济因素之间发现了一定的联系，这些因素包括当公共服务的成本增加时对这些服务的需求缺乏弹性，单位资本收益的增长，人口的增长，以及与城市化、工业化或者更一般地说与社会组织的复杂性相关联的负外部效应。但是，粗略地说， 1016
这些统计上的联系最多只能对 20 世纪公共开支的增长做出一半的解释。[2] 而且如果不把经济因素结合起来，不可能解释政府的集中化、政府职能的转变，以及公共财政结构的变迁。要解释这种转变，就必须根本性地转变对公民价值的理解，这种转变受政治学和政治制度的影响，以及社会危机的外部推动。

表 17–4　　1987 年各种税收对总税收收入的贡献（%）

	个人所得税	企业所得税	商品和服务税
美国	36.2	8.1	16.7

续前表

	个人所得税	企业所得税	商品和服务税
加拿大	38.7	8.0	29.8
法国	12.7	5.2	29.3
德国	29.0	5.0	25.4
日本	24.0	22.9	12.9
荷兰	19.7	7.7	26.0
瑞典	37.2	4.1	24.1
瑞士	34.0	6.2	19.1
英国	26.6	10.6	31.4

资料来源：*OECD Statistics on the Member Countries in Figures*, Supplement to the *OECD Observer* No.146 (Paris, June/July 1990).

政治过程

为了解释20世纪公共部门发展的复杂情况，许多历史学家、政治学家和经济学
1017 家提出了各种各样的解释性模型。最早的一种是“累进论”，它认为20世纪公共部门的历史主题是社会民主的胜利。在公共财政部门，这种胜利的主要表现是采用了精心设计的累进所得税——根据“能者多付”（ability to pay）原则来征税。这一胜利是农民和工厂工人合作的结果。[3]

第二种解释——公司论者的解释——把累进论的解释颠倒过来了。公司论者认为20世纪美国的公司和最富有的人控制了公共部门，以保护投资体系和一般业务，并保护自己的权力。在税收政策领域，公司论者强调在20世纪20年代积聚了足够力量的“霸权税收逻辑”的重要性。他们认为从20世纪20年代起，保守势力就成功地运用政治和经济策略削弱了累进的收入和利润税的再分配效果。[4]

第三种模型——大多数是经济学家构建的——也强调“国家”被私人利益所控制，但这种解释是以国家的政治经济学中强烈的新保守主义假定为基础的。新保守主义叙述了在20世纪的美国“征税人”如何运用所得税来建立国家，尤其是他们如何运用所得税克服了美国人传统上对纳税的反对。国家的代表以及其所服务的特定利益

集团在取得对全美国的通信工具的控制方面、在运用联邦的权力挫败或者镇压社会底层对国家的挑战方面、在培养一班能够设计效果难以被察觉的税收体制的专家方面取得了成功。以上均是反对者批评的焦点。这些观点的支持者则认为，授权征收所得税的《宪法第十六修正案》是特殊利益集团使联邦政府能够为逐渐增加的军费 1018
开支和社会福利计划筹资的一个工具。[5]

第四种模型最恰当的名称是“多元论”。像累进论、公司论和新保守主义的解释一样，多元论的模型强调的是经济利益集团的政治力量。多元论认为，这些集团通过循序渐进地塑造立法的过程创造了由特别计划、优先税收比率和“税收开支”组成的复杂的网络。但是，与公司论和新保守主义的观点相反，多元论将政治过程中胜利者的范围扩大到了中产阶级集团。在税收政策方面，多元论认为国家层面上的结果是建立了一个“实质上对穷人免税，对广大中产阶级以稳定的税率征税，对富人以随政治和意识形态而变化的变动税率征税”的税收体系。两位政治学家清楚地阐明了多元论所发现的推动这一渐进过程的力量在社会各阶层之间的分配：“就像波戈（Pogo）所说的那样，我们——广大的中产阶级和下层阶级——享受了特殊利益，‘本来就应该是这样’。”[6] 与新保守主义将现代国家视为利维坦（Leviathan），被特殊利益集团控制和剥削这种观点相反，多元论认为，对税收的抵抗将导致国家瘫痪和衰竭。

还有一种解释性模型比其他四种模型更为折中——也更具历史基础——而且在解释 20 世纪公共部门的扩张方面更为有力。这种方法将“国家”和有效的民主价值与利益集团结合在一起进行分析。历史的偶然性、国家危机以及政治企业家塑造了历史事件。制度变迁的不可逆性或者“路径依赖”特征，以及作为其结果的政策流程通常是混乱无序的，更像自然科学所描述的物质系统。这种模型可以最恰当地被 1019
称为“民主主义—制度主义”的解释。

在这种模型中，为控制公共部门而发生的政治冲突更为激烈，而且在这个过程任何给定的时点上，结果都是不确定的。无论公司还是低收入群体在政治结构中都发挥着重要的作用。民主价值在这种场景中也居于中心地位，这有助于解释为什么在采用强制和联邦政府力量提高公共收入方面，自由民主社会是最为成功的社会。[7]

像新保守主义的模型一样，民主主义—制度主义模型非常关注在政治过程中作为一个自动行动者的国家。比如，民主主义—制度主义模型认为政治结果是行政领导和官僚行政，而不是法律的制定导致的。这个模型考虑了那些对政策形成和执行的影响越来越大的“专家”的作用。最后，民主主义—制度主义模型考虑了系统性知识和社会理论，尤其是联邦政府内产生的信息对公共部门扩张的影响。[8]

19 世纪的背景

民主主义—制度主义模型特别关注在国家面临紧急情况时政府的转变，尤其是收入体系的转变。第一次紧急情况是美国内战，其间建立了一个混乱的公共部门和国家收入的发展模式。如果说现代战争就是将政府支出用于大量的装备，需要有一个雄心勃勃的、空前的紧急税收计划，那么美国内战就是美国经历的第一次现代战争。
1020 在内战的混乱状态中，在 19 世纪 50 年代的局部危机里积蓄了相当力量的共和党人采用了一个高关税体系。这一体系继而成为一个雄心勃勃的新的国家经济政策和经济基础计划的核心。关税收入的大量增加对于经济民族主义和保护主义来说也是一个极大的胜利。美国内战期间采用的高关税扩展了制定税收保护、税收激励和税收补贴这些国家政治经济学中重要的——实际上是永恒的——因素的政治过程。在一定程度上说，共和党人通过关税体系将税收体系当成了大政府和政党统治的推进器。

尽管都带有退步的特征，但对高关税的支持是广泛而多样的。而且这些支持到 20 世纪还是那么有力——直到 1934 年通过《互惠贸易协定法》（Reciprocal Trade Agreements Act）之后，高关税的支持率仍然很高。制造商欢迎高关税体系，因为这可以使它们摆脱欧洲竞争者的破坏而建立全国性的营销组织。高关税与其说是为亚当·斯密所支持的“幼稚产业”带来利益，还不如说是为美国大公司带来了利益，这些公司完成了纵向一体化，获得了胜过欧洲竞争者的长期利益，欧洲竞争者则被限制在狭小的市场中。高关税同样对工人有利，他们害怕来自欧洲、拉丁美洲和亚洲的低工资劳动力的竞争。最后，高关税为共和党人的转移支付、公共事业和军事行动提供了资金。共和党政府运用高关税为国家第一个重要的保险体系——一个为美国退伍军人提供养老金和伤残补贴的庞大计划——提供资金。当 19 世纪 70 年代和

80 年代养老金支出的范围逐渐扩大后，它就成为共和党巩固自身力量的一个重要因素。此外，整个北方共同体的领导人开始习惯于从后来著名的“政治拨款”——用关税收入来提供资金的年度河流和港口议案——中获得政治上的支持。在 19 世纪 80 年代到 90 年代之间，关税收入为美国大型舰队的建造提供了资金，这是美国要在全球拥有发言权的必要条件。美国政府债券的持有人同样也支持高关税，因为他们的本金和利息的支付都要由关税收入来提供，而且他们在得到本息偿付的时候不会增加税收负担。那些因为欧洲资本更便利地流入美国而获益的美国银行家也支持高关税。他们感激关税收入向欧洲人偿付了公共债务。 1021

美国内战后，民主党对关税提出了尖锐的批评，向共和党的权力发起了挑战。民主党人利用美国革命和早期共和国的思想攻击特权、垄断权力和公众的堕落。民主党人攻击关税是“托拉斯之母”，也是共和党向大公司提供补贴计划的主要动力，这使得民主党在农民、南方人、中产阶级消费者和小企业主之中得到了更广泛的支持。因此，从整个国家来看，两个相互竞争的政党之间的尖锐冲突主要就是对关税和普通税收存在意识形态上的差异。这些差异塑造了直到第二次世界大战为止的税收政策。共和党内部在税收问题上也出现了两极分化。共和党激化了阶级冲突，而且把税收问题推到了政治的中心位置上，并一直持续了近一个世纪。

一直以财产税作为传统税种的州和地方税收在 19 世纪下半叶也出现了动荡。由于美国内战之前的商业扩展和工业革命聚集了一定的力量，杰克逊主义的改革者试图将财产税扩大到所有财富形式上；在大多数州，他们建立了一个一般性的财产税体系，不仅包含了不动产，也涉及“无形的”财产。大多数州都在州宪法中添加了具有广泛性（即要求所有财产——不动产、个人财产、有形财产和无形财产——都要纳税）和同一性（等值财产以相同税率纳税）的税收规则。

但是在美国内战结束到 1900 年之间，经济结构发生了巨大的改变。显然，一般的财产税已不能兑现对所有财富以相同税率征税的平等主义承诺。一方面，现有的行政结构常常严重依赖自我估价，无力发布和决定现金、贷款、支票、股票、债券以及抵押品的价值，在大城市尤其如此。另一方面，在 19 世纪末的经济危机期间和美国内战以来长期的物价下降中，估价程序对价格水平的变动反应不敏感，这意味着财产税的负担越来越重，对农民和小企业主尤其如此。他们成为 20 世纪新的财产 1022

税改革运动的主要力量。

直到 1917 年的进步主义的政策措施

20 世纪前 20 年的税收改革是整个 20 世纪公共政策最重要的开端。在联邦层次上，宪法第十六修正案的通过以及联邦所得税的实施建立了现代财政收入体系的基础。由于所得税被证明是一种具有高弹性的收入来源，它最初的采用是与对社会公正的研究紧密联系在一起的。所得税的采用主要是受“民主—中央集权制”（democratic-statism）——一种运用国家权力工具促进民主的社会秩序的思想——的推动，其目标是运用联邦政府的征税权力重构收入和财富的分配。

这种再分配意义上的民主—中央集权制是一个重要主题，它把联邦政府在第二次世界大战前采用的许多政策措施结合在一起。在一定程度上，民主—中央集权制是一种“新自由主义”，是 19 世纪的古典自由主义和憎恨垄断、反感商业的早期共和主义国家传统的重新结合。民主—中央集权制的倡导者将这种观念本身视为美国革命理想在新工业社会条件下的反应。通过提供拥有丰富机会的社会秩序来促进个人解放的战略仍然继续，但在战术上有所改变。对民主—中央集权制的倡导者来说，国家是一个必要的工具和同盟，是有益无害的。

“民主—中央集权制”之所以肇始于 20 世纪初，不仅是因为其以美国革命的意识形态传统为基础，而且是 19 世纪 80 年代中期可怕的萧条的结果。萧条的严重性和长期性打击了重建国家收入体系的普遍热情。经济上的困境刺激了平民主义者以及亨利·乔治的“单一税”的支持者发起一场运动，希望通过税收措施来实现社会公正。运动的焦点渐渐集中于累进的所得税，并促使在 1894 年的《威尔逊 - 戈尔曼关税法》（Wilson-Gorman Tariff Act）中实行了一种适度的联邦所得税。所得税运动发
1023 起者的核心观点是，以回归美国革命的理想为基础，税收应该根据“能者多付”原则来重新分配财政负担，而且要有助于恢复经济权力的集中化。累进所得税运动真正激进的地方在于以对最富有的人和公司进行征税为目标建立整个税收体系。所得税运动的支持者认为，税收不应该涉及普通人的工资和薪金，而是要对不劳而获的利润和垄断权力发起攻击。这些曾被剥夺的人现在变成了剥夺者。

但是，有一种保守的观点与控制美国改革的民主—中央集权主义展开了竞争，持这种观点的人是被称为“进步的资本主义者”或者“公司自由主义者”的历史学家。这些改革者强调政府对公司的鼓励以及个人与公司之间的善行。但与民主—中央集权观点相反，“进步的资本主义者”或者“公司自由主义者”颂扬的是现代公司的效率，他们的目标是加强投资体系。对他们而言，政府对市场的管制只有在解决和缓和那些抑制经济增长的冲突或者对抗力量的时候才是必需的。[9]

尽管存在这些差异，但民主—中央集权制和公司自由主义在努力为工业社会构建一种更高水平的秩序方面还是一致的。两种方法倡导的改革所追求的目标都是强化全国性的制度，它们结合在一起就引起了所谓的进步主义运动，这个运动使得它们都支持政府更多地干预经济，尤其是支持对经济进行管制。进步主义的这两个主要分支共同推动了联邦铁路管制的发展，使得《克莱顿反托拉斯法》得以通过(1914)，并建立了联邦储备体系（1913)。这两个分支，或者新自由主义也共同塑造了美国的国防方针。尽管美国参加第一次世界大战的目的可能是保护美国人在欧洲的经济利益，但在伍德罗·威尔逊和他最狂热的支持者眼里，美国参战也是“民主—中央集权”的体现——表明了代表整个工业化世界的民主现代国家的 1024
一次集体动员。

但是，民主—中央集权制和自由资本主义在税收计划方面达成一致的过程要缓慢得多；直到20世纪20年代二者才结合到一起。结果是，联邦所得税的改革进展缓慢，直到第一次世界大战给民主—中央集权制提供了一个占上风的机会。早期的民主党领导人主要关注关税改革，而且与共和党人相比，民主党更偏向于小政府，在开征新税种方面也很保守，即使新税种比关税更为公平。共和党领导人更偏向于继续依靠关税或者是采用全国销售税。但是，对所得税的普遍支持逐渐增长，来自两党的国会领导人最终在1909年联合起来，希望各州讨论《宪法第十六修正案》。到1913年各州才批准了这一修正案，其中1912年的总统选举在关键时期起到了推动作用，在选举期间，公众普遍支持出台反对垄断权力的联邦政策。

尽管公众越来越支持征收所得税，但威尔逊在当选总统后并没有在所得税方面采取多少措施。政府内部基本上没有人相信该种税收将成为主要的、支配性的财政收入来源。即使是所得税的支持者也不能确定所得税将发挥多大的作用。1913 年的《安德伍德关税法》(Underwood Tariff Act) 对个人和公司收入都设定了 1% 的“名义”所得税税率，而且把美国所有的中产阶级都排除在所得税应纳税人员之外。其间，关税仍然是财政收入的主要源泉——而且由于威尔逊政府降低了税率，关税成为更重要的一个源泉。

第一次世界大战时，被冠以“进步主义”之名的各种改革运动使得美国所有级别的政府都扩大了它们的财政范围。在联邦一级，增长最大的一项是陆军和海军的预算；扩大管制行为方面的财政支出是非常有限的。但是，最显著的财政变化发生在地方一级政府。在 20 世纪头 10 年，城市化进程加速了，大城市的基础设施投资增加了，如运输系统、供水系统、排水系统、公园、学校、医院等。州政府也面临着开辟新的财政来源的要求。从 20 世纪的头 10 年开始，州政府加强了对各州经济的
1025 管制，尤其是对工作条件的管制，扩大了各州的社会投资。州政府在高等教育方面增加投资，开始帮助学校和公路建设筹资。

州和地方政府逐渐加大的财政压力促使它们对普通财产税这一多数州的财政收入体系的核心进行改革。它们并没抛弃财产税这一税收工具，而是试图使之更为有效地应用于对不动产的资本化中，这些不动产产生于 19 世纪 80 年代，并在 20 世纪头 20 年中迅速增长。为了使财产估价过程更为有效，政府逐渐放弃了普通财产税的观念。一方面，某些财产类别——特别是个人财产或者无形财产——被排除在征税范围之外。另一方面，根据估价的难度对财产进行了分类，并确定了不同的税率。许多州还积极改进估价程序。许多州试图使不动产的价值评估更为一致。各州通常都成立了税收委员会和平等委员会，这些委员会由税收专家组成，它们享有超越当地估价程序的权力。委员会可以任命估价员，政府责令委员会确保以不动产的市场价值对其进行统一的估价。同时，大多数州政府开始了税收来源多元化的运动。换言之，就是自己开始取消财产税这一税种。它们之所以要这样做，是因为那些总是控制着估价过程的地方政府低估了财产价值，减少了州政府的税收收入。税收来源多元化运动在 20 世纪 20 年代收到了明显的效果。

第一次危机：第一次世界大战时期

在收入再分配政治学这一背景下，第一次世界大战的资金需求导致了另一种税收体系的产生。这一新的税收体系是政府在战争中采取的一个最重要的措施。这个过程始于 1916 年，威尔逊总统和财政部部长威廉 · G. 麦卡杜（William G. McAdoo）做出了战争筹资史上最重要的一个决定——也许也是 20 世纪筹资史上最重要的一个决定。他们选择了与民主党内的反对派合作来安排战时筹资。这些民主党人不仅坚决反对加强军备，而且都怀有支持高累进税税制的社会公正理想。在北卡罗来纳州国 1026
会议员兼众议院筹款委员会（House Ways and Means Committee）主席克劳德 · 基钦（Claude Kitchin）的领导下，民主党内的反对派希望打击财富的集中、特权和公共腐败。这个集团有足够的力量坚持认为，如果要加强军备以及稍后要参战，必须以其所认同的方式来筹资。[10] 基于早期共和党人的人道主义理想，反对派和威尔逊总统都赞同把税收当作实现社会公正的重要手段。再分配性质的税收计划成为威尔逊政府在社会主义和正统的资本主义之间寻求平衡的一个重要因素。

战争给民主党的累进论者提供了一个机会，使他们能够把战时关于税收的争论集中到现代美国最基本、最敏感的经济问题上来：公司利润应该在社会中占有一个什么样的地位？具体来说，这个问题就变成：如果现代公司是生产力的核心动力，应该加强哪些税收政策？如果它们是经济掠夺者，又可以而且应该控制哪些税收政策？争论的结果是国家实行了一种新的税收体系："敲富人的竹杠"（soak-the-rich）的所得税体系。

因而，在危机阶段，打一场现代战争的压力与打破公司特权的强烈要求是相吻合的，伍德罗 · 威尔逊和民主党人转向了共和党的财政政策。民主党人接受了共和党人所要求的税收政策，正像共和党人接受他们的关税政策一样，目的都是保持强有力的国家和经济的繁荣。但民主党的新税收政策受到了与公司财富有关联的特权集团的攻击而不是支持。

补充到战时税收法案中去的民主党人的税收计划将经过实验的所得税转变为主要的联邦税收工具；这个计划引进了联邦遗产税；它是第一次对公司利润和个人收入课以重税，但反对将所得税扩大到更广的范围内，也就是说没有扩大到对工资和薪金征税；最后，这个计划采纳了对公司“超额利润”征税的观念，而且在所有的参战国中，美国是唯一把超额利润税作为战时筹资核心手段的国家。

这种所得税——对超过“正常”收益率的所有商业利润征收的累进税——激怒了公司领导人。再分配性质的税收与战时得到加强的财政部（包括美国国税局的前
1027 身国内税收局）对美国的公司构成了战略性的、长期的威胁。大型公司的高层受到的威胁最为严重，他们认为他们的金融自主性受到了威胁。此外，强有力的新税收体系也对联邦政府构成了前所未有的严重威胁——联邦政府现在显然处于平等主义势力的控制之下。事实上，战时筹资问题是激化公司对威尔逊政府的敌对情绪的最主要因素。这一税收计划导致了民主—中央集权制的倡导者、“敲富人的竹杠”的税收体系的支持者与公司领导人在此后的20多年中一直处于尖锐的冲突之中。

尽管商业信心受到了损害，但威尔逊政府和国会的民主党领导人还是对在不伤害国家基本经济结构的情况下推行的激进税收计划充满信心。他们的信心在一定程度上来自战时财政政策的其他四个重要因素。

第一，为了减少通货膨胀压力而最低限度地使用借款来筹集战争资金。在美国参战之前，威尔逊和麦卡杜运用1916年的《税收法》，在根本没有借款的情况下筹集资金备战。美国参战后，他们决定将战时借款限制在战争开支的一半以下。1917年6月，在第一次自由公债取得成功以及估计的战争成本大大增加之后，他们放松了对借款的限制，而且在1918年将借款提高到了战争开支的2/3。但这一借款水平在第一次世界大战的参战国中还是最低的。由于有税收政策作为后盾，威尔逊政府拒绝了包括最有实力的银行家在内的商业团体的建议，这些人从传统观念出发，认为他们对于管理公债负有主要责任，他们同时欢迎更大规模的战时借款。

第二，威尔逊政府以低于相对无风险投资收益率的利率发行长期债券，这些债券的利率甚至将联邦债券持有人的税收利益考虑在内。这一决定与商业团体和职业经济学家的建议背道而驰，他们几乎一致地建议以相当高的利率发行债券。威尔逊
1028 政府没有采纳这种不顾及未来，尤其是不顾及战后联邦政府利息负担的建议。威尔逊和麦卡杜设计的低利率和有限借款的政策避免了富人购买大多数债券并以此挟制联邦政府的情况，这种情况在美国内战后就曾发生过。麦卡杜部长宣称：“在一个民主国家，不允许任何单个阶级挽救或者把持国家。”

第三，威尔逊政府采用“中央集权的”或者行政措施将资本用于战争，通过这种方式终结了市场在战争筹资中的主导作用。纽约联邦储备银行的负责人本杰明·斯特朗将财政部面临的选择描述为在两个学派之间进行选择：一个学派相信“经济能够而且应该被加强，并且通过设定较高的利率水平来避免通货膨胀”；另一个学派相信“必须通过某种配给制来强化经济，或者通过消费税，或者通过其他比高利率更科学、更直接、更公平的方法来强化”。财政部采纳了后者的计划：以低利率借入资本，然后发展新的政府机制以保证美国经济在战后有足够的资本。

作为这一项政策的一个组成部分，麦卡杜部长想努力控制国家资本市场。在他开始关心铁路和其他公用事业在战时融资扩张中碰到的困难之后，从 1917 年年末起，麦卡杜提出了集中控制的建议，结果是成立了隶属于联邦储备委员会的资本发行委员会，创立了战争金融公司，联邦政府接管了国家铁路系统，他本人也被任命为铁路局局长。他站在非财政部部长的角度上要求威尔逊总统、内阁的其他成员和国会加强联邦政府对价格和资本配置的控制，通过比战时产业委员会更为强有力的工具来协调和集中战时的所有权力。

第四，威尔逊政府最大限度地向美国的中产阶级销售债券。这是以保持低利率的愿望、减少政府对富人的依赖以及为有问题的产业增加可利用的资本等方面的相互关联为基础的。对于纳税的美国中产阶级，威尔逊政府试图说服他们改变他们的经济行为：减少消费，增加储蓄，成为国家的债权人。他希望在战争结束后，债券 1029
持有人——也就是广大中产阶级公民——从对公司和富有的美国人那里征缴的税收中得到本息偿付。

直接向美国的中产阶级销售数十亿美元的高价债券需要有比世界上任何地方更大的促销活动相配合。威尔逊政府在很大程度上通过试错设计并实验了大量国家控制的、全国性的销售技术，其中包括对国民收入和储蓄的熟练分析。虽然麦卡杜通过新的联邦储备体系进行融资来改变财政部的目标非常重要，但他在将私人储蓄转化为债券方面的努力显得更具意义。在四次自由公债贷款过程中，麦卡杜部长和财政部加深了联邦政府和国家对于资本市场的社会基础的认识。以系统性的调查为基础，借助现代通信技术，财政部将它的贷款渗透到了中产阶级中——比美国内战时期或者第一次世界大战时期的欧洲政府更加深入。在第三次自由公债活动中（始于

1918 年 4 月），有至少一半的美国家庭认购了政府债券。借款刺激了自愿储蓄的极大增长，这正是麦卡杜和财政部所希望的。

虽然“资本化的爱国主义”——麦卡杜为他的计划所起的名称——在推动债券销售活动中传达了他的意图，但麦卡杜还是在倡导自利而非爱国主义。麦卡杜认为他自己从事的首先是一个经济教育计划。他主张的个人储蓄和克己是一种在长期内能最好地实现经济自利的行为。

民主—中央集权制的倡导者向财政部提出的激进计划的含义是深刻的；在战争期间这一计划的核心内容得以体现。征税和借款方面复杂而又雄心勃勃的计划要求大大地扩展财政部的行政能力。在战争期间，联邦储备体系作为财政部的一个机构履行职责。麦卡杜和负责“财政事务”的部长助理拉塞尔·C. 莱芬韦尔（Russell C. Leffingwell）与本杰明·斯特朗（纽约联邦储备银行主席）之间建立了牢固的关系，麦卡杜控制了联邦储备委员会的多数人，通过他们授权财政部对联邦储备体系进行控制。12 个联邦储备银行在它们的管辖区域内调整了自由公债，联邦储备委员会和财政部为联邦担保的分期还款信贷采取了一些创新性措施。此外，财政部还把联邦
1030 储备体系当作全国范围内的商业信息的一个来源。财政部的另一个重要目标是国内税收局，这个机构的人员在 1913—1920 年间从 4 000 人增加到 15 800 人，而且按照兼具多种职能的方针进行了重组，清楚地划分了职责，理顺了行政管理系统。

在麦卡杜的领导下，财政部作为一个团队在工作中表现优异——这个团队在后来塑造了财政部有效率运行的特点。它们运用“商业式的”方法，体现出了知识的灵活性、企业家精神、雄心壮志以及制度的多样性。由于缺乏一个恰当的公务员体系，麦卡杜在财政部构造的模式被一位政治学家称为“非正式的专家政治”，或者是一个“松散的、融入了复杂的混合体中的政策、政治和行政人员组成的团体”。这是后来成为典型代表的美国“高级公务员体系”（higher civil service）这一独特形式的一个早期例子。比如，在这个新的官僚体制中，部长助理莱芬韦尔管理着财政部的所有事务，负责与国会进行协商，而且，作为纽约的克拉维斯和亨德森律师事务所（Cravath & Henderson）的前合伙人和债券专家，他还与商业社会中那些最有实力的部门建立了联系。国内税收局的委员丹尼尔·C. 罗珀（Daniel C. Roper）是一个老练的联邦官员，与许多机构有深厚的友情，在民主党中也颇有影响。罗珀最重

要的后盾是耶鲁大学的经济学家托马斯 · S. 亚当斯（Thomas S. Adams），他是首席税收顾问，是后来将原来法律中的行政过程与新法律中的形式结合起来的法律草案的起草者。货币监理署署长约翰 · 斯凯尔顿 · 威廉斯（John Skelton Williams）帮助麦卡杜与更为激进的、反对商业界的支持者保持联系，这使麦卡杜与许多商业领袖们相比表现得似乎比较保守，行为也更易于理解。

财政部的团体后来有了相当程度的自治性，在威尔逊政府中成为学习财政政策及其社会含义、解说财政问题和行政计划并鼓动支持这些计划的首要工具。麦卡杜利用财政部团体这一必要工具，建立并控制两大网络，它们分别将在联邦政府内部竞争的各个权力中心联系起来，也将政府和平民社会联系起来。因为麦卡杜已经组建了这样一个团体，他就可以设计和执行具有清晰社会目的的财政政策。在麦卡杜的领导下，财政部避免了被各州内部竞争的各权力中心或者独立于各州的集团所控 1031
制。财政部也避免了在威尔逊政府的动员活动中出现的许多混乱状况。

威尔逊的民主—中央集权制在商业界的反击下最终屈服了。1918 年，当威尔逊总统准备制订一个税收倍增计划的时候，公司领导和共和党人找到了一个突破口。在一场强烈的反税收、反政府的运动中，共和党人赢得了对国会的控制，并于 1920 年在经济萧条中取得了总统选举的胜利。伍德罗 · 威尔逊的民主党没有完成亚伯拉罕 · 林肯的共和党所做的事——实现对联邦政府的长期控制，创造一种新的政党体制。

尽管在政治上失败了，但威尔逊政府表明，虽然各州看起来比较脆弱，但美国有能力打赢一场持久的、资本密集型的战争。这里的关键是民主的支持。在赢得支持和大规模地动员资源中，尤其重要的是累进的所得税以及通过销售债券向美国人兜售“为民主而战”的信念。这两者在提高联邦政府的政治权威方面都是关键性的步骤——通过民主政治提高政府的能力，获得国防资源和战争费用。在下一次重大战争中，联邦政府将依靠销售债券的经验进一步尝试财政动员；在第二次世界大战中，联邦政府也使用了麦卡杜和威尔逊的论调，说服美国中产阶级上缴覆盖面很大的所得税。强大的中央财政制度的发展与两次世界大战中美国最为有力的财政武器在民主上的合法性的培育是一致的。此外，在为战争筹资的过程中，麦卡杜和威尔逊在保持经济稳定以及相关的保持资本市场秩序、利用财政政策和货币政策工具建立各州对中央的责任制度方面，迈出了非常重要的一步。

20 世纪 20 年代的巩固

认为联邦政府有控制权的共和政体在 1921 年击退了威尔逊时代的民主—中央
1032 集权制。更重要的是，在当时（1921—1933）的财政部部长安德鲁·梅隆（Andrew Mellon）的领导下，三个共和党的行政机构采用了一种新的金融战略：除了寻找调和阶级冲突的新方法之外，还要削减州的权力，保护投资体系。一方面，梅隆进一步攻击战时税收体系中最体现收入再分配效应的部分。他废止了超额利润税（1921），减小了个人所得税的累进幅度，制定了许多受到资本所有者欢迎的措施，比如资本收益特惠税。另一方面，梅隆保护了所得税，使其免受国家销售税的威胁。梅隆劝说公司和最富有的个人接受一定程度累进的所得税。梅隆告诉他们这种方法将表明他们的公民责任，而且能缓和对资本的严重攻击。“敲富人的竹杠”这种声音尽管仍然存在，却越来越少了，这种想法也为富人留下了可避税的漏洞，而且对公司的反对没有那么尖锐了。梅隆的策略也许可以被看作对个人自利主义启蒙的追求，一种与伍德罗·威尔逊的民主—中央集权制相反的“公司自由主义”。

梅隆也试图将财政部转变为一个“无党派的”部门。梅隆的目标是继续保持由财政部部长麦卡杜所确立的财政部在政府中的中心地位，但是要保证财政部发挥保守的作用。

梅隆的一个目标是通过巩固针对战时扩张的后继问题的计划来提高联邦政府的效率。他促成通过了 1921 年的《预算和会计法》，建立了第一个全国预算体系，并由财政部来管理。这一法案为准备一个广泛的预算（而不是简单地汇总和传达各部门要求的预算金额）建立了总统责任制，由财政部预算局协助总统进行预算准备，成立了总审计署（General Accounting Office）来指导联邦政府的独立审计。

无党派的财政部也意味着要将政府这艘大船驶离激进的实验以及想将税收政策置于政治之上的理想主义这一险滩，这对梅隆来说就意味着阶级政治学。在 1924 年的《税收：人民的事务》（*Taxation: The People's Business*）一书中，梅隆解释道：“税收的逆转绝不会是政党和阶级政治学之间的足球比赛，而应该由那些对目标做了广

泛细致的研究，准备提出最终被证明对国家最为有利的方针的人来制定。”[11] 梅隆 1033
的目的是把税收方面的工作更多地放在财政部，从而保护经济进步的主要动力——公司。为了将税收政策作为缓和阶级冲突和增强公司实力的工具，梅隆领导的财政部的工作是保留所得税作为联邦政府的重要收入工具，而不是在减小公司和富人的税收负担方面扩大所得税的影响范围。

梅隆保留了威尔逊税收计划中的许多内容，以表明他对“能者多付”原则所承担的义务。但同时，他在税收条例中订立了许多特权范围。于是，第一次世界大战期间迅速征收大量所得税所积累的效应以及梅隆在 20 世纪 20 年代对税法的迅速修订确立了未经经济效率检验的所得税体系。它在概念和定义上表现出的不一致一直困扰着那些追求税收经济中性的经济学家和改革者。

梅隆巩固所得税体系的一个结果是，间接税（主要是关税）在联邦政府总收入中的比重从 1902 年的大约 75% 下降到 20 世纪 20 年代的大约 25%；其间，所得税收入不断增长，大约占到联邦政府总收入的 50%。

梅隆的征税方法与“新时代”（New Era，共和党对其当政的那个时期的称呼）的公司自由主义的其他方面是一致的。赫伯特·胡佛部长（1921—1928 年间在位）领导的商务部在推进经济秩序和效率方面尤其积极。胡佛支持大企业之间的兼并活动，并积极地推动企业联合——一种同业公会形式，主要是在竞争激烈的产业中抑制规模相对较小的企业。胡佛也支持农业中政府赞助的公司营销活动。他的目的是不动用政府强制力而使小企业与农民对产品和价格有更大的控制力。同时，胡佛的商务部非正式地鼓励诸如国民经济研究局（National Bureau of Economic Research）、布鲁金斯研究院（Brookings Institution）、国家产业协会（National Industrial Conference Board）之类的私人机构对营销条件进行研究和分析，以便在企业面对不断变化的营销条件时为它们提供更好的信息。但是，政府对市场秩序的促进只限于美国国内。共和党 1034
政府仅仅把目光放在下面这些相互对立的目标上：追求贸易平衡（通过鼓励出口和高保护性关税的收益），敦促英国和法国迅速偿还战时的债务，以及迅速地回到金本位制。

在联邦政府通过强化私人投资来实现国内经济的秩序时，州和地方政府的注意力主要放在公用事业的规模（如果还谈不上范围）的增长上。地方政府面临着提高福利水平的要求，同时又面临1920—1921年严重的经济萧条，而且在大部分农业和矿业部门中，整个20世纪20年代都是持续的萧条。此外，州政府面临的则是美国中产阶级对学校和公路的迅速增长的需求。作为对这些需求的反应，在整个20世纪20年代，州一级政府是美国扩张最为迅猛的政府部门。

由于对地方和州政府不断扩张的预期，加之20世纪20年代的萧条对财产税带来的压力，地方和州政府公共财政改革的力度比联邦政府更大。在20世纪20年代，州政府完成了普通财产税的改革，将财产税的征收范围缩小到不动产，而且把征税权大量地下放给地方政府。此外，州政府开辟了新的财政收入来源，这些来源一直到现在还适用：(1) 销售税；(2) 使用费（user charges）；(3) 特种税。1902年，州财政收入中约有53%来自财产税；到1927年，财产税收入大约只占23%。在新税种中，销售税的增长最为迅速：它在州财政收入中的比例从1902年的18%提高到1913年的27%，到1932年达到了38%。

推动19世纪普通财产税发展的平等主义与20世纪20年代和30年代财产税改革的情况类似。比如，销售税的支持者相信，改革将有助于恢复随着普通财产税的减少而丧失的税收统一。他们认为，销售税将涉及个人财产，尤其是不断增长的个人耐用消费品。当州政府开始尝试征收销售税的时候，他们发现这种税对管理者来
1035 说是有效的，因为企业分担了征税成本，而且它是收入持续增加的来源。此外，公众对销售税的反应比较平静，这部分是因为单位商品的纳税金额比较小，部分是因为从水平比较来看，销售税是非常平等的，部分是因为许多人相信他们可以通过“节俭的”生活来避免这种税收。在20世纪20年代，当销售税开始执行、专家委员会开始研究销售税和其他税种对经济的影响的时候，政策制定者也渐渐确信，与财产税或者所得税相比，销售税对经济的负面影响更小。专家的结论是，销售税对储蓄和投资的直接影响并不大。

州政府开始征收使用费以满足建设公路系统对财政收入的巨大需求。州政府在建设公路系统上的投资在20世纪20年代迅速增加，使得农民、卡车司机、汽车俱乐部（代表客车车主）、纳税人协会（代表各种不动产所有者）和铁路部门之间就谁来支付公路建设费用问题展开了一场争论。这些争论在政治上的影响，加上20世纪20年代的农业萧条，加剧了农民对开征新税种的反对，使得政府采用了车辆登记、

执照费、汽油税等一系列措施，以在公路使用者之间分配公路建设成本。

州政府还对普通财产税未能包含的那些财产征收特种税。这些特种税包括了遗产税，对银行、公用事业（包括铁路资产的从价税）和保险公司征收的各种特种税，以及适度的所得税。到 1930 年，这些所得税——其中有些是累进的——大约占州财政收入的 10%。

在 20 世纪 20 年代，地方、州和联邦政府在税收上确立了清楚的分工关系：(1) 联邦政府主要征收所得税，因为这一税种体现平等，同时富有弹性。(2) 州政府主要征收销售税，因为这一税种在征收上比较经济，政治上的反对也较小，也因为州政府在征收财产税和所得税方面受到某些限制。(3) 地方政府主要征收不动产税，因为在税收体系中，这一税种在实践中是地方政府唯一可利用的一个，也因为地方官员认为他们需要对地方财政收入的这一重要来源进行控制。 1036

大萧条时代的危机

美国严重的经济崩溃——大萧条——中断了新时代。它动摇了美国人对他们的经济体系的信心，也让许多人确信国家经济的缺陷是这种体系的根本性特征。无论如何，大萧条使美国人要求政府对经济稳定负起更大的责任，要求联邦政府对人民福利负起更大的责任，保护人民的生命，使他们不遭受严重的危险，也要求政府重建更接近于民主—中央集权制思路的国家公共政策。

在国家的紧急局势面前，赫伯特 · 胡佛的共和党政府（1929—1933）最先有所反应。用今天的标准来判断，胡佛在控制税率和联邦开支水平以刺激投资和减少失业方面是一个激进分子。实际上，胡佛将公司自由主义扩大到了积极的财政干预（fiscal activism）的范围。

1929 年股市崩溃之后，胡佛立即开始了他的革新计划。1930 年，他开始削减税收，要求州的地方政府以及公用事业增加基建投资，而且在 1930 年和 1931 年上半年，他提高了联邦公共工程预算，投资于比如顽石坝[1]之类的项目（该项目始于 1928 年，到 1936 年完工，1947 年，官方将其命名为胡佛大坝）。作为胡佛的政策和国会

① 英文为 Boulder Dam，美国科罗拉多河上的大坝。——译者注

支持的结果，联邦财政政策在1929—1931年间显然是扩张性的。由于这种扩张性财政政策，就算是1931年的经济处于充分就业状态从而保证了所得税的征税基础，1929年10亿美元的预算盈余到1931年也会变成一个较大的赤字——1931年的预算赤字约为30亿美元。直到1936年，充分就业预算赤字仍然保持在很高的水平，而且直到第二次世界大战，预算赤字仍有不断扩大的趋势。

但是在1931年10月，联邦储备体系制定了一个货币紧缩政策，这一政策严重地限制了国家的银行系统满足美国国内通货和信贷需求的能力。胡佛担心继续推行
1037 他的财政政策将会导致政府和私人借款者之间的竞争，结果会导致长期利率提高，从而抑制私人投资。他也相信外国对美元的信心的动摇部分是因为他的政府推行的长期赤字财政政策。他希望通过削减赤字减少黄金的流出，从而缓和因联邦储备体系紧缩货币而产生的国际压力。结果，1931年12月，胡佛启用了新一阶段的财政政策（这一阶段给公众留下深刻印象）。他请求国会提高税收，允许将税收额提高到财政收入的1/3。1932年的《税收法》是美国历史上和平时期增税幅度最大的税收法案，这一法案提高了所得税税率，降低了免税标准，提高了高收入群体的附加税，也提高了公司税税率——这些措施阻碍了经济复苏。

但同时胡佛也主动有组织地采取了一些措施以减轻美元的国际压力。在这个过程中，胡佛扩大了公司自由主义的范围，也扩大了联邦政府干预的范围。1931年初夏，胡佛宣布延期支付国际贷款和赔款，从而与国际上的正统观念决裂了。最为激烈的是，胡佛在1931年12月提议组建复兴金融公司（Reconstruction Finance Corporation，RFC），为此国会将提供20亿美元的资本向银行、储蓄贷款协会、信用合作社、保险公司和铁路发放低息贷款。胡佛认为这些贷款将恢复银行家的信心，从而刺激私人货币市场。

富兰克林·罗斯福的民主党政府（1933—1945）很快就从胡佛的公司自由主义转向了运用政府强制力来提供救济、推动经济复苏。在救济方面，新政使联邦政府第一次直接提供福利服务，成立了市政工程署（Civil Works Administration，CWA），这是一个失业救济计划，主要向非熟练工人提供在小型公共工程就业的机会。此外，罗斯福动用RFC的基金协助地方政府开展它们的救济计划——这是胡佛不愿意采取的行动。公共工程署（Public Works Administration，PWA）则支持大型的公共建筑。

1933 年，罗斯福的经济复苏计划的核心之一是《国家工业复兴法》(NIRA)，这一法案超越了胡佛的企业联合论，组建政府资助的卡特尔；另一个核心是《农业调整法》(AAA)，这一法案采用了胡佛鼓励营销协作的强制性措施。这两个措施认为，更多的计划以及随之而来的对竞争的限制、联邦政府的资助和强化，将促进经济复兴，1038 从而使经济更加稳定。此外，1933 年，以联邦存款保险公司和证券交易委员会的成立为标志，罗斯福启动了一个加强金融市场管制的计划。同时在新政的前 100 天里，政府通过成立田纳西流域管理局（TVA）采用了最为激烈的计划措施。TVA 在国会的授权下在自然资源开发上采取了诸多措施，在新政认为市场失灵的这一重要领域培育“有序的发展”。

在 1933 年新政推出了许多激烈的政府主动措施之时，并未立即对税收和政府支出进行改革。罗斯福运用正统的、普通的理念开始他的财政计划。他想要坚持在 1932 年的竞选中做出的平衡联邦预算的承诺，而在此前三年中，胡佛政府已经采取了赤字财政政策了。1933 年，罗斯福警告国会说“在最近的历史中，自由主义的政府经常被宽松的财政政策这块大石头砸伤”。罗斯福确信，无论从经济学的基础还是从政治学的基础来看，他都应该平衡预算。事实上，直到 1938 年为止，罗斯福一直坚持的信念都是认为平衡预算对于培育公众，尤其是企业对政府的信心是非常重要的一个手段，从而才能鼓励投资，促进经济复苏。他也相信民意测验的结果：即便是在 1936 年的大选中，大部分美国人还是希望平衡政府预算。

但是，平衡预算并不容易。新政的计划往往都需要大量的开支，从而预算融资和平衡预算都要求有一个较大的税基。但罗斯福和国会面临的是被萧条大大压缩了的税基，要得到新的收入，只有通过大幅度提高税率，或者开征大量新的税种。他们认识到，如果在短期内将税收提高到足以维持预算平衡的程度，就很有可能使大萧条进一步恶化。结果是，他们认为一定程度的赤字是必要的，在他的第一届任期中，罗斯福在每一份预算咨文中都要提到赤字将与萧条一起消失这种观点。

联邦赤字从 1933 年的 26 亿美元提高到了 1936 年的 44 亿美元。从每年的赤字来看，罗斯福政府的财政政策可以被视为一种一致的而且是越来越有力地通过赤字开支来推动经济复苏的政策。但是，赤字的原因部分在于税基的压缩，赤字是令人 1039 意想不到的，也是不受欢迎的。事实上，罗斯福政府的赤字大约只有一半是来自有意的政策决策。在他的第一届任期中，罗斯福和国会只是在 1933 年和 1935 年采用了扩张性财政政策。由于罗斯福在平衡预算方面坚持不懈的努力，他的第一届任期中的财政政策并不比 1929—1931 年胡佛任期内的财政政策更具扩张性。

罗斯福可以在不牺牲经济复苏的条件下采用赤字政策。因为他已经成功地将货币政策从联邦储备体系的控制下解放出来，并且制定了扩张性的货币供给政策，他并没有冒险提高赤字而将利率推高到抑制投资的水平上。这就证明了罗斯福在财政政策上比赫伯特·胡佛更为保守。他显然没有采用英国经济学家约翰·梅纳德·凯恩斯的药方，凯恩斯在《通往繁荣之路》（*The Means to Prosperity*）一书中敦促萧条国家的政府通过积极地使用赤字政策来刺激私人投资。凯恩斯在回忆 1934 年与罗斯福会面时的情形时评论道，他“猜测总统拥有更多的经济学知识”。罗斯福回忆说，凯恩斯“留下了一大堆冗长的图表。他肯定是个数学家而不是政治经济学家”。

1935 年，罗斯福对不断高涨的“左派的惊雷”，尤其是休伊·朗（Huey Long）的“分享财富”运动做出了回应，他将国家的政策转向了更加集权化的方向。新政的转变有四个重要方面。第一，联邦紧急救济署（FERA）和工程振兴署（Works Progress Administration，WPA）的成立，使联邦失业救济成为半永久性的措施。第二，《瓦格纳法》为工会的集体议价提供了一个有保障的框架。第三，《社会保障法》在美国建立了第一个全国性的社会保险体系。通过这些法案，联邦政府的首要责任变成了组织和分发养老金及失业保险。第四，通过 1935 年的《税收法》，恢复了再分配税体系。

在税收方面，罗斯福显然坚持了民主—中央集权制的传统。像他之前的伍德罗·威尔逊一样，罗斯福个人是平衡预算和再分配税的支持者。他深信“敲富人的竹
1040 杠”这种税收的作用——将税收负担转移给最富有的人和公司。在 1935 年之前，罗斯福已经逐渐开始推行累进的再分配税。从 1933 年到 1935 年，在罗斯福政府提议增加税收时，还没有提议提高累进的幅度。甚至在 1935 年时，罗斯福还提议征收雇员工资税作为为社会保障计划筹资的主要手段。

罗斯福逐渐转向激进税收政策的政治理由是很充分的。一方面，最充分的理由是为新的计划提高财政支持，而且他对企业的势力也很警惕。因此，他常常希望采用一种累进结构的税收。另一方面，罗斯福的财政部部长小亨利·摩根索要求给他足

够的时间去重新组织财政部的工作，因为在长达 16 年的时间里，在共和党的领导下，财政部人员的能力在技术上已经很难应付累进税，而在提高财政收入的过程中，要求累进税的征收要有很高的效率。此外，罗斯福也担心经济复苏很可能会失败，从而企业会指责累进税政策。在社会保障税中，罗斯福希望鼓励中产阶级将社会保障视为能够保护他们的保障金投资的一种保险体制。他解释道：“如果有了社会保障税，就不会再有那些批评我的政客对社会保障计划没完没了的唠叨。”他成功了，而且这种成功可能超出了他最乐观的预期。

但是在 1935 年和 1936 年，罗斯福不顾失去企业信任的风险，表明了他着手税收改革的真正意图。1935 年，罗斯福要求对公司征收累进税以防止垄断的扩大，对股东从他们所控制的公司得到的股息征税，征收一个附加税以将个人所得税的最高税率从 63% 提高到 79%，同时开征遗产税（这是在联邦房地产税之外另外征收的一个税种）。在对国会陈述的咨文中，罗斯福宣称财富的积累意味着“少部分人对大多数人的就业和福利的控制越来越大，这是我们不愿看到的”。后来，罗斯福对他的目的做出了解释：“不是摧毁财富，而是创造更大的机会以抑制集中化的增长和毫无结果的积累，把政府的负担转移到能更好地承担这种负担的地方。”这样，罗斯福在内在的公平和释放个人与小企业的活力方面调整了他的税收改革，从而推动了经济复苏。

国会在 1935 年的《税收法》中批准了罗斯福提出的所有税收改革方案——累进
的公司税、股息税、提高个人所得税税率以及提高房地产税。罗斯福相信他在 1936 1041
年的总统选举之前不必再增加任何新的税收了，但在 1936 年年初，最高法院宣布《农业调整法》中的农产品加工税无效，国会未能通过罗斯福提出的向第一次世界大战中的退伍军人发放奖金的议案，这两个事件有可能导致联邦赤字的大幅度上升。作为回应，罗斯福要求国会批准一项提高财政收入的措施，他希望这一措施比 1935 年的《税收法》更能体现再分配的意义，这个措施就是未分配利润税。

罗斯福新的公司税计划是废除现存的企业所得税、股本税和超额利润税，代之以公司未分配利润税。这种税收将根据未分配利润所占的比例而累进征收。罗斯福和财政部部长摩根索相信，这一措施将有力地打击避税行为和公司势力的集中化。他们也确信，公司故意保留利润不进行分配，以回避以个人所得税形式对股息征收的税收。他们进而相信大公司比小公司更有能力保留剩余利润，正是这些未分配的利润给大公司带来了一种不公平的竞争优势，因为这些利润减少了它们对新资本的借贷需求，而且大公司常常用它们的未分配利润盲目地进行再投资。未分配利润税将会大大刺激公司把利润分配给股东。这些股东支付高额的附加税，从而给政府带来大量的财政收入。

国会连同超额利润税一起通过了这一税收提案，这是联邦政府有史以来最为激进的税收。在 1937 年的《税收法》中，国会通过提高对公司个人股东的征税标准，限制扣除公司的游艇（corporate yachts）和乡村房地产，禁止扣除财产售卖和交易中的损失，减少对创造多方信托（multiple trusts）的税收激励，以及废除对暂住纳税人的税收照顾等措施进一步强化了所得税。罗斯福在 1938 年继续推行他的税收改革计划——提高未分配利润税，对资本收益征收累进税，以及对联邦、州和地方的债券收入征税。但这些比新政的任何措施都要激进的计划引起了一部分大公司的恐惧和敌意。它们非常正确地认识到罗斯福的税收计划威胁到它们对资本的控制以及它们
1042 的融资计划。没有证据表明企业将不进行投资，但 1937—1938 年的衰退和罗斯福在 1937 年与法院的对抗中的失败使企业抓住了政治环境宽松所产生的机会。保守的民主党人与总统决裂了，他们认为要恢复经济信心，就必须减税。1938 年，共和党人和保守的民主党人联合起来迫使国会批准削减未分配利润税和取消累进的企业所得税而终止了新政的税收改革。考虑到反对力量过于强大，罗斯福决定不提出令人不快的议案。相反，在未经他签署的情况下，他批准了 1938 年的《税收法》，但认为这一法案“抛弃了至关重要的美国税收的原则”—— 根据能者多付原则征税。1939 年，国会取消了未分配利润税，正式废止了新政的税收改革计划。

当 1937—1938 年的税收改革和对经济复苏的推动均告失败后，罗斯福采用了一项改革力度更大的财政政策，开始采用凯恩斯主义的方法。1937 年，罗斯福政府将税收提高到了可以创造充分就业盈余的水平上，也就是能使经济在保持充分就业的水平上运行。[12] 1937—1938 年的萧条即将结束时，罗斯福开始推行一个新的积极的开支计划，这一计划没有依靠税收的大幅增加。结果充分就业盈余变成了充分就业赤字，而且赤字在 1938 年和 1939 年飙升。

凯恩斯主义的思想对罗斯福的财政政策的影响是间接的。要解释罗斯福的转变，

更重要的是他认识到保守派对新政的反对太强大了，保守派反对他通过再分配税收改革来寻求增加税收和推动经济复苏。但是，罗斯福从税收改革失败的痛苦经验里学到了许多东西。他不能忽视紧缩性财政政策造成的 1937—1938 年的衰退。结果他听取了 WPA、农业部和联邦储备银行的幕僚的建议，他们向罗斯福灌输了凯恩斯主义的思想。没有证据表明罗斯福相信了哈里·霍普金斯（Harry Hopkins）、亨利·华莱士（Henry Wallace）或者马里纳·埃克尔斯（Marriner Eccles）的观点：长期的赤字必然将实现和保持充分就业。但是在 1938 年，罗斯福将他的财政政策转向了凯 1043
恩斯主义的政策思路，用凯恩斯主义的理论修正了他从前的做法。他向国会解释道，他在不增加税收的情况下大幅度提高支出的政策将“提高国家的购买力”。

在大萧条期间，国家的财政政策中包含了州和地方的财政行为，也包含了联邦政府的财政行为。萧条之初，州政府扩大了失业救济方面的开支，这主要是通过向地方政府发放补助金来进行。地方政府在当时面临的局势是财产税收入急剧下降，未偿付款飞速增加，甚至暴乱频繁，其中就包括芝加哥的税收罢工。地方政府的处理办法是提高销售税以及压缩公共工程开支，尤其是压缩公路和学校建设的开支。但州宪法是禁止赤字财政的，新发行的州和城市债券特别难以销售。因此当萧条进一步恶化时，尤其是在 1931 年和 1932 年，州和地方政府发现不可能像平常那样管理经济活动，也不能继续使预算维持平衡。州和地方政府开始采取更激烈的措施干预经济，将开支压缩到 1931 年的水平，并在 1933 年和 1934 年进一步压缩了开支。州政府非常欢迎联邦失业救济基金和公共工程，尽管它们坚持要求联邦紧急救济局和 PWA 向州政府发放匹配的基金。当经济有所复苏后，尤其是在 1936 年和 1938 年，州和地方政府恢复了公共工程和教育方面的开支，从而再度增加了它们的总费用。

但是，税率的迅速提高抵消了州和地方政府开支的所有激励性效果。州和地方政府在 1929—1933 年间每年都会提高税率，直到 1936 年税率仍然保持在高水平上，而且还有进一步提高的趋势。州政府扩大了销售税的范围，提高了税率，这种情况持续到 1940 年。在这些年中，州政府的多数基金都是通过这种征税方式筹集的。到 1940 年，汽油、烟草、酒、软饮料和人造黄油的消费税以及新开征的普通零售税——在 1932—1937 年间有 33 个州征收了这种税——带来了 5 亿美元的收入。其间，地方政府提高了财产税的有效税率。在州和地方政府是一个“好政府”这种信念的帮助下，政府褒奖诚实的纳税人，推动新政中成立的房主贷款公司的工作，这个公司要求借款人以税收形式归还贷款，以此作为得到补贴和低利率按揭贷款的条件。税
1044 收的增加使得州和地方政府在1933—1939年间出现了巨额的充分就业盈余。事实上，这些盈余足以抵消联邦政府在这7年（除了两年有盈余）中的预算赤字。

在罗斯福政府将预算赤字开支作为一种积极的措施来采用的同时，预算控制也进一步集中了。1939年的《改组法》成立了总统执行局（Executive Office of the President，EOP），将预算局（原属财政部）和国家资源计划委员会（原属内务部）并入EOP，又在EOP中设立了紧急事件管理办公室。在公共购买方面，国会强调要通过协调和取消重复行为来实现压缩开支的目标，但主要的目的是加强总统对急剧扩张的执行部门的控制。总统新权力的核心是提高了政府干预经济的技术。

1939年的《改组法》推动了凯恩斯主义的胜利。到1939年，在政府部门服务的经济专家比在1933年或者1937年的时候更加偏爱赤字，政府中的这些专家从约翰·梅纳德·凯恩斯的著作中找到了他们的政治立场的基本原理。在1939—1940年间，支持凯恩斯思想的经济学家的队伍不断壮大。某些像阿尔文·汉森（Alvin Hansen）这样杰出的经济学家用凯恩斯的理论来支持他们永远的信仰：如果没有长期的赤字或者激进的收入再分配政策，经济停滞就是不可避免的。此外，像保罗·塞缪尔森（Paul Samuelson）这样的经济学家也是吸收了凯恩斯《通论》（*General Theory*）的营养而成长起来的。这些经济学家纷纷供职于商务部的产业经济局、预算局和国家资源计划委员会等部门。

然而普通公众对维持赤字并没有什么热情。1938年，罗斯福政府制造了一种舆论，说联邦政府在衰退或者萧条时期将不会采用紧缩性的财政政策（比如胡佛政府1932年的增加税收和罗斯福1937年的削减开支）。这样，公众就普遍习惯了（如果不是热情地支持）用持续的赤字来实现经济复苏。国家借助新政将经济逆转时期的扩大开支计划制度化了。尽管国家没有清楚地定义支出和赤字策略，但它事实上已
1045 成为制度；况且，也没有哪个联邦政府部门能够清楚地阐述与之相关的可靠的技术和数据。

新政所引发的舆论对凯恩斯主义的关注并不是当时社会思潮的一部分。虽然新政将联邦政府推到了一个新的领域中，但美国公众心目中还是没有接受国家财政大

幅扩张是正当的这种条理清晰的理论。尽管再分配税仍然是个人所得税体系的核心，但新政的民主—中央集权制税收政策并未持续多久。相反，在新政中受益的各种集团一方面信奉自由资本主义的秩序，另一方面又对它们从新政中得到的好处心存感激。这些集团想要得到自由资本主义的利益，但又希望联邦政府保护它们免遭巨大的市场风险的伤害，当社会失序已非常严重时，它们又希望与竞争对手达成一致。

第三次危机：第二次世界大战

第二次世界大战期间，罗斯福政府和国会将国家的优先战略转向了取得战争的胜利。防止通货膨胀而不是治疗萧条成为主要的财政问题。罗斯福追求的是避免出现第一次世界大战期间和战后那种由巨额赤字导致的通货膨胀。

但通货膨胀的压力非常大。珍珠港事件后，政府开支急剧增加，并且一直增加到 1945 年。这种增加表明与第一次世界大战期间相比，从和平用途转向战时需要的资源更多。联邦政府开支的平均水平在 1942—1945 年间几乎达到了国民总产出的一半，是第一次世界大战期间平均水平的两倍。此外，资源用途的转移更快、更持久。在美国保持中立的时期，对战时压力的调整就已经开始了，这段时间比第一次世界大战前美国的准备期要短，而第二次世界大战持续的时间比第一次世界大战要长得多。但不同的是，罗斯福政府在珍珠港事件后面临的是经济萧条而不是通货膨胀。

罗斯福和国会吸取了第一次世界大战的筹资经验，认为政府应该加强价格管制，
对每一种稀缺的物品实行配给，并尽可能地提高税收——以应付战时开支，防止消 1046
费者与政府竞争而抬高价格。由于财政收入增加，联邦赤字从 1941 年的 62 亿美元增长到 1943 年的 574 亿美元之后，在战争期间就大致维持在 1943 年的水平了。

但是，特别税的选择引发了激烈的争论。罗斯福重新燃起了 1938 年被国会粉碎的改革雄心。像威尔逊和麦卡杜一样，他和财政部部长亨利·摩根索都偏向通过税收来为战争筹资，使公司和高收入者的负担更重。1941 年，摩根索提议对利润率在 6% 以上的所有公司征税。罗斯福则走得更远："在国家的生死关头，所有超额收入都应该为赢得战争服务。" 1942 年他在两院联席会议上说道："任何美国公民的税后净收入都不应该高于 25 000 美元。"

但这种激进的战时税收提案面临两个重要障碍。一是来自军队计划者、对外政策战略家、金融巨头和经济学家等集团的反对。在整个动荡的 20 世纪 20 年代和 30 年代，这些专家总结了第一次世界大战的经验教训和后果，认为如果发生另一重大战争，要吸取这些教训。这些专家希望动员更多的资源，而且要在低通货膨胀的情况下顺利地、可预见地实现这一目标，他们推崇的是一种“有广大群众基础的”所得税政策——就是对工资和薪金征收所得税。

罗斯福战时提案的第二个障碍与威尔逊时期形成了鲜明的对比，那就是国会强有力的反对。包括民主党人在内的许多国会议员与《时代》周刊的观点是一样的，就是警告摩根索的计划“在衰退和失业已迫在眉睫的情况下，将大大削弱公司的资金实力”。

国会否决了罗斯福的提案，让“有广大群众基础的”所得税成为新的税收体系的基础。由于免税标准很低，大量的财政收入就来自对工资和薪金征收的税收，而不是来自利润、股息、利息和租金收入。结果是个人纳税者的人数从 1939 年的 390 万增加到 1945 年的 4 260 万，联邦所得税收入从 1939 年的 22 亿美元猛增到 1945 年的 351 亿美元。如两位经济学家所言，“从乡村俱乐部到铁路边，到处都是纳税人”。向广大公众征税代替了向某一阶层征税。同时，联邦所得税逐渐支配了国家的税收
1047 体系。1940 年，联邦所得税只占总税收额的 16%；到 1950 年，联邦所得税已占到总税收额的 51%。

向大众征税的成功在一定程度上是因为公众普遍愿意为战争贡献力量。与第一次世界大战时的战争动员不一样，第二次世界大战中不需要使用再分配性质的税收体系来获得民众对战争的支持。大多数美国人都认为他们国家的安全受到了威胁，而且罗斯福政府的宣传机制也用在了说服新的纳税人方面，让他们相信自己应该纳税。财政部、国内税收局和作战新闻处发起了声势浩大的宣传运动，这种宣传遍布媒体，遍及全国。在宣传中，它们又搬出了威尔逊政府在第一次世界大战期间起到有效作用的爱国主义和公民义务这些工具。在这个过程中，罗斯福政府认识到以大众为基础的所得税的成功在相当程度上要取决于自愿的合作。所得税的成功进而再度证明了民主政府的筹资能力。

与赢得中产阶级支持的宣传同样重要的是新税收的结构。普遍的税收减免（比

如降低家庭抵押贷款的利息，减免州和地方税收）使新的税收体系受到中产阶级的欢迎。此外，与许多公司偏爱和支持的国家销售税相比，中产阶级纳税人更喜欢所得税。而且，对萧条卷土重来的恐惧使公众对这种有利于公司，使公司享受特权的税收更为宽容。但是这种天真的宽容与新政支持者的激进可能有某些相似之处，它表明了对追求“开明的自利”的广泛承诺。最后，以同样的精神，许多新政的立法者把群众所得税视为确保财政收入、支持联邦社会公平计划的最佳途径。1943 年，在工资薪金中预扣税款这种方法的引入也使税收增加不少。就像戴维·布林克利（David Brinkley）在他的战争回忆录中所写的那样：“国会和总统愉快地学到了汽车销售商很久以前就学会了的东西：分期付款的消费者会被诱导花更多的钱，因为他们看到的不是总的债务，而只是每个月的偿付款。”

在对 1943 年《税收法》中提出的预扣税款方法的辩论中，国会在征税哲学上战胜了罗斯福。罗斯福注意到，由于预扣税款方法的逐步采用，这个法案将免除一整年的税收义务，他认为这种义务的免除带来的最大利益被富人所占有。因此他宣布， 1048
这一法案“不是一个税收法案，而是一个税收救济法案，它不是向需要救济的人提供救济，而是向贪婪的人提供救济”。他否决了这一法案，但国会否决了总统对税收法案的否决权，这在美国历史上还是第一次。耻辱的失败使罗斯福接受了群众所得税，不再进行争论，新的税收体系实质上也结束了始于第一次世界大战期间，发生在公司和累进论的倡导者之间的关于“敲富人的竹杠”的所得税的争论。

两党轮流执政的政府：1946—1980 年

第二次世界大战的经验与大萧条时期非常相似，这一经验使两党舆论一致，支持罗斯福政府制定的国家政策的根本转变。哈里·S. 杜鲁门政府（1945—1953）虽然没能制订全国健康保险计划，却能够保持新政时期的项目。德怀特·D. 艾森豪威尔的共和党政府（1953—1961）在保持政策的连续性方面特别重要；这个政府在有计划地维护新政的传统方面得到了两党的支持。艾森豪威尔甚至还启动了一项大型新建公路计划，建成了庞大的州际公路体系，并且大大扩展了社会保障体系的范围。新政式的社会计划最大规模的扩展发生在约翰·F. 肯尼迪政府时期（1961—1963），尤其是在林登·B. 约翰逊政府时期（1963—1969），他们发动的反贫困战争包含了医疗保险计划（这是联邦政府的第一个卫生保险计划）和附加社会保险（Supplementary Social Insurance，SSI）计划（SSI 从普通财政收入来源中向残疾人提供保险基金）。理查德·M. 尼克松政府（1969—1974）和杰拉尔德·R. 福特政府（1974—1977）遵循了艾森豪威尔的方式，保持了他们所继承的社会和经济项目。尼克松进一步扩大了白宫对预算的控制，将预算局更名为管理与预算办公室（OMB），赋予它广泛的职权以协助总统构造和监督联邦计
1049 划。尼克松、福特和吉米·卡特政府（1977—1981）还扩大了联邦政府对环境保护的管制范围。

在国际方面，联邦政府吸取了 20 世纪 20 年代和 30 年代为防止萧条和战争而采取的狭隘的国家主义对外政策的教训。为了填补第二次世界大战造成的国际经济权力真空，联邦政府采取政策，由美国取代大英帝国成为世界贸易的金融仲裁人。在 1948—1951 年间，美国通过马歇尔计划向恢复中的欧洲经济注入了 130 亿美元。在新政时期的《互惠贸易协定法》（1934 年颁布）的授权下，美国加入了关税与贸易总协定（GATT），并且领导削减国际贸易壁垒。在布雷顿森林体系（1944）构建的货币体制中，美国政府开始扮演世界中央银行的角色。直到 1971 年为止，美国一直将美元价值保持在较高的水平上，以维持国际流通中的美元数量，从而有利于国际经济的稳定，为做到这一点，美国甚至不惜以限制国内开支为代价。

在美国国内的财政政策方面，凯恩斯主义在第二次世界大战中已经制度化。群众所得税使战时的赤字仍能受控，但尽管如此，赤字还是比从前要大得多。巨额赤字和迅速的经济扩张结合在一起，使许多美国人转而相信巨额赤字不仅带来了第二次世界大战期间的经济扩张，也是保持和平时期的繁荣所必需的。他们认为只有和平时期的赤字才能避免重蹈大萧条的覆辙。在这些转变了观念的人中，相当一部分是以经济发展委员会为代表的商人，他们逐渐把长期的赤字视为在不破坏投资体系的情况下控制经济周期的好办法。事实上，凯恩斯主义已经完全压倒了公司自由主义及其对社会秩序的追求。

由新政和第二次世界大战培育的凯恩斯主义舆论的一个结果是国会在 1946 年

通过了《就业法》。这是联邦政府第一次正式承认了富兰克林·罗斯福的财政政策的含义。《就业法》正式地反映了罗斯福的财政政策的改革影响。与罗斯福的财政政策的真正意图一样，该法案的内容也有局限。它是含糊的，没有对充分就业做 1050
出保证；它将反周期政策仅仅限制在与其他经济目标相一致的情况下才采用；它没有特别说明什么是适当的政策。但是，这个法案把握住了罗斯福的财政政策中的三个重要因素。第一，它宣布联邦政府的核心职责是对就业进行管理。第二，通过成立经济顾问委员会，要求它每年发表一份发展报告（《总统经济报告》），这个法案使总统和公众都接受了应该由专家和独立人士来担任经济顾问这样一种观念。第三，它将新政的核心目标正式地具体化了：制定和评价财政政策的时候，要考虑到人的价值。

战后时期，作为普通税主要来源的群众所得税、为社会保险而征收的递减的工薪税以及维持赤字开支的收入共同构成了联邦政府筹资的主要手段。其间，民主党和共和党自 19 世纪初以来第一次在国家财政政策的实质性因素方面达成了一致。两党之间尽管还存在一些重大分歧，但它们在以下几个方面的观点都是一致的：保护公司金融结构的独立性；财政政策的目的在于保持经济稳定；要为国防开支提供一个弹性的收入源泉；继续用新政的“保险费”方法为社会保障体系筹集资金；避免采用国家销售税。作为最后一项政策的部分结果，美国的税收收入在国民产出中的比重比任何其他工业国都要小（见表 17–5）。

第二次世界大战后党派偏见的消解无疑有助于两党在财政政策上达成一致。但两党在税收政策上仍有分歧；这是民主党改变政策方向的结果。在战后时期，民主党在很大程度上放弃了税收是调动阶层财富的工具这样的观念。尽管肯尼迪和约翰逊总统都支持税收改革，比如征收遗产继承资本收益税，但他们也主张减税，这让人回想起安德鲁·梅隆说过的话。1964 年，约翰逊要求减税以“增加国民收入和联邦的财政收入”，因而国会在面临巨额赤字时大幅度削减税收，国会对此表示支持。这样，民主党帮助共和党完成了始于 20 世纪 20 年代的工作——促成两党的一致，并避免征收再分配性质的税收。

表 17–5　　总税收收入* 在国内生产总值中的比重，1987 年（%）

国家	比重
美国	30.0
加拿大	31.3
法国	44.8
德国	37.6
日本	30.2
荷兰	48.0
瑞典	56.7
瑞士	32.0
英国	37.5

* 包括社会保障金。

资料来源：*OECD Statistics on the Member Countries in Figures*, Supplement to the *OECD Observer* No.164.

1051 两党政策主张的一致性的局势是在公共财政面临的压力比较小的时代出现的，并一直持续到了 20 世纪 80 年代。导致这种轻松局面的政策几乎是无形的，把两党在政策上的分歧远远地抛开了。在几乎没有公众反对而且两党都同意的情况下，联邦政府始终在提高社会保障税税率。雇主和雇员的税率结合起来在 1950 年是 3.0%，在 1960 年是 6.0%，在 1970 年是 9.6%，在 1980 年达到 12.26%；从时间上来看，税率在 20 世纪 70 年代之后到 90 年代提高到了 15.3%。高税率（同时社会保障税的税基也在扩大）使得社会保障税从 20 世纪 40 年代占 GNP 的不足 1% 增长到 20 世纪 70 年代末超过 GNP 的 7%。在这些基金的支持下，社会保障开支从 1946 年的 4.72 亿美元(占 GNP 的比重不足 1%)增加到 1979 年的 1 050 亿美元(约为 GNP 的 4.3%)。

长期的通货膨胀的作用不太明显，20 世纪 40 年代末通货膨胀达到第一个高峰，然后在 20 世纪 60 年代又卷土重来，并且整个 20 世纪 70 年代都一直伴随着通货膨胀。加速的通货膨胀以两种方式为联邦财政提供了便利。

第一，通货膨胀向未偿付债务和政府债券的持有人强加了一笔很大的税收，尤其是第二次世界大战刚刚结束的那几年。第二次世界大战后的几年，联邦债务在 GNP 和财政总收入中的比重非常高（见表 17–6）。战后不可预期的物价加速上涨使债务的实际利率降到很低的水平——甚至为负。由于低利率，也由于趋于上升的税

收收入，联邦政府的利息支付占财政总收入的比重在 20 世纪 40 年代降到了 14% 以 1052
下，然后不断下降，直到 20 世纪 80 年代为止都维持在 10% 以下。

表 17–6　　联邦政府总债务

年份	债务（百万美元）	债务占 GNP 的比例（%）	债务占财政收入的比例（%）	利息支付占财政收入的比例（%）
1902	1 178	5.5	180.4	4.4
1913	1 193	3.0	124.0	2.4
1927	18 512	19.5	421.1	17.4
1932	19 487	33.6	766.6	22.9
1936	33 779	40.8	664.2	14.1
1940	50 696	50.7	818.5	14.5
1950	256 853	89.7	641.2	11.0
1960	290 862	57.4	334.0	8.8
1970	382 603	38.5	233.9	8.6
1980	914 316	34.7	218.1	14.6
1983	1 381 886	41.8	285.7	22.5
1990	3 364 800	61.6	326.3	17.8

资料来源：Department of the Treasury, Office of State and Local Finance, *Federal-State-Local Relations* (Sept. 1985), 57; Board of Governors of the Federal Reserve System, *Federal Reserve Bulletin*, 77 (March 1991), A30, A53.

第二，加速的通货膨胀意味着家庭成员达到较高级别的纳税标准的速度比实际收入的增长要快。事实上，个人所得税的分级标准提高了个人所得税税率。这种由通货膨胀推动的弹性意味着联邦政府可以经常对那些不会从政治角度损害税收增加的新计划做出善意的回应。

联邦政府高度富有弹性的财政收入体系满足了冷战期间的战略性防御计划的开支，在所得税没有总体或持久增长的情况下也满足了朝鲜战争和越南战争的动员开支。但除了这两次战争期间之外，20 世纪 80 年代以前国防预算的规模占 GNP 的
比重是趋于下降的。这样，增长的联邦财政收入多数是用于国内项目的扩张。在第 1053
二次世界大战结束到 20 世纪 80 年代这一段时间内，增长最为迅速的联邦计划是教育、福利、卫生服务（包括医疗保险）和城市的恢复发展。此外，在通货膨胀的推

动下产生的财政收入增加弥补了所得税的减少或者新的税收优惠——特别豁免、减税和隐藏在税收规则后面的信贷等形式的税收优惠——造成的财政收入的下降。

在 20 世纪 60 年代到 70 年代这段时间内，弹性的所得税收入也通过补助金和财政分享等间接方式，由联邦收入转入州和地方政府，且规模不断扩大。联邦政府在 19 世纪 60 年代和 70 年代就已经开始因为各种目的（主要是农业研究和教育）而向州政府提供补助。早在 1914 年授权支持农业扩张的《史密斯 – 利弗法》(Smith-Lever Act）就已经引入了现代补助金制度（这一制度还涉及协调各州的资金需要，在各州之间分配财政收入，监督各州的开支计划）。新政期间，当联邦政府提供的资金逐渐达到州和地方政府财政收入的 13% 之后，这种制度就开始采取现代的比例分配形式。这种补助在 20 世纪 40 年代大大下降，在 50 年代又适当有所增长，随着财政收入分享制度占据了支配性地位，60 年代和 70 年代的补助金迅速增加。到 1974 年，州和地方政府超过 20% 的财政收入来自联邦政府的补助。

联邦政府转移支付制度的出发点是认识到对州和地方政府服务的需求在不断增长，同时也是一种对州和地方政府的税收救济政策。第二次世界大战后，州和地方政府的税收收入的增加甚至比联邦税收收入的增加还要快。州和地方税收占 GNP 的比重几乎翻了一番，到 1972 年达到了 GNP 的 10%。战后阶段，州政府的所得税收入虽然增加了不少，但州政府的销售税和地方政府的财产税在州和地方政府财政收入中还是处于支配地位。

从 20 世纪 70 年代初开始，州和地方政府成为攻击政府扩张的主要目标。攻击政府的运动是建立在这样的观念上的：政府成本不断上升，对政府解决社会问题方面的有效性的广泛怀疑，对公共服务的质量的不满，以及对立法机关的不信任。但这一运动首先在对财产税的攻击中赢得广泛的支持。这种攻击采取的形式是纳税人的反叛，1978 年在加利福尼亚州表现得最为激烈。在一次公民投票中，加利福尼亚
1054 的选民批准了《13 号提案》(Proposition 13)，修改了这个州的宪法，将财产税税率限制在财产市场价值的 1% 以下，而且要求立法机关批准新税种的时候要有 2/3 多数通过才行。在《13 号提案》得以批准的刺激下，与加利福尼亚州类似的各种联盟——由那些试图削减财产税的小私房主和商业财产所有人、抨击福利计划的保守派、追求提高税收体制的累进幅度的自由派以及那些只是简单地对现代生活不满的

人组成的联盟——在其他许多州也开始出现了。这些联盟制定的措施虽然不像《13 号提案》那样激进，但所有这些联盟都吸收了《13 号提案》的精神，并且都希望保持州一级的公民投票和挑战法庭的权利。

对政府开支和征税的反对迅速扩展到了联邦一级政府。税收改革的动力因此而产生了，而且得到了各种集团的支持。保守派关心的是通货膨胀推动的高税率，自由派的税收专家则揭露了税收规则中由隐藏的特权——“税收优惠”——导致的不公平。保守派和自由派都对导致经济低效和扭曲的税收体系提出了批评。

在大选中，吉米·卡特把美国的税收体系称为一种“耻辱”。他许诺要建立累进幅度更大的税收体系，并且要避免采用“渐进的变革方法”。但是在他执政的头两年，卡特发现自己其实正在推行渐进的变革，而且削减低收入家庭税收负担的努力也遭受了挫折。国会坚持反对可能刺激消费和通货膨胀、鼓励集中化的减税计划，而代之以刺激提高生产力的投资，从而避免通货膨胀的方法。国会取得了胜利，卡特总统不情愿地签署了 1978 年的《税收法》，这一法案只提供了微不足道的税收救济，而且将税收救济简化为慷慨地削减资本收益税和商业税。

里根的“革命”：1981—1992 年

增加财政收入的时代在 20 世纪 80 年代就迅速地结束了。早在 20 世纪 70 年代末的某些迹象就已表明其即将消亡。最重要的是联邦储备体系开始治理通货膨胀，将利率提高到通货膨胀率之上。共和党和民主党都支持提高国防开支占 GNP 的比重，从而停止了越南战争后因国防开支减少而增加的公共事业经费。但最重要的变化还是里根的“革命”——1980 年里根当选后执行的新的优先项目——的结果。其内容 1055
就是减税、大幅提高国防开支、削减国内项目以及预算平衡。

里根政府的减税计划是通过 1981 年的《经济复兴税法》(ERTA) 来执行的。共和党控制着参议院，保守派控制着白宫，加上普遍的观点也强调供给方的税收削减，这些都使得里根的计划成为可能。这是第一次世界大战以来税收政策最为剧烈的一次转变。其关键内容——通货膨胀率指数化以及大幅削减个人税和商业税——宣告了增加联邦财政收入时代的终结。ERTA 自大萧条以来第一次削弱了所得税在国家财政体系中的作用。

但里根的革命只收到了部分成效。因为 ERTA 没有从供给方提供获利预期，原因在于大规模的国防项目，而且里根的力量还不能支持他大量削减国内项目，因为自第二次世界大战以来，来自群众所得税的财政收入第一次远远小于联邦开支。这样，在 1981 年的《税收法》的推动下，空前的联邦赤字时代开始了——赤字造成的猛然增加的利息负担，对可支配开支的限制，以及对外国债权人的依赖的增加，这些都削弱了政府的力量。联邦储备委员会不得不采取异乎寻常的紧缩性货币政策来抑制巨额赤字造成的通货膨胀压力，并将利率维持在足够高的水平以吸引外国资本来弥补赤字。但是，这些货币政策又加强了向被“挤出”的私人借款人（包括那些想要把国家的储蓄用于更具生产性的用途的投资者）提供大量的联邦贷款的趋势。这样，财政政策和货币政策的共同作用加剧了 20 世纪 80 年代国民经济生产力的下滑。

国会采取了非常规的行动以应对赤字计划，于 1985 年通过了《格拉姆－拉德曼－霍林斯法》(Gramm-Rudman-Hollings Act)。这一法案使赤字超过某一特定的水平后，开支就自动地削减（但不增加税收）。《格拉姆－拉德曼－霍林斯法》用一个“预算外”(off-budget) 开支替代了统一的联邦预算。这些开支，包括比如向联邦储备体系拨款，本来在第一次世界大战后就已经有所增加，但在 20 世纪 70 年代和 80 年代不断攀升，到 1985 年已接近联邦总开支的约 1/4。1987 年，国会将社会保障信托
1056 基金定为预算外开支，其中包括计算格拉姆－拉德曼赤字目标时的收入和支出。其间，从 1983 年开始，社会保障基金就出现了剩余，联邦政府将其用于弥补赤字。格拉姆－拉德曼产生了某些惩戒性的效果，但直到进入 20 世纪 90 年代，赤字一直都在增长。[13]

在 1984 年和 1985 年间，财政赤字的危机开始出现，由有产者支持的里根政府和国会民主人士开始仔细研究收入税体系，以找到需要进行结构改革的领域。他们逐渐进入一个竞争性的领域以占领税制改革的高点，这一过程的结果就是更为严厉的税收法规——1986 年的《税收改革法》(Tax Reform Act) ——得到了通过。

1981 年的《税收法》像 20 世纪 20 年代的税收改革一样，动机都是共和党寻求削减对财富征收的税收。但二者的过程有很大的差别。第一，1986 年的共和党政府

有新的、不同的目标；其目标在于对企业资本主义增大经济刺激，而不是保护公司官僚或者房地产业。在 1986 年，公司承受了大幅增加的税收，房地产业是主要的受损者。第二，1986 年法案的拟订过程中有民主党人实质性的参与。事实上，参议员丹尼尔·莫伊尼汉（Daniel Moynihan）和比尔·布拉德利（Bill Bradley）在其中都发挥了关键的、创造性的作用。第三，这些政治企业家成功地维护了以前从来没有出现过的两党达成一致的局面：对所得税改革的注意力集中在扩大收入基础和创造更大的平衡税收，即一个更“均等化”的平等上，甚至不惜以牺牲累进税税率结构为代价。他们取得了部分的成功，因为财政环境与 20 世纪 20 年代时的情形已经大不一样了，甚至与 20 世纪 60 年代和 70 年代也不一样了。在新的环境中，国会可以不必再通过颁布“改革”法案——对特定的集团减税的法案——来降低税收的总体水平；国会也不再依赖由通货膨胀推动的税收增加来弥补减税的损失。由于存在赤字危机，税率的每一次降低或者税收优惠的提高都只能从税收制度中减少其他方面的税收优 1057
惠来弥补资金缺口。

1986 年的《税收改革法》的通过几乎令税收专家感到惊奇，而且大多数相信利益集团的多元化会产生有力影响的政治学家也感到惊奇。[14] 税收比他们想象的更容易到手。这一法案让主要的受益者和受损者都受影响。这个法案取消了一些受中产阶级欢迎的重要的税收优惠——消费者利息支付的补贴、州和地方税以及长期资本收益方面的税收优惠。此外，这一法案废除了对公司投资的税收优惠。这个法案进一步为低收入和高收入群体带来了很多好处。法案大幅提高了最低收入群体纳税人所欢迎的个人免税和减税标准。高收入群体的税率也降低了，顶级公司的税率从 48% 降低到 34%，受到最富有的纳税人的欢迎。通过取消特别税收减免和优惠，这一法案着手取消税收方面的特权，并重申了公民的纳税义务。这个法案保留了累进税和“能者多付”原则，从而促进了效率和平等。在 20 世纪 80 年代末和 90 年代初，国会在减少税收抵免方面没有采取新的措施，因而扩大了所得税的征税基础，但这实质上是完整地保留了 1986 年的税收改革的内容。

因此，联邦税收体系在 20 世纪 80 年代发生了重大的变革，打破了第二次世界大战后建立的政策均衡。所得税体系自 20 世纪 40 年代以来虽然从来没有如此混乱过，但混乱中也存在产生新的财政环境的可能性。就像约瑟夫·佩奇曼所说的那样，

1986 年的《税收改革法》可能强化了所得税的基础，以至税率很温和地提高了，全部税率只要稍稍提高 3 个百分点，一年就可以增加 1 000 亿美元的收入。[15] 这笔收入如果与冷战结束后从国防开支转向和平用途的公共事业经费相结合，就可以为实质性地削减赤字、更新国家公共基础设施等基础性的项目提供资金。

总 结

国家的重大紧急事件——美国内战、20 世纪相继发生的两次全面战争、发生在
1058 两次大战之间的大萧条以及一直持续到 20 世纪 80 年代的冷战——在 20 世纪美国政府的扩张方面起到了关键的作用。紧急事件之所以会起到这种作用，不仅是因为它们产生了对公共开支的需求，也因为它们迫使美国重构它的公共财政体系。如果没有战争，像美国早期的那种低关税财政收入体系可能会作为联邦筹资的主要手段一直延续到 20 世纪。因为战争，财政收入体系在它的过程和结构上都变得混乱不堪。

税收和公共财政通常是一个国家政府争论的核心内容。紧急事件中对资源的动员要求有新的或者更高的税收，紧急动员也迫使公众比较不同的筹资选择，提醒美国人注意税收不是理所当然的东西，而是一种社会选择的工具，同时也激起了关于国家应该优先考虑什么问题的政治冲突。价值问题也随着特定的力量而产生了，因为在资本主义社会，当国家发生紧急事件时，政府就被迫通过税收和借款强烈地加强它对资本市场的干预。结果国家的紧急事件通常是强化而不是消解了意识形态问题和分配问题。

在这些压力下，税收体系的根本特征经历了三次变迁，每一次变迁都发生在重大的战争期间，每一次都产生了重大的再分配效果。在全面战争和国家危机的漫长年代，关于税收的冲突都非常激烈。其结果是参与冲突的政治家们难以预计的。由于税收政策的不可预见性，税收方面的争论非常激烈。

同时，紧急事件和税收体系的重构扩大了联邦政府获得资源的能力。结果是每一次危机都在不必通过成本高昂的关于增税的政治程序的情况下为扩大政府项目以提升政府的利益创造了新的机会。因此，在紧急事件中美国公共收入体系的深刻转变都倾向于为政府的扩张提供便利，甚至在紧急事件结束后这种趋势仍然会维持。

但是，到 20 世纪 80 年代，政治上低成本的增加财政收入的手段消失了，这是由于联邦预算赤字飙升，在 90 年代则是由于公众普遍要求修改宪法，要求平衡预算。

20 世纪的历史表明，美国人只会在面临国家紧急事件的时候才会选择重新扩张公共部门。在其他时候公共部门是否会膨胀，则要看美国人是否会把财政赤字、贫困、 1059
社会基础设施（包括教育）的恶化以及环境外部性相互纠缠的复杂局面上升到国家紧急事件来处理。但是，如果美国人确实面临了国家紧急事件，20 世纪的历史也会告诉他们，在这种紧急事件期间，他们需要的是符合共和理想的税收改革——恢复国家的奠基人所追求的效率与公平相平衡的税收改革。

注　释

[1] 1927—1932 年，无论是绝对数还是相对数，政府支出都增加了，而这一阶段的国民生产总值下降了 39%。所有级别政府的支出增加了 11%；联邦和州政府的开支分别增加了 18% 和 40%，地方政府的开支则相对保持稳定。

[2] 关于在这方面缺乏经济模型——包括比如相对价格的改变或者产出、收入、就业、人口和生产力模式的长期变化——的讨论见 Thomas E. Borcherding, "The Sources of Growth of Public Expenditures"，载 Borcherding 主编的 *Budgets and Bureaucrats*: *The Sources of Government Growth* (Durham, 1977)，45–64。对与"现代性"有关的复杂性和外部性这种解释的批评见 Robert Higgs, *Crisis and Leviathan*: *Critical Episodes in the Growth of American Government* (New York，1987)，6–10。

[3] 公共财政方面的累进论历史学家的代表是 Sidney Ratner。见他的 *American Taxation*: *Its History as a Social Force in Democracy* (New York, 1942) 和 *Taxation and Democracy in America* (New York，1967)。Ratner 写道，美国的税收史是"对社会公正的信赖与对私人所得的反信赖"之间的斗争，所得税"最适合于实现和维护民主的经济目标"。分别见这两本书的 14 页和 16 页。

[4] 关于税收政策的公司论者的观点的突出例子见 Robert Stanley, *Dimensions of Law in the Service of Order*: *Origins of the Federal Income Tax, 1861—1913* (New York, 1993); Mark H. Leff, *The Limits of Symbolic Reform*: *The New Deal and Taxation* (New

York, 1984)；以及 Ronald F. King, *Money, Time, and Politics: Investment Tax Subsidies & American Democracy* (New Haven, 1993)。

[5] 两位经济学家以这种方式描述了所得税的起源：Ben Baack and Edward J. Ray，"The Political Economy of the Origin and Development of the Federal Income Tax"，in Robert Higgs, ed. *Research in Economic History* (Supplement 4), *Emergence of the Modern Political Economy* (Greenwich，1985)，121–138。以立法选举行为和联邦开支的地理分配之间的相互关系为基础，他们认为"现在特殊利益政治学对我们国家的福利的影响问题根植于世纪之交的自主性联邦支出这一偏向之中"。所得税修正案的通过"告诉选民联邦政府有向每个人提供福利的必要的资金"。

[6] 多元论者的解释最有力、最全面地体现在 John Witte 的著作 *The Politics and Development of the Federal Income Tax* (Madison，1985）中。引语见 21 页。关于 Pogo 的引语来自 Carolyn Webber and Aaron Wildavsky, *A History of Taxation and Expenditure in the Western World* (New York，1986)，531。

[7] 关于这个方法的概括性描述，见 W. Elliot Brownlee, *Federal Taxation in America: A Short History* (Washington, D. C., 1996)。

[8] 民主主义—制度主义模型包括了最近认为利益集团多元论已不再具有解释力的一些政治学家所发展的一种方法。他们认为要用"新的革新的政治学"来替代原来的理论。如 James Q. Wilson 所说，这种新的政治学包含了四个关键元素：(1) 作为政治学中一种独立的创造性力量的思想；(2) 作为说明社会问题的关键因素的专家或者专业人员；(3) 作为专家和广大的政治领域之间的联系人而行动的"政治企业家"；(4) 使"政治企业家"的计划能够获得公众支持的媒体。见 James Q. Wilson, *The Politics of Regulation* (New York，1980)。

[9] 对民主—中央集权制和公司自由主义之间的区别的讨论，见 Mary Furner, "Knowing Capitalism: Public Investigation and the Labor Question in the Long Progressive Era", 241–286, 以及 W. Elliot Brownlee, "Economists and the Formation of the Modern Tax System in the United States: The World War I Crisis", 401–435。这两篇论文都载于 Mary O. Furner 和 Barry E. Supple 主编的 *The State and Economic Knowledge: The American and British Experience* (Cambridge, 1990) 中。

[10] 关于 1916 年的《税收法》的来源的讨论，见 W. Elliot Brownlee 的 “Wilson and Financing the Modern State:The Revenue Act of 1916”, *Proceedings of the American Philosophical Society* 129 (1985), 173–210。

[11] Andrew W. Mellon, *Taxation*: *The People's Business* (New York, 1924), 10–11.

[12] 也只是在这一年新政的财政政策才创造了一个充分就业盈余，没有赤字。关于充分就业盈余（赤字）的资料参见 E. Cary Brown, “Fiscal Policy in the Thirties: A Reappraisal”, *American Economic Review* 46 (1956), 857–879。

[13] 里根政府中至少有一个核心成员在 1981 年的法案通过的时候否认减税对赤字的产生有直接的影响。见 David A. Stockman, *The Triumph of Politics*: *Why the Reagan Revolution Failed* (New York, 1986)，尤其是 229～268 页。斯托克曼的解释在唐纳德 · 里根和马丁 · 安德森（Martin Anderson）的回忆中得到了证实，他认为导致赤字的原因很简单，就是总统顽固地拒绝支持削减开支。

[14] 关于 1986 年的《税收改革法》的历史，参见 Timothy J. Conlan, Margaret T. Wrightson 和 David R. Beam 的 *Taxing Choices/The Politics of Tax Reform* (Washington, D. C., 1990), 尤其是 230～264 页 ; Eugene Steuerle, *The Tax Decade*: *How Taxes Came to Dominate the Public Agenda* (Washington, D. C., 1992)；以及 Jeffrey H. Birnbaum 和 Alan S. Murray 的 *Showdown at Gucci Gulch*: *Lawmakers*, *Lobbyists*, *and the Unlikely Triumph of Tax Reform* (New York, 1987)。

[15] Joseph Pechman, “More Tax Reform”, *The Wilson Quarterly* 13 (1989), 141–142.

The Cambridge Economic History of the United States, Volume Ⅲ : The Twentieth Century, 1e, 0-521-55308-3 by Stanley L. Engerman and Robert E. Gallman, first published by Cambridge University Press 2000

This Simplified Chinese edition for the People's Republic of China is published by arrangement with the Press Syndicate of the University of Cambridge, Cambridge, United Kingdom.

图书在版编目（CIP）数据

剑桥美国经济史 . 第三卷 /（美）恩格尔曼（Engerman, S. L.),（美）高尔曼（Gallman, R. E.）主编；高德步等译 .—北京：中国人民大学出版社，2018.5

书名原文：The Cambridge Economic History of the United States（Volume Ⅲ）：The Twentieth Century

ISBN 978-7-300-22771-9

Ⅰ. ①剑…　Ⅱ . ①恩…②高…③高…　Ⅲ. ①经济史－美国　Ⅳ. ① F171.29

中国版本图书馆 CIP 数据核字（2016）第 079153 号

剑桥美国经济史（第三卷）：20 世纪

主　　编　斯坦利 · L. 恩格尔曼　罗伯特 · E. 高尔曼

总 译 校　高德步　王　珏

本卷主译　蔡　挺　张　林　李雅菁

Jianqiao Meiguo Jingjishi (Di-san Juan): 20 Shiji

出版发行	中国人民大学出版社		
社　　址	北京中关村大街 31 号	**邮政编码**	100080
电　　话	010-62511242（总编室）		010-62511770（质管部）
	010-82501766（邮购部）		010-62514148（门市部）
	010-62515195（发行公司）		010-62515275（盗版举报）
网　　址	http：//www.crup.com.cn		
经　　销	新华书店		
印　　刷	中煤（北京）印务有限公司		
规　　格	170 mm × 228 mm 16 开本	**版　　次**	2018 年 5 月第 1 版
印　　张	59.75　插页 6	**印　　次**	2019 年 12 月第 2 次印刷
字　　数	958 000	**定　　价**	168.00 元（上下册）
